Das ABC der eigenen Website

Peter Kent

Das ABC der eigenen Website

So sparen Sie Zeit und Geld

Übersetzung aus dem Amerikanischen:
Karin Drewnitzki

Markt&Technik
Buch- und Software-Verlag GmbH

Die Deutsche Bibliothek – CIP-Einheitsaufnahme

Das ABC der eigenen Website : so sparen Sie Zeit und Geld /
Peter Kent. – München : Markt und Technik, Buch- und Software-Verl., 1999
(FOCUS online)
ISBN 3-8272-5502-3

Autorisierte Übersetzung der amerikanischen Originalausgabe:
Poor Richard's Web Site © 1998 by Top Floor Publishing (Peter Kent)

Umwelthinweis:
Dieses Buch wurde auf chlorfrei gebleichtem Papier gedruckt.
Die Einschrumpffolie – zum Schutz vor Verschmutzung – ist aus umweltverträglichem und recyclingfähigem PE-Material.

10 9 8 7 6 5 4 3 2

03 02 01 00 99

ISBN 3-8272-5502-3

Einbandgestaltung: NOWAK werbeagentur & medien, Pfaffenhofen • http://www.nowak.de
Übersetzung: Karin Drewnitzki
Lektorat: Jörg Wieter, jwieter@mut.de
Herstellung: Claudia Bäurle, cbaeurle@mut.de
Satz: text&form, Fürstenfeldbruck
Druck und Verarbeitung: Media-Print, Paderborn
Printed in Germany

Inhaltsverzeichnis

»Endlich! Ein Buch, das beschreibt, wie man tatsächlich an eine Website kommt, und diesen Vorgang entmystifiziert. Peter Kent verbindet einen unterhaltsamen und klaren Schreibstil mit gut durchdachten Ratschlägen.«

David Karlins

Autor von »Create Frontpage 98 Web Pages in a Week« und »Wild Web Graphics with Microsoft Image Composer«

»Poor Richards gute Ratschläge

Alle neuen und großen Dinge führen zu einer sprunghaften Vermehrung von Reklamefritzen und aalglatten Verkäufern. Das Internet ist dabei keine Ausnahme. Das Gegenmittel ist »Poor Richard's Website« von Peter Kent. Der Vergleich mit dem Werk von Benjamin Franklin ist nicht aus der Luft gegriffen: Das Buch ist voll von einfachen und gut nachvollziehbaren Informationen, die der Gründervater selbst zu schätzen gewußt hätte.«

Jennifer Buckendorff, *Amazon.com*

»Beeindruckend, wie umfassend dieses Buch ist. Ein Muß, wenn Sie alle Informationen zum Einrichten einer Website in einem einzigen Band wollen.

Rob Punselie

Webautor, Vorsitzender der STIC (Niederländische Gesellschaft für technische Information und Kommunikation)

»Mit Peter Kents Buch haben Sie das perfekte Rezept für das Gestalten und Unterhalten Ihrer Website. Es ist genau die richtige Mischung aus Technik, Hilfestellung und vernünftigen Ratschlägen. Ein tolles Buch für alle, welche die Do-it-Yourself-Methode bevorzugen.«

Joe Milligan

Autor von »PeakFinders Guidebooks to the Colorado Mountains«

»Ich habe schon Web-Seiten entworfen, aber noch nie eine ganze Website eingerichtet. Ich wußte, daß es Dinge gab, die ich wissen sollte, aber ich konnte noch nicht einmal die richtigen Fragen formulieren. Ihr Buch hilft mir, meine Arbeit so zu erledigen, daß sowohl ich als auch meine Kunden zufrieden sind. Danke!

Katherine Hostetter (M.P.A.), *Eugene, Oregon*

Danksagungen

Wenn man ein Buch erstellt, ist dabei nicht nur eine einzige Person beteiligt. Viele Leute arbeiten »hinter den Kulissen« damit es in die Produktion gehen kann. Ich möchte allen danken, die so hart an »Poor Richard's Web Site« (in der deutschen Übersetzung: »Das ABC der eigenen Website«) gearbeitet haben: insbesondere Phyllis Beaty (Magnolia Enterprises) für ihre Hilfe beim Design des Layouts und der Koordination dieses Projekts; Tim Doyle (Doyle Communications), der das tolle Original-Titelbild entworfen hat; Gill Kent für das Lektorat; David Wise für das Korrekturlesen; und Elizabeth Cunningham für das Erstellen des Index. Für diese Ausgabe in der deutschen Übersetzung möchte ich mich darüber hinaus auch bei Karin Drewnitzki (Übersetzerin) und Jörg Wieter (Lektor der deutschen Übersetzung bei Markt&Technik) bedanken.

Ich möchte auch allen meinen Dank aussprechen, die das Buch vor seinem Erscheinen gelesen haben. Alle diese Leute haben mir Ratschläge und Feedback gegeben, die dazu beigetragen haben, dieses Buch besser zu machen. Ich bekam aber auch das Lob, das dazu führte, daß andere Leute auf dieses Buch aufmerksam wurden. Letztendlich möchte ich mich noch bei all denen bedanken, die an »Poor Richard« geglaubt haben und mich ermutigten, weiterzumachen, auch als alles dagegen zu sprechen schien.

Einführung

1732 verwendete Benjamin Franklin das modernste und anspruchsvollste Kommunikationssystem seiner Zeit – die Druckerpresse –, um die erste Ausgabe von *Poor Richard's Almanack* zu veröffentlichen. Seine Worte (»diese bedeutungsschweren Äußerungen wortreicher Weisheiten« wie sie in der Einführung seiner Autobiographie der Harvard Classics Ausgabe beschrieben werden) wurden in der Englisch sprechenden Welt und darüber hinaus bekannt.

Poor Richard's Website (so lautet der Titel dieses Buchs in der Originalausgabe) zeigt Ihnen nun, wie Sie das neueste Kommunikationssystem unserer Zeit – das World Wide Web – dazu benutzen können, der ganzen Welt Ihre Nachrichten mitzuteilen.

Egal, ob Sie ein Produkt verkaufen, für Ihre eigenen Dienste Werbung machen oder eine religiöse oder politische Meinung verbreiten wollen – das World Wide Web ist dazu das ideale Mittel (wenn Sie wissen, wie Sie es benutzen können). Leider finden Sie in der gängigen Computerliteratur jede Menge schlechter Ratschläge zum Einrichten einer Website. Wenn Sie diesen Ratschlägen folgen, wird Ihre Website teuer, mühsam einzurichten und letztendlich nicht erfolgreich sein.

Es gibt jedoch noch eine andere Möglichkeit, die ich als Lowtech-Methode bezeichne. Damit können Sie eine Website einrichten, die nur minimale Ausgaben und wenig Mühe verlangt, aber trotzdem erfolgreich sein wird. Höchstwahrscheinlich wird sie sogar erfolgreicher als Websites, die zehn- oder hundertmal soviel gekostet haben. *Das ABC der eigenen Website* erklärt, wie man mit wenig Geld eine Website erstellt und vermarktet. Sie müssen zum Beispiel kein Vermögen für einen Webserver ausgeben, sondern können zu einer Webhosting-Firma gehen, die 35–50 DM im Monat kostet. Wenn Sie nur ein ganz geringes Budget zur Verfügung haben, gibt es auch Plätze, auf denen Sie Ihre Website kostenlos unterbringen können. (In Kapitel 4 sind einige Dutzend Plätze, auf denen Sie billige Websites finden können, aufgelistet.) Sie müssen für eine Shop-Software nicht 10.000 oder 20.000 DM ausgeben. Es gibt sie kostenlos, oder aber Sie beauftragen jemanden mit dem Einrichten und zahlen dafür vielleicht 200 DM. (In Kapitel 14 erfahren Sie, wo Sie diese Software finden, wie Sie Online-Bestellungen annehmen und wie Sie mit Kreditkarten, Schecks, 0900-Nummern und mehr umgehen können.) Es gibt keinen Grund, 2000 DM für ein Chatsystem für Ihre Website zu bezahlen, da ich Ihnen erklären werde, wie Sie jemanden finden, der es Ihnen installiert und dafür keinen Pfennig verlangt! (In Kapitel 12 und 13 erfahren Sie, woher Sie ein kostenloses Chatprogramm bekommen. Dort steht auch, wie Sie an andere nützliche Programme kommen, die nichts oder nur wenig kosten, aber das i-Tüpfelchen für Ihre Website sein werden.)

Zu einer Website gehört aber noch mehr als nur die Website selbst. Eine Website ist keine Reklametafel an der Datenautobahn. Eine Website, die niemand kennt, ist Zeit- und Geldverschwendung. Niemand wird zufällig an Ihrer Reklametafel vorbeikommen und sie sehen. Sie müssen Leute zu Ihrer Website bringen. *Das ABC der eigenen Website* erklärt Ihnen auch genau, wie das geht. Wenn Sie Ihre Website bei allen Suchmaschinen eingetragen haben, ist das noch lange nicht genug!

Benjamin Franklins weise Worte wurden so bekannt, daß Sie nun tief in der englischen Sprache verwurzelt sind. Vielleicht werfen Sie ja mal einen Blick in Poor Richard's Almanack. Sie werden erstaunt sein, wieviel Sie davon schon kennen und wie viele Mottos und Sprichwörter der englischen Sprache dort Ihren Ursprung haben. Benjamin Franklin verwendete moderne Technologie, um mit einzelnen Personen überall auf der Welt zu kommunizieren. Poor Richard's Almanack war nicht nur in den amerikanischen Kolonien erfolgreich, sondern wurde auch übersetzt und kam nach Europa. Ein Mann konnte tausenden von Menschen überall auf der Welt seine Gedanken vermitteln.

Mit dem World Wide Web können Sie dasselbe machen. Dabei ist es einfacher und billiger als mit der Druckerpresse, die Benjamin Franklin benutzte. Eine Person, eine kleine Gruppe oder eine Firma kann mit Hilfe des World Wide Web auch tausende von Menschen auf der ganzen Welt erreichen. Das Ganze muß nicht teuer und nicht kompliziert sein. *Das ABC der eigenen Website* erklärt Ihnen, wie Sie eine Website einrichten, die wirklich funktioniert und Sie nicht in die Pleite führt.

Peter Kent

Teil I

Vorbereitung

1. Kapitel

Brauchen Sie wirklich eine Website?

In vielen Büchern zum World Wide Web werden Sie eine Kapitelüberschrift wie diese nicht finden. Anscheinend gibt es nur eine einzige Antwort auf diese Frage, so daß man sie gar nicht erst stellen muß. Die Antwort ist: Natürlich brauchen Sie eine Website! Jeder kann davon nur profitieren.

Ich habe eine andere Antwort: Vielleicht brauchen Sie eine, vielleicht aber auch nicht. Sie merken schon, ich bin nicht davon überzeugt, daß jede Firma eine Website braucht. Ich glaube, daß viele Firmen ohne eine Website einfach besser dran sind. In diesem Kapitel werde ich Ihnen ein Beispiel einer Firma geben, der eine Website keinen Nutzen bringt, und auch erklären, warum dies so ist. Und ich werde einen Vorschlag machen, wie diese Firma ihre Arbeitsweise ändern und daraufhin von einer Website profitieren könnte. Aber bevor ich das mache, möchte ich auf ein paar gute Gründe für die Erstellung einer Website eingehen.

1.1 Wofür sind Websites eigentlich gut?

Ein Web Consultant erzählte mir von dem Trick, den er benutzt, um eine Firmenbesprechung zum Stillstand zu bringen. Wenn er seine neuen Kunden trifft und über die Einrichtung ihrer Website spricht, fragt er: »Und was wollen Sie mit dieser Website machen? Wofür brauchen Sie die?« Daraufhin bricht ein Tumult aus, und alle fangen gleichzeitig an zu reden. Jeder schlägt dann irgend etwas anderes vor, oder es stellt sich heraus, daß die meisten seiner Kunden sich über dieses Thema noch keine Gedanken gemacht haben. Sie wissen, daß sie eine Website wollen bzw. brauchen, aber sie haben sich noch nicht gefragt warum.

Überlegen Sie sich, was Sie mit einer Website machen wollen, bevor Sie diese erstellen. Wenn Sie eine Website einrichten, ohne darüber nachgedacht zu haben, werden Sie viel Zeit und Geld verschwenden. Vielleicht wird sich die Idee einer eigenen Website auch als kompletter Fehlschlag erweisen. Planen Sie zuerst, was Sie eigentlich machen wollen, und erstellen Sie dann Ihre Website.

Übrigens – »Geld verdienen« ist als Antwort nicht gut genug. Wie wollen Sie denn zu viel Geld kommen? Was verkaufen Sie? Wie werden Sie Kunden anlocken? Wie werden Sie Bestellungen entgegennehmen? Wie werden Sie bestellte Produkte verschicken? Sie werden nicht in der Lage sein, einige dieser Fragen zu beantworten, bis Sie dieses Buch zu Ende gelesen haben. Sie sollten sie aber beantworten können, bevor Sie Ihre Website einrichten.

Hier ist eine kurze Liste mit Gründen für die Einrichtung einer eigenen Website:

- Um unglaublich reich zu werden und Unmengen an Dingen an Millionen neuer Kunden zu verkaufen.
- Um für Ihre Produkte zu werben und somit den Verkauf außerhalb des World Wide Web anzukurbeln.

- Um eine Idee, ein Hobby, eine politische Bewegung, eine Religion oder eine andere Leidenschaft zu publizieren.
- Damit Sie Bestellungen online entgegennehmen können.
- Um Informationen online zu verkaufen.
- Um Informationen über Ihre Firma oder Organisation bereitzustellen.
- Um Muster und kostenlose Proben zu verteilen.
- Um einen Kundendienst und technischen Support zur Verfügung zu stellen.
- Damit Sie neue Kunden treffen können.
- Um ein stärkeres Band zwischen Ihrer Firma und Ihren bereits vorhandenen Kunden zu schmieden.
- Um ein Kommunikationssystem innerhalb Ihrer Firma zur Verfügung zu stellen.
- Damit sich Aktieninhaber mehr als Teil der Firma fühlen.
- Um mit Anzeigenverkauf Geld zu verdienen.

Diese Liste erhebt natürlich keinen Anspruch auf Vollständigkeit. Es sind nur ein paar Ideen, von denen einige geläufig und andere weniger verbreitet sind. Lassen Sie uns diese Gründe nun der Reihe nach untersuchen.

1.1.1 Um unheimlich reich zu werden

Reich werden ist eine nette Idee, und es gibt immer noch Leute, die behaupten, daß das Internet mit Gold gepflastert ist. Ist es natürlich nicht. Es gibt Leute, die im Internet Geld verdient haben, aber das sind wahrscheinlich viel weniger, als Sie denken. Leider haben viele Bücher und Zeitschriften zum Thema Internet über den großartigen »Erfolg« von Websites geschrieben, die eigentlich gar nicht profitabel sind. **HotWired** beispielsweise (eine Website, die zu der Zeitschrift *Wired* gehört) muß häufig als Paradebeispiel einer Erfolgsstory herhalten (vergleiche `http://www.hotwired.com/`). Sie ist einer *der* Erfolge im Internet – nur daß sie nicht wirklich profitabel ist. Warum wird es dann als Erfolgsstory bezeichnet? Allgemein wegen der großen Beliebtheit der Website. Und natürlich wird diese Beliebtheit auch, bis zu einem gewissen Grade, zu einer höheren Zahl von *Wired*-Abonnements führen (allerdings schreibt die Zeitschrift *Wired* auch keine schwarzen Zahlen). Die Zeitschrift *Internet World* hat kürzlich einen Artikel über Erfolge im Internet gebracht und dabei auf dem Cover behauptet, daß die besprochenen Firmen profitabel seien. Im Artikel selber stand dann jedoch etwas völlig anderes. Tatsächlich stand in diesem Artikel, daß eine der genannten Firmen bisher keinen Gewinn erzielt hat, und implizierte, daß die anderen auch nicht profitabel seien.

Auf der anderen Seite gibt es erfolgreiche Websites, wie zum Beispiel **CDnow** (`http://www.cdnow.com/`). Dort können Sie CDs, Videos und Videospiele kaufen. Diese Firma hatte 1996 wie verlautet einen Umsatz von ungefähr 6 Millionen Dollar, nachdem sie gerade mal zwei Jahre vorher von zwei Brüdern im Keller ihres Elternhauses ins Leben gerufen worden war. 1997 stieg der Umsatz sogar auf 16,4 Millionen Dollar, und bereits im ersten Halbjahr 1998 erreichte er die 20-Millionen-Dollar-Grenze.

Wenn Sie jedoch Geld im Internet verdienen wollen, müssen Sie wissen, wie Sie für Ihre Website Werbung machen können (also lesen Sie am besten den Rest dieses Buches!). Zum Beispiel habe ich bei einer Suche nach dem Begriff »cdnow« in den Newsgruppen über 600 Nachrichten, in denen es um diese Firma geht, gefunden. (In Kapitel 17 erkläre ich, wie man diese Art von Suche angeht.) Das zeigt, daß CDnow in bezug auf die Erstellung und Vermarktung ihrer Website gute Arbeit geleistet hat.

Sie können Produkte im World Wide Web verkaufen, aber das WWW ist weder das Nonplusultra noch etwas für faule Leute, um schnell reich zu werden. Einige Firmen haben es geschafft, mit dem World Wide Web Geld zu verdienen, viele andere aber sind daran gescheitert.

Ich werde in diesem Buch viele URLs – das sind Adressen im Internet – erwähnen. Sie können eine Webseite, die alle diese Links enthält, auf der Website zu diesem Buch finden (eine teilweise eingedeutschte Version unter `http://www.mut.de/abc/`*, Originalversion unter* `http://www.poorrichard.com/`*). Speichern Sie die entsprechende Seite ab, und erstellen Sie dann ein Lesezeichen zu der Seite auf Ihrer Festplatte, so daß sie leicht erreichbar bleibt.*

1.1.2 Um den Verkauf außerhalb des World Wide Web anzukurbeln

Auch wenn Sie nicht vorhaben, viel online zu verkaufen, können Sie das Internet immer noch als ein Mittel zur Werbung benutzen. Eine Website ist nur ein Teil eines Programms, mit dem Sie für ein Produkt im Internet Werbung machen können. Wir werden später noch über die ganzen anderen Komponenten wie Newsgruppen, Mailinglisten, E-Mail, elektronische Pressemitteilungen usw. sprechen.

Einige Autoren und Verlage haben das Internet erfolgreich dazu benutzt, um die Verkaufszahlen in der »richtigen« Welt in die Höhe zu treiben. Eine ganze Anzahl von Computerbuchverlagen beispielsweise bringt Bücher nun auch online. Jeder kann die Website besuchen und Teile oder sogar das ganze Buch lesen. Die Verlage, mit denen ich gesprochen habe, sagen, daß das die Verkäufe nicht beeinträchtigt. Im Gegenteil, es scheint sie sogar zu unterstützen. Die Leute lesen einen Teil des Buchs, finden heraus, daß es die gewünschten Informationen enthält, und dann kaufen oder bestellen sie es. Natürlich nicht notwendigerweise über ein Online-Bestellformular, aber eventuell über eine gebührenfreie Telefonnummer oder direkt im Buchhandel.

Sie können den Verkauf eines Produkts außerhalb des WWW auf viele Arten ankurbeln. Es ist schon Werbung, wenn Sie ganz einfach nur Informationen zu Ihren Produkten anbieten und die Leute wissen lassen, wo diese Informationen verfügbar sind. Aber Sie können auch noch einen Schritt weitergehen und Gutscheine auf Ihrer Website anbieten, Preisausschreiben veranstalten, Werbegeschenke verteilen, ein Diskussionsforum für Leute, die Ihr Produkt benutzen oder benutzen wollen, einrichten und so weiter. Sehen Sie sich zum Beispiel einmal die **Coca-Cola**-Website (`http://www.cocacola.com/`) an. Ich muß zugeben, daß mir das Design der Seiten nicht gefällt. Sie sind nicht besonders witzig, schlecht strukturiert (warum, erkläre ich in Kapitel 11), und ich finde sie verwirrend. Die Website versucht hip und cool zu sein, was aber auf Kosten der Übersichtlichkeit geht. Was mich aber überrascht hat, war die Anzahl der Leute, die die Website besuchen und sich dort über Coca-Cola-Produkte, Sammlerstücke, Fragen à la Trivial Pursuit usw. unterhalten. Und alles, was sie sagen, wird automatisch zum Eigentum von Coca-Cola.

Coca-Cola hat wahrscheinlich jede Menge Geld für diese Website ausgegeben, aber jede kleine Firma kann eine vergleichbare Website für ca. 50 bis 90 DM im Monat haben. Es ist heutzutage recht einfach, Online-Diskussionsforen einzurichten, wie Sie in Kapitel 13 erfahren werden.

1.1.3 Um Ihre Ideen und Leidenschaften zu publizieren

Viele Leute erstellen eine Website, ohne daß sie damit Geld verdienen wollen. Sie richten sie ein, damit sie ihre Ideen, Hobbys, politische oder religiöse Überzeugungen bekannt machen können. Websites sind oft ein tolles Mittel um Gleichgesinnte kennenzulernen oder aber um Informationen zu Ihren Ideen und Überzeugungen publik zu machen.

1.1.4 Um Bestellungen online entgegenzunehmen

Natürlich können Sie Bestellungen auch online entgegennehmen. In den meisten Fällen, in denen eine Firma versucht, ein Produkt online zu verkaufen, sollte sie die Website mit mehreren Gedanken im Hinterkopf errichten: Werbung für das Produkt zu machen, den Verkauf außerhalb des WWW anzukurbeln und Bestellungen online entgegenzunehmen. Wenn Sie für Ihr Produkt werben und alles dafür tun, daß sich der zukünftige Kunde dafür begeistert und es kaufen möchte, können Sie die Bestellung auch gleich auf der Stelle entgegennehmen. Und wie wir in Kapitel 14 sehen werden, ist es relativ einfach, ein System zur Annahme von Bestellungen einzurichten.

1.1.5 Um Informationen online zu verkaufen

Vielleicht möchten Sie Informationen online verkaufen. Das heißt, daß Sie den Zugang zu irgendwelchen Daten verkaufen, indem Sie Kennwörter zu Ihrer Website verkaufen. Die gebräuchlichste Art von »Information«, die auf diese Weise verkauft wird, ist Pornographie. Verbringen Sie einfach ein wenig Zeit in den etwas verruchteren Gegenden des World Wide Web, wenn Sie eine Vorstellung davon bekommen wollen, wie Sie den Zugang zu Ihrer Website verkaufen können. Sie können sich auch eine etwas gewöhnlichere Form des Verkaufs von Daten im Internet ansehen, nämlich die **Colorado Revised Statutes** (Überarbeitete Gesetzbücher des Staats Colorado, `http://crs.aescon.com/`). Art Smoot stellt diese Gesetzbücher in elektronischer Form zur Verfügung. Es kostet 40 Dollar, um Zugang zu allen Gesetzbüchern zu erhalten, aber Sie können sich Beispiele kostenlos ansehen. Wenn Sie sich anmelden, erhalten Sie ein Kennwort, das Sie auf die Website läßt, bis es abgelaufen ist.

Ein kurzer Hinweis an Verlage

Das Internet hat viele Verlage angezogen und auch zur Gründung von neuen Verlagen geführt. Das scheint ganz natürlich zusammenzupassen. Das Internet ist die Datenautobahn, nicht wahr? Also, warum soll man nicht einfach Informationen im Internet verkaufen? Die Wirklichkeit sieht allerdings ein wenig anders aus. Obwohl es stimmt, daß im Internet jede Menge an Informationen unterwegs ist, so ist doch der größte Teil davon kostenlos erhältlich. Im Moment ist es für Verlage sehr schwierig, ihre Waren in elektronischer Form im Internet zu verkaufen. Viele haben es versucht, die meisten sind gescheitert. Ich habe zum Beispiel erst kürzlich den Eigentümer einer neuen Online-Buchhandlung, **BookAisle**, über den Fortschritt seiner Firma reden gehört (`http://www.bookaisle.com/`). Diese Buchhandlung verkauft elektronische Versionen ihrer Bücher aus Papier, einige davon sind sogar recht bekannte Bücher, die Sie auch in der Buchhandlung um die Ecke finden würden. Die Buchhandlung hat über achtzig Titel im Programm, wenn ich mich recht erinnere. Alles in allem haben sie »Hunderte« von Büchern in den letzten sechs Monaten verkauft – das ist aber nichts, worüber man sonderlich begeistert sein könnte.

Warum will niemand Bücher in elektronischer Form kaufen? Nun, da gibt es ein paar Probleme. Zum einen mögen die Leute keine Bücher online lesen. Es ist unbequem und unpraktisch. Unterziehen Sie das Buch meinem »das elektronische Buch im Badezimmer«-Test: Ein Buch in elektronischer Form ist so lange kein echtes Buch, ehe man es nicht auf dem Klo lesen kann. Und wenn Sie nicht gerne auf dem Klo lesen, dann gibt es immer noch den Sofatest, den Strandtest, den Bustest usw.

Ein weiteres Problem ist, daß es schwierig ist, kleine Informationseinheiten zu verkaufen, da das vielgepriesene Mikro-Zahlungssystem noch nicht existiert. Im Idealfall sollte es für einen Verlag möglich sein, für das Lesen eines Artikels 10 Pfennig oder so zu verlangen. Es gibt mehrere verschiedene Systeme, mit denen man diese Art von Kleinstzahlungen abwickeln kann (wie zum Beispiel **DigiCash** `http://www.digicash.com/` oder **CyberCash** `http://cybercash.com/`), aber es gibt keinen Standard, und nur wenige Leute benutzen die bereits vorhandenen Systeme.

Das heißt nicht, daß Sie durch das Bereitstellen von Online-Informationen kein Geld verdienen können. Sie müssen sich nur etwas Besseres einfallen lassen, als diese einfach direkt zu verkaufen, es sei denn, Sie haben Informationen, die die Leute auch wirklich kaufen wollen (so wie die Gesetzbücher von Colorado). Hier sind noch ein paar weitere Ideen:

- **Edmund's Automobile Buyer's Guides** (Edmunds Handbücher für Autokäufer, `http://www.edmunds.com/`). Sie können die Bücher im Laden kaufen oder aber umsonst online lesen. Wie verdient »Edmund« dann Geld? Die Website arbeitet mit der Firma und Website Auto-by-Tel zusammen. Die Käufer können Autos online bestellen, und ortsansässige Händler unterbreiten ihnen Angebote. Das heißt, die Autohändler zahlen im Endeffekt dafür, daß den Käufern die Informationen kostenlos zur Verfügung stehen.
- **ArtToday** (`http://www.arttoday.com/`) verkaufen ClipArts online. Dieser Dienst wird von vielen professionellen Designern benutzt, die ClipArts nicht nur ansehen möchten. Sie verdienen mit den Bildern Geld, also sind sie auch bereit dafür zu zahlen.

Im ersten Beispiel hat »Edmund« jemand anderen gefunden, der für die Kosten aufkommt. Die Autoverkäufer können davon profitieren, wenn Besucher der Website die Informationen online lesen. Im zweiten Beispiel verkauft ArtToday mit den ClipArts ein spezialisiertes Produkt. Dazu kommt eine große Auswahl, nämlich 550000 Bilder. Und all das gibt es zu einem konkurrenzfähigen Preis. Es ist also möglich, Informationen online zu verkaufen. Glauben Sie nur nicht, daß Sie ein Buch nehmen, in elektronische Form bringen und mit dem Verkauf im Internet reich werden können.

Natürlich heißt das nicht, daß Verlage für ihre Bücher nicht online werben können. Das können sie sehr wohl. Viele Verlage haben erfolgreich herkömmliche Bücher mit Hilfe des Internet vermarktet. Und viele sind der Meinung, daß mehr Bücher in den Läden verkauft werden, wenn man eine elektronische Version des Buchs online zur Verfügung stellt. **Macmillan Computer Publishing** (`http://www.mcp.com/`), der größte Computerbuchverlag der Welt, hat herausgefunden, daß Leute häufig Teile eines Buchs lesen und dann ein Exemplar aus Papier kaufen, wenn die Bücher auf der Website bereitgestellt werden.

National Academy Press (`http://www.nap.edu/`) hat ebenfalls viele Bücher – wie verlautet über 1700 – online gestellt und behauptet, daß die elektronischen Versionen den Verkauf der Bücher aus Papier verdoppelt oder verdreifacht haben. Sie haben viele der Bücher einfach gescannt und auf die Website gestellt, d.h., daß die Seiten, die Sie sehen, Bilder der Originalseiten und keine textbasierten Webseiten sind. Dadurch kommt es zu extrem langen Ladezeiten. Das ist eine total absurde Art, ein Buch online zu bringen, aber vielleicht hat dieser Wahnsinn auch Methode. Wenn man eines der Bücher lesen will, dann geht das nur im Schneckentempo. Falls die Leser etwas finden, das sie interessiert, dann kaufen sie das Buch, wenn sie die Informationen wirklich brauchen. (Diese Website ist überhaupt scheußlich langsam, nicht nur, wenn man Webseiten lädt. Das ist ein Thema, das wir in Kapitel 10 behandeln werden.)

MIT Press (`http://www-mitpress.mit.edu/`) hat einige Bücher online gestellt und glaubt, daß sich dadurch der Verkauf der herkömmlichen Bücher verdoppelt hat. Das geschieht, obwohl die Bücher in Textform vorliegen und sie viel schneller laden als die bei National Academy Press. Die Leute lesen einfach nicht gerne online. Sie lesen nur Bruchstücke und kaufen dann das Buch aus Papier, wenn sie alles wollen.

Auch auf der Markt&Technik-Website (`http://www.mut.de`) finden Sie Bücher in elektronischer Form (HTML), in denen Sie online recherchieren können (Anmerkung der Übersetzerin).

1.1.6 Um Informationen bereitzustellen

Viele Firmen benutzen Websites dazu, Informationen zur Verfügung zu stellen, von denen sie wissen, daß sie ihre Benutzer wollen oder brauchen. Ich habe nun gehört – tatsächlich habe ich es sogar in Ratgebern zu Geschäften im Internet gelesen –, daß eine Website eine Möglichkeit darstellt, Ihre Druck- und Werbekosten zu senken. Errichten Sie eine Website, und Sie können aufhören, Kataloge zu verschicken! Das ist natürlich kompletter Unsinn. Für die meisten Firmen ist das einfach nicht möglich, und das wird auch noch einige Jahre lang so bleiben. Eine Website *kann* aber eine andere Möglichkeit für Ihre Kunden und zukünftigen Kunden darstellen, um an Informationen zu Ihren Produkten und Ihrer Firma zu kommen. Wie Sie in diesem Buch lesen werden, können Sie eine Website recht kostengünstig einrichten, so daß Sie Ihren Kunden, die Internet-Zugang haben, die Annehmlichkeit von beinahe sofortiger Informationslieferung geben können.

Welche Art von Informationen sollten Sie bereitstellen?

- Ihren vollständigen Produktkatalog
- Kontaktinformationen für Leute, die bestimmte Fragen haben
- Stellenanzeigen
- Informationen zum technischen Support
- Den Status einer Bestellung
- Ihr komplettes internes Telefonverzeichnis (wenn Sie fürchterlich leichtsinnig sind)

Wenn Sie Informationen auf Ihrer Website zur Verfügung stellen, werden Sie wohl kein Geld direkt damit verdienen. Sie können aber mit einer Dienstleistung aufwarten, die die Effizienz erhöht: Ihren zukünftigen Kunden wird es leicht gemacht, Kunden zu werden, und Ihre bereits bestehenden Kunden bekommen, was Sie brauchen – und das alles auf einfache und schnelle Art und Weise. Sie können Geld sparen, weil Ihre Kunden die Informationen online abrufen und Sie keinen Anruf im Kundendienst entgegennehmen müssen. Klassische Beispiele dafür sind die Zustellfirmen **Federal Express** (`http://www.fedex.de/`) und **UPS** (`http://www.ups.com/`). Wenn Sie eine Sendung, die Sie mit einer dieser Firmen verschickt haben, verfolgen wollen, haben Sie mehrere Möglichkeiten. Sie können dort anrufen, aber das kostet Geld: Die Firmen zahlen für die gebührenfreie Rufnummer, und sie müssen den Angestellten, der Ihren Anruf entgegennimmt, bezahlen. Sie können aber auch zu der entsprechenden Website gehen und die Sendung verfolgen, indem Sie die Nummer in ein Formular eingeben. Sie bekommen dieselbe Information von demselben Computer, den auch der Angestellte benutzen würde. Allerdings kostet so das Nachschlagen nur einen Bruchteil von dem, was es sonst kosten würde. (Sie können auch noch einen Schritt weitergehen. Mit Hilfe des kostenlosen **WebSprite**-Systems (`http://www.websprite.com/`) können sich Kunden von Fedex regelmäßige Updates über den Verbleib ihrer Sendungen auf ihrem Computer anzeigen lassen. Wenn die Sendung am Ziel eintrifft, wird der Versender sofort benachrichtigt.)

So ziemlich jede Firma, die Soft- oder Hardware an Privatpersonen verkauft, sollte eine Website haben; bei den meisten ist dies heutzutage wohl auch schon der

Fall. (Sie nutzen sie vielleicht nicht sehr wirkungsvoll, aber das steht auf einem anderen Blatt.) Die Vorteile für solche Firmen sind enorm. Viele ihrer Kunden sind bereits im Internet, so daß sie mit der Bereitstellung der Informationen im Internet die Bedürfnisse ihrer Kunden befriedigen können – was sich sofort auszahlt. Wenn ein Kunde der Meinung ist, daß er ganz dringend ein neues Programm braucht, zum Beispiel ein Datensicherungsprogramm, kann er nun sofort auf die Website der Firma gehen und alles zur Funktionsweise des Produkts nachlesen. Anschließend kann er sogar eine limitierte Version herunterladen und sogleich benutzen. Natürlich kann er auch die Vollversion an Ort und Stelle bestellen und am nächsten Tag in den Händen halten.

Natürlich ist das nicht nur im Computergeschäft möglich. Vielleicht haben Sie ja eine Teddybär-Zeitschrift. Zukünftige Abonnenten können nun zu Ihrer Website gehen und Artikel von vorherigen Ausgaben nachlesen. Sie können das Inhaltsverzeichnis der aktuellen Ausgabe und eine Liste von geplanten Artikeln sehen. Genau, und dann können sie die Zeitschrift auch gleich abonnieren.

Ach so, das Telefonverzeichnis. Das beste Beispiel, das ich hierzu bisher gesehen habe, wurde von William Horton, einem Multimedia- und Web-Consultant, bei einer Präsentation der Boulder-Handelskammer gegeben. Er hatte Webseiten der NASA gefunden, die sowohl die Lagepläne der Gebäude als auch das komplette Verzeichnis aller internen Nebenanschlüsse zeigten. Muß so etwas der Öffentlichkeit wirklich zugänglich gemacht werden? Horton bemerkte, daß das eine tolle Informationsquelle für Terroristen sei. Was nur wieder einmal zeigt, daß einige Informationen für Ihre Website einfach nicht angebracht sind.

1.1.7 Um Muster und kostenlose Proben zu verteilen

Veranlaßt durch das Wachstum des Internet, nehmen sich kommerzielle Software-Hersteller ein Beispiel an Shareware-Firmen. ***Shareware*** ist eine Art von Software, die sich der Marketingtechnik »Erst testen, dann kaufen« bedient. Shareware-Hersteller verschenken ihre Software im wahrsten Sinne des Wortes. Wenn die Software gut ist, dann wird sie sich weit verbreiten, da sie durch Leute an Freunde und Kollegen weitergegeben, durch Shareware-«Bibliotheken« verteilt wird und so weiter. Leute, die das Programm benutzen und mögen und es auch weiterhin benutzen wollen, sind dazu angehalten, die Software gegen eine Gebühr zu registrieren.

Inzwischen spielen viele kommerzielle Software-Hersteller das gleiche Spiel. Microsoft hatte beispielsweise gestattet, die Betaversion von Microsoft Frontpage, einem Programm zur Erstellung von Websites, herunterzuladen. Diese Betaversionen waren voll funktionstüchtig, aber so programmiert, daß sie ab einem bestimmten Datum nicht mehr funktionierten. Abertausende haben das

Programm heruntergeladen. Am 31. Januar 1997 war die Betaversion abgelaufen. Viele Benutzer, die ihre Websites mit Frontpage erstellt hatten, blieben mit dem Wunsch zurück, das Programm weiterhin zu benutzen, aber es gab keine Möglichkeit es zu kaufen. Anscheinend war diese Methode für Microsoft erfolgreich, denn mit der neuesten Version, **Microsoft Frontpage 98** (`http://www.microsoft.com/frontpage/`) wurde genauso verfahren.

Man kann nicht nur Software auf diese Weise verteilen, sondern alles, was in elektronischer Form vorliegt: zum Beispiel ClipArts, Musik, Videos usw.

Das Produkt an sich muß nicht elektronisch sein. Viele Verlage haben Kapitel oder ganze Bücher online gestellt. Zeitschriften haben die neuesten Inhaltsverzeichnisse und einige Artikel im Internet. Mit einer Website können Sie auch Adressen von Leuten sammeln, um ihnen Muster und Proben zu senden. Wollen Sie ein tolles neues Shampoo oder eine Currysauce auf den Markt bringen? Bieten Sie kostenlose Proben an.

1.1.8 Um einen Kundendienst und technischen Support zur Verfügung zu stellen

Für viele Firmen sind Kundendienst und technischer Support eine der Hauptausgaben. Es kann sehr teuer sein, wenn man Mitarbeiter die Fragen von Einzelpersonen beantworten läßt. Die meisten Fragen der Kunden werden jedoch häufiger gestellt. Wäre es denn nicht effizienter, wenn man die Fragen nur einmal beantworten müßte?

Nun, Sie werden die technische Supportabteilung wohl nicht schließen können. Sie können aber einen Teil der Arbeit von ihren Mitarbeitern auf einen Computer abwälzen, wenn Sie Ihren Kunden eine gute Informationsquelle zur Verfügung stellen und sie anhalten, diese auch zu benutzen. Das Problem, das bei vielen Websites mit technischem Support auftritt, ist jedoch, daß sie häufig schlecht gestaltet sind. Die Kunden müssen dann viel zu lange nach den benötigten Informationen suchen. Häufig gibt es dort auch gar nicht alle gewünschten Informationen zu finden. Ich habe einmal eine Website gesehen, die einen durch eine ganze Reihe von Fragen führt. Sie erhalten aber am Ende nur eine komplett nutzlose Standardantwort, wenn Ihr spezielles Problem nicht genau durch diese Fragen abgedeckt wird. Es gibt auch keine E-Mail-Adresse, um einen menschlichen Mitarbeiter zu kontaktieren. Das Ganze kommt noch schlimmer: Es gibt eine ganze Reihe von Fragen, die dazu gedacht sind, herauszufinden, wie Ihnen »Ihr Erlebnis mit dem technischen Support gefallen hat«. Die Fragen scheinen allerdings so formuliert zu sein, daß nur eine positive Antwort möglich ist. Ich habe versucht, die Fragen ehrlich zu beantworten, aber es gab keine Frage, auf die ich eine negative Antwort geben konnte. Es gab auch keinen Platz, wo ich eine kurze Anmerkung hätte schreiben können, warum mir ihr dummes System nicht gefällt. Ohne Zweifel war das Ergebnis, daß ich in ihren Statistiken als »zufriedener Kunde des technischen Supports« gelandet bin.

Wenn Sie sich also damit überhaupt befassen, dann machen Sie es richtig. Investieren Sie Zeit, und bemühen Sie sich herauszufinden, was der beste Weg ist, die Informationen so zu präsentieren, daß der Kunde schnell darauf zugreifen kann. Stellen Sie auf Ihrer Website auch alle vorhandenen Informationen zur Verfügung. Ein interessantes Beispiel einer Support-Website ist übrigens die **Microsoft Knowledge Base,** die Teil der technischen Supportseite von Microsoft ist (`http://support.microsoft.com/support/`). Dort haben Sie Zugriff auf dieselbe Datenbank, die auch den Microsoft-Mitarbeitern im technischen Support zur Verfügung steht, um Fragen von Anrufern zu beantworten.

1.1.9 Damit Sie neue Kunden treffen können

Wenn Sie Ihre Website im Internet bekanntmachen, dann wollen Sie, daß Leute Ihre Seiten besuchen. Eine Website ist aber keine Reklametafel. Eine Reklametafel tut nichts für Sie, sie bringt nur eine Nachricht rüber. Sie können natürlich solche Websites erstellen, aber dann lassen Sie verschiedene Möglichkeiten ungenutzt.

Bringen Sie Leute zu Ihrer Website, und lernen Sie sie kennen. Versuchen Sie, an ihre E-Mail-Adressen zu kommen. Wie Sie in Kapitel 12 und 13 sehen werden, gibt es Möglichkeiten, Leute dazu zu bringen, ihre E-Mail-Adressen preiszugeben. Mit Hilfe der Adressen können Sie in Kontakt mit Ihren Kunden bleiben, Benachrichtigungen über besondere Angebote oder Informationen auf Ihrer Website, die für Ihre Kunden wichtig sein könnten, verschicken und so weiter. Das World Wide Web ist ein interaktives Medium, also benutzen Sie es nicht als etwas statisches.

1.1.10 Um ein stärkeres Band zwischen Ihnen und Ihren Kunden zu schmieden

Einer der großen Vorteile des WWW ist, daß Sie Ihre Kunden kennenlernen können, so daß diese nun keine gesichtslosen Statistiken mehr sind. Bringen Sie Ihre Kunden zu Ihrer Website, und fragen Sie sie, was sie an Ihren Produkten mögen. Fragen Sie, was ihnen nicht gefällt, welche zukünftige Weiterentwicklung sie sich wünschen, ob sie das Produkt auch kaufen würden, wenn es im Paket zusammen mit anderen Dingen kommt (was Sie sich schon überlegt haben), und ob ihnen die neue Verpackung gefällt.

Dafür können Sie sich auch revanchieren. Geben Sie Ihren Kunden Gutscheine, Namen und Adressen von Händlern in ihrer Nähe, Tips zum Gebrauch von Ihren Produkten, Angebote zu Kopplungsgeschäften mit anderen Produkten usw.

1.1.11 Um ein Kommunikationssystem innerhalb Ihrer Firma zur Verfügung zu stellen

Alle Welt geht ins Internet. In Europa, Nordamerika und Australien haben Millionen Leute einen Internet-Zugang; viele benutzen dazu einen Laptop. Das Interesse am Internet steigt in Lateinamerika, Teilen von Asien und anderswo kontinuierlich. Die Gewöhnung des Einzelnen an Kommunikation über das Internet wird auch die Kommunikation in großen Firmen verändern.

Firmen können zum Beispiel ein eigenes privates Netz, ein sogenanntes ***Intranet***, aufbauen, das sie für die firmeninterne Kommunikation benutzen. Dazu kann man recht kostspielige Technologien wie beispielsweise das neue **PPTP** (*Point to Point Tunneling Protocol*) von Windows NT benutzen. Dieses macht eigentlich nichts anderes, als ein privates Netzwerk auf dem World Wide Web aufzusetzen. Man kann aber auch ganz einfach (und kostengünstig) eine nichtöffentliche Website erstellen. Das geht zum Beispiel mit Microsoft Frontpage, einem Programm, das schon ab ca. 300 DM erhältlich ist.

Mitarbeiter auf der ganzen Welt können mit Hilfe einer Telefonverbindung auf die Website zugreifen. Sie können Dateien herauf- und herunterladen, Nachrichten lesen und hinterlassen, an Online-Gesprächen mit anderen Mitarbeitern teilnehmen und die neuesten Firmennachrichten lesen. Ob nun jemand einen Laptop in einem Hotelzimmer in Hongkong, einen PC in einer kleinen Ein-Mann-Firma in Quito oder einen Macintosh in einem Großraumbüro in Melbourne benutzt, spielt keine Rolle: Alle haben Zugriff auf die Website, und alle können zur gleichen Zeit online sein.

1.1.12 Damit sich Aktieninhaber mehr als Teil der Firma fühlen

Viele Firmen stellen für ihre Aktieninhaber besondere Dienstleistungen zur Verfügung. Wenn Ihnen Aktien einer bestimmten Hotelkette gehören, dann bekommen Sie günstigere Zimmerpreise. Wenn Sie Aktien einer Fährgesellschaft haben, können Sie zu einem verbilligten Tarif fahren. Warum sollten Sie also keine Website für Ihre Aktionäre einrichten? Dort können Sie jede Menge nützlicher Informationen unterbringen: natürlich den aktuellen Aktienkurs, aber auch Nachrichten des Vorstands, Informationen zu speziellen Angeboten für Aktieninhaber und wie sie am Programm zur Reinvestition der Dividenden teilnehmen können, Firmennachrichten und so weiter. Das Ganze sollte aber gut gestaltet und interessant gemacht sein – vermeiden Sie die übliche Langeweile oder Trockenheit. Diese Website kann auch ruhig öffentlich zugänglich sein. Dann kann sie als Werbung für Ihre Aktien und als Informationsquelle zu Ihrer Firma dienen.

1.1.13 Um Geld mit Anzeigenverkauf zu verdienen

Ich habe diese Idee für ganz zum Schluß aufgehoben, weil es, im Moment zumindest, recht unwahrscheinlich ist, daß Sie durch den Verkauf von Werbefläche auf Ihrer Website Geld verdienen werden. Natürlich kann so etwas gemacht werden, aber es ist sehr schwierig. Der Großteil der Millionen, die angeblich für Anzeigen im Internet ausgegeben werden, fließt in die Taschen von ca. einem Dutzend Firmen. Viele der Behauptungen sind sowieso übertrieben, da die Schätzungen anscheinend häufig auf Preisen für Anzeigen in der Druckindustrie basieren. Die meisten Anzeigenkunden aber zahlen sehr reduzierte Preise.

Wir werden aber darüber sprechen, wie man Anzeigenplatz verkauft und auch kauft. Vergessen Sie aber nicht, daß es für eine kleine Website sehr schwierig ist, Geld durch Anzeigenverkauf zu verdienen, also lassen Sie Ihre Finanzierung nicht darauf basieren.

1.2 Recherchieren Sie ein wenig

Jetzt haben Sie schon gewisse Vorstellungen, was Sie für Ihre Firma oder Organisation tun können. Meiner Meinung nach aber sollten Sie nun einfach ein paar Tage lang im World Wide Web surfen. Schauen Sie sich genau an, was andere Leute machen. Folgen Sie Links ganz nach Belieben, lassen Sie sich nicht hetzen, sondern nehmen Sie sich einfach etwas Zeit zum Entdecken.

Sie werden wahrscheinlich auf weitere Ideen kommen, während Sie unterwegs sind, also machen Sie sich Notizen. Niemand kennt Ihre Firma besser als Sie. Sie werden auch auf neue und eigene Ideen kommen, wenn Sie das WWW erst einmal verstanden und gesehen haben, was andere Leute machen.

1.3 Nicht alle Firmen brauchen eine Website

Nun zurück zu der Frage, die wir ganz am Anfang des Kapitels gestellt haben: Brauchen Sie wirklich eine Website? Vielleicht lautet die Antwort nein. Es gibt viele Arten von Firmen oder Geschäften, die davon einfach nicht profitieren würden. Hier ist ein Beispiel. Nehmen wir an, Ihnen gehört ein Schuhgeschäft, das sich in der Fußgängerzone in einer mittleren Kleinstadt befindet. Sie wollen, daß mehr Leute in Ihren Laden kommen, so daß Sie mehr Schuhe verkaufen. Könnten Sie von einer Website profitieren? Natürlich. Würde sich das Ganze aber auch rentieren? Vermutlich nicht.

Das Problem ist, daß nur wenige Leute das Web dazu benutzen, um regionale Geschäfte und Dienstleistungsunternehmen zu finden. Was mache ich, wenn ich ein Paar Schuhe kaufen will? Ich gehe ins nächste Kaufhaus, ein Einkaufszentrum oder in ein paar kleinere Läden in meiner Nähe. Natürlich könnte ich auch in die Gelben Seiten schauen. Aber das ist eher unwahrscheinlich. Ich würde mir aber ganz sicher nicht die Mühe machen, im World Wide Web nachzusehen.

Kaum jemand wird also nach Ihrem Laden im WWW suchen. Vielleicht verkaufen Sie dadurch ein oder zwei Paar Schuhe mehr. Der Gewinn würde aber nicht ausreichen, um die Kosten für die Website zu rechtfertigen.

Was ist aber mit jemandem, der gerne aus Katalogen bestellt? Würde derjenige dann nicht auch Schuhe über das WWW kaufen? Ja, vielleicht schon. Aber Sie haben mir ja gerade eben erzählt, daß Sie möchten, daß mehr Leute in Ihren Laden kommen. Das heißt, Sie reden jetzt von einer neuen Form, Geschäfte zu machen. Wenn Sie in das Versandhauskatalog-Geschäft einsteigen wollen, dann ist es auch eine sehr gute Idee, eine Website zu haben; natürlich nur, solange Sie diese auch richtig auf den Markt bringen.

Hier ein Beispiel, von dem Sie vielleicht schon gehört haben: die Website von **HotHotHot** (`http://www.hothothot.com/`). Diese Website wurde von den Eigentümern eines Ladens für scharfe Saucen in Pasadena, Kalifornien, ins Leben gerufen. Dieser Laden konnte wirklich von einer Website profitieren. Ich wette, daß der zusätzliche Umsatz nicht gereicht hätte, um für die Kosten der Website aufzukommen, wenn auf dieser einfach nur gestanden hätte: »Kommt in unseren Laden!«. Sie haben aber mehr gemacht als nur das und so im Endeffekt ein neues Geschäft aufgemacht. Sie haben beschlossen, ihre Produkte auch an Leute zu verkaufen, die nicht in ihren Laden kommen können. Jetzt kann man sich den Warenkatalog online ansehen, online oder via Telefon Bestellungen aufgeben und sich die Sachen zuschicken lassen.

Jedoch muß man hier folgendes bedenken. Erstens hat HotHotHot ein Produkt, das sich für das Versandgeschäft geradezu angeboten hat. Wo finden Sie als Liebhaber von scharfen Gewürzsaucen sonst schon einen Laden mit einer Auswahl von über 400 Sorten? Wissen Sie, wo Sie die »Spitfire Red Sauce« kaufen können? Klar doch, in Barbados, aber in Ihrer Heimatstadt? Und was ist mit »West Indies Creole« oder »Hot as Hell Teralu Pedis«? In anderen Worten, HotHotHot ist ein Spezialgeschäft, das ein Produkt verkauft, für das es mehrere Millionen potentielle Kunden gibt. Das liegt daran, daß diese auf der ganzen Welt verteilt sind und es schwierig ist, an dieses Produkt heranzukommen. Wenn also jemand eine bestimmte Sauce kaufen will, so ist es häufig am praktischsten, das über das Web zu tun.

Zurück zum Schuhgeschäft. Können Sie Ihr gewöhnliches Schuhgeschäft nehmen, einen Katalog ins Internet tun und dann großartige Verkäufe erzielen? Das ist recht unwahrscheinlich. Was haben Sie, was ich im Schuhgeschäft um die Ecke nicht auch finden würde? Und wo kann ich die Schuhe anprobieren? Wenn

Sie Ihre Waren im Internet verkaufen wollen, dann brauchen Sie einen Grund, warum die Leute ausgerechnet Ihr Produkt kaufen sollen. Hier sind ein paar Vorschläge:

- Ihr Produkt ist nur sehr schwer zu finden. (Vielleicht verkaufen Sie tatsächlich Schuhe, aber es sind Spezialschuhe für Behinderte oder Leute mit verschiedenen Fußkrankheiten.)
- Sie können Ihr Produkt spottbillig verkaufen.
- Sie haben eine riesige Auswahl.
- Sie haben sich auf einen bestimmten Bereich spezialisiert (Zubehör für Künstler, Fallschirmspringer, Snowboarder usw.).
- Bei Ihnen einzukaufen ist extrem praktisch und bequem.

Dies sind verschiedene Strategien, die Versandhäuser in der Welt außerhalb des Internet in ihren Katalogen anwenden. Sie werden im WWW auch nicht mehr verkaufen als außerhalb, wenn Ihr Unternehmen nicht in eine dieser Kategorien paßt oder Sie nicht wenigstens einen ähnlichen Grund haben, warum man bei Ihnen einkaufen soll. Tatsächlich sollten Sie diesen »Katalogtest« anwenden, bevor Sie versuchen, Ihr Produkt online anzubieten. Fragen Sie sich folgendes: Würde sich dieses Produkt in einem Katalog verkaufen? Wenn die Antwort darauf Nein lautet, dann fragen Sie sich: Warum denke ich dann, daß ich es im World Wide Web verkaufen könnte? Ich sage nicht, daß Sie gar keinen Erfolg haben werden, aber Sie sollten eine wirklich gute Antwort auf diese Frage parat haben.

Zu einer Zeit, als das Internet noch nicht so populär war (als die meisten Leute noch der Meinung waren, daß es sich dabei um eine Art von organisierten Verbrechen handelt), habe ich versucht, meine Dienste als Autor online zu verkaufen. Über CompuServe habe ich Briefe an Firmen geschrieben, die jemanden für die Anfertigung von technischen Handbüchern brauchten. Denken Sie, daß ich Aufträge bekam? Aber gewiß nicht. Warum sollte mich jemand am anderen Ende des Landes oder der Welt einstellen, wenn er einen Autor gleich um die Ecke finden konnte? Später habe ich es mit einem anderen Ansatz versucht. Dieses Mal habe ich etwas angeboten, das schwieriger zu finden war: Mein Angebot war, Windows-Hilfedateien für Software-Firmen zu erstellen. Diesmal bin ich mit zwei großen Firmen schnell ins Geschäft gekommen, und dabei sind ca. 35000 DM für mich herausgesprungen. Was war jetzt anders? Ich habe mein Angebot verändert. Nun bot ich nicht mehr etwas an, was die Firmen auch leicht vor Ort finden konnten, sondern etwas, das in der näheren Umgebung kaum zu bekommen war. Zu dieser Zeit waren nämlich Leute, die Windows-Hilfedateien erstellen konnten, sehr gefragt. Natürlich mußte ich meine potentiellen Kunden immer noch davon überzeugen, daß ich mein Versprechen auch einhalten würde. Immerhin war ich aber schon so weit gekommen, daß ich mit ihnen reden konnte.

Lassen Sie mich von Jason Olim erzählen. Jason ist der Miteigentümer der erfolgreichen Website **CDnow** (`http://www.cdnow.com/`), die CDs, Videos und Videospiele verkauft – wir werden uns später noch eingehender mit dieser Firma befassen. »Es gibt so etwas wie das Internet-Geschäft einfach nicht«, sagte Jason, »nur Firmen, die im Internet Geschäfte machen.« Viel zu viele Leute leben mit der Vorstellung, daß das Internet mit Geld gepflastert sei. Alles, was man tun muß, ist ein Geschäft im Internet aufzumachen, und das war's. Die meiste Arbeit geschieht allerdings hinter den Kulissen des Internet. Bedenken Sie, daß Sie mehr tun müssen, als einfach nur eine Website zu erstellen und Werbung dafür zu machen, wenn Sie Ihr Unternehmen mit Hilfe des World Wide Web auf andere Bereiche ausdehnen wollen.

1.4 Eile mit Weile

Was mich immer wieder ärgert, ist, wenn folgendes Märchen über das Internet erzählt wird: »Gehen Sie lieber schnell ins Internet, oder aber Ihre Konkurrenz wird vor Ihnen dort sein«. Es wird impliziert, daß Ihre Konkurrenz einen Vorteil aus dem Internet schlägt und Sie somit vom Markt drängen wird. Die Wahrheit sieht aber vielleicht ganz anders aus. Ihre Konkurrenz verschwendet eventuell wertvolle finanzielle Ressourcen an ein Projekt, das scheitert oder aber erst nach anfänglichen großen Verlusten erfolgreich ist.

Natürlich gibt es Firmen, die im Internet einfach präsent sein müssen. Microsoft konnte es sich nicht leisten, das WWW zu ignorieren, und das gleiche gilt auch für die meisten Hardware- und Softwarefirmen. Wenn Sie aber Schuhe verkaufen oder einen Hundesalon besitzen, dann sieht die Sache anders aus. Bedenken Sie immer folgendes Sprichwort:

Blinder Eifer schadet nur.

Das Märchen vom Internet suggeriert, daß Sie ein Narr sind, wenn Sie sich nicht sofort ins Internet stürzen. Vielleicht aber sind Sie ein Narr, wenn Sie es tun, und vielleicht begeben Sie sich damit auf einen Pfad, den umsichtigere Leute wohlweislich meiden. Immerhin haben Leute schon Millionen im Internet verloren – müssen Sie Ihr Geld auch verlieren? Viele Firmen haben sich schon im Internet versucht und sind daran gescheitert. Manche versuchen es immer wieder, manche haben einfach aufgegeben. Ich bitte Sie inständigst: Lassen Sie sich nicht dazu drängen, Ihr Geld im Internet zu verschwenden. Recherchieren Sie, denken Sie logisch darüber nach, was Sie tun wollen, und planen Sie umsichtig.

1.5 »Regional« bedeutet »sehr wenig Leute«

Menschen in Ihrer Gegend benutzen das Internet, nicht wahr? Das stimmt. Werden Sie dann Leute aus Ihrer Gegend nicht finden, wenn Sie Werbung im Internet machen? Nun, hier kommen wir wieder zu meiner Lieblingsantwort: vielleicht. Es gibt da ein paar Dinge zu bedenken. Erstens: Wie viele Leute benutzen das Internet wirklich? Sie haben wahrscheinlich folgende Zahlen gesehen: 30 Millionen, 40 Millionen oder 50 Millionen. Ich habe kürzlich sogar die Behauptung gelesen (in einer Anzeige, die für Internet-Dienste warb), daß es 65 Millionen Internet-Anwender gibt. Ich denke, daß sich diese Behauptung auf das Prinzip »je mehr, desto besser« stützt. Letzten Monat waren es 45 Millionen Anwender, warum sollte es diesen Monat dann keine 65 Millionen geben? Das Lustige daran ist, daß 1993, als ich »*The Complete Idiot's Guide to the Internet*« schrieb, die Anzahl der Internet-Nutzer bei angeblich 25 Millionen lag. Zu der Zeit befanden sich die meisten Internet-Nutzer in den USA, da auf dem Rest der Welt nur recht wenig Leute Zugang zum Internet hatten. Das würde also bedeuten, daß jeder zehnte Amerikaner im Internet war. Die meisten Amerikaner konnten einem beim besten Willen jedoch nicht erklären, was denn das Internet eigentlich ist, woraus ganz klar folgt, daß diese Zahl falsch sein mußte.

Ich würde Ihnen gerne ganz genau erklären, wie viele Leute das Internet nutzen, plus minus 5 Millionen wäre schon gut. Aber es gibt einfach keine einheitlichen Zahlen. Alle möglichen Studien warten mit völlig unterschiedlichen Ergebnissen auf, die von 30 bis fast 70 Millionen Anwendern in Amerika bis hin zu 69 bis über 100 Millionen Anwendern weltweit reichen. Hier einige Schätzwerte für Internet-Nutzer in den USA:

Relevant Knowledge (Mai 98)	57 Millionen
ZD Intelligence (Juni 98)	45 Millionen PCs (viele davon von mehreren Leuten verwendet)
Mediamark Research Inc. (Mai 98)	44 Millionen
IDC Research (Juni 98)	55 Millionen
IDC Research (März 98)	39 Millionen
AOL (Dezember 97)	43 Millionen
Find/SVP (August 97)	31 Millionen
Intelliquest (März 1998)	66,5 Millionen
Wirthin (März 98)	43 Millionen

Hier einige Schätzwerte für Internet-Anwender in Deutschland:

NOP Research Group (März 98)	6,1 Millionen
IDC Research (Januar 98)	5,24 Millionen

Geschätzte Anzahl von Internet-Nutzern weltweit:

MIDS (Juni 98)	102 Millionen
IDC Research (März 98)	69 Millionen

Welche der Zahlen ist nun korrekt? Suchen Sie sich eine aus, ich habe keine Ahnung. Ich weiß jedoch, daß es definitiv keine 66 Millionen regulären und bewanderten Internet-Anwender in den USA oder weltweit gibt.

Wenn Sie selber einen Blick auf die Zahlen werfen möchten, habe ich hier ein paar gute Plätze, auf denen Sie Statistiken zum Internet finden können, für Sie zusammengestellt:

- Headcount.com von International Communications

  `http://www.headcount.com/`

- Demographische Umfrage von MIDS Internet

  `http://www.mids.org/`

- Yahoo! – Internet-Statistiken und Demographie

  `http://www.yahoo.com/Computers_and_Internet/Internet/Statistics_and_Demographics/`

- Yahoo! – Web-Statistiken und Demographie

  `http://www.yahoo.com/Computers_and_Internet/Internet/World_Wide_Web/Statistics_and_Demographics/`

- W&V – Web-Statistiken Verkaufsstatistiken

  `http://www.wuv.de/links/studien.html/`

OK also, die tatsächliche Anzahl kann also irgendwo liegen. Aber wie die Zahl auch lauten mag – was bedeutet sie wirklich? Dazu ein Beispiel, wie die Zahlen zu Internet-Nutzern mißbraucht werden können. Ich habe folgende Feststellung auf dem Titelblatt einer Anzeige (genau, ein Stück Papier!) für ein Internet-Einkaufszentrum gefunden:

Das Internet ist der größte Absatzmarkt der Welt.

Oh, Entschuldigung, ich habe das Ausrufezeichen vergessen:

Das Internet ist der größte Absatzmarkt der Welt!

Was aber bedeutet denn das? Ist denn der US-Markt nicht größer? Oder der europäische? Was ist mit dem Markt für Artikel für Fußballfans? Nun gut, aber das Internet ist ein einziger zusammenhängender Absatzmarkt. Das schlagen wenigstens einige Leute als Definition vor, aber natürlich ist dem nicht so. Im Internet gibt es jede Menge Computerfreaks, Liebhaber von Teddybären, Fußballspieler, Fallschirmspringer, Strickerinnen, Mütter, Kinder, Sammler von antiken Traktoren, Ufologen, Astronomen, Krimiautoren, Fußfetischisten, Nazis, Umweltschützer, Kommunisten, peruanische Revolutionäre, Shakespeare-Schauspieler, Bodybuilder usw. Diese Liste ließe sich noch endlos fortsetzen. Sie wird auch immer länger. Das Internet ist nicht ein einzelner Markt, auch wenn tatsächlich 66 Millionen Menschen im Internet sein sollten. Wenn Sie das Internet als eine einzige Ansammlung von Kunden sehen, dann werden Sie schlimm enttäuscht werden. Es ist viel besser, wenn man das Internet als eine Ansammlung Tausender kleiner Nischenmärkte betrachtet.

Folgender Punkt sollte ebenfalls nicht vernachlässigt werden: Vielleicht gibt es tatsächlich 66 Millionen Leute im Internet, aber was genau ist ein Internet-Nutzer eigentlich? Jemand, der ab und zu E-Mail benutzt, um in bezug auf seine Familie, Freunde oder Arbeitskollegen auf dem Laufenden zu bleiben? Jemand, der einen Internet-Zugang von zu Hause aus angemeldet hat, ihn aber schon seit Monaten nicht mehr benutzt hat? Was ist mit jemandem, der ständig im IRC und süchtig nach Chats ist, aber sich nicht für das WWW interessiert? Jemand, der ein oder zwei Stunden pro Woche im Internet ist, oder jemand, der total online ist und jede wache Minute im World Wide Web verbringt? Ein Internet-Nutzer kann jede der oben genannten Personen sein.

Einige dieser Internet-Anwender werden Ihnen gar nichts bringen. Bei einigen ist es sehr unwahrscheinlich, daß sie jemals zu Ihrer Website finden werden. Daraus können wir nun zwei Schlußfolgerungen ziehen. Erstens, egal ob es nun 66 Millionen Anwender gibt oder nicht, die tatsächliche Anzahl von potentiellen Kunden ist vergleichsweise klein. Zweitens ist die Zahl aktiver Internet-Nutzer in Ihrer näheren Umgebung recht gering. Sie sollten davon ausgehen, daß die meisten Leute in Ihrer Region das Internet nicht benutzen. Und die, die es tun, sind wahrscheinlich keine regelmäßigen Anwender.

Das heißt jetzt nicht, daß Sie das Internet nicht als Werkzeug für lokale Zwecke benutzen können. Viele professionelle Organisatoren haben ihre eigene Website und Mailinglisten. Eine Firma, deren Zielgruppe die Mitglieder einer der Organisationen sind, kann eventuell auf der Website der Organisation erscheinen. Firmen, die nach den Diensten von diesen Leuten suchen, können sie dort finden. Aber es bedeutet, daß es wahrscheinlich keine gute Idee ist, wenn Sie für Ihr Schuhgeschäft oder die Reinigung am Ort eine Website einrichten.

1.6 Jeder will, daß Sie eine Website haben

Ich versuche, meine Bücher vom Standpunkt eines Verfechters der Interessen eines Lesers aus zu schreiben. Mein Ziel mit diesem Buch ist nicht, Sie zu überreden, ins Web zu gehen. Es soll Ihnen vielmehr bei der Entscheidung helfen, ob es für Sie von Vorteil ist. Wenn ja, dann soll es Sie dabei unterstützen, dies möglichst effektiv zu tun.

Leider haben manche anderen Berater andere Interessen. Auf jeden wird viel Druck ausgeübt, sich an diesem Internet-Ding zu beteiligen. Der Job vieler Leute ist es, Sie zu überzeugen, eine Website einzurichten. Dafür gibt es verschiedene Gründe. Einige verdienen Geld daran, wenn Sie es tun. Der Autor eines Buchs zum Thema »Geschäfte im Internet« redet davon, das World Wide Web in einen Geldesel zu verwandeln. Er erklärt auch, warum Sie Ihre Website unbedingt in einem sogenannten Internet-Einkaufszentrum einrichten müssen (ein Thema, das wir in Kapitel 3 behandeln werden). Ganz zufälligerweise gehört dem Autor ein eben solches virtuelles Einkaufszentrum.

Andere Autoren wiederum sind so in ihrer Begeisterung für die Technologie gefangen und blind für die wirtschaftlichen Fakten, daß es ihrer Meinung nach offensichtlich ist, daß man im Web sein muß. (In Kapitel 10 geht es um die Vor- und Nachteile ausgefallener technischer Spielereien.) Autoren, die für die Computerpresse arbeiten, sind oft nicht mehr als Sprachrohre für neue Technologien. Ja, ich gebe es zu, auch ich schreibe für die Computerpresse. Aber ich versuche, mit beiden Beinen fest auf der Erde zu bleiben.

Ich habe zum Beispiel einmal einen Artikel gelesen, in dem behauptet wird, daß es »das Geheimnis einer erfolgreichen Website [ist], viele Links zu erstellen«. Ach, wenn es nur so einfach wäre! Gute Ratschläge, die daraufhin zielen, daß Sie Ihre Website »aufsehenerregend«, »cool« oder »spannend« gestalten müssen (was im Endeffekt nichts anderes heißt, als daß Sie die ganzen neuesten und teuersten Multimedia-Werkzeuge benutzen sollen), sind so weit verbreitet, daß es schwerfällt, ihnen keinen Glauben zu schenken. Zum Glück stimmt das alles so nicht.

Vor einiger Zeit habe ich an einer kostenlosen Konferenz, veranstaltet von einem Web-Einkaufszentrum, teilgenommen. Das Ganze fand außerhalb des Internet in einem Hotel bei mir in der Nähe statt. Ich hatte auf einen Werbebrief geantwortet (eine echter Werbebrief, der in meinem Briefkasten lag), der dafür warb, einem das Geheimnis zu verraten, wie man im Internet reich werden kann. Das hat mich neugierig gemacht. Wenn es irgendeinen magischen Schalter gibt, den man nur anknipsen muß, um zu sofortigem Reichtum zu kommen, dann will ich natürlich auch wissen, wie das geht. Es hat sich dann herausgestellt, daß das Geheimnis vom Reichwerden im Internet ist, Anzeigen und Web-Seiten in einem Web-Einkaufszentrum zu verkaufen. Nicht irgend ein virtuelles Einkaufszentrum natürlich, sondern das von den Veranstaltern.

Eines, was der Sprecher sagte, geht mir jedoch nicht mehr aus dem Kopf. Er sprach darüber, Anzeigenplatz an Firmen in der Region zu verkaufen. Er erklärte, wie man eine Firma davon überzeugen kann, 75 DM für das Schalten einer Anzeige zu zahlen. Die Technik basiert darauf, daß man eine Firma davon überzeugt, daß es Millionen von Internet-Anwendern gibt, von denen sich einige ganz in der Nähe der Firma befinden. Dabei zielt man auch ein wenig auf die Eitelkeit: Wäre es nicht nett, sagen zu können, daß *ihre* Firma im *Internet* ist?!

Was passiert nun, wenn es an der Zeit ist, die Anzeige zu erneuern? Der Sprecher hat niemals wörtlich gesagt: »An diesen Anzeigen verdienen ihre Käufer nichts«. Er hat vielmehr bemerkt, daß selbst wenn die Anzeigen für ihre Käufer nicht profitabel seien, die Käufer sie trotzdem fast immer erneuern würden. Ihnen gefalle, daß es schon fast eine Art Gütesiegel ist, wenn man im Internet präsent ist. Außerdem würden heutzutage 75 DM für eine Anzeige gezahlt, ohne daß groß darüber nachgedacht wird.

Lassen Sie sich nicht von Sprachrohren oder Leuten, die an Ihnen Geld verdienen, ins Internet drängen. Wenn Sie die Ratschläge von solchen Leuten annehmen, werden Sie wahrscheinlich damit enden, daß Sie zuviel ausgeben und eine Website erstellen, die Ihnen nicht viel helfen wird.

1.7 Vergessen Sie nicht ...

Hier ist etwas, an das Sie immer denken sollten:

Das Internet ist eine einzige Arbeitsbeschaffungsmaßnahme für Computerfreaks.

Das heißt nicht, daß das Internet kein wichtiges Werkzeug für viele Firmen ist, das ist definitiv der Fall. Aber wenn Sie Ratschläge hören, denken Sie daran, woher sie kommen. Es gibt höchstwahrscheinlich mehr Leute im Internet, die sich ihren Lebensunterhalt damit verdienen, Internet-Dienste anzubieten, als Leute, die Produkte und Dienste im Internet verkaufen, die mit dem Internet an sich nichts zu tun haben. Was versteht man unter Internet-Diensten? Internet-Dienstanbieter, Webhosting, Website-Design, Software, die in irgendeiner Form mit dem Internet zu tun hat, usw. (Wenn Sie nicht genau wissen, was die einzelnen Begriffe bedeuten, finden Sie in Kapitel 2 eine Erklärung.) Nicht zu vergessen Leute, die im Internet schreiben, Bücher oder Artikel zum Internet verfassen usw. Das Internet hat mit zig Tausend verkauften Büchern zum Thema Internet zu einem riesigen Aufschwung in der Computerbuchindustrie geführt.

Wenn Sie die ganzen guten Ratschläge, die Ihnen zum Einrichten Ihres Geschäfts im Web gegeben werden, durchgehen, ist es wichtig, sich an mein Motto zum Thema Freaks zu erinnern. Und es ist wichtig, sich an den Satz zu erinnern, wenn Sie sich überlegen, wie Ihre Website aussehen soll. Also werden Sie diesen Satz später im Buch wiederfinden.

1.8 Also, brauchen Sie eine Website?

Ich hoffe, daß Sie inzwischen eine vernünftige Entscheidung treffen können, ob Sie eine Website einrichten sollen oder nicht. Oder aber, daß Sie zumindest mit dem Prozeß der Erforschung und des Lernens begonnen haben, der Sie dann die richtige Entscheidung fällen läßt.

Vielleicht sind Sie sich nicht sicher, ob Ihrer Firma mit einer Website geholfen wäre. Vielleicht denken Sie, daß es gut wäre, aber Sie wollen keine immensen Summen für die Gestaltung einer Website aufwenden. Nun, das müssen Sie auch nicht. Websites können sehr kostengünstig eingerichtet werden. Ein unabhängiger Geschäftsmann zum Beispiel kann eine Website in seiner Freizeit erstellen. Dafür muß er im Monat ca. 35 bis 50 DM ausgeben.

Hier ist eine wahre Geschichte: Ein leitender Angestellte der Firma USWest fragte seinen Systemverwalter: »Können Sie eine Website für uns einrichten, wenn wir Ihnen eine halbe Million Dollar zur Verfügung stellen?« Viele Leute haben eine völlig falsche Vorstellung davon, was eine Website kostet, nicht zuletzt dank der Computerpresse, in der die komplizierten und teuren Technologien gegenüber den einfachen kostengünstigen Methoden favorisiert werden.

In diesem Buch geht es ja darum, wie Sie eine Website einrichten können, ohne dabei gleich pleite zu gehen. Websites können preiswert sein, und ich zeige Ihnen, wie das geht.

1.9 Realismus, kein Pessimismus!

Ich hoffe, daß ich mich nicht allzu pessimistisch anhöre, was das Einrichten von Websites betrifft. Ich denke eher, daß ich in vielen Bereichen optimistischer bin als viele andere Autoren. Sehen Sie, es gibt da eine unterschwellige Botschaft, wenn Autoren darüber sprechen, wie man mit Java, JavaScript und all den anderen netten kleinen Spielzeugen eine »coole« und »ansprechende« Website gestaltet. Diese Botschaft lautet: »Versuche es erst gar nicht, es ist viel zu teuer, und Du kannst sowieso nicht mithalten«.

Viele Leute können auf diese Art tatsächlich nicht mithalten, weil es viel zu teuer ist. Es ist beispielsweise recht schwierig, ein Java Applet zu erstellen. Ein Nichtprogrammierer wird Hunderte von Stunden brauchen, bis er genug gelernt hat, um ein halbwegs vernünftiges Applet zu erstellen. Oder aber es kostet viele Tausend Mark, wenn Sie jemanden damit beauftragen. Zum Glück müssen Sie diesem schlechten Rat nicht folgen. Sie brauchen kein Java, und Sie müssen nicht »cool« sein. Sie können eine nützliche Website tatsächlich zu einem recht geringen Preis erstellen. Und darum geht es in diesem Buch.

1.10 Zu den URLs

Ich habe in diesem Buch Hunderte von URLs (das letzte Mal, als ich zählte, waren es fast 800) aufgeführt. Das sind alles Links zu nützlichen Ressourcen, die Ihnen bei der Erstellung und dem Promoten Ihrer Website behilflich sein können. Ich schlage vor, daß Sie zu der **Website zu diesem Buch** unter `http://www.mut.de/abc/` oder `http://www.poorrichard.com/book/` (dort finden Sie die englische Version der Originalausgabe) gehen, damit Sie die ganzen Links nicht abtippen müssen. Dort finden Sie eine Webseite mit den nach Kapiteln geordneten Links, die innerhalb der einzelnen Kapitel alphabetisch aufgelistet sind. Sie können diese Seite entweder auf Ihrer Festplatte speichern oder ein Lesezeichen legen. So können Sie jederzeit mit einem schnellen Klick zu den Seiten, die ich erwähne, gelangen.

Ich werde diese Links von Zeit zu Zeit überprüfen und auf den neuesten Stand bringen, da jede größere Gruppe von Links mit der Zeit veraltet. Lassen Sie mich auch noch kurz erklären, wie Sie mit Links umgehen, die scheinbar kaputt sind. Diesen praktischen Trick können Sie überall im World Wide Web anwenden. Nehmen wir an, daß Sie eine URL wie die folgende sehen (oder einen Link, der diese URL enthält):

```
http://www.eineDomain.com/erstesVerzeichnis/zweitesVerzeichnis/
irgendwas.html
```

Wenn Sie die URL eintippen oder auf den Link klicken, erhalten Sie die Fehlermeldung, daß das angeforderte Dokument auf dem Server nicht gefunden werden konnte. Was können Sie jetzt machen? Wenn Sie die URL eingegeben haben, stellen Sie sicher, daß Sie sich nicht vertippt haben, und daß Sie die korrekte Dateinamenerweiterung verwendet haben (in diesem Fall .html und nicht .htm). Wenn Sie sich nicht vertippt oder den Link angeklickt haben, kann es sein, daß die Datei verschoben oder gelöscht wurde. Was nun? Müssen Sie einfach aufgeben?

Nein. Ich schlage vor, daß Sie sich nun in der Verzeichnisstruktur hocharbeiten. So können Sie sehen, ob Sie nicht eine andere Webseite finden, die Informationen enthält, mit denen Sie an die gesuchte Seite kommen. Entfernen Sie im Adreßfenster Ihres Browsers den Dateinamen aus der URL, und versuchen Sie es erneut:

```
http://www.eineDomain.com/erstesVerzeichnis/zweitesVerzeichnis/
```

Wenn Sie die Eingabetaste drücken, passiert eins von drei Dingen. Entweder zeigt Ihr Browser die Standardseite für dieses Verzeichnis an. Eventuell wird auch eine Liste mit allen Dateien im Verzeichnis angezeigt. Sie können auf eine der .html- oder .htm-Dateien in dieser Liste klicken und sie anzeigen lassen. Es kann aber auch sein, daß Sie eine weitere Fehlermeldung erhalten, die besagt, daß nichts gefunden werden konnte. In diesem Fall gehen Sie einfach zum nächsthöheren Verzeichnis. Tippen Sie folgendes ein:

```
http://www.eineDomain.com/erstesVerzeichnis/
```

Und wieder sehen Sie entweder eine Web-Seite, den Inhalt eines Verzeichnisses in Form einer Liste oder aber eine Fehlermeldung. Wenn Sie eine Fehlermeldung erhalten, gehen Sie wieder ein Verzeichnis hinauf. In unserem Beispiel würden Sie folgendes eintippen:

```
http://www.eineDomain.com/
```

Wenn es diesen Domainnamen gibt, dann werden Sie auch fast immer irgend etwas finden. Eventuell eine Seite, die anzeigt, wo die von Ihnen gewünschte Information zu finden ist, oder aber, daß die Information nicht länger auf diesem Server verfügbar ist. Wenn Sie diese Technik anwenden, können Sie häufig die benötigten Informationen finden, auch wenn diese auf eine neue Stelle auf der Website verschoben worden sind.

2. Kapitel

Was Sie brauchen, bevor Sie anfangen können

In diesem Kapitel gebe ich Ihnen eine Liste von Dingen, die Sie benötigen, bevor Sie anfangen können. Bitte überspringen Sie dieses Kapitel auch dann nicht, wenn Sie schon einen Internet-Zugang haben und wissen, wohin Sie Ihre Website tun können. Viele Internet-Nutzer verstehen die Beziehung zwischen ihrem Internet-System, ihrem E-Mail-System und ihrer Website nicht. Um jedoch effektiv zu arbeiten, müssen Sie wissen, wie diese drei Systeme zusammenspielen.

Hier ist ein kurzer Überblick über das, was Sie brauchen, um Ihre Firma ins Internet zu bringen. Das sind nur die Grundlagen, Dinge, die ein kleines Unternehmen mindestens braucht, um anfangen zu können.

- Einen Computer
- Hardware, um den Computer mit dem Internet zu verbinden
- Einen Internet-Zugang über einen Internet-Provider
- Einen POP-Mail-Account
- Einen Platz für Ihre Website
- Einfache Internet-Zugangssoftware
- Grundlegendes Wissen über das Internet
- Gute Nachforschungs- und Marketing-Software

Wir werden uns diese Dinge eins nach dem anderen ansehen.

2.1 Ihr Computer

Eigentlich braucht man das gar nicht zu erwähnen: Sie brauchen einen Computer. Aber was für einen? Ich möchte mir jetzt hier keine Feinde machen, aber ich rate Ihnen, daß Sie einen Windows 95 (bzw. Windows 98) oder Windows NT PC benutzen. Bei einem Macintosh ist die Auswahl an Software recht begrenzt. (Ich halte den Macintosh übrigens für eine tolle Maschine ... Ich möchte hier nicht in den Religionskrieg Macintosh gegen PC hineingezogen werden!) Viele der Programme, die wir in diesem Buch besprechen werden, gibt es nur als Windows-Versionen. In einigen Fällen gibt es für den Macintosh nichts Gleichwertiges, so daß man nicht einfach einen anderen Software-Hersteller wählen kann. Das ist nicht zu vernachlässigen, da die Programme, die wir uns hier ansehen werden, Ihre Arbeit im Internet und WWW sehr erleichtern können. Wenn Sie bereits einen Macintosh haben und kein Geld für einen anderen Rechner ausgeben wollen oder können, ist das auch OK. Sie können trotzdem eine Website einrichten. Sie werden aber weniger Optionen und Tools zur Auswahl haben. (Wenn Sie mit einem Macintosh arbeiten, dann werfen Sie am besten einen Blick auf das **Macintosh**

Internet Ressourcen Verzeichnis (http://www.comvista.com/Internet.tfm), wo Sie nützliche Software finden können. Ich werde später auch noch einige Programme für den Macintosh erwähnen.)

Sie brauchen einen schnellen Computer mit viel RAM bzw. Haupt- oder Arbeitsspeicher (RAM steht für *Random Access Memory*). Zur Zeit ist Arbeitsspeicher recht billig, Sie können 32 Mbyte schon ab 250 DM bekommen. Ausreichend RAM ist auch wichtiger als die Geschwindigkeit des Prozessors. Wenn Sie einen neuen Computer kaufen, dann ist ein Pentium mit 166 MHz und 32 Mbyte Arbeitsspeicher besser als ein Pentium mit 200 MHz und 16 Mbyte Arbeitsspeicher. (Noch besser wäre natürlich ein 200 MHz Pentium mit 64 Mbyte RAM. Man kann niemals zuviel Arbeitsspeicher haben!) Wenn Sie also bei der Anschaffung eines neuen Computers nur wenig Geld extra ausgeben können, dann investieren Sie es lieber in den Arbeitsspeicher als in einen schnelleren Prozessor.

32 Mbyte Hauptspeicher sind das absolute Minimum. Windows 95 allein braucht schon 16 Mbyte Hauptspeicher, um halbwegs vernünftig zu laufen. Und wenn Sie es dazu benutzen, wofür es gedacht ist, und mehrere Programme gleichzeitig laufen lassen, brauchen Sie mehr als das. Denn genau das werden Sie tun, wenn Sie Ihre Firma ins Internet bringen. Sie haben die Einwahl-Software, die Sie mit dem Internet verbindet, einen Webbrowser, vielleicht ein speicherintensives Programm zur Erstellung von Webseiten wie zum Beispiel Frontpage, ein Textverarbeitungsprogramm, ein E-Mail-Programm und so weiter. Ich würde Ihnen empfehlen mit mindestens 64 Mbyte Arbeitsspeicher zu arbeiten.

2.2 So verbinden Sie Ihren Computer mit dem Internet

Sie brauchen unbedingt eine spezielle Hardware für den Internet-Zugang. Das kann eines der folgenden Dinge sein:

- Ein Modem
- Ein ISDN-Adapter oder eine ISDN-Karte (auch häufig ISDN-Modem genannt)
- Irgend etwas schrecklich Teures, das wahrscheinlich gar nicht notwendig ist (Standleitung und Router)
- Irgend etwas Seltsames: Satelliten- oder Kabelsystem (falls Sie das Glück haben, in den USA zu leben)
- Vielleicht, bald einmal, eine Art von DSL-Dienst (*Digital Subscriber Line*)

2.2.1 Modems

Mit einem Modem können Sie Ihren Computer an das Telefonnetz anschließen. Das Modem moduliert die ausgehenden Daten von Ihrem Computer. Das bedeutet, daß die digitalen Computerdaten in analoge Telefonsignale umgewandelt werden. Diese werden dann über die Telefonleitung an den Computer, mit dem Sie verbunden sind, geschickt. Wenn Daten über das Telefonnetz an Ihren Computer geschickt werden, werden diese vom Modem demoduliert (das heißt, es wandelt die analogen Signale in digitale Daten um) und an Ihren Computer weitergegeben. Das Wort Modem ist also eine Zusammenziehung der Wörter **Mo**dulator/ **Dem**odulator. Sie haben die Wahl zwischen externen (ein kleines Kästchen, das Sie an die serielle Schnittstelle Ihres Computers anschließen) und internen Modems. Ein internes Modem funktioniert genauso wie ein externes, nur daß es kein Gehäuse besitzt, sondern als Steckkarte im Computer plaziert wird. Ich empfehle, daß Sie sich ein 56k-Modem anschaffen. 56k bedeutet, daß das Modem mit einer Geschwindigkeit von 56 kbps (Kilobit pro Sekunde; diese Einheit beschreibt, wie schnell das Modem Daten übertragen kann) läuft. Das ist natürlich alles nur Theorie, in Wirklichkeit wird das Modem viel langsamer laufen (aber immer noch schneller als andere, langsamere Modems). Wenn Sie an den technischen Einzelheiten interessiert sind, warum das so ist, dann können Sie das auf einer der folgenden Seiten nachlesen:

- 56k.com

  `http://www.56k.com/`

- The 56k Modem Info Center

  `http://www.sirius.com/~rmoss/`

- The No Hype 56k Modem Page

  `http://www.mactimes.com/lowend/56k/`

Es gab in den letzten Jahren in bezug auf diese Modems ein wenig Verwirrung, da es zwei miteinander konkurrierende und nicht kompatible Systeme gab: X2 von **3Com/US Robotics** und K56Flex von **Rockwell/Lucent**. Es gibt inzwischen jedoch einen Standard, allgemein als V.90 bezeichnet, so daß nun theoretisch alle 56k-Modems miteinander kommunizieren können. Es kann immer noch sein, daß Ihr Modem nicht mit der V.90-Software ausgestattet ist, aber dann läßt es sich höchstwahrscheinlich nachrüsten. Viele Internet-Provider haben auch noch nicht auf V.90 umgestellt, sondern benutzen immer noch die alten Systeme.

Wenn Sie ein 56k-Modem kaufen, sollten Sie darauf achten, daß es V.90 kompatibel oder aber einfach aufzurüsten ist (der Hersteller könnte die dazu notwendige Software beispielsweise auf seiner Website zum Herunterladen bereitstellen). Stellen Sie auch sicher, daß Sie das Modem bei Ihrem Internet-Provider verwenden können, da noch nicht alle Internet-Provider diesen schnellen Zugang unterstützen.

Wenn Sie mehr Informationen zu den zwei größten 56k-Herstellern möchten, dann sehen Sie sich auf der 3Com/ USRobotics-Website (`http://www.3com.com/` oder `http://www.3com.com/56k/`) oder der Rockwell-Website (`http://www.nb.rockwell.com/K65flex/`) um.

Übrigens: Wenn Sie wirklich knapp bei Kasse sind, können Sie auch mit einem 28.800-bps- oder 33.600-bps-Modem im Internet arbeiten. Weniger sollte es aber nicht sein! 14.400-bps-Modems sind schon scheußlich langsam, und alles darunter ist mehr als Schneckentempo. Bedenken Sie auch, daß längere Ladezeiten mit einem langsameren Modem höhere Telefonkosten bedeuten.

2.2.2 ISDN

Inzwischen kann man sich auch (fast) überall eine **ISDN**-Leitung (ISDN steht für *Integrated Services Digital Network*) legen lassen. Das ist eine digitale Telefonleitung, die Daten viel schneller (nämlich mit 64 kbps) als eine gewöhnliche Telefonleitung transportiert. Die Installation kostet zur Zeit ca. 200 DM (Basisinstallation) und die monatlichen Gebühren betragen ca. 45 DM (anstelle Ihrer regulären Grundgebühr). Dazu kommen dann noch (wie beim Modem auch) die regulären Telefonkosten, abhängig von Ihrer Telefongesellschaft.

Sie zahlen also mehr, wenn Sie sich via ISDN mit dem Internet verbinden. Sie zahlen nicht nur die Installation und eine höhere monatliche Grundgebühr, sondern müssen auch knapp 500 DM für einen ISDN-Adapter (ein externes Gerät, das Sie an Ihren Computer anschließen) oder ca. 180 DM für eine ISDN-Karte (interne Steckkarte) ausgeben. Obwohl häufig als ISDN-Modem bezeichnet, moduliert oder demoduliert die ISDN-Karte die Daten nicht wirklich.

Wenn Sie mehr zu ISDN wissen wollen, dann informieren Sie sich auf den Seiten der **Telekom** unter `http://www.telekom.de/isdn/infocenter/index.htm`.

Der Vorteil von ISDN ist nicht nur, daß Sie durch die höhere Übertragungsrate Telefonkosten sparen können (vor allem wenn Sie häufig große Datenmengen übertragen), sondern auch, daß Sie zwei Leitungen gleichzeitig benutzen können. Sie können also im World Wide Web surfen und dabei gleichzeitig telefonieren.

Ein Internet-Serviceprovider (ISP) oder einfach Internet-Provider ist eine Firma, die Ihnen den Zugang zum Internet ermöglicht. Ihr Computer verbindet sich mit einem Computer in dieser Firma und kann so auf das Internet zugreifen. Internet-Provider werden auch manchmal als Internet-Accessprovider (Internet-Zugangsanbieter), kurz IAP, genannt.

2.2.3 Satelliten- und Kabelsysteme

In den USA gibt es weitere Verbindungsmöglichkeiten, und zwar über einen Satelliten bzw. über das Kabelfernsehen. Diese Systeme sind zur Zeit in Deutschland noch nicht verfügbar, ich führe sie aber der Vollständigkeit halber trotzdem auf. **DirecPC** von Hughes Network Systems (`http://www.direcpc.com/`) stellt in einigen Gebieten Nordamerikas eine **Satellitenverbindung** zur Verfügung. Die Installationskosten belaufen sich auf ca. 700$, aber man braucht zusätzlich auch noch eine Modemverbindung. Das Ganze funktioniert so: Die Software benutzt die Modemverbindung, um Daten an das Internet zu senden. Wenn Sie beispielsweise eine Web-Seite ansehen wollen, dann klicken Sie auf einen Link in Ihrem Browser. Diese Anfrage wird nun über das Modem an die Website gesendet. Wenn die Website die angeforderte Seite schickt, wird diese von einem der Rechner im Rechenzentrum von DirecPC abgefangen und ins Weltall zu einem Satelliten geschickt. Dieser schickt die Daten zurück zur Erde, wo sie von Ihrer Satellitenschüssel aufgefangen werden. Die eingehenden Daten (also die Daten, die vom Satelliten kommen) erreichen eine Geschwindigkeit von 400 kbps. Die ausgehenden Daten, die die Telefonleitung benutzen, werden mit der Geschwindigkeit Ihres Modems übertragen. Hughes verlangt dafür ca. 130 bis 150 Dollar pro Monat (es gibt noch eingeschränktere Optionen, die dann ein wenig günstiger kommen). Dazu kommt dann noch die Gebühr, die Sie an Ihren Internet-Provider für die Modemverbindung entrichten müssen, also noch mal ca. 20 Dolar pro Monat.

In Deutschland wird Elsa demnächst sein Kabelmodem vorstellen. Es ist jedoch noch nicht sicher, ab wann Internet-Provider dafür ausgerüstet sein werden und wieviel das kosten wird. Viele der zukünftigen sogenannten SetTop-Boxen planen, sowohl über diese Art von Empfang zu verfügen als auch über einen Anschluß, wo man mit »niedriger« Datenrate per ISDN oder analog zum Provider seine Anfragen schicken kann.

Firmen, die ISDN-Hardware verkaufen, preisen häufig die unglaublichen Geschwindigkeiten, die mit ISDN möglich seien, an. Mit Kanalbündelung und Datenkompressionen können Sie tatsächlich eine Geschwindigkeit von bis zu 300 kbps erreichen. Lassen Sie sich davon jedoch nicht zum Narren halten. Wenn Sie sich mit dem Internet verbinden, werden Sie kaum mehr als 64 kbps erreichen, da die meisten Internet-Provider nicht über die Datenkompression verfügen.

In einigen Gebieten Nordamerikas wird zur Zeit die Internet-Verbindung mit Hilfe des lokalen Kabelfernsehens getestet. Anbieter von Kabelfernsehen versprechen nun schon seit Jahren, daß es möglich sein wird, über das Kabelnetz auf das Internet zuzugreifen. Bis jetzt hat sich da allerdings recht wenig getan. Auch in Deutschland laufen dafür schon Tests.

Vergessen Sie nicht, daß Sie eine Web-Seite mit allen hier genannten Links auf `http://www.mut.de/abc/` *finden können.*

2.2.4 DSL

Letztendlich gibt es auch noch eine Technologie, die **DSL** (*Digital Subscriber Line*) genannt wird. Telefongesellschaften in den USA fangen zur Zeit damit an, DSL zu installieren. USWest (eine Telefongesellschaft) führt gerade die ersten großen Tests in den USA durch. Es gibt verschiedene Arten von DSL: HDSL (*High-Rate DSL*), ADSL (*Asymetric DSL*), RADSL (*Rate Adaptive DSL*), VDSL (*Very high datarate DSL*) usw. Die Geschwindigkeiten reichen je nach System von 128 kbps bis zu 700 kbps. Die Kosten belaufen sich auf 75 bis 175$ im Monat. Das Ganze befindet sich jedoch erst im Anfangsstadium. In den USA gibt es bisher nur Testinstallationen, bis es weiter verbreitet ist, kann das noch ein paar Jahre dauern.

In Deutschland wird ADSL zum Beispiel in Köln getestet. Die Telekom plant, ADSL ab 1999 flächendeckend einzusetzen. Ende 1998 soll ein ADSL-Modem von Siemens für den Anschluß an eine ISDN-Leitung auf den Markt kommen.

2.2.5 Für was sollen Sie sich entscheiden?

Was sollen Sie nun nehmen? Die billigste und einfachste Variante ist, sich ein schnelles Modem zuzulegen. Für die meisten kleinen Firmen ist das auch vollkommen ausreichend. Es ist verhältnismäßig günstig, und Sie werden auch leicht einen passenden Internet-Provider finden. Bei einer sogenannten Standleitung sind Ihre Auswahlmöglichkeiten begrenzter. Seien Sie nicht geizig und kaufen ein billiges oder langsames Modem, sondern legen Sie sich ein schnelles Modem eines bekannten Herstellers zu. Das macht einen großen Unterschied. Wenn sich später herausstellt, daß Sie viel Zeit online verbringen, können Sie immer noch auf ISDN (oder eine Satellitenverbindung) umsteigen.

Übrigens: Wenn Sie planen, einen eigenen Webserver einzurichten, d.h. einen Computer, auf dem sich Ihre Website befinden soll, dann brauchen Sie eine weitaus bessere und schnellere Internet-Verbindung als die hier beschriebenen. Eine Modem- oder ISDN-Verbindung ist bei weitem nicht schnell genug, ebensowenig eine Satellitenverbindung, da bei dieser nur die eingehenden Daten schnell sind. Statt dessen müssen Sie sich eine schnelle und teure Standleitung legen lassen. (Mehr zu Standleitungen erfahren Sie in Kapitel 4.) Sie brauchen auch noch zusätzliche Hardware, einen Router. In Kapitel 3 werde ich jedoch erklären, warum ich es für nicht empfehlenswert halte, einen eigenen Webserver zu unterhalten. Ich gehe später in diesem Kapitel auch auf den Unterschied zwischen einem Webserver und einer Website ein.

2.3 Internet-Zugang

Als nächstes brauchen Sie einen Internet-Zugang. Das Internet ist ein riesiges öffentliches Netzwerk. Wenn Sie darauf zugreifen wollen, müssen Sie sich mit einem Computer, der bereits im Internet ist, verbinden. Das geschieht durch einen Internet-Provider oder ISP (kurz für Internetservice-Provider). Es gibt mehr Internet-Provider, als Sie zählen können, angefangen von kostenlosen (sehr eingeschränkten) Diensten für ein paar hundert Benutzer, bis hin zu riesigen Firmen, die in vielen Ländern zig Tausend Internet-Zugänge zur Verfügung stellen. Die kostenlosen Dienste werden Ihnen im allgemeinen nicht viel nützen, da die meisten einen veralteten Internet-Zugang über die Kommandozeile anbieten. Sie aber brauchen eine neuere Art von Zugang, die auch die grafische Benutzerschnittstelle unterstützt. Dies wird auch häufig als TCP/IP-Zugang bezeichnet.

Es gibt im wesentlichen drei unterschiedliche Arten von Internet-Providern:

- Echte Internet-Provider
- Online-Dienste
- Telefongesellschaften

Die echten Internet-Provider sind Firmen, deren Hauptgeschäft im Bereitstellen von Internet-Zugängen und damit verbundenen Diensten wie Webseiten-Erstellung, Web-Hosting usw. besteht. (Ich erkläre die ganzen Begriffe zu den einzelnen Internet-Technologien später in diesem Kapitel.) Es gibt kleine Firmen mit nur ein paar Hundert und bundesweite Firmen mit vielen tausend Kunden. Wenn Sie schon über irgendeine Form von Internet-Zugang verfügen, können Sie sich auf folgenden Webseiten über Internet-Provider informieren: **Internet Access Provider bei Yahoo!** unter `http://www.yahoo.com/Business_and_Economy/Companies/Internet_Services/Access_Providers/` oder **The List** unter `http://thelist.iworld.com/`. Bei **Focus** erhalten Sie nützliche Informationen und können eine Datenbank mit über 600 Internet-Providern durchsuchen: `http://www.focus.de/D/DD/DDO/ddo.htm`. Eventuell können Sie diese Seiten auch in einem Internet-Café oder einem öffentlich zugänglichen Computer in einer Bibliothek abrufen.

Online-Dienste sind Firmen wie CompuServe, America Online (AOL), T-Online, Microsoft Network oder Prodigy. Diese Firmen sind so etwas ähnliches wie Privatclubs. Sie bieten jede Menge Dienste an, wie beispielsweise Diskussionsforen zu fast jedem denkbaren Thema, Chaträume, Online Banking, Nachrichten, Wetterbericht usw. Wenn Sie Zugang zu diesen Diensten wollen, müssen Sie dem Club beitreten. Gleichzeitig haben Sie aber auch Zugriff auf das Internet. Wenn Sie also Mitglied in diesem Club sind, können Sie auch in das Internet gehen und das WWW, Newsgruppen und die anderen Dienste nutzen.

Inzwischen mischen auch die Telefongesellschaften kräftig mit. Firmen wie Viag Interkom oder Mannesmann Arcor bieten kostengünstigen Internet-Zugang an. Dabei ist das Abrechnungsverfahren stark vereinfacht. Bei Mannesmann Arcor erhalten Telefonkunden ohne weitere Anmeldung einen bundesweiten Zugang, bei dem die Online-Minute zwischen 9.00 und 18.00 Uhr inklusive Telefongebühren 16 Pfennige, in der übrigen Zeit 12 Pfennige kostet. Bei Viag Interkom zahlt man inklusive der Telefongebühren unabhängig von Ort und Zeit 10 Pfennige pro Minute.

Davon abgesehen gibt es bisher keine Statistiken über die Qualität dieser Dienstleistungen. In den USA kapieren die Telefongesellschaften häufig einfach nicht, worum es geht. Obwohl eine Telefongesellschaft ja weiß, wie man alles miteinander verbindet, verstehen sie nicht, was die Leute wirklich im Internet machen wollen. Häufig ist der Service bei einem echten Internet-Provider besser als bei einer Telefongesellschaft.

Welche Art von Internet-Provider sollen Sie nun wählen? Das ist eine schwierige Frage, da es darauf ankommt, wo Sie sich befinden, was Sie machen wollen und wann Sie sich für einen Provider entscheiden. Eine Telefongesellschaft, deren Service in der einen Stadt gut ist, kann in einer anderen fürchterlich schlecht sein. Oder aber der Dienst wird mit der Zeit einfach schlechter. Sie brauchen auch einen Internet-Provider, bei dem Sie sich zu Ortsgesprächsgebühren einwählen können. Wenn Sie Online Banking machen wollen, dann bleibt Ihnen nur T-Online als Provider.

Ich empfehle Ihnen, daß Sie sich mindestens zwei verschiedene Alternativen suchen, um ins Internet gelangen zu können. Man könnte sich zum Beispiel einen CompuServe-Account und einen Netsurf.de-Zugang zulegen. Der CompuServe-Account kostet 9,95$ (ca. 17 DM) im Monat für fünf Stunden und 2,95$ (ca. 5 DM) für jede weitere Stunde. Bei Netsurf.de zahlen Sie 35 DM im Monat. Wenn man auf Nummer sicher gehen will, legt man sich noch einen dritten Zugang zum Beispiel über Mannesmann Arcor (für 10 Pfennig pro Minute) zu. Wenn alles gut geht, können Sie nun hauptsächlich Netsurf benutzen. Wenn es nun Probleme mit diesem Provider geben sollte, können Sie auf Ihren CompuServe-Zugang zurückgreifen und notfalls ein paar Stunden extra bezahlen. Und wenn alle Stricke reißen, haben Sie noch den dritten Internet-Zugang.

Auf irgendeine Art und Weise komme ich nun immer ins Internet und muß dafür noch nicht einmal schrecklich viel Geld ausgeben. Insgesamt bezahle ich im Monat ca. 50 DM, da ich für meinen CompuServe-Zugang nichts zahlen muß. Selbst wenn ich dafür noch zahlen müßte, käme ich auf nicht mehr als 70 DM pro Monat für drei Internet-Provider. Oder aber man sucht sich zwei andere, günstigere Provider und zahlt noch etwas weniger.

Bei zwei Internet-Zugängen haben Sie immer eine Ausweichmöglichkeit, wenn ein Zugang einmal nicht funktionieren sollte. Außerdem sind die Chancen größer, daß Sie zu den Bereichen im Internet, die Sie wirklich interessieren, kommen. Es ist durchaus möglich, daß Sie aufgrund von Netzproblemen auf eine bestimmte Website über den einen Provider nicht zugreifen können, wogegen es mit dem anderen Provider ohne Probleme funktioniert. Heute morgen erst konnte ich beispielsweise nicht in auf meine E-Mail zugreifen, als ich mit CompuServe eingeloggt war. Von meinem anderen Provider aus gab es damit keine Probleme (mehr zu E-Mail-Zugängen gleich).

Ich rate Ihnen, sich mit anderen Internet-Nutzern in Ihrer Gegend zu unterhalten, Anzeigen in Ihrer Zeitung oder in Zeitschriften durchzusehen oder einfach ein paar Internet-Provider auszuprobieren (bei den meisten gibt es verbilligte oder kostenlose Teststunden oder -monate), bis Sie einen gefunden haben, mit dem

Sie zufrieden sind. Ich kann hier keinen bestimmten Internet-Provider empfehlen oder vor einem anderen warnen. Ich habe viele Internet-Provider und Online-Dienste ausprobiert und festgestellt, daß alle ihre Vor- und Nachteile haben. Einen hundertprozentig zuverlässigen Internet-Provider habe ich bisher noch nicht gefunden.

Nur weil ein Internet-Provider unbegrenzten Zugang für 35 DM im Monat anbietet, muß das noch lange nicht stimmen. Es bedeutet vielmehr: 35 DM für so viele Stunden, in denen Sie wirklich eine Verbindung bekommen, es nicht besetzt ist und die Verbindung nicht einfach abgebrochen wird. Vor einiger Zeit drohten 20 Staatsanwälte in Amerika damit, AOL zu verklagen, weil dort unbegrenzter Zugang versprochen wurde, aber nur das Besetztzeichen zu hören war.

2.4 Ein POP-Mail-Zugang

Sie brauchen einen E-Mail-Zugang, der aber ein POP-Mail-Zugang sein muß. POP steht für *Post Office Protocol* und ist das Standardsystem, das für E-Mail im Internet benutzt wird. Während Ihnen die meisten echten Internet-Provider und die Telefongesellschaften einen POP-Mail-Account zur Verfügung stellen, ist es wichtig zu wissen, daß das normalerweise bei den Online-Diensten nicht der Fall ist. Diese haben vielmehr ihre eigenen E-Mail-Systeme, die zu einer Zeit entworfen wurden, als der Zugang zum Internet noch nicht wichtig war, so daß sie auf eine andere Weise funktionierten. CompuServe testet zwar zur Zeit ein POP-Mail-System, aber es steht noch nicht allen Mitgliedern zur Verfügung.

Warum brauchen Sie einen POP-Mail-Zugang? Weil er viel flexibler ist als andere Zugänge, die nicht auf POP basieren. Im Idealfall haben Sie Ihren eigenen Domainnamen (Sie erfahren alles zu Domainnamen in Kapitel 5) und einen POP-Mail-Zugang. Mein Domainame ist beispielsweise topfloor.com. Weil ich meinen eigenen POP-Mail-Zugang und meinen eigenen Domainnamen habe, kann ich so viele E-Mail-Adressen erstellen, wie ich will: pkent@topfloor.com, info@topfloor.com, verkauf@topfloor.com, ipn@topfloor.com, wasauchimmer@topfloor.com.

Des weiteren haben Sie mit einem POP-Mail-Zugang eine große Auswahl an E-Mail-Programmen. Bei dem speziellen System eines Online-Diensts müssen Sie die Software, die Sie bekommen, verwenden oder aber haben nur eine sehr begrenzte Auswahl. Mit POP haben Sie eine riesige Auswahl und können sich ein Programm suchen, mit dem es sich wirklich gut arbeiten läßt.

Weil ich POP-Mail habe, konnte ich mir beispielsweise ein E-Mail-Programm heraussuchen, das Nachrichten filtern kann. Das bedeutet, daß es Ihre E-Mails automatisch in verschiedene Verzeichnisse sortiert. Wenn ich eine E-Mail schicke, wird automatisch eine Kopie davon in dem entsprechenden Verzeichnis abgelegt, und wenn ich eine E-Mail erhalte, dann wird sie automatisch im passenden Verzeichnis gespeichert. Ein E-Mail-Programm mit Filtermöglichkeit ist für jeden, der ernsthaft Geschäfte im Internet machen möchte, absolut notwendig.

Sie müssen Ihren POP-Mail-Zugang nicht über Ihren Internet-Provider bekommen. Wenn Sie wollen, können Sie sich Ihren POP-Mail-Zugang von einer völlig anderen Firma besorgen. Auf der E-Mail-Anbieter-Seite von **Yahoo!** finden Sie Links zu allen möglichen E-Mail-Providern: `http://www.yahoo.com/Business_and_Economy/Companies/Internet_Services/Email_Providers/`. Bei **Web-Quote Central** (`http://www.centeroftheweb.com/webquote/`) gibt es ebenfalls Listen mit allen möglichen Internet-Diensten, einschließlich E-Mail-Providern.

Sie können also zum Beispiel einen Zugang bei CompuServe oder AOL haben und Ihren POP-Mail-Zugang woanders unterbringen. Wie greifen Sie dann auf Ihre E-Mail zu? Sie benutzen Ihren CompuServe, oder AOL-Zugang, um ins Internet zu gehen. Dann starten Sie Ihr POP-Mail-Programm (wie zum Beispiel Eudora, Netscape Messenger, AK-Mail, Pegasus Mail oder eines der anderen Programme). Mit Hilfe dieses Programms verbinden Sie sich mit Ihrem POP-Mail-Zugang, der sich irgendwo im Internet befindet, und holen sich Ihre E-Mail ab. Genauso wie Sie eine CompuServe- oder AOL-Verbindung erstellen, einen Browser starten und auf eine Website zugreifen, können Sie auch die CompuServe- oder AOL-Verbindung erstellen, ein Pop-Mail-Programm starten und sich mit einem E-Mail-Zugang, der irgendwo auf einem Computer im Internet liegt, verbinden.

Achten Sie bei einem POP-Mail-Zugang darauf, daß Sie dort eine unbegrenzte Menge an Aliasen haben können. Das sind unbegrenzt viele E-Mail-Adressen, die von diesem Zugang akzeptiert werden. Einige Dienste beschränken einen POP-Mail-Zugang auf nur eine einzige E-Mail-Adresse, wie zum Beispiel pkent@topfloor.com. Ich möchte aber auch E-Mails erhalten, die an info@topfloor.com, verkauf@topfloor.com, ipn@topfloor.com und wasauchimmer@topfloor.com adressiert sind. Stellen Sie also sicher, daß Sie die richtige Art von Zugang kaufen.

Bevor Sie nun losgehen und sich einen POP-Mail-Zugang zulegen, lesen Sie erst weiter. Sie brauchen auch noch einen Platz für Ihre Website, und die meisten Web-Hosting-Firmen geben Ihnen einen kostenlosen POP-Mail-Zugang.

*Als E-Mail-Programm verwende ich im Moment **Eudora**, das sehr gut ist. Es ist entweder als Freeware oder als kommerzielle Version für Windows und Macintosh erhältlich. Wenn Sie Filter benutzen wollen, müssen Sie sich jedoch die kommerzielle Version zulegen:* `http://www.eudora.de/`*. Früher habe ich **AK-Mail** benutzt, das auch recht gut ist. Es ist als Shareware für Windows 95/98 und NT erhältlich, und Sie finden es auf* `http://www.akmail.com/` *oder in vielen Shareware-Verzeichnissen. Es hat einige Filterfunktionen, die Eudora nicht hat, aber Eudora ist einfacher zu benutzen. Außerdem wird AK-Mail wohl nicht weiterentwickelt. Ein anderes beliebtes E-Mail-Programm ist **Pegasus Mail** (*`http://www.pegasus.usa.com/`*), das kostenlos für Windows 3.1, Windows 95/98 und NT erhältlich ist. Sowohl AK-Mail als auch Pegasus Mail sind auch auf Deutsch erhältlich. Mehr Informationen und E-Mail-Programme finden Sie auf den E-Mail-Seiten von Yahoo!:* `http://www.yahoo.com/Computers_and_Internet/Software/Internet/Electronic_Mail/`.

2.6 So hängt alles miteinander zusammen

Sie brauchen also einen Internet-Zugang, einen POP-Mail-Zugang und eine Website. Das verwirrt viele Leute. Ist das nicht alles das gleiche? Bekommt man nicht alles auf einmal? Die Antwort auf beide Fragen lautet nein. Lassen Sie mich klarstellen, wie diese Dinge miteinander verbunden sind.

Der Internet-Zugang ist nur dazu da, daß Ihr Computer mit dem Internet kommunizieren kann – nicht mehr und nicht weniger. Das ist wie Ihr Telefon: Wenn Sie Ihre Wohnung mit dem Telefonnetz verbinden, können Sie innerhalb dieses Systems telefonieren. Es stellt Ihnen keine Freunde oder Familie zur Verfügung, die Sie anrufen können, diese müssen Sie selber haben.

Sobald Sie einen Internet-Zugang haben, können Sie sich mit Computern auf der ganzen Welt verbinden. Einige dieser Rechner stellen die Dienste, die Sie benötigen, zur Verfügung: der POP-Mail-Zugang und die Website. Sie zahlen einer Firma irgendwo im Internet eine Gebühr, diese richtet Ihnen Ihren POP-Mail-Account ein, stellt Speicherplatz für Ihre Website zur Verfügung, und schon kann es losgehen.

Angenommen, Ihre Firma befindet sich in Rosenheim. Dann benutzen Sie eventuell einen großen, bundesweiten Internet-Provider, der seinen Hauptsitz in Hamburg hat. Ihre Website kann sich auf einem Computer in London und Ihr POP-Mail-Zugang in Dublin befinden.

Es macht keinen großen Unterschied, wo sich diese Dienste geographisch gesehen befinden, nur der Internet-Provider muß via Ortsgespräch erreichbar sein. Sie können Dienste überall auf der Welt nutzen. Viel wichtiger ist die Zuverlässigkeit dieser Dienste, ein Thema, das wir in Kapitel 4 besprechen werden.

2.7 Einfache Internet-Zugangssoftware

Bevor Sie im Internet Geschäfte machen können, brauchen Sie Software, mit der Sie im Internet navigieren können. Wenn Sie sich bei einem Internet-Provider anmelden, stellt Ihnen dieser normalerweise Software, die Sie anfangs benötigen, zur Verfügung. Später werden Sie aber wahrscheinlich auf bessere Programme umstellen wollen. Hier eine Liste der Dinge, die Sie brauchen:

- Einwahlsoftware
- Ein E-Mail-Programm
- Ein World Wide Web Browser
- Ein Newsreader
- Ein FTP-Programm

Dies sind nur die grundlegenden Werkzeuge, die Sie unbedingt benötigen, wir werden später noch einige weitere Dinge hinzufügen. Sie benötigen die **Einwahlsoftware**, um die Verbindung zum Internet herzustellen. Da gibt es mehrere Möglichkeiten. In der Regel wird Ihnen Ihr Internet-Provider aber die benötigte Software geben oder Ihnen erklären, wie Sie Ihr Betriebssystem so konfigurieren, daß es die Verbindung erstellt. Windows 95/98 und Windows NT haben beispielsweise schon eine Einwahlsoftware eingebaut.

Sie brauchen ein **E-Mail-Programm**, um elektronische Mail zu verschicken oder zu empfangen. Sie brauchen einen **Browser**, um Seiten auf dem World Wide Web ansehen zu können. Sie brauchen einen **Newsreader**, um Newsgruppen-Nachrichten lesen zu können. Und Sie brauchen ein **FTP-Programm** (FTP steht für *File Transfer Protocol*), um Dateien auf Ihre Website hochzuladen.

Die beiden beliebtesten Webbrowser, Netscape Navigator und Microsoft Internet Explorer enthalten jeweils auch ein E-Mail- und ein Newsreader-Programm. In beiden Fällen sind Sie jedoch besser dran, wenn Sie mit einem anspruchsvolleren

Programm arbeiten. Die Programme, die im Paket mitgeliefert werden, sind für den Anfang ganz OK, aber wie wir später sehen werden, benötigen Sie Tools, die Sie nur bei den spezialisierten Programmen finden. Die meisten Browser, inklusive der oben genannten, können auch bis zu einem gewissen Grad mit FTP arbeiten. Mit Netscape können Sie auch Dateien zu Ihrer Website transferieren (darüber sprechen wir in Kapitel 7). Aber Sie brauchen trotzdem ein echtes FTP-Programm, um schnell und effizient mit Dateiübertragungen arbeiten zu können.

Welchen Browser sollten Sie sich anschaffen? Es sind jede Menge Browser erhältlich, aber nur zwei davon sind wirklich weit verbreitet und auf dem neuesten Stand: **Netscape Navigator** (`http://www.netscape.com/`) und **Microsoft Internet Explorer** (`http://www.microsoft.com/ie/`). Ich rate Ihnen, einen dieser beiden Browser zu benutzen. Zur Zeit bevorzuge ich den Netscape Navigator, der zusammen mit dem Netscape-Communicator-Programmpaket geliefert wird. Ich war aber auch schon der Meinung, daß der Internet Explorer besser sei. Die beiden Programme überholen sich immer wieder selbst. Erst hat das eine Programm für ein paar Monate einige Vorteile, dann kommt eine neue Version des anderen Programms heraus und ist besser als das andere. Andererseits benutze ich Netscape lieber, wenn ich Dateien herunterlade, da der Internet Explorer ein paar Bugs besitzt, die die Dateiübertragung manchmal schwierig machen. Tatsächlich ist es eine gute Idee, wenn Sie beide Browser auf Ihrem Rechner haben. Sie sollten nämlich sicherstellen, daß Ihre Website in beiden Browsern gut aussieht.

*Ich empfehle **CuteFTP** oder **WS_FTP**, wenn Sie Windows haben. Beide Programme finden Sie als Shareware auf entsprechenden Servern. Ich persönlich bevorzuge CuteFTP, da WS_FTP häufig mit der Dateiübertragung im Hintergrund Schwierigkeiten hat. Während des Dateitransfers springt WS_FTP immer wieder in den Vordergrund, so daß Sie in der Zeit nur schlecht mit anderen Programmen gleichzeitig arbeiten können. Dennoch ist WS_FTP ein äußerst beliebtes Programm. Für den Macintosh ist **Fetch** das am häufigsten benutzte Programm, obwohl es eine ganze Zahl anderer FTP-Programme gibt, von denen auch einige gute Kritiken erhalten haben: NetFinder, NetBatch, Mirror und Download Deputy. Weiter hinten in diesem Kapitel finden Sie unter »Woher bekommen Sie die Software« eine Liste von Shareware-Servern.*

2.8 Grundlegendes Wissen über das Internet

Sie brauchen Grundwissen aus zwei verschiedenen Bereichen. Sie müssen mit Ihrem Computer und mit dem Internet umgehen können. Sie müssen komprimierte Daten, die Sie aus dem Internet heruntergeladen haben, öffnen können und wissen, wie Sie mit dem Dateiverwaltungssystem Ihres Computers arbeiten. Ebenfalls sollten Sie wissen, wie man sich im World Wide Web fortbewegt, wie man mit E-Mails umgeht und vieles andere mehr.

Es ist nicht die Aufgabe dieses Buchs, Ihnen diese Art von Dingen zu erklären. Wir haben schon genug zu tun, sobald Sie einmal wissen, wie Sie mit dem Internet an sich gut zurechtkommen. Ich schlage vor, daß Sie, wenn Sie damit noch Probleme haben, das eine oder andere Buch zu diesem Thema lesen. Ein guter Start wäre beispielsweise »Easy Internet« von Markt&Technik.

Falls Sie im Moment nur mit dem Gedanken an eine eigene Website spielen, aber das ganze Kauderwelsch verstehen müssen, habe ich ein Miniglossar mit einigen grundlegenden Definitionen für Sie zusammengestellt.

- **Das Internet** ist ein riesiges Netzwerk, das Millionen von Computern und Leuten auf der ganzen Welt miteinander verbindet. Es ist ein öffentliches Netzwerk, obwohl viele der Computer, die mit dem Internet verbunden sind, auch Teil von kleineren privaten Netzwerken sein können.
- **Das World Wide Web** ist entgegen einer weitverbreiteten Annahme kein Synonym für das Internet. Es ist vielmehr ein Software-System, das über dem Internet läuft. Das Internet ist die Hardware und das WWW nur eine Form der Internetsoftware. Wenn Sie sich das Internet als riesiges Autobahnnetz vorstellen, dann ist das Web eine Spedition, die Güter über diese Straßen transportiert. Andere Software-Systeme im Internet sind beispielsweise E-Mail oder FTP.
- **Webbrowser**: Ein Browser ist ein Programm, das Web-Seiten anzeigt. Wenn Sie »ins Web gehen wollen«, »im WWW navigieren«, »im World Wide Web surfen« oder wie auch immer Sie es nennen, dann brauchen Sie einen Browser.
- **Webserver**: Mit Webserver werden unterschiedliche Dinge bezeichnet. Häufig ist damit die Software gemeint, die eine oder mehrere Websites verwaltet. Wenn ein Webbrowser eine Web-Seite anzeigen soll, schickt er eine Nachricht an den Webserver, der dann die Seite zurück an den Browser schickt. Zum anderen wird mit Webserver auch häufig das ganze Zeugs, das bei dem Prozeß mitspielt, bezeichnet, d.h. nicht nur die Webserver-Software, sondern auch der Computer, auf dem diese Software läuft.

- **Website**: Mit einer Website wird im allgemeinen eine Sammlung von zusammengehörenden Web-Seiten bezeichnet: die Yahoo! Website, die Website der Bayerischen Staatsbibliothek und so weiter. Ein einzelner Webserver kann Dutzende oder Hunderte von Websites verwalten. Jemand von einer Webhosting-Firma erzählte mir, daß sie auf ihren zwei Webservern fast 1000 Websites hätten. Sie werden Ihre eigene Website, Ihre eigene Sammlung von Seiten, erstellen.
- **Web-Seite**: Eine Web-Seite wird häufig auch als (Web-)Dokument oder einfach nur als Seite bezeichnet. Damit ist eine einzige Seite, die in einer Website zu finden ist, gemeint. Ein Fenster im Webbrowser stellt normalerweise immer eine Web-Seite dar, obwohl das Fenster auch durch Rahmen aufgeteilt sein kann, die dann jeweils ein Dokument pro Rahmen anzeigen. Eine Web-Seite wird als Datei mit der Dateinamenerweiterung .htm oder .html gespeichert.
- **URL**: Eine URL (*Uniform Resource Locator*) ist eine Adresse im WWW. Der Browser weiß damit genau, wo er eine bestimmte Datei finden kann. `http://www.rpcp.mit.edu/~gingold/cable/` bedeutet beispielsweise: Gehe ins Verzeichnis `cable`, das ein Unterverzeichnis von `~gingold` auf dem Hostrechner `www.rpcp.mit.edu` ist. In diesem Fall ist kein Dateiname angegeben, so daß der Webserver eine Standarddatei sendet. Diese Standarddatei heißt meistens index.html oder default.html. Viele URLs haben jedoch auch noch den genauen Dateinamen am Ende der Adresse.
- **Webhost**: Wenn Sie keinen eigenen Webserver haben (und das werden Sie höchstwahrscheinlich auch nicht), dann brauchen Sie jemand anderen, bei dem Sie Ihre Website unterbringen können. Diese Unternehmen werden auch Webhosting-Firmen oder Web-Präsenz-Provider genannt. Sie verkaufen Speicherplatz auf ihren Webservern. Mehr zu diesen Firmen in Kapitel 3.
- **Hostrechner**: Damit ist einfach ein Computer, der ans Internet angeschlossen ist, gemeint.
- **Hypertext** ist ein System, mit dem elektronisch gespeicherte Dokumente miteinander verbunden werden können. Das World Wide Web ist das größte Hypertextsystem der Welt, in dem mit Hilfe der Browser auf die einzelnen Dokumente zugegriffen werden kann. Sie aktivieren die einzelnen Verknüpfungen oder Links, indem Sie mit der Maus auf ein Bild oder einem unterstrichenen Text zeigen und klicken. Wenn man einen Link benutzt, wird das Dokument, auf das mit dem Link verwiesen wird, geladen.
- **Homepage**: Dieser Begriff hat mehrere Bedeutungen. Ursprünglich bezeichnete man damit die Seite, die der Browser nach dem Programmstart oder beim Verwenden des »Anfang«- oder »Home«-Kommandos anzeigt. Inzwischen wird

häufig die Haupt- oder Startseite einer Website als Homepage bezeichnet. Manchmal verwendet man den Begriff Homepage auch für eine private (nicht kommerzielle) Website.

- **E-Mail** steht für *electronic mail* (elektronische Post) und ist ein System, mit dem man Nachrichten über das Internet an einen oder mehrere Empfänger senden kann. Diese Nachrichten erreichen binnen weniger Minuten ihren Empfänger, obwohl es bei starkem Verkehr im Netz auch mal ein bis zwei Tage dauern kann.

- **FTP**: Diese Abkürzung steht für *File Transfer Protocol*. Mit diesem Protokoll wird die Übertragung von Dateien geregelt. FTP-Programme gibt es schon seit den Anfängen des Internet. Sie können damit Dateien zwischen Computern im Internet übertragen. Obwohl das WWW, in dem man auch Dateien übertragen kann, praktisch an die Stelle von FTP getreten ist, gibt es immer noch viele FTP-Sites. Wenn Sie eine Website einrichten, dann bekommen Sie auch einen FTP-Zugang, so daß Sie Dateien von Ihrem Computer auf Ihre Website übertragen können.

- **Newsgroup**: Es gibt unzählige dieser Diskussionsforen auf der ganzen Welt, von denen etwa 30000 international zugänglich sind. Es gibt zu praktisch jedem Thema auch eine passende Newsgroup. Das bedeutet, daß egal was Sie verkaufen oder promoten wollen, es eine Newsgroup mit Leuten, die daran interessiert sind, gibt. Um Nachrichten in einer Newsgroup zu lesen, brauchen Sie ein Programm, das als Newsreader bezeichnet wird. Die Diskussionsgruppen werden über ein System namens Usenet verteilt, so daß man auch häufig von Usenet-Gruppen spricht.

- **Mailingliste**: Bei einer Mailingliste handelt es sich um eine andere Form einer Diskussionsgruppe. Um an dieser Art von Forum teilnehmen zu können, brauchen Sie jedoch nicht mehr als Ihr E-Mail-Programm. Es gibt viele tausend Mailinglisten, einige davon sind privat, andere wiederum der Öffentlichkeit zugänglich.

Es gibt noch ein paar andere Dinge, von denen Sie gehört haben sollten, auch wenn Sie diese Systeme wahrscheinlich nicht benutzen werden:

- **Archie**: Mit diesem System kann man nach Dateien auf FTP-Servern suchen.

- **Gopher**: Dieses System sollte das Internet revolutionieren, indem aus dem komplizierten Kommandozeilensystem ein einfach zu bedienendes Menüsystem gemacht wurde. Dann kam das World Wide Web und warf Gopher aus dem Rennen. Es gibt aber immer noch einige Gopher-Sites, die Sie mit Ihrem Browser ansehen können.

- **Telnet**: Mit diesem System können Sie sich auf irgendeinem Computer im Internet einloggen und an diesem arbeiten. Sie können Programme aufrufen, Datenbanken durchsuchen usw. Nur sehr wenige Internet-Nutzer wissen, wie man Telnet benutzt oder gar, um was es sich dabei handelt.
- **Chat**: Sie tippen eine Nachricht, und jemand anderes im Internet, vielleicht eine Gruppe von Leuten, kann sie lesen. Diese können nun sofort darauf – normalerweise mit irgendeinem Unsinn – antworten. Auf diese Antwort können Sie wieder Ihren eigenen Senf dazugeben. Ich kann Chat nicht ausstehen, viele Leute lieben ihn.
- **IRC**: Dies ist die Abkürzung für Internet Relay Chat, das erste Chat-System, das für das Internet entwickelt wurde, und vielleicht auch das beliebteste: nichts anderes als personifizierter Blödsinn.
- **VON**: Mit Voice on the Net kann man über das Internet telefonieren. Es besteht aus mehreren verschiedenen Systemen, da es bis heute noch keinen Standard gibt. Sie brauchen dazu ein Mikrophon, eine Soundkarte, VON-Software und jemanden mit dem Sie reden können. Ihr Gesprächspartner braucht dazu das gleiche System wie Sie.

Lernen Sie soviel wie möglich über das Internet, bevor Sie mit dem Erstellen Ihrer eigenen Website beginnen. Ich werde in diesem Buch nicht sehr auf die Grundlagen eingehen.

2.9 Gute Nachforschungs- und Marketingsoftware

Bis jetzt haben wir nur über ein einfaches Internet-System gesprochen. Wenn Sie aber Ihre Website einrichten und auf den Markt bringen wollen, dann brauchen Sie eine ganze Reihe von Programmen, die Ihnen dabei behilflich sind. Sie brauchen zum Beispiel Software, die Sie bei der Erstellung von Web-Seiten unterstützt. Eventuell möchten Sie ein Programm, das Ihnen beim Eintragen Ihrer Website in die verschiedenen Suchmaschinen oder bei der Suche im Internet behilflich ist und so weiter. Ich werde im Laufe dieses Buchs noch ausführlich auf diese Programme eingehen. Ich werde Ihnen URLs nennen, wo Sie diese Programme finden können. In einigen Fällen ist es sinnvoll, sich die kommerzielle Version zuzulegen. Es gibt unzählige Internet-Programme, und es ist unmöglich, dabei auf dem neuesten Stand zu bleiben. Ich werde Sie auf Programme hinweisen, die ich benutzt habe, die ich mag oder kenne, aber vielleicht finden Sie auch äquivalente Programme, die Sie bevorzugen.

2.10 Woher bekommen Sie die Software?

Wie ich schon erwähnt habe, wird Ihnen Ihr Internet-Provider einfache Software zur Verfügung stellen, wenn Sie sich anmelden, die für den Anfang völlig ausreichend ist. Später werden Sie mehr wollen. Natürlich sehen Sie überall Anzeigen für Internet-Software. In Computerzeitschriften, Software-Katalogen, in der Werbung, die mit der Post kommt, usw.

Sie können aber auch wirklich gute Software in den Shareware-Verzeichnissen im Internet finden. Auf diesen Servern gibt es verschiedene Typen von Software:

- **Public Domain** ist kostenlose Software, die niemandem gehört. Der oder die Urheber des Programms haben auf alle Rechte verzichtet.
- **Freeware** gehört jemanden. Der Eigentümer hat aber die Rechte zur Nutzung freigegeben, manchmal zu besonderen Bedingungen: Das Programm ist beispielsweise für Privatpersonen kostenlos, Firmen aber müssen dafür zahlen.
- **Shareware** funktioniert nach dem folgenden Prinzip: Nehmen Sie das Programm, und benutzen Sie es. Wenn es Ihnen gefällt, zahlen Sie eine Gebühr.
- **Demosoftware** können Sie nehmen und benutzen. Wenn sie Ihnen gefällt, zahlen Sie eine Gebühr, und Sie erhalten dafür ein Programm, das tatsächlich funktioniert.
- **Crippleware** können Sie ebenfalls nehmen und benutzen. Wenn sie Ihnen gefällt, zahlen Sie die Gebühr und erhalten dafür ein Programm, bei dem alle Funktionen aktiviert sind. Allerdings sind die frei verfügbaren Versionen meist so nutzlos (Cripple = verkrüppelt), daß man den wahren Funktionsumfang nur erahnen kann.

Wir werden in diesem Buch über alle möglichen Arten von Software sprechen. Hier sind ein paar Adressen von Servern, auf denen Sie Shareware finden, so daß Sie irgendwo anfangen können. Im Laufe des Buchs werde ich Sie auf bestimmte Websites für bestimmte Programme hinweisen. Wenn Sie aber irgend etwas brauchen und ich nicht erwähnt habe, wo Sie es finden können, dann schauen Sie am besten einmal auf einer der folgenden Websites nach:

- **Info-Mac** HyperArchive

  `http://hyperarchive.lcs.mit.edu/HyperArchive.html`
- **Jumbo!** (alle möglichen Programme für Windows, UNIX und Macintosh)

  `http://www.jumbo.com/`
- **Macdownload.com**

  `http://macdownload.com/`

- **Shareware.com** (viele verschiedene Programme für Windows, UNIX und Macintosh)

  `http://www.shareware.com/`

- **The Ultimate Collection of Winsock Software** (früher nur Windows-Software, hat inzwischen auch Programme für Macintosh und OS/2)

  `http://www.tucows.com/`

- The Ultimate Macintosh Site

  `http://www.flashpaper.com/umac/`

- The University of Texas Mac Archive

  `http://wwwhost.ots.utexas.edu/mac/main.html`

- **Winfiles** (ein großes Archiv mit 32-bit-Software für Windows)

  `http://www.winfiles.com`

- **Winsite** (ein großes Archiv mit Software für Windows)

  `http://www.winsite.com/`

Sie können auch bei Yahoo! oder anderen Suchmaschinen nach Software suchen. Wie Sie in diesem Kapitel schon gesehen haben, hat Yahoo! einige nützliche Software-Kategorien. Ich habe die E-Mail-Seite erwähnt, Sie können aber auch Seiten mit Informationen zu **FTP-Programmen** (`http://www.yahoo.com/Computers_and_Internet/Software/Internet/ftp`), **Usenet-Newsreadern** (`http://www.yahoo.com/Computers_and_Internet/Software/Internet/Usenet/`), Programmen zur **Umwandlung von Word-Dateien in Web- (oder HTML-)Dokumente** (`http://www.yahoo.com/Computers_and_Internet/Software/Internet/World_Wide_Web/HTML_Converters/`), Links zu Programmen für den **Macintosh** (`http://dir.yahoo.com/Computers_and_Internet/Hardware/Personal_Computers/Macintosh/Software/Shareware/`) usw. finden.

> *Um nach Internet-Software in Yahoo! zu suchen, gehen Sie direkt zur* ***Internet-Software-Seite*** *(`http://www.yahoo.com/Computers_and_Internet/Software/Internet/`). Klicken Sie auf die Option »nur in dieser Kategorie suchen« unter dem Text am Anfang der Seite. Dort können Sie nun Ihren Suchbegriff eingeben. Auf diese Weise können Sie die Suche auf nützliche Kategorien einschränken.*

2.11 Wer wird Ihre Website erstellen?

Bevor wir fortfahren, sollten wir kurz besprechen, wer Ihre Website erstellen sollte. Für viele Leser ist das gar keine Frage, da sie die Website auf jeden Fall selbst einrichten werden. Wenn Sie eine kleine Ein-Mann-Firma haben, dann wollen Sie vielleicht der Verwalter Ihrer Firmen-Website werden. Sie können in Ihrer Freizeit gut eine kleine Website einrichten.

Wenn Ihre Firma etwas größer ist, dann ist es vielleicht besser, wenn Sie diese Aufgabe an jemand anderen weitergeben. Ich rate Ihnen jedoch, daß Sie dieses Buch lesen und weiterhin ein Auge auf Ihre Website haben. Viele Websites sind ineffizient, frustrierend für ihre Benutzer und bringen ihren Eigentümern nichts oder nur wenig. Das werden wir in den Kapiteln 10 und 11 noch ausführlich besprechen. Sie müssen Ihre Website bis zu einem gewissen Grad vom Standpunkt des Benutzers aus betrachten, um sicherzugehen, daß sie ihren Zweck gut erfüllt. Geben Sie dieses Buch Ihrem Webmaster, wenn Sie es zu Ende gelesen haben.

Vielleicht möchten Sie aber diese Aufgabe auch delegieren, wenn Sie nur eine kleine Ein-Mann-Firma haben. Obwohl viele Firmen horrende Summen für das Gestalten und Erstellen von Websites verlangen, sind die dazu benötigten Fertigkeiten recht einfach zu erlernen. Vielleicht finden Sie einen Schüler oder Studenten, der bereit ist, für Sie zu arbeiten. Natürlich sollten Sie auch hier das Ergebnis überwachen, aber Sie müssen keine 80 oder 180 DM die Stunde für das Einrichten einer Website zahlen.

Wie Sie in Kapitel 7 lesen werden, gibt es viele Firmen, die eine Website für Sie erstellen möchten. Als Alternative könnten Sie eine dieser Firmen mit der Erstellung Ihrer Website beauftragen. Anschließend können Sie dann die Seiten verändern und anpassen, wenn es notwendig wird.

3. Kapitel

Wo soll die Website hin?

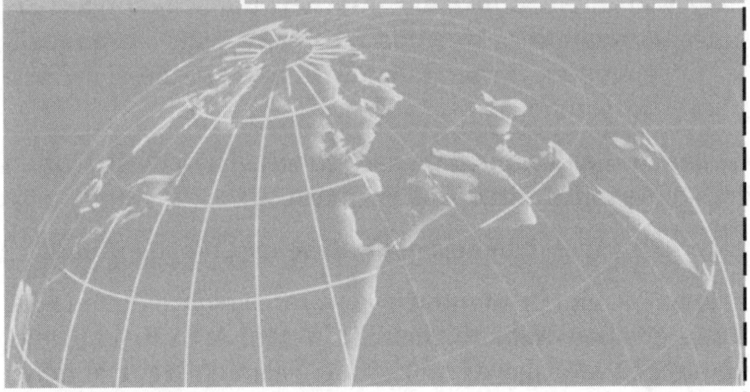

Auf der Suche nach der perfekten Website müssen Sie sich als nächstes entscheiden, wohin Sie diese tun wollen. Sie haben die Auswahl zwischen äußerst teuren (mehrere tausend Mark für das Einrichten und mehrere tausend Mark an laufenden Kosten) und sehr billigen Varianten:

- Auf Ihrem eigenen Webserver.
- Im Bereich der persönlichen Homepages eines Internet-Providers.
- Auf einer Website, die kostenlos Speicherplatz für Web-Seiten zur Verfügung stellt.
- In einem virtuellen Einkaufszentrum.
- In einem Web-Laden.
- In einem Unterverzeichnis oder einer Subdomain einer Webhosting-Firma.
- Auf dem virtuellen Server eines Webhosts.

Meiner Meinung nach kommt für die meisten Firmen nur die letzte Möglichkeit in Frage. Dazu kommen wir jedoch noch. Lassen Sie mich zuerst die einzelnen verschiedenen Möglichkeiten inklusive Vor- und Nachteile vorstellen.

3.1 Ihr eigener Webserver

Ich beginne mit der teuersten Variante, von der ich auch in den meisten Fällen abraten würde. Sie können sich einen eigenen Webserver einrichten. Das bedeutet, daß Sie einen Computer brauchen, auf dem Sie die Webserver-Software laufen lassen können. Dann müssen Sie sich für ein geeignetes Betriebssystem entscheiden: In der Regel ist das Windows NT oder irgendein UNIX. Außerdem brauchen Sie eine passende Webserver-Software (da gibt es eine große Auswahl) und eine schnelle Standleitung von Ihrem Büro zum Internet. Dann benötigen Sie noch einen Router. Das Installieren und Warten des ganzen Systems ist sehr zeitaufwendig und kostet jede Menge Geld. (Das Ganze wird auch gerne als »Zück-Deinen-Geldbeutel«-Methode bezeichnet.)

Aus irgendeinem Grund scheint die Computerpresse jedoch genau diese Option zu favorisieren. Deshalb möchte ich Sie an etwas erinnern:

Das Internet ist eine einzige Arbeitsbeschaffungsmaßnahme für Computerfreaks.

Neulich habe ich zum Beispiel in einer bekannten Computerzeitschrift einen Artikel über das Erstellen einer eigenen Website gelesen. In dem Artikel ging es jedoch nur darum, wie man einen Webserver einrichtet – also ein ganz anderes Thema. Dabei wurde auch nicht erwähnt, daß man die eigene Website auch bei einer Firma unterbringen kann, obwohl diese Methode viel einfacher und kostengünstiger ist. Eine andere Zeitschrift schrieb vor gar nicht langer Zeit, daß man für das Einrichten und Unterhalten einer kleinen Website mit Ausgaben in Höhe von 27000 DM pro Jahr rechnen muß. Auch hier wurde die Möglichkeit, die Website bei einem Webhost unterzubringen, völlig außer acht gelassen. In dem Artikel ging es ausschließlich um die Einrichtung eines Webservers. Ein eigener Webserver ist jedoch teuer, kompliziert und – ich bin froh, das sagen zu können – gar nicht notwendig.

Mit dieser Regel können Sie herausfinden, ob Sie selber einen Webserver einrichten sollten:

Wenn Sie nicht wissen, was man zum Einrichten eines Webservers braucht, versuchen Sie es erst gar nicht.

Das Einrichten eines Webservers ist ein Kunststück, an das sich nur Diplomfreaks wagen sollten. Nur weil Sie das neueste Upgrade für Windows heruntergeladen und ein internes Modem eingerichtet haben, heißt das noch lange nicht, daß Sie auch einen Webserver installieren sollten. Es wird viel länger dauern und mehr kosten als Sie denken. Was erwartet Sie, wenn Sie einen Blick in ein Buch über Webserver werfen? 600 Seiten kompliziertes Fachchinesisch.

Sollten Sie vielleicht einen Webserver einrichten, wenn Sie eine kleine Firma mit einem Computerfreak haben, der nur herumsitzt und sowieso nicht ausgelastet ist? Eher nicht, es sei denn, Sie brauchen eine sehr große Website. Es ist schwer zu begründen, warum man viel Geld für einen Webserver ausgeben soll, wenn es doch viel günstigere Möglichkeiten gibt. Sie müssen viel in die ganze Hard- und Software investieren, um alles zum Laufen zu bringen. Dazu kommen die monatlichen Gebühren der äußerst teuren Verbindung zum Internet, die sich auf 2000 bis 5000 DM im Monat oder aber je nach Standort auf noch viel mehr belaufen können. Auch der Angestellte, der sich um das Ganze kümmern soll, kostet Geld. Als Alternative dazu können Sie für 40 bis 100 DM im Monat Ihre Website auf dem Webserver von jemand anderem einrichten (mehr dazu am Ende des Kapitels). Das heißt also, daß es sich womöglich nicht lohnen wird, selbst wenn in Ihrer Firma das nötige technische Wissen vorhanden ist, wenn Sie alle Kosten einbeziehen.

Wann also sollte man einen Webserver einrichten? Ich kenne kleine Firmen oder sogar Selbständige, die einen eigenen Webserver haben. Normalerweise sind das echte Freaks, denen so etwas einfach Spaß macht. Das ist auch OK, solange einem klar ist, daß sich sein Tun von einem rein finanziellen Standpunkt aus nicht rechtfertigt. Das Ganze ist mehr eine Art Hobby. Es gibt auch Situationen, in denen Firmen mit sehr großen Websites mit einem eigenen Webserver besser beraten sind.

Der beste Grund für einen eigenen Webserver ist vielleicht, wenn Sie die totale Kontrolle über die Website brauchen (nicht wollen, brauchen!). Mit Ihrem eigenen Webserver haben Sie vollständige Kontrolle über die Sicherheit Ihres Systems. Sie können sich auch die ganze Software selber aussuchen. Zum Beispiel könnten Sie einen Server auf einer Windows NT Workstation einrichten und dort alle möglichen kleinen Tools laufen lassen, um Ihre Website mit einer Datenbank zu verbinden. Andererseits könnten Sie aber auch eine Webhosting-Firma suchen, die mit Windows NT arbeitet und Ihnen bei der Auswahl der Software völlig freie Hand läßt.

Lassen Sie mich meine Meinung mit folgendem Vergleich veranschaulichen: Gibt es in Ihrer Firma Fahrzeuge? Wenn ja, haben Sie Ihre eigenen Mechaniker angestellt? Es gibt große Firmen, die eine eigene Abteilung für die Wartung Ihres Fahrzeugparks haben. Für die meisten Firmen ist so etwas jedoch weder notwendig noch praktisch. Das gleiche gilt auch für Webserver. Normalerweise sollten sich die meisten kleinen Firmen aus dem Einrichten eines Webservers heraushalten, auch wenn die Computerpresse etwas anderes sagt.

Ach so, da ist noch etwas, was Sie bedenken sollten: Wenn Sie einen eigenen Webserver haben, müssen Sie sich überlegen, wie Sie diesen rund um die Uhr – sieben Tage die Woche, 24 Stunden am Tag – überwachen. Sie können einen Webserver nicht einfach einschalten und sich selbst überlassen, er muß vielmehr ständig beobachtet werden.

3.2 Im Bereich der persönlichen Homepages eines Internet-Providers

Ich habe dies als nächstes Thema gewählt, weil diese Option billig und meistens keine gute Wahl ist. In einigen Situationen kann das ganz OK sein, abhängig davon, was Sie verkaufen oder publik machen wollen. Es gibt aber signifikante Nachteile.

Lassen Sie mich zuerst erklären, was ich meine, wenn ich vom Bereich der persönlichen Homepages auf der Website eines Internet-Providers rede. Viele Internet-Provider gestatten ihren Kunden heutzutage, eigene Web-Seiten einzurichten. Jeder Zugang kommt mit einer bestimmten Menge an Speicherplatz, den Sie für Ihre Gedichte, Bilder Ihrer Katze und Links zu Ihren Lieblings-Websites verwenden können. Dort haben Sie auch Platz für Erklärungen, warum das Sammeln von Kanaldeckeln so ein tolles Hobby ist. Für die Website einer Firma ist das nicht so toll. Wenn Sie allerdings nur ein Budget in der Höhe eines durchschnittlichen

Taschengeldes haben, ist das vielleicht alles, was Sie sich leisten können. Wenn Sie aber ernsthaft an Geschäften im Internet interessiert sind, brauchen Sie mehr. Dafür gibt es verschiedene Gründe.

Sehen Sie sich einmal diese URL an:

`http://members.aol.com/SuperKanaldeckel/`

Was sagt Ihnen das? Ich möchte AOL-Mitgliedern gegenüber nicht unhöflich sein, aber dieser Link bedeutet für mich und viele andere Internet-Nutzer: »Oh, schon wieder ein AOL-User – heute hier und morgen da.« Es ist schwer, eine solche URL ernst zu nehmen, und ob sie jetzt `http://members.aol.com/SuperKanaldeckel/`, `http://ourworld.compuserve.com/homepages/SuperKanaldeckel/` oder `http://www.speedyinternet.net/memberspages/SuperKanaldeckel/` lautet, ist relativ egal. Es wirkt einfach nicht besonders professionell. Sie haben die Website so schnell und einfach wie möglich produziert, und das sieht man auch. Solche URLs sind nicht besonders vertrauenerweckend. Ich habe neulich einen Marktforscher über das Internet reden gehört. Er behauptete, daß eine Umfrage, die von seiner Firma bei AOL-Mitgliedern hinsichtlich ihrer Online-Aktivitäten und -Pläne durchgeführt wurde, ergeben hat, daß mehr als 40% zu einem anderen Serviceprovider wechseln wollen.

Ein weiterer Grund gegen eine Website im Bereich der persönlichen Web-Seiten eines Internet-Providers ist, daß es dort einfach nicht alles gibt, was eine Firma zum Start und auch später braucht. Das wären zum Beispiel die Möglichkeiten, Online-Bestellungen über einen sicheren Server entgegenzunehmen, mit Microsoft Frontpage zu arbeiten oder vielleicht CGI-Skripte auf Ihrer Website zu verwenden.

Bedenken Sie auch, was geschieht, wenn Sie den Dienst wechseln möchten. Vielleicht geht Ihr Internet-Provider pleite oder erhöht die Gebühren. Vielleicht ist er unzuverlässig oder der Kundendienst ist unbeschreiblich schlecht. Oder aber Sie überlegen sich, daß Sie nun doch eine richtige Website brauchen. Auf einmal müssen Sie die URL Ihrer Firma ändern. Haben Sie Visitenkarten, Kataloge oder Briefpapier drucken lassen? Wie viele Kunden kennen Ihre URL schon? Nun, sie kennen sie nicht mehr!

Sie brauchen eine URL, die Sie mitnehmen können und die Ihnen auf Lebenszeit (oder zumindest so lange, wie Sie die 85 DM oder so, die sie pro Jahr kostet, bezahlen) gehört. Um das zu tun, brauchen Sie Ihren eigenen Domainnamen (vergleiche Kapitel 5 und 6). In dem Bereich der Mitgliederseiten können Sie keinen eigenen Domainnamen benutzen.

3.3 Eine Website, die kostenlos Speicherplatz für Web-Seiten zur Verfügung stellt

Wenn Ihnen Ihr Internet-Provider keinen Speicherplatz zur Verfügung stellt und Sie knapp bei Kasse sind, dann ist die nächstbeste Möglichkeit eventuell eine Website, die kostenlos Speicherplatz zur Verfügung stellt. Für die meisten Firmen ist dies natürlich nicht geeignet, aber wenn Sie fast nichts ausgeben wollen, ist es schwer, etwas Besseres zu finden. Das Ganze kostet Sie nichts. Aber Sie können auch wenig mehr erwarten, als Sie dafür ausgeben. In anderen Worten: Die Dienste, die die meisten Firmen auf Ihrer Website brauchen, werden nicht zur Verfügung gestellt. Auch die URL ist nicht Ihr Eigentum.

Gehen Sie zu einer der folgenden Websites, wenn Sie eine Website einrichten müssen und Ihr Budget so gering ist, daß das Taschengeld eines 12jährigen im Vergleich dazu wie ein Vermögen wirkt. Dort gibt es Links zu allen möglichen Stellen, wo Sie Ihre Website umsonst unterbringen können. Es gibt Websites, die Ihre Web-Seiten kostenlos aufnehmen, weil sie hoffen, daß sie mit dem Überarbeiten der Seiten beauftragt werden. Dann wiederum gibt es Websites, die für Schulen, Wohltätigkeitsvereine oder einen anderen »guten Zweck« kostenlos Speicherplatz zur Verfügung stellen. Es gibt Websites für Schauspieler, Künstler oder aber auch für jeden, der vorbeikommt.

- **Free Home Page Center**

  `http://www.freehomepage.com/`

- **The Free Pages Page**

  `http://starbase.neosoft.com/~peter/freepages.html`

- **The Free Webpage Provider Review**

  `http://www-leland.stanford.edu/~maxlee/FWPReview/`

- **Angelfire**

  `http://www.angelfire.com/`

- **Geocities**

  `http://www.geocities.com/`

- **Online Designs**

  `http://4free.com/`

- **Tripod**

  `http://www.tripod.com/`

- **Yahoo! – Free Web Pages Page**

  http://www.yahoo.com/Business_and_Economy/Companies/Internet_Services/Web_Services/Free_Web_Pages/

3.4 Ein virtuelles Einkaufszentrum

Sie können eine Website auch innerhalb eines virtuellen Einkaufszentrums im World Wide Web errichten. Ich kann mich mit diesem Konzept nicht besonders anfreunden, da es irgendwie keinen rechten Sinn macht. Das Internet befreit uns doch angeblich von allen geographischen Grenzen. Dennoch sitzen auf so einer Website alle möglichen verschiedenen Geschäfte auf einem Haufen. Ihre Firma braucht nicht auf demselben Webserver zu liegen wie Millionen von anderen Firmen, wenn Sie richtig Werbung machen. Was also ist der Sinn eines Einkaufszentrums? Sie können in einem virtuellen Einkaufszentrum nicht herumspazieren, es gibt keine Parkplätze und nichts zum Essen. Außerdem ist im Cyberspace alles sowieso nur einen Mausklick voneinander entfernt. Die Eigentümer eines solchen Einkaufszentrums argumentieren, daß sie Besucher in das Zentrum bringen, wobei das aber erst bewiesen werden muß. Sicher ist jedoch, daß Sie keine Kunden bekommen, wenn Sie Ihre Website einfach nur in diesem Einkaufszentrum plazieren. Sie müssen für die Vermarktung und Werbung für Ihre Website immer noch selber sorgen.

Wenn Sie sich diese virtuellen Einkaufszentren selber ansehen wollen, gehen Sie zu den folgenden Adressen. (Dort finden Sie gleichzeitig auch jede Menge Beispiele für extrem schlecht gestaltete Websites. Das hat den Vorteil, daß Sie die selben Fehler vermeiden können.)

- **Access Market Square** (angeblich das älteste Web-Einkaufszentrum)

  http://www.amsquare.com/

- **iMall** (eines der größten Einkaufszentren)

  http://www.imall.com/

- **ShopInternet**

  http://www.ro.com/ShopInternet/malls.html

- **The Shopper**

  http://www.shoppingdirect.com/

- **Yahoo! – Online Shopping**

  http://www.yahoo.com/Business_and_Economy/Companies/Shopping_Centers/Online_Shopping/Directories/

Bringen Ihnen diese Einkaufszentren Kunden? Ich denke nicht. Ich sehe kaum Werbung im WWW für ein Einkaufszentrum, und selbst eine Suche in Yahoo! war erst nach einigen Minuten erfolgreich. Wenn ein Einkaufszentrum keine Kunden zu Ihnen bringt, dann müssen Sie es selber tun. iMall behauptet andererseits, daß die 750 Geschäfte in ihrem Einkaufszentrum eine riesige Anzahl von »Hits« im Monat erhalten. (Was ist ein Hit? Das hängt davon ab, wie der Administrator des Webservers die Aktivitäten auf dem Server mißt. Normalerweise spricht man von einem Hit, wenn auf einen Link geklickt und die Seite geladen wird. Ein Besuch auf einer Website kann also zu einer riesigen Anzahl von Hits in der Statistik führen.)

Wenn man bedenkt, daß viele der virtuellen Einkaufszentren bereits gescheitert sind, sehen wir eventuell sogar schon deren Ende nahen. Ich habe auf der Versammlung des Nationalen Verbandes von Fernsehsprechern 1996 in Las Vegas eine Präsentation gehalten und dabei auch einen kleinen Streifzug durchs Internet gemacht. Am Abend vorher hatte ich meinen Computer eingerichtet und noch einmal jeden Link überprüft, um sicherzustellen, daß alles problemlos lief. Als ich am nächsten Morgen mit meinen Zuhörern im Internet auf die Website von Shopping2000 zum Einkaufen gehen wollte, sahen wir nur ein Schild, das besagte: »Wegen Geschäftsaufgabe leider geschlossen«.

Bei den Einkaufszentren gibt es auch ähnliche Probleme wie bei den Seiten im privaten Bereich eines Internet-Providers. Sie können Ihre URL nicht mitnehmen, wenn Sie woanders hingehen, und es wird nicht alles angeboten, was Sie brauchen. Bedenken Sie auch, daß es wenigstens ein Webeinkaufszentrum gibt, das eine sehr aggressive Kampagne zum Gewinnen neuer Kunden hat. Diese Leute halten Seminare in den ganzen USA ab, um Internet Consultants beizubringen, wie sie die Inhaber kleiner Firmen davon überzeugen können, daß man im Internet jede Menge Geld verdienen kann. Ich kann mir nicht helfen, aber ich denke, daß in den meisten Fällen das Einkaufszentrum und der Consultant dabei viel besser wegkommen als die kleine Firma.

Trotzdem gibt es einen Fall, in dem Sie vielleicht doch auf ein Web-Einkaufszentrum zurückgreifen möchten. Angenommen, Sie haben ein Produkt, das Sie verkaufen wollen. Sie möchten allerdings um keinen Preis der Welt lernen, wie man eine Website einrichtet. Sie sind bereit, in Newsgruppen, Mailinglisten, Suchmaschinen o.ä. Werbung für Ihr Produkt zu machen, aber Sie möchten sich nicht mit einer Website herumschlagen. Dann kann es sich lohnen, eine Website innerhalb eines Einkaufszentrums einrichten zu lassen. Nicht, weil Sie erwarten können, daß Ihnen das Einkaufszentrum viele Kunden bringt, sondern weil es die Website für Sie gestaltet. Alles, was Sie tun müssen, ist Werbung für Ihr Produkt zu machen und die Leute zu Ihrer Website zu schicken. Wenn Sie Glück haben, ist dann alles schon so eingerichtet, daß Ihre zukünftigen Kunden auch tatsächlich

Bestellungen aufgeben können. Vergleichen Sie jedoch sorgfältig Qualität und Kosten. Auch wenn Sie sich für diesen Weg entscheiden, sollten Sie das Buch zu Ende lesen, damit Sie eine Vorstellung davon bekommen wie eine Website aussehen sollte. Ich habe in den virtuellen Einkaufszentren schon jede Menge wirklich schlecht gestalteter Web-Seiten gesehen. Viele sind einfach nur häßlich, bei anderen beißen sich der Text und das Hintergrundmuster ganz fürchterlich, manchmal wird keine Kontaktadresse angegeben und so weiter. Stellen Sie Ihre Website nicht in ein Web-Einkaufszentrum, wenn Sie hoffen, daß die Besucher auch bei Ihnen vorbeischauen werden. Machen Sie das Ganze nur, wenn Sie sicher sind, daß das Einkaufszentrum gute Arbeit zu einem vernünftigen Preis leistet.

Versuchen Sie auch, Leute, die bereits Läden in dem Einkaufszentrum haben, zu kontaktieren, bevor Sie dort einen Vertrag unterschreiben. Fragen Sie mehr als nur ein paar Besitzer, ob sich das lohnt. Schreiben Sie dreißig bis vierzig Leute an, um eine vernünftige Anzahl an Antworten zu bekommen.

Sehen Sie sich in dem Einkaufszentrum um, und suchen Sie nach E-Mail-Adressen. Sie werden vielleicht überrascht sein, wie viele »Läden« keine Kontaktadresse haben. Wenn Sie dennoch eine finden, dann kopieren Sie diese in das Bcc-Feld Ihres E-Mail-Programms. Bcc steht für »Blind Carbon Copy», zu deutsch Blinddurchschlag. Wenn Sie E-Mails mit Bcc verschicken, dann geht die Nachricht gleichzeitig an viele Leute. Jeder sieht aber nur die individuelle Nachricht und nicht die Adressen der anderen Leute. Auf diese Weise denken sie nicht: »Er hat an 40 Leute geschrieben, also lasse ich jemand anderen antworten.« (In Kapitel 2 wird erklärt, daß Sie mit POP-Mail ein E-Mail-Programm wählen können, das alle gewünschten Funktionen unterstützt.) Bedenken Sie jedoch, daß Sie mit den meisten Programmen nicht nur an die Bcc-Adressaten schreiben können. Wenn das bei Ihrem Programm der Fall ist, geben Sie Ihre eigene Adresse in das »To«- oder »An«-Feld ein. Schreiben Sie eine kurze Nachricht, in der Sie fragen, was der Empfänger von der Zusammenarbeit mit dem Einkaufszentrum hält, ob dadurch viele Kunden die Website besucht haben, ob sie Sachen verkauft haben und so weiter. Dann schicken Sie das Ganze los und warten ab.

Ich habe neulich zwanzig verschiedene Geschäfte in einem der großen bekannten Internet-Einkaufszentren angeschrieben – das sind natürlich bei weitem nicht genug. Hier sind einige der Antworten, die ich erhalten habe:

- Schlechter Service ... unnütz, teuer, kein Support.
- Ich bekomme ab und an ein paar Kunden, aber toll ist es nicht. Andere sagen, daß es so la-la ist.
- Ich habe 200 Hits im Monat, aber meine Produkte verkaufen sich nicht.

- Sie bringen niemanden in mein Geschäft, sondern machen nichts anderes, als meinen Laden unterzubringen.
- Sie sind gleichgültig und haben nicht viel dafür getan, daß unser Geschäft läuft.
- Machen Sie es bloß nicht!
- Ich habe herausgefunden, daß ich Web-Seiten schneller, billiger und besser selber machen kann als das Einkaufszentrum.

Der letzte Kommentar ist leider nur allzu wahr. Ich habe eine positive Antwort erhalten, aber wie sich herausstellte, verkauft der Absender selbst Platz in dem Einkaufszentrum und erstellt Websites. Man muß allerdings fairerweise zugeben, daß dieser Herr betont hat, daß man für das Geschäft mehr tun muß, als nur die Website einzurichten. Man müsse es auch vermarkten. (Was spricht dann also für das Einkaufszentrum?) Ich habe auf die zwanzig E-Mails, die ich verschickt habe, sieben Antworten erhalten. Sechs davon waren negativ, eine positiv.

Das war natürlich keine wissenschaftliche Umfrage, und ich würde auch nicht darauf schwören, daß diese Antworten für die meisten virtuellen Einkaufszentren repräsentativ sind. Aber ich wäre auch nicht überrascht, wenn es so wäre.

Das Ganze bedeutet nicht, daß es keine guten virtuellen Einkaufszentren gibt. Wenn Sie aber ein gutes finden, dann liegt das vermutlich nicht an dem Konzept eines Einkaufszentrums an sich. Vermutlich bieten die Betreiber noch andere wichtige Dienstleistungen an und helfen den Läden dabei, sich im Internet zu vermarkten. Das sind aber genau die Dinge, die Sie in diesem Buch lernen werden.

Wieviel kostet es, wenn man seine Website in einem virtuellen Einkaufszentrum unterbringt? Eins, das ich mir angesehen habe, verlangt 395$ (ca. 670 DM) für das Einrichten zuzüglich 50$ (85 DM) oder 5% Ihres Gewinns pro Monat. Das ist nur der Anfang. Jemand, der Ihnen beim Gestalten und Einrichten Ihrer Website hilft, kostet 50$ (85 DM) die Stunde. Wie Sie später sehen werden, bekommen Sie bei einer Webhosting-Firma für 85 DM viel mehr als nur einige Seiten pro Monat. Viele Webhosts verlangen beispielsweise mit einmalig 40 bis 85 DM auch weniger für das Einrichten.

3.5 Ein Web-Laden

Ein Laden im World Wide Web ist eigentlich genau dasselbe wie ein virtuelles Einkaufszentrum. Anstelle aber ein Laden unter vielen zu sein, repräsentieren Ihre Web-Seiten ein Produkt oder eine Gruppe von Produkten in einem Geschäft.

Das vielleicht beste Beispiel für diese Art von Website sind Läden, in denen Sie Bücher kaufen können:

- **AllBooks**

  `http://www.allbooks.com/`

- **Book Buzz**

  `http://www.bookbuzz.com/`

- Book Promotions, Inc.

  `http://www.bookpromotions.com/`

- **BooksAmerica**

  `http://www.booksamerica.com/`

- **BookWorld**

  `http://www.bookworld.com/`

- **BookZone**

  `http://www.bookzone.com/`

- **ReadersNdex**

  `http://www.readersndex.com/`

- **SPAN Book Emporium**

  `http://www.spannet.org/BookEmporium/`

Diese Art von Firma ist schwieriger zu finden als ein Einkaufszentrum. Wenn Sie viel recherchieren (siehe Kapitel 17), finden Sie vielleicht einen solchen Platz, der auch mit Ihrer Firma zu tun hat. Dabei kommt es natürlich darauf an, was Ihr Unternehmen macht.

Die Idee, die hinter diesem Konzept steckt, ist, daß für eine bestimmte Art von Kunden (in unserem Beispiel: Leute, die Bücher kaufen) Dienstleistungen zur Verfügung gestellt werden. Wenn Sie dort einen Platz erwerben, wird Ihr Produkt ausgestellt und mit einem Index versehen. Wenn die Firma gute Arbeit geleistet hat, werden viele zukünftige Kunden Ihre Website finden. Ich denke, daß ein solcher Laden bessere Dienste leistet als ein Einkaufszentrum, da er sich auf eine Sache konzentriert. (Es ist einfacher für ein bestimmtes Produkt oder eine Gruppe von Produkten Werbung zu machen, als nur zu sagen: He, kommt alle her, wir haben einfach alles!) Dennoch sollten Sie Preise vergleichen und auch mit anderen Leuten sprechen, die einen Platz in einem solchen Laden erworben haben. Vergleichen Sie das Ganze auch mit den Angeboten einer Webhosting-Firma. Bedenken Sie auch, daß Sie einige der vorher besprochenen Probleme haben werden. Wenn Sie zu einem anderen Laden wechseln wollen, werden Sie beispielsweise Ihre URL verlieren. Auch bieten solche Läden höchstwahrscheinlich nur eine begrenzte Anzahl von Dienstleistungen an. Und wenn Sie in einen solchen Laden gehen, dann sind Sie nur ein Anbieter unter vielen. Es kann leicht vorkommen, daß die Leute Ihr Produkt übersehen oder aber durch den Link von jemand anderem abgelenkt werden. In einigen Läden ist zum Beispiel auf allen Web-Seiten ein Link, der die Besucher weg und zurück zur Hauptseite des Ladens führt.

3.6 Ein Webhost

OK, jetzt ist es langsam an der Zeit, daß wir darüber sprechen, wie Sie Ihre eigene Website einrichten. Vergessen Sie die Einkaufszentren, Läden und die dummen kleinen privaten Web-Seiten. Mit der nächsten Möglichkeit, die ich Ihnen vorstellen werde, können Sie Ihren eigenen Laden einrichten.

Ein **Webhost** oder eine **Webhosting-Firma** verkauft Speicherplatz. Sie erhalten ein Verzeichnis auf der Festplatte eines Computers, in das Sie Ihre Web-Seiten legen können. Sie können bei einer solchen Firma aus vielen verschiedenen Dienstleistungen wählen. Es gibt zum Beispiel folgende Angebote, eventuell gegen eine zusätzliche Gebühr:

- Ein POP-Mail-Zugang
- Weiterleiten von E-Mail
- Ein Online-Bestellsystem
- Software für Mailinglisten
- Hilfe beim Gestalten und Erstellen Ihrer Website
- Hilfe bei der Werbung für Ihre Website

Das sind nur ein paar Beispiele. In Kapitel 4 werden wir uns die Angebote der Webhosts genauer ansehen.

Es hat viele Vorteile, wenn Sie die Dienste einer Webhosting-Firma annehmen. Sie können Ihren eigenen Domainnamen benutzen, so daß Sie Ihre URL behalten können, wenn Sie zu einem anderen Webhost wechseln müssen (weil Ihrer beispielsweise Pleite gemacht hat). Diese Firmen sind auch oft günstiger als die Einkaufszentren und Läden. Die Angebote starten schon bei ca. 20 DM pro Monat. Und es gibt auch viel mehr verschiedene Dienstleistungen zur Auswahl.

Im Prinzip gibt es fünf verschiedene Arten von Diensten, die diese Firmen anbieten:

- Eine **nicht-virtuelle** Website
- Eine **Subdomain**
- Ein **virtueller** Webserver (auch **ganz virtuell** genannt)
- Ein **pseudo-virtueller** Server (auch **partiell virtuell** genannt)
- Ein **dedizierter** Webserver

Wir werden uns diese einen nach dem anderen ansehen.

3.6.1 Eine nicht-virtuelle Website

Bei einer nicht-virtuellen Website haben Sie keinen eigenen Domainnamen. Ihre Website erscheint als Teil der Website Ihres Webhosts. Das bedeutet, daß die URL Ihrer Firma mit dem Domainnamen Ihrer Webhosting-Firma beginnt und mit Ihrem Firmennamen aufhört. Wenn Ihre Firma beispielsweise »Super Kanaldeckel« heißt, dann könnte Ihre URL folgendermaßen aussehen:

```
http://www.bighost.com/SuperKanaldeckel/
```

Wenn Sie Ihre Website jedoch einmal woanders unterbringen wollen, brauchen Sie natürlich eine neue URL.

3.6.2 Eine Subdomain

Einige Webhosting-Firmen können eine Subdomain für Sie einrichten. Das sieht dann so aus, als ob Sie Ihre eigene Domain hätten. Sie könnten zum Beispiel folgende URL haben:

```
http://SuperKanaldeckel.bighost.com/
```

(Streng genommen ist das keine Subdomain, sondern einfach nur ein Hostrechner in der Domain `bighost.com`. Im allgemeinen aber wird es in diesem Bereich als Subdomain bezeichnet.) Das sieht viel besser aus als ein Verzeichnisname nach dem Namen der Webhosting-Firma. Es wirkt so, als ob Sie einen eigenen Domainnamen hätten, aber dem ist nicht so. Mit dieser Option haben Sie das gleiche Problem wie bei den anderen Websites, die wir uns bisher angesehen haben, auch. Wenn Sie Ihre Website woanders einrichten müssen, können Sie Ihre URL nicht behalten. Und Ihre Druckkosten steigen wieder.

Sie können sich übrigens eine kostenlose Subdomain der Form `http://IhrName.home.ml.org/` vom Monolith@Home-Projekt geben lassen (`http://www.ml.org/`). Dort gibt es ein kleines Programm, so daß man mit der URL `http://IhrName.home.ml.org/` auf Ihre Website gelangt. Dabei spielt es keine Rolle, wo sich Ihre Website befindet. Das Ganze funktioniert auch mit persönlichen Seiten bei AOL oder CompuServe. Probieren Sie einmal folgende URL aus:

`http://yahoo.home.ml.org/`

Wie Sie sehen werden, gelangen Sie dadurch zur Homepage von Yahoo!, obwohl die eigentliche URL von Yahoo! `http://www.yahoo.com/` lautet.

Diese Art von Dienst wird auch von vielen anderen Firmen angeboten.

3.6.4 Ein virtueller Webserver

Sie brauchen einen eigenen Domainnamen, wenn Sie einen virtuellen Webhost einrichten wollen (mehr dazu in Kapitel 5). Ihre URL wird dann folgendermaßen aussehen: `http://www.SuperKanaldeckel.com/` oder was auch immer Sie als Namen wählen. Nach außen hin sieht es so aus, als ob Sie einen eigenen Webserver hätten. Tatsächlich aber hat die Webhosting-Firma Dutzende oder gar Tausende von verschiedenen Domainnamen, die alle verschiedenen Firmen gehören und auf den Computer des Webhosts verweisen.

Wie wird das gemacht? Es ist eigentlich ganz einfach. Wenn Sie einen Domainnamen beantragen, erklären Sie der Anmeldegesellschaft (in Deutschland ist DE-NIC für die zentrale Vergabe von .de-Domains zuständig), wo (das heißt auf welchem Computer) sich Ihre Domain befinden wird. Tatsächlich müssen Sie angeben, welche **Domainserver** (das sind die Computer, die von Ihrem Webhost für die Routing-Informationen von und zu Ihrem System benutzt werden) wissen, wo sich Ihre Domain befindet. Ihr Domainname wird dann zu dem **DNS**-Server (DNS steht für *Domain Name System*) im Internet hinzugefügt. Wenn jemand zu Ihrer Website gehen will, werden die Nachrichten an den richtigen Domainserver weitergeleitet.

Die Webhosting-Firma richtet ihre Computer so ein, daß sie Ihren Domainnamen erkennen. Ihrem Domainnamen wird eine bestimmte **IP-Adresse** (IP steht für *Internet Protokoll*) zugeteilt. Diese IP-Adresse identifiziert den Rechner, auf dem Ihre Web-Seiten untergebracht sind. Jetzt wissen die Domainserver des Webhosts, welche IP-Adresse der Computer, der Ihre Website enthält, hat. Die DNS-Server im Internet (das sind Computer, an die sich die Browser wenden, wenn sie nach einer Domain suchen) wissen, wo die passenden Domainserver sind, so daß ein Browser Ihre Domain finden kann. (In Kapitel 5 erfahren Sie mehr zu IP-Adressen.)

Wenn jetzt ein Webbrowser eine Nachricht verschickt, die besagt: »Schick mir das Dokument index.html von der Domain www.SuperKanaldeckel.com«, sucht der lokale DNS-Server heraus, zu welchem Domainserver diese Domain gehört. Der Domainserver schlägt die Domain nach, um herauszufinden, welche IP-Adresse damit assoziiert wird, so daß die Nachricht an den richtigen Server weitergeleitet werden kann. Der Webserver des Webhosts sucht dann nach dem Verzeichnis, das zu der Domain gehört, findet die Datei und schickt sie an den Browser.

Ich würde den meisten Firmen zu dieser Art von Website raten. Es ist relativ kostengünstig im Vergleich zu einem eigenen Webserver oder einem Platz in einem virtuellen Einkaufszentrum. Diese Lösung flexibel, da Sie sich die Dienstleistungen heraussuchen können, die Sie brauchen. Dazu kommt, daß Ihnen die URL gehört, so daß Sie sie mitnehmen können, wenn Sie den Webhost wechseln.

3.6.5 Ein pseudo-virtueller Webserver

Es kann sein, daß Ihnen auch pseudo- oder partiell-virtuelle Server über den Weg laufen. Während bei einem virtuellen Server jede URL eine eigene IP-Adresse braucht, können sich mehrere pseudo-virtuelle Webserver eine einzige IP-Adresse teilen. So kann es sein, daß viele verschiedene Firmen mit unterschiedlichen Domainnamen in Wirklichkeit die gleiche IP-Adresse benutzen. In anderen Worten heißt das, daß alle Domainnamen – und somit auch die URLs – zu ein und demselben Platz verweisen.

Was geschieht nun, wenn jemand einen Domainnamen, der von einem pseudovirtuellen Server benutzt wird, in einen Browser eingibt? Mit Hilfe eines kleinen **HTTP**-Tricks (HTTP steht für *Hypertext Transfer Protokoll*, das Übertragungsprotokoll, das zur Übermittlung von HTML-Dokumenten im WWW verwendet wird) kann der Webserver herausfinden, nach welchem Verzeichnis der Browser sucht. In einigen Fällen wird der Verzeichnisname an sich dazu benutzt, die spezielle Website eines Nutzers zu finden (zum Beispiel `http://www.SuperKanaldeckel.com/Kanal/`). In anderen Fällen wird eine Port-Nummer benutzt (beispielsweise `http://www.SuperKanaldeckel.com:8010/`). Das ist heutzutage jedoch nicht mehr notwendig, da die Server in der Lage sind, die benötigten Informationen auch so zu finden. Sie werden also Ihren Domainnamen ohne einen Verzeichnisnamen oder eine Port-Nummer verwenden.

Es gibt eigentlich nur einen einzigen wirklichen Vorteil, wenn man einen pseudovirtuellen Zugang besitzt: Er ist billiger als ein echter virtueller Zugang. Webhosting-Firmen verlangen dafür weniger, aber Sie müssen immer noch für die Registrierung Ihres Domainnamens zahlen. Es gibt allerdings auch ein paar Nachteile. Wenn Sie einen Server benutzen, wo Sie einen Verzeichnisnamen oder eine

Port-Nummer angeben müssen, wird Ihre Adresse leicht unübersichtlich. Wenn also jemand beispielsweise `http://www.SuperKanaldeckel.com/` eingibt, aber vergißt, das Verzeichnis `/Kanal/` oder die Port-Nummer `:8010` mit anzugeben, funktioniert die URL nicht. Der Webserver weiß dann nicht, welche Seite der Browser anfordert, weil die gleiche IP-Adresse für Dutzende oder sogar Hunderte anderer Websites verwendet wird.

Ein größeres Problem ist, daß viele der älteren Browser nicht mit einer pseudo-virtuellen URL umgehen können. Der Benutzer sieht dann anstelle Ihrer Startseite eine Webseite mit einem Link »continue« (»weiter«). Erst wenn man auf diesen Link klickt, kommt man zur eigentlichen Startseite. Das sieht nicht nach einem großen Problem aus, da man ja nach einem Klick doch zum Ziel kommt. Wenn man jedoch auf ein Unterverzeichnis Ihrer Website zugreifen will, beispielsweise `http://www.SuperKanaldeckel.com/großeAbwasserrohre/Kanada/`, landet man trotzdem auf der »continue«-Seite und muß dann von der Startseite aus seinen Weg in das gewünschte Unterverzeichnis suchen.

Die meisten Leute verwenden jedoch heutzutage inzwischen kompatible Browser. Mit Netscape 2, Internet Explorer 3, dem internen Browser von CompuServe 3.0 oder AOL 3.0 und allen späteren Versionen dieser Programme gibt es keine Probleme. Leute, die diese oder neuere Versionen benutzen (und das sind die meisten Internet-Nutzer), sehen nicht den Link, sondern gelangen direkt zu Ihrer Startseite.

Es gibt ein weiteres geringfügiges Problem. Sie können unter Ihrem Domainnamen keine FTP-Site einrichten. Nur Webserver können mit dem Trick der Pseudo-Domain arbeiten, ein FTP-Server kann es nicht. Wenn Sie also unter Ihrem Domainnamen eine FTP-Site einrichten wollen (bei den meisten kleinen Firmen eher unwahrscheinlich), brauchen Sie einen echten virtuellen Zugang. Zu guter Letzt bieten Firmen zusammen mit einem pseudo-virtuellen Zugang ein weniger umfangreiches Programmpaket an. Nur wenn Sie auf einen echten virtuellen Zugang aufrüsten, erhalten Sie auch mehr Dienstleistungen. Es kann also sein, daß Sie bei einem pseudo-virtuellen Account auf einige Dienste, die Sie brauchen, verzichten müssen.

Ein pseudo-virtueller Server kann jedoch das Richtige für Sie sein, wenn Sie knapp bei Kasse sind, keine Website unter Ihrem Domainnamen brauchen (Sie können immer noch eine FTP-Site einrichten, die über ein Unterverzeichnis des Domainnamens Ihres Webhosts erreichbar ist) und es Ihnen nichts ausmacht, daß ca. 5% der Leute nur den »continue«-Link erhalten, weil sie noch mit einem alten Browser arbeiten. Der Unterschied im Preis ist jedoch nicht besonders groß. Ein pseudo-virtueller Zugang kostet eventuell 20 DM im Monat, wogegen Sie einen echten virtuellen Zugang auch schon für 35 DM bekommen können.

Tatsächlich werden Sie nicht viele Firmen finden, die diese Art von Zugang anbieten. Die meisten werden gar nicht wissen, wovon Sie sprechen, wenn Sie nach einem pseudo-virtuellen Webserver fragen. Ich erwähne es hier jedoch, weil Ihnen so etwas eventuell über den Weg laufen wird. Vielleicht ist das auch genau das Richtige für Sie, wenn Sie jeden Pfennig einzeln umdrehen müssen.

3.6.5 Ein dedizierter Webserver

Die letzte Möglichkeit ist, daß Sie einen kompletten Webserver bei einer Webhosting-Firma mieten. Sie bekommen nicht nur Ihren eigenen Domainnamen, sondern sogar einen eigenen Computer. Der Webhost wird einen Computer, der ausschließlich Ihnen gewidmet ist, für Sie allein zur Verfügung stellen. Das kostet natürlich mehr. Eine Webhosting-Firma, die ich kürzlich angesehen habe, verlangt 850 DM pro Monat für diese Art von Dienst. Bei einer anderen kostet es 500 DM pro Monat, verglichen mit 60 beziehungsweise 35 DM pro Monat für einen einfachen virtuellen Webserver. Wenn Ihre Website jedoch einmal groß genug ist und entsprechend viel Datenverkehr erzeugt, ist jedoch ein eigener Computer und diese Art von Service durchaus gerechtfertigt.

3.7 Sie brauchen einen Webhost

Es ist wohl offensichtlich, zu welcher Methode ich in den meisten Fällen raten werde: Sie sollten Ihre Website mit Ihrem eigenen Domainnamen bei einer Webhosting-Firma einrichten. (Natürlich nicht irgendein Webhost, sondern ein guter. Darüber sprechen wir in Kapitel 4.)

Bevor es weitergeht, eine kurze Zusammenfassung der Vorteile dieser Methode:

- **Sie kennen sich mit Webservern nicht aus.** Es ist kompliziert, also lassen Sie es jemand anderen machen.
- **Wenn jemand weiß, wie man einen Webserver einrichtet, ist es nicht sehr effizient, das nur für eine einzige Website zu machen.** Zahlen Sie also einer Firma mit vielen Websites eine Gebühr, und profitieren Sie von Einsparungen durch höhere Produktivität.
- **Die URL gehört Ihnen.** Wenn Sie Ihre Website verlegen, müssen Sie Ihr Briefpapier nicht neu drucken lassen, und Sie verlieren keine Kunden.
- **Webhosts haben einen viel größeren Leistungsumfang** als die meisten Einkaufszentren oder Anbieter von kostenlosen privaten Homepages.
- **Webhosting-Firmen sind in der Regel viel billiger** als ein Einkaufszentrum oder gar ein eigener Webserver.

3.8 Was nun?

Was sollen Sie jetzt als nächstes angehen? Das hängt davon ab, für welche Möglichkeit Sie sich entschieden haben.

- **Sie werden sich einen eigenen Webserver einrichten.** Sie müssen sich anderswo nach Informationen umsehen. Ich erkläre in diesem Buch nur, wie man Websites erstellt und vermarktet, und nicht, wie man einen Webserver einrichtet.
- **Sie werden eine Website im Bereich der privaten Homepages eines Internet-Providers benutzen.** Keine sehr gute Entscheidung, aber wenn das alles ist, was Sie sich leisten können, ist das schon okay. Suchen Sie sich einen Internet-Provider, der auch Speicherplatz für eine Website anbietet. Finden Sie heraus, wo Sie Ihre Website hintun sollen und wie das geht. Dann lesen Sie weiter.
- **Sie möchten in ein virtuelles Einkaufszentrum gehen.** Verbringen Sie einige Zeit in den Einkaufszentren, und suchen Sie nach einem mit dem richtigen Preis-Leistungs-Verhältnis. Vergessen Sie nicht, das Angebot mit dem einer Webhosting-Firma zu vergleichen. Selbst wenn das Einkaufszentrum Ihre Website einrichtet, sollten Sie doch weiterlesen und lernen, wie Sie Ihre Website vermarkten können.
- **Sie wollen Ihre Website in einem Web-Laden einrichten.** Es gilt das gleiche, wie bei der Wahl eines Einkaufszentrums. Vergleichen Sie die Preise mit denen eines Webhosts.
- **Sie planen, eine nicht-virtuelle Website oder eine Subdomain bei einem Webhost zu benutzen.** Lesen Sie in Kapitel 4, wie man eine Webhosting-Firma findet. Überlegen Sie sich auch, ob Sie nicht doch ein wenig Geld mehr locker machen können, um sich einen eigenen Domainnamen zuzulegen.
- **Sie werden eine virtuelle Website bei einem Webhost benutzen.** Das ist in den meisten Fällen die beste Wahl. Sie können so kostengünstig eine professionell wirkende Seite erstellen. Lesen Sie nun in Kapitel 4, wie man eine Webhosting-Firma findet.

3.9 Webhost oder Domainname – was kommt zuerst?

Es ist heutzutage schwierig, einen guten Domainnamen zu bekommen. Domainnamen gehen weg wie warme Semmeln, so daß der Name, den Sie wollen, wahrscheinlich schon vergeben ist (`http://www.SuperKanaldeckel.com/` ist jedoch noch verfügbar ...).

In Kapitel 5 erfahren Sie, wie Sie herausfinden, ob Ihr Domainname schon vergeben ist. Sie können den Domainnamen jedoch erst kaufen, wenn Sie die Namen und IP-Adressen von mindestens zwei Servern haben, denen Sie den Domainnamen zuweisen wollen. In anderen Worten: Sie müssen der Behörde, welche die Registrierung vornimmt, mitteilen, wo die Domain untergebracht werden soll. Vielleicht kennen Sie jemanden, der einen Webserver hat und Ihnen eine IP-Adresse leiht, bis Sie einen Platz haben, auf dem Sie Ihre Website dann letztendlich unterbringen können. Oder aber Sie müssen zuerst eine Webhosting-Firma finden. Wir werden uns also als nächstes ansehen, wie man einen Webhost ausfindig macht (Kapitel 4). Anschließend erkläre ich, wie man einen Domainnamen registriert (Kapitel 5 und 6). Wenn Sie es mit der Anmeldung Ihres Domainnamen extrem eilig haben, finden Sie in Kapitel 5 unter »Finden Sie jemanden, der Ihnen hilft« Informationen zu Firmen, welche die Registrierung für Sie vornehmen.

4. Kapitel

So finden Sie einen Webhost

Es ist nun an der Zeit, daß Sie eine Webhosting-Firma finden. Wenn Sie dieses Kapitel lesen, dann haben Sie sich gegen den Weg des offenen Geldbeutels entschieden und richten also keinen eigenen Webserver ein. Sie sind aber auch nicht geizig und benutzen einen kostenlosen Dienst oder eine persönliche Website bei Ihrem Internet-Provider. Sie werden vielmehr Speicherplatz bei einem Webhost mieten.

Da gibt es jedoch ein großes Problem: Es gibt mehr als 700 Unternehmen, die für Webhosting-Dienste werben. Wahrscheinlich gibt es noch viel mehr Firmen, die diese Dienste auch anbieten, aber dafür nicht großartig Werbung machen. Das sind zum Beispiel Internet-Provider, die Webhosts für ihre Mitglieder sind. Wie sollen Sie diese Firmen finden, und wie wissen Sie, ob es die richtige ist? Nun, darum geht es in diesem Kapitel.

Zuerst sollten Sie sich über zwei Dinge Gedanken machen. Was machen Sie in bezug auf den Domainnamen, und was für eine Art von Server brauchen Sie?

4.1 Bekommen Sie einen eigenen Domainnamen?

Bevor Sie anfangen können, müssen Sie sich entscheiden, ob Sie sich einen eigenen Domainnamen zulegen, so daß Sie einen virtuellen Webhost haben können (`http://www.SuperKanaldeckel.com/`) oder ob Sie eine Subdomain im Domainnamen Ihres Webhosts (`http://SuperKanaldeckel.bighost.com/`) haben wollen. Die dritte Möglichkeit ist, daß Sie eine nicht-virtuelle Website der Form `http://www.bighost.com/SuperKanaldeckel/` einrichten.

In Kapitel 5 erkläre ich, wie Sie einen eigenen Domainnamen bekommen. Sie werden sehen, daß viele Webhosting-Firmen den Namen für Sie besorgen können. Aus verschiedenen Gründen würde ich Ihnen jedoch raten, daß Sie das selber erledigen.

- In den meisten Fällen können Sie ein paar Mark sparen und ...
- ... es ist auch gar nicht schwierig.
- Wenn Sie zu einer anderen Firma wechseln wollen, müssen Sie wissen, wie und wo Sie Ihre URL ummelden können.
- Wenn der Webhost den Namen für Sie beantragt, kann es sein, daß Ihr Domainname auf den Namen Ihres Webhosts registriert wird. Dadurch kommt es später zu Problemen, wenn Sie Ihre Website verlegen wollen, wenn es nicht sogar ganz unmöglich wird.

4.2 Welche Art von Server brauchen Sie?

Welche Art von Server brauchen Sie? Sie kennen sich wahrscheinlich überhaupt nicht mit Servern aus, wie also sollen Sie da eine Entscheidung treffen? Ich werde hier nicht auf irgendwelche schrecklichen technischen Details eingehen. Tatsächlich hängt Ihre Entscheidung wahrscheinlich davon ab, ob Sie Microsoft Frontpage benutzen wollen oder nicht. Gedulden Sie sich noch einen Augenblick. In Kapitel 9 werden wir ausführlicher über Autorensysteme für das World Wide Web sprechen, aber Sie müssen jetzt schon eine vorläufige Entscheidung treffen. Bevor Sie eine Webhosting-Firma wählen können, müssen Sie sich entscheiden, ob Sie mit Frontpage arbeiten möchten oder nicht.

Microsoft Frontpage ist als Webeditor und Tool zur Verwaltung von Websites ganz ausgezeichnet. Das ist nicht nur meine Meinung, sondern auch die von vielen anderen Leuten, die mit dem World Wide Web zu tun haben. (Ich muß jedoch zugeben, daß ich in dieser Hinsicht voreingenommen bin: Ich habe nämlich auch ein Buch über Frontpage geschrieben.) Kurz bevor ich dieses Kapitel angefangen habe, habe ich kurz durch die März-'97-Ausgabe der Zeitschrift *Internet World* geblättert. Dort wurden elf verschiedene Programme zur Erstellung von Web-Seiten verglichen. Microsoft Frontpage bekam die höchsten Werte – es wurde als »eindeutig unsere Wahl« bezeichnet.

Im Internet gibt es allerdings eine eindeutige Tendenz gegen Microsoft. Ich kann auch verstehen, warum dies so ist, aber wir wollen hier nicht näher auf dieses Thema eingehen. Für viele Internet-Anwender kommt die Empfehlung eines Produkts der Firma Microsoft mit Verrat gleich. Auf den Seiten einer Webhosting-Firma, die vor einiger Zeit damit begonnen hatte, die Server-Erweiterungen von Frontpage zu benutzen (mehr dazu gleich), habe ich zum Beispiel folgenden Hinweis gelesen: »Wir mögen Microsoft nicht besonders, aber wir müssen zugeben, daß dies ein sehr gutes Produkt ist.«

Es gibt viele verschiedene Autorensysteme für das World Wide Web, mit denen Sie arbeiten können. Wir werden in Kapitel 9 ausführlich über die verschiedenen Möglichkeiten sprechen. Welches davon sollten Sie benutzen? Nun, das kann ich nicht so genau sagen. Nehmen wir an, ein Freund kommt zu mir und fragt mich, welches Programm er benutzen soll. Er sagt: »Ich möchte meine Website schnell erstellen. Die Verwaltungsarbeit wie zum Beispiel das Finden von Links, die nicht mehr funktionieren, das Erstellen von nicht öffentlich zugänglichen Bereichen usw. sollte einfach gehen. Und ich möchte Formulare verwenden und vielleicht sogar ein Diskussionsforum auf der Website haben.« Darauf würde ich antworten: »Kauf dir Microsoft Frontpage!«

Die Entscheidung liegt jedoch vollkommen bei Ihnen. Zur Zeit ist für die meisten Aufgaben jedoch Frontpage viel besser geeignet als die ganzen anderen Produkte (in Kapitel 9 erkläre ich, warum das so ist). Nehmen wir an, daß Sie sich die verschiedenen Möglichkeiten ansehen und dann für Frontpage entscheiden. Das ist der Punkt, wo die Servererweiterungen von Frontpage ins Spiel kommen. Frontpage beherrscht nämlich eine ganze Menge nette Tricks. Sie können zum Beispiel Feedback-Seiten erstellen, auf denen der Benutzer seine Meinung in ein Feld eintragen kann. Mit einem Klick auf einen Schalter werden diese Daten in einer Datei auf Ihrer Website gespeichert. Das kann eine Textdatei sein, die nur für Sie bestimmt ist, oder aber eine HTML-Seite, die auch von anderen Benutzern eingesehen werden kann. Mit Frontpage können Sie auch ein anspruchsvolles Online-Diskussionsforum erstellen. All dies geht mit Frontpage in nur wenigen Sekunden. Dazu muß Ihre Website jedoch von einem Server verwaltet werden, auf dem die Frontpage-Servererweiterungen installiert sind. Sie können Frontpage auch ohne die Servererweiterungen benutzen, aber dann können Sie die anspruchsvolleren interaktiven Funktionen nicht benutzen.

Die Servererweiterungen sind eigentlich nichts anderes als kleine Programme, die diese speziellen Aufgaben ausführen. Wenn sie nicht auf dem Server installiert sind, funktionieren die magischen Tricks von Frontpage einfach nicht. Aber zur Zeit der Drucklegung hatten fast 450 Webhosting-Firmen die Servererweiterungen installiert, und es werden immer mehr. Frontpage ist ein äußerst beliebtes Programm, so daß die Servererweiterungen bald überall zu finden sein werden.

Frontpage ist nicht das einzige Programm, das bestimmte Programme auf dem Server braucht, bei Macromedia Backstage Internet Studio ist das beispielsweise auch der Fall. Aber Frontpage ist das einzige Produkt dieser Art, das weit verbreitet ist. Es gibt nur wenige Server, auf denen die Treiber für Backstage installiert sind. Tatsächlich gibt es diese Treiber auch nur für wenige Server. Die Frontpage-Servererweiterungen sind dagegen für alle bekannten Webserver auf allen Betriebssystemen verfügbar.

Sie sollten auch noch aus einem anderen Grund wissen, welchen Server Sie benutzen wollen: Angenommen, es gibt ein bestimmtes Programm, das Sie zusammen mit Ihrer Website verwenden wollen. Dieses muß aber auf dem Server laufen. Sie müssen nun herausfinden, unter welchem Betriebssystem dieses Programm läuft und sicherstellen, daß Sie a) einen Webhost finden, der dieses Betriebssystem benutzt und b) das Programm auch installieren dürfen. Ein gutes Beispiel dafür ist wiederum das Backstage Internet Studio von Macromedia. Dieses Produkt kommt mit einer Anzahl von Programmen, mit denen Sie eine Webseite mit einer Datenbank verbinden können. Wenn Sie sich für Macromedia Backstage entscheiden, brauchen Sie einen Windows-NT-Webserver. Sie müssen nämlich einige Megabyte an Dateien und Treibern auf dem Server installieren. Zur Zeit laufen diese aber nur unter Windows NT.

Wenn Sie wissen, ob Sie nun Frontpage benutzen wollen oder nicht, brauchen Sie sich wegen des Servers nicht weiter den Kopf zu zerbrechen. Wer weiß, was die Zukunft bringt, also versuchen Sie nicht, vorherzusagen, welche seltsamen Systeme Sie in sechs Monaten oder einem Jahr brauchen werden. Für die meisten kleinen Firmen ist es egal, welcher Server benutzt wird, solange dort die Frontpage-Servererweiterungen installiert sind. Sie können immer noch zu einer anderen Webhosting-Firma wechseln, wenn Ihre Website wächst und Sie ein anderes Betriebssystem benutzen müssen, weil Sie unbedingt das neueste Spielzeug brauchen. Natürlich nur, wenn Sie Ihren eigenen Domainnamen angemeldet haben.

4.3 Die Suche beginnt

Als erstes brauchen Sie einige Webhosting-Firmen, damit Sie eine Wahl treffen können. Verbringen Sie einmal ein wenig Zeit auf den folgenden Websites:

- **budgetweb.com** (ein guter Platz, um einen günstigen Webhost zu finden)

  `http://www.budgetweb.com/budgetweb/`

- **The Budget Web Hosts List**

  `http://www.callihan.com/budget/`

- **Host Find**

  `http://www.hostfind.com`

- **Leasing a Server**

  `http://union.ncsa.uiuc.edu/HyperNews/get/www/leasing.html`

- **Leasing a Server list at budgetweb.com**

  `http://budgetweb.com/hndocs/list.shtml`

- **Microsoft Frontpage Web-Presence Provider**

  `http://www.microsoft.com/frontpage/hosting/`

- **NerdWorld – WWW Server**

  `http://www.nerdworld.com/nw1642.html`

- **Die WDVL (*Web Developers Virtual Library*) Provider Seite**

  `http://www.stars.com/Vlib/Mall/Providers.html`

- **Web-Quote Central**

  `http://www.centeroftheweb.com/webquote/`

- **Yahoo! – Web Presence Provider Seite**

  `http://www.yahoo.com/Business_and_Economy/Companies/Internet_Services/Web_Services/Hosting/Yahoo!/`

- **Web Presence Providers Suchseite** (Sie erhalten geographisch geordnete Links)

  `http://search.yahoo.com/bin/search?p=Web+Presence+Providers&y=y&e=558354&f=0%3A8101%3A9243%3A17006%3A18116%3A558354&r=Business+and+Economy%02Companies%02Computers%02Internet%02Free+Services`

OK, Sie wollen die letzte Adresse bestimmt nicht abtippen. Gehen Sie statt dessen auf die Homepage von Yahoo!, und suchen Sie nach dem Begriff **Web Presence Provider**. Noch einfacher geht es, wenn Sie die Links auf der Seite `http://www.mut.de/abc/` benutzen.

Haben Sie genug? Sind Sie jetzt ganz verwirrt? Es gibt so viele Firmen, die Sie gerne als Kunden hätten, daß es ein wenig schwierig ist, eine Entscheidung zu treffen. Lassen Sie uns also einen Blick auf die Dinge werfen, die Ihre Wahl beeinflussen: Die verschiedenen Leistungen, die Ihnen eine Webhosting-Firma anbieten muß. Sie sollten auch wissen, wie Sie Webhosts miteinander vergleichen können. Damit meine ich jetzt nicht die preislichen Unterschiede, die sich erstens sowieso ständig ändern und zweitens sowieso ein großes Spektrum abdecken. Ich werde ganz einfach die verschiedenen Dinge erläutern, die Sie bedenken sollten.

4.4 Welche Leistungen sollte Ihr Webhost anbieten?

Ich denke, daß oben genanntes Budgetweb ein guter Platz ist, um Ihre Suche zu starten. Denn dort gibt es ein Formular, in dem Sie die Leistungen, die Sie brauchen, auswählen können. Wenn Sie das Formular absenden, erscheint eine Liste von Anbietern, die Ihren Anforderungen entsprechen. Wenn Sie beispielsweise die Frontpage-Servererweiterungen benötigen, markieren Sie die Option Frontpage. Sie erhalten eine Liste von Firmen, die diesen Dienst anbieten, und können dann auf der Website nach weiteren Leistungen suchen.

Sie werden die folgenden Informationen meistens auf den Web-Seiten der Webhosts finden. Manchmal müssen Sie auch eine E-Mail schicken oder anrufen. Sie können sich übrigens im Anhang A Notizen machen. Dort finden Sie eine Liste von Fragen, die geklärt sein müssen, bevor Sie sich für einen Webhost entscheiden. Die Nummern im Text unten entsprechen den Nummern in der Tabelle am Ende von Anhang A. Sie können also jederzeit hierher zurückkommen, wenn Sie nähere Informationen zu einem der Themen in der Tabelle benötigen.

Also, fangen wir an. Die folgenden Leistungen werden von Webhosting-Firmen angeboten. Einige davon sind für Sie wichtig, andere nicht.

Nicht-virtuell, virtuell oder pseudo-virtuell?

Die meisten Webhosts verkaufen sowohl virtuellen (Ihr eigener Domainname) als auch nicht-virtuellen Speicherplatz im Web. Einige wenige verkaufen auch Subdomains oder pseudo-virtuelle Zugänge. Wie in Kapitel 3 besprochen, ist die ideale Lösung der virtuelle Zugang. Die zweitbeste Möglichkeit ist der pseudovirtuelle, als letzte Möglichkeit kommt der nicht-virtuelle Zugang oder die Subdomain in Frage. Nun, ich glaube, daß der dedizierte Server die allerbeste Lösung wäre, aber das kommt dann ein wenig teuer. Schlagen Sie in Kapitel 3 nach, wenn Sie vergessen haben, was diese einzelnen Servertypen bedeuten.

Microsoft Frontpage

Wie schon besprochen, müssen Sie sichergehen, daß die Frontpage-Servererweiterungen auf dem Server installiert sind, wenn Sie alle Features von Frontpage nutzen wollen. Fragen Sie, wieviel der Anbieter dafür verlangt. Die Preise variieren von einer kleinen Setup-Gebühr bis hin zu einer großen Setup-Gebühr zuzüglich einer unverschämt hohen und absolut unnötigen monatlichen Gebühr.

Stellen Sie auch sicher, daß Sie eine echte Frontpage Website bekommen. Manche Webhosts sagen: Klar können Sie Frontpage benutzen. In Wirklichkeit meinen sie damit aber, daß Sie Ihre Seiten mit Frontpage erstellen und dann damit auf die Website hochladen können. Das können Sie jedoch bei jedem Webserver machen. In so einem Fall können Sie aber nicht die WebBots, das sind die speziellen Skripte, die Frontpage so mächtig machen, benutzen.

Wenn Sie zu den Leuten gehören, die gerne mit der allerneuesten Software-Version arbeiten, sollten Sie überprüfen, welche Frontpage-Version von der Webhosting-Firma verwendet wird. Microsoft veröffentlicht immer wieder neue Betaversionen mit nützlichen neuen Funktionen. Viele funktionieren nur dann richtig, wenn auch die neuesten Servererweiterungen installiert sind. Zur Zeit der Drucklegung ist Frontpage 98 erhältlich, aber die meisten Firmen haben nur die Servererweiterungen für Frontpage 97 installiert. Viele Firmen sind (und das ist auch ganz richtig so) vorsichtig, wenn es ans Installieren von neuen Servererweiterungen geht.

Wieviel kostet es?

Wenn die Firma nicht die Art von Server hat, die Sie wollen, oder keine Frontpage Servererweiterungen installiert sind, wenn Sie Frontpage benutzen wollen, dann brauchen Sie gar nicht mehr weiterfragen. Wenn sie aber hat, was Sie brauchen, dann sollten Sie als nächstes einen kurzen Blick auf den Preis werfen, um sicherzugehen, daß er sich in Ihrer Größenordnung befindet. Bei den meisten Leistungen müssen Sie für das Bereitstellen zahlen. Dazu kommt dann eine monatliche Gebühr. Einige verlangen keine Setup-Gebühr, und wieder andere erlassen Ihnen die Setup-Gebühr, wenn Sie Ihre bereits bestehende Website und Domain von einem anderen Webhost transferieren. Es lohnt sich immer zu fragen, ob Ihnen die Setup-Gebühren erlassen werden, wenn Sie den Webhost wechseln, auch wenn er es von selber nicht anbietet.

Vertrag und Garantie

Einige Webhosts möchten, daß Sie die Jahresgebühr auf einmal zahlen. Sie sollten aber fragen, ob Sie nicht auch für nur drei Monate zahlen können. Bei anderen Firmen geschieht die Abrechnung monatlich. Manchmal zahlen Sie pro Monat und erhalten den ersten Monat umsonst – das ist der beste Fall. Fragen Sie auch nach den Garantien, die Sie bekommen. Ich finde es nur vernünftig, wenn eine Firma anbietet, daß Sie sie einen Monat lang testen können. Bei Nichtgefallen bekommen Sie nach Ablauf der Testzeit Ihr Geld zurück. Versuchen Sie auch, diese Garantie schriftlich zu bekommen. Speichern Sie die Web-Seite, auf der die Garantien stehen, und drucken Sie sie aus.

Speicherplatz

Sie werden für Ihre Website eine begrenzte Anzahl von Speicherplatz zur Verfügung haben. Sie können aber auch mehr Speicherplatz kaufen. Bei kleinen, billigen Zugängen bekommen Sie eventuell nur einige Megabyte an Speicherplatz, bei größeren auch hundert und mehr. Sie können mit einem oder zwei Megabyte schon jede Menge anfangen, und auch eine wirklich riesige Website braucht nur einige hundert Megabyte.

Gebühren für Hits und Datenverkehr

Bei einigen Firmen zahlen Sie für die Anzahl von **Hits**, das heißt dafür, wie oft jemand eine Ihrer Seiten auf seinen Browser holt. Andere verlangen eine Gebühr entsprechend der Menge an Daten, die von Ihrer Website weggehen. Egal, wie der Preis berechnet wird: Je mehr Betrieb auf Ihrer Website herrscht, desto mehr zahlen Sie. Bei anderen Webhosting-Firmen dagegen gibt es diesbezüglich kein Limit.

Natürlich ist unbegrenzter Gebrauch nicht so gut, wenn das bedeutet, daß auf allen Websites auf dem Server sehr viel Betrieb ist. Meistens ist eine gewisse Menge an Datenverkehr umsonst. Für die meisten Websites ist das auch völlig ausreichend (wir sprechen später darüber, wie man den Server testen kann). Überlegen Sie sich, was Sie mit Ihrer Website machen wollen. Wenn Sie Software zum Herunterladen bereitstellen wollen, dann können Gebühren für Datenverkehr zu einem Problem für Sie werden, die Anzahl der Hits dagegen nicht. Wenn der Webhost die Gebühren nach der Anzahl der Hits festlegt, dann sollten Sie herausfinden, wie die Firma einen Hit definiert. Zählt das komplette Laden einer Seite (also Text und Bilder) als ein Hit? Oder aber zählt jedes Bild als ein einzelner Hit? Bei einigen System zählt als Hit nur der erste Versuch eine Seite zu laden. Wenn jemand die Seite abruft und etwas später erneut lädt, wird das zweite Laden nicht gewertet. Bei anderen Firmen wird sowohl das erste als auch das zweite Mal als ein Hit gezählt.

Upgrades

Mit dem Wachstum Ihrer Website verändern sich auch Ihre Bedürfnisse. Fragen Sie vorher, wieviel es kostet, wenn Sie mehr Speicherplatz brauchen, größere Datenmengen übertragen, mehr POP-Mail-Zugänge einrichten usw.

Kommerzielle Websites

Bei einigen Webhosts dürfen Sie keine kommerziellen Websites unterbringen. Wenn Sie also eine Website für eine Firma einrichten, überprüfen Sie die Praktiken Ihres Webhosts.

Rabatt für gemeinnützige Organisationen

Einige Webhosts bieten günstigere Tarife für karitative und andere gemeinnützige Organisationen an.

Registrierung der Domain

Die meisten Firmen können Ihren Domainnamen für Sie registrieren. Dafür kann jedoch eine extra Gebühr verlangt werden. Sie sollten Ihre Domain jedoch aus den Gründen, die ich am Anfang dieses Kapitels genannt habe, selber registrieren. Wenn Sie einen Domainnamen möchten, der nicht auf .com, .net oder .org endet (einer der regionalen Namen wie zum Beispiel .de, .at oder .ch) müssen Sie sicherstellen, daß der Server mit diesen Domains umgehen kann.

Mehrere Domainnamen

Wenn Sie mehr als einen Domainnamen haben, können Sie alle auf dieselbe Website verweisen lassen. Sie könnten sich beispielsweise einen Domainnamen für Ihre Firma und andere Domainnamen für Werbungszwecke oder spezielle Produkte zulegen. Dabei haben Sie verschiedene Möglichkeiten. Alle Domains können entweder auf dasselbe Verzeichnis verweisen, oder aber Sie richten für jede Domain ein eigenes Verzeichnis ein. Natürlich sind die Kosten dafür auch unterschiedlich hoch. Es kann sein, daß Sie bis zu zwei Domains kostenlos haben dürfen, aber für jede weitere extra zahlen müssen. Oder Sie müssen für jede Domain einen eigenen Zugang beantragen, bekommen aber einen Preisnachlaß. Bei einem der Webhosts hieß es, daß pro zusätzlicher Domain eine Setup-Gebühr von 40 DM anfallen würde. Wenn die einzelnen Domainnamen zu unterschiedlichen Verzeichnissen zeigen sollen, zahlen Sie 20 DM pro Monat. Wenn alle Domainnamen auf das gleiche Verzeichnis verweisen, fallen keine zusätzlichen Gebühren an. Diese zusätzlichen Domainnamen werden übrigens als **geparkte Domains** bezeichnet.

Bedenken Sie auch, daß Domains, die auf ein separates Verzeichnis verweisen, pseudo-virtuelle Websites (vergleiche Kapitel 3) sein können. Das heißt in anderen Worten, daß sie keine eigenen IP-Nummern haben. Für die meisten Nutzer ist das auch in Ordnung. Die neueren Versionen der meisten Browser werden die richtige Seite anzeigen, selbst wenn die URL ein Unterverzeichnis enthält. Bei alten Browsern oder aber Lynx (ein Browser, der von vielen UNIX-Anwendern verwendet wird) wird einfach Ihre Startseite (die Seite, die für Ihre Hauptdomain festgelegt wurde) angezeigt. Der Anwender muß sich dann mühsam seinen Weg durch Ihre Website suchen, um das gewünschte zu finden.

Wenn Sie so eine geparkte Domain benutzen, müssen Sie auf folgendes achten: Es kann sein, daß Formulare, die Sie mit Frontpage erstellt haben, nicht richtig funktionieren. Das ist kein unüberwindliches Problem, aber der Systemadministrator kann damit seine Schwierigkeiten haben. Sagen Sie ihm in so einem Fall, daß der Frontpage Server für jede einzelne Domain konfiguriert sein muß, damit Frontpage richtig arbeiten kann. Wenn er nur für die Hauptdomain konfiguriert ist, kann es sein, daß die Formulare in den Nebendomains nicht funktionieren.

Ein POP-Mail-Zugang

Bei vielen Firmen erhalten Sie einen POP-Mail-Zugang, der normalerweise bei der Website dabei ist (vergleiche Kapitel 2). Manchmal erhalten Sie mehrere POP-Mail-Zugänge, obwohl Sie vielleicht nicht mehr als einen benötigen. Einige Firmen verlangen jedoch für den Zugang eine extra Gebühr.

Mit einem einzigen E-Mail-Zugang können Sie E-Mails, die an unterschiedliche Adressen gehen, empfangen: `Info@SuperKanaldeckel.com`, `Verkauf@Super-`

Kanaldeckel.com, Joe@SuperKanaldeckel.com, Susi@SuperKanaldeckel.com und so weiter. Sie können für jede Domain, die Ihnen gehört, so viele Adressen eintragen, wie Sie wollen. Eingegangene Nachrichten werden von dem POP-Zugang abgeholt, und ein fortschrittliches E-Mail-Programm (siehe Kapitel 2) kann die Nachrichten dann automatisch in die einzelnen Verzeichnisse Info, Verkauf, Joe, Susi und so weiter verschieben.

Sie benötigen mehr als einen POP-Mail-Zugang, wenn Sie mehrere Domainnamen benutzen oder mehr Privatsphäre brauchen: Susi möchte vielleicht ihre eigene E-Mail bekommen, die Joe nicht lesen soll.

POP-Mail-Zugang ist jedoch nicht immer gleich POP-Mail-Zugang. Einige Firmen geben Ihnen fünf oder sechs POP-Zugänge ohne zusätzliche Gebühren. Diese Zugänge haben jedoch eventuell eine eingeschränkte Funktionsweise. Es kann sein, daß jeder Zugang mit nur einer einzigen Adresse funktioniert. Das heißt, Sie brauchen einen Zugang für Info@SuperKanaldeckel.com, einen für Verkauf@SuperKanaldeckel.com, einen für Joe@SuperKanaldeckel.com und so weiter. Wenn Sie fünf oder sechs Zugänge haben, die nur eine einzige E-Mail-Adresse zulassen, können Sie nichts weiter tun. Sie können also keine weiteren E-Mail-Adressen hinzufügen. Es kann also sein, daß fünf oder sechs POP-Mail-Zugänge schlechter sind als ein einziger. Im Idealfall haben Sie die Möglichkeit, so viele E-Mail-Adressen, die auf Ihrem Domainnamen basieren, zu erstellen, wie Sie möchten. Wenn ein Webhost für multiple POP-Boxen wirbt, kann das bedeuten, daß das nicht möglich ist. Es kann allerdings auch sein, daß die Firma eine unbegrenzte Anzahl an Adressen ermöglicht, aber ganz einfach fünf verschiedene Zugänge mit unterschiedlichen Paßwörtern zur Verfügung stellt. E-Mails, die an diese fünf verschiedenen Adressen geschickt werden, werden auf die einzelnen Zugänge verteilt. Alle E-Mails, die an andere Adressen geschickt werden, landen dann einfach bei einem dieser Zugänge. Besprechen Sie dieses Thema mit der Webhosting-Firma. Sie sollten genau verstehen, was Sie bekommen. Sagen Sie der Firma auch, daß Sie eine unbegrenzte Anzahl von E-Mail-Aliases benötigen.

Weiterleitung von E-Mails (Forwarding)

Sie sollten auch sichergehen, daß Sie bei dem Webhost das automatische Weiterleiten von E-Mails (Forwarding) einrichten können. Damit läßt sich ein vorher definierter Teil Ihrer eingehenden E-Mails irgend woanders hin leiten. Nachrichten an Susi@SuperKanaldeckel.com könnten beispielsweise an Susi.Kanal@aol.com weitergeleitet werden. Sie können die Weiterleitung von E-Mails für einen oder auch mehrere E-Mail-Zugänge einrichten. Für das automatische Weiterleiten von E-Mails mehrerer Zugänge wird vom Webhost häufig eine Gebühr verlangt. Einige Webhosting-Firmen machen Ihnen das Einrichten automatischer E-Mail-Weiterleitung ausgesprochen einfach. Sie stellen Ihnen ein Web-Formular zur Verfügung, in das Sie den Namen des Zugangs und wohin die E-Mail geschickt werden soll eintragen können. Bei anderen Firmen ist das Weiterleiten von E-Mails extrem kompliziert. Eventuell wird von Ihnen erwartet, daß Sie in verschiedenen Konfigurationsdateien herummurksen.

Autoresponder

Es gibt Programme, die automatisch auf eingehende E-Mails antworten. Diese Programme werden häufig als E-Mail-Responder oder Autoresponder bezeichnet. Wenn jemand beispielsweise an `info@SuperKanaldeckel.com` schreibt, kann automatisch eine E-Mail mit Informationen zurückgeschickt werden. Das kann sehr nützlich sein. Deswegen rate ich Ihnen, daß Sie sich einen Webhost suchen, der diesen Dienst anbietet. Das ist natürlich nur dann sinnvoll, wenn Sie dort auch Ihren POP-Mail-Zugang haben. Bei einigen Firmen erhalten Sie auch Statistiken darüber, wie häufig der Autoresponder in Aktion tritt.

Finden Sie heraus, ob Ihnen die Webhosting-Firma das Einrichten eines Autoresponders leicht macht oder nicht. Einige Firmen erwarten, daß Sie wissen, wie man Procmail-Skripte schreibt. Die Firma, die Sie wählen, sollte am besten über ein einfaches System verfügen, bei dem Sie nur Formulare ausfüllen müssen, um Ihre Autoresponder zu erstellen. Eine Alternative dazu wäre eine detaillierte Schritt-für-Schritt-Anleitung für Procmail. Wir werden über dieses Thema ausführlich in Kapitel 15 sprechen.

Hier sind einige Dinge, die ein guter Autoresponder können sollte:

- Die ursprüngliche Nachricht in die automatisch generierte Antwort einfügen,
- eingehende E-Mails speichern und
- die E-Mail-Adresse aus der Nachricht extrahieren und in eine Textdatei schreiben.

Der letzte Punkt ist besonders wichtig, da Sie so Mailinglisten aus den Nachrichten, die an Ihre Autoresponder geschickt werden, generieren können. Nicht alle Systeme sind jedoch dafür eingerichtet. Fragen Sie also die Webhosting-Firma, ob deren System dazu in der Lage ist. Das System meines Webhosts kann das momentan noch nicht ... Die Firma hat aber versprochen, die Autoresponder-Konfiguration dahingehend zu verändern.

Mailinglisten

Eine Mailingliste, auch Verteilerliste genannt, ist ein Diskussionsforum, das auf dem E-Mail-System basiert. Es kann sein, daß Sie eine einrichten möchten, da es sich dabei um ein wirklich nützliches Werbemittel handelt. In Kapitel 16 werden wir über diese Systeme sprechen. Viele Firmen stellen Ihren Kunden Mailinglisten-Software zur Verfügung. Fragen Sie, ob Sie eine zusätzliche Gebühr bezahlen müssen, wie viele Mailinglisten Sie haben dürfen und wie viele Mitglieder jede

Liste haben darf. Sie können auch kleinere Verteilerlisten über Ihren Computer verwalten oder aber eine andere Firma damit beauftragen. (Ich erkläre in Kapitel 16, wie Sie eine solche Firma finden können.)

Shell-Account (Telnet-Zugang)

Mit einem Shell-Account können Sie sich via Telnet auf Ihrer Website einloggen und Dateien und Verzeichnisse modifizieren. Das ist manchmal ganz nützlich, und Sie werden sehen, daß die meisten Webhosts einen Shell-Account zur Verfügung stellen. Wenn Sie beispielsweise Ihre eigenen CGI-Skripte installieren wollen (siehe Kapitel 12), brauchen Sie einen Telnet-Zugang, damit Sie an die Skripte herankommen, die Rechte verändern, Dateien umbenenennen können usw. Andererseits ist es auch häufig möglich, die Dateirechte mit einem FTP-Programm wie WS_FTP oder Cute_FTP zu setzen, wenn der Server dementsprechend eingerichtet ist (häufig haben Sie dazu keine Rechte). Wenn Sie die Einstellungen nicht selber verändern können, dann sind Sie der Gnade der Webhosting-Firma ausgeliefert. Die Firma muß die gewünschten Änderungen für Sie vornehmen, kann dafür extra Gebühren verlangen und sich damit viel Zeit lassen.

FTP-Zugang

Sie brauchen einen FTP-Zugang (FTP steht für *File Transfer Protocol*, also ein Protokoll zur Datenübertragung). Damit können Sie Dateien von einem anderen Computer auf den Computer, auf dem Ihre Website liegt, kopieren und umgekehrt. Praktisch alle Firmen stellen diese Art von Service zur Verfügung. Bei einigen gibt es auch eine andere Art der Dateiübertragung, beispielsweise mit Hilfe von Frontpage. Aber selbst wenn Sie Frontpage benutzen, ist es trotzdem gut, wenn Sie auch einen FTP-Zugang haben. Wenn Sie CGI-Skripte benutzen wollen (und das sollten Sie! vgl. Kapitel 12), aber keinen Telnet-Zugang haben, dann sollten Sie nachfragen, ob Sie Dateirechte mit Hilfe von FTP setzen und verändern können.

Anonymous FTP

Das ist nicht das gleiche wie der FTP-Zugang zu Ihrer Website. Sie können vielmehr eine FTP-Site einrichten, von der andere Leute Dateien herunterladen können. Wenn Sie beispielsweise Software verteilen wollen, ist das eine gute Idee. Es ist zwar auch möglich, Dateien direkt von Ihrer Website herunterzuladen, aber es ist häufig auch nützlich, wenn man zusätzlich noch eine echte FTP-Site hat. Leute, die keinen guten WWW-Zugang besitzen, können Ihre FTP-Site benutzen. Bei einigen FTP-Sites ist es auch möglich, daß man unterbrochene Übertragungen wieder aufnehmen kann. Angenommen, jemand versucht, eine Datei herunterzuladen. Nach der Hälfte wird jedoch die Verbindung durch seinen Internet-Provider oder seine Telefongesellschaft unterbrochen. Er kann nun zurückkommen und die Übertragung da fortsetzen, wo sie abgebrochen wurde. Das ist vor allem dann praktisch, wenn die Dateien sehr groß sind.

Wenn Sie Dateien zum Herunterladen zur Verfügung stellen wollen, sollten Sie übrigens sicherstellen, daß diese auf Viren überprüft sind, bevor Sie öffentlich zugänglich gemacht werden. Dabei ist es egal, ob es sich um eine Web- oder FTP-Site handelt. Sie wollen schließlich nicht, daß sich Ihre Besucher einen Virus einhandeln. Wenn Sie Leuten gestatten, Dateien auf Ihre Site zu stellen, müssen diese auch auf Viren überprüft werden, bevor Sie sie benutzen.

Secure Server

Wenn Sie Online-Bestellungen entgegennehmen oder sensible Daten übertragen möchten, dann brauchen Sie einen sicheren Server (dieser wird häufig als ***SSL-Server***, d.h. Secure Sockets Layer Server bezeichnet). Die Daten von Kreditkarten, die in ein Formular eingegeben werden, werden so beispielsweise verschlüsselt, bevor sie von dem Webbrowser des Benutzers an den Server geschickt werden. Sie brauchen keinen Secure Server, um die Bestellungen online entgegen nehmen zu können. Viele Leute aber werden ohne einen Secure Server nichts bestellen (siehe Kapitel 14).

Sie können auch einen anderen Server für Ihre Online-Transaktionen benutzen, wenn Sie einen Webhost gefunden haben, den Sie wirklich mögen, aber der keinen SSL-Server hat. In Kapitel 14 werde ich erklären, wie das funktioniert.

Einkaufswagen-Software

Wenn Sie Produkte verkaufen möchten und Ihren Besuchern einen Katalog kombiniert mit einem Bestellformular anbieten möchten, dann sollten Sie herausfinden, ob der Webhost schon irgendeine Form von Shopping-Software hat. Wenn ja, dann sollten Sie sich ansehen, was diese kann und wieviel sie kostet. Wenn nicht, dann können Sie Ihre eigene Software verwenden. Dazu müssen Sie CGI-Skripte verwenden können. Stellen Sie also sicher, daß Sie bei Ihrem Webhost Ihre eigenen CGI-Skripte verwenden dürfen. Sie können auch zu einer Firma gehen, die sich auf die Verarbeitung von solchen Transaktionen spezialisiert hat. Sie können das Einkaufswagen-Programm auf deren Website laufen lassen und einfach auf die entsprechende Web-Seite mit einem Link verweisen. (In Kapitel 14 finden Sie mehr Informationen dazu, wie Sie Ihre Website einrichten, um Bestellungen annehmen zu können.)

Online-Bearbeitung von Kreditkarten und Schecks

Einige Firmen haben Software, mit der Sie mit einem Online-Kreditkarteninstitut zusammenarbeiten können. Das ist dann nützlich, wenn Sie Bestellungen über Ihre Website annehmen wollen. Bei einigen dieser Systeme können Sie sogar elektronische »Schecks« verarbeiten. Das sollte aber nicht für die Wahl Ihres Webhosts ausschlaggebend sein, da die meisten Firmen diesen Dienst nicht anbieten. Oder aber die Verarbeitungssoftware ist nicht besonders gut. Wenn Ihre Webhosting-Firma diese Leistung anbietet, ist das ein Pluspunkt, aber Sie können diesen Service auch anderswoher bekommen (in Kapitel 14 beschäftigen wir uns näher mit diesem Thema).

Imagemaps

Eine Imagemap ist ein Bild auf einer Webseite, das sogenannte Hotspots enthält. Durch das Klicken auf einen der Hotspots wird ein Link zu einer anderen Webseite aktiviert. Es gibt zwei Arten, Imagemaps zu erstellen. Sie können einen entsprechenden Code in Ihre Web-Seiten einfügen (Clientseitige-Maps) oder aber ein spezielles Skript auf dem Webserver laufen lassen (Serverseitige-Maps). Jedes gute Programm zur Erstellung von Web-Seiten kann anklickbare Client-Maps erstellen, und die meisten Leute haben Browser, die auch damit umgehen können. Einige ältere Browser sind dazu jedoch nicht in der Lage. Deswegen bevorzugen einige Gestalter von Web-Seiten die Serverseitige-Imagemaps. Nicht alle Webhosting-Firmen lassen Sie diese auch benutzen. Das ist jedoch kein Problem, wenn Sie Frontpage auf einer entsprechenden Website verwenden, da Sie damit sowohl Clientseitige- als auch Serverseitige-Maps erstellen können.

CGI-Skripte

CGI steht für *Common Gateway Interface*. Damit können Sie Ihre Webseiten interaktiv gestalten und vor allem Eingaben aus Formularen verarbeiten. Sie können mit CGI beispielsweise Informationen aus einem Formular nehmen und sich als E-Mail schicken lassen. Viele Webhosting-Firmen haben ganze Sammlungen von CGI-Skripten, die Sie verwenden dürfen. Einige gestatten es Ihnen auch, eigene CGI-Skripte zu verwenden, stellen aber keine Sammlung zur Verfügung. Bei anderen Firmen wiederum dürfen Sie keine CGI-Skripte verwenden. Ich rate Ihnen, daß Sie sich einen Webhost suchen, bei dem Sie zumindest eigene Skripte verwenden dürfen. Im Idealfall aber können Sie auf eine Sammlung gut dokumentierter CGI-Skripte zurückgreifen.

Server Side Include

Server Side Include ist ein Mechanismus zum Einbetten einer Web-Seite oder anderer einfacher Daten in ein anderes Web-Dokument. Die Ergebnisse eines CGI-Skripts könnten beispielsweise in eine HTML-Seite eingebettet und angezeigt werden. Die meisten Firmen gestatten Server Side Include. Sie halten die Server Side Includes vielleicht nicht für notwendig, viele CGI-Skripte, die Sie für nützlich halten, benötigen diese jedoch (vergleiche Kapitel 12 und 13).

Datenbankzugang

Wenn Sie möchten, daß die Besucher Ihrer Website auf Informationen aus einer Datenbank zugreifen können, dann müssen Sie herausfinden, ob Ihr Webhost ein System zum Durchsuchen von Datenbanken hat. Sie sollten sich auch Gedanken darüber machen, wer dafür zuständig sein soll, da das Ganze nicht einfach zum Einrichten ist. Eine ganze Anzahl an Webhosting-Firmen kann dies für Sie erledigen. Wenn Sie aber die notwendigen Computerkenntnisse besitzen und selbst eine Datenbank einrichten wollen, sollten Sie sich zuerst überlegen, welches System Sie verwenden wollen, und dann einen Webhost finden, der damit arbeitet. Finden Sie auch heraus, wieviel dieser Service zusätzlich kosten wird.

Java Applets

Wenn Sie Java Applets benutzen wollen oder glauben, daß dies in näherer Zukunft der Fall sein wird, dann fragen Sie, ob die Webhosting-Firma diesen Dienst anbietet. Java Applets sind Programme, die in Web-Seiten eingefügt werden können. Das Java Applet wird zusammen mit der Web-Seite übertragen und läuft dann auf dem Computer des Anwenders. Es gibt sehr einfache Java Applets, wie zum Beispiel Schaltflächen, welche die Farbe oder das Bild wechseln, wenn Sie darauf zeigen (sogenannte »Hover Buttons»). Und dann gibt es sehr komplizierte Java Applets.

Java Applets können auch auf dem Server laufen. Viele Systeme, die Bestellungen verwalten, benutzen Java. Es läuft dann hinter den Kulissen auf dem Webserver. Wenn Sie wissen, daß Sie so etwas brauchen werden, dann sollten Sie herausfinden, was Ihnen die Webhosting-Firma bieten kann.

Nicht alle Webhosting-Firmen gestatten den Gebrauch von Java-Applets. Die meisten kleinen Firmen brauchen sie wahrscheinlich auch nicht. Die Situation kann sich aber ändern, wenn nützlichere Applets erhältlich werden.

RealAudio

RealAudio ist ein weitverbreitetes Format, das Audiosignale an einen Webbrowser überträgt. Wenn Sie möchten, daß Besucher Ihrer Website Klänge im RealAudio-Format hören können, braucht Ihr Webhost einen RealAudio-Server. Die meisten Firmen brauchen jedoch kein RealAudio (siehe Kapitel 10).

Zugriffsstatistiken

Zugangsstatistiken geben Ihnen Informationen zu den Besuchern Ihrer Website. Sie brauchen diese Information, damit Sie sehen, woher Ihre Besucher kommen, wann sie angekommen sind, welche Seiten sie sich ansehen und so weiter (vergleiche Kapitel 23). Einige Firmen senden Ihnen diese Berichte automatisch täglich oder wöchentlich zu, andere erstellen dementsprechende Diagramme.

Paßwortgeschützte Webseiten

Einige Webhosts sind Ihnen beim Erstellen von durch Paßwort geschützten Seiten behilflich, wenn Sie einen nichtöffentlichen Bereich auf Ihrer Website einrichten müssen. Das geht mit Frontpage übrigens ganz einfach.

Wiederverkaufen von Speicherplatz

Bei einigen Firmen können Sie selbst ins Webhost-Geschäft einsteigen und Speicherplatz weiterverkaufen. In anderen Worten heißt das, daß Sie selbst eine Webhosting-Firma gründen können. Das ist jedoch etwas, was Sie nicht auf die leichte Schulter nehmen sollten. Die Konkurrenz ist groß, ebenso wie die Kosten für den Kundendienst. Machen Sie das also nur, wenn Sie wirklich wissen, wieviel Zeit und Geld diese Art von Geschäft verschlingt.

Werbung und Design

Einige Firmen bieten auch noch andere Dienste wie zum Beispiel Erstellung und Design von Web-Seiten oder das Eintragen in Suchmaschinen (siehe Kapitel 14) an. Wenn Sie diese Dienste brauchen, bedenken Sie, daß diese auch woanders erhältlich sind. Lassen Sie sich also bei der Entscheidung für einen Webhost nicht dadurch beeinflussen, ob dieser Hilfe bei Werbung und Design anbietet oder nicht. Es kann allerdings auch sein, daß Ihnen eine Webhosting-Firma über den Weg läuft, die ein komplettes Paket – Hosting, Design, Erstellung und Werbung – anbietet und Websites erstellt hat, die Ihnen gut gefallen. Solche Komplettpakete sind für Privatleute häufig zu teuer, können aber für eine kleine Firma genau das Richtige sein.

Technischer Support

Fragen Sie, welche Art von technischem Support der Webhost anbietet. Können Sie dort anrufen und mit einem Mitarbeiter sprechen? Wenn ja, ist es ein Ortsgespräch oder eine gebührenfreie Rufnummer? Das ist ein wichtiger Punkt, da Sie bestimmt einmal Hilfe benötigen werden. Einige Webhosting-Firmen versuchen alle Probleme via E-Mail abzuhandeln. Das Problem dabei ist, daß es einfach ist, E-Mails einfach zu ignorieren oder mit der Antwort auf sich warten zu lassen. Sie werden bei einem günstigen Webhost selten eine gebührenfreie Rufnummer bekommen. Es kann sein, daß Sie für ein Ferngespräch zahlen müssen, aber das ist besser als nichts. Einige Firmen verlangen für Telefonsupport übrigens auch eine zusätzliche Gebühr.

Wem gehört der Server?

Wie Sie gesehen haben, ist es möglich, daß eine Firma Speicherplatz für Websites weiterverkauft. Das bedeutet, daß einige Firmen, mit denen Sie sprechen werden, gar nicht selber für den Server zuständig sind. In den meisten Fällen stellt das kein Problem dar, aber es bedeutet, daß die Firma keine direkte Kontrolle über den Server hat. Wenn Sie möchten, daß die Webhosting-Firma etwas für Sie tut, dann kann es sein, daß sie dazu nicht in der Lage ist. Manchmal ist es schwierig, herauszufinden, ob einer Webhosting-Firma der Server wirklich gehört oder nicht. Ein kleines Programm namens ***Whois*** (siehe Kapitel 5) kann Ihnen dabei helfen, die Person zu finden, die für den Server verantwortlich ist. Es ist also möglich, daß Sie herausfinden, wem der Server gehört, aber wahrscheinlich lohnt sich der Zeitaufwand nicht.

Warum sollten Sie überhaupt mit einem Wiederverkäufer zusammenarbeiten wollen? Nun ja, vielleicht bietet die Firma ein attraktives Paket, das Design, Erstellung, Werbung usw. enthält, an. Die Zusammenarbeit mit einem Wiederverkäufer ist kein Problem, wenn er fähig und seriös ist und eine gute Webhosting-Firma hat. Es ist aber immer gut zu wissen, woran man ist, also fragen Sie. Wenn alle anderen Faktoren gleich sind, dann würde ich die Firma bevorzugen, der die Server gehören. Das heißt aber nicht, daß Sie bei einem Wiederverkäufer kein gutes Angebot erhalten können.

Budgetweb hat Webhosts übrigens in IPPs (Internet Presence Providers, also Internet-Provider) und VARs (Value-added Resellers, also Wiederverkäufer) eingeteilt. Nach der Verteilung in den Kategorien bei Budgetweb handelt es sich bei den meisten Firmen um Internet-Provider. Sie können auch das Filtersystem benutzen und sich die VARs nicht anzeigen lassen. Sie haben dann immer noch eine große Liste, mit der Sie arbeiten können. Alex Chapman, der Eigentümer von Budgetweb, hat mir übrigens erzählt, daß es unheimlich schwierig ist, »festzustellen, ob eine Firma ein IPP oder VAR ist«, wenn er Anmeldungen entgegennimmt. Er wendet verschiedene Methoden an, um den Besitzer zu verifizieren. Dabei stellt sich immer wieder heraus, daß einige Firmen fälschlicherweise vorgeben, Internet-Provider zu sein.

Wie viele Computer?

Fragen Sie, wie viele Computer der Webhost benutzt. Das kann ein einziger Computer sein oder ein Dutzend oder mehr. Wenn die Firma viel in die Hardware investiert hat, dann bedeutet das wahrscheinlich auch, daß sie lange im Geschäft sein wird.

Größe der Firma

Rufen Sie an, und plaudern Sie ein wenig mit den Mitarbeitern der Firma. Fragen Sie, wie viele Angestellte es gibt, und ob alle Vollzeit beschäftigt sind. Fragen Sie, wo sich der Webserver, das heißt der Computer an sich, befindet. Ist er im selben Gebäude wie die Firma? Sie sollten eine Vorstellung davon bekommen, wie groß die Firma ist, und ob sie mit ganz wenig Geld finanziert wird oder hauptsächlich

Teilzeitkräfte beschäftigt. Eine Webhosting-Firma kann aus einer einzelnen Person bestehen, die in irgendeinem Keller arbeitet. Sie möchten dort aber bestimmt nicht Ihre Website unterbringen! Andererseits braucht man für eine Webhosting-Firma nicht sehr viele Leute, solange diese sich wirklich gut auskennen und Erfahrung haben.

Sie könnten auch fragen, welche Art von Computer als Server dient. Wenn es sich um IBM-kompatible PCs von irgendeiner unbekannten Firma handelt, dann kann das ein Anzeichen für Probleme sein. Im Idealfall wird ein High-End-Webserver beispielsweise von SUN oder aber ein qualitativ hochwertiger PC verwendet.

Verbindungsgeschwindigkeit und Entfernung zum Backbone

Sie sollten herausfinden, was für eine Verbindung der Webserver zum Internet hat. Wahrscheinlich handelt es sich dabei um eine Standleitung, zum Beispiel eine T1-Verbindung (1,5 mbps). Die meisten Webhosting-Firmen sind nicht direkt mit dem Internet verbunden, sondern benutzen einen Internet-Provider. Dabei handelt es sich nicht um einen Internet-Provider, den auch Privatpersonen und viele kleinere Firmen benutzen, sondern um einen, der sich auf das Einrichten von sehr schnellen (und teuren) Verbindungen spezialisiert hat. Einige große Netzwerke stellen auch Webhosting-Dienste zur Verfügung. BBN Planet hat beispielsweise seinen eigenen Backbone. Das bedeutet, daß Websites, die bei dieser Firma untergebracht sind, eine sehr schnelle Verbindung zum Internet haben (mehr zu Backbones später).

Ihre Webhosting-Firma sollte wenigstens eine T1-Verbindung (in Deutschland 2 mbps) zum Internet-Provider mit mehreren Verbindungen haben. Fragen Sie, wie viele das sind. Der Internet-Provider hat eventuell eine T3-Verbindung (45 mbps; in Deutschland 34 oder 155 mbps) zum Internet. Mit einer Webhosting-Firma, die nur eine ISDN-Verbindung hat, können Sie recht wenig anfangen, das ist einfach viel zu langsam. Es ist zwar möglich, als Webhosting-Firma ISDN zu benutzen, diese Firmen werden Ihnen aber kaum begegnen. Folgende Tabelle gibt Ihnen einen Überblick über die relativen Geschwindigkeiten der verschiedenen Leitungen:

56K-Leitung	56 kbps (tausend Bits pro Sekunde)
ISDN	64 kbps (bei Kanalbündelung 128 kbps möglich)
2-Kanal-ISDN (USA)	128 kbps
Fractional T1	verschiedene Geschwindigkeiten möglich: 64 kbps, 128 kbps, 256 kbps, 384 kbps, 512 kbps oder 768 kbps
T1	1,544 mbps (Millionen Bits pro Sekunde); in Deutschland gebräuchlich: 2 mbps
T3	44,736 mbps; in Deutschland gebräuchlich: 34 mbps oder auch 155 mbps

Wenn die Firma behauptet, eine T1- oder T3-Verbindung zu haben, fragen Sie, ob sie direkt an die Leitung angeschlossen ist oder ob da noch etwas dazwischen liegt. Es kann sein, daß der Webhost mehrere Webserver hat, die alle mit einer Ethernetkarte an die Leitung angeschlossen sind. Das ist dann viel langsamer als eine direkte Leitung. Es kann also sein, daß eine Firma, die behauptet, eine 45-mbps-Verbindung zum Internet zu haben, tatsächlich nur über eine 10-mbps-Verbindung verfügt.

Einige Webhosting-Firmen übertreiben auch maßlos bei den Angaben ihrer Geschwindigkeit. Wenn eine Firma behauptet, T3 zu haben, dann sollten Sie bedenken, daß eine T3-Leitung extrem teuer (bis zu 120 000 DM Miete pro Monat) ist. Eine Ein- oder Zwei-Personen-Firma, die von irgendeinem Keller aus operiert, kann sich eine solche Leitung gar nicht leisten.

Es ist auch gut, wenn Sie herausfinden können, wie viele Hops (Sprünge) der Webserver von einem Internet-Backbone entfernt ist. Für weitere Informationen zu diesem Thema lesen Sie am besten »Alles zum Thema Backbone« weiter unten.

Sie könnten auch fragen, wie viele Verbindungen der Webhost zum Backbone unterhält. Eine Systemverwalterin erzählte mir, daß es in ihrem System zwei Verbindungen gibt. Das ist nützlich, da einige Backbones in die eine Richtung besser funktionieren als in die andere. Bei zwei Verbindungen ist es wahrscheinlicher, daß die Daten auch durchkommen. Wenn die eine Verbindung nicht funktioniert, dann gibt es immer noch die zweite, mit der es dann wahrscheinlich auch klappt.

Für eine schnelle Website braucht man folgendes:

- Einen schnellen Webserver, der nicht überbeansprucht ist (das heißt, daß es nicht mehr Verkehr gibt, als er auch bewältigen kann).
- Eine schnelle Verbindung von dem Computer zur Standleitung (wenn die Ethernet-Karte langsam ist, ist es egal, wie schnell die Standleitung ist).
- Eine schnelle Standleitung (mindestens T1).
- Ein kurzer Weg zu einem sehr schnellen Backbone (d.h. nicht zu viele Hops).

Diese ganzen Dinge müssen auch reibungslos zusammenspielen. Sprechen Sie mit den Technikern des Webhosts, damit Sie eine Vorstellung davon bekommen, wie deren System funktioniert.

Die Geschwindigkeit, mit der ein Server Daten übertragen kann, ist in einigen Fällen sehr wichtig, in anderen eher weniger. Ich kenne eine Software-Firma mit einem Server, bei dem die Übertragung einer 4 Mbyte großen Datei fünf oder sechs Stunden dauert, wenn viel los ist. Für eine Firma, die ihre Kunden auffordert, das neueste Demo oder Shareware herunterzuladen, ist so etwas natürlich nicht akzeptabel.

Alles zum Thema Backbone

OK, ich erzähle Ihnen nicht *alles* zum Thema Backbone, aber ich spreche einige wichtige Punkte an. Ein ***Backbone*** (wörtlich Rückgrat) ist eine Leitung zur Datenübertragung, die große Mengen des Datenaufkommens über weite Strecken im Internet transportiert. Wenn wir das Ganze mit den Lastwagen vergleichen, sieht das so aus: Ein LKW muß von einer Fabrik in A-Stadt zu einem Warenlager in B-Stadt fahren. Der LKW fährt nun auf kleinen Straßen von der Fabrik zu einer der Hauptverkehrsstraßen in A-Stadt. Von dort fährt er dann auf die Autobahn, die A-Stadt mit B-Stadt verbindet. In B-Stadt angekommen, verläßt er die Autobahn und fährt über die Hauptverkehrsstraßen zu der Nebenstraße, die zum Lager führt. Der Internet Backbone entspricht der Autobahn in unserem Beispiel.

Nur wenige Firmen haben einen eigenen Backbone. In den USA sind das zum Beispiel Sprint, MCI, ANSnet, BBN Planet und noch eine Handvoll andere. Im Endeffekt gehören diesen Firmen die Autobahnen.

Angenommen, wir haben nun zwei Lastwagen. Der eine verläßt die Fabrik im alten Teil der Stadt. Zwischen der Fabrik und der Autobahn befinden sich viele kleine und enge Straßen. Der andere LKW verläßt die Fabrik, die im neuen Gewerbepark direkt neben der Autobahn liegt. Welcher LKW ist zuerst in B-Stadt? Der erste LKW, der von der Innenstadt losfährt, muß mehr »Hops» machen, bis er zur Autobahn – dem Backbone – kommt, als der LKW, der nahe bei der Autobahn losgefahren ist. Das gleiche gilt nun auch für Webhosting-Firmen.

Sie sollten also nachfragen, wie viele Hops die Firma vom Backbone entfernt ist. Im Idealfall sollten das nicht mehr als zwei oder drei Hops sein: vom Webserver des Webhosts zu dessen Router – ein Gerät, das den Computer mit dem Netzwerk verbindet (erster Hop), vom Router zum Internet-Provider (zweiter Hop) und vom Internet-Provider zum Backbone (dritter Hop).

Hops mit Traceroute überprüfen

Mit ***Traceroute*** können Sie, wenn Sie wollen, überprüfen, ob die Angaben des Webhosts stimmen. Traceroute ist ein Programm, das Informationspakete über das Internet in das System des Webhosts versendet. Jeder Knoten, den die Pakete passieren, antwortet dem Traceroute-Programm, so daß Sie eine Art Bild des Netzwerks erhalten. (Ein Knoten, englisch Node, ist ein Computer im Netzwerk, den die Nachricht passiert.)

Traceroute mißt die Zeit, die jedes Informationspaket auf dem Weg zu einem bestimmten Knoten und wieder zurück zurücklegt. (Die Abkürzung dafür lautet **RTT**, *round trip time*, was soviel wie *Zeit der Rundreise* heißt.) Manchmal ist die RTT für einen weiter entfernten Knoten geringer als für einen, der nicht weit weg ist. Das ist ganz normal und liegt einfach an den Schwankungen der Netzwerkbelastung.

Sie können Traceroute auf verschiedene Weise benutzen. Am einfachsten ist es wohl, wenn Sie zu einem der Traceroute-Server im WWW gehen. Sie finden diese auf einer der folgenden Seiten:

- **Boardwatch Traceroute Seite**

  `http://boardwatch.internet.com/traceroute.html`

- **Exodus**

  `http://www.exodus.net/tech/utilities.html`

- **Paris Observatory**

  `http://hplyot.obspm.fr/cgi-bin/nph-traceroute`

- **Traceroute-Seite bei Yahoo!**

  `http://www.yahoo.com/Computers_and_Internet/Communications_and_Networking/Software/Networking/Utilities/Traceroute/`

Sie können Traceroute auch direkt auf Ihrem Computer installieren. Windows-95-, Windows-98- oder Windows-NT-4.x-User finden diesen Befehl in ihrem Betriebssystem, indem sie auf der Eingabekonsole den Befehl `tracert` plus den gesuchten Domainnamen oder der gesuchten IP-Adresse eingeben. Auf den folgenden Seiten finden Sie Traceroute als Freeware und Shareware:

- **Cyberkit** (Windows)

  `http://www.ping.be/cyberkit/`

- **NetScanTools** (Windows)

  `http://www.nwpsw.com/`

- **Network Toolbox** (Windows)

  `http://www.jriver.com/`

- **WhatRoute** (Macintosh)

  `http://crash.ihug.co.nz/~bryanc/`

Gehen Sie zu einer der Traceroute-Seiten, und tippen Sie den Domainnamen der Webhosting-Firma, die Sie überprüfen wollen, ein: `www.bighost.com`, oder was auch immer. Sie können alternativ dazu auch eine **IP**-Adresse (IP steht für *Internet Protocol*) wie zum Beispiel `199.45.153.1` verfolgen. Klicken Sie auf die Start-Schaltfläche, und das Traceroute-Programm beginnt. In Bild 4.1 sehen Sie ein Beispiel dafür.

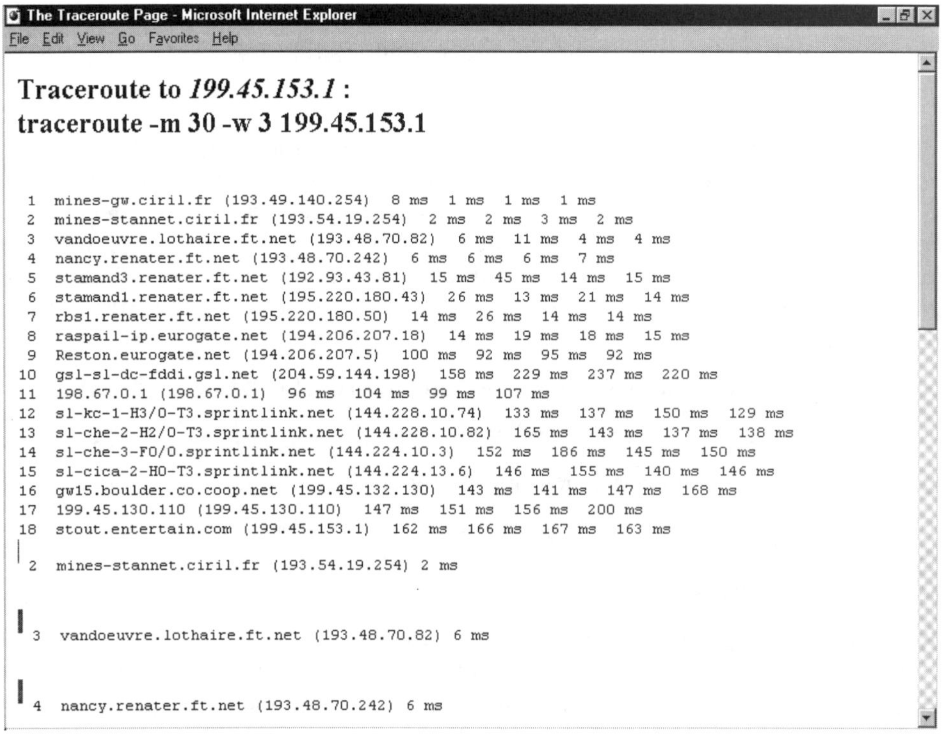

Bild 4.1: Benutzen Sie Traceroute, um zu sehen, wie die Daten zum Webserver kommen.

Sie können am Anfang von Bild 4.1 sehen, daß ich die Nummer `199.45.153.1` überprüfe. Das ist die IP-Adresse eines Host-Computers in einer Webhosting-Firma, bei der eine Bekannte von mir arbeitet. Sie hat mir erzählt, daß es von der Firma bis zum Backbone drei Hops gibt. Traceroute zeigt Ihnen nun den Weg und die Anzahl der Hops. Unten in Bild 4.1 sehen Sie folgendes:

```
18 stout.entertain.com
```

Das ist der Computer, der unserer IP-Adresse entspricht (das ist übrigens nicht immer dieselbe IP-Adresse, die auch für den Computer gezeigt wird). Wir benutzen einen Traceroute-Server in Frankreich. Wir verfolgen also die Adresse von Frankreich aus in die USA nach Colorado. Kurz vor Zeile 18 in Bild 4.1 sehen Sie folgendes:

```
17 199.45.130.110
```

Das ist der Hop von dem Webserver zu dem Router der Webhosting-Firma. Über Zeile 17 in Bild 4.1. steht

```
16 gw15.boulder.co.coop.net
```

Das ist der zweite Hop, von dem Router zum Internet-Provider des Webhosts, der die Firma mit dem Internet verbindet. Über Zeile 16 steht folgendes:

```
15 sl-cica-2HO-T3.sprintlink.net
```

Der dritte Hop führt uns zu dem Backbone. Dieser Computer gehört Sprint, eine amerikanische Telefongesellschaft. Woher weiß ich, daß es sich dabei um den Backbone handelt? Nun, Sprint gehört zu den wenigen Firmen, denen ein Backbone gehört. Und die anderen Einträge (Nummer 12, 13 und 14) sind ebenfalls Computer bei Sprint. Das heißt, daß die Daten in dem Netzwerk einer einzigen Firma reisen. Tatsächlich befinden sie sich auf einer privaten Autobahn – dem Backbone.

Sie finden mehr Informationen zu Traceroute im Artikel von **Boardwatch** unter

```
http://boardwatch.internet.com/mag/96/dec/bwm38.html
```

und der Dokumentation von Traceroute unter

```
http://infohost.nmt.edu/bin/man?/usr/local/man/man8/traceroute.8
```

Mehr Tricks mit Traceroute

Traceroute kann auch noch etwas anderes für Sie tun. Es kann anzeigen, ob es einen plötzlichen Geschwindigkeitsabfall gibt, wenn die Daten den Webserver erreichen. Machen Sie einen Traceroute von verschiedenen Orten der Welt aus, und beobachten Sie, was passiert. Die Zahl am Ende jeder Zeile sollte größer werden, wenn Sie das Ergebnis von Traceroute von oben nach unten durchgehen. In Bild 4.2 können Sie beispielsweise Balken sehen, die der Server erstellt hat, um die Übertragungszeiten zu veranschaulichen (nicht alle Server erstellen diese Balken). Die Daten wandern durch das Web und die Server brauchen länger mit der Antwort. Je weiter die Daten weggehen, desto länger läßt die Antwort auf sich warten.

Machen Sie einen Traceroute von ein paar verschiedenen Servern in unterschiedlichen Teilen der Welt aus, und beobachten Sie, ob es immer einen plötzlichen Sprung in der letzten Zahl (manchmal als RTT, also Dauer der Rundreise, bezeichnet) gibt, wenn die Daten beim Webserver ankommen. Das läßt vermuten, daß die Webhosting-Firma eine langsame Internet-Verbindung hat.

Das Problem mit Traceroute ist jedoch, daß es nicht ganz einfach zu benutzen ist. Das Ergebnis macht nur dann wirklich Sinn für Sie, wenn Sie schon wissen, wie eine gute Verbindung aussieht. Und auch dann gibt es noch jede Menge Faktoren, die das Ergebnis eines Traceroute-Programms mal gut und dann wieder weniger gut aussehen lassen. Sie müssen es also für die Websites, die Sie austesten wollen, mehrmals laufen lassen. Sie können mit Traceroute ein wenig herumspielen und werden dann sehen, ob Sie die Geduld aufbringen, damit umzugehen. Wenn nicht, dann konzentrieren Sie sich auf die folgenden Schritte.

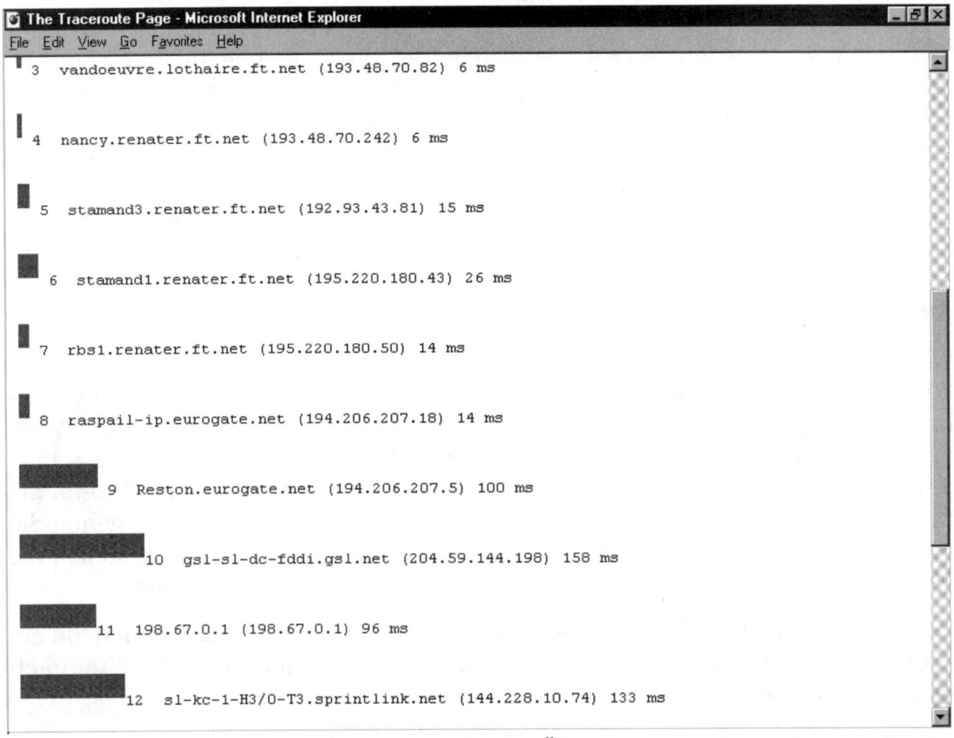

Bild 4.2: Dieser Server zeichnet Balken, die die Übertragungszeit anzeigen. Je länger die Linie, desto langsamer ist die Übertragung.

Fragen Sie nach Referenzen

Hier ist eine etwas weniger technische Methode, wie Sie die Webhosting-Firma überprüfen können: Fragen Sie nach Referenzen. Im Idealfall gibt es eine Webseite mit Links zu den Seiten von anderen Kunden – fragen Sie danach, viele Firmen haben so etwas. Sehen Sie sich diese Websites an, und holen Sie sich ein paar E-Mail-Adressen. Schreiben Sie an dreißig oder besser vierzig Firmen, und fragen Sie, wie gut der Service des Webhosts ist. Fragen Sie, ob es beim Zugriff auf die Website Probleme gibt, ob sie langsame Verbindungen beklagen müssen, ob der Systemverwalter hilfsbereit ist und so weiter. Suchen Sie nach einem anderen Webhost, wenn Sie jede Menge unzufriedene Antworten erhalten.

Look und Feel

Bedenken Sie auch das Look und Feel des Webhosts. Sind die Angebote gut erläutert, oder bleiben viele Fragen ungeklärt? Ist die Website gut gestaltet und einfach zu bedienen oder häßlich und schwierig zum Zurechtfinden? Laden die einzelnen Web-Seiten schnell, oder scheint es lange zu dauern, bis sie erscheinen? Stellt der Webhost Formulare mit einer Art Kontrollfelder zur Verfügung, die beim Einrichten von Autorespondern und Weiterleiten von E-Mails behilflich sind? Oder wird von Ihnen erwartet, daß Sie sich via Telnet einloggen und sich mit UNIX und anderen seltsamen Systemen herumschlagen? All diese Dinge können Ihnen auf indirekte Art Hinweise darauf geben, wie der Webhost seine Kunden behandelt und wie gut der Server funktioniert, obwohl sie nicht direkt auf die Qualität des Service Einfluß haben.

Ausprobieren!

Wenn Sie einen Webhost wählen, ist Testen natürlich wichtig. Aber eigentlich kommt es doch hauptsächlich darauf an, ob das Ganze auch im täglichen Gebrauch funktioniert. Testen Sie also die Websites der anderen Kunden des Webhosts. Sind diese häufig langsamer als die meisten anderen Websites, die Sie besuchen? Oder genauso schnell? Laden die einzelnen Seiten schneller? Wenn Sie der Meinung sind, daß die Websites langsamer sind als gewöhnlich, gehen Sie auch zu einigen anderen Websites, die Sie sonst so besuchen. Damit stellen Sie sicher, daß Sie nicht gerade mit einer langsamen Verbindung arbeiten.

Wenn Sie das Gefühl haben, daß alle Websites langsam sind, dann haben Sie ein Problem. Oder vielmehr, die haben ein Problem. Sie können sich nur weiter nach einer anderen Firma umsehen.

4.5 Mit wem sollten Sie sprechen?

Für die meisten Aufgaben in einer Webhosting-Firma sind keine besonderen technischen Kenntnisse vonnöten. Verkauf, Marketing, Rechnungen schreiben, Web-Seiten erstellen usw. sind heutzutage recht untechnische Aufgaben (ja, auch das Erstellen von Webseiten). Es gibt viele Leute ohne technischen Background in diesem Geschäft, so daß es sein kann, daß Sie mit einem der nicht technisch orientierten Mitarbeitern sprechen. Andererseits werden kleine Webhosting-Firmen auch nur von wenigen Leuten geführt, die alles vom Administrieren der Server bis hin zum Schreiben der Rechnungen selber machen.

Einige der Punkte, die ich angesprochen habe, sind technischer Natur, so daß Sie am besten mit dem technischen Ansprechpartner oder der Person, die für den Server verantwortlich ist, direkt sprechen sollten. Wenn Sie nicht sicher sind, wer das ist, können Sie das mit dem Programm Whois herausfinden (mehr zu Whois in Kapitel 5). Wenn Sie mit Whois nach der Domain des Webhosts suchen, werden Sie die Namen der Leute finden, die als Kontaktpersonen für Administration, Technik und Finanzen geführt sind. Sie brauchen den Techniker.

Es ist auch gut möglich, daß Sie in eine Situation kommen, in der Sie Ihre Fragen einfach nicht auf zuverlässige Weise beantwortet bekommen. Nachdem ich einen Prospekt von US West (meiner Telefongesellschaft) bekommen hatte, der für den neuen Webhosting-Dienst warb, habe ich dort angerufen und wollte mich über die Angebote informieren. Leider konnten die Leute, die für den Verkauf zuständig waren, meine Fragen nicht beantworten, weil sie diese nicht verstanden. Später fand ich dann jemanden aus dem technischen Support, der mir allerdings auch nicht weiterhelfen konnte beziehungsweise meine Fragen nicht ganz verstand. Das war auch bei ganz einfachen Fragen wie »Bekomme ich zu der Website auch einen POP-Mail-Zugang?« oder »Haben Sie einen Secure Server?« der Fall. Die Antwort auf die zweite Frage war: »Was meinen Sie mit sicher? Für was brauchen Sie einen Secure Server?« (Die Antwort auf diese Frage erfahren Sie in Kapitel 14.)

Irgendwann wurden dann alle meine Fragen geklärt. Dennoch habe ich mich gefragt, wie gut sich diese Firma um meine Website kümmern würde, wenn die Leute aus dem technischen Support so wenig über die einzelnen Internet-Dienste wissen.

4.6 Eine Frage der Lage

Die Lage kann auch wichtig sein. Wenn Sie wissen, daß alle Leute, die Ihre Website besuchen werden, sich in einem bestimmten Teil der Erde befinden, dann sollten Sie sich auch einen Webhost in dieser Gegend suchen. Ein Webhost mit einer schnellen Verbindung zu dem Backbone in dieser Gegend wird einen schnelleren und zuverlässigen Zugang zum Internet bieten als eine Firma mit einer schnellen Verbindung zu einem Backbone auf der anderen Seite der Erde.

Normalerweise kommt es jedoch nicht darauf an, wo sich der Webhost befindet. Das gilt jedoch nur, wenn Sie die richtigen Fragen zur Anzahl der Hops zum Backbone gestellt haben. Sie können in Hamburg wohnen, und die Webhosting-Firma, die Sie benutzen wollen, kann sich in Miami, Paris oder London befinden. Was zählt, ist nicht so sehr, wo sich der Server befindet, sondern was für Dienste angeboten werden. Die meisten Webhosting-Firmen akzeptieren Kreditkarten, so daß die unterschiedlichen Währungen kein Problem darstellen.

Andererseits gibt es einen wichtigen Punkt, der die Lage betrifft: der technische Support. Können Sie technischen Support über eine gebührenfreie Nummer oder ein Ortsgespräch bekommen? Leider ist das häufig ein Problem. Webhosting ist eine Art von Geschäft, die als Teilzeitjob betrieben werden kann (und wird). Häufig wird dabei nur über E-Mail kommuniziert. Das ist gut für die Webhosting-Firma, aber weniger gut für Sie. Es kann sein, daß Sie eine ganze Weile suchen müssen, bis Sie eine Firma finden, die alles anbietet, was Sie benötigen, und dabei auch bezahlbaren Telefonsupport bietet.

4.7 Sie können nicht alles haben

Es kann schwierig sein, alles von einer einzigen Firma zu bekommen. Das stellt aber nicht immer ein Problem dar, da Sie einige der Dienste, die ich hier beschrieben habe, auch anderswoher bekommen können. Die Möglichkeit, Frontpage und CGI-Skripte zu benutzen, kann beispielsweise alles entscheiden – wenn Sie beides brauchen, macht es keinen Sinn, einen Zugang bei einer Firma einzurichten, die diese Dienste nicht anbietet. Andere Dinge wiederum sind nicht so ausschlaggebend. Die folgenden Dienste können Sie auch woanders beantragen, wenn Sie müssen:

- POP-Mail-Zugang
- Weiterleitung von E-Mail (Forwarding)
- Autoresponder (automatisches Beantworten von E-Mails)
- Mailinglisten
- Shopping-Software
- Jemanden für Werbung und Design
- Online-Bearbeitung von Kreditkarten (und Schecks)

4.8 Wenn Sie einen Fehler machen ...

Denken Sie daran, daß Sie jederzeit zu einer anderen Firma wechseln können, wenn Sie einen Fehler gemacht haben und bei einem schlechten Webhost gelandet sind. (Sie legen sich doch einen eigenen Domainnamen zu, oder?) Wenn Sie vorsichtig Schritt für Schritt vorgehen und die richtigen Fragen stellen, ist es unwahrscheinlich, daß Sie sich eine wirklich schlechte Webhosting-Firma aussuchen. Es kann allerdings sein, daß Sie bei einer mittelmäßigen Firma landen.

Überstürzen Sie nichts bei der Wahl des Webhosts. Nehmen Sie sich Zeit, und gehen Sie gründlich vor, dann werden Sie auch die richtige Wahl treffen.

5. Kapitel

Alles, was Sie zu Domainnamen wissen müssen

In diesem Kapitel werden Sie lernen, was Domainnamen sind und wo Sie einen bekommen. Ich habe schon in den vorigen Kapiteln erklärt, daß Sie sich für Ihre Firma einen eigenen Domainnamen zulegen sollten. Machen Sie überall für Ihre Website Werbung. Schreiben Sie Ihre URL an alle Stellen, an denen Sie auch Ihre Telefonnummer angeben: Visitenkarten, Briefpapier, Werbung in Zeitungen, Zeitschriften, Fernsehen und Radio usw. Wenn Sie Ihren Webhost wechseln müssen und keinen eigenen Domainnamen haben, dann haben Sie ein Problem. Sie müssen sich nicht nur einen neuen Domainnamen zulegen, sondern auch ...

- Ihre ganzen Visitenkarten, Briefpapier, Anzeigen usw. neu drucken lassen,
- alle Ihre Kunden informieren, daß sich Ihre URL geändert hat und
- die Kunden, die Sie nicht erreichen können, haben immer noch die alte (nutzlose) URL.

Wenn Sie Ihren Webhost verlassen, aber weiterhin auf freundschaftlichem Fuß mit ihm stehen, können Sie normalerweise eine Seite hinterlassen, welche die Leute auf Ihre neue Website verweist. Wenn der Webhost Pleite gemacht hat oder Sie ihn nach einem Streit gewechselt haben, dann sind Sie wirklich in Schwierigkeiten.

5.1 Was sind Domainnamen?

Das Adressensystem im Internet basiert auf **IP**-Adressen (IP steht für Internet Protocol). Eine IP-Adresse sieht zum Beispiel so aus:

`195.124.75.2`

Diese Zahl ist die IP-Adresse, die vom ZDF (dem Zweiten Deutschen Fernsehen) benutzt wird. Wenn Sie auf die Website des ZDF gehen möchten, müssen Sie nur diese Adresse in Ihren Browser eingeben, und los geht's. (Versuchen Sie es selbst!) Können Sie sich aber `195.124.75.2` merken? Oder `195.67.49.46`, die IP-Adresse von Yahoo! Deutschland?

Da muß es doch eine bessere Lösung geben. Jetzt kommen die ***Domainnamen*** ins Spiel. Sie können sich `www.yahoo.com` merken, oder? Oder einfach nur **yahoo**. Wenn Sie eine neue Version des Netscape Navigators oder des Internet Explorers benutzen, reicht es, wenn Sie einfach nur **yahoo** eingeben und die Eingabetaste betätigen. Sie werden automatisch mit der richtigen Seite verbunden. Die meisten Internet-Nutzer wissen heutzutage, daß der Serverteil der URL mit **www** beginnt und mit **com** aufhört. (Wie wir später in diesem Kapitel sehen werden, kann die Adresse auch mit etwas anderem als **com** enden, sehr viele Domains aber sind **.com**-Domains. Sie können in Ihrem Browser übrigens auch einstellen, daß automatisch nach **.de**-Domains gesucht wird, wenn Sie hauptsächlich URLs in

Deutschland benutzen.) Es ist viel einfacher, sich einen Namen zu merken als eine Nummer. Im Internet gibt es deswegen ein System, mit dem den Nummern Namen zugeordnet werden. `195.124.75.2` steht für **zdf.de**, `195.67.49.46` für **yahoo.de** usw. Auf diese Weise können sich die Internet-Anwender Namen statt Nummern merken. Mit diesem System können auch einer Nummer mehrere Namen zugeordnet werden, so daß zwei oder mehr Domainnamen auf ein und dieselbe IP-Adresse verweisen.

www.yahoo.com ist ein Computer in der **yahoo.com**-Domain. Die IP-Adresse verweist eigentlich auf **yahoo.com**, die Eingabe von **www** in der URL ist häufig gar nicht notwendig. Versuchen Sie, einfach nur **yahoo.com** in Ihren Browser einzugeben. Sie gelangen immer noch auf die Website von Yahoo. Das funktioniert übrigens nicht mit allen URLs, aber es ist doch sehr häufig der Fall. Der Administrator von Yahoo hat den Server entsprechend konfiguriert.

Und so funktioniert das Ganze: Wenn jemand eine URL in den Browser eingibt, wird der Domainname an einen **DNS-Server** (Domain-Name-Service-Server, manchmal auch Namens-Server genannt) geschickt. Das ist ein Computer, der ein Verzeichnis mit Domainnamen hat. Der DNS-Server sucht nun nach dem Domainnamen, um die dazu passende IP-Adresse zu finden. Es kann sein, daß er nicht fündig wird. Wenn niemand sonst den Namen in letzter Zeit benutzt hat, liegt er nicht im Cache des DNS-Servers. (In einem **Cache** werden kürzlich benutzte Daten gespeichert.) Wenn der Name nicht im Cache ist, richtet der Computer eine Anfrage an einen anderen DNS-Server, um die gewünschte Information zu erhalten.

Sobald der DNS-Server die IP-Adresse herausgefunden hat, wird sie dazu benutzt, eine Nachricht an den Webserver zu senden. Beachten Sie folgende Dinge. Erstens: Das Protokoll, das für die Übertragung im Internet verwendet wird, **TCP/IP** (*Transmission Control Protocol/Internet Protocol*), erkennt keine Domainnamen. Es benötigt IP-Adressen, die vom DNS-Server zur Verfügung gestellt werden. Zweitens: Eine IP-Adresse zeigt nicht direkt auf eine Website. Sie verweist vielmehr auf den **Internet-Provider**, dem die IP-Adresse gehört.

Großen Service-Providern – die Art, die kleineren Internet-Providern einen Internet-Zugang zur Verfügung stellt – gehören viele Millionen IP-Adressen. Wenn Sie einen Domainnamen registrieren lassen (dazu kommen wir gleich), müssen Sie der Verwaltungsstelle (englisch Registration Authority oder Registrar) die Namen und Nummern von zwei Domainservern, die dem Webhost gehören, nennen. Die Firma erhält dann eine IP-Adressen von dem Internet-Provider und weist sie Ihrem Domainnamen zu.

Wenn also ein Browser eine IP-Adresse von einem DNS-Server erhält und die Nummer dazu benutzt, eine Nachricht an Ihre Website zu schicken, geht diese Mitteilung zuerst an den Computer des Internet-Providers. Anschließend wird sie an den Computer der Webhosting-Firma weitergeleitet, der dann herausfindet, wo genau (auf welcher Festplatte und in welchem Verzeichnis) Ihre Dateien liegen.

Wenn Sie einen Domainnamen haben, sollte Ihnen Ihr Webhost die IP-Adresse mitteilen. Diese Nummer kann sich später ändern. Wenn der Webhost zu einem anderen Serviceprovider wechselt, erhält er auch andere IP-Adressen. Mein Webhost ist beispielsweise vor kurzem zu Bell Atlantic als Serviceprovider gewechselt, da diese einen äußerst schnellen Zugang zu einem Backbone und zur Ost- und Westküste der USA anboten. Das bedeutet, daß ich eine andere IP-Adresse erhalten habe, die zu Bell Atlantic gehört. Für den Webhost ist das Ganze eine komplizierte Angelegenheit. Er muß nämlich für eine Weile zwei Server unterhalten, einen für die alten IP-Adressen und einen für die neuen. Auf beiden Servern muß eine Kopie der Website von jedem Kunden liegen. Es dauert ungefähr eine Woche, bis die neuen IP-Adressen auf allen DNS-Servern auf der Welt verfügbar sind.

5.2 Verschiedene Arten von Domainnamen

Domainnamen haben eine hierarchische Struktur, die von rechts nach links gelesen wird. Sehen Sie sich folgende einfache URL an:

```
http://www.ml.org
```

Das ist die Adresse der Monolith Coalition. Die Domain ist `ml.org` und `www.ml.org` ist ein Computer (oder Host) in dieser Domain. Diese Organisation bietet kostenlose »Subdomains» an, die jeder beantragen kann. Genaugenommen handelt es sich dabei nicht um Subdomains, sondern um Computer innerhalb dieser Domain. Häufig aber werden diese als Subdomains bezeichnet. Wie Sie in Kapitel 3 gesehen haben, gibt es dort eine »Subdomain« für Yahoo!:

```
http://yahoo.home.ml.org
```

Ich sagte schon, daß die Adresse von rechts nach links aufgebaut ist. »**org**« ist also der Anfang beziehungsweise die **Top Level Domain**. Die genaue Bezeichnung ist **generische Top Level Domain**, abgekürzt mit **gTLD**. »**ml**« ist eine echte Subdomain von org, also eine Domain zweiten Grades. »**home**« ist eine weitere Subdomain in der **ml.org**-Domain. »**yahoo**« ist ein Computer in der **ml.org**-Domain, der als Subdomain von **home.ml.org** konfiguriert ist.

Wenn ein Browser eine URL sucht, fragt er beim DNS-Server nach, der daraufhin die IP-Nummern der Server heraussucht, denen diese Domain gehört (die maßgeblichen DNS-Server). In diesem Fall sind das die Server, denen **ml.org** gehört. Der Browser nimmt nun Verbindung mit den Servern auf, die wissen, wo der spezielle Computer zu finden ist, auf dem die gewünschte Seite liegt. Wenn der Server (in unserem Beispiel Monolith Coalition) die Anfrage erhält, sucht er nach der Subdomain **home**. Dann versucht er, innerhalb der Subdomain **home** die Subdomain **yahoo** zu finden. Zu diesem Zeitpunkt stellt er fest, daß die Subdomain **yahoo** auf ein kleines Programm verweist. Der Server führt das Programm aus, weiß nun, daß er eigentlich zu der Website von Yahoo! gehen soll und leitet Sie automatisch zu dieser Website um.

Sie müssen sich als erstes entscheiden, welche Top Level Domain Sie wollen. Hier sind die gebräuchlichsten:

.com Kommerzielle Domains; die meisten Firmen in den USA und viele in Europa haben .com-Domains. Diese Domain ist am weitesten verbreitet. Sie ist sogar so beliebt, daß es so aussieht, als ob alle guten Namen schon vergeben wären. Es gibt Pläne zur Einrichtung weiterer kommerzieller Domains, mehr dazu später.

.org Nicht-kommerzielle Organisationen oder Organisationen, die in keine andere Kategorie passen; die meisten gemeinnützigen und karitativen Organisationen benutzen .org. Sie sollten jedoch wissen, daß man eine kommerzielle Firma nicht daran hindern kann, sich eine .org-Domain zuzulegen.

.net Wird von Firmen und Organisatoren benutzt, die mit Netzwerken zu tun haben, wie zum Beispiel Internet-Provider.

.edu Einrichtungen zur Lehre, vor allem in den USA; ursprünglich war diese Domain für alle Arten von Schulen und Universitäten gedacht, inzwischen wird sie jedoch ausschließlich für »Colleges und Universitäten mit einer Studienzeit von 4 Jahren« (in den USA) benutzt. (Das sind Einrichtungen, bei denen man einen Studienabschluß erreichen kann. Das ist in den meisten Teilen der Welt kein 4-Jahres-College. In den USA, in denen das System entwickelt wurde, ist das jedoch normalerweise der Fall.) In Deutschland haben Universitäten und ähnliche Einrichtungen normalerweise Websites der Form `www.uni-muenchen.de` oder `www.fh-dortmund.de`.

.int Es kann sein, daß Ihnen diese Domain nie über den Weg läuft. Sie wurde für Organisationen, die mit internationalen Verträgen zu tun haben (wie zum Beispiel die UN), gegründet.

Diese Domains sind übrigens auf der ganzen Welt verfügbar. Es gibt viele andere Domains, die für bestimmte Arten von Organisationen, Länder oder Regionen reserviert sind. Hier eine kleine Auswahl:

.gov nur für staatliche Einrichtungen in den USA

.mil militärische Organisationen in den USA

.de Organisationen und Firmen in Deutschland

.at Österreich

.ch Schweiz

.uk Großbritannien

.jp Japan

.aq Antarktis

Die genannten Domains werden von der Internet Assigned Numbers Authority (IANA), einer Abteilung des Internet Architecture Board, welche die Vergabe von verschiedenen numerischen Bezeichnungen für das Internet registriert und kontrolliert, vergeben. Es werden noch andere Unterteilungen für Domainnamen verwendet, und weitere Methoden befinden sich in der Planung. Sie sollten jedoch nur Bezeichnungen verwenden, die von der Internet Assigned Numbers Authority anerkannt werden.

Als ich an der ersten Auflage des Buchs schrieb, stellte das **IAHC** (*International Ad Hoc Committee*) seine Empfehlungen für neue Domainnamen vor. Das IAHC war eine Koalition verschiedener Organisationen, die für das Funktionieren des Internet zuständig sind. (Im Mai 1997 wurde das IAHC aufgelöst. Inzwischen ist das *Council of Registrars*, **CORE**, an seine Stelle getreten.)

Weil Domainnamen so unwahrscheinlich schnell vergeben werden, sollte das Komitee ein neues System ausarbeiten. Zusätzlich zu einer ganzen Anzahl an anderen verfahrenstechnischen Änderungen, die wir später in diesem Kapitel behandeln werden, wurde eine Empfehlung ausgesprochen, folgende neue Top Level Domains zu etablieren:

.firm für Geschäfte und Firmen

.shop für Verkaufseinrichtungen (vielleicht ist Ihnen .store aufgefallen, eine frühe Empfehlung, die inzwischen durch .shop ersetzt wurde)

.web für Organisationen, die mit dem World Wide Web direkt zu tun haben

.arts für Unternehmen im Bereich Kultur und Unterhaltung

.rec für Erholungs- und Freizeiteinrichtungen

.info für Unternehmen im Informationsdienstleistungssektor

.nom für private Internet-Nutzer

Mehr Informationen zu den neuen Domainnamen finden Sie auf der Website **Generic Top Level Domain Memorandum Of Unterstanding**:

`http://www.gtld-mou.org`

Sie können sich auch auf der Website von IAHC informieren:

```
http://www.iahc.org
```

Obwohl es das IAHC nicht mehr gibt, ist die Website immer noch aktuell.

Ursprünglich war geplant, daß die neuen Domainnamen ab Januar 1998 in Gebrauch sein sollten. Später wurde das dann auf März verschoben. Leider konnten sich die beteiligten Parteien nicht einigen, vor allem, da sich die US-Regierung eingeschaltet hat (und alles verlangsamt hat), so daß der Plan nie in die Tat umgesetzt wurde. Im September 1998 sah es so aus, als ob einige der Probleme gelöst wurden und die neuen Namen bald in Gebrauch sein könnten. Vielleicht.

Später sollen noch weitere Domainnamen hinzugefügt werden. Es wird vielleicht eine .xxx-Domain für Erotik-Websites (nein, das ist kein Witz!) geben und .air für Fluggesellschaften und Reisebüros. Andererseits scheint das inzwischen in Vergessenheit geraten zu sein, da schon die Einführung der ersten sieben Domainnamen genug Probleme bereitete.

Vielleicht haben Sie schon Firmen gesehen, die Vormerkungen für die neuen Domainnamen entgegennehmen. Bedenken Sie jedoch, daß eine Firma, die eine Voranmeldung entgegennimmt, nicht garantieren kann, daß Sie auch den Domainnamen erhalten, den Sie wollen. Alles, was diese Firma tun kann, ist Ihre Anmeldung einzureichen, sobald der große Ansturm auf die neuen Domains beginnt. Einige der neuen Verwaltungsstellen nehmen auch Voranmeldungen entgegen. Diese Firmen können aber auch keine Garantie dafür übernehmen, daß Sie den Domainnamen bekommen, da die Namen bei vielen verschiedenen Stellen registriert werden können (es wird ungefähr hundert Firmen geben, die diese Anmeldungen vornehmen). Wenn eine andere Verwaltungsstelle Ihren Namen zuerst registriert, dann haben Sie einfach Pech gehabt. Bedenken Sie auch, daß CORE an Methoden arbeitet, welche die Probleme, die durch einen solchen Ansturm entstehen können, reduzieren sollen. Es ist beispielsweise geplant, alle Anmeldungen, die während einer Zeit von einem oder zwei Monaten eingehen, als gleichwertig zu behandeln. Dann wird mit der Anmeldung von Domainnamen, für die mehrere Anmeldungen vorliegen, gewartet, bis die Konflikte zwischen den einzelnen Parteien gelöst sind.

Die meisten Firmen und Organisationen, die weltweit im Internet operieren, wollen sich in der Regel eine der drei bereits bestehenden Top Level Domains .com, .org oder .net zulegen. Wenn Sie nur an einem bestimmten Land interessiert sind oder Ihre Informationen nur in einer anderen Sprache als Englisch zur Verfügung stellen, dann sind Sie eventuell an einer landesspezifischen Top Level Domain interessiert. Wenn Sie beispielsweise eine Organisation haben, die Weißwurstessen in Bayern veranstaltet, und auf Ihrer Website Mitglieder aus der Region informieren wollen, dann können Sie sich genauso gut eine .de-Domain zulegen.

Hinsichtlich der .com-Domains herrscht übrigens ein wenig Verwirrung. Viele Leute außerhalb der USA denken, daß nur Firmen in Amerika eine .com-Domain benutzen. Eine Website, die auf .com statt auf die Länderkennung endet, wird so häufig für eine amerikanische Domain gehalten. Das stimmt jedoch absolut nicht. .com ist für kommerzielle Domains gedacht und steht Firmen auf der ganzen Welt zur Verfügung. Auf `http://www.ics.uci.edu/pub/websoft/wwwstat/country-codes.txt` oder `ftp://rs.internic.net/netinfo/iso3166-countrycodes` finden Sie eine Liste aller Ländercodes, die im Internet verwendet werden.

5.3 Domains zweiten Grades

Eine **Domain zweiten Grades** ist eine Subdomain einer Top Level Domain. Die Domain yahoo.com ist beispielsweise eine Subdomain der .com-Top-Level-Domain. Sie können bei den .com-, .org- und .net-Domains eine Domain zweiten Grades anmelden.

Bei einigen anderen Top Level Domains ist eine Anmeldung einer Domain zweiten Grades nicht möglich. Die Domains zweiten Grades werden vielmehr dazu verwendet, das Domainsystem weiter zu unterteilen. Es gibt zum Beispiel in der .us-Domain eine .co.us-Domain, die für Organisationen in Colorado reserviert ist (CO ist die Abkürzung für den Staat Colorado). Einige Länder haben .com als Subdomain. In Mexiko gibt es zum Beispiel .com.mx als kommerzielle Subdomain. In einigen Ländern dürften sogar Domains dritten Grades zugeteilt werden.

Wenn Sie Ihren Domainnamen innerhalb der beliebtesten Domains .com oder .org registrieren lassen, können Sie sich einen schönen kurzen Namen aussuchen. Wenn Sie eine der Länderkennungen verwenden, kann es (aber muß nicht) sein, daß Sie einen längeren Namen benutzen müssen.

5.4 Wo melden Sie sich an?

Sie können Domainnamen bei verschiedenen Stellen registrieren lassen. Dabei kommt es darauf an, was für eine Art von Domainnamen Sie möchten:

.com, **.org**, **.net**, **.gov**, **.edu**	InterNIC: `http://rs.internic.net/`
.us	U.S. Domain Registration Services: `http://www.isi.edu/in-notes/usdnr/`
.ca (Kanada)	`http://www.cdnnet.ca/`
.au (Australien)	`http://www.aunic.net/`

.de (Deutschland) http://www.nic.de/ und http://www.denic.de

.uk (Großbritannien) http://www.nic.uk/

Asien, Domains im pazifischen Raum APNIC: http://www.apnic.net/

In **Deutschland** werden die Domains bei **DeNic** (http://www.denic.de/) registriert. Sie können sich jedoch dort nicht online anmelden, die Registrierungen werden in der Regel über Ihren Internet-Provider abgewickelt. Falls Sie sich direkt anmelden wollen, finden Sie hier nähere Informationen: http://www.denic.de/DENICdirect/.

Andere Für andere Domains gehen Sie am besten zu der Whois-Seite von InterNIC: http://rs.internic.net/cgi-bin/whois/. Dort können Sie die Länderkennung (die Sie unter http://www.ics.uci.edu/pub/websoft/wwwstat/country-codes.txt oder ftp://rs.internic.net/netinfo/iso3166-countrycodes finden können) gefolgt von DOM eingeben (zum Beispiel AL-DOM). Sie erhalten dann Informationen, wie Sie die zuständige Anmeldebehörde kontaktieren können.

Sie können auch die Website **AllDomains.com** ausprobieren. Auf dieser phantastischen Website finden Sie Links zu Informationen zu den Anmeldebehörden in praktisch allen Ländern (http://www.alldomains.com/). Interessant sind auch die Top-Level-Domains-Webseite von **Yahoo**! (http://www.yahoo.com/Computers_and_Internet/Internet/Domain_Registration/Top_Level_Internet_Domains/), die **Other-Domain-Registries**-Seite von **InterNIC** (http://rs.internic.net/help/other-reg.html) und **RIPE NCC** für Domains in Europa (http://www.ripe.net/).

Bedenken Sie dabei, daß die von IAHC vorgeschlagenen Änderungen (die ich in diesem Kapitel erwähnt habe) auch den Anmeldeprozeß beeinflussen werden. Im Moment gibt es nur eine zentrale Stelle, bei der man eine internationale Domain (.com, .net und .org) anmelden kann. Diese drei Domains werden beim InterNIC registriert. Das IAHC empfiehlt jedoch, daß 28 neue Anmeldebehörden eingerichtet werden sollen. Je vier Behörden sollen sich in sieben verschiedenen Teilen der Welt befinden. Diese Behörden sollen in der Lage sein, die Anmeldung von Subdomains zu .com-, .net- und .org-Domains vorzunehmen. Da diese zusätzlichen Behörden jedoch noch nicht existieren, kann ich Ihnen nicht erklären, wie der Anmeldevorgang aussehen wird. Sie können aber auf der Website **Generic Top Level Domain Memorandum Of Understanding** (http://www.gtld-mou.org/) weitere Informationen zu diesem Thema finden, ebenso auch auf der **InterNIC**-Website (http://rs.internic.net/), nachdem die neuen Behörden ihren Betrieb aufgenommen haben.

Die neuen Behörden sollten ursprünglich Ende 1997 eingerichtet sein und im Laufe von 1998 in Betrieb gehen. Natürlich hat das nicht geklappt, man kann schwer vorhersagen, wann und ob sie in Betrieb gehen werden.

5.5 Wahl des Namens und Whois

Wenn Sie eine Domain registrieren möchten, haben Sie als erstes das Problem, einen Namen zu finden, den Sie auch anmelden können. Wenn Sie eine .com- oder .org-Domain haben wollen, kann es sein, daß der Name Ihrer Wahl schon vergeben ist, vor allem bei einer .com-Domain. Es kann sein, daß auch die Alternativen, die Sie sich ausgedacht haben, nicht mehr erhältlich sind. Zur Zeit werden pro Tag ca. 17 000 Domainnamen angemeldet.

Ich kann Ihnen bei der Wahl Ihres Namens nicht helfen. Nun ja, vielleicht kann ich es doch: Versuchen Sie **1 2 3 DomainMe!** (`http://123domainme.com/help.shtml`), wenn Sie eine .com- oder .org-Domain möchten. Geben Sie Ihren Namen, den Namen Ihrer Firma und einige Stichwörter ein. Ein Programm erstellt dann alle möglichen Domainnamen und überprüft, ob diese noch verfügbar sind. Das Ergebnis wird Ihnen dann via E-Mail zugesandt.

Domainnamen dürfen übrigens nicht länger als 22 Zeichen sein. Dabei ist der Teil der Top Level Domain nicht eingeschlossen. Der Name darf nur Buchstaben, Zahlen oder Bindestriche enthalten, aber nicht mit einem Bindestrich beginnen oder enden. Denken Sie sich aber einen kurzen Namen aus! Ihre Kunden sollten sich Ihre Internet-Adresse leicht merken können.

Wenn Sie einen Namen gefunden haben, der Ihnen gefällt, müssen Sie nachsehen, ob er noch erhältlich ist. Dazu müssen Sie den Whois-Dienst der Anmeldebehörde benutzen, die für Sie zuständig ist. Wenn Sie eine .com- oder .org-Domain anmelden wollen, gehen Sie zu der **Whois**-Seite des **InterNIC** (`http://rs.internic.net/cgi-bin/whois/`). Wenn Sie eine andere Domain wollen, gehen Sie zum Whois-System der entsprechenden Behörde. Es gibt jede Menge Web-Seiten mit Whois-Formularen. Die meisten Anmeldedienste (siehe Abschnitt »Finden Sie jemanden, der Ihnen hilft« in diesem Kapitel) haben solche Formulare. Diese verweisen aber sowieso nur auf das Whois des InterNIC, also können Sie auch gleich dessen Seite benutzen. Andere Programme, wie zum Beispiel einige der Traceroute-Programme, die ich in Kapitel 4 aufgelistet habe, erlauben auch eine Suche in verschiedenen Whois-Diensten.

Es gibt auch Formulare, in denen Sie nach mehreren Domainnamen gleichzeitig suchen können, zum Beispiel auf der Website von **1 2 3 DomainMe!** (`http://www.123domainme.com/list.shtml`). Die Ergebnisse werden Ihnen jedoch via E-Mail mitgeteilt, was ein Weilchen dauern kann.

Bild 5.1 zeigt das Ergebnis einer Suche bei InterNIC. Ich habe **netscape.com** in das Formular eingetippt und dann die Eingabetaste betätigt.

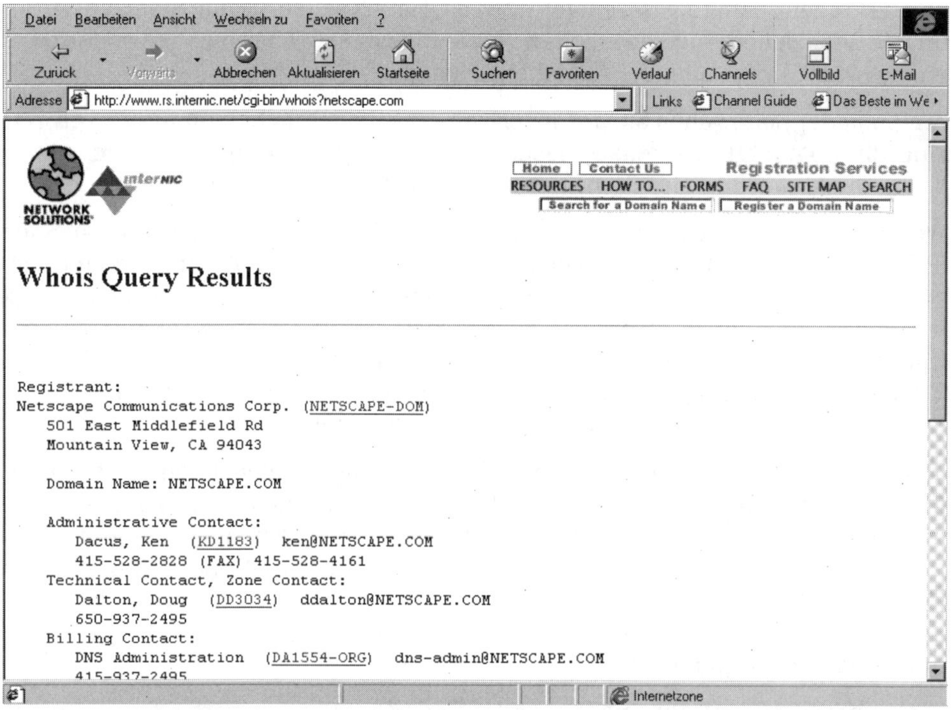

*Bild 5.1: Ich habe nach **netscape.com** gesucht und folgendes Ergebnis erhalten.*

Beachten Sie, daß Sie hier nur nach Domains zweiten Grades suchen können. Geben Sie den Namen, den Sie verwenden möchten, gefolgt von .com, aber nicht www am Anfang ein. Suchen Sie also beispielsweise nach `SuperKanaldeckel.com` und nicht nach `www.SuperKanaldeckel.com`.

Obwohl Whois den Domainnamen gefunden hat, bedeutet das angezeigte Ergebnis einen Fehlschlag für uns. Der Name, den Sie eingegeben haben, ist schon vergeben. (Nun, Sie wußten schon vorher, daß **netscape.com** nicht mehr erhältlich ist, oder?) Werfen Sie trotzdem einen kurzen Blick darauf. Whois kann jede Menge nützlicher Informationen bieten, vor allem, wenn Sie mit einer Webhosting-Firma sprechen und herausfinden möchten, wer der Verwalter des Webservers ist (vergleiche Kapitel 4).

Am Anfang sehen Sie den Namen der Firma oder Organisation, der der Domainname gehört (mehr zum Eigentum von Domainnamen gleich). Sie können auch sehen, wer als Kontaktperson für die Verwaltung (normalerweise derjenige, der für die Domain letztendlich verantwortlich ist) und Technik (in der Regel derjenige, der für den Computer, auf dem die Domain liegt, verantwortlich und für technische Fragen zuständig ist) eingetragen ist. Häufig sehen Sie auch jemanden, der für die finanziellen Angelegenheiten zuständig ist. Es ist gar nicht so selten, daß eine einzige Person alle drei Aufgaben erledigt.

Am Ende der Seite sehen Sie normalerweise zwei oder mehr **Domainserver**. Das sind die Computer, die genau wissen, wo die Domain zu finden ist und die als Verbindung zwischen der Domain und dem Rest des Internet fungieren.

Wenn Sie das InterNIC-Formular benutzen, sind Ihnen vielleicht die Links bei den IP-Nummern neben jedem Domainserver aufgefallen. Das hilft Ihnen beim Nachschlagen von Domainnamen nicht weiter, aber es ist nützlich, wenn Sie überprüfen wollen, ob Ihnen der Webhost die Wahrheit gesagt hat (vergleiche Kapitel 4). Klicken Sie auf eine der Nummern, um Informationen zu dem entsprechenden Computer zu erhalten. Dort finden Sie eventuell eine Kontaktperson für diesen Computer, mit der Sie sich in Verbindung setzen können.

Wenn Sie unbedingt einen bestimmten Domainnamen wollen, können Sie bei der Kontaktperson für Verwaltungsangelegenheiten anrufen und anbieten, die Domain abzukaufen. Domains werden die ganze Zeit gehandelt. Es gibt sogar Domainnamen-Makler. Einige der Firmen, die auf der Seite **Domain Registration Companies** von **Yahoo!** aufgelistet sind (`http://www.yahoo.com/Business_and_Economy/Companies/Internet_Services/Domain_Registration/`), kaufen und verkaufen Domainnamen.

Sie können aber auch auf eine andere Art und Weise suchen. Versuchen Sie, einen einzelnen Namen ohne die Top Level Domain einzugeben. Whois wird nun alle möglichen Sachen finden. Sehen Sie sich beispielsweise Bild 5.2 an. Dort habe ich das Wort **netscape** in das entsprechende Feld eingegeben.

Wie Sie sehen können, hat Whois dieses Mal alle Domains gefunden, die Netscape gehören: **MOZILLA.COM**, **AIRIUS.COM**, **MOZILLA-UNIVERSITY.COM**, **VIRTUAL-OFFICE.NET** und so weiter.

Wenn der Domainname, den Sie wollen, schon vergeben ist, dann haben Sie zwei Möglichkeiten: Sie können den Eigentümer überreden, Ihnen den Namen zu verkaufen (holen Sie einige mächtige Freunde oder Anwälte, die Ihnen dabei helfen), oder aber sich einen anderen Namen aussuchen. Mit etwas Glück erhalten Sie nach der Eingabe des Namens eine Meldung der Art

No match for »SUPERKANALDECKEL.COM«

Gut! Das ist genau das, was Sie brauchen. Niemand hatte den Weitblick, SuperKanaldeckel.com anzumelden – also gehört der Name Ihnen. Jetzt müssen

Sie ihn sich nur noch holen. Sie können nun den Namen selber anmelden oder jemand anderen damit beauftragen.

Analog dazu können Sie auch bei DeNic nachforschen, ob Ihr Name schon vergeben wurde, weitere Infos dazu finden Sie unter: `http://www.nic.de/Domains/Domains.html`.

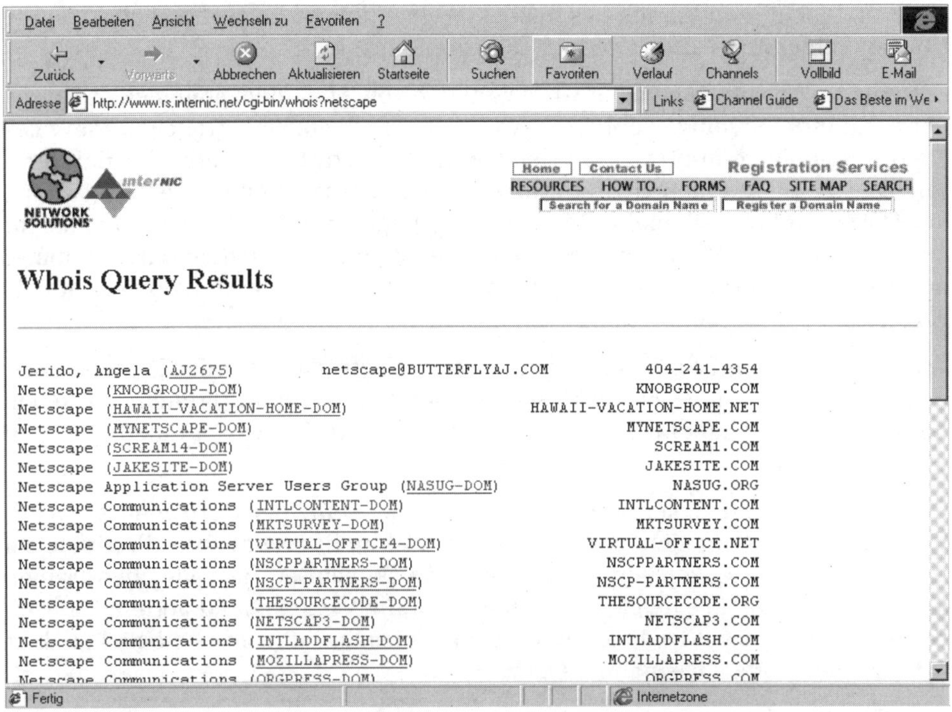

*Bild 5.2: Dieses Mal habe ich nach **netscape** statt nach netscape.com gesucht.*

5.6 Eigentum von Domainnamen

Bis jetzt habe ich immer davon gesprochen, daß ein Domainname jemandem gehört oder daß Sie der Eigentümer einer Domain sein können. Dieser Begriff trifft es jedoch nicht genau, da die Eigentumsverhältnisse bei Domainnamen rechtlich noch nicht geklärt sind. Würde Ihnen zum Beispiel die Domain gehören, wenn Sie vor einigen Jahren den Domainnamen **thegap.com** angemeldet hätten, bevor der bekannte Bekleidungshersteller erkannt hätte, was das Internet bedeutet und warum er den Domainnamen braucht? Vielleicht, vielleicht aber auch nicht. Dieser Domainname wurde ursprünglich von einem Internet-Provider in Nordirland namens The Genesis Project, Ltd., angemeldet, der einen Service namens The Genesis Access Point betreibt.

The Gap (der Bekleidungshersteller) beschwerte sich beim InterNIC, der Anmeldebehörde für .com-Domains. Dieser stellte nun die Domain für eine Woche ein, danach wurde sie wieder freigegeben. Genesis und GAP sind zur Zeit immer noch am Diskutieren. Als ich das letzte Mal via Whois nachgesehen habe, war die Domain immer noch aktiv und im Besitz von Genesis.

Es gibt eine Website namens **newton.com**, die von jemandem angemeldet wurde, der Computerschulungen abhält. Newton ist jedoch ein eingetragenes Warenzeichen von Apple Computer. Deswegen konnte Apple trotz der Tatsache, daß Newton eine Zeitlang ein beliebter Name für eine ganze Reihe von Dingen war, InterNIC dazu überreden, die Domain zu suspendieren. Im Moment ist sie nicht aktiv. (Als ich mit Whois nachgesehen habe, ist mir aufgefallen, daß sie immer noch auf den ursprünglichen »Eigentümer« angemeldet, aber im Moment auf Eis gelegt ist.)

Was ist mit **fry.com**? Soll diese Domain Fry's Electronic Inc. oder Frenchy Frys, eine Firma, die Pommes-Frites-Maschinen herstellt, gehören? Frenchy hatte den Namen zuerst, Fry möchte ihn gerne haben, aber InterNIC wollte damit nichts zu tun haben.

Es sollte Ihnen bewußt sein, daß mehr als nur das Anmelden dazu gehört, um der Eigentümer eines Domainnamens zu werden. Wenn der Name Ihres Produkts ein eingetragenes Warenzeichen ist und Sie eine Domain auf den gleichen Namen anmelden, haben Sie eine gute Ausgangsposition. Wenn jemand anderes ein eingetragenes Warenzeichen hat, der Ihrer Domain entspricht, ist es möglich, daß er Ihnen diesen Namen wegnehmen kann.

5.7 Domains und eingetragene Warenzeichen

Das alles hängt im Moment noch ziemlich in der Luft. Es gibt zu diesem Thema keine gesetzlichen Grundlagen. Es wird auch noch durch die Tatsache erschwert, daß das Internet ein internationales System ist. Namen, die in einem Land ganz offensichtlich einer bestimmten Firma gehören, können in einem anderen Land für etwas ganz anderes stehen.

Ein weiteres Problem ist, daß die Regeln, die durch das InterNIC aufgestellt wurden, womöglich unhaltbar sind. Es sieht so aus, als ob das InterNIC seine Regeln bald ändern wird oder von einem Gericht dazu gezwungen wird.

Das Problem ist folgendes. Nach den Regeln des InterNIC muß eine Domain von dem ursprünglichen Eigentümer an eine Firma abgetreten werden, wenn sie ein staatlich eingetragenes Warenzeichen in den USA hat und die dazu passende Domain möchte. Es gibt beispielsweise eine britische Beratungsfirma für Computer namens Prince plc, der die prince.com-Domain gehört (zumindest während ich an diesem Buch schrieb). Es gibt allerdings die weitaus bekanntere Firma The Prince Sports Group, die ebenfalls als Prince bekannt ist und Tennisschläger herstellt. Diese Firma war mit der Domain princetennis.com nicht zufrieden, sondern wollte prince.com haben. Die Prince Sports Group verlangte nun die Domain mit der Begründung, daß »Prince« ein eingetragenes Warenzeichen sei. Was natürlich auch der Fall ist. Nun gibt es aber auch etwa 100 000 andere Firmen, die diesen Namen eingetragen haben. Ein Warenzeichen schützt nicht davor, daß andere Firmen diesen Namen verwenden, es schützt nur vor dem Gebrauch eines ähnlichen Namens.

InterNIC folgte den Regeln und teilte Prince plc mit, daß es nun mehrere Möglichkeiten gäbe. Sie könnten den Domainnamen abtreten, beweisen, daß der Name ein eingetragenes Warenzeichen ist, ein Übereinkommen vorschlagen oder aber ein Dokument unterzeichnen, das besagt, daß sie dem InterNIC die gerichtlichen Kosten erstatten müßten, die entstünden, wenn sie die Domain nicht an die Prince Sports Group abtreten würden.

Dann nahm die Geschichte jedoch eine andere Wendung. Die Prince Sports Group schickte Prince plc einen Brief, in dem sie gerichtliche Folgen androhten, wenn die andere Firma den Namen nicht abtreten würde. Laut dem Warenzeichengesetz ist der Gebrauch von prince.com kein Verstoß. Außerdem ist es in Großbritannien illegal, wenn ein Eigentümer eines eingetragenen Warenzeichens jemandem unberechtigterweise gerichtliche Folgen androht. Deshalb konnte Prince plc eine gerichtliche Verfügung erlangen und Schadensersatz von The Prince Sports Group fordern. Seitdem hat sich das InterNIC aus der Sache herausgehalten, und die Domain wird weiterhin von Prince plc benutzt.

Es gibt einige Probleme mit den Vorschriften vom InterNIC. Erstens scheinen sie Leute, die ein staatliches eingetragenes Warenzeichen in den USA haben, zu bevorzugen, obwohl das Internet international ist. Wenn Sie ein in den USA eingetragenes Warenzeichen haben, können Sie versuchen, eine Domain, die eigentlich jemanden anderem gehört, zu bekommen. (Andererseits kann der Besitzer der Domain ein ausländisches Warenzeichen zu seiner Verteidigung anbringen.) Zweitens stimmen die Vorschriften nicht mit dem Warenzeichengesetz überein, das den Gebrauch von Worten in verschiedenen Bereichen gestattet. Eine andere Firma kann zwar keine Tennisschläger unter dem Namen »Prince« verkaufen, aber zum Beispiel Äpfel. Die Prince Sports Group behauptete, daß der Gebrauch von prince.com eine Schwächung ihres Warenzeichens sei. Obwohl diese Behauptung auf die meisten Geschäftsbereiche nicht zutrifft (siehe den kommerziellen Gebrauch des Wortes »prince« in 100 000 anderen Bereichen), gestattet InterNIC diese Begründung in Hinblick auf Domainnamen. Wie in den Dokumenten zu »Beziehung zwischen Domainnamen und Warenzeichen« festgelegt ist (siehe unten), »stellen [die Regeln] keine Rechtshilfe für den Eigentümer von im wesentlichen übereinstimmenden, aber nicht identischen Warenzeichen, Warenzeichen nach dem Gewohnheitsrecht oder staatlich eingetragenen Warenzeichen dar. Sie behandeln auch nicht den gleichzeitigen Gebrauch von Warenzeichen oder Konflikte zwischen Warenzeichen in den USA und anderen Ländern.« Diese ganzen Regeln sind ein einziges Durcheinander, was wohl auch der Grund dafür ist, daß sie bald geändert werden sollen.

Zu einem Zeitpunkt erlaubte das InterNIC Leuten, die ihre Domain behalten wollten, innerhalb von 30 Tagen einen Nachweis über ein eingetragenes Warenzeichen zu führen. Das führte zu einem Ansturm auf tunesische Warenzeichen, die anscheinend innerhalb von wenigen Tagen eingetragen werden. Inzwischen erkennt das InterNIC keine Warenzeichen mehr an, die *nach* einem Konflikt über eine Domain eingetragen wurden, so daß dieses Geschäft nicht mehr so einträglich ist. Dennoch verdient Tunesien an diesem Fiasko immer noch Geld, da sich viele Inhaber von Domainnamen vorsichtshalber so schnell wie möglich ein Warenzeichen zulegen wollen.

Was können Sie also tun, um Ihren Domainnamen zu schützen? Die Regeln werden sich wahrscheinlich bald ändern. Wenn Sie aber auf Nummer sicher gehen wollen, sollten Sie den Namen Ihres Produkts oder Ihrer Firma, aus dem der Domainname gebildet werden soll, als Warenzeichen registrieren lassen. Um hundertprozentig sicher zu gehen, brauchen Sie wohl ein US-Warenzeichen, obwohl theoretisch jedes Warenzeichen in Ordnung sein sollte. Sie können ein Warenzeichen in den USA für $245 (ca. 415 DM) eintragen. Davor müssen Sie allerdings eine gründliche Suche veranstalten, um sicherzugehen, daß Ihr Warenzeichen nirgendwo sonst in Gebrauch ist. Die Website zu allgemeinen Informationen in bezug auf Warenzeichen weiter unten ist ein guter Platz, um mit Ihrer Suche zu beginnen. Eventuell sollten Sie auch noch das *Buch »Trademark: How to Name Your Business and Product«* von Nolo Press lesen (siehe weiter unten).

Wenn Sie mehr zu der genannten Problematik oder zu eingetragenen Warenzeichen erfahren wollen, dann sehen Sie sich am besten auf den folgenden Websites um:

- **AGIP** (eine Firma, die Ihnen für $490 ein Warenzeichen in Tunesien einträgt)

  `http://www.agip.com/`

- **American Association of Domain Names**

  `http://www.domains.org/infopage.htm`

- **De-Nic** (Informationssammlung zu Domain-Rechten)

  `http://www.nic.de/rechte/rechtsindex.html`

- **Grundlagen zum Anmelden eines Warenzeichens, US-Patent- und Trademark-Office**

  `http://www.uspto.gov/web/offices/tac/doc/basic/`

- **Allgemeine Informationen zu Warenzeichen**

  `http://www.patents.com/trademar.sht`

- **Identity Research** (Suche nach Warenzeichen, Anmeldungen und jede Menge nützlicher Informationen)

  `http://www.idresearch.com/wwwtrademarks/`

- **Handbuch zu internationalen Warenzeichen**

  `http://ttdomino.thomson-thomson.com/www/internat-vis.nsf`

- **Peter Koch Dataservice:** Recherche nach eingetragenen Warenzeichen (in Deutschland und international) gegen Gebühr

  `http://www.pkds.net/mar-anf.htm`

- **Prince plc** (verschiedene Artikel zur prince.com-Domain)

  `http://www.prince.com/`
  `http://www.prince.co.uk/`

- **The Relationship Between Domain Names And Trademarks**

  `http://justice.law.georgetown.edu/piet/internic/introd1.html`

- **trademark center** (Eine Firma, die nach eingetragenen Warenzeichen sucht und Anmeldungen vornimmt. Dort finden Sie jede Menge hilfreiche Informationen.)

  `http://www.tmcenter.com/`

- **Trademark: Legal Care for Your Business and Product Name, Nolo Press**

  `http://www.nolo.com/item/trd.html`

- **Warenzeichen.com:** Anmeldung von Warenzeichen und Marken sowie Titelschutzanzeigen (in Deutschland und international) gegen Gebühr.

  `http://www.warenzeichen.com/`

- **Web Law FAQ**

  `http://www.patents.com/weblaw.sht`

- **Webseiten von Anwaltsfirmen, die sich auf geistiges Eigentum spezialisiert haben, und Patentanwälten in Ländern außerhalb der Vereinigten Staaten**

  http://www.patents.com/ipwebs.sht

- **What's in a Name?**

  http://justice.law.georgetown.edu/piet/internic/domain1.html

- **Yahoo! – Websites zu Domain Name Controversies**

  http://www.yahoo.com/Computers_and_Internet/Internet/Domain_Registration/Domain_Name_Controversies/

Der Bericht des IAHC, den ich schon erwähnt habe, behandelt ebenfalls mögliche Änderungen in der rechtlichen Lage hinsichtlich Eigentum von Domainnamen. Danach soll nun das Schlichtungs- und Vermittlungszentrum der Weltorganisation für geistiges Eigentum (Arbitration and Mediation Center of the World Intellectual Property Organization) in Genf im Fall von Streitigkeiten als Vermittler auftreten. Außerdem wird eine Wartezeit von zwei Monaten vorgeschlagen. Wenn Sie sich bereiterklären, 60 Tage zu warten, bevor Sie den Domainnamen benutzen, befinden Sie sich in der stärkeren Position, wenn später jemand den gleichen Domainnamen benutzen möchte.

5.8 Finden Sie jemanden, der Ihnen hilft

Wenn Sie möchten, können Sie einen Anmeldedienst benutzen. Dieser wird zusätzlich zu der normalen Gebühr, die Sie auch zahlen müssen, wenn Sie den Namen direkt anmelden, noch eine Bearbeitungsgebühr von ca. 70 bis 85 DM verlangen. Wahrscheinlich wird dadurch die Anmeldeprozedur für Sie etwas vereinfacht. Eigentlich ist das aber gar nicht schwer. Vor allem, da es beim InterNIC seit kurzem Online-Formulare gibt, die Ihnen bei der Anmeldung behilflich sind. Diese ersetzen auch die komplizierten E-Mail-Formulare, die es dort früher gab (siehe auch die Anleitung in Kapitel 6).

Die meisten Anmeldedienste benutzen allerdings eine recht unsichere Form der Autorisierung, wenn Ihr Domainname angemeldet wird. Das heißt, daß es für jemanden, der nicht dazu autorisiert ist, recht einfach ist, Ihre Domain zu ändern: ein verstimmter Mitarbeiter, die technische Kontaktperson oder sogar ein Hakker (wobei das eher unwahrscheinlich ist, allen Medien und Internet-Filmen zu trotz). Wenn Sie einen Anmeldedienst benutzen, dann brauchen Sie wahrscheinlich das InterNIC-Guardian-System, das ich in Kapitel 6 erklären werde, nicht.

Es gibt jedoch eine ganze Reihe von Gründen außer reiner Bequemlichkeit, warum Sie eventuell auf einen Domain-Anmeldedienst zurückgreifen möchten. Um eine Domain anzumelden, brauchen Sie erst zwei Computernamen. Sie müssen nämlich der Anmeldebehörde zwei Rechner nennen, die als DNS-Server dienen werden. Diese Computer können Ihnen gehören, wahrscheinlicher ist jedoch, daß sie bei Ihrer Webhosting-Firma untergebracht sind.

Nun, das entspricht im Moment nicht ganz der Wahrheit. Es kann sein, daß die Eigentümer der DNS-Server nicht mitkriegen, wenn Sie Ihre Domain mit den Servern anmelden. In anderen Worten: Sie können sich die Informationen zum DNS-Server (die Namen und IP-Nummern) »ausleihen« und diese geliehenen Daten in das Anmeldeformular eintragen. Wenn jedoch der Eigentümer der DNS-Server entdeckt, was Sie getan haben und sich beim InterNIC beschwert, kann Ihr Domainname einfach auf Eis gelegt werden.

InterNIC plant nun schon seit einiger Zeit, ein Bestätigungssystem einzurichten, das überprüft, ob die Angaben zu den DNS-Servern korrekt sind, und sicherstellt, daß Sie diese Informationen benutzen dürfen. Zur Zeit der Drucklegung war das jedoch noch nicht der Fall, so daß man immer noch Namen ohne die Erlaubnis des Eigentümers der DNS-Server verwenden kann.

Was aber, wenn Sie es mit der Anmeldung Ihres Domainnamens eilig haben? Sie möchten mit der Suche nach einem Webhost noch warten, aber trotzdem keine ungültigen Serverinformationen verwenden. Angenommen, Ihnen gehört die Firma *Super Kanaldeckel*, und Sie wissen, daß die Domain `SuperKanaldeckel.com` noch erhältlich ist. Sie haben allerdings Angst, daß Ihnen die Firma *Super Kanaldeckelzubehör* den Domainnamen vor der Nase wegschnappt. Wenn Sie einen der Anmeldedienste benutzen, meldet dieser Ihre Domain an und benutzt dazu seine Server. Wenn Sie später einen Webhost haben, können Sie die Domain dorthin übertragen. (Übrigens wird der Anmeldedienst höchstwahrscheinlich versuchen, Ihnen seine Dienste als Webhost zu verkaufen.) In Kapitel 6 werde ich erklären, wie man eine Domain woanders hinbringen kann. Der Anmeldedienst kann auch Ihre Domain ummelden, wird aber dafür auch wieder eine extra Gebühr verlangen.

Wenn Sie eine Top Level Domain für ein Land in Afrika oder Asien, wo das Internet noch wenig verbreitet ist, anmelden wollen, ist es häufig besser, auf einen Anmeldedienst zurückzugreifen. Sie können sich für 70 DM jede Menge Zeit und Ärger einsparen. Die meisten Dienste registrieren jedoch nur die einfachen Domains wie .com und .org (manchmal auch .net) für Sie. Einige haben sich auf bestimmte Länder spezialisiert, und andere melden jede Domain an. `All-domains.com` beispielsweise wirbt damit, überall Namen anzumelden.

Wenn Sie also einen Anmeldedienst benutzen möchten, sehen Sie sich am besten einmal auf den folgenden Websites um:

- **1 2 3 DomainMe!**

  `http://www.123domainme.com/`

- **Alldomains.com**

  `http://www.alldomains.com/`

- **TABNet Domain Registration Services**

  `http://www.tabnet.com/register/`

- **Domainnamen-Anmeldefirmen bei Yahoo!** (Domain Name Companies) (viele Anmeldefirmen)

  `http://www.yahoo.com/Business_and_Economy/Companies/Internet_Services/Domain_Registration/`

5.9 Do-it-yourself Domainanmeldung

Bevor Sie eine Domain selber anmelden können, brauchen Sie die IP-Adressen der Computer, die die DNS-Server für Ihre Domain sein werden. Das bedeutet normalerweise, daß Sie zuerst eine Webhosting-Firma brauchen. (Wenn Sie die Domain anmelden müssen, bevor Sie einen Webhost gefunden haben, sollten Sie den vorherigen Abschnitt »Finden Sie jemanden, der Ihnen hilft« lesen.)

Die meisten Webhosting-Firmen werden Ihnen anbieten, Ihre Domain zu registrieren. Häufig wird dafür eine zusätzliche Gebühr fällig. Sie sollten es jedoch selber machen, um sicherzugehen, daß auch wirklich Sie als Eigentümer eingetragen sind. Das Anmelden einer .com- oder .org-Domain ist wirklich ganz einfach. In Kapitel 6, erfahren Sie, wie das genau geht.

6. Kapitel

Anmelden und Modifizieren einer Domain

Ich werde in diesem Kapitel das Anmelden einer .com- oder .org-Domain erklären. Alle .com- und .org-Domainnamen werden über das InterNIC registriert. Wenn Sie eine .com-Subdomain einer Länderkennung, wie beispielsweise .com.mx, möchten, lesen Sie am besten in Kapitel 5 nach, wie Sie die zuständige Anmeldebehörde finden können. Wenn Sie eine .de-Domain anmelden möchten, lesen Sie die Informationen unter `http://www.nic.de/` und `http://www.denic.de/`. Ich werde auch erklären, wie Sie Ihre Domain später modifizieren können, wenn Sie beispielsweise die Adresse, unter der die Domain angemeldet ist, ändern oder die Domain auf einen anderen Webhost verlegen möchten.

Zuerst gehe ich jedoch auf die einzelnen Methoden zur Autorisierung ein, die vom InterNIC verwendet werden. Dadurch soll sichergestellt werden, daß nur befugte Personen Änderungen an Ihrer Domain vornehmen können. Sie müssen das verstanden haben, bevor Sie Ihren Domainnamen anmelden. Sie müssen sich auch ein Paßwort überlegen, das Sie während des Anmeldeprozesses angeben können.

6.1 Änderungen an der Domain und Sicherheit

Wir fangen damit an, was passiert, wenn Sie eine Domain ändern. Das wirkt jetzt vielleicht ein wenig durcheinander, aber Sie müssen sich entscheiden, welches Sicherheitssystem Sie benutzen möchten, damit die Domain nur von jemandem, der auch dazu autorisiert ist, geändert werden kann.

Wenn Sie Ihren Domainnamen anmelden, teilen Sie dem InterNIC mit, wer Sie sind: Sie müssen Ihren Namen, Adresse, Telefonnummer, E-Mail-Adresse usw. angeben. Das heißt, Sie müssen eigentlich die Daten für drei Personen angeben: eine Kontaktperson, die für die Administration zuständig ist, und je eine für die technischen und finanziellen Aufgaben. Dabei kann es sich aber auch um ein und dieselbe Person handeln. Wenn Sie später Angaben zur Domain ändern möchten, versucht das InterNIC sicherzustellen, daß die Domain nur von jemandem geändert wird, der dazu auch befugt ist. Das kann entweder die administrative oder die technische Kontaktperson sein.

Das InterNIC hat mehrere Methoden, um zu überprüfen, ob Sie dazu befugt sind, die Änderungen vorzunehmen. Die einfachste Methode ist die E-Mail-Adresse, von der der Auftrag zur Modifikation kommt, zu verifizieren. Theoretisch überprüft das InterNIC die Nachricht, um sicherzugehen, daß sie vom Administrator oder dem Techniker kommt. Wenn ja, dann wird die gewünschte Änderung weitergeleitet.

Ich sagte theoretisch, weil der Vorgang zwar so vom InterNIC dargestellt wird, aber in Wirklichkeit doch anders abläuft. Tatsächlich passiert nämlich folgendes (zumindest zu der Zeit, als ich an der ersten Auflage schrieb): Irgend jemand (das kann jeder sein) füllt ein Formular aus, das eine Änderung an Ihrer Domain beantragt. Das InterNIC schickt je eine Nachricht an die administrative und technische Kontaktperson, um diese darüber zu informieren, daß die Domain modifiziert werden soll. (Wenn nur eine Person Ansprechpartner für beide Aufgaben ist, wird auch nur diese eine Person benachrichtigt.) Eine der Kontaktpersonen muß nun dem InterNIC eine Antwort schicken. Dabei muß die Originalnachricht in der Antwort stehen, und zusätzlich dazu muß in der ersten Zeile ein »A« stehen, das besagt, daß die Modifikation bestätigt und akzeptiert wird. (Das »A« steht für »acknowledging«, also bestätigen.)

Anscheinend überprüft das InterNIC aber entgegen seiner Behauptung den Header eingehender Nachrichten nicht. Es nimmt vielmehr einfach an, daß eine Antwort auf die Nachricht, die an die entsprechende Kontaktperson geschickt wurde, auch tatsächlich von dieser Person stammt. Die Antwort kann aber von einer völlig anderen E-Mail-Adresse aus gesendet werden. Wenn der technische Ansprechpartner seine E-Mails beispielsweise automatisch woanders hinleitet, kommt die Antwort von der zweiten Adresse, wird aber vom InterNIC trotzdem akzeptiert. Das ist auch der Fall, wenn die Nachricht kopiert, in ein anderes E-Mail-Pogramm eingefügt und von einem völlig anderen E-Mail-Zugang aus zurückgeschickt wird. (Ich konnte Domains auf beide Arten modifizieren, ohne daß das InterNIC ein Wort gesagt hätte.)

Dieses Sicherheitssystem wird als MAIL-FROM-Schutzlevel bezeichnet und ist, wie Sie sehen können, relativ unsicher. Jeder, der Zugang zur E-Mail der technischen oder administrativen Kontaktperson hat, kann Veränderungen an der Domain vornehmen, ohne daß er dazu das E-Mail-Programm der Kontaktperson benutzen muß.

Es kann auch gut sein, daß Sie gar nicht möchten, daß die technische Kontaktperson ohne Ihr Wissen Änderungen an der Domain vornehmen kann. Häufig ist die technische Kontaktperson nämlich jemand, der für den Webhost und nicht für Ihre Firma arbeitet. Das ist vor allem dann der Fall, wenn Sie die Webhosting-Firma mit der Anmeldung der Domain beauftragt haben. Das ist einer der Gründe, warum ich Ihnen rate, die Domain selbst zu registrieren und Ihren eigenen Namen in alle drei Bereiche einzutragen. Auf diese Weise wird niemand vom Webhost als Kontaktperson eingetragen.

Das InterNIC hat ein System namens Guardian entwickelt um den Änderungsprozeß sicherer zu machen. In dieses System gibt es zwei Methoden, mit denen überprüft werden kann, ob jemand zur Modifikation befugt ist. Sie können entweder ein Paßwort oder eine mit PGP signierte Nachricht verwenden, um Veränderungen an Ihrer Domain vorzunehmen. Ich empfehle Ihnen, das Paßwort zu benutzen, da das am unkompliziertesten ist. Sie müssen einfach nur ein Formular ausfüllen und dem InterNIC das Paßwort mitteilen. Immer, wenn Sie Änderungen an den Einträgen zu Ihrer Domain vornehmen möchten, müssen Sie das Paßwort angeben. Wenn Sie das Paßwort verlieren oder vergessen, können Sie das InterNIC kontaktieren und Ihre Identität verifizieren lassen, aber das ist mit Schwierigkeiten und Zeitaufwand verbunden. Dieses System ist als CRYPT-PW-Schutzlevel bekannt.

Die kompliziertere Methode, auf die ich hier nicht näher eingehen werde, ist die Identifizierung über eine Nachricht, die mit einer digitalen PGP-kodierten Unterschrift versehen ist. Das wird als PGP-Schutzlevel bezeichnet. PGP steht für Pretty Good Privacy und ist ein bekanntes Verschlüsselungsprogramm im Internet. Mit PGP kodieren Sie E-Mails, damit sie nur von befugten Personen gelesen werden können. Ihre Nachrichten können auch mit einer digitalen »Unterschrift« versehen werden. Dabei wird die Nachricht so verschlüsselt, daß sie relativ einfach zu entschlüsseln ist. Durch den Prozeß der Entschlüsselung wird aber bewiesen, daß die Nachricht tatsächlich von Ihnen stammt.

Das Ganze ist recht kompliziert und hat mit Public-Key-Verschlüsselung zu tun. Wir haben hier nicht den Platz, um näher darauf eingehen zu können. Wenn Sie wissen wollen, woher Sie PGP bekommen und wie man damit arbeitet, gehen Sie am besten zu folgender Website:

Pretty Good Privacy, Inc.

`http://www.pgp.com/`

Wenn Sie bei Guardian eine PGP-Unterschrift verwenden wollen, müssen Sie zuerst jede Menge über PGP lernen. In der Zwischenzeit erkläre ich, wie man ein normales Paßwort einrichtet.

6.2 So erstellen Sie ein Paßwort in Guardian

Zuerst müssen Sie zu der Seite **Registration Template Guide** im **InterNIC** gehen (`http://rs.internic.net/help/templates.html`). Dort können Sie Guardian einrichten und Schritt für Schritt mit der Anmeldeprozedur fortfahren. Suchen Sie nach »Contact Registration« auf dieser Seite (vergleiche Bild 6.1). Das ist im Moment der Titel. Wenn Sie ihn nicht finden können, sollten Sie nach Informationen zu »Guardian« oder »Contact Person« suchen, da sich diese Dinge häufig ändern.

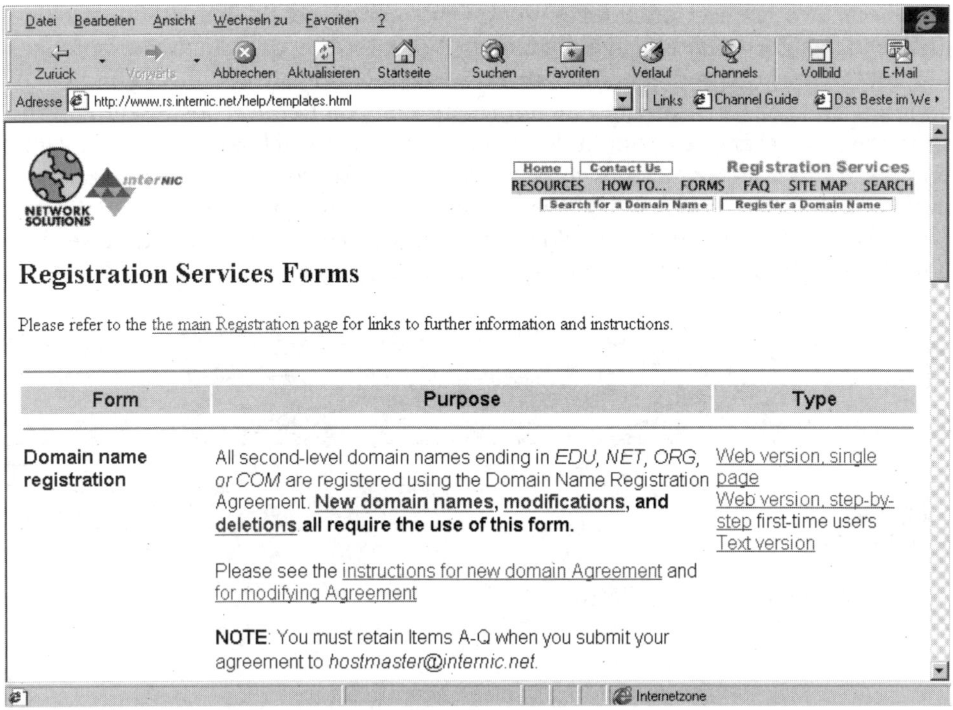

Bild 6.1: Das ist Ihr Startpunkt. Hier können Sie die Autorisierung mit Guardian einrichten und eine Domain anmelden.

Dort sollte ein Link namens »Web Version« oder so ähnlich zu finden sein. Wenn Sie darauf klicken, sehen Sie das Formular aus Bild 6.2.

> *Wenn Sie mehr zum Guardian System wissen wollen, gehen Sie zu* `http://rs.internic.net/guardian/`.

Dort müssen Sie nur Ihre E-Mail-Adresse in der unteren Zeile eingeben. Benutzen Sie die E-Mail-Adresse, die Sie als administrative Kontaktperson benutzen werden. Sie sollte Ihnen gehören und sonst niemandem zugänglich sein. Später wird

Ihnen das InterNIC weitere Informationen zusenden. Diese gehen an die Adresse, die Sie in das Formular eingegeben haben. Beachten Sie, daß Sie drei Möglichkeiten zur Auswahl haben. Sie können die Voreinstellung »New« übernehmen. Die anderen werden gebraucht, um Informationen zu bereits bestehenden NIC-»Handles« zu verändern oder zu löschen. Wenn Sie zurück zu Kapitel 5 blättern und die von Whois ausgegebenen Informationen betrachten, sehen Sie, daß nach dem Namen der Personen ein Code angegeben ist, in unserem Beispiel RB302 und WF32. Das sind sogenannte ***Handles***, eindeutige Bezeichner, die benutzt werden, um Leute in der Datenbank des InterNIC zu katalogisieren.

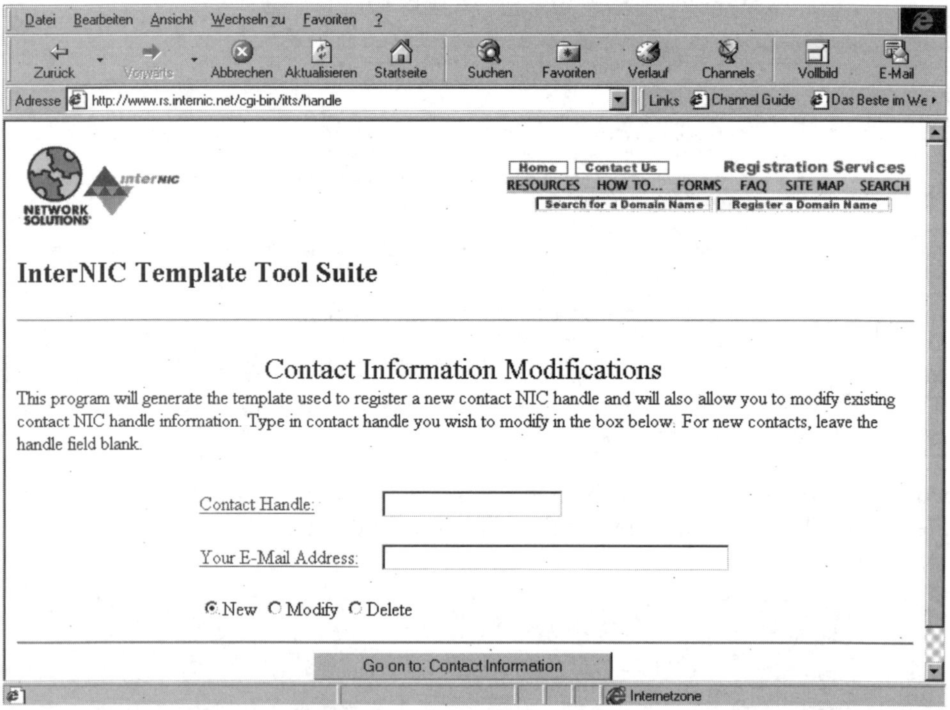

Bild 6.2: Geben Sie Ihre E-Mail-Adresse ein. Lassen Sie das andere Feld leer, und klicken Sie auf die »Go on«-Schaltfläche.

Wenn Sie die Angaben im Guardian-System später ändern wollen, gehen Sie einfach zu dieser Seite, geben Ihren Handle und Ihre E-Mail-Adresse ein, wählen den »Modify«-Button zum Verändern und klicken auf die Schaltfläche ganz unten.

Doch nun wieder zurück zur Verfahrensweise, wenn Sie neue Kontaktinformationen eingeben wollen. Wenn Sie auf die Schaltfläche ganz unten klicken, gelangen

Sie zu der Seite in Bild 6.3. Warum müssen Sie hier noch einmal eine E-Mail-Adresse angeben? Das ist die E-Mail-Adresse, die zu der Person gehört, die Sie anmelden. Wenn Sie zum Beispiel die Angaben zu einem Ihrer Mitarbeiter eintragen, tragen Sie dort dessen Adresse ein.

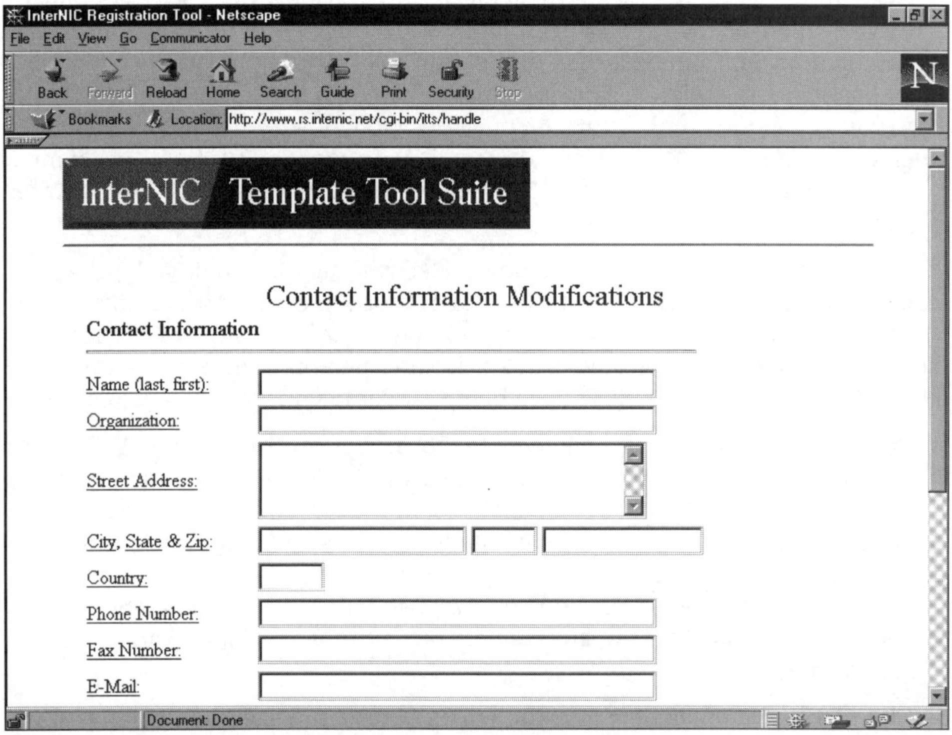

Bild 6.3: Tragen Sie hier die Angaben zur Kontaktperson ein.

Das Formular ist insoweit ganz einfach, die drei Dinge ganz unten sind jedoch erklärungsbedürftig:

- **Type of Contact**: Die Funktion der Kontaktperson kann entweder als »role» (Rolle) oder »individual» (individuell) angegeben werden. Wenn die Kontaktperson als »role« definiert ist, wird diese Aufgabe auf mehrere Leute verteilt. Normalerweise muß dann kein Name angegeben werden. Wenn Sie einen »role«-Zugang erstellen, dann können Sie in das erste Feld eine Abteilung oder einen Jobtitel eingeben, wie zum Beispiel Systemverwalter, Hostmaster usw.
- **Notify Update**: Dort können Sie angeben, ob das InterNIC Sie informieren soll, wenn jemand eine Domain modifiziert hat, die von der Kontaktperson kontrolliert wird, deren Profil Sie hier erstellen. Sie können dem InterNIC sagen, daß

es Sie benachrichtigen soll, bevor die beantragten Veränderungen weitergeleitet werden, nachdem die Veränderungen ausgeführt wurden, oder gar nicht.

- **Notify Use**: Bisher ist diese Option noch nicht aktiv, obwohl Sie auf dem Formular erscheint. Das InterNIC will sie jedoch bald verwenden (aber das sagt es schon seit geraumer Zeit). Wenn diese Funktion eingerichtet ist, können Sie hier angeben, ob die Kontaktperson benachrichtigt werden soll, wenn jemand versucht, einen Domainserver, für den die Kontaktperson verantwortlich ist, zu benutzen. In anderen Worten heißt das: Soll die Kontaktperson informiert werden, wenn jemand die IP-Nummer des Domainservers benutzt, wenn er eine Domain anmeldet? (Mehr dazu später in diesem Kapitel.) Sie können auch hier angeben, ob das InterNIC Sie benachrichtigen soll, bevor die Änderungen durchgeführt werden, danach oder gar nicht.

Wenn Sie das Formular ausgefüllt haben, klicken Sie auf die Schaltfläche. Sie kommen zur nächsten Seite. Auf dieser Seite geben Sie die Authentifizierungsmethode an. Das ist das Schema, das verwendet wird, um sicherzustellen, daß die Veränderungen bei den Angaben zur Kontaktperson oder einer Domain, die dieser Person gehört, von einer dazu befugten Person ausgeführt werden.

- **MAIL-FROM**: Das ist die einfachste Form der Autorisierung. Wenn das InterNIC eine Nachricht mit Ihrer E-Mail-Adresse im Header erhält, wird die Änderung durchgeführt. Wenn Sie sich schon die Mühe gemacht haben, das Formular auszufüllen, macht es nicht viel Sinn, diese Möglichkeit zu wählen. Denn das bekommen Sie sowieso, wenn Sie die Domain einfach nur anmelden. Wenn Sie jedoch diese Methode benutzen wollen, dann markieren Sie sie und geben eine E-Mail-Adresse an, von der die Aufträge zu Modifikationen kommen sollen.
- **CRYPT-PW**: Sie teilen dem InterNIC ein Paßwort mit. Es werden so lange keine Änderungen durchgeführt, bis das Paßwort mit angegeben ist.
- **PGP**: Dabei verwenden Sie eine PGP-Unterschrift, um die Modifikationsanweisungen zu verifizieren. Sie müssen dem InterNIC Ihren PGP-Schlüssel mitteilen und dann später den öffentlichen Schlüssel per E-Mail senden.

Die erste Methode ist sinnlos, und die dritte ist zu kompliziert, als daß ich hier näher darauf eingehen könnte. Lassen Sie uns also einen Blick auf die Paßwort-Methode werfen. In Bild 6.4 können Sie den Teil des Formulars sehen, der mit CRYPT-PW zu tun hat.

Wählen Sie einfach die Option CRYPT-PW an, und geben Sie das Paßwort in die beiden Textfelder ein. Dann blättern Sie zum Ende der Seite, wo Sie zwei Optionsfelder, Yes (Ja) und No (Nein) finden. Dort können Sie angeben, ob die Autorisierungsmethode, die Sie gewählt haben, angezeigt werden soll, wenn jemand die Angaben zu Ihrer Domain mit Whois abruft. Standardmäßig ist »No« voreingestellt, und ich wüßte auch keinen guten Grund, warum Sie diese Information weitergeben wollten. Lassen Sie also die Option »No« angewählt.

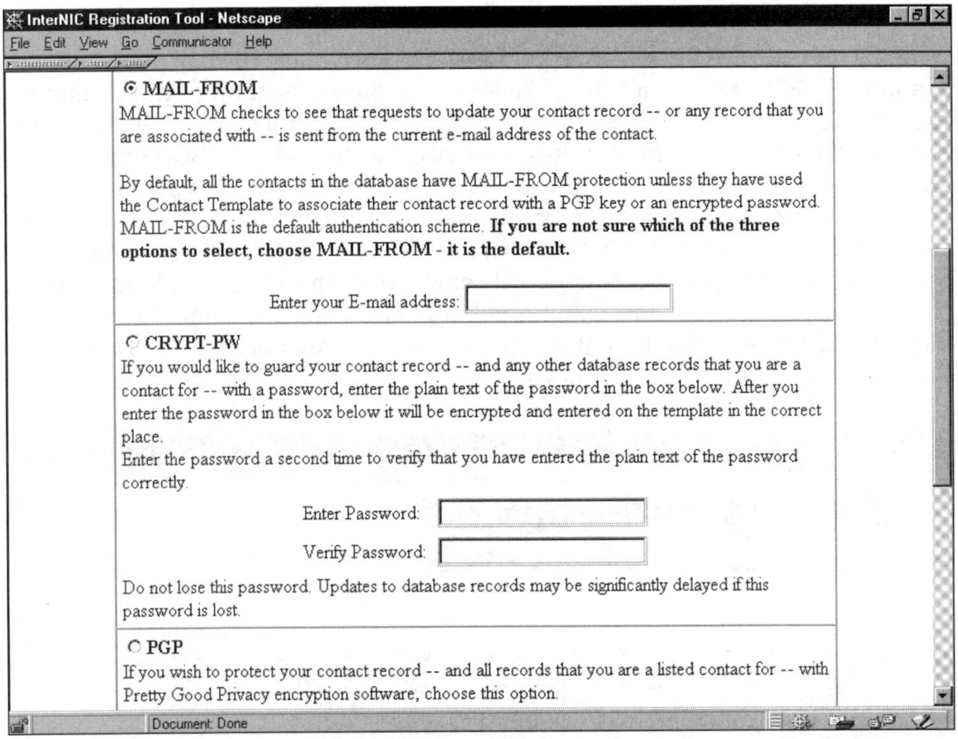

Bild 6.4: Hier definieren Sie das Paßwort, das benutzt wird, wenn Sie Ihre Domain modifizieren wollen.

Wenn Sie auf die Schaltfläche am Ende der Seite klicken, werden Ihre Angaben in ein »Update Template« (eine aktualisierte Schablone, vergleiche Bild 6.5) eingetragen. Dort werden die Angaben, die Sie gerade gemacht haben, angezeigt. Überprüfen Sie diese sorgfältig. Wenn Sie irgendwelche Fehler finden, blättern Sie mit Ihrem Browser zurück zum Formular und verbessern die Angaben. Nahe am Anfang finden Sie die Zeile *0b. Auth Scheme........* Das bezieht sich nicht auf die Form der Autorisierung, die Sie gerade gewählt haben, sondern auf die Methode, die Sie im Augenblick verwenden. Sie sehen jedoch die Methode, die Sie gewählt haben, weiter unten. Dort finden Sie beispielsweise zwei Zeilen der Art

3a. Auth Scheme.....: CRYPT_PW
3b. Auth Info.....: 11AZUeljIBw9o

Das bedeutet, daß Sie die CRYPT-PW-Methode benutzen und ein Paßwort angegeben haben. Die nächste Zeile zeigt nicht Ihr Paßwort an. Es ist vielmehr das Paßwort in verschlüsselter Form, so daß niemand, der das Formular oder die E-Mail, die Ihnen gleich zugesandt wird, sieht, Ihr Paßwort in Erfahrung bringen kann.

Wenn Sie nun auf die Schaltfläche am Ende des Formulars klicken, schickt Ihnen das InterNIC eine E-Mail mit Ihren Angaben zu. Sie müssen diese E-Mail nur zurückschicken. Dazu benutzen Sie ganz einfach das Reply- oder Beantworten-Kommando Ihres E-Mail-Programms. Das InterNIC braucht die Bestätigung, daß die E-Mail-Adresse, die Sie angegeben haben, richtig ist und daß Sie tatsächlich diesen E-Mail-Zugang verwenden können. Nach einigen Stunden oder auch ein paar Tagen erhalten Sie eine E-Mail vom InterNIC mit einer Auftragsnummer. Ungefähr eine Woche später bekommen Sie eine E-Mail, in der Ihnen mitgeteilt wird, daß Ihre Angaben in die InterNIC-Datenbank eingetragen wurden. Jetzt bekommen Sie auch Ihren Handle mitgeteilt. Sobald Ihre Angaben in der Datenbank sind, können Sie Ihre Domain anmelden.

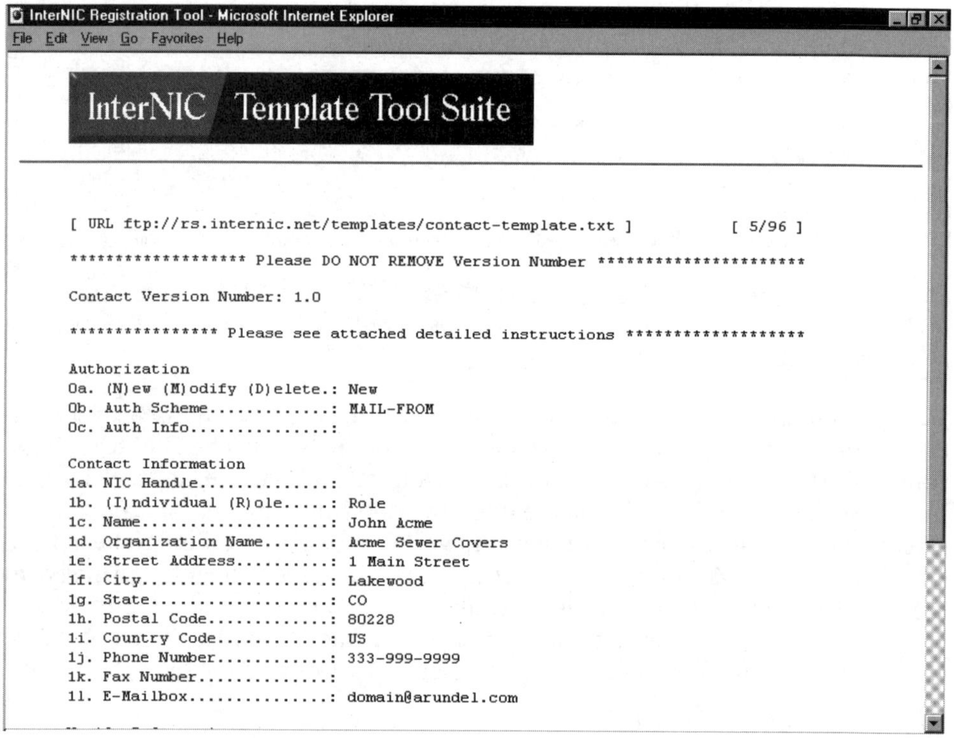

Bild 6.5: Das ist das Update Template, das Sie vom InterNIC per E-Mail erhalten werden.

6.3 So melden Sie Ihre Domain an

Jetzt können Sie endlich ihre Domain anmelden. Hier ist ein kurzer Überblick, wie Sie vorgehen müssen, wenn Sie die Domain beim InterNIC registrieren wollen:

1. Lassen Sie sich von Ihrer Webhosting-Firma die notwendigen Informationen geben.
2. Füllen Sie ein InterNIC-Formular aus.
3. Das InterNIC schickt Ihnen Ihre Angaben in einer E-Mail zu.
4. Schicken Sie die Nachricht an das InterNIC zurück.
5. Das InterNIC wird den Erhalt der Nachricht bestätigen und Ihnen eine Auftragsnummer mitteilen.
6. Einige Zeit später erhalten Sie eine Bestätigung darüber, daß Ihre Domain angemeldet wurde. Sie bekommen auch eine Rechnung über 70$ (ca. 120 DM) via E-Mail.
7. Zahlen Sie per Scheck oder Kreditkarte.

Das ist alles – die Domain gehört Ihnen nun zwei Jahre lang. Danach müssen Sie jedes Jahr 35$ (ca. 60 DM) zahlen.

Eine deutsche Domain (.de) melden Sie, wie oben erwähnt, in der Regel über Ihren Internet-Provider an. Näheres dazu finden Sie am Ende dieses Kapitels.

Sie wollen nicht warten? Sind Sie besorgt, daß Sie die Domain verlieren, während Sie warten, daß der Autorisierungprozeß beendet ist? Sie können die Domain auch gleich anmelden und die Angaben zur Autorisierung später hinzufügen.

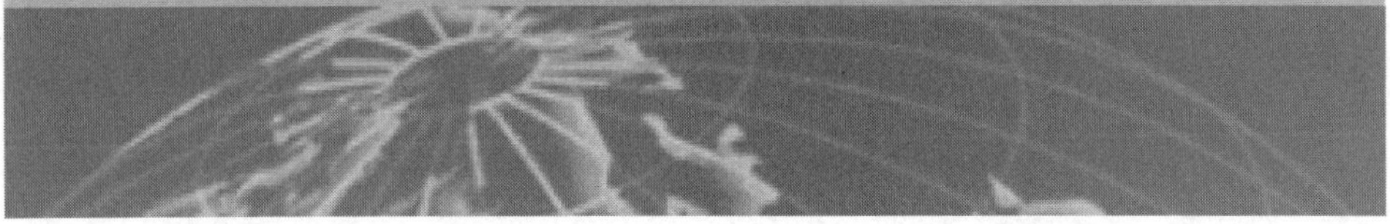

6.3.1 So finden Sie die benötigten technischen Informationen

Sie brauchen die folgenden Angaben von Ihrer Webhosting-Firma. Schreiben Sie die Daten einfach neben die einzelnen Punkte in der Liste:

- Handle des technischen Ansprechpartners

- Rechnername des ersten Domainservers
- IP-Adresse des ersten Domainservers
- Rechnername des zweiten Domainservers
- IP-Adresse des zweiten Domainservers
- Rechnername des dritten (und nachfolgenden) Domainservers (optional)
- IP-Adresse des dritten (und nachfolgenden) Domainservers (optional)

Der Handle der technischen Kontaktperson ist ein spezieller Code, der vom InterNIC benutzt wird, um jemanden zu identifizieren, der schon in der Datenbank eingetragen ist. Es ist eine Reihe von Buchstaben und Zahlen wie beispielsweise PK414. Wenn Sie den Handle des Ansprechpartners von Ihrem Webhost erhalten haben, können Sie ihn in das Formular eintragen. Wenn Sie selbst der technische Ansprechpartner sein möchten, aber keinen Handle haben (siehe die Anmerkung weiter unten) und noch nicht in der Datenbank eingetragen sind, brauchen Sie die folgenden Angaben:

- Name
- Name der Organisation
- Ort, Postleitzahl, Straße und Hausnummer
- Telefon- und Faxnummer
- E-Mail-Adresse

Unter `http://rs.internic.net/domain-info/domflow.html` *finden Sie eine Abbildung, die diesen Prozeß veranschaulicht.*

Hier noch eine kurze Anmerkung zu der technischen Kontaktperson. Laut der Dokumentation des InterNIC ist diese Person oder Organisation jemand, der »den primären DNS-Server, die dazugehörige Software und die Datenbankdateien des Eigentümers des Domainnamens verwaltet. Der technische Ansprechpartner hält den DNS-Server am Laufen und arbeitet mit dem technischen Personal in anderen Domains zusammen, um Probleme, die den Domainamen betreffen, zu beheben.« Das ist also häufig die Webhosting-Firma, auch wenn sie es nicht sein muß. Sie können, wenn Sie möchten, selbst der technische Ansprechpartner sein. Das bedeutet aber, daß sich das InterNIC an Sie und nicht den Webhost wendet, wenn es ein technisches Problem gibt. Das ist aber recht unwahrscheinlich. Wenden Sie sich in diesem Fall an Ihren Webhost, um die Informationen zu bekommen, die Sie brauchen, um das Problem zu beheben. Ich bin lieber selber der technische Ansprechpartner für meine Domains, einfach, weil ich immer gerne weiß, was los ist. Außerdem möchte ich sichergehen, daß niemand anders meine Domain modifizieren kann. Deswegen benutze ich die Webhosting-Firma nicht als technischen Ansprechpartner.

6.3.2 Das Formular fertig ausfüllen

Gehen Sie nun zum **Registration Template Guide** unter `http://rs.internic.net/help/templates.html`. Dort sehen Sie eine ganze Reihe von Verfahrensweisen. Am Anfang der Seite sehen Sie den Punkt *Domain Name Registration*. Rechts davon stehen Ihnen mehrere Optionen zur Verfügung: *Web version, step-by-step*; *Web version, single page*; *Text version*. Sie können sich also auf verschiedene Weise anmelden. Sie können das Schritt-für-Schritt-Anmeldeverfahren verwenden, das über mehrere Web-Seiten verteilt ist. Oder Sie benutzen ein Formular, das auf einer einzigen Web-Seite untergebracht ist. Als dritte Möglichkeit gibt es noch das alte Textformular, das Sie herunterladen und via E-Mail abgeben können. Wir sehen uns hier die Anmeldung an, die Schritt für Schritt vorgeht, weil das am einfachsten ist. Außerdem haben Sie dort auch Zugriff auf Hilfetexte, in denen die einzelnen Einträge beschrieben sind. Klicken Sie auf den Link *Web version, step-by-step* (siehe Bild 6.1), und Sie erhalten das Formular, das Sie auch in Bild 6.6 sehen können.

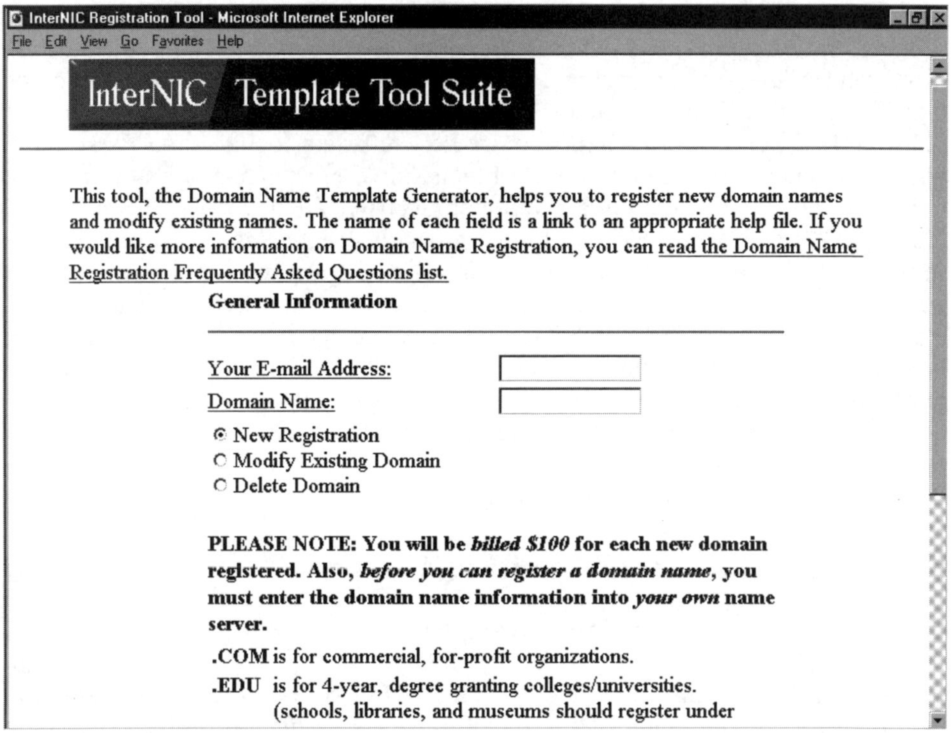

Bild 6.6: Diese Seite müssen Sie zuerst ausfüllen, wenn Sie Ihre Domain anmelden.

Geben Sie Ihre E-Mail-Adresse ein. Das ist auch die Adresse, an die das InterNIC das ausgefüllte Formular senden wird. Sie können dann überprüfen, ob alle Angaben stimmen, und es dann an das InterNIC zurückschicken. Geben Sie auch den gewünschten Domainnamen einschließlich der Top Level Domain an, zum Beispiel SuperKanaldeckel.com. Klicken Sie dann auf die Schaltfläche am Ende der Seite. In Bild 6.7 sehen Sie das Formular, das nun erscheint.

Diese Seite ist einfach. Geben Sie einfach Ihre Adresse ein, und klicken Sie auf die Schaltfläche. Sie kommen dann zur nächsten Seite, vergleiche Bild 6.8. Beachten Sie, daß der Name der Organisation, den Sie hier eingeben, als »Eigentümer« der Domain angesehen wird. Die Ansprechpartner, die Sie eintragen (je einer für technische, administrative und finanzielle Aufgaben) sind Leute, die Sie für vertrauenserweckend halten, aber ihnen gehört die Domain nicht.

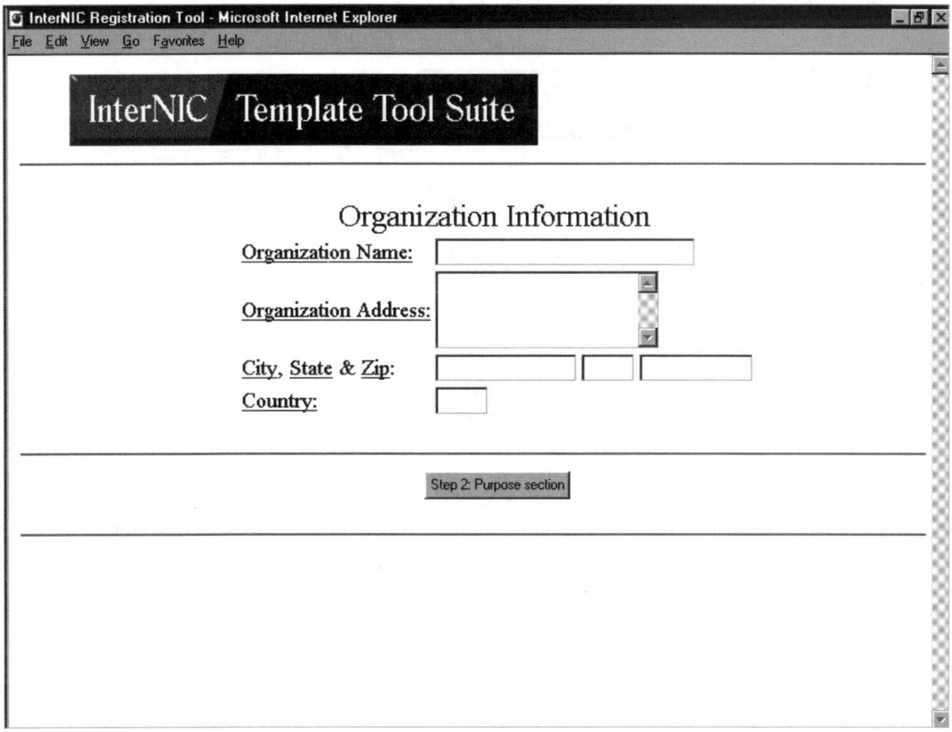

Bild 6.7: Das ist leicht ...

In Bild 6.8 sehen Sie ein Feld. Dort können Sie dem InterNIC mitteilen, wofür Sie diese Domain wollen. Theoretisch zumindest wird dieser Eintrag von einem Mitarbeiter gelesen. Wenn man aber bedenkt, wie viele Anmeldungen jeden Tag eingehen, ist es unwahrscheinlich, daß diesem Eintrag großartige Beachtung geschenkt wird. Sie können zum Beispiel einfach »Firma«, »Online Zeitschrift«, »professionelle Gesellschaft« oder irgend etwas, das den Inhalt Ihrer zukünftigen Website beschreibt, eintragen. Ein Mitarbeiter sollte merken, wenn Sie eine Beschreibung eingetragen haben, die nicht zu der Top Level Domain paßt, zum Beispiel, wenn Sie einen kommerziellen Zweck für eine .org-Domain angeben. Wenn Sie eine bereits bestehende Domain ändern wollen, können Sie in diesem Feld die Änderungen beschreiben.

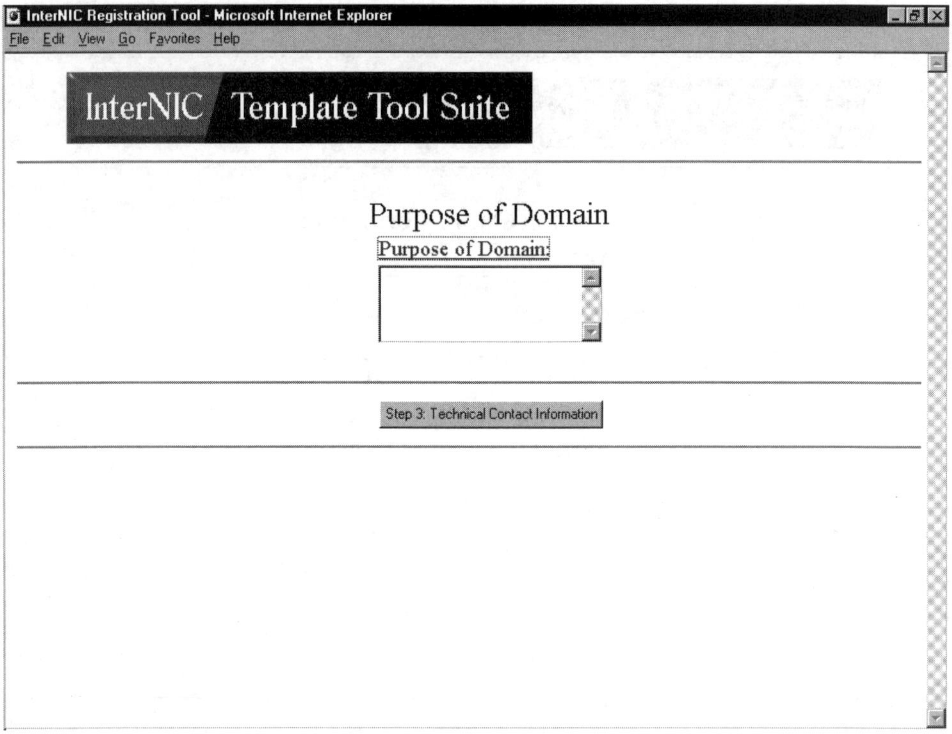

Bild 6.8: Teilen Sie hier dem InterNIC mit, für was Sie die Domain brauchen.

Klicken Sie auf die Schaltfläche am Ende der Seite, um zum Formular für den technischen Ansprechpartner zu kommen (siehe Bild 6.9). Dort tragen Sie die Informationen ein, die Sie von Ihrem Webhost bekommen haben.

Wie ich schon erwähnt habe, trage ich lieber mich selbst als technischen Ansprechpartner ein, damit ich die alleinige Kontrolle über die Modifikationen in meiner Domain habe. Wenn Sie aber die Angaben Ihres Webhosts verwenden wollen, dann tragen Sie den Handle, den Sie bekommen haben, in das erste Textfeld ein. Dann wählen Sie die Art des Ansprechpartners aus: role (eine Abteilung oder Berufsbezeichnung) oder individual (eine Person). Sie können dann den Rest des Formulars ignorieren.

Wenn Sie den Handle nicht haben, müssen Sie auch den Rest des Formulars ausfüllen. Wenn Sie damit fertig sind, blättern Sie nach unten und klicken auf die Schaltfläche. Sie sind nun beim Formular für den administrativen Ansprechpartner (das sind Sie selbst) angekommen. Das Formular ist mit dem in Bild 6.9 identisch. Sie müssen jetzt nur die Angaben für die administrative Kontaktperson und nicht für die technische eintragen. Wenn Sie ein Autorisierungsschema mit Hilfe von Guardian erstellt haben (siehe Abschnitt 6.2) und Sie Ihren Handle erhalten haben, tragen Sie einfach Ihren Handle in das erste Textfeld ein. Dann wählen Sie die Art der Kontaktperson aus (normalerweise individual) und können dann den Rest des Formulars einfach ignorieren. Wenn Sie Guardian nicht benutzen oder Ihren Handle noch nicht erhalten haben, aber nicht warten wollen, können Sie trotzdem mit der Anmeldung fortfahren. Sie müssen aber auch den Rest des Formulars ausfüllen.

Wenn Sie zum Ende der Seite scrollen, sehen Sie ein Kontrollkästchen. Dort wird gefragt, ob die Angaben zur Person für die finanziellen Aufgaben mit denen des administrativen Ansprechpartners übereinstimmen. Das ist häufig der Fall. Sie sind der »Eigentümer« (Verwalter oder Administrator) der Domain, und Sie werden auch die Rechnungen zahlen. Wenn das bei Ihnen der Fall ist, dann markieren Sie das Kontrollkästchen. Sie müssen dann nicht das Formular für den Ansprechpartner für die Rechnungen ausfüllen. Wenn Sie aber beispielsweise möchten, daß die Rechnungen direkt an Ihre Buchhaltungsstelle geschickt werden, markieren Sie das Kontrollkästchen nicht. Füllen Sie dann das Formular für die Person, die für die Rechnungen verantwortlich ist, komplett neu aus. Andererseits können Sie aber auch einfach das Kästchen markieren und die notwendigen Änderungen vornehmen, wenn das entsprechende Formular angezeigt wird. Es kann ja sein, daß Sie die gleiche Adresse und Telefonnummer verwenden und nur einen unterschiedlichen Namen eintragen wollen.

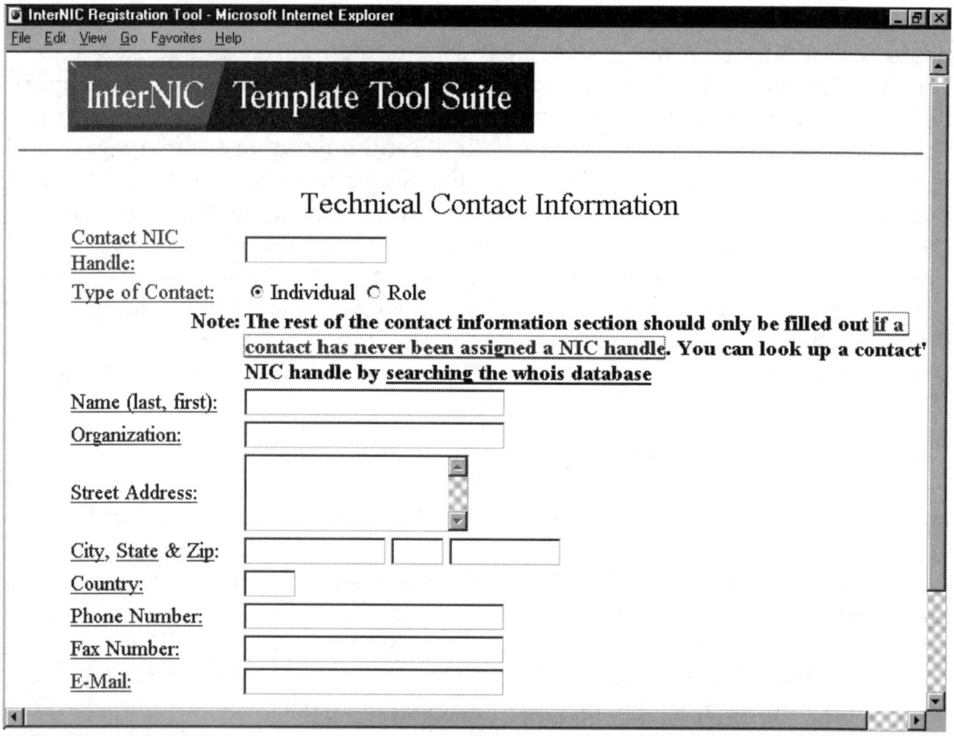

Bild 6.9: Wenn Sie den Handle wissen, tragen Sie ihn ein. Dann wählen Sie die Art des Ansprechpartners aus und ignorieren den Rest.

Klicken Sie nun auf die Schaltfläche am Ende der Seite. Nun wird das Formular für den Ansprechpartner für die Rechnungen angezeigt. Je nachdem, ob Sie das Kontrollkästchen markiert haben oder nicht, ist es schon ausgefüllt. Machen Sie Änderungen, wenn nötig, und klicken Sie dann auf die Schaltfläche am Ende der Seite. Sie gelangen nun zum nächsten Formular (vergleiche Bild 6.10).

Dort müssen Sie die Angaben zu den Domainservern eintragen, die Sie von Ihrem Webhost erhalten haben. Sie müssen am Anfang der Seite die Rechnernamen und IP-Adressen für wenigstens zwei Server in die Textfelder unter Primary und Secondary eintragen. (Tragen Sie die IP-Nummer in die Felder, die mit »Server Netaddress» bezeichnet sind, ein.) Wenn Sie von Ihrem Webhost noch Angaben zu anderen Servern erhalten haben, können Sie diese in die Felder weiter unten eintragen. Klicken Sie anschließend auf die Schaltfläche am Ende der Seite.

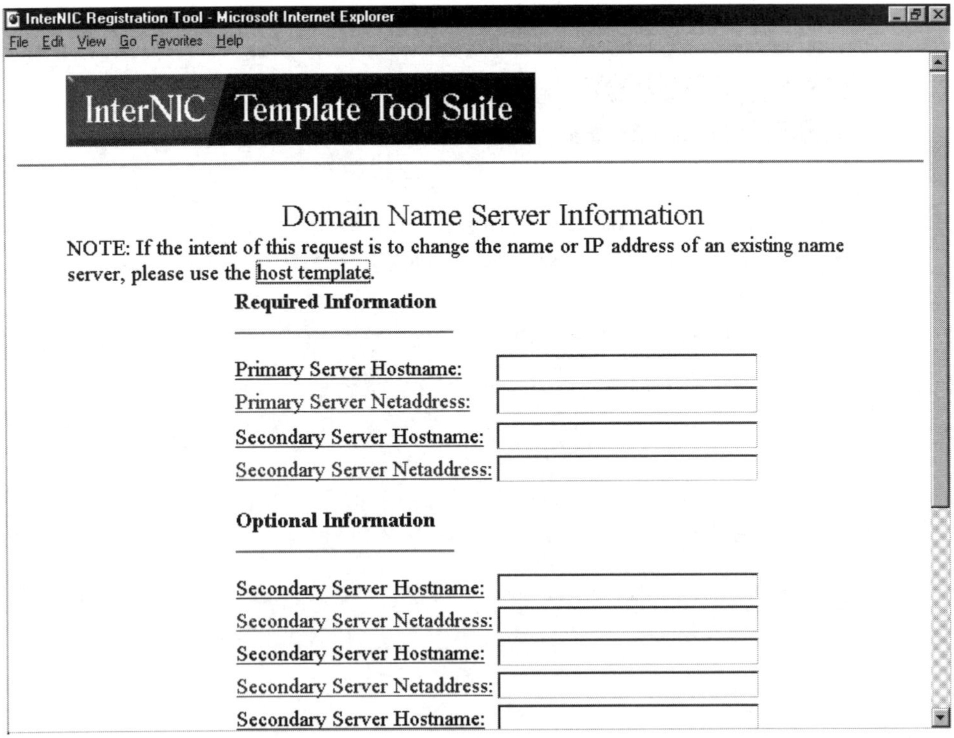

Bild 6.10: Tragen Sie hier die Angaben zu den Servern ein, die Sie von Ihrem Webhost erhalten haben.

Das ist alles, Sie haben alle notwendigen Angaben gemacht. Das war doch gar nicht so schwer, oder?

Sie können nun alle Ihre Angaben in einer Übersicht prüfen (vergleiche Bild 6.11). Stellen Sie sicher, daß alles korrekt ist. Sie können mit Ihrem Browser zurückblättern und notwendige Korrekturen vornehmen. Lesen Sie auch die Informationen am Ende der Seite. Wenn Sie dann auf die Schaltfläche klicken, wird Ihnen diese Seite via E-Mail zugesandt.

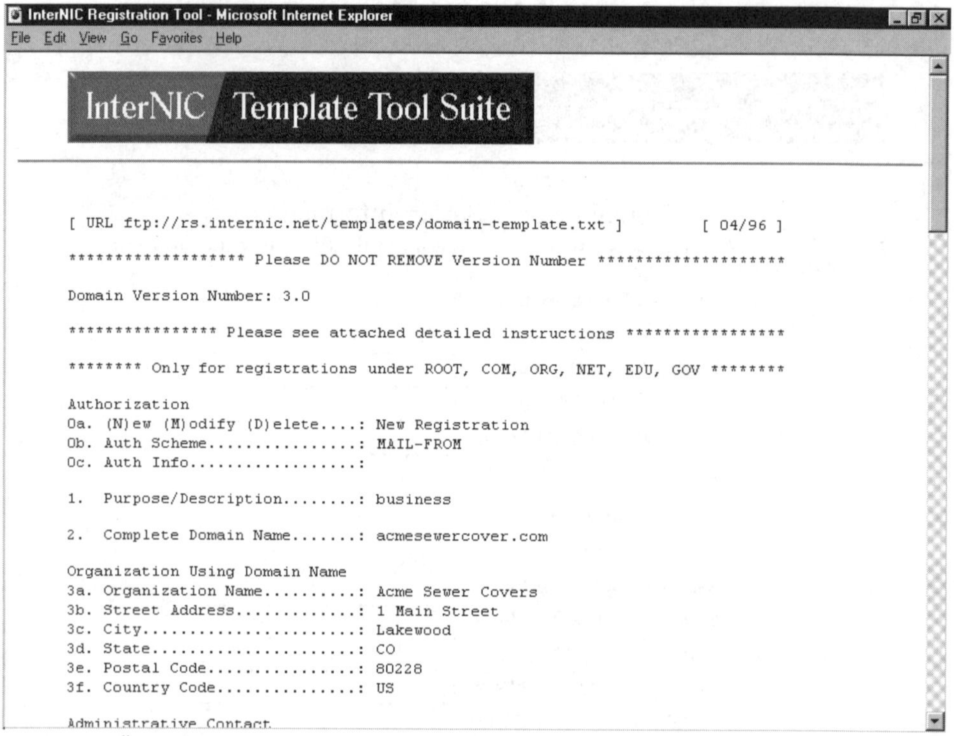
InterNIC Registration Tool - Microsoft Internet Explorer
File Edit View Go Favorites Help

InterNIC Template Tool Suite

```
[ URL ftp://rs.internic.net/templates/domain-template.txt ]        [ 04/96 ]

******************** Please DO NOT REMOVE Version Number ********************

Domain Version Number: 3.0

**************** Please see attached detailed instructions *****************

******** Only for registrations under ROOT, COM, ORG, NET, EDU, GOV ********

Authorization
0a. (N)ew (M)odify (D)elete....: New Registration
0b. Auth Scheme................: MAIL-FROM
0c. Auth Info..................:

1.  Purpose/Description........: business

2.  Complete Domain Name.......: acmesewercover.com

Organization Using Domain Name
3a. Organization Name..........: Acme Sewer Covers
3b. Street Address.............: 1 Main Street
3c. City.......................: Lakewood
3d. State......................: CO
3e. Postal Code................: 80228
3f. Country Code...............: US

Administrative Contact
```

Bild 6.11: Überprüfen Sie, ob alle Ihre Angaben korrekt sind.

Wenn Sie mit dem Formular Probleme haben, können Sie mit einem Mitarbeiter von InterNIC sprechen. Die Telefonnummer ist 001-703-742-4777. Es kann sein, daß sie eine Zeitlang besetzt ist. Unter `http://rs.internic.net/contact.html` *finden Sie auch noch andere Möglichkeiten, um mit jemanden vom InterNIC zu sprechen.*

Wenn Sie die E-Mail mit Ihren Angaben vom InterNIC erhalten haben, überprüfen Sie diese noch einmal und schicken sie dann zurück. Dazu benutzen Sie einfach das Reply- oder Beantworten-Kommando in Ihrem E-Mail-Programm. Sie brauchen die Adresse, den Betreff (Subject) oder den Text der E-Mail nicht zu verändern. Bald darauf werden Sie eine E-Mail mit einer Auftragsnummer erhalten. Später erhalten Sie dann eine Nachricht, die Sie darüber informiert, daß der Prozeß abgeschlossen ist. Und irgendwann erhalten Sie dann auch die Rechnung.

Heißt das jetzt, daß Ihr Domainname funktioniert? Aber nicht doch. Sie müssen nun sicherstellen, daß Ihr Webhost die Computer entsprechend konfiguriert hat und Ihr Domainname erkannt wird. Dann dauert es etwa eine Woche, bis diese Information im gesamten Internet verteilt ist und Ihr Domainname verwendet werden kann. Ab diesem Zeitpunkt sind Sie mit Ihrer Domain wirklich online.

Wie lange dauert es, bis Sie den Domainnamen bekommen? Höchstwahrscheinlich braucht das Ganze weniger als einen Tag. Wenn Sie Glück haben, ist Ihr Domainname schon nach wenigen Minuten angemeldet. Anfang 1996 nahm es ungefähr sechs Wochen in Anspruch, inzwischen hat sich die Zeit aber drastisch reduziert. Als ich das letzte Mal einen Domainnamen angemeldet hatte, dauerte das Ganze eine halbe Stunde. Es hängt aber auch davon ab, an was für einem Tag Sie Ihre Domain anmelden. Wenn Sie das an einem Sonntag tun, geht es um einiges schneller als an einem Wochentag. Seien Sie aber auch nicht überrascht, wenn der Prozeß einige Tage in Anspruch nimmt.

6.3.3 Den Status überprüfen

Wenn Sie ganz ungeduldig sind, können Sie den Status Ihres Domainnamens überprüfen. Gehen Sie zum **Registration Tracking System** unter `http://rs.internic.net/rs-internic.html`. Dort können Sie sowohl den Stand Ihrer Anmeldung als auch die Rechnung verfolgen. Suchen Sie die Auftragsnummer, die Sie vom InterNIC bekommen haben, als Sie Ihre Domain angemeldet haben. Geben Sie diese Nummer in das Formular ein. Leider kann es sein, daß das Textfeld in einigen Browsern nicht erscheint. Es funktioniert aber mit der neuesten Version von Netscape. Mit dem Internet Explorer gibt es Schwierigkeiten. Sie sehen dann eine Seite mit Statusangaben, was zugegebenermaßen nicht wahnsinnig nützlich ist. Aber Sie können dort sehen, ob der Prozeß noch offen (»open«) ist. Das war ganz nützlich, als das Anmelden einer Domain noch Wochen gedauert hat. Heutzutage müssen Sie schon sehr ungeduldig sein, wenn Sie den Status überprüfen wollen, es sei denn, der Anmeldeprozeß zieht sich aus irgendwelchen Gründen in die Länge.

Das Registration Tracking System benutzt einen ***Finger Gateway***. Finger ist ein einfaches UNIX-Kommando. Wie Sie in der Antwort auf Ihre Statusanfrage sehen können, gibt es noch weitere Dokumente, die Sie über Finger anfordern können. Es gibt dort beispielsweise einen Hinweis, der besagt: »For additional information, ‚finger' the following: `legend@internic.net` gives a description of the ticket headers« (Für weitere Informationen, »fingern« Sie `legend@inter-`

nic.net. Sie erhalten dann eine Beschreibung der Headerinformationen Ihres Statusberichts.) Wenn Sie eines der Finger-Kommandos benutzen möchten, dann gehen Sie zum Anmeldestatus-Formular zurück und geben das Kommando (in diesem Fall legend@internic.net) ein.

6.3.4 de.-Domains anmelden

In Deutschland werden die Domains bei DeNic in Frankfurt/Main angemeldet. Dies erfolgt in der Regel über Ihren Internet-Provider. Sie können jedoch eine Domain auch per E-Mail oder Fax anmelden. Dazu müssen Sie sich ein bestimmtes Formular vom DeNic-Server herunterladen und dieses ausgefüllt an DeNic zurücksenden. Ausführliche Informationen erhalten Sie direkt bei DeNic unter:

http://www.denic.de/DENICdirect/DomainTips.htm

Anschrift:

DENIC eG
Wiesenhüttenplatz 26
D-60329 Frankfurt am Main

Telefon: +49 (0)69/27235-0
Telefax: +49 (0)69/27235-235

6.4 Änderungen

Wenn Sie die Angaben zu Ihrer Domain ändern müssen (und das wird eines Tages der Fall sein), dann gehen Sie zurück zum **InterNIC Registration Template Guide** (http://rs.internic.net/help/templates.html). Im Moment wird für Änderungen keine Gebühr verlangt, so daß Sie mit Ihrer Website zu einem anderen Webhost wechseln können, ohne daß Sie dem InterNIC etwas zahlen müssen.

Hier gibt es nun zwei Möglichkeiten. Wenn Sie die Angaben zu den Ansprechpartnern ändern möchten (Name der Firma, E-Mail-Adresse, Postadresse, Telefonnummer usw.), gehen Sie zum Abschnitt »Contact Registration« (siehe Bild 6.1).

Benutzen Sie das auch, wenn Sie die Guardian-Autorisierung nicht in diesem Formular vorgenommen haben. Alle Änderungen zu den Angaben der Ansprechpartner werden hier vorgenommen. Klicken Sie auf den Link »Web version«, um anzufangen.

Wenn Sie Änderungen an der Domain vornehmen möchten (anderer Ansprechpartner, neuer Domainserver usw.), gehen Sie zum Abschnitt »Domain Name Registration« auf dieser Seite, bei dem Sie auch Ihre Domain angemeldet haben.

*Auf der Seite **Registration Services** finden Sie Links zu vielen nützlichen Informationen:* `http://rs.internic.net/rs-internic.html`.

6.4.1 So ändern Sie die Angaben zu den Ansprechpartnern

Wenn Sie die Angaben zu den Ansprechpartnern ändern möchten, beginnen Sie mit dem Formular, das Sie schon in Bild 6.2 gesehen haben. Sie sollten jetzt den Handle eingeben, den Sie erhalten haben, nachdem Sie das Formular zum ersten Mal ausgefüllt haben. Wenn Sie dieses Formular nicht zum Anmelden benutzt haben, wurde Ihnen der Handle zugeschickt, nachdem Sie die Domain angemeldet haben. Wählen Sie das Kontrollkästchen »Modify« (»Ändern«) an. Klicken Sie dann auf die Schaltfläche am Ende der Seite, um zur Guardian-Autorisierung-Seite zu kommen. Dort werden Sie gefragt, welche Guardian-Methode Sie verwenden. Wenn Sie Guardian nicht verwendet haben (siehe Abschnitt 6.2), dann benutzen Sie automatisch die Methode MAIL-FROM. Das heißt, daß das InterNIC Ihre Änderungen durchführen wird, solange der Auftrag von der richtigen E-Mail-Adresse kommt. Wenn Sie alles ausgefüllt haben, wird Ihnen eine E-Mail zugeschickt, die Sie dann, wie bei der Anmeldung Ihrer Domain auch, wieder zurückschicken müssen.

Wenn Sie Guardian eingerichtet haben, wählen Sie jetzt Ihre Methode aus: CRYPT-PW oder PGP. Wenn Sie CRYPT-PW benutzen, dann geben Sie das Paßwort zweimal in die entsprechenden Felder ein. Wenn Sie PGP benutzen, müssen Sie jetzt noch gar nichts tun. Wenn Sie aber die E-Mail an das InterNIC zurücksenden, müssen Sie diese mit Ihrer digitalen Unterschrift versehen.

Benutzen Sie dieses Formular nicht, wenn Sie die Autorisierungsmethode ändern möchten. Hier müssen Sie einfach nur verifizieren, daß Sie auch wirklich Sie selbst sind. Sie können etwas später aber eine andere Methode zur Autorisierung wählen.

Klicken Sie auf die Schaltfläche am Ende der Seite, um fortzufahren. Sie folgen nun derselben Prozedur, die ich im Abschnitt 6.2 »So erstellen Sie ein Paßwort in Guardian« beschrieben habe. Sie können dort alle Änderungen vornehmen, die Sie möchten: eine neue Telefonnummer oder Adresse eintragen, die Optionen zur Benachrichtigung ändern usw. Wenn Sie eine andere Form der Autorisierung eintragen möchten, gehen Sie zu der Seite, die mit »Choosing New Authentication Information for a Contact« betitelt ist. Dann füllen Sie das Formular fertig aus. Sehen Sie sich nun die Zusammenfassung Ihrer Angaben an, und klicken Sie dann auf die Schaltfläche, damit Ihnen das InterNIC die Bestätigung via E-Mail zusenden kann. Auch diese E-Mail müssen Sie zurücksenden.

6.4.2 So ändern Sie die Angaben zu Ihrer Domain

Sie gehen zu demselben Formular wie in Bild 6.6, wenn Sie Änderungen an Ihrer Domain vornehmen möchten. Markieren Sie dieses Mal jedoch das Kontrollkästchen »Modify« (»Ändern«). Wenn Sie fortfahren, sehen Sie die Seite mit der Guardian-Autorisierung. Wie bei den Änderungen bei den Ansprechpartnern auch, müssen Sie in diesem Formular die Autorisierungsmethode auswählen (vergleiche Abschnitt »So ändern Sie die Angaben zu den Ansprechpartnern«).

Im Formular, das Sie auch in Bild 6.6 sehen, müssen Sie Ihre E-Mail-Adresse eintragen. Das sollte dieselbe E-Mail-Adresse sein, die Sie angegeben haben, als Sie die Domain angemeldet haben. Wenn Sie eine andere E-Mail-Adresse eingeben, wird das InterNIC eine Nachricht an die ursprüngliche Adresse schicken, um sicherzugehen, daß die Änderungen autorisiert sind. Wenn Sie diesen E-Mail-Zugang nicht mehr haben, geben Sie Ihre augenblickliche Adresse ein, und versuchen Sie, die Änderungen so vorzunehmen. Wahrscheinlich kommt es dabei zu keinen Problemen, obwohl man laut InterNIC Änderungen nur mit der ursprünglich eingegebenen Adresse vornehmen kann. Falls Sie die Änderungen nicht vornehmen können und es zu Problemen kommt, wenden Sie sich an das InterNIC.

Wenn Sie fortfahren, sehen Sie dasselbe Formular, das Sie auch verwendet haben, als Sie Ihre Domain angemeldet haben (Angaben zur Firma, vergleiche Bild 6.7). Das Formular ist jedoch schon ausgefüllt. Dazu wurden die Angaben aus der InterNIC-Datenbank verwendet. Wenn Sie diese Angaben ändern möchten, machen Sie das jetzt, und klicken Sie anschließend auf die Schaltfläche am Ende der Seite. Sie sehen dann eine neue Seite, in die Sie den Grund für die Änderung (»Purpose of Modification«) eintragen müssen (siehe Bild 6.12).

Geben Sie hier eine Erklärung wie zum Beispiel »neuer technischer Ansprechpartner«, »neuer Ansprechpartner für Rechnungen«, »neue Domainserver« o.ä. ein. Sie haben nun mehrere Möglichkeiten. Sie können nun auf die Schaltfläche »Step 3: Technical Contact Information« (Schritt 3: Angaben zum Ansprechpartner für technische Aufgaben) klicken, um Schritt für Schritt durch das ganze Formular zu gehen. Oder aber Sie klicken auf eine der Schaltflächen am Ende der Seite, um direkt zu dem Bereich zu gehen, in dem Sie die Änderungen vornehmen möchten. Wenn Sie beispielsweise zu einem anderen Webhost wechseln, dann müssen Sie die Angaben zum technischen Ansprechpartner und zu den Domainservern ändern.

Benutzen Sie nicht die »Back«- oder »Zurück«-Schaltfläche Ihres Browsers, um zwischen den einzelnen Formularen zu wechseln. Dadurch gehen die Änderungen, die Sie vorgenommen haben, verloren. Wenn Sie die Schaltflächen im Formular selbst benutzen, werden Ihre Eingaben gespeichert.

Wenn Sie alle notwendigen Modifikationen vorgenommen haben, klicken Sie auf die Schaltfläche »Jump to: Final Review« am rechten unteren Rand, die Sie zur letzten Seite bringt. Dann fahren Sie fort wie gewohnt: Überprüfen Sie die Angaben, klicken Sie auf die Schaltfläche um die Angaben via E-Mail zugesandt zu bekommen. Senden Sie nun die E-Mail zurück an das InterNIC.

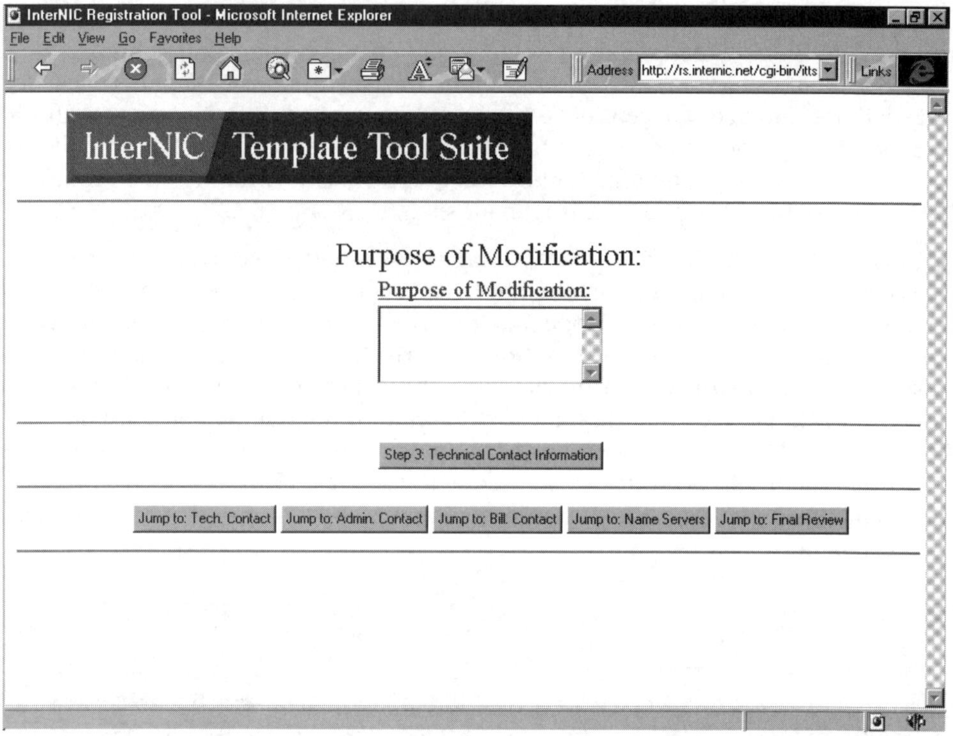

Bild 6.12: Sie müssen nicht alle Formulare durcharbeiten. Mit Hilfe der Schaltflächen am Ende der Seite können Sie direkt zu den Angaben gehen, die Sie ändern müssen.

6.5 So wechseln Sie den Webhost

Wenn Sie mit Ihrer Website zu einer anderen Webhosting-Firma umziehen müssen, gehen Sie folgendermaßen vor:

1. Finden Sie eine neue Webhosting-Firma, und richten Sie dort einen Zugang ein. Der Webhost wird Ihnen eine IP-Adresse geben, mit der Sie auf die Website zugreifen können.
2. Kopieren Sie Ihre gesamte Website auf den Platz bei Ihrer neuen Webhosting-Firma. Sie haben nun zwei identische Websites.
3. Ändern Sie die Angaben beim InterNIC, indem Sie die neuen DNS-Server eintragen.

Es kann ein paar Tage dauern, bis das InterNIC die Änderungen durchgeführt hat. Dann dauert es ungefähr eine Woche, bis die neuen Angaben überall im Internet verbreitet sind. Ab einem bestimmten Punkt wird die neue Website aktiv sein. Das bedeutet, daß Leute, die zu Ihrer Website gehen wollen, die Seiten von Ihrer neuen Website und nicht mehr von der alten sehen werden. Aber natürlich bemerkt niemand den Unterschied. Wie können Sie den Unterschied feststellen?

Nun, vielleicht mit Hilfe Ihres E-Mail-Programms (ich gehe davon aus, daß Sie den POP-Mail-Server benutzen, der mit Ihrer Website assoziiert ist). Wenn Sie bei Ihrem neuen POP-Zugang einen anderen Loginnamen oder ein unterschiedliches Paßwort eingerichtet haben als bei ihrem alten POP-Mail-Zugang, werden Sie eines Tages nicht mehr auf Ihre E-Mail zugreifen können. Sie werden eventuell eine Fehlermeldung sehen, die besagt, daß Ihr Paßwort ungültig ist, oder daß Sie einen Zugang verwenden, der nicht existiert. Das bedeutet, daß Sie die Konfiguration Ihres E-Mail-Programms ändern müssen, so daß die Angaben des neuen Zugangs verwendet werden.

Sie können auch mit Hilfe von Traceroute feststellen, auf welchen Webserver zugegriffen wird, wenn der Browser zu Ihrer Domain geht (siehe Kapitel 4). Oder Sie nehmen einfach eine kleine Änderung an der neuen Website vor, die niemandem außer Ihnen auffällt. Jedesmal, wenn Sie zu Ihrer Website gehen, klicken Sie auf »Reload« oder »Neu laden« in Ihrem Browser. Wenn Sie die Änderung sehen, wissen Sie, daß die Seite vom neuen Server kommt.

Bedenken Sie jedoch, daß das Wechseln von einem Webhost zum anderen (und von einem POP-Mail-Zugang zum anderen) nicht sofort vonstatten geht. Die Informationen zu Ihrer Domain werden im Internet über die ganzen DNS-Server verbreitet. Es kann also sein, daß ein DNS-Server in einem Teil des Internet die neuen Angaben einige Stunden oder Tage eher als ein anderer DNS-Server hat. Einige Leute werden also auf Ihre neue Website zugreifen, während andere noch zu Ihrer alten Website gelangen. Sie werden auch sehen, daß Sie für einige Zeit E-Mails in zwei verschiedenen POP-Mail-Zugängen erhalten. Sie müssen also beide Zugänge überprüfen. Wie können Sie aber Ihren neuen Zugang überprüfen, bevor die Informationen hinsichtlich der Änderungen Ihre lokalen DNS-Server erreicht haben? Sie müssen die IP-Adresse anstelle des Domainnamen verwenden. Sie sollten von der Webhosting-Firma eine IP-Adresse bekommen haben, nachdem Sie sich dort angemeldet haben. Sie können auf die E-Mails in Ihrem alten Zugang zugreifen, indem Sie die IP-Adresse verwenden, die Sie von Ihrem ehemaligen Webhost erhalten haben. Ersetzen Sie einfach den Domainnamen durch die IP-Adresse.

Warten Sie ein paar Tage, bis die neuen Angaben auf allen DNS-Servern im Internet verfügbar sind. Dann können Sie Ihre alte Website entsorgen und sich von Ihrer alten Webhosting-Firma verabschieden.

Das war's dann. Wir haben alles zu den Domainnamen besprochen. Sie sollten jetzt einen eigenen Domainnamen haben, der bei einer bestimmten Webhosting-Firma angemeldet ist. Sie können nun fortfahren und anfangen, Ihre Website zu erstellen.

Teil II

Erstellung

7. Kapitel

Die Gestaltung Ihrer Website

Sie sollten einen Domainnamen haben und wissen, wo Sie Ihre Website hintun können. Als nächstes steht nun das Planen Ihrer Website auf dem Programm. In diesem Kapitel werde ich auf die verschiedenen Möglichkeiten, die Ihnen eine Webhosting-Firma bietet, eingehen. Wir werden auch besprechen, wie Sie herausfinden, womit Sie am besten beginnen sollten.

7.1 Etwas Speicherplatz auf der Festplatte

Ob Sie nun mit einer Webhosting-Firma zusammenarbeiten, im Bereich der persönlichen Seiten eines Internet-Providers untergebracht sind oder einen eigenen Webserver eingerichtet haben, macht keinen Unterschied: alles in allem ist Ihre Website nichts anderes als etwas Speicherplatz auf einer Festplatte, in dem ein paar Dateien liegen. Wir werden in diesem Buch nicht darüber sprechen, wie man einen Webserver einrichtet. Alles, was Sie wissen müssen, ist, daß die Webserver-Software weiß, wo auf der Festplatte Ihre Dateien gespeichert sind. Wenn ein Browser eine Datei anfordert, wird sie ihm von der Software zugeschickt.

Sie werden von Ihrem Webhost einige Dinge bekommen. Er wird für Sie ein Verzeichnis auf irgendeiner Festplatte erstellen und sollte Ihnen außerdem folgende Informationen zur Verfügung stellen:

- **IP-Adresse**: Es gibt eine **IP-Adresse**, die zu Ihrer Domain gehört. Wenn Sie Ihren Zugang bekommen, kann es sein, daß Sie noch nicht mit Ihrem Domainnamen auf Ihre Website zugreifen können. Es kann ein Weilchen dauern, bis der Anmeldeprozeß abgeschlossen ist. Denken Sie auch daran, daß es etwa eine Woche dauert, bis Ihr Domainname im ganzen Internet bekannt ist. Wenn Sie jedoch keinen eigenen Domainnamen benutzen, also keinen virtuellen Host bei der Webhosting-Firma einrichten, werden Sie auch keine IP-Nummer bekommen.

- **Zugangsname (Account)**: Es kann sein, daß Sie sich diesen Namen selbst ausgesucht haben, als Sie Ihre Website bei der Webhosting-Firma angemeldet haben. Sie brauchen diesen Namen jedenfalls für den Zugang zu Ihrer Website »hinter den Kulissen«, zum Beispiel, wenn Sie Dateien von Ihrer Festplatte zu Ihrer Website transferieren möchten.

- **Paßwort**: Es kann sein, daß Sie auch das Paßwort selbst gewählt haben. Sie müssen es zusammen mit dem Zugangsnamen verwenden, um sich auf Ihre Website einloggen zu können.

- **Informationen zum FTP-Zugang**: Fast jede Webhosting-Firma wird Ihnen einen **FTP**-Zugang (FTP steht für *File Transfer Protocol*) geben. Damit können Sie Dateien von Ihrem Computer auf Ihre Website übertragen.

Obwohl es sein kann, daß Sie den Namen für Ihr FTP-Verzeichnis von Ihrem Webhost erhalten, werden Sie sehen, daß Sie normalerweise automatisch in das richtige Verzeichnis (basierend auf Ihrem Zugangsnamen) kommen, wenn Sie sich mit einem FTP-Programm mit Ihrem FTP-Zugang verbinden. Beachten Sie jedoch, daß der Verzeichnisname anders aussieht als die URL Ihrer Website. Ich habe beispielsweise eine Website mit der URL `http://www.poorrichard.com/`. Wenn ich Dateien in das dazugehörige Verzeichnis legen möchte, benutze ich FTP, um sie nach `poorrichard.com/opt3/web/guide/poorrichard/` zu kopieren. Das heißt, daß das FTP-Programm zu der `poorrichard.com`-Domain geht und dort das Verzeichnis namens `/poorrichard/` finden muß. Das befindet sich unter dem Pfad `/opt3/web/guide/poorrichard`. Denken Sie daran, daß der Webserver weiß, wo sich Ihre Dateien befinden. Wenn ein Webbrowser `http://www.poorrichard.com/` anfordert, weiß der Webserver, daß die dazugehörigen Dateien unter `/opt3/web/guide/poorrichard/` liegen.

Wenn Sie Ihren E-Mail-Zugang bei dem Webhost haben, sollten Sie auch folgende Informationen bekommen:

- **Der Name des POP-Servers**: Das ist der Domainname des Servers, auf dem sich Ihr **POP**-Mail-Zugang (POP steht für *Post Office Protocol*) befindet. Dort werden Ihre eingehenden Nachrichten abgelegt. Sie müssen in Ihrem E-Mail-Programm diesen Namen angeben. Wenn Sie einen virtuellen Host einrichten, entspricht er normalerweise Ihrem Domainnamen. Mein POP-Server ist beispielsweise poorrichard.com. Das bedeutet, daß Sie in der ersten Woche oder so, bis die Anmeldung abgeschlossen ist, Ihren Domainnamen nicht benutzen können, um die E-Mails aus der Inbox Ihres POP-Mail-Zugangs abzurufen. Aber das heißt auch, daß Sie keine E-Mails empfangen, weil Ihnen niemand welche senden wird. Also ist das kein Problem.

- **Der Name des SMTP-Servers**: Das ist der Domainname des **SMTP**-Servers (SMTP steht für *Simple Mail Transfer Protocol*). SMTP ist ein Programm, daß die E-Mails in das Internet schickt, das heißt, es ist für die ausgehende E-Mail zuständig. Sie müssen auch diese Information in Ihr E-Mail-Programm eintragen.

- **Der Name Ihres POP-Zugangs**: Das ist der Name des Zugangs, wo Ihre eingehende E-Mail gespeichert wird. Normalerweise ist das derselbe Name wie der Zugangsname für Ihre Website.

- **Ihr POP-Paßwort**: Das Paßwort wird zusammen mit dem POP-Zugangsnamen benutzt. Normalerweise ist es mit dem Paßwort für Ihre Website identisch.

Bei einigen Webhosting-Firmen bekommen Sie noch andere Dinge wie die URL einer Web-Seite, auf der Sie verschiedene Einstellungen an Ihrem Zugang vornehmen können, wie zum Beispiel das Einrichten von automatischen E-Mail-Weiterleitung oder Autorespondern. Oder Sie bekommen die URL einer Web-Seite, auf der Sie Berichte zur Auslastung Ihrer Website sehen können (siehe Kapitel 23) und so weiter.

Sie haben also Speicherplatz auf einer Festplatte reserviert, der auf Ihre Web-Seiten wartet. Sie haben alle Informationen, die Sie benötigen, um an den Speicherplatz heranzukommen. Jetzt müssen Sie sich entscheiden, wie Sie Ihre Website erstellen wollen.

7.2 Wer soll die Website erstellen? Sie selbst oder jemand anderes?

Irgend jemand muß Ihre Web-Seiten erstellen und sie in das Verzeichnis beim Webhost stellen. Wer soll das machen und wie? Sie haben einige Möglichkeiten zur Auswahl:

- **Sie selbst, indem Sie ein einfaches Tool benutzen, das Ihnen vom Webhost zur Verfügung gestellt wird**: Bei einigen Webhosting-Firmen erhalten Sie ein einfaches Tool, mit dem Sie Web-Seiten erstellen können. Das ist häufig ein Programm auf deren Website. Sie machen alle möglichen Angaben in einem Formular, aus dem dann die Web-Seite automatisch generiert wird. Häufig stellen Online-Dienste und virtuelle Einkaufszentren diese Tools zur Verfügung. Wenn Sie also mit einer solchen Firma zusammenarbeiten, haben Sie höchstwahrscheinlich so ein Tool zur Verfügung. Diese erstellen jedoch normalerweise nur sehr einfache Seiten und sind nicht sehr flexibel. Wenn Sie es eilig haben oder wirklich knapp bei Kasse sind, können Sie so ein Tool verwenden, wirklich gut ist das aber nicht.
- **Sie selbst, mit HTML**: Vielleicht möchten Sie **HTML** (*HyperText Markup Language*) lernen. In Kapitel 8 bringe ich Ihnen die Grundlagen bei. Wenn Sie aber mit HTML wirklich attraktive und nützliche Web-Seiten erstellen wollen, reicht das nicht aus. Sie müssen sich einen der HTML-Wälzer zulegen, die Sie in der Buchhandlung zuhauf finden. HTML ist nicht schwierig, aber es ist ein weites Feld. Es dauert eine Weile, bis Sie flüssig HTML »sprechen« – haben Sie auch die Zeit dafür? Eine der folgenden Möglichkeiten ist dann vielleicht besser für Sie geeignet.
- **Sie selbst, mit einem HTML-Editor/Programm zum Erstellen von Web-Seiten**: Es gibt jede Menge guter Programme, mit denen Sie schnell Web-Seiten erstellen können. Mehr dazu in Kapitel 9. Für die meisten Leute ist es einfacher, ein solches Programm zu benutzen, als mit HTML direkt zu arbeiten.

- **Ein Angestellter oder ein freier Mitarbeiter**: Wie wertvoll ist Ihre Zeit? Es kann sein, daß es sich für Sie lohnt, wenn Sie einen Angestellten in Ihrer Firma oder einen freien Mitarbeiter mit der Erstellung der Website beauftragen. Sie müssen dann nur beobachten, ob alles glatt geht, und sicherstellen, daß Sie auch die Website bekommen, die Sie wollen. Die Erstellung von Websites ist relativ einfach. Normalerweise ist das eine Arbeit, die gut von einem begeisterten Schüler oder Studenten, der sich gut mit der Materie auskennt, erledigt werden kann. Überlegen Sie sich also, ob Sie nicht jemand Außenstehenden mit dieser Aufgabe betreuen wollen. Viele Universitäten bieten heutzutage Kurse in HTML an. Häufig können Sie einfach einen Zettel ans Schwarze Brett hängen und jemanden finden, der für Sie arbeitet. Lassen Sie sich jedoch vorher ein paar Arbeitsproben zeigen!
- **Ihr Webhost**: Viele Webhosting-Firmen erstellen auch Websites. Das kann jedoch ein wenig teuer kommen. Wenn Sie Ihre Website schnell zum Laufen bringen möchten, können Sie Ihren Webhost damit beauftragen. Langfristig gesehen ist es aber wahrscheinlich besser, wenn Sie jemanden dafür einstellen. Oder Sie lassen sich die Website von jemandem einrichten und nehmen dann kleinere Änderungen selbst vor.
- **Eine andere Firma, die sich auf Webdesign und Erstellung von Websites spezialisiert hat**: Selbst wenn Ihr Webhost auch Websites erstellt, kann es sein, daß er nicht konkurrenzfähig ist. Es gibt Tausende von großen und kleinen Firmen, die Websites erstellen. Im Herbst 1998 hatte die **HTML Writers Guild** (`http://www.hwg.org/`) über 70 000 Mitglieder in mehr als 130 Ländern. Sie können also eine Firma finden, die Ihnen eine Website zu einem vernünftigen Preis erstellt und dabei gute Arbeit leistet.

7.2.1 So finden Sie eine Webdesign-Firma

Wenn Sie eine Firma suchen, die Ihnen eine Website entwirft oder erstellt, sehen Sie am besten auf den folgenden Seiten nach:

- **Great Artist Registry**

  `http://www.garegistry.com/`
- **The HTML Writers Guild**

  `http://www.hwg.org/`
- **Yahoo! Deutschland – Webdesigner**

  `http://www.yahoo.de/Handel_und_Wirtschaft/Firmen/Internet_Dienste/Web_Anbieter/Designer/`

- **Yahoo! – Webdesigner** (Verzeichnisse)

  http://www.yahoo.com/Business_and_Economy/Companies/Internet_Services/Web_Services/Designers/Directories/

- **Yahoo! – Webdesigner** (geordnet nach Ländern)

  http://dir.yahoo.com/Business_and_Economy/Companies/Internet_Services/Web_Services/Designers/Browse_By_Region/

- **Yahoo! – Webdesigner**

  http://www.yahoo.com/Business_and_Economy/Companies/Internet_Services/Web_Services/Designers/

Es gibt Webdesigner in allen Preisklassen. Sie können sehr wenig ausgeben oder astronomische Summen zahlen. Die Ergebnisse fallen ebenfalls sehr unterschiedlich aus, Sie können eine absolut minderwertige oder wunderschöne Website bekommen. Sehen Sie sich unbedingt vorher Beispiele an, bevor Sie jemanden beauftragen, und versuchen Sie, einen realistischen Kostenvoranschlag zu bekommen. Seien Sie vorsichtig bei Preisen pro Arbeitsstunde, es sei denn die Firma ist bereit, Ihnen genau zu erklären, wieviel normalerweise in einer durchschnittlichen Stunde geschafft wird.

Wenn Sie jemand anderen mit der Erstellung Ihrer Website beauftragen, sollten Sie sicherstellen, daß es keinen Link von Ihrer Website auf deren Website gibt. Sie können nicht beeinflussen, was der Webdesigner auf seiner Website macht. Dank dem »erstellt von«-Link sieht es aber so aus, als ob Sie damit etwas zu tun hätten. Die meisten Webdesigner möchten irgendwo eine Zeile mit ihrem Namen zusammen mit einem Link und ihrer E-Mail-Adresse haben, damit Besucher Ihrer Website die Person, die sie erstellt hat, finden können. Gestatten Sie die Angabe der E-Mail-Adresse, wenn Sie möchten, ein Link kann aber zu Problemen führen. Ich weiß zum Beispiel von einer bekannten politischen Einrichtung, die einen Link auf die Website des Webdesigners hat. Dort gibt es jedoch Hinweise, wie man an LSD kommt. Da diese politische Einrichtung recht konservativ ist, glaube ich nicht, daß die Leute dort wissen, wohin die Links auf ihrer Website führen!

Peter Flynn, der Computer Manager an der Universität in Cork und der Administrator von Irlands ersten Webserver, beschreibt die Situation in Europa folgendermaßen: »Wir sind also immer noch in derselben Situation, wie sie vor drei Jahren in den USA herrschte: Jeder, der sich mal zehn Minuten lang mit HTML beschäftigt hat und das Programm HTML Crapwriter Deluxe besitzt, gilt als echter Web-Guru, weil sich die Zielgruppe einfach nicht auskennt.« Ich stimme mit ihm nur in einem Punkt nicht überein: Das ganze ist nicht nur in Europa ein Problem, sondern auch immer noch in den USA. Werfen Sie einfach einen Blick auf die Websites in einem virtuellen Einkaufszentrum, und Sie werden sehen, was ich meine.

Es gibt Web-Seiten mit Rechtschreibfehlern, Web-Seiten, auf denen sich der Hintergrund mit der Schriftfarbe beißt, Seiten, die langsam laden, weil es viel zu viele Bilder gibt – Sie werden auf alle möglichen Probleme stoßen. Seien Sie also vorsichtig bei Ihrer Suche.

7.3 Für was soll Ihre Website gut sein?

Als nächstes sollten Sie sich darüber klar werden, was Ihre Website tun soll und wofür sie da ist. Wir haben schon mal in Kapitel 1 über die verschiedenen Möglichkeiten gesprochen, aber Sie sollten einen genau ausgearbeiteten Plan erstellen, bevor Sie anfangen. Sie können später immer noch Dinge hinzufügen.

Was sollte auf Ihrer Website zu finden sein? Hier sind ein paar Ideen:

- **Startseite**: Auf jeder Website gibt es natürlich eine Startseite, die häufig auch Homepage genannt wird. Mir gefällt dieser Begriff jedoch nicht besonders. Sie sollten sich aber überlegen, für was diese Startseite da sein soll. Dort sollte es klare und übersichtlich angeordnete Links zu den restlichen Seiten Ihrer Website geben. Überladen Sie die Startseite nicht!
- **Diskussionsforum**: Sie können auf Ihrer Website Diskussionsforen einrichten. Leute, die Ihre Website besuchen, können Nachrichten hinterlassen, die Sie oder Ihre Mitarbeiter oder auch andere Besucher beantworten können. Wenn Sie beispielsweise Werbung für Ihre Antiquitätenzeitschrift machen, könnten Sie doch ein Diskussionsforum einrichten, in dem die Besucher über Antiquitäten reden können. Wenn dort genug los ist, werden die Besucher zurückkommen, um mit der Diskussion fortzufahren.
- **Eine Seite mit Links**: Auf vielen Websites gibt es eine Seite mit Links zu ähnlichen oder verwandten Websites. Vielen Leuten ist jedoch nicht klar, warum Sie diese Links haben. Es gibt dafür gute und weniger gute Gründe, mehr dazu in Kapitel 11.

- **Rundschreiben**: Gibt es in Ihrer Firma Rundschreiben, die Teil der Werbekampagne sind? Ich meine ein richtiges Rundschreiben aus Papier. Das könnten Sie auch auf Ihrer Website veröffentlichen. Wenn es nützliche Informationen enthält, werden die Leute regelmäßig zu Ihrer Website zurückkehren, um es zu lesen.
- **Katalog**: Wenn Sie ein Produkt verkaufen, macht es höchstwahrscheinlich auch Sinn, Ihren Katalog online zu stellen.
- **Bestellformular**: Wenn Sie ein Produkt verkaufen, sollten Sie auch irgendein Bestellformular anbieten. In Kapitel 14 geht es um Bestellungen.
- **Technischer Support**: Wenn Sie in Ihrer Firma technischen Support anbieten, könnten Sie versuchen, einen Teil der Arbeit auf das WWW zu verlegen, um Geld zu sparen. Auf Ihrer Website sollten alle technischen Informationen zu Ihren Produkten zu finden sein, die Sie haben. Ihre Besucher sollten auch leicht darauf zugreifen können. Sie können auch einen Echtzeit-Chat einrichten, in dem Ihre Kunden Fragen an den technischen Support richten können, die dann sofort von Ihren Mitarbeitern beantwortet werden (siehe Kapitel 12 und 13). Wenn Sie Software oder Hardware, die Software-Treiber benötigt, verkaufen, können Sie auch einen Download-Bereich einrichten.
- **Kundendienst**: Das ist ähnlich wie der technische Support. Erstellen Sie Web-Seiten, auf denen Leute Informationen zu Ihren Produkten, Rückgaberecht, Garantien usw. finden können.
- **Feedback-Seite**: Will jemand Informationen zu Ihrem Produkt? Es ist einfach, eine Seite einzurichten, über die Sie Feedback von den Besuchern Ihrer Website erhalten. Die Leute können ein Formular ausfüllen und Ihnen ihre Kommentare zuschicken. Benutzen Sie das auch, um Umfragen zu starten, auf neue Ideen für Produkte zu kommen, mehr zu den Stärken und Schwächen Ihrer Produkte zu lernen und so weiter.

Ich schlage vor, daß Sie als erstes eine Liste mit den Dingen erstellen, die Sie auf Ihrer Website verwenden wollen. Dann sollten Sie etwas Zeit im World Wide Web verbringen und sich andere Web-Seiten ansehen. Gehen Sie zur Website der Konkurrenz, und sehen Sie sich an, was die machen. Lassen Sie sich nicht hetzen, sondern nehmen Sie sich dafür etwas Zeit. Suchen Sie nach Dingen, die Ihnen gefallen, und merken Sie sich, was Ihnen weniger gefällt. Überlegen Sie sich dazu Alternativen. Versuchen Sie aber, die Seiten nicht als Konkurrent, sondern vom Standpunkt eines Kunden aus zu sehen. Sind die Informationen leicht zugänglich, oder muß man ewig herumsuchen? Gibt es die Möglichkeit, einen Mitarbeiter zu kontaktieren, oder liegt die Website im Cyberspace ohne einen Bezug zur »echten« Welt? Welche Fragen bleiben unbeantwortet? Gibt es eine Möglichkeit, Vorschläge und Feedback einzureichen?

Sehen Sie sich jedoch nicht nur die Seiten der Konkurrenz an. Sie können häufig auf neue Ideen kommen, wenn Sie sich viele verschiedene Websites ansehen. Auch nicht-kommerzielle Websites oder private Homepages können nützlich sein. Wenn Sie sich im WWW umsehen, werden Sie mit der Zeit ein Gefühl dafür bekommen und bald verstehen, was funktioniert und was nicht. Es mag unproduktiv wirken, wenn Sie einige Tage mit Surfen im Web verbringen, aber es kann Ihnen, langfristig gesehen, Zeit einsparen und helfen, Probleme zu vermeiden.

7.4 Die grundlegende Vorgehensweise

Hier ist die grundlegende Vorgehensweise bei der Erstellung und Einrichtung einer Web-Seite:

1. Erstellen Sie die Web-Seite, indem Sie entweder HTML-Code in einen Texteditor eingeben (siehe Kapitel 8) oder einen HTML-Editor (siehe Kapitel 9) benutzen.
2. Speichern Sie die Datei auf Ihrer Festplatte.
3. Übertragen Sie die Datei von Ihrem Computer auf die Website. Dazu benutzen Sie normalerweise FTP und legen die Datei in dem Verzeichnis ab, das Ihnen von Ihrem Webhost zugeteilt wurde. Es kann auch sein, daß der HTML-Editor oder das Programm, das Sie zum Erstellen von Web-Seiten benutzen, über ein eingebautes Übertragungstool verfügt.
4. Sobald die Seite in dem richtigen Verzeichnis Ihrer Website liegt, kann sie von einem Browser aufgerufen werden.

Das ist eigentlich ganz einfach, das schwierigste ist dabei Schritt 1. Manchmal ist der Ablauf auch ein wenig anders. In einigen Fällen müssen Sie die Dateien in ein Verzeichnis stellen, von dem aus sie dann später zur Website gebracht werden. Das ist oft bei Websites der Fall, die im Bereich der persönlichen Seiten eines Internet-Providers oder Online-Dienstes liegen. In einigen Fällen können Sie direkt auf Ihrer Website Seiten erstellen und bearbeiten. Sie können das zum Beispiel mit Microsoft Frontpage, ein Programm, mit dem wir uns in Kapitel 9 beschäftigen werden, machen. Sie öffnen und bearbeiten Ihre Dateien ganz einfach auf Ihrer Website. Wenn Sie die Seiten sichern, werden sie direkt auf die Website abgespeichert. Für kleine Firmen ist das jedoch häufig unpraktisch. Wenn Sie eine Modemverbindung zum Internet haben, kann das sehr langsam sein. Vielleicht erstellen oder bearbeiten Sie die Seiten auch lieber auf Ihrem Computer und übertragen sie auf die Website, wenn sie fertig sind, selbst wenn Sie Frontpage benutzen. Wenn Sie Ihren eigenen Webserver haben, können Sie die Dateien natürlich direkt auf dem Server erstellen und müssen sie gar nicht übertragen.

Ein Problem, das viele Leute haben, wenn Sie zum ersten Mal eine Website einrichten, ist, daß sie die Seiten nicht im ASCII-Modus übertragen. Wenn die FTP-Übertragung nicht im ASCII-Modus abläuft, werden die Seiten häufig nicht korrekt angezeigt. Lesen Sie in der Hilfedatei Ihres FTP-Programms nach, wie Sie HTML-Dateien im ASCII-Modus übertragen.

Als nächstes sollten Sie sich überlegen, ob Sie die Seiten direkt in HTML schreiben oder einen HTML-Editor oder ein Programm zur Erstellung von Web-Seiten kaufen wollen. Selbst wenn Sie schon wissen, daß Sie ein Tool zur Erstellung von Web-Seiten verwenden werden, sollten Sie das nächste Kapitel lesen, in dem ich die Grundlagen von HTML erkläre. Sie haben dann genug Grundlagenwissen, um zu verstehen, wie Web-Seiten funktionieren. Das kann später nützlich sein, wenn Sie versuchen, herauszufinden, was genau Sie mit einer Web-Seite machen können.

Selbst wenn Sie jemanden einstellen, der die Arbeit für Sie erledigt, sollten Sie trotzdem Kapitel 9 lesen. Es kann sein, daß Sie nur jemanden einstellen, der die Website erstellt und sich um große Änderungen kümmert. Mit einem guten HTML-Editor können Sie sich jedoch um kleine Dinge schnell und einfach selber kümmern, ohne daß Sie sich gut mit dem Programm selbst auskennen müssen. Sie könnten zum Beispiel eine Mitteilung, die wichtige Neuigkeiten zu Ihrer Firma oder Organisation enthält, sofort ins Web stellen und müssen nicht darauf warten, daß es Ihr Webautor macht. Frontpage ist ideal für solche Aufgaben, weil Sie Web-Seiten direkt auf dem Webserver modifizieren können, anstelle die Änderungen auf Ihrem Computer durchzuführen und dann die Seiten hochzuladen.

8. Kapitel

Eine Einführung in HTML

Die Grundlagen von **HTML** (*Hypertext Markup Language*) sind ganz leicht zu lernen. Später wird HTML jedoch manchmal ganz schön kompliziert. In wenigen Minuten können Sie lernen, wie man eine einfache Web-Seite erstellt. Bevor Sie mit diesem Kapitel fertig sind, können Sie genau das tun. Aber um komplexere Dinge umsetzen zu können, wie zum Beispiel Formulare und Tabellen erstellen oder das Browser-Fenster in einzelne Frames (zu deutsch Rahmen) aufteilen und je ein Dokument in einem Frame plazieren, müssen Sie mehr wissen, als wir hier in diesem Buch abhandeln können. Wenn Sie in eine Buchhandlung gehen und sich die HTML-Bücher ansehen, werden Sie merken, daß diese einige Kilo mehr wiegen als dieses Buch hier.

Verzweifeln Sie nicht. Die meisten Dinge, die Sie mit HTML direkt machen können, gehen genauso gut mit einem HTML-Editor oder einem Programm zur Erstellung von Web-Seiten. In Kapitel 9 werde ich diese Tools besprechen. Es ist jedoch gut, wenn Sie wenigstens etwas HTML können, und genau darum geht es in diesem Kapitel. Wie der Titel schon sagt, ist das hier nur eine Einführung. Wenn Sie mehr wissen wollen, kaufen Sie sich ein gutes Buch, oder gehen Sie zu einer der Websites, die ich Ihnen am Ende des Kapitels empfehle.

8.1 HTML ist keine Programmiersprache

Sie haben vielleicht gehört, daß Leute das Erstellen von Web-Seiten als »Programmieren in HTML« bezeichnen. Das schreckt wahrscheinlich viele Leute davon ab HTML zu lernen. Machen Sie sich aber keine Sorgen. HTML ist keine Programmiersprache, sondern eine Seitenbeschreibungssprache. Deswegen ist es auch sehr viel einfacher als jede Programmiersprache. Sie können sich die Grundlagen von HTML schon in wenigen Minuten aneignen. Selbst fortgeschrittenere Kenntnisse sind innerhalb von ein paar Stunden zu erlernen.

Die Kodierung mit HTML beschreibt Teile eines Dokuments. Öffnen Sie Ihren Webbrowser, und laden Sie eine Web-Seite. Sehen Sie sich dann den Seitenquelltext an. In Netscape 3 und 4 und im Internet Explorer 3 finden Sie diesen Punkt unter »Ansicht« bzw. »View«. Es öffnet sich ein Fenster, das den Inhalt der Seite anzeigt. Das ist nicht, was der Browser anzeigt, sondern das, was der Browser sieht, wenn er versucht, herauszufinden, was er im Browserfenster darstellen soll.

Sehen Sie sich zum Beispiel einmal Bild 8.1 an. Dort sehen Sie eine recht einfache Web-Seite: die Startseite von **UPS** (`http://www.ups.com/`).

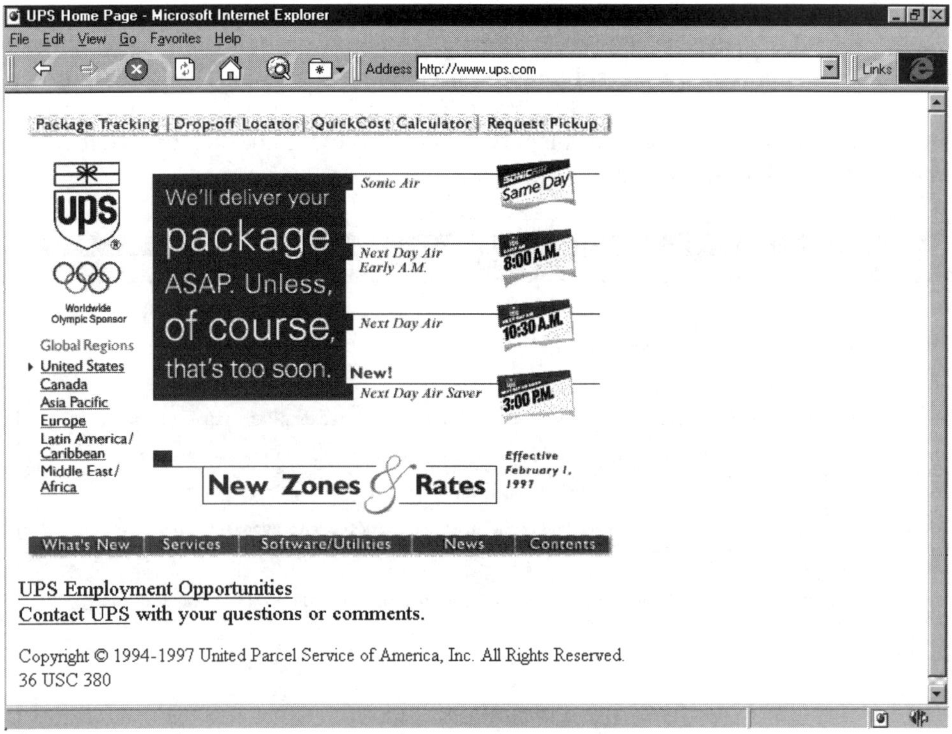

Bild 8.1: Die Website von UPS.

Was Sie auf dieser Seite sehen können, stammt von verschiedenen Dateien, die auf der Website von UPS gespeichert sind. Zuerst einmal gibt es eine Textdatei. Wenn Sie `www.ups.com` in Ihren Browser eingeben, sendet dieser eine Nachricht an den Webserver und fordert das Standarddokument an dieser Domain an, das immer als erstes erscheint. Das ist normalerweise eine Datei namens `index.html`. Diese reine Textdatei wird als ***Quelldatei*** bezeichnet. In Bild 8.2 können Sie sehen, wie die Textdatei der UPS-Seite aussieht.

Diese Textdatei sieht ganz anders aus, als das, was Sie im Browser angezeigt bekommen. Es enthält aber alle Anweisungen, die dem Browser sagen, was er tun soll. Es sagt dem Browser auch, wo die Bilder zu finden sind, die angezeigt werden, und wo auf der Seite sie stehen sollen. Wenn Sie sich den Quelltext genau ansehen, können Sie Verweise auf drei .gif-Dateien sehen: `topbutton.gif`, `home.0203.gif` und `botbutton.gif`.

Das sind die Dateien, welche die Bilder, die Sie in Bild 8.1 sehen können, enthalten. Das erste ist die Navigationsleiste am Seitenanfang, das zweite ist das Bild, das mit dem UPS-Logo und den Briefumschlägen den Hauptteil der Seite ausmacht, und das dritte ist die Navigationsleiste am Ende der Seite. Der Browser zeigt also tatsächlich vier verschiedene Dateien im Fenster an: Die Datei mit dem Seitenquelltext, welche die Anweisungen und den Text an sich enthält (wenn Sie sich beide Abbildungen genau ansehen, können Sie sehen, daß der Text beide Male auftaucht), und die drei Bilddateien.

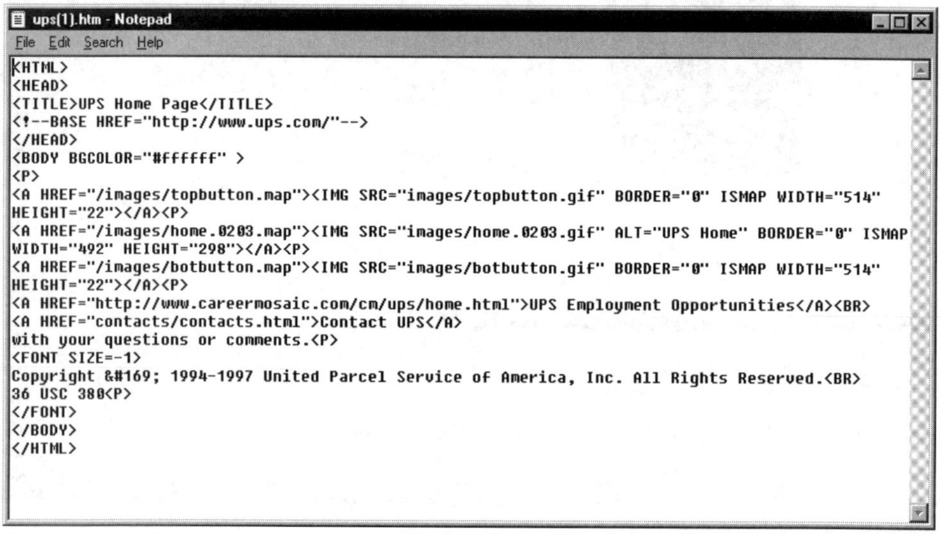


```
<HTML>
<HEAD>
<TITLE>UPS Home Page</TITLE>
<!--BASE HREF="http://www.ups.com/"-->
</HEAD>
<BODY BGCOLOR="#ffffff" >
<P>
<A HREF="/images/topbutton.map"><IMG SRC="images/topbutton.gif" BORDER="0" ISMAP WIDTH="514"
HEIGHT="22"></A><P>
<A HREF="/images/home.0203.map"><IMG SRC="images/home.0203.gif" ALT="UPS Home" BORDER="0" ISMAP
WIDTH="492" HEIGHT="298"></A><P>
<A HREF="/images/botbutton.map"><IMG SRC="images/botbutton.gif" BORDER="0" ISMAP WIDTH="514"
HEIGHT="22"></A><P>
<A HREF="http://www.careermosaic.com/cm/ups/home.html">UPS Employment Opportunities</A><BR>
<A HREF="contacts/contacts.html">Contact UPS</A>
with your questions or comments.<P>
<FONT SIZE=-1>
Copyright &#169; 1994-1997 United Parcel Service of America, Inc. All Rights Reserved.<BR>
36 USC 380<P>
</FONT>
</BODY>
</HTML>
```

Bild 8.2: Der Seitenquellext der UPS-Web-Seite.

8.2 Tags (Grundlagen)

HTML basiert auf einem einfachen Tag- oder Kodierungssystem. Anweisungen werden zwischen spitze Klammern geschrieben, zum Beispiel so:

```
<TITLE>UPS Home Page</TITLE>
```

Das ist der Titel der Seite. Dieser Text wird in der Titelzeile des Browsers angezeigt, wenn die Seite geladen wird. Woher weiß der Browser, daß das der Titel ist? Er weiß, daß der Text, der zwischen dem Tag `<TITLE>` und dem Tag `</TITLE>` steht, der Titel der Seite ist. Wirklich ganz einfach.

In HTML gibt es sehr viele dieser Tags, die angeben, was der Browser mit dem Text tun soll. Hier sind ein paar Beispiele:

<B> </B>	Der Text zwischen den Tags ist fett.
<I> </I>	Der Text zwischen den Tags ist kursiv.

`<FONT SIZE=-1> </FONT>` Weist den Browser an, die Schriftart etwas kleiner als normal zu machen.

`<H1> </H1>` Der Text zwischen den Tags ist eine Überschrift erster Ordnung.

`<H2> </H2>` Der Text soll als Überschrift zweiter Ordnung angezeigt werden.

Beachten Sie übrigens, daß HTML meistens nicht genau festlegt, wie der Browser etwas darstellen sollte. Die `<H1></H1>`-Tags sagen dem Browser nicht, wie der Text der Überschrift erster Ordnung aussehen soll, sondern nur, daß es sich um eine Überschrift erster Ordnung handelt. Der Browser entscheidet, wie diese Art von Überschrift aussehen soll. Bei einigen Browsern kann das auch der Benutzer ganz genau festlegen.

Wenn Sie schon einmal mit einer alten Version von WordPerfect gearbeitet haben, sind Ihnen diese Dinge bestimmt vertraut. In einigen Versionen von WordPerfect konnte man sich den Code anzeigen lassen. Man sah dann bestimmte Tags, mit denen WordPerfect den Text formatiert hat.

Es gibt auch Tags, die keinen Text verändern, sondern der Seite bestimmte Dinge hinzufügen. Zum Beispiel:

`<HR>` Dadurch wird eine horizontale Linie auf der Seite gezogen.

`<BR>` Damit wird ein Zeilenumbruch erzeugt. Der nachfolgende Text wird in eine neue Zeile geschrieben. Es entsteht aber kein neuer Absatz.

`<INPUT>` Mit diesem Tag lassen sich Elemente für ein Formular erzeugen: Schaltflächen, Kontrollkästchen, Optionsfelder und so weiter.

Das letzte Tag funktioniert nicht, wenn es für sich alleine steht. Es braucht vielmehr sogenannte ***Attribute***, also spezielle Angaben für Details. Folgendes Tag erzeugt beispielsweise ein Kontrollkästchen:

```
<INPUT TYPE="CHECKBOX">
```

Viele Tags haben optionale Attribute, die Änderungen an dem von Ihnen erzeugten Element zulassen. Sie könnten zum Beispiel folgende Änderung am <HR>-Tag vornehmen:

```
<HR COLOR="#FF0000">
```

Das Ganze ist immer noch eine waagerechte Linie, die jetzt allerdings rot ist. (Der Code #FF0000 steht für Rot.)

Eine andere wichtige Art von Tag ist für die Hypertext-Funktionen wie zum Beispiel Links zuständig. Wenn Sie sich noch einmal den Seitenquelltext der Seite von UPS ansehen, finden Sie dort folgende Zeile:

```
<A HREF="contacts/contacts.html">Contact UPS</A>
```

Das ist ein Link. Wenn Sie nun einen Blick auf Bild 8.1 werfen, können Sie sehen, daß am Ende der Seite den Text »Contact UPS« steht. Der obige Tag umschließt genau diesen Text. Im ersten Tag steht HREF="contacts/contacts.html". In anderen Worten: Dieser Link verweist auf ein Dokument namens contacts.html, das sich in dem Verzeichnis /contacts/ befindet.

Was ist mit den Bildern? Im Seitenquelltext der UPS-Seiten können Sie folgendes sehen:

```
<IMG SRC="images/topbutton.gif" BORDER="0" ISMAP WIDTH="514"
HEIGHT="22">
```

Ein <IMG>-Tag kann für sich alleine stehen, es ist also kein </IMG> am Ende notwendig. Dieses Tag sagt ganz einfach: »Hole die Bilddatei topbutton.gif aus dem Verzeichnis /images/.« Die anderen Attribute definieren verschiedene andere Charakteristiken: Welche Art von Rahmen um das Bild gelegt sein soll, die Tatsache, daß es sich um eine Imagemap handelt (der Benutzer kann auf das Bild klikken, um auf eine andere Seite zu gelangen), und die Bildgröße.

Ein wichtiges Merkmal von Web-Seiten, das viele Leute verwirrt, ist, daß Webbrowser Zeilenumbrüche und mehrfache Leerzeichen ignorieren. Wenn Sie Text in eine Zeile unterhalb der vorherigen Zeile im Quelltext eingeben, heißt das nicht, daß das auch so im Browser angezeigt wird. Sie müssen vielmehr die Tags <BR> und <P> verwenden, um dem Browser mitzuteilen, daß er einen Zeilenumbruch vornehmen beziehungsweise einen neuen Absatz anfangen soll. Wenn Sie mehrere Leerzeichen eingeben, werden diese meistens vom Browser ignoriert und wie ein einziges Leerzeichen behandelt. Quelltexte haben häufig leere Bereiche, die in der wiedergegebenen Seite nicht angezeigt werden. Der Browser liest nun den Quelltext ein, folgt den Anweisungen und stellt dann die Web-Seite dar.

8.3 Erstellen Sie Ihre eigene Web-Seite

Wenn Sie ein wenig experimentieren möchten und sehen wollen, wie leicht es ist, eine einfache Web-Seite zu erstellen, öffnen Sie einen Texteditor, wie zum Beispiel Notepad in Windows oder SimpleText, wenn Sie einen Macintosh benutzen. Tippen Sie den folgenden Text ab. Wenn Sie nicht alles abtippen wollen, können Sie den Text (im Original auf Englisch, Anm. d. Ü.) auch von meiner Website unter `http://www.poorrichard.com/testweb.txt` herunterladen. Speichern Sie die Datei als Textdatei ab. Ändern Sie dann die Dateinamenerweiterung in `.htm` (anstelle von `.txt`) um.

```
<HTML>
<HEAD>
<TITLE>Meine eigene Web-Seite - ersetzen Sie diesen Text durch etwas anderes,
wenn Sie moechten</TITLE>
</HEAD>
<BODY>
<H1>Ersetzen Sie hier den Titel durch was Sie moechten.</H1>
Schreiben Sie hier irgendeinen Text hin. <P>
<IMG SRC="http://www.poorrichard.com/images/peter.jpg" WIDTH="82"
HEIGHT="104"><P>
Hier ist noch ein Absatz; schreiben Sie einfach irgend etwas.
<H2>Erste Unterkategorie. Schreiben Sie hier irgendeinen Titel hinein.</H2>
<A HREF="http://www.poorrichard.com/">Poor Richard's Website</A><P>
<A HREF="url_here">Noch ein Link: ersetzen Sie diesen Text. </A><P>
<A HREF="url_here">Noch ein Link: ersetzen Sie diesen Text.</A><P>
<A HREF="url_here">Noch ein Link: ersetzen Sie diesen Text.</A><P>
<A HREF="url_here">Noch ein Link: ersetzen Sie diesen Text.</A>
<H2>Zweite Unterkategorie: Schreiben Sie hier irgendeinen Titel hinein.</H2>
Hier ist Platz fuer mehr Text und Links.
<H2>Dritte Unterkategorie: Schreiben Sie hier irgendeinen Titel hinein.</H2>
Hier ist Platz fuer mehr Text und Links.
<H2>Vierte Unterkategorie: Schreiben Sie hier irgendeinen Titel hinein.</H2>
Hier ist Platz fuer mehr Text und Links.
</BODY>
</HTML>
```

Tippen Sie den Text genauso ab, wie er hier steht, und speichern Sie ihn. Sie müssen HTML-Dateien als reine Textdateien speichern. Deswegen habe ich vorgeschlagen, daß Sie Notepad oder SimpleText benutzen. Wenn Sie ein Textverarbeitungsprogramm benutzen und die Datei in dem entsprechenden Format (zum Beispiel .doc bei Microsoft Word) speichern, kann die Datei nicht als Web-Seite verwendet werden.

Das war's auch schon: Sie haben eine Seite mit Überschriften, einem Bild (das auf der Seite erscheint, wenn Sie mit dem Internet verbunden sind, während Sie die Seite in Ihrem Browser laden) und einem Link, der zu der Website zum Buch führt. Der Link funktioniert ebenfalls nur, wenn Sie eine Verbindung zum Internet erstellt haben.

Öffnen Sie nun die Seite in Ihrem Browser. In Bild 8.3 sehen Sie, wie sie aussehen soll. Wenn Sie Windows benutzen, können Sie wahrscheinlich die Datei einfach aus dem Explorer auf den Browser ziehen, um sie zu öffnen. Man kann sowohl mit dem Internet Explorer als auch mit Netscape-Seiten auf diese Weise laden. Alternativ dazu können Sie aber auch das Kommando »Öffnen« oder »Seite öffnen« im Menüpunkt »Datei« anwählen.

Bild 8.3: Ihre fertige Web-Seite.

8.4 Es gibt mehr zu lernen

Wenn das Ganze so einfach ist, warum können Sie dann Ihre Web-Seiten nicht mit einem Texteditor erstellen? Warum müssen Sie sich mit einem HTML-Editor oder einem Programm zur Erstellung von Web-Seiten herumschlagen? Dafür gibt es drei Gründe. Erstens kann es leicht vorkommen, daß Sie sich vertippen und so alles durcheinanderbringen. Wenn Sie beispielsweise `<A HREF="http:// www.poorichard.com/">` anstelle von `<A HREF="http://www.poor-richard.com/">` eingeben, haben Sie einen kaputten Link, der nicht mehr funktioniert. Mit einem Programm läßt sich der Prozeß automatisieren, so daß Sie viele der Routineaufgaben nicht mehr erledigen müssen. Es ist auch unwahrscheinlicher, daß Sie irgendwelche Fehler machen. Deswegen benutzen die meisten Web-Autoren Programme, die ihnen bei der Erstellung von Web-Seiten helfen, selbst wenn Sie zu den Leuten gehören, die die Tags gerne sehen möchten. Einige HTML-Tools verbergen die Tags und zeigen Ihnen den Text so an, wie er auch auf der Web-Seite erscheinen wird. Andere Programme wiederum zeigen die Tags in ihrer ganzen Pracht.

Der zweite Grund ist, daß HTML nicht so einfach bleibt, sondern recht kompliziert werden kann. Wenn Sie Tabellen und Frames erstellen wollen, ist das mit HTML eine recht komplexe Angelegenheit. Auch die Erstellung von Imagemaps – Bilder, die mehrere Links enthalten, die den Anwender zu verschiedenen Seiten führen – kann recht trickreich werden. Warum also sollten Sie die Arbeit nicht von einem HTML-Programm erledigen lassen?

Wenn Sie Ihre eigenen Web-Seiten erstellen wollen, müssen Sie diese irgendwie auf das System Ihres Webhosts übertragen. Je nach Firma kann es sein, daß Sie dazu ein FTP-Programm oder aber ein spezielles Upload-Programm verwenden müssen. Hier ist ein Tip, wie Sie Probleme bei der Übertragung mit FTP vermeiden können: Wenn Sie Ihre Web-Seiten auf Ihre Website übertragen, sollten Sie sicherstellen, daß die Übertragung im ASCII-Modus stattfindet. Wenn Sie den binären Modus (BINARY) verwenden, ist es möglich, daß die Datei, die auf dem Computer des Webhosts abgelegt wird, seltsame Zeichen enthält. Normalerweise sind das kleine schwarze Vierecke. Die Seite wird auch nicht korrekt im Browser angezeigt. Das passiert, wenn Dateien von einem Windows-PC beispielsweise auf einen UNIX-Rechner übertragen werden. Dabei werden die Zeilenumbrüche nicht korrekt umgewandelt. Wenn Sie Ihre Textdateien jedoch im ASCII-Format übertragen, kommt es nicht zu diesem Problem.

Drittens braucht man mehr als HTML, um eine Website zu erstellen. Wenn Sie eine Website interaktiv gestalten wollen, kommen Sie mit HTML alleine nicht weiter. Sie müssen Skripte oder Programme, die auf andere Weise erstellt wurden, hinzufügen. HTML ist dahingehend begrenzt, daß es nur beschreibt, was auf der Web-Seite selbst vorgeht. Aber was machen Sie, wenn Sie beispielsweise ein Diskussionsforum oder ein Formular, das Ihre Besucher ausfüllen können, um Ihnen Feedback zu geben, haben wollen? Sie können mit HTML ein Formular erstellen, aber das Formular an sich kann nichts tun. Mit HTML können Sie nur die Komponenten eines Formulars erstellen, aber die Komponenten alleine können nicht selbst aktiv werden. Sie müssen vielmehr ein **CGI**-Skript *(Common Gateway Interface)*, JavaScript-Skript, Java-Programm oder ActiveX-Programm hinzufügen, damit irgend etwas passiert. (Darüber sprechen wir später.) All diese Dinge sind im Gegensatz zu HTML Programmiersprachen. Wenn Sie also diese Systeme verwenden wollen, müssen Sie sich wirklich mit verschiedenen Programmiersprachen auseinandersetzen. Einige Puristen sind der Meinung, daß JavaScript- und CGI-Programme keine echten Programme sind, sondern Skripte, aber der Unterschied ist rein akademisch. Leute, die mit JavaScript oder CGI arbeiten wollen, brauchen Programmierkenntnisse, um diese Skripte zu erstellen.

Es gibt aber auch eine einfachere Möglichkeit, Ihre Seiten interaktiv zu machen: Sie können ein Programm zur Erstellung von Web-Seiten benutzen. Mit Microsoft Frontpage können Sie innerhalb von fünf Minuten ein anspruchsvolles Diskussionsforum erstellen. Wenn Sie nicht schon programmieren können, dauert es Wochen, bis Sie sich die dazu notwendigen Kenntnisse selbst angeeignet haben. Selbst wenn Sie irgendwo ein schon fertiges CGI-Skript finden (siehe Kapitel 12), dauert es vermutlich einige Stunden, bis Sie es korrekt installiert haben.

8.5 Weitere Dinge, die mit HTML zusammenarbeiten

Werfen wir einmal einen kurzen Blick auf die verschiedenen Add-Ons zu HTML:

- **CGI**: Common-Gateway-Interface-Skripte waren die erste Form von Skripten, die zu Web-Seiten hinzugefügt wurden. Sie sind wahrscheinlich auch am simpelsten. Diese Skripte werden als .cgi-Dateien gespeichert, die auf dem Webserver liegen. Das Formular auf der Web-Seite schickt bestimmte Eingaben an das Skript, das diese Informationen irgendwie verarbeitet. Mehr zu CGI-Skripten finden Sie in Kapitel 12.
- **JavaScript**: Das ist eine Skript-Sprache. Es gibt zwei Arten von JavaScript: eine clientbasierte Version, bei der das Skript im Browser ausgeführt wird, und

eine serverbasierte Version, bei der das Skript auf dem Server ausgeführt wird. JavaScript kann ziemlich kompliziert werden, und auf jeden Fall ist es nichts, was Sie sich schnell mal in einer Stunde oder so aneignen können.

- **Java**: Dabei handelt es sich um eine richtige Programmiersprache. Wenn Sie Java benutzen wollen, müssen Sie ein richtiger Programmierer sein. Java-Programme werden in ausführbare Programmdateien kompiliert, die auf dem Server abgelegt werden. Sie können Java-Programme (***Applets*** genannt) recht einfach mit dem `<APPLET>`-Tag in eine Web-Seite einbinden. Das Schreiben der Programme ist aber kompliziert.
- **ActiveX**: Microsoft entwickelte ActiveX als Konkurrenz zu Java. Es gibt allerdings ein Problem: Die meisten Leute benutzen Browser, die mit ActiveX nicht umgehen können. Das mag sich aber im Laufe der Zeit ändern. ActiveX ist ebenfalls ein Spielzeug für Programmierer und nichts für uns normale Menschen.
- **Proprietäre Skripte:** Es gibt einige Skripte, die nur funktionieren, wenn bestimmte Erweiterungen oder Treiber auf dem Webserver installiert sind. Sowohl Frontpage als auch Macromedia Backstage Internet Studio benutzen solche Skripte. Normalerweise werden diese jedoch nicht von Web-Autoren erstellt, sondern zusammen mit dem Programm zur Erstellung von Web-Seiten benutzt. Dadurch können Leute, die weder Zeit noch Lust noch das nötige Wissen haben, selber Skripte zu schreiben, die Vorteile dieser Technik nutzen.

Ich muß hier betonen, daß es sehr wohl möglich ist, eine Website zu gestalten, ohne auch nur eine einzige Zeile zu programmieren. Oft ist das ganze Programmieren, das im Web so vor sich geht, gar nicht notwendig. Denken Sie daran ...

Das Internet ist eine einzige Arbeitsbeschaffungsmaßnahme für Computerfreaks.

In manchen Fällen hat es seine guten Gründe, diese Tools zu verwenden. Wenn Sie aber nur Ihre Website verschönern wollen, zählt das nicht. Zum Erstellen von Formularen, Feedbackbereichen, Diskussionsforen und so weiter muß man irgendwie programmieren. Aber Sie müssen das nicht selber erledigen. Sie können Programme kaufen, die all diese Dinge für Sie in einem Bruchteil der Zeit erstellen, die Sie selbst dazu benötigen würden. In einigen Fällen finden Sie sogar kostenlose oder recht billige Produkte.

In Kapitel 9 (wo es über Programme zum Erstellen von Web-Seiten geht) und Kapitel 12 sprechen wir mehr darüber, wie Sie Ihre Web-Seiten durch Skripte interaktiv gestalten können.

8.6 So finden Sie weitere Informationen

Meiner Meinung nach sollten die meisten Leute von »reinem« HTML die Finger lassen. Wenn Sie eine Firma leiten, ist es nicht Ihre Aufgabe, sich mit diesem Thema auseinanderzusetzen. Wenn Sie jedoch ein Computerfreak sind und Ihnen solche Dinge gefallen, dann ist das auch OK: Lernen Sie HTML. Es gibt aber jede Menge günstige oder manchmal auch kostenlose Programme zur Erstellung von Web-Seiten. Viele der besten Tools kosten nur zwischen 150 und 300 DM.

Wenn Sie jedoch den Ehrgeiz haben, HTML zu lernen, kaufen Sie sich am besten ein gutes Buch oder besuchen eine der folgenden Websites:

- **HTML Quick Reference** (ein guter Startpunkt mit nützlichen Links)

  `http://www.cc.ukans.edu/~acs/docs/other/HTML_quick.shtml`

- **HTML Reference Manual – Sandia National Labs** (eine Schnellübersicht zu den gebräuchlichsten Tags und Attributen)

  `http://www.sandia.gov/sci_compute/html_ref.html`

- **HTML Writers Guild**

  `http://www.hwg.org/`

- **webreference.com** (sehr viele Informationen und Links)

  `http://www.webreference.com/`

- **Yahoo! – HTML**

  `http://www.yahoo.com/Computers_and_Internet/Information_and_Documentation/Data_Formats/HTML/`

- **Yahoo! – Seiten zu Design und Layout von Web-Seiten**

  `http://www.yahoo.com/Arts/Design_Arts/Graphic_Design/Web_Page_Design_and_Layout/`

- **Yahoo! – Katalog für Webautoren**

  `http://www.yahoo.com/Computers_and_Internet/Internet/World_Wide_Web/Page_Creation/Indices/`

Wenn Sie jedoch HTML lernen möchten, sollten Sie dazu bereit sein, viel Zeit und Arbeit zu investieren ... Zeit und Arbeit, die Sie vielleicht besser für die Werbung für Ihre Website, die Sie schnell mit Hilfe eines guten Programms erstellt haben, nutzen können.

9. Kapitel

So wählen Sie ein Programm zur Erstellung von Web-Seiten

Sie werden um ein Programm zur Erstellung von Web-Seiten nicht herumkommen. Wenn Sie Ihre Seiten nicht selbst erstellen, braucht die Person, die es für Sie macht, so ein Programm. Selbst wenn Sie gerne mit HTML arbeiten, brauchen Sie ein Tool, um die ganze Angelegenheit etwas zu beschleunigen. Nur wenige Leute arbeiten heutzutage ausschließlich mit einem Texteditor, nicht einmal die erfahrensten HTML-Freaks.

Es gibt verschiedene Arten von Tools, mit denen man Web-Seiten erstellen kann:

- **Einfache HTML-Editoren**: Einfache HTML-Editoren zeigen alle Tags an, aber sie helfen bei der Eingabe. Sie müssen nun die einzelnen Tags nicht mehr eintippen, sondern klicken einfach auf eine Schaltfläche, und der Editor fügt die entsprechende Kodierung für Sie ein. Das ist so etwas wie ein verbesserter Texteditor.

- **Anspruchsvollere HTML-Editoren**: Diese gehen einen Schritt weiter als die einfachen HTML-Editoren. Sie sind gut für Leute, die die Tags sehen, aber den Prozeß der Seitenerstellung beschleunigen möchten. Diese Editoren haben eine ganze Reihe von Tools, mit denen die Kodierungen schneller eingegeben werden können. Viele der HTML-Experten benutzen diese Art von Editor.

- **WYSIWYG HTML-Editoren**: WYSIWYG steht für *What You See Is What You Get*, also »was Du siehst, bekommst du auch«. Sie können also mehr oder weniger sehen, was ein Benutzer sehen würde, wenn er die Seite in einem Browser ansieht, während Sie die Web-Seite erstellen. HTML-Tags werden nicht angezeigt. Das Ganze ist vergleichbar mit einem modernen Textverarbeitungsprogramm. Für Nichtexperten ist so ein Programm einfacher zu benutzen als ein einfacher oder anspruchsvoller HTML-Editor.

- **HTML-Konverter**: Es gibt eine ganze Anzahl von Programmen, die Dateien in Web-Seiten umwandeln. Aus verschiedenen Textverarbeitungs- oder Desktop-Publishing-Formaten beispielsweise können Web-Seiten erzeugt werden. Das ist vor allem für Firmen praktisch, die schon viele Dokumente haben, die sie umwandeln und ins Web stellen möchten. Normalerweise benutzt man einen HTML-Konverter zusammen mit einem guten HTML-Editor, da diese Programme nur wenig mehr machen, als die Dateien in Web-Seiten zu konvertieren.

- **Mischformen**: Es gibt natürlich auch Programme, die Mischformen sind und in zwei oder mehr dieser Kategorien passen. Es gibt beispielsweise Programme, mit denen Sie mit Ihrem Textverarbeitungsprogramm Web-Seiten erzeugen können. Dateien, die mit dem Textverarbeitungsprogramm erstellt wurden, werden schnell in Web-Seiten konvertiert. Anschließend können Sie Bilder, Links usw. hinzufügen. Sehen Sie im Handbuch Ihres Textverarbeitungsprogramms nach, oder fragen Sie den Hersteller, ob Ihr Programm so etwas tun kann.

Es gibt HTML-Programme in allen Preisklassen. Es gibt Freeware, Shareware und kommerzielle Versionen. In Bild 9.1 sehen Sie ein Beispiel für einen anspruchsvollen HTML-Editor. Das Programm heißt HotDog Professional und ist einer der beliebtesten HTML-Editoren im World Wide Web.

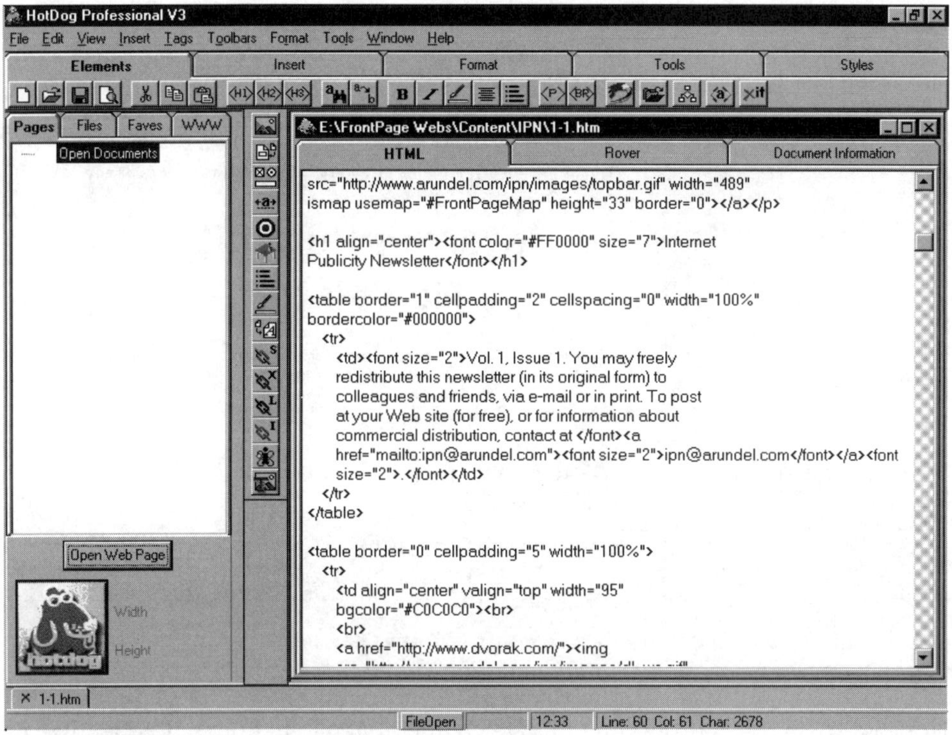

Bild 9.1: Hier erstellen Sie in HotDog Web-Seiten.

In dem großen Fenster erstellen Sie Ihre Web-Seiten. HotDog setzt die meisten Tags für Sie ein. Wenn Sie auf eine Schaltfläche in der Symbolleiste klicken, fügt HotDog entweder das entsprechende Tag ein oder öffnet eine Dialogbox, in die Sie weitere Informationen eingeben müssen. Ein Problem bei diesem Programm ist, daß Sie nicht sehen können, wie die fertige Web-Seite aussieht, während Sie sie erstellen.

Es gibt aber ein weiteres Fenster in HotDog, in dem Sie die Web-Seite ansehen können (siehe Bild 9.2). Sie können aber in dieser Ansicht keine Änderungen durchführen. Wenn Sie also wissen wollen, was sich tut, müssen Sie ständig zwischen den einzelnen Ansichten wechseln.

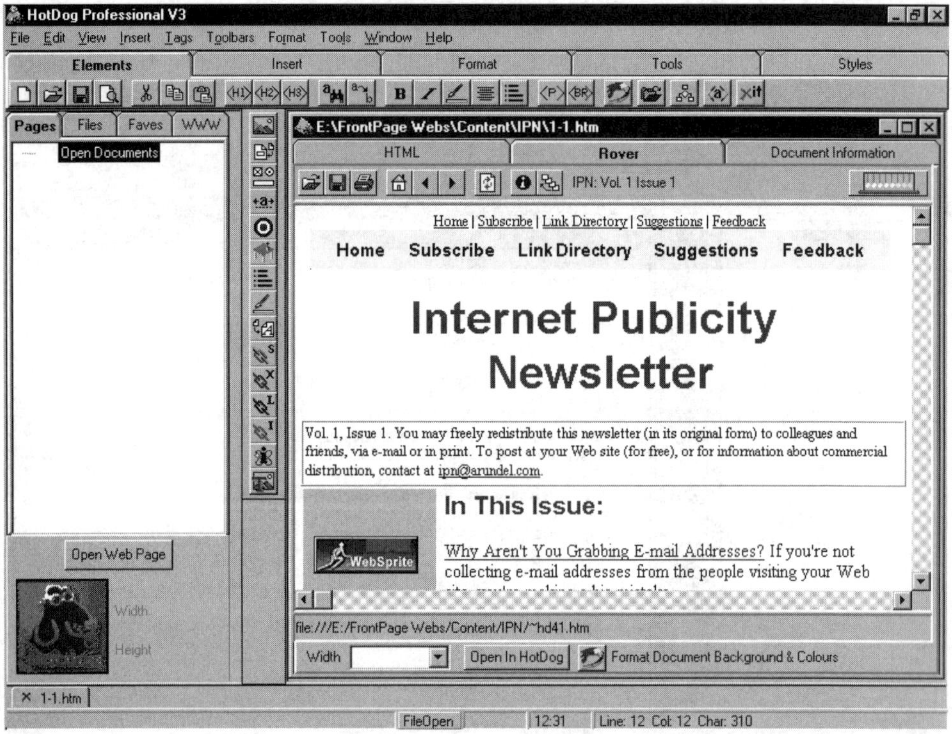

Bild 9.2: Das Rover-Fenster zeigt Ihnen in HotDog, wie die Web-Seite aussieht.

HotDog ist ein tolles Programm mit vielen mächtigen Funktionen. Ich benutze es sogar manchmal. Es ist aber nicht so einfach zu benutzen wie ein WYSIWYG-Programm. Sehen Sie sich den Frontpage-Editor in Bild 9.3 an. Das ist das gleiche Dokument wie in Bild 9.1, aber hier sieht es im Prinzip so aus, wie es auch in einem Browser aussehen wird.

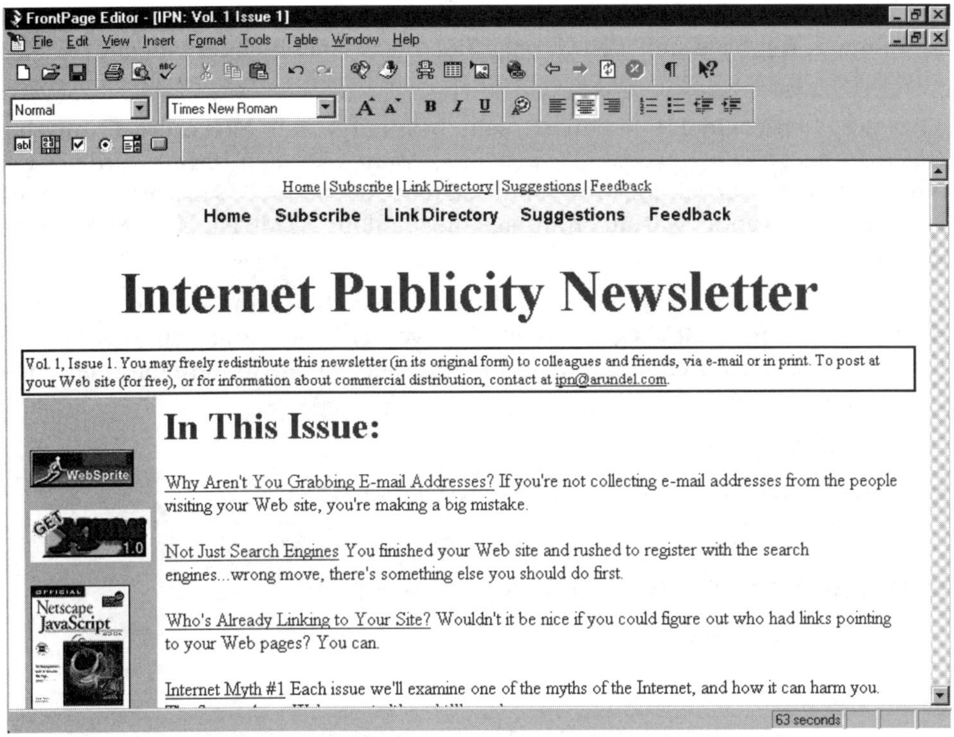

Bild 9.3: Das ist dasselbe Dokument im Frontpage-Editor. Hier sieht es so aus, wie es auch im Browser angezeigt werden wird.

9.1 Welches Programm brauchen Sie?

Für die meisten Anwender kommt nur ein WYSIWYG HTML-Editor in Frage. Es gibt inzwischen gute Editoren, die fast alles können, was auch mit reinem HTML gemacht werden kann. Wenn Sie mit einem Textverarbeitungsprogramm umgehen können, dann können Sie auch einen WYSIWYG HTML-Editor benutzen. Wenn Sie aber die totale Kontrolle über Ihre Web-Seiten haben wollen (und es Ihnen nichts ausmacht, viel Zeit mit dem Lernen von HTML zu verbringen), sollten Sie sich einen der anspruchsvolleren HTML-Editoren zulegen.

Seien Sie mit den Ratschlägen, die Ihnen erfahrene Web-Autoren geben, vorsichtig. Denken Sie immer daran, daß es in der Computerindustrie die Tendenz gibt zu glauben, daß jeder ein Guru sein muß. Sie müssen HTML lernen, egal, wie lange es dauert. Ich habe beispielsweise neulich gehört, wie jemand gesagt hat, daß Leute, die nicht wissen, wie man ein Java-Programm (siehe Kapitel 8) schreibt, einfach ungebildet sind. Das heißt jeder: Ärzte, Rechtsanwälte, Lastwagenfahrer ... Wenn Sie sich mehr für das Ziel (die Erstellung Ihrer Website) als das Mittel (HTML lernen) interessieren, sollten Sie einen WYSIWYG-Editor benutzen.

Aber welchen? Wie Sie schon wissen, bevorzuge ich **Microsoft Frontpage** (`http://www.microsoft.com/frontpage/`). Wenn Sie mich fragen würden, was das beste Textverarbeitungsprogramm ist, hätte ich mehrere Antworten. Aber es gibt ein paar Gründe, warum Frontpage die Wahl für HTML ist. Dazu komme ich gleich.

Als anspruchsvollen HTML-Editor benutze ich manchmal HotDog, ein Programm das viele Anhänger hat. Es gibt jedoch viele verschiedene Editoren. Hier ist eine Liste mit den bekannteren Editoren und Adressen, wo Sie weitere Informationen bekommen können.

WYSIWYG-Programme:

- **Claris HomePage** (Macintosh, Windows 95, 98, NT)

  `http://www.claris.com/products/claris/clarispage/clarispage.html`

- **CorelWEB.DESIGNER** (Windows 3.1, 95, 98, NT)

  `http://www.corel.com/corelweb/webdesigner/`

- **Dreamweaver**

  `http://www.macromedia.com/software/dreamweaver/`

- **Internet Creator** (Windows 95, 98, NT)

  `http://www.formaninteractive.com/`

- **Macromedia Backstage Designer** (Windows 95, 98, NT)

  `http://www.macromedia.com/software/backstage/`

- **Microsoft Frontpage** (Macintosh, Windows 95, 98, NT)

  `http://www.microsoft.com/frontpage/`

- **NetObjects Fusion** (Windows 95, 98, NT)

  `http://www.netobjects.com/`

- **PageMill** (Macintosh)

  `http://www.adobe.com/prodindex/pagemill/main.html`

- **Symantec Visual Page** (Windows 95, 98, NT)

  `http://www.symantec.com/vpage/`

- **Symantec Visual Page** (Macintosh)

  `http://www.symantec.com/vpagemac/`

- **WebExpress**

  `http://www.mvd.com/`

Anspruchsvolle HTML-Editoren:

- **BBEdit** (Macintosh)

  `http://www.barebones.com/products/bbedit/bbedit.html`

- **HotMetal Pro** (Macintosh, Windows 95, 98, NT, UNIX)

  `http://www.softquad.com/`

- **HTMLed** (Windows 3.1, 95, 98, NT)

  `http://www.ist.ca/`

- **Sausage Softwares HotDog Pro** (Windows 3.1, 95, 98, NT)

  `http://www.sausage.com/`

- **WebEdit** (Windows 3.1, 95, 98, NT)

  `http://www.luckman.com/`
  `http://www.greymatter.co.uk/gmWEB/Items/BND01156.HTM`

Es gibt auch Programme in den Software-Verzeichnissen, die ich in Kapitel 2 erwähnt habe. Es kann schwierig sein, das richtige Programm zu finden, wenn es so viele Auswahlmöglichkeiten gibt. Wenn Sie Frontpage nicht benutzen möchten, rate ich Ihnen, daß Sie sich auf den Websites von Zeitschriften zum Internet umsehen. Dort finden Sie manchmal Produktbeschreibungen und -tests. Wenn nicht, dann sehen Sie sich einfach das Inhaltsverzeichnis an, um eine Zeitschrift zu finden, die kürzlich verschiedene Produkte getestet hat.

- **Internet World**

  `http://www.internetworld.com/`

- **NetGuide**

  `http://techweb.cmp.com/ng/home/`

- **Yahoo! – Zeitschriften im Internet**

  `http://dir.yahoo.com/Computers_and_Internet/Internet/News_and_Media/Magazines/`

- **ZD Internet Magazine**

  `http://www.zdimag.com/`

Es gibt auch Websites, die über HTML-Programme berichten oder deren Features auflisten:

- **HTML Editor Reviews von Carl Davis** (viele Berichte)

  `http://homepage.interaccess.com/~cdavis/edit_rev.html`

- **Mag's Big List of HTML Editors** (viele Programme, die nach Betriebssystemen geordnet sind)

  `http://union.ncsa.uiuc.edu/HyperNews/get/www/html/editors.html`

- **W3C – Tools für WWW Provider** (etwas veraltet, aber gute Links)

  `http://www.w3.org/pub/WWW/Tools/`

Vergessen Sie nicht Yahoo!:

- **Yahoo! – HTML-Editoren**

  `http://www.yahoo.com/Computers_and_Internet/Software/Internet/World_Wide_Web/HTML_Editors/`

- **Yahoo! – HTML Konverter**

  `http://www.yahoo.com/Computers_and_Internet/Software/Internet/World_Wide_Web/HTML_Converters/`

9.2 Die Funktionen eines Editors

Was sollte ein HTML-Editor für Sie tun können? Ein gutes Programm sollte mehrere Funktionen haben:

- **Absätze mit der standardmäßigen HTML-Struktur formatieren**: Normal, die verschiedenen Überschriften, Adresse usw.
- **Text formatieren**: fett, kursiv, unterstrichen, verschiedene Farben und Größen usw.
- **Listen erstellen**: numerierte Listen und Listen mit Aufzählungszeichen
- **Links erstellen**: Sie markieren den gewünschten Text und klicken auf eine Schaltfläche. Eine Dialogbox öffnet sich, die eine Liste mit Dateien enthält. Wählen Sie eine Datei aus, oder geben Sie eine URL ein.

- **Bilder einfügen**: Sie klicken auf eine Schaltfläche, und eine Dialogbox öffnet sich. Dort können Sie das gewünschte Bild auswählen.
- **Tabellen und Formulare erzeugen**: Mit Hilfe von Schaltflächen und Dialogboxen lassen sich diese komplizierten Dinge einfach erstellen.
- **Frames (Rahmen) erzeugen**: Frames (Rahmen) sind ebenfalls kompliziert. Der Editor sollte die meiste Arbeit erledigen können.

Der Editor sollte immer die Tags für Sie einfügen. Wenn Sie beispielsweise ein Formular erzeugen wollen, sollten Sie nicht die einzelnen Tags eingeben müssen. Gut ist, wenn Sie genaue Angaben in einer Dialogbox machen können, aus denen der Editor dann das Formular erstellt. Wenn Sie einen WYSIWYG-Editor benutzen, werden Sie die Tags nicht einmal sehen. Sie können damit wie mit einem Textverarbeitungsprogramm arbeiten.

9.3 Warum Frontpage?

Nein, ich werde nicht dafür bezahlt, daß ich Microsoft Frontpage empfehle. Ich habe zwar auch ein Buch über dieses Produkt geschrieben, aber ich bezweifle, daß die Empfehlung hier zu größeren Auflagen führen wird. Vielmehr fühle ich mich etwas unwohl bei dem Gedanken, ein einziges Produkt in einem Buch wie diesem zu empfehlen.

Jedoch schreibe ich dieses Buch als eine Art Berater. Sie, der Leser oder die Leserin, bezahlen mich im Endeffekt dafür, daß ich Ihnen meinen Rat gebe – ich bin ein Consultant. Sie bezahlen mich nicht dafür, daß ich unvoreingenommen bin, sondern dafür, daß ich Ihnen den besten Weg für eine bestimmte Aufgabe zeige. Und ich gehe davon aus, daß Ihre Aufgabe darin besteht, eine Website einzurichten, ohne dabei pleite zu gehen.

Wenn Sie einen WYSIWYG-Editor benutzen möchten und Ihre Website bei einer Webhosting-Firma unterbringen werden, ist Microsoft Frontpage (jedenfalls zum momentanen Zeitpunkt) ohne Zweifel die richtige Wahl. Das ist auch der Rat, den ich meinen Freunden geben würde. Tatsächlich habe ich auch schon mehreren Freunden dazu geraten. Das ist auch der Rat, den ich Ihnen hier gebe, und hier ist der Grund dafür: Frontpage ist viel mehr als nur ein einfaches HTML-Tool. Es kann all die Dinge, die ich schon angesprochen habe, aber es hat auch noch einige Tools zur Verwaltung von Websites:

- **Auffinden von kaputten Links**: Frontpage kann Ihre Website überprüfen und Ihnen sagen, wo sich kaputte Links befinden. Das sind Links, die nicht länger auf eine Website verweisen.

- **Ein Bild der Website anzeigen**: Es kann einen Überblick über Ihre Website anzeigen, in dem Sie sehen können, wie die einzelnen Dokumente miteinander verbunden sind.
- **Systemweite Rechtschreibprüfung sowie Suchen und Ersetzen**: Sie können alle Seiten auf Ihrer Website gleichzeitig einer Rechtschreibprüfung unterziehen. Sie können die gesamte Website nach einem Wort durchsuchen oder auch suchen und ersetzen.

Frontpage ist nicht das einzige Programm, das diese Tools hat. Was Frontpage wirklich von anderen Programmen unterscheidet, ist seine Fähigkeit, Ihre Seiten interaktiv zu gestalten und eine ganze Reihe von Prozessen zu automatisieren. Es kann folgende Dinge für Sie tun:

- **Formulare erstellen, um die Informationen, die von einem Besucher Ihrer Website eingegeben wurden, in eine Textdatei schreiben.** Sie können diese Textdatei dann in eine Datenbank importieren.
- **Informationen aus Formularen in Web-Seiten stellen, so daß sie anderen Besuchern zugänglich werden.** Sie können aus diesen Angaben ein Gästebuch oder eine Seite mit Kommentaren erstellen.
- **Ein Diskussionsforum einrichten.** Leute können Mitteilungen hinterlassen oder auf die Nachrichten anderer Leute antworten.
- **Teile der Website als Bereich definieren, für den man sich erst anmelden muß.** Ihre Besucher müssen sich zuerst anmelden und benutzen dann ihren Zugangsnamen in den Diskussionsforen.
- **Nichtöffentliche Bereiche in der Website erstellen, die nur von befugten Leuten eingesehen werden können.**
- **Eine Suchfunktion erstellen, so daß Leute Begriffe eingeben und Ihre Website daraufhin durchsuchen können.**

Diese Dinge können Sie in wenigen Minuten einrichten, wenn Sie mit dem Programm vertraut sind. Sie müssen nur ein paar Fragen beantworten, ein paar Dinge anpassen, und dann sind die Seiten fertig für den Gebrauch. Frontpage ist nicht kostenlos erhältlich. Wenn Sie sich ein wenig umsehen und Preise vergleichen, können Sie die Vollversion für ca. 300 DM erwerben. Sie sparen sich mit diesem Produkt aber soviel, daß sich die Anschaffung für die meisten Leute wirklich lohnt.

Die aktuelle Version ist zur Zeit Frontpage 98. In dieser Version gibt es jede Menge neuer nützlicher Funktionen, wie zum Beispiel »Hover Buttons« (das sind Schaltflächen, die sich zu bewegen scheinen oder die Farbe ändern, wenn Sie mit der

Maus darauf zeigen); ein großes ClipArt-Verzeichnis mit einem Link zu noch viel mehr ClipArts auf der Microsoft Website; ein absolut tolles Tool zur Erstellung von Tabellen (»zeichnen« Sie einfach die gewünschte Tabelle); ein Tool, das ein großes Bild nimmt, eine Miniaturansicht erstellt und diese mit einem Link zum Originalbild versieht; ein einfacher Weg zum Erstellen eines Formulars, das Ihnen eine E-Mail schickt, wenn es abgesendet wird; ein schneller Weg, Navigationsleisten auf allen Ihren Seiten zu erstellen; und vieles mehr.

Wenn Sie sich aus irgendeinem Grund gegen Frontpage entscheiden, können Sie diese Dinge trotzdem auf Ihre Web-Seiten tun, allerdings ist es komplizierter und wird länger dauern. In Kapitel 12 und 13 werden wir einen Blick auf CGI-Skripte werfen, die Sie auf Ihre Website kopieren und anpassen können. (Selbst wenn Sie Frontpage benutzen, kann es sein, daß Sie CGI-Skripte benutzen wollen, um Funktionen hinzuzufügen, die Frontpage noch nicht unterstützt.) Wenn Sie sich die Beispiele in Kapitel 13 ansehen, werden Sie merken, daß das Einrichten von CGI kein Kinderspiel ist. Was Sie mit Frontpage in fünf Minuten machen können, dauert mit CGI Stunden oder noch länger.

9.4 Was spricht gegen Frontpage?

Ist Frontpage also das perfekte Programm zur Erstellung von Web-Seiten? Natürlich nicht. Es gibt Gründe, die gegen den Gebrauch von Frontpage sprechen, ich habe auch eine Website, auf der ich dieses Programm nicht verwende.

Wenn Sie die totale Kontrolle über Ihre HTML-Tags brauchen, sind Sie mit einem Produkt wie HotDog, mit dem Sie Zugang zu den Tags haben, besser dran. Bei Frontpage haben Sie etwas Kontrolle über die Tags, aber es hat auch die Angewohnheit, Dinge einfach neu zu formatieren. Ich habe beispielsweise eine Website mit Beispielen für Skripte in JavaScript (`http://www.netscapepress.com/support/javascript1.2/`). Ich benutze kein Frontpage auf dieser Website, weil es die Zeilen und Zwischenräume in dem Quellcode auf eine Art verändert, die mir nicht gefällt. Wenn ich versuche, den Code anzeigen zu lassen, den ich in einem bestimmten JavaScript verwendet habe, fügt Frontpage Leerzeichen ein, die ich nicht will, oder bricht den Text an unpassenden Stellen in die nächste Zeile um.

Andererseits benutze ich Frontpage auf meiner Website zu diesem Buch (`http://www.poorrichard.com/`). Warum? Weil es in diesem Fall alles macht, was ich brauche. Auf dieser Website muß ich nicht jeden einzelnen Zwischenraum im Quellcode kontrollieren. Also kann ich es ohne Probleme verwenden. Das ist auch bei den meisten kleinen Organisationen und Firmen, die eine Website erstellen wollen, der Fall.

Ein anderer Grund, der gegen Frontpage spricht, ist natürlich der Preis. Wenn Sie knapp bei Kasse sind, probieren Sie einfach einige Shareware- oder Freeware-Programme aus. Andererseits ist Frontpage auch nicht so teuer (vor allem, wenn Sie es per Katalog oder online bestellen). Die eingesparte Zeit wird in den meisten Fällen diese Ausgabe mehr als rechtfertigen.

9.5 Wird Frontpage auch der Spitzenreiter bleiben?

Ich sagte weiter oben, daß Frontpage zweifelsohne die richtige Wahl sei, »jedenfalls zu der Zeit, als ich das hier schreibe«. Ich bezweifle jedoch, daß sich die Lage bald ändern wird. Der Grund dafür sind die Servererweiterungen, die Microsoft Frontpage benutzen muß, wenn es seine magischen Tricks vollführen will. Diese Erweiterungen müssen auf dem Webserver installiert sein. Ohne die Servererweiterungen ist Frontpage nicht mehr als ein gutes HTML-Programm – noch nicht einmal ein besonders tolles.

Zu Microsofts Glück installieren viele Webhosts und ohne Zweifel auch Firmen, die Intranets einrichten, diese Servererweiterungen. Im Moment gibt es fast 450 Webhosting-Firmen, die auf der Website von Microsoft aufgelistet sind, weil sie die Frontpage Servererweiterungen auf ihren Webservern installiert haben. (Microsoft nennt diese Firmen WPPs, was für **Web Presence Provider** steht. Sie finden diese Liste unter `http://microsoft.saltmine.com/frontpage/wpp/list/`.) Speziell für deutsche Provider gibt es leider noch keine solche Liste im Internet.

Ein Produkt, das Frontpage Konkurrenz machen will, muß ebenfalls Möglichkeiten bieten, Web-Seiten mit interaktiven Funktionen zu versehen. Das geht am einfachsten mit einem neuen Satz von Servererweiterungen. Dazu ist es aber zu spät, da Frontpage schon vorher da war. Es ist auch unwahrscheinlich, daß eine andere Firma in der nächsten Zeit eine große Anzahl von Webhosts dazu überreden kann, eine andere Art von Servererweiterungen zu installieren. Es gibt andere Möglichkeiten, wie Sie Ihre Web-Seiten interaktiv machen können, zum Beispiel mit JavaScript oder CGI-Skripten. Diese anderen Systeme haben aber ihre Nachteile und sind nicht so einfach handzuhaben wie die Servererweiterungen. Ich gehe davon aus, daß Frontpage noch einige Zeit lang an der Spitze bleiben wird.

9.6 Aber was ist mit Bill Gates?

Viele Leute sind heutzutage eindeutig gegen Microsoft eingestellt. Sie sagen, daß man Frontpage nicht kaufen sollte, weil sie glauben, daß es Verrat gleichkommt, wenn man ein Produkt von Microsoft kauft. Es kann sein, daß sie das nicht so ausdrücken, sondern einfach sagen, daß es viel bessere Programme zur Erstellung von Web-Seiten gibt. Und sie haben damit sogar teilweise recht.

Wenn Sie eine Web-Seite auf Ihrem eigenen Webserver einrichten oder den Server Ihrer Firma benutzen (Sie finden eine Diskussion über die einzelnen Möglichkeiten zur Unterbringung Ihrer Website in Kapitel 3), können Sie sich irgendein Programm aussuchen. Sie sollten nur sicherstellen, daß es, wie Frontpage, in der Lage ist, Ihnen beim Einrichten von interaktiven Seiten behilflich zu sein.

Wenn Sie aber Ihre Website bei einem Webhost unterbringen, haben Sie nur eine einzige gute Möglichkeit, nämlich Frontpage. Hunderte von Webhosting-Firmen sind dafür ausgerichtet. Das ist etwas, was kein anderes Programm zur Erstellung von Web-Seiten von sich behaupten kann.

Wenn Sie also mit einer Webhosting-Firma zusammenarbeiten wollen, sollten Sie sich vorher überlegen, warum Sie sich gegen Frontpage entscheiden. Wenn Sie Frontpage nur deshalb vermeiden, weil es von Microsoft ist, sollte Ihnen klar sein, daß dann das Erstellen einer ordentlichen Website aufwendiger wird und mehr Zeit kostet. Schneiden Sie sich nichts ins eigene Fleisch, bloß weil Sie Bill Gates nicht leiden können!

9.7 Der nächste Schritt

Bevor Sie weitermachen können, müssen Sie sich für ein Programm zur Erstellung von Web-Seiten oder einen HTML-Editor entscheiden. Natürlich nur, wenn Sie die Seiten selbst erstellen und nicht jemand anderen damit beauftragen. Treffen Sie die Wahl sorgfältig, da Sie viel Zeit mit diesem Programm verbringen werden.

Ich werde hier nicht darauf eingehen, wie Ihr Programm funktioniert. Es gibt so viele Tools, die alle unterschiedlich sind. Ich schlage vor, daß Sie sich Ihr Programm besorgen und gleich mit dem Erstellen von Web-Seiten beginnen. Sie lernen es dann einfach, während wir hier weitermachen. In den nächsten Kapiteln werde ich etwas über Website Design sprechen. Ich gehe dabei aber davon aus, daß Sie mit Ihrem HTML-Editor umgehen können.

10. Kapitel

So erstellen Sie eine wirkungsvolle Website

Um eine gute Website zu erstellen, muß man mehr tun, als nur bereits vorhandene Dokumente online zu stellen. Das Arbeiten in Hypertext erfordert etwas mehr Planung, und man muß sich wirklich Gedanken machen. Schon von Natur aus kann man mit Hypertext andere Dinge machen als mit gedrucktem Text. Es ist ein aktiveres Medium, bei dem die Leser aus praktisch unzähligen verschiedenen Richtungen auswählen können. Es gibt auch eine ganze Anzahl an Möglichkeiten und Techniken, die Sie bei Papier nicht haben: Sollen Sie Links zu Seiten von anderen Leuten einrichten? Wie viele Wege sollen durch Ihre Website führen? Wie viele Bilder sollen Sie verwenden, wenn man bedenkt, daß viele Leute über langsame Ladezeiten verärgert sein könnten?

In diesem Kapitel werden wir uns einen Überblick über einige der wichtigsten Punkte in bezug auf Design verschaffen. Im darauffolgenden Kapitel gehe ich dann etwas mehr ins Detail und bespreche einige recht spezielle Designprobleme.

10.1 Zwei verschiedene Lehrmeinungen

Es gibt mehrere verschiedene Lehrmeinungen darüber, was eine Website wirkungsvoll macht. Die einen denken, daß folgende Punkte in der Welt des World Wide Web zur Perfektion führen:

- Websites müssen cool sein.
- Man braucht viele Bilder.
- Musik und Töne können die Website interessanter machen.
- Animationen machen die Website spannender.
- Ihre Website muß sich ständig verändern, oder die Leute werden nicht zurückkommen.

Was glauben diese Leute, daß das Web ist? Ein Unterhaltungssystem? Sicherlich sind viele Leute genau dieser Meinung, und natürlich gibt es auch Bereiche im WWW, die nichts anderes sind. Wenn Ihnen MTV oder Nickelodeon gehört, brauchen Sie vielleicht auch genau diese Dinge: Bilder, Animationen, Musik, ständige Veränderung. Aber es gibt keine Regel, die sagt, daß alle Websites »cool« sein müssen.

Hier ist ein aus dem Leben gegriffenes Beispiel: Wenn ich ein Päckchen mit Fedex oder UPS verschicken möchte, dann rufe ich die Firma an, damit sie es abholen kommt. Erwarte ich, daß der Fedex- oder UPS-Mitarbeiter, der dann vor meiner Tür steht, singt oder tanzt? Verlange ich ein Gedicht oder einen Witz? Natürlich nicht. Warum brauche ich dann all diese Dinge, wenn ich auf eine Website komme? In den meisten Fällen ist das auch komplett unnötig.

Ich habe es schon ein paarmal gesagt, aber ich muß es einfach noch einmal wiederholen:

Das Internet ist eine einzige Arbeitsbeschaffungsmaßnahme für Computerfreaks.

Warum sagen dann so viele Leute, daß eine Website cool sein muß? Weil das Erstellen einer coolen Website ziemlich viel Spaß macht. Ich habe viele Tools benutzt, die dazu notwendig sind, und wenn Sie gerade in der richtigen Stimmung sind (und ich gebe offen zu, daß das bei mir von Zeit zu Zeit der Fall ist), dann ist dieses Zeug wirklich unterhaltsam. Es ist vor allem besser als arbeiten! Sie können so Ihre kreativen Fähigkeiten ein wenig ausleben, selbst wenn Sie nur wenig künstlerisch veranlagt sind. Sie können mit hübschen Bildern und den Programmen, die sie erzeugen, herumspielen oder Ihre Zeit mit jeder Menge netter Software verbringen. Sie können ein Mikrofon an Ihren Computer anschließen und so tun, als ob Sie ein Radiosprecher wären, oder aber hier und da noch Kleinigkeiten verbessern. Computer können jede Menge Spaß machen – ansonsten hätte ich mir schon längst einen richtigen Job gesucht und würde nicht an diesem Buch hier schreiben.

Hier ist ein Beispiel: Vor einiger Zeit sah ich eine Präsentation auf der Konferenz des Nationalen Verbandes von Fernsehsprechern in Las Vegas. Ein junger Mann (er bezeichnete sich selbst als Webmaster), der für einen Fernsehsender in Kalifornien arbeitete, zeigte seine Website. Im Laufe seines Vortrags zeigte er einen Videofilm vom Begräbnis von David Packard von der Firma Hewlett Packard. Er hat dieses Video auf seine Website gestellt, damit es sich die Besucher seiner Website ansehen können. Seine Erklärung war: »So haben alle Leute auf der Welt, die es sehen, das Gefühl selbst dort gewesen zu sein.«

Wenn ich die Gelegenheit gehabt hätte, mit ihm zu sprechen, hätte ich zwei Sachen zu sagen gehabt. Erstens: »Na und?« Und zweitens: »Wie verdient Ihr Fernsehsender daran Geld?« Jemand in Japan könnte sich beispielsweise dieses Video ansehen. Wie nett. Aber hilft das Video auf der Website in irgendeiner Form der Firma? Ganz bestimmt nicht.

Ihre Website muß nicht unbedingt cool sein. Hier ist eine andere Lehrmeinung:

- Websites sollten nützlich sein.
- Das Design der Website sollten einen Sinn haben, und die Gestalter sollten sicherstellen, daß dieser Zweck auch erfüllt wird.
- Websites sollten schnell sein – lassen Sie Ihre Besucher nicht warten.

- Websites sollten so aufgebaut sein, daß ein Besucher schnell und ohne Umstände findet, was er braucht.

Hier ist ein weiteres Motto von mir, nach dem man sein Leben (oder zumindest die Website) gestalten sollte:

Wichtig ist nicht, daß alle Leute es cool finden, sondern daß sie etwas damit anfangen können.

Ich meine damit jetzt natürlich nicht, daß es im Internet keinen Platz für Bilder, Musik, Animationen und die ganzen anderen netten Spielereien gibt. Ein paar Bilder schaden einer Website gar nicht, im Gegenteil. Bedenken Sie aber, welchen Zweck die Website erfüllen soll. Wenn das Ziel die Unterhaltung der Leute ist, sollten Sie die Website auf jeden Fall cool machen. Wenn nicht, dann machen Sie sich keine Gedanken über irgendwelche Trends, sondern überlegen Sie sich lieber, wie Sie die Website möglichst nützlich machen können.

Vielleicht sind Sie ja inzwischen schon einmal auf der Website von UPS (`http://www.ups.com/`) gewesen, die ich schon ein paarmal erwähnt habe. Ist diese Website cool? Nicht besonders. Ist sie nützlich? Es ist eine der nützlichsten Websites im gesamten World Wide Web, die jede Menge Besucher bekommt. Wie viele Leute, die auf dieser Website waren, denken sich wohl: »Diese Website ist einfach nicht cool, da gehe ich nicht wieder hin«? Das sind meiner Meinung nach nicht besonders viele.

In einem Interview der Computer Literacy Buchhandlung *New Book Bulletin* wurde Edward Tufte zu diesem Thema befragt. (Edward Tufte wurde vom *Utne Reader* zu einem der »100 Visionäre, die Ihr Leben verändern können« ernannt, so daß es sich wahrscheinlich lohnt, seine Meinung zu erfahren.) Als er über schlecht gestaltete Web-Seiten sprach, wies er darauf hin, daß die

Zuteilung von Platz auf dem Bildschirm dazu tendiert, die Verteilung des Einflusses, den die verschiedenen Leute, die an der Website arbeiten, haben, zu reflektieren. Programmierer können viel kontrollieren und beeinflussen, also werden viele ausgefallene Tricks eingebaut ... Designer haben viel Einfluß, also gibt es kunstvolle Navigationsleisten und Schaltflächen auf der Seite. Das Ergebnis ist, daß für den eigentlichen Inhalt auf dem Bildschirm nur noch wenig Platz bleibt (häufig nur 20 bis 30% der Bandbreite!) ... Bei Web-Seiten sollte man äußerst sparsam mit Design umgehen.

Das sind dieselben Programmierer und Designer, die Ihnen sagen, daß Sie die Website »cool« machen müssen, daß also die Form vor den Inhalt gestellt werden soll. Das ist aber einfach nicht wahr. Dieser Ratschlag basiert auf keinem vernünftigen Geschäftsprinzip. Wenn Sie einen Beweis dafür möchten, sollten Sie sich die Website von CDnow (`http://www.cdnow.com/`) ansehen. Diese Firma wurde 1994 von zwei Brüdern gegründet, als diese gerade mal Anfang Zwanzig waren. Zuerst betrieben sie ihr Geschäft im Keller ihres Elternhauses, 1996 hatten sie schon einen Umsatz von 6 Millionen Dollar. 1997 wurde ihr Umsatz auf 16 Millionen Dollar geschätzt. Ihnen gehören 33% des Online-Musikgeschäfts, das ist mehr als MCI, Blockbuster und Tower Records zusammen. Wenn Sie die Website besuchen, werden Sie feststellen, daß die Startseite schnell lädt, da es keine großen Bilder, keine Animationen und keine Musik gibt. Bei CDnow beschränkt man sich auf einige wenige leuchtend blaue Schaltflächen, einige Navigationsleisten und ein paar CD-Cover (CDnow verkauft Musik-CDs). Das heißt jetzt nicht, daß bei CDnow auf jegliche Multimedia verzichtet wird – es gibt sogar 250 000 Musikbeispiele. Aber sie beschränken sich darauf, Multimedia für einen bestimmten Zweck einzusetzen und nicht einfach nur als Effekt.

10.2 Stellen Sie sich folgende Fragen ...

Wenn Sie sich überlegen, ob Sie ausgefallene Dinge in Ihrer Website einbauen werden, sollten Sie sich zuerst ein paar Fragen stellen. Bevor Sie Videos, ungewöhnliche Dateiformate, die einen bestimmten Browser Viewer oder Plug-In benötigen, Musik, Animationen oder sonst etwas Seltsames auf Ihrer Website verwenden, beantworten Sie folgende Fragen:

1. Wie nützt das dem Besucher?
2. Was für einen Vorteil bringt es mir oder meiner Firma?

Auf der Versammlung des Nationalen Verbandes von Fernsehsprechern habe ich mich mit jemandem, der für eine Website zuständig ist und der Videos auf seinen Seiten einbinden wollte, unterhalten. Bei meiner Präsentation hatte ich zuvor bemerkt, daß Videos im WWW meistens nur Spielerei seien. Obwohl dieser Herr nicht unbedingt anderer Meinung als ich war, sah er das doch von einem anderen Standpunkt aus. Er sagte, daß es manchmal notwendig sei, daß Leute eine Technologie verwenden, bevor es wirklich wirtschaftlich ist oder es sich in finanzieller Hinsicht rentiert. Auf diese Weise entwickelten sich Technologien weiter. Da stimme ich ihm auch zu. Ich denke, daß die Leute, die neue Technologien sehr früh annehmen, also die das neueste technische »Spielzeug« einfach haben müssen, sobald es erhältlich ist, egal wieviel es kostet, ein wichtiger Faktor für die Entwicklung von verschiedenen Technologien, von Videorecordern bis hin zu DAT-Laufwerken, von Käse aus der Tube bis hin zu Autos mit Elektromotor, sind.

Das heißt aber nicht, daß Sie so jemand sind oder sein müssen. Und es heißt nicht, daß Sie Ihr Geld oder das Ihrer Firma für Dinge (wie zum Beispiel Videos auf Ihrer Website) verschwenden müssen, die Ihnen, Ihrer Firma oder auch, in den meisten Fällen, den Besuchern Ihrer Website, überhaupt nichts nützen.

Bedenken Sie also diese beiden Fragen, bevor Sie irgend etwas Ungewöhnliches versuchen. Nützt es in irgendeiner Form dem Besucher Ihrer Website? (Wenn nicht, warum sich also darüber Gedanken machen?) Hilft es Ihnen beim Erreichen Ihrer Ziele? (Es tut mir leid, aber das »Erstellen einer coolen Website« ist kein gültiges Ziel, es sei denn, es ist nur ein Hobby.) Wenn Sie also etwas tun, das Ihnen nicht dabei hilft, eines dieser Ziele zu erreichen, ist es wahrscheinlich auch gar nicht notwendig.

Denken Sie an folgendes:

Die meisten Benutzer des World Wide Web beschweren sich, daß Seiten zu langsam laden, und nicht darüber, daß es keine Videos gibt.

10.3 Bereiten Multimedia und Plug-Ins mehr Ärger, als sie wert sind?

Nicht nur Videos, sondern alle Multimedia-Formate sind ein Problem. Stellen Sie sich einmal vor, daß Sie einkaufen gehen. Nicht im WWW, sondern in Ihrer Stadt. Sie kommen zu einem Laden und sehen ein großes Schild:

Wenn Sie sich unsere Produkte ansehen wollen, gehen Sie bitte fünf Geschäfte weiter und besorgen sich die speziellen rosa getönten Brillen (kostenlos). Dann passen Sie die Brille richtig an. Das Ganze ist nicht so einfach, und es kann einige Minuten in Anspruch nehmen. Kommen Sie dann zu unserem Laden zurück, um zu sehen, wie cool wir sind!

Wie viele Kunden wird ein solcher Laden wohl verlieren? Es kann einem wirklich auf die Nerven gehen, wenn Sie auf eine Website gelangen und eine Mitteilung sehen, die besagt, daß Sie erst einmal das neue Browser Plug-In ShockSnap-Viewer herunterladen müssen, wenn Sie wirklich von dieser Website profitieren wollen. Sie gehen also zu der Website der Firma Snap und laden sich das Plug-In herunter, was natürlich ungefähr eine halbe Stunde dauert. Anschließend installieren Sie es – was wieder 10 bis 15 Minuten in Anspruch nimmt. Wenn Sie dann also vollständig gerüstet sind, gehen Sie zurück auf die Website ... und sehen zwei tanzende Schweine. Ganz toll, aber war es das wirklich wert?

Es gibt Websites, die diese außergewöhnlichen Plug-Ins wirklich brauchen. Wenn Sie eine Website zum Thema Multimedia, Video oder Musik haben, wird es den Besuchern nichts ausmachen, wenn sie sich erst das neueste Plug-In oder den neuesten Viewer besorgen müssen, um von Ihrer Website wirklich profitieren zu können. In den meisten Fällen sind Plug-Ins oder Viewer jedoch einfach nicht notwendig und häufig ein Zeichen für einen Web-Autor, der zuviel freie Zeit hat.

Denken Sie an die Formate, welche die Besucher Ihrer Seiten sehen können. In den meisten Fällen sind das Text, HTML, .GIF- und .JPG-Bilder und einige wenige Soundformate (.WAV, .AU, .AIF und .SND). Wenn Sie ein anderes Format verwenden wollen, denken Sie sorgfältig über das Warum nach. Klar ist es nett, wenn Sie beispielsweise Microsoft-Word-Dateien zur Verfügung stellen. Es gibt sogar einen kostenlosen Word-Viewer von Microsoft. Möchten Sie aber wirklich alle Leute, die kein Word verwenden, dazu zwingen, zu Microsoft zu gehen und sich den Viewer herunterzuladen, bevor sie Ihre Informationen ansehen können? Verwenden Sie auf gar keinen Fall irgendwelche PostScript-Dokumente, außer Sie können sich sicher sein, daß Ihre Besucher einen PostScript-Viewer haben. Solche Leute sind höchstwahrscheinlich UNIX-Anwender oder sonstige Freaks. Für die meisten Anwender ist PostScript ein echtes Ärgernis, da es nur wenige Viewer gibt, und die sind auch noch schwer zu finden. Die meisten Websites brauchen kein RealAudio oder Shockwave oder VRML. In der Zeitschrift *Internet World* gab es vor kurzem eine Artikelüberschrift, die sagte: »Wer außer den Firmen, die Streaming-Audio- und Video-Produkte verkaufen, verdient damit Geld?« Im entsprechenden Artikel hieß es dann: »Die Antwort wird Sie wohl nicht überraschen: kaum jemand.«

Wenn Sie sich diesen einfachen Satz merken, können Sie sich viel Ärger sparen:

Das Internet ist kein Multimedia-System.

Im Gegensatz zu dem, was uns die Presse in den letzten Jahren versucht hat weiszumachen, ist das Internet kein echtes Multimedia-System. Tatsächlich gehen viele Probleme des Internet auf den Gedanken zurück, daß es irgendwie doch ein Multimedia-System ist. Die ganzen Leute, die Videos, Animationen, Sound und mehr hinzufügen, wollen anscheinend beweisen, daß es so ist. Das Internet wird noch für einige Zeit kein Multimedia-System sein. Zumindest nicht, bis die meisten Leute mit einer schnellen Internet-Verbindung arbeiten. Bis das soweit ist, dauert es noch einige Jahre, vielleicht sogar bis zur Mitte des nächsten Jahrzehnts.

Wie kann man das Internet als Multimedia-System bezeichnen, wenn die Daten mit einer Geschwindigkeit übertragen werden, die für die Übertragung von Text entwickelt wurde? Wie kann das Internet als Multimedia-System angesehen werden, wenn sich im Vergleich zu Fernsehen, Videospielen, Filmen oder Multimedia-CD-ROMs alles mit der Geschwindigkeit einer betrunkenen Schildkröte bewegt?

Vor nicht allzu langer Zeit sollte ich für eine Anwaltskanzlei, die sich auf einen Prozeß vorbereitete, eine Liste von Websites mit Sound zusammenstellen, da sie den Gebrauch von Musik im Internet dokumentiert haben mußten. Ich war überrascht, wie wenig Websites Musik benutzen, wahrscheinlich handelte es sich nur um einen Bruchteil von 1%. Nur ein sehr geringer Teil im WWW arbeitet mit Musik oder Tönen, viel weniger noch nutzen Animationen oder Videos. Das Web besteht hauptsächlich aus Text, in den einige wenige statische Bilder eingestreut sind.

10.4 Seien Sie nicht zu raffiniert

Sie können mit HTML viele nette Dinge machen. Ich rate Ihnen aber: Versuchen Sie nicht zu raffiniert zu sein. Das Problem ist folgendes: Jeder Browser funktioniert unterschiedlich. Die meisten HTML-Kommandos funktionieren mit fast allen Browsern. Es gibt aber auch eine ganze Reihe von Dingen, die nur bei speziellen Browsern (richtig) funktionieren. Die beiden Hauptprobleme sind der Netscape Navigator und der Microsoft Internet Explorer. Beide Browser unterstützen jeweils Funktionen, die der andere nicht kann und die bestimmte HTML-Tags benötigen, die keinem Standard entsprechen. Beim Internet Explorer gibt es beispielsweise ein Feature namens *Marquee*, das eine Zeile mit Laufschrift beschreibt, oder ein Wasserzeichen (*Watermark*), das ein statisches Hintergrundbild ist. Wenn Sie auf der Seite nach unten blättern, scrollt der Text über das Bild. Diese Features kann man nur mit dem Internet Explorer sehen, obwohl die Auswirkung in anderen Browsern harmlos ist. (Die allerneueste Version von Netscape kann inzwischen auch das Wasserzeichen darstellen, Anm. d. Ü.) Andere Browser zeigen statt des Anzeigefensters einen statischen Text und behandeln ein Wasserzeichen wie ein normales Hintergrundbild.

Im Netscape Navigator gibt es auch Features, die von anderen Browsern nicht unterstützt werden. Das wohl signifikanteste ist JavaScript, die Skriptsprache, über die wir schon in Kapitel 8 gesprochen haben. Der Internet Explorer kann zwar ebenfalls JavaScript benutzen, unterstützt aber nur eine frühere Version. Inzwischen arbeiten ungefähr 40% aller Leute mit dem Internet Explorer. Wenn Sie also JavaScript verwenden möchten, sollten Sie lieber auf den Gebrauch der neuesten Funktionen verzichten.

Natürlich sind diese weiterentwickelten Funktionen häufig sehr schön und nützlich, aber Sie müssen bedenken, ob die Besucher Ihrer Seite auch die Browser benutzen, die damit umgehen können. Sie müssen nicht nur wissen, welchen Browser die meisten Ihrer Besucher verwenden werden, sondern auch, um welche Version es sich wahrscheinlich handelt. Die meisten Leute arbeiten momentan beispielsweise mit Netscape. Dank der besonderen Abkommen von Netscape Communications zur Verteilung des Browsers in Software-Paketen dauert es häufig lange, bis Netscape-Anwender auf eine neuere Version umstellen. Das heißt also, daß viele Leute noch mit Netscape Navigator 3 oder sogar 2 arbeiten, selbst wenn die Version 4 schon erhältlich ist. Auf den folgenden Websites finden Sie aktuelle Statistiken zu der Verteilung der verschiedenen Browser:

- **Browser Watch**

  `http://browserwatch.iworld.com/stats.html`

- **EWS Browser Statistiken**

  `http://www.cen.uiuc.edu/bstats/latest.html`

- **Hawaii Webmasters Sources of Up-to-Date Browser & Server Stats**

  `http://www.connect.hawaii.com/hc/webmasters/current.browser.stats.html`

- **IPT Browser Statistiken**

  `http://www.ipt.com/agent.htm`

- **Web Browser Agent Statistiken**

  `http://www.xmission.com/~snowhare/statistics/browsers.html`

- **Yahoo! – Statistiken zum Gebrauch von Webbrowsern**

  `http://www.yahoo.com/Computers_and_Internet/Software/Internet/World_Wide_Web/Browsers/Browser_Usage_Statistics/`

Sie haben bestimmt auch schon einmal die kleinen Schilder gesehen, auf denen steht: »Unsere Seiten sind für Netscape Navigator 4 optimiert« oder »Best Viewed with Internet Explorer«. In einigen Fällen kann es gute Gründe geben, eine Website mit diesen weiterentwickelten Funktionen einzurichten. Im allgemeinen ist es ein wenig unhöflich und sehr töricht, wenn man ein Schild aufstellt, das jemandem sagt, daß er weggehen und sich einen anderen Browser installieren soll. Das ist wie ein Geschäft, indem Sie erst die Schuhe wechseln müssen, bevor Sie eintreten dürfen.

Ich rate Ihnen:

Hinken Sie in der Welt des Webdesigns lieber ein paar Schritte hinterher.

Wenn Sie keinen wirklich guten Grund haben, Ihre technische Fortschrittlichkeit unter Beweis zu stellen, vermeiden Sie es lieber, sich mit dem Gebrauch von außergewöhnlichen Web-Anwendungen den Kopf zu zerbrechen. Sie sollten auch wissen, daß Sie in den Logfiles Ihres Servers sehen können, mit welchen Browsern Ihre Besucher arbeiten. In Kapitel 23 erfahren Sie mehr darüber.

10.5 Sollten Sie zwei Versionen Ihrer Website anbieten?

Einige Web-Autoren erstellen zwei Versionen von ihren Websites, eine für aktuelle Browser und eine für ältere Versionen. Auf diese Weise können sie ganz prima mehr Zeit damit verbringen, was sie am liebsten tun: Web-Seiten erstellen. Oder aber eine prima Gelegenheit, mehr Geld von ihren Auftraggebern zu verlangen.

Im allgemeinen denke ich aber nicht, daß es besonders lohnt oder notwendig ist, zwei Websites zu erstellen. Sie sollten vielmehr versuchen, eine einzige Website zu erstellen, die auf den Gebrauch der neuesten Features verzichtet und so für praktisch jeden zu benutzen ist. Es gibt immer noch Leute, die mit Browsern arbeiten, die keine Tabellen unterstützen. Das ist recht problematisch, da Tabellen wirklich nützlich sind. Es gibt aber nur wenige Browser, die nicht mit Tabellen umgehen können. Die Leute, die diese Browser verwenden, wissen inzwischen aber auch auf jeden Fall, daß sie ein Problem haben, und sind wohl auch gewohnt, damit umzugehen.

10.6 Die Nachbildung der Welt im WWW ist gefährlich

Eine weitere Technik, die nur mit Vorsicht eingesetzt werden sollte, ist der Versuch, Dinge oder Konzepte aus unserer Umgebung im World Wide Web nachzubilden. Dieser Gedanke wurde von Fachleuten, die mit der Gestaltung von Computer-Benutzeroberflächen beauftragt waren, propagiert. Wegen diverser Fehlschläge, welche die Schwächen dieses Konzepts aufgezeigt haben, wird darüber inzwischen nicht mehr so viel geredet.

Folgende Idee steht dahinter: Wenn ein Computer wie etwas aus der gewohnten Umgebung aussieht, ist er einfacher zu bedienen. Dieses Prinzip ist im Grunde auch ganz vernünftig. Eine Mülltonne als Symbol auf dem Computer ist eine gute Idee. Es ist wahrscheinlich auch hilfreich für jemanden, der gerade erst lernt mit einem Computer umzugehen, da so verdeutlicht wird, wo man Dateien, die man nicht mehr will, »wegwerfen« kann. Aktenordner als Symbole für die Verzeichnisse auf der Festplatte sind auch gut. Dieses System funktioniert jedoch nicht mehr, wenn man es übertreibt und die gesamte Benutzeroberfläche – oder, um zu unserem Thema zurückzukommen die gesamte Website – durch den Versuch einer genauen Nachbildung der Welt bestimmt wird.

Sie haben bestimmt schon einen »Arbeitsplatz« auf einem Computer gesehen, der wie ein richtiger Schreibtisch aussieht. Dort liegt eine Schublade. Vielleicht kann man dort Dateien abspeichern, aber ich bin nicht ganz sicher. Und hier gibt es einen Lichtschalter. Wahrscheinlich kann man damit den Rechner abschalten. Auf dem Boden steht ein Papierkorb – nun, wir wissen, wofür der gut ist. Dort liegt ein Notizbuch, mit dem sich eine Textverarbeitung starten läßt. Mit dem Bild an der Wand können Sie das Bildbearbeitungsprogramm aufrufen. Das ist alles ganz niedlich. Dadurch wird aber zwischen den Anwender und die Aufgabe, die dieser erledigen möchte, ein Hindernis gelegt. Und es ist nicht notwendig. Menschen sind nicht dumm. Sie brauchen kein Abbild der normalen Welt, um einen Computer oder eine Website benutzen zu können.

Was wäre gewesen, wenn die Designer der ersten Gelben Seiten versucht hätten, die Welt nachzubilden? Anstelle eines Index und Verzeichnis sähe das Buch vielleicht wie eine Straße aus. Auf jeder Straßenseite gibt es verschiedene Gebäude, und dort finden Sie die einzelnen Firmen. Für die einzelnen Bereiche gäbe es unterschiedliche Bilder: Auf der einen Straßenseite würde eine Werkstatt für die ganzen Automechaniker stehen. Ein brennendes Gebäude steht für die Feuerwehr, und hinter einer Rauferei vor einem Gebäude würden sich die Telefonnummern von Kneipen verbergen. Das alles wäre recht albern und außerdem völlig unnötig.

Dennoch können Sie Websites finden, die genau nach diesem Konzept aufgebaut sind. Normalerweise machen die virtuellen Einkaufszentren so etwas, aber Sie wissen ja auch, was ich von diesen halte (wenn nicht, dann lesen Sie Kapitel 3).

In Abbildung 10.1 können Sie ein Beispiel für die Nachahmung der Welt im WWW sehen. Hier gibt es mehrere Links. Man könnte diese jedoch auch in einem Bruchteil der Ladezeit anzeigen, wenn man nur Text oder ein einfacheres Bild verwendet hätte. Statt dessen muß ein Besucher mit einem 14.000 bps Modem 17 Sekunden oder länger warten, nur um eine niedliche kleine Eingangshalle zu sehen.

Tatsächlich ist das sogar schon die zweite Seite, die den Besuchern präsentiert wird. Auf der ersten Seite stehen Sie vor dem Gebäude. Laut Doctor HTML dauert es 63 lange Sekunden, bis diese Seite geladen ist. (Wer ist Dr. HTML? Dieser Doktor analysiert Web-Seiten und stellt nützliche Informationen zusammen, unter anderem auch, wie lange eine Web-Seite zum Laden braucht. Darauf gehen wir später in diesem Kapitel näher ein. Sie können Doctor HTML unter `http://www2.imagiware.com/RxHTML/` finden.)

Warum die Zeit Ihrer Besucher verschwenden? Wäre es nicht besser, wenn man eine schnell ladende Startseite erstellt und den Besucher selbst entscheiden läßt, ob er Zeit mit riesigen Bildern vertun will oder nicht?

Tatsächlich stellt der Designer dieser Website zwei Möglichkeiten zur Auswahl, *high-bandwidth* (hohe Bandbreite) und *low-bandwith* (niedrige Bandbreite). Unterhalb der hohen Bandbreite ist eine langsame Website mit vielen Bildern zu sehen, der Link »niedrige Bandbreite« führt zu einer Version mit weniger Bildern und schnelleren Downloadzeiten. Warum aber kann man nicht gleich zu Anfang zwischen diesen beiden Optionen wählen? Denn so muß der Besucher über eine Minute warten, bis er die Eingangshalle sieht.

Wenn Sie übrigens jemanden anstellen, der für das Design und die Erstellung Ihrer Website zuständig ist, sollten Sie ein wenig mißtrauisch sein, wenn Ihnen gesagt wird, daß Sie zwei Versionen Ihrer Website brauchen. Ein guter Designer sollte in der Lage sein, etwas zu gestalten, das sowohl gut aussieht als auch seinen Zweck erfüllt und für langsame Internet-Verbindungen geeignet ist. Aber natürlich ist es lustiger und rentabler (zumindest aus der Sicht des Designers), zwei Versionen zu erstellen.

Auch hier gilt natürlich, daß die Ausnahme die Regel bestätigt, wenn Sie wissen, was Sie tun und Ihr Verhalten angemessen ist. Ein Museum könnte beispielsweise seine Eingangshalle duplizieren und online stellen. Im allgemeinen sind Nachahmungen der Welt aber unnötig albern und im besten Falle nervig.

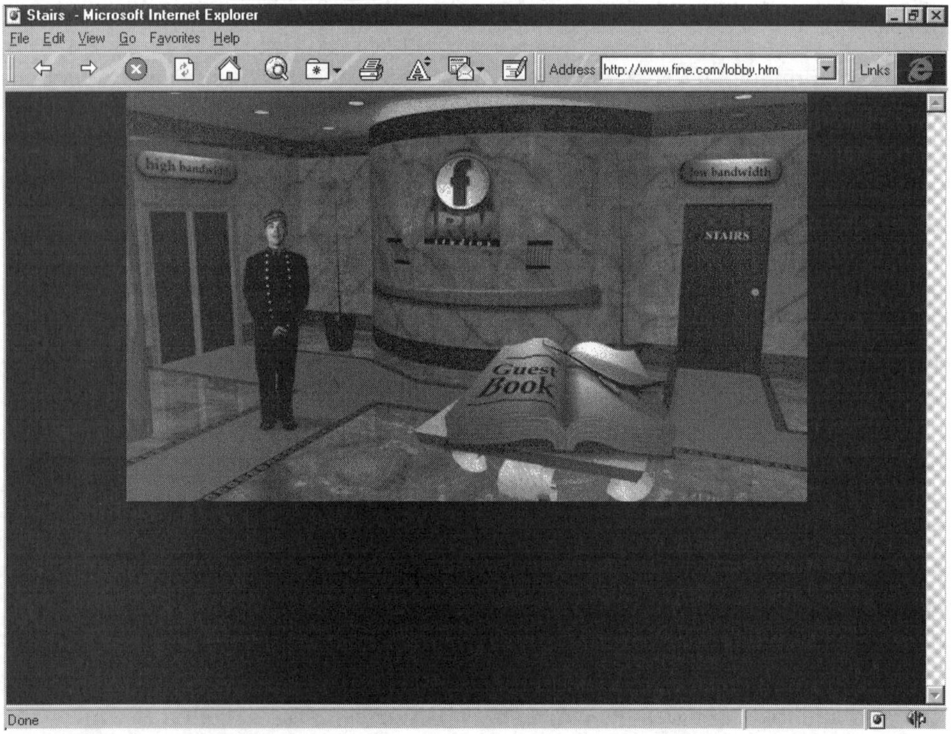

Bild 10.1: Sieht diese Eingangshalle etwa gut aus? Sie können die Besucher auch schneller auf Ihre Website bekommen. (Das Bild stammt von der fine.com com-Website.)

10.7 Führen Sie Ihre Besucher

Ich weiß, daß ich in diesem Buch viel darüber gesprochen habe, wie Sie die Website so gestalten können, daß sie einfach zu benutzen ist. Es ist jedoch Ihre Website, so daß Sie mit zwei gegensätzlichen Konflikten konfrontiert sind:

- Indem Sie Leute auf Ihre Website bringen, wollen Sie etwas Bestimmtes erreichen.
- Die Besucher möchten etwas Bestimmtes erreichen, wenn sie Ihre Website besuchen.

Von Ihrem Standpunkt aus bringt eine perfekte Website beide Wünsche unter einen Hut. Sie bekommen, was Sie wollen, und Ihre Besucher ebenfalls. Jeder ist glücklich und zufrieden. Natürlich hängt das eine mit dem anderen zusammen: Wenn die Wünsche Ihrer Besucher nicht erfüllt werden, kommen sie nicht wieder, so daß Ihre Bedürfnisse nicht gestillt werden.

Wenn Sie also eine Website erstellen, müssen Sie sich überlegen, was Sie haben möchten und was Sie den Leuten bieten können, damit diese Ihre Website besuchen und sie so benutzen, wie Sie sich das vorgestellt haben.

Angenommen, Sie möchten eine Website erstellen, die viele Besucher anlockt, damit Sie Anzeigen verkaufen können. Ihr Ziel ist ganz einfach: So viele Leute wie möglich sollen so oft wie möglich zu Ihrer Website kommen und sich dort möglichst lang aufhalten. Sie konzentrieren sich darauf, Ihren Besuchern etwas mit der Website zu geben, was auch immer das ist, damit sie auf die Website kommen und dort bleiben.

Vielleicht möchten Sie aber auch eine Website für den technischen Support einrichten. Dort können Ihre Kunden Informationen zu Ihren Produkten abrufen. Sie nehmen so weniger häufig Ihren telefonischen Kundendienst in Anspruch. In diesem Fall möchten Sie, daß Ihre Kunden so schnell wie möglich zum Ziel kommen und dann wieder gehen können, was zu Ihrem und deren Vorteil ist. Für Sie ist das gut, weil der Webserver weniger belastet wird, und für Ihre Kunden ist es gut, weil sie ihr Problem gelöst bekommen und keine Zeit im WWW verschwenden müssen.

Wenn Sie aber etwas verkaufen wollen, möchten Sie, daß Ihre zukünftigen Kunden auf Ihre Website kommen und dort Ihre Produkte bestellen. In Fällen wie diesen kann es aber leicht zu einem Interessenkonflikt kommen. Zuerst müssen Sie die Leute irgendwie auf Ihre Website locken, beispielsweise mit einem Diskussionsforum, in dem sich Leute mit ähnlichen Interessen treffen, oder mit einem kostenlosen Angebot. Während Ihre Besucher auf Ihrer Website verweilen, sollten diese jedoch nicht nur nehmen, sondern Sie wollen ja auch etwas von Ihren Besuchern bekommen.

Überlegen Sie sich also, wie Sie Ihre Besucher führen wollen. Sie sind gekommen, weil sie etwas von Ihrer Website haben möchten. Sie sollten aber sicherstellen, daß auch Ihre Wünsche befriedigt werden. Ich habe gesagt, daß Sie es Ihren Besuchern leicht machen sollen, aber genau hier liegt der Widerspruch. Wenn Sie es Ihnen zu leicht machen, dann kommen die Besucher, nehmen sich direkt, was sie wollen und gehen wieder. Sie müssen sie also dorthin führen, wo Sie sie haben wollen. Eine Möglichkeit ist, daß Sie Ihre Besucher also beispielsweise nicht direkt auf die Seite, wo sie an dem Diskussionsforum teilnehmen können, lassen. Statt dessen schicken Sie sie zuerst auf eine andere Seite mit Informationen zu Ihren Produkten oder Dienstleistungen, die Sie verkaufen möchten. Sie lassen jemanden nicht direkt auf die Seite, wo er sich kostenlose Demoversionen herunterladen kann, sondern erklären zuerst, was an der Vollversion der Software so viel besser ist. Sie sollten diese Vorgehensweise aber auch nicht übertreiben, damit es nicht als störend empfunden wird. Wenn Sie das Ganze zu kompliziert machen, vertreiben Sie damit bloß Ihre Besucher. Man sollte sich immer noch leicht auf Ihrer Website zurechtfinden können. Sie müssen versuchen, dabei irgendwie ein Gleichgewicht zu finden.

10.8 Machen Sie das Navigieren einfach

Planen Sie die Struktur Ihrer Website. Dabei können Sie auch ruhig eine herkömmliche Methode verwenden und den Aufbau Ihrer Website mit Bleistift auf einem Blatt Papier skizzieren. Wenn Sie ein Programm haben, das eine Sitemap (also eine »Landkarte« Ihrer Website) anzeigen kann, können Sie auch während der Erstellung sehen, wie alles zueinander paßt. Ihre Website sollte logisch strukturiert sein. Die Besucher sollten die gewünschten Informationen finden können, ohne sich erst durch Dutzende von Seiten klicken zu müssen. Denken Sie dabei aber auch an das, was ich gerade gesagt habe: Es kann sein, daß Sie Ihre Besucher mit Absicht durch bestimmte Bereiche Ihrer Website führen wollen. Machen Sie, was notwendig ist, aber versuchen Sie dabei, das Navigieren auf der Website so einfach wie möglich zu gestalten.

Vergessen Sie auch nicht, daß es auf jeder Seite einen Weg geben muß, der auch wieder heraus führt. Klar, jeder Browser hat eine »Zurück«-Schaltflläche. Was aber, wenn der Besucher direkt auf eine Seite kommt, weil er die URL von einem Freund oder Arbeitskollegen bekommen hat? Eine Seite, auf der es keinen Link zurück auf Ihre Startseite gibt, liegt isoliert im Cyberspace. Erstellen Sie auch Links zurück auf die Seite, von der aus Sie auf die aktuelle Seite verweisen.

Mit folgendem Rat können Sie die Erstellung einer schrecklichen Website ganz einfach vermeiden:

Überlegen Sie sich, was Ihre Besucher ganz offensichtlich finden wollen. Stellen Sie dann sicher, daß diese Dinge leicht zu finden sind.

Was würden Sie wissen wollen, wenn Sie ein Besucher Ihrer Website wären? Zum Beispiel: Was für ein Produkt wird verkauft, was kann es, wieviel kostet es, wo und wie kann man es bestellen, an wen kann man sich mit Fragen wenden und so weiter. Das alles ist so offensichtlich, daß es erstaunlich ist, daß man es vergessen kann. Wenn Sie aber einige Zeit im Web verbringen, werden Sie sehen, daß viele Leute genau das tun. Machen Sie nicht denselben Fehler!

10.9 So finden Sie Websites, die mit Preisen ausgezeichnet wurden

Ich habe Ihnen schon vorgeschlagen, sich ein wenig im World Wide Web umzusehen und nach Beispielen für gute Websites zu suchen. Dabei können Sie aber auch Hilfe bekommen. Sie könnten sich zum Beispiel die Websites ansehen, die von verschiedenen Diensten im WWW ausgezeichnet wurden. Auf diesen Websites finden Sie Links zu Websites, die mit Preisen ausgezeichnet wurden oder sonst irgendwie zu den besten des World Wide Web zählen:

- **Best of the Web**

  `http://www.botw.org/`

- **Die Top 100 von PC Magazine**

  `http://www.zdnet.com/pcmag/special/web100/`

- **Web 500**

  `http://www.web500.com/categories/Links/links.htm`

- **Yahoo! – Best of the Web**

  `http://www.yahoo.com/Computers_and_Internet/Internet/World_Wide_Web/Best_of_the_Web/`

Leider ist das nicht immer ein Weg, um gute Websites zu finden, da die Websites häufig danach ausgesucht werden, wie cool sie sind. Viele der genannten Websites sind wegen ihrer vielen Grafik- oder Multimedia-Elemente in diese Listen gelangt.

10.10 So finden Sie die schlechtesten Websites

Eine andere Möglichkeit ist, nach schlechten Beispielen zu suchen. Sie können sich dann überlegen, was Ihnen an diesen Websites nicht gefällt und wie Sie die gleichen Fehler vermeiden können. Ein guter Startpunkt sind die virtuellen Einkaufszentren (Kapitel 3). Dort finden Sie jede Menge unprofessionell gestalteten Müll mit den folgenden Merkmalen:

- Keiner sagt Ihnen, was Sie tun sollen.
- Es gibt keine E-Mail-Adressen.
- Die Farbkombinationen sind extrem scheußlich.
- Die Hintergründe sind häßlich.
- Der Text wird durch den Gebrauch von unpassenden Hintergründen vollkommen unleserlich gemacht.
- Es gibt Rechtschreib- und Grammatikfehler.

Einige dieser Websites sind wirklich schrecklich. Das heißt nicht, daß diese Seiten einfach nur häßlich und somit kein Kunstwerk sind. Ich selbst bin kein Grafikkünstler (meine Frau hält mich für farbenblind), aber einige dieser Websites sind so schlecht, daß man sie nicht mehr lesen kann. Winzige blaue Buchstaben vor einem grau gesprenkelten Hintergrund können einem wirklich auf die Nerven gehen. Gemasertes Holz als Hintergrund sieht immer scheußlich aus, egal, was für eine Schrift verwendet wird. Riesige dunkelblaue Buchstaben (die so groß sind, daß man im VGA-Modus nur sechs oder sieben Wörter pro Seite sehen kann) auf einem hellblau gepunkteten Hintergrund sind einfach nur dumm. Wer gestaltet so etwas?

Sie können auch schlecht gestaltete Websites finden, indem Sie in den Verzeichnissen der schlechtesten Websites nachsehen:

- **Die nutzlosen Seiten**

  `http://www.go2net.com/internet/useless/`

- **Yahoo! – Not Really the Best**

  `http://www.yahoo.com/Computers_and_Internet/Internet/World_Wide_Web/Best_of_the_Web/Not_Really_the_Best/`

10.11 Lassen Sie sich mit dem Design helfen

Lassen Sie mich Ihnen von den zwei wichtigsten Websites im WWW erzählen. Die erste ist »**Web Pages That Suck: Learn Good Design by Looking at Bad Design**« von Vincent Flanders (`http://www.webpagesthatsuck.com/`). Meiner Meinung nach ist sie wichtig, weil man dort so schön alles über die Gestaltung von schlechten Websites lernen kann. Und wenn Sie erst einmal das schlechte Design kennen, können Sie es auch vermeiden.

Wenn Sie die gesamte Website ansehen wollen, wird das einige Stunden in Anspruch nehmen, aber es lohnt sich. Als ich das letzte Mal dort war, gab es 52 unterschiedliche Themenbereiche. Dort lernen Sie, was mit schwarzen Hintergründen nicht stimmt, warum diese kleinen zuckenden Animationen, die man so häufig sieht (GIF89a-Dateien), ein Problem sind, warum einem Kais Power Tools wirklich auf die Nerven gehen können, warum Schatten so häufig häßlich sind, alles über Angeberei und vieles mehr. Wenn es jemals eine Genehmigung zum Erstellen von Websites geben wird, hoffe ich, daß man dazu erst die »Web Pages That Suck« (auf Deutsch heißt das übrigens »Web-Seiten, die echt Scheiße sind«) durcharbeiten muß.

Vincent Flanders arbeitet übrigens gerade auch an einer Website zu »Web-Seiten, die nicht scheiße sind« (»**Web Pages That Don't Suck**«, `http://www.webpagesthatdontsuck.com/`). Als ich das letzte Mal dort war, waren sie noch nicht fertig, ich bin mir aber sicher, daß sich ein Besuch lohnen wird.

Als zweites gehört meiner Meinung nach die Website **Doctor HTML** (`http://www2.imagiware.com/RxHTML/`) zu den besten Websites im WWW. Ich denke, daß diese Website so wichtig ist, weil ... äh, Vincent mir es gesagt hat. Und es ist tatsächlich eine nützliche kleine Website. Dort müssen Sie nur die URL einer Website eingeben und einige Punkte auswählen. Das kann Ihre eigene Website sein oder eine, über die Sie mehr in Erfahrung bringen möchten. Dr. HTML analysiert dann die Seite und sagt Ihnen, wie groß die Bilder sind, wie lange es dauert, bis sie geladen sind, ob Ihre HTML-Tags fehlerhaft sind oder ob es kaputte Links gibt. Er sucht auch nach Tippfehlern und macht Vorschläge, wie Sie Ihre Tags so gestalten können, daß die Seite besser funktioniert.

Im nächsten Kapitel werden wir Dr. HTML ein paarmal konsultieren. Denken Sie jedoch daran, daß Sie bei den berechneten Downloadzeiten recht optimistische Ergebnisse erhalten, da dabei von einer guten Verbindung zum Internet ausgegangen wird. Wenn das Internet aber überlastet, der Internet-Provider langsam oder auf der Website selbst viel los ist, sind die Zeiten, die von unserem guten Doktor ausgerechnet werden, zu positiv gewertet.

Es gibt natürlich noch mehr Websites, auf denen Sie nützliche Informationen zum Thema Website-Design finden können. Die Seite **Resources on Web Style** (http://www.westegg.com/badpages/) ist mit ca. zwanzig Links zu weiteren Websites recht praktisch. Es gibt auch einen guten Artikel in *WebReview*: **User Test Your Web Site** (http://webreview.com/97/04/25/usability/).

10.12 Testen Sie Ihre Website

Vergessen Sie nicht, Ihre Website zu testen, egal, ob Sie selbst sie erstellt haben oder jemand anderes. Wenn Sie Ihre Website selbst erstellt haben, lassen Sie diese einfach einmal einen oder zwei Tage vollkommen in Ruhe. Besuchen Sie die Website dann so, wie es auch ein echter Besucher tun würde. Versuchen Sie, sich dabei in die Lage des Besuchers zu versetzen: Warum gehen Sie zu der Website? Und dann sollten Sie sich fragen: Was soll Ihr Gast dort tun? Testen Sie Ihre Website auch mit verschiedenen Auflösungen (zumindest VGA und 800x600 Pixel) und Browsern (zumindest mit den neuesten und unmittelbar vorhergehenden Versionen von Netscape und Internet Explorer).

Wenn Sie auf Ihrer Website Frames verwenden, sollten Sie diese auch mit einem Browser, der keine Frames unterstützt, ansehen. Die meisten Leute haben jedoch Browser, die mit Frames umgehen können, wie beispielsweise Internet Explorer 3 und Netscape Navigator 3 sowie spätere Versionen. Die neuesten Browser von AOL und CompuServe haben damit ebenfalls keine Probleme. Netscape 2 kann mit Frames arbeiten, jedoch kommt es dabei zu Problemen. Es gibt nur wenig Leute, die mit Browsern arbeiten, die Frames nicht unterstützen, und man findet auch kaum mehr einen Browser für Windows oder Macintosh, der weit verbreitet ist und damit nicht umgehen kann.

Vergessen Sie auch nicht, Ihre Website auf kaputte Links hin zu untersuchen. Damit sind Links gemeint, die Sie auf Ihren Seiten haben und die nicht mehr funktionieren. Das sollten Sie in regelmäßigen Abständen tun, da sich das World Wide Web ständig verändert. Wenn Sie heute einen Link auf eine Website legen, kann diese schon morgen wieder verschwunden sein. Viele Programme zur Erstellung von Websites haben Tools, die alle Ihre Links überprüfen. Versuchen Sie, das alle paar Wochen zu tun.

10.13 Arbeiten Sie mit einer anderen Bildschirmauflösung

Was für einen Bildschirm benutzen die meisten Leute? Nein, es ist kein 17-Zöller, sondern 15" oder weniger. Die Mehrheit arbeitet wahrscheinlich sogar noch mit 14"-Monitoren.

Mit was für einer Auflösung arbeiten also diese Leute? Normalerweise mit VGA (640x480 Pixel). Haben Sie schon einmal versucht, eine höhere Auflösung (800x600 oder sogar 1024x768) bei einem dieser kleinen Bildschirme zu verwenden? Das ist nämlich praktisch unmöglich.

Viele Web-Autoren arbeiten jedoch mit großen Bildschirmen und hoher Auflösung und denken nicht daran, die Auflösung einmal zu verändern, um sich die Seite einmal so anzusehen. Ich weiß das, weil ich schon so viele Websites gesehen habe, die im VGA-Modus praktisch nicht zu benutzen waren. Sie müssen Ihre Website im VGA-Modus testen, selbst wenn Sie auf Ihrem Rechner mit einer höheren Auflösung arbeiten. Sie werden überrascht sein, wie viele Dinge auf einmal total häßlich aussehen, wenn Sie Ihre Seiten mit einer Auflösung von 640x480 Pixeln betrachten.

10.14 Vergessen Sie einmal Ihre Netzwerkverbindung

Ein weiteres Problem mit Web-Autoren ist, daß diese viel zu häufig in ihren Büros sitzen, die eine schnelle Netzwerkverbindung zur Website haben. Die Website befindet sich zwar vielleicht in einem andern Zimmer, aber der Autor ist damit über das lokale Netzwerk verbunden. Selbst wenn die Website woanders im Web liegt, gibt es eine ISDN-Verbindung oder vielleicht sogar eine Standleitung.

Die meisten Internet-Nutzer haben jedoch keine schnelle Verbindung, sondern benutzen Modems. Wie viele Mitglieder gibt es bei America Online? Die letzte Zahl, die ich gehört habe, war 8 Millionen. Addieren Sie dazu alle CompuServe-, Prodigy und T-Online-Mitglieder. Dazu kommen noch all die Leute, die bei kleineren Internet-Providern sind. Insgesamt kommen Sie auf viele Millionen mehr.

Die meisten Leute benutzen immer noch Modems. Davon haben die meisten eine Geschwindigkeit von 28.000 kbps oder weniger. Am gebräuchlichsten sind vielleicht sogar die 14.000-kbps-Modems, obwohl es auch noch viele gibt, die nur 9,6-kbps-Modems besitzen. Das sind die Menschen, für die die meisten Websites erstellt werden sollten. Übertreiben Sie es mit Ihrer Website nicht, wenn diese nicht ausschließlich von Leuten mit schnellen Verbindungen benutzt wird.

10.15 Veröffentlichen Sie Ihre Website nicht, bevor Sie damit fertig sind

In Kapitel 18 werden Sie sehen, wie Sie Ihre Website veröffentlichen. Es ist jedoch besser, wenn Sie sich damit etwas Zeit lassen. Fangen Sie nicht nach dem Einrichten einer kargen Startseite damit an, alles sofort online zu stellen. Sie sollten vielmehr sichergehen, daß Sie etwas haben, damit sich ein Besuch auch lohnt. Ansonsten werden Leute zu Ihrer Website kommen und sofort wieder gehen – vielleicht, ohne jemals wieder zurückzukommen.

Websites sind jedoch auch niemals ganz fertig. Es gibt immer noch etwas, das man noch hinzufügen oder besser machen könnte. Denken Sie also auch nicht, daß Ihre Website komplett fertig sein muß, bevor Sie diese öffentlich zugänglich machen. Es macht nichts, wenn Sie noch hier und da einige Schilder mit der Aufschrift »Noch im Aufbau« haben. Sie können auch auf Seiten linken, in denen Sie auf ein neues Feature, das bald kommen wird, hinweisen. Wenn Sie Dinge einrichten wollen, von denen Sie glauben, daß sie den Leuten wichtig sein werden, können Sie diese ruhig darüber informieren, daß dieses neue Feature bald verfügbar sein wird. Wenn es sich um etwas extrem Wichtiges handelt, könnten Sie auch ein Feedback-Formular einrichten (siehe Kapitel 13), um E-Mail-Adressen zu sammeln. Sie können dann allen Leuten Bescheid sagen, sobald dieses neue Feature läuft.

11. Kapitel

Mehr Tips für effektive Websites

In Kapitel 10 habe ich einen allgemeinen Überblick zum Erstellen einer Website gegeben. Ich empfehle Ihnen, daß Sie die Website »**Web Pages That Suck**« und einige der anderen Websites mit guten Ratschlägen, die ich erwähnt habe, besuchen. Sie können sich dort bestens über alle Einzelheiten informieren. In diesem Kapitel werde ich jedoch kurz auf einige der wichtigsten Punkte eingehen, die für die Erstellung Ihrer Website wichtig sind.

11.1 Benutzen Sie immer eine INDEX.HTML-Datei

Webserver sind so eingerichtet, daß sie eine bestimmte voreingestellte Datei übertragen, wenn ein Browser eine URL ohne Dateinamen anfordert. Welche Datei wird angezeigt, wenn Sie in Ihren Browser beispielsweise `http://www.SuperKanaldeckel.com/` eingeben? Schließlich haben Sie ja keine Datei angegeben.

Nun, der Server wird höchstwahrscheinlich eine Datei namens `INDEX.HTML` schicken. (Fragen Sie den Administrator Ihres Servers, was als voreingestellte Datei konfiguriert ist. Normalerweise ist es `INDEX.HTML`, es kann aber auch etwas anderes wie zum Beispiel `INDEX.HTM`, `WELCOME.HTML` oder `DEFAULT.HTML` sein.). Es ist also gut, wenn Sie in jedem Verzeichnis auf Ihrer Website eine Datei namens `INDEX.HTML` haben. Was passiert, wenn Sie das nicht haben und eine URL ohne Dateinamen angefordert wird? Der Server kann keine Datei schicken, da er kein `INDEX.HTML` findet. Es passiert eins von zwei Dingen. Entweder schickt der Browser die Informationen über das Verzeichnis, damit der Nutzer alle Dateien sehen kann, die sich in diesem Verzeichnis befinden. Sie wollen bestimmt nicht, daß so etwas passiert. Oder aber es erscheint eine Fehlermeldung, die besagt, daß die gewünschte Datei nicht gefunden werden kann.

Sie können nicht wissen, wie Ihre URLs verstümmelt werden, wenn diese innerhalb des World Wide Web herumgereicht werden. Wenn Sie jemandem Ihre URL geben, haben Sie einen Dateinamen am Ende angegeben, der aber verloren gehen kann, wenn die URL an andere Leute weitergegeben wird. Die Hauptseite in jedem Verzeichnis sollte immer `INDEX.HTML` heißen, damit die Besucher Ihrer Website sich immer zurechtfinden können.

11.2 Behalten Sie die Grundstruktur bei

Planen Sie die Grundstruktur Ihrer Website, und versuchen Sie, auch in Zukunft davon nicht abzuweichen. Wenn Sie ständig irgendwelche Dinge verschieben, gibt es wahrscheinlich viele Links, die nicht mehr funktionieren. Obwohl ein gutes Programm zur Erstellung von Web-Seiten Links automatisch anpaßt, wenn Sie eine Datei umbenennen oder verschieben, verwirren Sie damit doch Ihre Besucher, die eventuell auf diese Seite ein Lesezeichen gelegt haben. Später können diese die gewünschte Seite trotz des Lesezeichens nicht mehr finden.

Wenn Sie etwas auf Ihrer Website verschieben müssen, sollten Sie eine Seite erstellen, welche die Leute auf die neue Seite umleitet. Wenn Sie jedoch sorgfältig planen, können Sie solche Veränderungen vermeiden.

11.3 Es sollte verschiedene Möglichkeiten geben, Dinge zu finden

Auf Ihrer Website gibt es schon Links zu den einzelnen Seiten. Es gibt aber noch mehr Dinge, die Sie tun können, um Ihren Besuchern beim Finden der gewünschten Informationen behilflich zu sein.

- **Erstellen Sie ein Inhalts- oder Stichwortverzeichnis.** Überlegen Sie sich, ob es sich anbieten würde, eine Seite mit Links zu allen Seiten in Ihrer Website zu erstellen. Diese könnten Sie als Inhalts- oder alphabetisch geordnetes Stichwortverzeichnis organisieren. Oder aber Sie machen beides. Microsoft Frontpage und andere Programme haben Tools, mit denen Sie das ganz schnell machen können.
- **Stellen Sie eine Suchfunktion zur Verfügung.** Dort können Ihre Besucher ein Stichwort eingeben. Anschließend erhalten sie eine Liste mit passenden Seiten. Frontpage hilft Ihnen beim Erstellen einer Suchseite.
- **Erstellen Sie eine Sitemap.** Wenn Sie nur zwei Farben verwenden, dauert das Laden auch nicht übermäßig lang. Bei **PSINet** (`http://www.psi.net/sitemap/`) finden Sie ein Beispiel dafür. Dort gab es früher ein großes Bild der Website, inzwischen ist dort eine Tabelle mit Pfeilen. Diese Bilder sind sehr klein und zeigen auf Textlinks innerhalb der einzelnen Zellen. Dieses System ist viel effizienter als das vorherige.
- **Stellen Sie Navigationsleisten zur Verfügung.** Das sind die Leisten mit Schaltflächen, die man häufig auf Web-Seiten sehen kann. Sie können Navigationsleisten erstellen, die nur aus Text bestehen. Selbst wenn Sie eine Navigationsleiste haben möchten, die aus Bildern (oder Text als Grafik) besteht, sollten Sie erwägen, zusätzlich eine reine Text-Navigationsleiste einzubauen. Diese lädt schneller als Bilder und kann auch von Leuten benutzt werden, die die Anzeige von Grafiken ausgeschaltet haben. Überlegen Sie sich auch sorgfältig, welche Links in die Navigationsleiste gesetzt werden sollen. Bedenken Sie dabei die Bedürfnisse Ihrer Besucher, und konzentrieren Sie sich auf nützliche Links wie »Startseite«, »Suche«, »kontaktieren Sie uns«, »Index« und so weiter.

11.4 Seitentitel müssen sinnvoll sein

Jede Seite kann und sollte auch einen Titel haben. Diese Titel sollten sinnvoll sein und dem Besucher helfen, sich auf Ihrer Website zurechtzufinden. Denken Sie daran, daß der Titel einer Web-Seite in verschiedenen Orten erscheint: in der History-Liste eines Browsers, bei den Lesezeichen eines Besuchers und auf Ihrer Seite mit dem Stichwortverzeichnis, wenn Sie dieses mit einem automatischen Index-Tool erstellt haben. Sinnlose oder mehrdeutige Seitentitel wie »Seite 3«, »Weitere Infos«, »Download« usw. machen es dem Besucher schwer, sich auf Ihrer Website zurechtzufinden oder wieder zu einer Seite zurückzukehren. Ein weiterer Grund, logische und verständliche Titel zu verwenden, ist, daß diese auch in Suchmaschinen wie Altavista auftauchen.

Jeder Titel könnte beispielsweise mit einer kurzen Version des Namens Ihrer Website oder einer Beschreibung des Bereichs, in dem sich die Seite befindet, anfangen. Zum Beispiel: »Kanaldeckel GmbH Download-Seite« anstelle von »Download-Seite«.

11.5 Muten Sie Ihren Besuchern nicht zu viel auf einmal zu

Überladen Sie Ihre Seiten nicht mit zuviel Zeug. Versuchen Sie, jede Seite klar zu gestalten und mit ein paar Wegen auszustatten, denen der Besucher folgen kann. Das ist natürlich vor allem dann wichtig, wenn Sie den Besucher wohin führen wollen. Zu viele Links verwirren nur. Darauf gehe ich gleich noch näher ein. Die Informationen lassen sich leichter bewältigen, wenn Sie diese in kleinen Portionen auf mehrere Seiten verteilen.

Der Grundgedanke von Hypertext ist, daß Leute Wegen, die ihnen nützlich erscheinen, folgen können. Sie müssen ihnen also nicht alle Informationen auf einmal vorsetzen. Lassen Sie Ihre Besucher vielmehr schon früh auswählen, wohin sie gehen möchten. Andererseits darf man das auch nicht übertreiben, wie das heutzutage oft bei vielen Voice-Mail-Systemen der Fall zu sein scheint. Sie haben das bestimmt schon einmal erlebt, wenn Sie erst durch fünf oder zehn Menüs gehen müssen, bevor Sie dort sind, wo Sie hinwollen. Versuchen Sie, Ihre Website nicht zu viele Level nach unten gehen zu lassen, damit Ihre Besucher zwar Auswahlmöglichkeiten haben, aber nicht zu sehr nach den gewünschten Informationen suchen müssen.

11.6 Schnell, nicht cool – weniger Bilder beschleunigen Ihre Website

Die Anwender im World Wide Web beklagen sich am häufigsten darüber, daß das WWW zu langsam ist. Es dauert einfach zu lange, bis sich die einzelnen Seiten laden. Große Bilder, Videos und all das ganze andere ausgefallene Zeug, das man so auf Web-Seiten finden kann, sind nicht sonderlich beliebt. Es ist vielmehr wichtig, daß die Seiten schnell angezeigt werden. Das heißt jetzt nicht, daß man im Web auf Bilder verzichten muß. Sie sollten aber eingesetzt werden, um einen bestimmten Zweck zu erfüllen. Die Größe des Bildes sollte seinem Nutzen entsprechen. Benutzen Sie also keine großen Bilder für triviale Angelegenheiten.

Man kann durchaus attraktive Websites mit Seiten, die schnell geladen werden, erstellen. Sie brauchen keine großen Bilder, damit die Website gut aussieht und funktioniert. Beispiele dafür sind die Websites von **Fedex** (`http://www.fedex.com/`) und **UPS** (`http://www.ups.com/`). Was ich an diesen Seiten mag ist, daß sie einen bestimmten Zweck gut erfüllen. Die Websites lassen sich gut vergleichen, da es sich bei beiden Firmen um einen Zustelldienst handelt. Die Seiten von UPS laden viel schneller als die von Fedex. Das heißt nicht, daß die Fedex-Website schlecht ist, aber sie könnte besser sein. Die UPS-Website lädt immer schneller als die von Fedex, was daran liegt, daß bei Fedex aus irgendeinem Grund relativ große Bilder verwendet wurden.

Mit **Dr. HTML** (`http://www2.imagiware.com/RxHTML/` – vergleiche auch Kapitel 10) habe ich auch den Text und die Bilder auf den beiden Startseiten analysiert. Die Bilder bei Fedex sind auf jeden Fall größer. Hier sind die gesamten Ergebnisse der Analyse durch Dr. HTML:

Die **UPS**-Website:

- Text und HTML-Kommandos auf dieser Seite sind 0,8 Kbyte groß.
- Alle Bilder zusammen sind 26,5 Kbyte groß.
- Beim Laden der Seite werden insgesamt 27,3 Kbyte übertragen.
- Mit einem 14.000-kbps-Modem dauert das Laden der Seite ungefähr 15,5 Sekunden.

Das gleiche nun für die **Fedex**-Website:

- Text und HTML-Kommandos auf dieser Seite sind 4,2 Kbyte groß.
- Alle Bilder zusammen sind 64,9 Kbyte groß.
- Beim Laden der Seite werden insgesamt 69,0 Kbyte übertragen.
- Mit einem 14.000-kbps-Modem dauert das Laden der Seite ungefähr 39,3 Sekunden.

Was bedeutet diese Diagnose? Aus irgendeinem Grund sind die Bilder von Fedex um 245% größer als die auf der UPS-Website. Bei Fedex müssen Leute mit einem 14.000er Modem zweieinhalb Mal so lange warten wie bei UPS. Und warum? Weil die Designer von Fedex krampfhaft versuchen, cool zu sein.

Die Fedex-Website ist gar nicht einmal so schlecht, sie ist nur nicht so gut wie die von UPS. Es gibt viele Websites, die viel schlechter sind und bei denen Sie Stunden damit verbringen, auf irgendwelche Bilder zu warten.

Wie können Sie vermeiden, daß Ihre Besucher warten müssen? Versuchen Sie einmal, die Bilder ganz wegzulassen und nur mit Text zu arbeiten. Allein mit unterschiedlich formatiertem Text – verschiedene Farben (die meisten Browser können damit umgehen), Schriftgrößen, unterschiedliche Anordnungen (linksbündig, rechtsbündig, zentriert ...) usw., können Sie schon jede Menge machen. Über 90% der Anwender arbeiten mit Browsern, die Tabellen darstellen können, so daß Sie Text auch damit formatieren können.

Wenn Sie einmal alles getan haben, was mit Text allein möglich ist, fügen Sie die Bilder wieder ein. Nehmen Sie nicht zu viele, sondern behalten Sie im Auge, wieviel Speicherplatz alle Ihre Bilder zusammen benötigen. Pro Seite sollten Sie wenn möglich nicht mehr als 30 Kbyte an Bildern haben. Beherzigen Sie am besten auch einige der folgenden Ratschläge.

11.6.1 Testen Sie mit Lynx

Ray Lischner, der ebenfalls Computerbücher schreibt, wies darauf hin, daß es auch Leute im Web gibt, die Bilder gar nicht sehen können: »Einige meiner Freunde sind blind«, erklärte er in einer Mailingliste:

> *Sie können zwar im World Wide Web surfen, aber nur, wenn es zu den Bildern auf den Web-Seiten auch entsprechenden Text gibt. Viel zu oft gibt es Imagemaps ohne zusätzlichen Text, so daß die Seiten für sehbehinderte Menschen schlichtweg versperrt sind. Es ist hilfreich, wenn man beim Erstellen von Web-Seiten das Anzeigen von Grafiken abstellt, um zu sehen, ob die Seite immer noch einen Sinn ergibt. Sie können aber auch Lynx als Browser verwenden.*

Blinde können mit einer speziellen Software den Text auf Web-Seiten in Sprache umwandeln lassen. Wenn eine Seite aber nur aus Bildern besteht, gibt es natürlich auch nichts zum Umwandeln. Lynx ist ein alter Browser, der nur Text darstellen kann und in den Anfängen des WWW eine Zeitlang sehr beliebt war. Heutzutage wird er immer noch von Leuten benutzt, die entweder keine TCP/IP-Verbindung haben oder einen sehr schnellen Zugang zum Web wollen – oder die eben blind sind. Lynx ist auch kein Programm, bei dem Sie mit der Maus auf einzelne Dinge klicken können. Links werden beispielsweise durch Nummern in eckigen

Klammern angezeigt ([1], [2], [3] usw.) und durch die Eingabe der entsprechenden Nummer ausgewählt.

Wenn Sie sehen wollen, wie Ihre Website mit Lynx aussieht, können Sie entweder Lynx direkt (fragen Sie Ihren Serviceprovider nach weiteren Informationen) benutzen oder aber zu einer der folgenden Web-Seiten, die eine Art Lynx Gateway darstellen, gehen:

- **Die Lynx-Seite von Steve Baur**

  `http://www.miranova.com/~steve/Lynx-View.html`

- **Die Lynx-Seite des Salt Lake Community College**

  `http://sol.slcc.edu/webguide/lynxit.html`

Wenn Sie übrigens speziell daran interessiert sind, Ihre Seiten behindertengerecht zu gestalten, dann sehen Sie sich am besten einmal folgende Website an: »**Designing an Accessible World**« unter `http://www.trace.wisc.edu/world/web/`.

11.6.2 Seien Sie nicht so stolz auf Ihr Firmenlogo

Sie kommen zu einer Website und warten darauf, daß die Seite geladen wird. Sie warten. Und warten. Wenn die Seite dann endlich fertig geladen hat, merken Sie, daß nur ein Firmenlogo und die Nachricht »Willkommen auf unserer Website!« erschienen ist. Jetzt müssen Sie auf das Logo klicken – und höchstwahrscheinlich wieder warten, während sich ein anderes riesiges Bild lädt.

Es tut mir leid, aber ich fühle mich hier nicht sehr willkommen. Ich muß ja auch nicht erst eine Viertelstunde vor Ihrer Haustür warten und erst einmal die schöne Fassade bewundern. Und wissen Sie was? Ich bin auch gar nicht beeindruckt. Genauso ist das mit der Website, bei der ich auf das Firmenlogo und die ganzen Auszeichnungen für »coole Websites«, die sie schon gewonnen haben, warten muß. Auch das ist eher nervig.

11.6.3 Fügen Sie am Anfang der Seite reine Textlinks ein

Web-Autoren benutzen oft Imagemaps, also Bilder, bei denen man auf eine bestimmte Stelle klicken kann, um zu einer anderen Seite zu gelangen. Das Problem dabei ist folgendes: Ihre Besucher müssen warten, bis das Bild geladen ist. Sie möchten aber eigentlich nur, daß sie sich einen Link aussuchen und weiter in Ihre Website gehen.

Es ist Ihnen vielleicht schon aufgefallen, daß es viele Websites gibt, die sowohl eine Imagemap als auch entsprechende Nur-Text-Links haben. Für jeden Hotspot auf der Imagemap gibt es einen Text-Link, der zu derselben Seite führt. Das ist sehr nützlich. Sie können das Ganze auch noch besser machen, wenn Sie diese am Seitenanfang plazieren. Ihre Besucher sehen dann diese Links besonders schnell und können gleich zur nächsten Seite gehen, ohne daß Sie warten müssen, bis die Imagemap fertig geladen ist. Das spart Zeit, läßt Ihre Website schneller erscheinen, als sie tatsächlich ist und verringert auch die Last für den Webserver.

11.6.4 Fügen Sie alternativen Text ein

Sie können zu jedem Bild auch einen alternativen Text angeben. Das Attribut `ALT` im HTML-Tag `<IMG>` beschreibt den alternativen Text, den ein Browser statt des Bildes anzeigen kann. Dieser Text erscheint dann auf der Seite, wenn ein Anwender die Bilder ausgeschaltet hat oder wenn er, wie viele tausend Anwender auch, mit einem nicht grafikfähigen Browser arbeitet. Bei Browsern der neueren Generation (ab Internet Explorer 3 oder Netscape Navigator 4) erscheint dieser Text auch, wenn ein Anwender einige Sekunden lang mit dem Mauszeiger über dem Bild verharrt. Bei einigen Browsern kann man auch trotz abgeschalteter Anzeige einzelne Bilder anzeigen lassen. Der Anwender kann also mit ausgeschalteten Bildern arbeiten und nur die Bilder laden, die er auch wirklich braucht. Der alternative Text kann dem Anwender bei eben dieser Auswahl behilflich sein.

Benutzen Sie also das `ALT`-Attribut auf sinnvolle Weise, zum Beispiel »Firmenlogo«, »Imagemap«, »Sitemap« und so weiter.

11.6.5 Benutzen Sie die Attribute »Height« und »Width«

Der `<IMG>`-Tag hat die optionalen Attribute `HEIGHT=` und `WIDTH=`. Damit wird dem Browser die Größe der Grafik mitgeteilt, so daß er weiß, wo genau das Bild und der dazugehörige Text plaziert werden sollen, bevor das Bild selbst übertragen wird. Das ist wichtig, da so der Aufbau der Seite beschleunigt wird. Der Besucher kann auch schon den Text lesen, bevor die Bilder fertig geladen sind. Vergessen Sie also nicht, die Attribute `HEIGHT=` und `WIDTH=` bei jeder Grafik mit anzugeben. Einige HTML-Editoren wie zum Beispiel Frontpage machen das automatisch. Sie können das Bild aber auch in einem Bildbearbeitungsprogramm öffnen, dort nach einer Dialogbox zu den Bildinformationen suchen und die Attribute von Hand einfügen.

11.6.6 Verwenden Sie die Interlacing-Technik

Eine weitere Technik, die bewirkt, daß eine Web-Seite schneller zu laden scheint, ist die Verwendung von Interlaced-Bildern. Das ist ein Bild in einem bestimmten GIF-Format, das in Schichten geladen wird. Sie haben solche Bilder bestimmt schon einmal gesehen. Zuerst ist das Bild ganz verschwommen. Wenn weitere Schichten an den Browser übertragen werden, wird es immer schärfer.

Der Gebrauch von Interlacing ist einer der kleinen psychologischen Tricks, die die Web-Seite zwar nicht wirklich schneller machen, aber doch so wirken. Der Anwender kann im Gegensatz zu normalen Bildern, die zeilenweise aufgebaut werden, schon früh das Bild erahnen und eventuell auch schon Hotspots in einer Imagemap ausmachen.

11.6.7 Verwenden Sie die gleichen Bilder mehrmals

Sobald ein Bild einmal auf den Computer eines Besuchers übertragen wurde, ist es im *Cache* des Browsers gespeichert. Das ist ein Bereich im Speicher oder auf der Festplatte, in dem Dateien gespeichert werden, von denen der Browser denkt, daß sie bald wieder gebraucht werden. Wenn Sie also ein bestimmtes Bild erst auf Ihrer Startseite verwenden und dann später noch einmal auf einer Seite, auf die ein Besucher wahrscheinlich gehen wird, lädt sich das Bild schnell aus dem Cache und muß nicht erst übertragen werden.

Wenn Sie also die gleichen Grafiken mehrmals benutzen, erstellen Sie eine ansprechende Website, die dennoch schnell lädt. Übertragen Sie nicht 30 oder 40 Kbyte pro Seite, sondern reduzieren Sie die Datenmenge auf 5 oder 10 Kbyte durch die mehrmalige Verwendung gleicher Bilder.

Weil die Bilder aus dem Cache geladen werden, können Sie übrigens das gleiche Bild wieder und wieder auf Ihrer Website verwenden, ohne die Ladegeschwindigkeit stark zu beeinträchtigen. Sie könnten beispielsweise überall dasselbe Hintergrundbild verwenden oder Ihr Firmenlogo in der Ecke von jeder Seite. Verwenden Sie dasselbe Bild für Aufzählungszeichen bei Listen, Pfeile, waagerechte Linien und so weiter. Dadurch erhält Ihre Website nicht nur ein einheitliches Look&Feel, sondern auch Abwechslung bei minimalem Datentransfer.

11.6.8 Lieber viele kleine Bilder als ein großes

Reduzieren Sie die Downloadzeit und bringen Sie Abwechslung auf Ihre Seiten, indem Sie viele kleine Bilder anstelle eines großen Bildes verwenden. Sie können auch oft das gleiche Bild mehrmals auf einer Seite verwenden. Häufig nehmen viele kleine Bilder zusammen weniger Speicherplatz ein als ein großes Bild, aber wirken dennoch attraktiv. Und wenn Sie ein Bild öfter verwenden, aber es nur ein einziges Mal vom Server übertragen werden muß, haben Sie gleich zwei (oder mehr) Fliegen mit einer Klappe geschlagen.

11.6.9 Reduzieren Sie die Farben

Wenn Sie die Anzahl der Farben in Ihren Bildern reduzieren, hat das zwei Vorteile: Die Bilder werden kleiner und für viele Leute auch deutlicher. Viele Internet-Anwender arbeiten noch mit einem Grafikmodus von 16 Farben (VGA ist beispielsweise ein 16-Farben-Modus). Wenn Sie bei Ihren Bildern 256 Farben oder gar mehr verwenden, wirken diese für Anwender mit einem Grafikmodus von 16 Farben körnig. Versuchen Sie also, mit den 16 Farben der VGA-Farbpalette auszukommen. Wie können Sie herausfinden, welche Farbe dazugehört? Stellen Sie Ihren Computer auf VGA-Modus um, und starten Sie dann Ihr Grafikprogramm. Reine Farben gehören dazu, Farben, die durch Dithering (bei diesem Verfahren werden Punkte verschiedener Farben gemischt, die aber vom Auge als eine Farbe wahrgenommen werden) zustande kommen, nicht.

Ein guter Designer kann mit 16 Farben attraktive Grafiken erstellen. Es gibt keine Regel in der Kunst, die besagt, daß Bilder mit mehr Farben automatisch schöner sind.

11.6.10 Verwenden Sie die Miniaturansicht

Auch wenn Sie wirklich viele Bilder auf Ihrer Website brauchen, weil Sie zum Beispiel ein Kunstmuseum leiten, ClipArts verkaufen oder eigene Bilder ausstellen wollen, müssen Sie Ihre Besucher nicht darunter begraben. Füllen Sie nicht jede Seite mit großen Bildern. Benutzen Sie statt dessen lieber einige Miniaturansichten (Thumbnails) und linken Sie von dort auf das richtige Bild. Oder aber warnen Sie Ihre Besucher, bevor diese einen Bereich Ihrer Website betreten, in dem es durch den Gebrauch von großen Bildern zu langen Ladezeiten kommt.

11.6.11 Verwenden Sie keine Grafiken für Text

Sehen Sie sich Abbildung 11.1 an. Das ist eine Seite im **World Travel Net** (`http://www.world-travel-net.co.uk/country/usa_hom.htm`), die sehr langsam lädt. Das kann am langsamen Server liegen, da die Bilder an sich nicht ausgesprochen riesig sind. Laut Dr. HTML sind alle Bilddateien zusammen 49,4 Kbyte groß. Man könnte aber die Dinge dennoch verbessern, indem man ab und zu auf den Gebrauch einer Grafik verzichtet. Auf der Seite ist viel Text, der jedoch in Wirklichkeit eine Grafik ist. Es wird überhaupt kein echter Text übertragen. Muß dieses große UNITED STATES OF AMERICA-Banner beispielsweise wirklich ein Bild sein?

Oder BOOK NOW! Oder WORD COUNTRY GUIDE? Könnte man dort nicht einfach richtigen Text verwenden, der schnell übertragen wird? Natürlich könnte man.

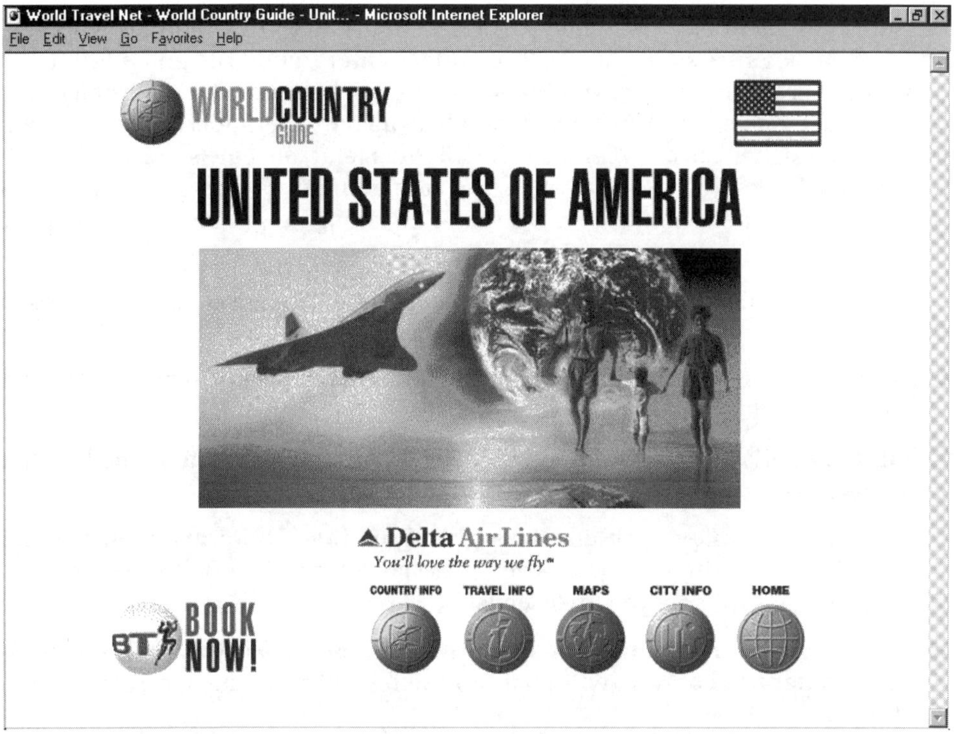

Bild 11.1: Warum Text als Grafik anzeigen, wenn richtiger Text so viel schneller lädt?

11.7 Versuchen Sie nicht mit Gewalt, ein Künstler zu sein

Viele von uns sind nicht besonders künstlerisch begabt. Wenn Sie auch dazugehören, versuchen Sie sich nicht als Künstler und gestalten etwas Auffälliges. Überlassen Sie das lieber professionellen Designern, oder beschränken Sie sich auf Elemente, denen Sie gewachsen sind. Sie sollten vor allem beim Modifizieren von Text, Hintergrundfarben oder -bildern Vorsicht walten lassen.

Haben Sie schon einmal den Ausdruck »Erpresserbrief-Desktop-Publishing« gehört? Das bezieht sich auf das, was passiert, wenn einem künstlerisch unbegabten Computeranwender wie mir ein Desktop-Publishing-Programm und eine Sammlung von Schriftarten in die Hände fällt. Jetzt, wo Sie die ganzen Schriftarten haben, sollten Sie diese auch verwenden, oder? Und weil das so schön ist, kommen alle auf eine Seite. Das Ergebnis ist zwar häßlich, aber wir scheinen es, überwältigt von den Möglichkeiten der Technik, nicht zu bemerken.

Dasselbe geschieht auch bei den Web-Seiten. Ein Hintergrundbild hinzuzufügen, ist so einfach. Es ist so leicht, die Text- oder Hintergrundfarbe zu ändern oder überall Bilder zu verstreuen. Das Ergebnis ist oft schauderhaft. Das Problem ist, daß wir die technischen Möglichkeiten haben, all diese Veränderungen durchzuführen, aber dabei das künstlerische Verständnis fehlt, um eine sehenswerte Seite gestalten zu können. Wir erstellen viel zu häufig etwas, das aussieht, als ob Beavis und Butthead mit einem Desktop-Publishing-Programm herumgespielt hätten.

Ich habe schon alle möglichen häßlichen Kombinationen gesehen. Zum Beispiel diese:

- **Seiten mit dunkelblauen Links auf dunkellila Hintergrund** – das ist beinahe nicht zu entziffern.
- **Ein dunkellila Hintergrund, auf dem schon einmal gewählte Links hell-lila werden** – was noch viel schwieriger zu lesen ist.
- **Text, der von einem weißen Hintergrund in einen Hintergrund mit einem komplizierten Bild übergeht** – der Text scheint mit dem Bild zu verschmelzen, so daß er nur schwer zu lesen ist.
- **Seiten, die von unglaublich leuchtenden und häßlichen Hintergrundbildern beherrscht werden** – man kann sich nicht mehr auf den Text konzentrieren.

Man findet diese grauenhaften Farb- und Musterkombinationen übrigens nicht nur auf privaten Websites, sondern sogar auf Websites von Firmen mit Milliardenumsätzen. Es gibt in bezug auf Hintergrundmuster zwei Grundregeln:

Hintergründe, die gemasertes Holz darstellen sollen, sind immer häßlich.

99% der Hintergründe, die Sie in irgendwelchen Sammlungen finden, sind so knallig, daß sie nur von Schulkindern benutzt werden sollten.

Lassen Sie bei der Zusammenstellung Ihrer Farb- und Hintergrundkombinationen Vorsicht walten, so daß Sie nicht irgendein Monster erschaffen. Farben und Muster sollten auch zu dem Stil Ihres Unternehmens passen und diesen nicht unterdrücken. Achten Sie besonders darauf, daß der Kontrast Text/Hintergrund so ist, daß man Ihren Text gut lesen kann. Das klingt jetzt zwar ganz selbstverständlich, viele Web-Autoren scheinen das allerdings noch nicht zu wissen.

11.8 Niedlich kann verwirrend wirken

Niedlich ist ja schön und gut, aber wird dadurch vielleicht Ihre Botschaft oder Aussage verschleiert? Werfen Sie einmal einen Blick auf Bild 11.2. Das ist eine Seite, die ich auf der Website von Coca Cola (`http://www.cocacola.com/`) entdeckt habe. Was sollen diese ganzen Symbole bedeuten? Die sechs Bilder ganz oben sind schon schlimm genug. Was soll »Tour de Jour«, »Mind Candy«, »Bits O' History«, »Curvy Canvas«, »Netalogue« oder »E-Card« bedeuten? Bei »Netalogue« wird es sich wahrscheinlich um einen Katalog handeln, wo Sie Coca-Cola-Sachen bestellen können. »Bits O' History« könnte eine Art Museum sein. Aber ich kann mir beim besten Willen nichts unter »Curvy Canvas« vorstellen.

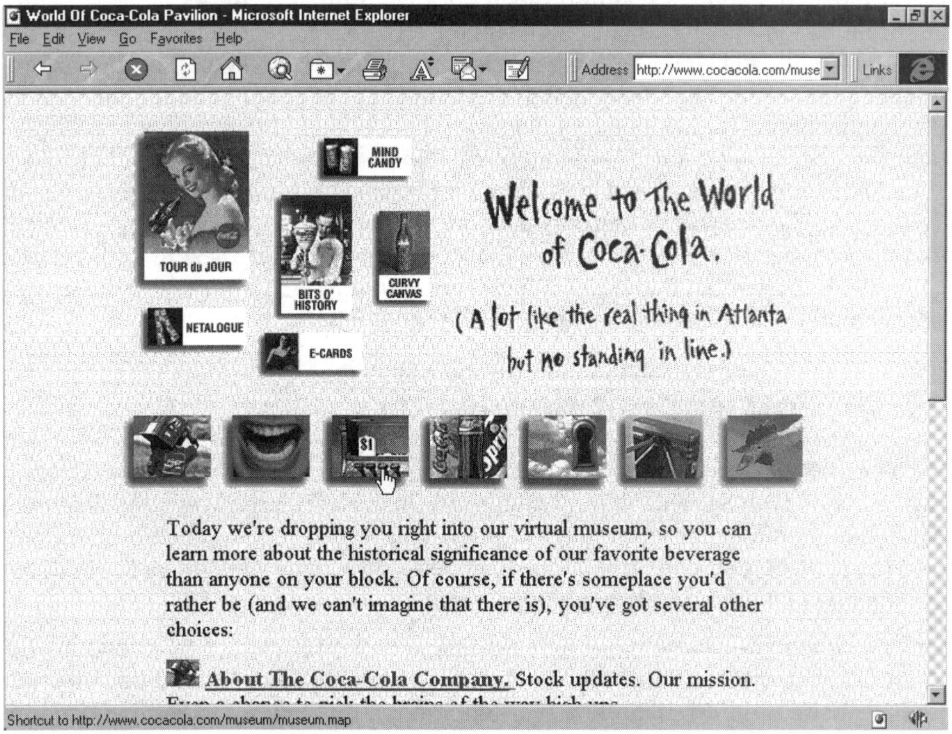

Bild 11.2: Was sollen bloß diese ganzen Symbole bedeuten?

Am schlimmsten sind aber die Bildchen weiter unten. Jemand, der eine Kiste mit Cola-Flaschen trägt, ein Mund, eine Registrierkasse, eine Flasche Cola, ein Schlüsselloch, etwas, das ich zuerst für den Spülkasten einer Toilette gehalten habe, aber bei dem es sich wohl um ein Drehkreuz handeln soll, und ein Hahn (glaube ich). Was soll das Ganze? Ich weiß es nicht, und ich wette, Sie auch nicht, es sei denn, Sie verbringen einige Zeit auf dieser Website. Aber ich werde nicht lange genug dort bleiben, um das herauszufinden.

Niedlich und abstrakt ist okay, aber nur dann, wenn der Besucher immer noch versteht, um was es geht, und sich auf der Website zurechtfinden kann.

11.9 Lieber einmal überdeutlich als nicht verstanden

Dieser Abschnitt gehört eigentlich noch zu dem gerade eben angesprochenen Punkt dazu. Machen Sie es Ihren Besuchern leicht, das zu finden, was sie brauchen. Bedienen Sie sich dazu einer einfachen und verständlichen Sprache, die jeder versteht. Ein kleiner Verlag beschloß beispielsweise einen Link namens »Impressum« zu ändern, nachdem sich wiederholt Leute beschwert haben, daß es keine Informationen darüber gibt, wie man den Verlag kontaktieren kann. Die Bedeutung von Impressum ist vielleicht für einige Besucher offensichtlich, aber auch Leute, die wissen, was das Wort bedeutet (»die Nennung von Verleger, Mitarbeitern, Auflage usw. bei Zeitungen und Zeitschriften«) können sich eventuell nicht vorstellen, was sich in diesem Zusammenhang hinter diesem Link verbergen soll. Benutzen Sie lieber »Kontaktinformationen«, »So kontaktieren Sie uns« oder irgend etwas anderes, das leicht verständlich ist.

11.10 Vorsicht mit den Links!

Vor gar nicht allzu langer Zeit schien jede Website eine Link-Site zu sein. Wenn man auf eine Web-Seite kam, fand man dort Links zu anderen Websites. In einem Artikel zu einem Programm zum Erstellen von HTML-Seiten schrieb eine Computerzeitschrift, daß das Geheimnis einer »erfolgreichen« Website viele Links seien. Aber das ist natürlich kompletter Unsinn.

Links sind ein zweischneidiges Schwert. Sie können Links als Dienstleistung für Ihre Besucher anbieten. Denken Sie aber auch daran, daß Links die Besucher von Ihrer Website wegführen. Stellen Sie sich vor, daß Sie einen Laden in einem Einkaufszentrum oder einer Fußgängerzone einrichten. Wenn Kunden zu Ihnen in den Laden kommen, sagen Sie gleich, was für tolle Dinge diese sonst noch machen können. Gleich um die Ecke ist ein Park, es gibt ein gutes Restaurant nur ein paar Häuser weiter, und ein schönes Kino, in dem fünf verschiedene Filme laufen, ist auch gleich gegenüber. So eine Aktion ist natürlich nicht gerade gut für das Geschäft, oder? Warum also arbeiten viele Websites dann nach dem Prinzip: »Herzlich Willkommen, und hier ist der Ausgang«?

Das World Wide Web ist ein Hypertextsystem. Die frühen Befürworter von Hypertext sahen vor allem die Tatsache, daß alles miteinander vernetzt sein würde, als den Vorteil an. Wenn der Leser etwas Interessantes auf einer Seite entdeckt, kann er zu einem anderen Dokument springen, das ausführlichere Informationen enthält. Die Grundidee von einigen Personen, die für Hypertext eingetreten sind, war die unbegrenzte Vernetzung von Informationen. Man sollte jede verwandte Information, die man brauchte, finden können. Im World Wide Web selbst ist das leider nicht immer eine gute Idee.

Wenn Sie wollten, könnten Sie praktisch zu jedem Wort auf einer Seite einen Link legen, aber das wäre schrecklich verwirrend. Ich habe aber dennoch Leute gesehen, die genau das versuchen. Stellen Sie sich einmal folgenden Satz auf einer Seite einer Firma vor, die Hardware für IBM-PCs verkauft: »Unsere neue xyz-Karte paßt in jeden IBM-kompatiblen PC und erhöht die Geschwindigkeit von JPEG-Bildbearbeitung dramatisch, während sie gleichzeitig jederzeit frischen Kaffee machen kann.« Man könnte nun bei jedem Wort einen Link erstellen: von *xyz* aus auf die Website über xyz-Produkte der Internationalen Vereinigung von xyz-Herstellern, bei *IBM* natürlich auf `http://www.ibm.com/`, bei *JPEG* zur virtuellen JPEG-Spielwiese und schließlich bei *Kaffee* auf die Austausch- und Link-Website der Kaffee-Kenner-Vereinigung. Wirklich sehr hübsch. So kann man die Möglichkeiten von Hypertext voll ausnutzen und allen Lesern einen Grund geben, sofort woanders hinzugehen.

Das Problem ist nicht nur, daß Ihre Besucher womöglich gleich wieder gehen, sondern auch, daß eine Seite voller Links verwirrend wirkt. Vergessen Sie nicht: Sie versuchen ja Ihre Besucher zu einer bestimmten Seite zu dirigieren oder wollen es ihnen zumindest leicht machen, an die gewünschten Informationen zu kommen. Wenn Sie zu viele Links auf einer Seite haben, fordern Sie die Frage »Und, was soll ich jetzt machen?« direkt heraus.

Es gibt auch Gründe für Links, also denken Sie daran, was für einen Zweck sie haben. Sie sind da, um einem Besucher zu helfen, sich auf Ihrer Website zurechtzufinden. Und Sie können damit Ihre Besucher in eine bestimmte Richtung lenken. Diese Links führen natürlich normalerweise auf andere Seiten innerhalb Ihrer Website. Links können aber auch eine Dienstleistung für Ihre Besucher darstellen. Aber nur dann, wenn dadurch ein Vorteil für Sie selbst herausspringt, wie wir ja schon im vorigen Kapitel besprochen haben.

Wir sind also bei der Frage nach Link-Seiten, manchmal auch Meta-Index genannt, angelangt. Sollten Sie für Ihre Besucher eine Liste mit Links anbieten, die von Ihrer Website wegführen? Nun, vielleicht ist das keine schlechte Idee. Viele Websites benutzen eine solche Liste als Mittel, um Besucher erst einmal anzulokken. Alle Suchmaschinen basieren beispielsweise auf diesem Prinzip. Warum gehen denn Leute zu einer Suchmaschine oder einem Web-Index? Damit sie einen bestimmten Link finden und so schnell wie möglich wieder gehen können. Wenn eine Liste mit Links dazu da ist, Besucher auf die Website zu bringen, spricht auch gar nichts dagegen. Wenn Sie das auch machen wollen, vergessen Sie dabei nicht, daß Besucher, die nur wegen der Links gekommen sind, auch noch andere Dinge zu sehen bekommen sollten. Ihre Botschaft, also das Produkt oder die Idee, für die Sie Werbung machen wollen, sollte auf jeden Fall bemerkt werden. Sie sollten also darauf achten, daß es von der Seite mit den Links auch auffällige Wege auf Ihre eigentliche Website gibt.

Wenn Sie die Liste mit den Links nicht dazu benutzen, Leute anzulocken, sollten Sie darüber nachdenken, ob Sie dann überhaupt externe Links anbieten wollen. Wenn die Links nur aus Ihrer Website heraus führen, aber niemanden zu Ihnen bringen, macht das Ganze keinen Sinn, oder?

Wenn Sie also einen Link erstellen, überlegen Sie sich warum und welchem Zweck er dient. Wenn es keinen Grund für den Link gibt, entfernen Sie ihn. Hier ist noch ein kleiner Tip, wenn Sie zwar Links einfügen möchten, aber nicht wollen, daß Ihre Besucher Ihre Website gleich wieder verlassen. Richten Sie die Links so ein, daß die Seite, auf die verwiesen wird, in einem neuen Fenster angezeigt wird. Das Fenster mit Ihrer Website bleibt offen, während die neue Website in einem anderen Fenster erscheint. Dazu verwenden Sie das Attribut `target="fenstername"` in Ihren Links. Hier ist ein Beispiel:

```
<p><a href="http://www.poorrichard.com/" target="Fenster1">Hier
klicken</a></p>
```

Der Browser öffnet ein neues Fenster, in dem die Seite `http://www.poorrichard.com` angezeigt wird. Das neue Fenster hat sogar eine Bezeichnung für den internen Gebrauch, nämlich »Fenster1« (intern in dem Sinne, daß der Besucher diesen Namen nicht sieht, aber dem Browser bekannt ist). Wenn der Benutzer dann auf einen anderen Link klickt, der auf Fenster1 verweist, wird diese Seite auch in dem neuen Fenster geladen.

Wenn Sie auf einer Seite sehr viele Links haben, die alle in das Fenster mit der Bezeichnung Fenster1 geladen werden sollen, müssen Sie nicht bei allen Links das `TARGET`-Attribut anfügen. Sie können vielmehr das sogenannte `<BASE>`-Tag verwenden. Dieses Tag muß vor dem `<BODY>`-Tag am Anfang Ihrer Web-Seite stehen. Geben Sie dort beispielsweise folgendes ein:

```
<base href="Fenster1">
```

Wenn nun irgendein Link auf dieser Seite angewählt wird, öffnet sich das entsprechende Dokument in `Fenster1`. Wenn es ein paar Links gibt, die das nicht tun sollen, was beispielsweise bei Links, die den Besucher zu Seiten innerhalb Ihrer Website führen, der Fall ist, verwenden Sie in diesen Links dann folgendes Attribut:

```
TARGET="_top"
```

11.11 Sagen Sie Ihren Besuchern, was sie machen sollen

Wenn ich für jeden Besuch auf einer Website, bei dem ich mich nach etwas Lesen gefragt habe »Und was soll ich jetzt machen?« einen Dollar bekommen hätte, würde ich jetzt nicht dieses Buch schreiben, sondern mein Vermögen verwalten. Viele Websites sind wirklich wie eine Reklametafel aufgebaut. Es wirkt, als ob es sich um eine Anzeige handelt, auf die man beim Vorbeifahren mal schnell einen Blick wirft. Eine Website kann aber viel mehr, also sollten Sie das auch ausnutzen, weil Sie sonst nur gute Elektronen verschwenden.

Haben Sie Ihre Besucher gebeten, etwas zu tun? Nicht einfach nur, sich in das Gästebuch einzutragen, das ist ein wenig schwach, wirklich; warum sollte sich jemand überhaupt die Mühe machen? Haben Sie Ihren Gast nach seiner E-Mail-Adresse gefragt, so daß Sie ihn informieren können, wenn Sie ein neues Produkt oder eine neue Version herausbringen oder damit Sie ihm besondere Angebote zusenden oder in Ihre kostenlose Mailingliste eintragen können?

Haben Sie Ihren Besucher gebeten, etwas zu bestellen? Eine der Grundregeln im Verkauf ist, daß Sie um die Bestellung bitten müssen. Sie können nicht einfach darauf hoffen, daß ein interessierter Kunde schon etwas bei Ihnen erwerben wird. Haben Sie also Ihren Besucher zum Bestellen aufgefordert, wenn Sie etwas auf Ihrer Website verkaufen? Haben Sie ihn zu einem Bestellformular geführt? Haben Sie die Vorteile Ihres Produkts herausgestellt und den Besucher an Ihre außergewöhnlichen Garantien erinnert? Glauben Sie nicht, was in den letzten zwei Jahren oder so gesagt wurde, nämlich, daß das Internet alles ändern würde. Tut es nämlich nicht. Es ist ein neues Werkzeug, aber die Grundzüge der Menschen haben sich nicht geändert. Sie müssen auch sonst zum Kauf auffordern oder darum bitten, also müssen Sie das gleiche im World Wide Web auch tun.

11.12 Erstellen Sie eine Fußzeile

Überlegen Sie sich, ob Sie nicht eine Fußzeile auf jede Seite setzen wollen. Dort können Sie zum Beispiel Informationen zum Copyright und die E-Mail-Adresse eines Ansprechpartners angeben. Sie könnten aber auch Ihre URL in die Fußzeile und auf die Seite, die Informationen enthält, wie man mit Ihnen in Kontakt treten kann, schreiben (mehr dazu im nächsten Abschnitt). Das klingt vielleicht überflüssig, aber es kann durchaus dabei helfen, daß sich Ihre Besucher besser an Ihre Adresse erinnern und Ihre Website leichter wiederfinden. Das ist auch dann nützlich, wenn die Seite ausgedruckt wird, aber der Browser so konfiguriert ist, daß die URL der Seite nicht automatisch mitgedruckt wird. Meistens erscheint die URL auf dem Ausdruck, manchmal aber auch nicht.

Mit Microsoft Frontpage können Sie übrigens eine Fußzeilen-Datei erstellen, die automatisch am Ende jeder Seite eingefügt wird. Wenn Sie dann einmal irgendwelche Angaben ändern müssen, brauchen Sie das nur einmal zu machen. Es gibt nur wenig andere Produkte, die das auch können. Es ist aber auch mit Hilfe von *Server Side Includes*, einer etwas komplizierteren Methode, möglich.

11.13 Vergessen Sie nicht, einen Ansprechpartner anzugeben

Haben Sie daran gedacht, einen Ansprechpartner anzugeben, damit ein Besucher Antworten auf weitere Fragen bekommen kann? Sie sollten mindestens eine E-Mail-Adresse angeben. Gut ist aber auch die Angabe der Telefonnummer und Postadresse. Ich bin immer wieder überrascht, bei wie vielen Websites es keine Möglichkeit gibt, mit dem Verantwortlichen in Verbindung zu treten. Häufig gibt es nur die E-Mail-Adresse des Webmasters. Benutzen Sie am besten aber nicht Adressen mit »Webmaster«, sondern Personen oder Abteilungen mit richtigen, leicht zu merkenden und sinnvollen Titeln. Zum Beispiel: Verkauf, Informationen, Kundendienst und so weiter. Diese Angaben sollten leicht zu finden und nicht irgendwo versteckt sein.

Vor kurzem war ich auf der Website der Firma Intuit (dem Hersteller von Quicken, einem Finanzmanagerment-Programm) und suchte nach einer Möglichkeit, mit der Firma in Kontakt zu treten, weil ich eine Frage hatte. Ich konnte keine Telefonnummer (außer für den technischen Support) oder E-Mail-Adresse finden. Vielleicht gibt es ja eine, aber dann ist sie sehr gut versteckt. Ich wurde nicht einmal auf der Seite mit Angaben zu der Firma selbst fündig.

Die Angabe einer Telefonnummer kann sehr wichtig sein. Einige Umfragen haben gezeigt, daß ein nicht zu vernachlässigender Anteil von Verkäufen auf einer Website (nämlich ungefähr 70%) gar nicht im Cyberspace stattfindet. Meistens ruft nämlich der Käufer bei der Firma an, nachdem er die Nummer auf der Website gesehen hat. Wenn Sie also eine Verkaufsabteilung haben, geben Sie die Telefonnummer auf Ihrer Website an, um keine Möglichkeit auszulassen.

11.14 Es heißt nicht umsonst *World* Wide Web

Denken Sie daran – es heißt World Wide Web, nicht Deutschland-Web, oder U.S.-Web oder sonst irgend etwas. Welche Zielgruppe wollen Sie erreichen? Ist es wichtig, daß Ihre Website auch von Leuten verstanden wird, die nicht aus Ihrem Land oder Ihrer Region kommen?

Es geht mir hier nicht um die Sprache, obwohl es durchaus Firmen gibt, die mehrsprachige Websites einrichten wollen oder müssen. (Tatsache ist jedoch, daß das Internet der wichtigsten Sprache der Welt – Englisch – einen enormen Auftrieb verschafft hat.) Nein, ich rede von Geisteshaltung und Einstellung. Wenn Sie möchten, daß Ihre Informationen Menschen aus allen Ländern oder Gegenden zugänglich sind, denken Sie daran. Überlegen Sie sich, ob Ihre Worte mißverständlich sein oder ein von Ihnen unerwünschtes Bild vermitteln könnten.

Netscape hatte vor einiger Zeit folgenden Link auf der Website: »Hier können Sie eine einwöchige Kreuzfahrt in der Karibik gewinnen.« Das ist keine schlechte Idee, dachte ich, ich wollte schon lange einmal eine Kreuzfahrt machen. Als ich den Link anwählte, entdeckte ich, daß er zu der Website von AmericaOne führte. Dort mußte man nur eine Spende tätigen und »den Vereinigten Staaten helfen, den America's Cup zurückzugewinnen«, um am Gewinnspiel teilzunehmen. Das Problem ist, daß dadurch viele Besucher der Website leicht verärgert sein könnten. Das ist eine sehr engstirnige Sichtweise. Die Firma macht zwar Geschäfte auf der ganzen Welt, verhält sich aber, als ob sie nur lokal tätig wäre. Netscape hat auch Websites in anderen Sprachen, und das Gewinnspiel war nur auf der englischsprachigen Website zu finden. Aber auf diese kommen nicht nur Besucher aus den USA, sondern auch aus Großbritannien, Kanada, Australien, Südafrika, Hongkong, Singapur, Indien, Sri Lanka, Neuseeland und natürlich aus Ländern mit Sprachen, für die es keine eigene Netscape-Website gibt.

Ein anderes Beispiel: Ich bin einmal zufällig auf eine Website im Microsoft Network gestoßen, auf der Seifenopern im Web rezensiert wurden. Bei Microsoft Network handelt es sich um ein internationales Netzwerk und Microsoft ist selbstverständlich auch ein weltweit operierendes Unternehmen. Der Autor dieser Web-Seite konnte anscheinend jedoch nicht einmal über seinen eigenen Tellerrand sehen, da er eine Seifenoper dafür kritisierte, daß dort britische Rechtschreibregeln anstelle von amerikanischen verwendet wurden.

Das wirft natürlich eine wichtige Frage auf. Wie weit sollten Sie gehen, um es allen ausländischen Lesern recht zu machen? Sollten Websites in Großbritannien »international« gestaltet werden und amerikanische Rechtschreibregeln verwenden? Nein, genauso wenig wie amerikanische Websites sich an die britischen Regeln halten sollten. Die meisten Leute kennen und verstehen auch die Unterschiede in der Sprache, die in den einzelnen Ländern oder Regionen verwendet werden. Das gleiche gilt natürlich auch für Deutsch. Sie müssen sich jedoch überlegen, wer Ihre Zielgruppe ist, und wie Sie Ihre Website entsprechend gestalten. Hier sind ein paar Einzelheiten, auf die Sie achten sollten:

- **Denken Sie beim Erstellen eines Feedback- oder Anmeldeformulars daran, daß es in verschiedenen Ländern unterschiedliche Formate für Adressen, Telefonnummern usw. gibt.** Gestalten Sie Ihre Formulare so, daß die verschiedenen Angaben eingegeben werden können und akzeptiert werden.

- **Fast überall auf der Welt wird das metrische System verwendet.** Wenn Sie ein internationales Unternehmen haben und bei der Beschreibung Ihrer Produkte Maßangaben verwenden müssen, könnten Sie diese Angaben beispielsweise sowohl in Zentimetern als auch in Zoll oder sowohl in Kilo als auch in Pfund machen.
- **Denken Sie daran, Ihre Lieferbedingungen für das Ausland anzugeben.** Wenn Sie zum Beispiel Bücher verkaufen, müssen Sie sich nicht auf ein Land beschränken. Informieren Sie Ihre Besucher, wieviel der Versand innerhalb Europas, nach Amerika usw. kostet.
- **Erläutern Sie die verschiedenen Zahlungsmöglichkeiten.** Es ist hilfreich, wenn Sie Kreditkarten akzeptieren, da Visa, MasterCard und American Express auf der ganzen Welt verwendet werden. Sonst kommen zum Beispiel noch Zahlung per Nachnahme oder Rechnung in Frage.
- **Geben Sie die Währung an.** Man kann eine Website einrichten, bei der nicht klar ist, in welchem Land sie sich befindet. Wenn Sie also schreiben, daß ein Produkt 30 Dollar kostet, sind das dann US-Dollar oder australische Dollar? Oder Dollar aus Kanada, Belize, Hongkong, Simbabwe, den Bahamas oder den Fidschi-Inseln? Innerhalb Europas könnten Sie die Preise sowohl in Ihrer Landeswährung als auch in Euro angeben.
- **Überlegen Sie sich, was Sie tun, wenn Sie Bestellungen in fremden Sprachen erhalten, oder geben Sie schon auf dem Bestellformular an, welche Sprachen bei Ihnen gesprochen werden.**

Wenn Sie Ihre Website in einer weiteren Sprache haben möchten, finden Sie häufig Übersetzer an einer Universität. Sie können natürlich auch im WWW suchen. Bei Yahoo! finden Sie auf den Seiten zu Übersetzungsdiensten unter `http://www.yahoo.com/Business_and_Economy/Companies/Communications_and_Media_Services/Translation_Services/` Hunderte von Übersetzungsbüros und sogar Leute, die sich auf die Übersetzung von Websites spezialisiert haben.

11.15 Den Zähler können Sie vergessen

Sie kennen bestimmt diese kleinen Zähler (auch Counter genannt), die es auf so vielen Web-Seiten gibt, oder? Die, auf denen steht »Sie sind der x-te Besucher seit wann auch immer«? Genau. Vergessen Sie's. Das ist nur wieder so ein Kram, den Ihre Website nicht braucht, und der zudem mit Klischees besetzt ist. Häufig sprechen Sie auch eher gegen die Website. Ab und zu sieht man nämlich einen Zähler, der anzeigt, daß bisher nur ein paar Dutzend oder hundert Leute auf der Website waren. Das ist fast so, als ob der Webdesigner sagen würde: »Bitte besuchen Sie unsere Website. Es kommt ja sonst niemand, und wir könnten auch ein wenig Aufmerksamkeit gebrauchen.«

11.16 Redigieren des Textes und Rechtschreibprüfung

Vergessen Sie nicht, Ihre Website einer Rechtschreibprüfung zu unterziehen. Bitten Sie auch jemanden, Ihre Texte zu redigieren und gegebenenfalls zu bearbeiten. Wenn es mehr als einen oder zwei Rechtschreib- oder Tippfehler auf Ihrer Website gibt, wirkt diese nicht sehr professionell. Wenn Ihnen auch noch Grammatikfehler unterlaufen, werden Sie die Leute nicht mehr ernst nehmen.

Sie könnten natürlich auch eine elektronische Grammatikprüfung verwenden, wie sie viele Textverarbeitungsprogramme inzwischen besitzen. Ich würde mir jedoch nicht die Mühe machen, da diese Programme nicht besonders intelligent sind, Fehler finden, wo gar keine sind und Ihnen irgendeinen eintönigen Schreibstil aufzwingen wollen. Lassen Sie Ihre Texte lieber von jemandem Korrektur lesen.

11.17 »Klicken Sie hier«-Links

Es gibt Autoren, die komplett davon abraten, »Klicken Sie hier«-Links zu verwenden. Das sind Links, die ungefähr so aussehen: »Klicken Sie hier, wenn Sie weitere Informationen zu diesem Thema wünschen.« Ich kann diesem Rat nicht ganz hundertprozentig zustimmen. Ich würde sagen, daß diese Art von Link in der Regel nicht notwendig ist. Die meisten Leute wissen inzwischen, daß man auf einen Link klicken muß, wenn man ihn verwenden will. Manchmal kann so etwas aber auch ganz nützlich sein. Ich bin auch der Meinung, daß Ihre Seiten nicht sehr professionell wirken, wenn alle oder fast alle Links »Klicken Sie hier«-Links sind.

Es ist normalerweise nicht notwendig, »Klicken Sie hier« zu schreiben, da es meistens offensichtlich ist, was der Besucher machen soll. Bei einer Liste mit mehreren Einträgen wie beispielsweise »Weitere Informationen«, »Feedback«, »Nützliche Links« usw. ist jede Zeile ein Link. Ein Besucher weiß sofort, um was es geht. Andererseits gibt es auch Gelegenheiten, bei denen Sie genau sagen wollen, was der Anwender tun soll und der Link alleine einfach nicht genug ist oder seltsam wirkt. Wenn Sie beispielsweise eine Rückmeldung wünschen, könnten Sie schreiben: »Wenn Sie uns mitteilen möchten, wie Ihnen diese Website gefällt, klicken Sie bitte hier.« Der Link kommt dann auf das Wort »hier« oder »klicken Sie bitte hier«. Ich finde, daß das gut klingt und auf jeden Fall besser ist, als wenn Sie einfach einen Link mitten im Absatz haben, der besagt: »Sie können uns mitteilen, was Sie von dieser Website halten.« Wenn man »klicken Sie hier« in den Satz einfügt, kann man manchmal Text und Hypertext in einer sinnvollen Weise miteinander verbinden.

Viele Experten, die sich mit Werbung im Internet befassen, behaupten, daß die Worte »Klicken Sie hier« dazu führen, daß häufiger auf Links geklickt wird. Denken Sie also nicht, daß »Klicken Sie hier« immer ein Fauxpas ist. Gelegentlich eingesetzt kann das durchaus sinnvoll sein.

11.18 Vorsicht mit Frames (Rahmen)

Frames (oder Rahmen) sind rechteckige Bereiche, in die auf manchen Websites das Browserfenster aufgeteilt wird. In diese Bereiche werden die einzelnen Teile der Website geladen. Ich bin mir sicher, daß Sie so etwas schon einmal gesehen haben. Das Fenster Ihres Browser teilt sich bei manchen Seiten plötzlich in zwei oder mehr Teile auf. Jeder Abschnitt dieser Bereiche enthält ein anderes Dokument.

Frames sind aber ein zweischneidiges Schwert. Einerseits können sie sehr nützlich sein, in anderen Fällen sind sie ein großes Ärgernis. Beim Benutzen von Frames muß man auf einige Dinge achten. Der wichtigste Punkt ist, daß viele Leute Frames hassen. Das liegt einerseits wahrscheinlich daran, daß sie so häufig falsch verwendet werden und andererseits daran, daß Netscape Navigator 2, der erste Browser, der Frames darstellen konnte, beim Anzeigen von Frames so häufig abgestürzt ist. Wenn Sie nicht davon überzeugt sind, daß Frames für Ihre Site wirklich nützlich sein, verwenden Sie sie lieber nicht.

Wie kann man Frames falsch verwenden? Nun, viele Autoren verwenden einfach zu viele Frames. Ich denke, daß zwei Frames auf einer Seitc das Maximum sein sollten, da viele (oder sogar die meisten) Web-Anwender im VGA-Modus arbeiten. Das bedeutet, daß der Bildschirm 640 Pixel breit und 480 Pixel hoch ist. Sehen Sie sich die Web-Seite im VGA-Modus an, wenn Sie Frames verwenden müssen. Sie werden dann merken, wie wenig Platz in den einzelnen Dokumenten vorhanden ist. Ich habe von Websites gehört, bei denen es neun Frames gibt, was natürlich kompletter Unsinn ist. Auf vielen Web-Seiten gibt es jedoch vier Frames, was im VGA-Modus sehr seltsam aussieht.

Ein anderes Problem liegt in der Konfiguration der Frames. Man kann Frames mit oder ohne Bildlaufleiste erstellen. Viele Autoren, die Frames in einem hochauflösenden Grafikmodus erstellen, lassen die Bildlaufleiste weg. Dabei merken sie nicht, daß Teile des Dokuments im VGA-Modus nicht mehr auf den Bildschirm passen. Internet-Anwender, die im VGA-Modus arbeiten, können nicht das ganze

Dokument sehen. Weil es keine Bildlaufleiste gibt, können sie auch nicht weiter runter scrollen und den Rest sehen.

Als Zusammenfassung läßt sich sagen: Wenn Sie keine Frames brauchen, lassen Sie am besten die Finger davon. Ansonsten gilt: Testen Sie Frames im VGA-Modus, und verwenden Sie sie vernünftig!

11.19 Die letzte Regel

Bevor es weitergeht, noch eine letze Regel:

Ausnahmen bestätigen immer die Regel – aber nur, wenn Sie auch wirklich wissen, was Sie da tun.

Wie sonst auch, sind Regeln dazu da, gebrochen zu werden. Allerdings muß man geschickt sein, wenn man damit ungestraft davon kommen möchte. Wenn Sie keinen guten Grund haben oder sich nicht sicher sind, ob Sie durch Mißachtung einer dieser Regeln eine häßliche, ärgerliche oder nutzlose Website erstellen, versuchen Sie es lieber nicht.

Lesen Sie Ihre Web-Seiten ab und zu wieder einmal durch. Häufig merken Sie, daß Dinge, die Sie vor einiger Zeit geschrieben haben, gar nicht mehr passend sind.

11.20 Lassen Sie sich helfen – Bücher zum Thema Design und Vorlagen

Warum lassen Sie sich nicht ein wenig helfen? Viele Programme zur Erstellung von Websites haben Vorlagen, die Sie verwenden können. Laden Sie einfach die Vorlage, ändern Sie den Text und die Bilder, und schon haben Sie eine fertige Website. Stellen Sie jedoch sicher, daß die Vorlagen richtig formatiert sind. Einige der Vorlagen in der Betaversion von Frontpage 98 waren beispielsweise nicht besonders gut formatiert, denke ich. Die Designer haben Überschriften und Unterüberschriften erstellt, die im normalen Textformat gehalten sind, bei dem die Größe der Zeichen verändert wurde. In den neuesten Browsern sieht das auch gut aus, aber in früheren Versionen sehen die Überschriften nicht anders aus als der restliche Text. Ich denke, daß es mehr Sinn macht, die entsprechenden Tags für Überschriften zu verwenden. Alle Browser erkennen dann eine Überschrift als solche, und Sie können die Zeichen innerhalb der Überschrift-Tags immer noch ändern, wenn es sein muß.

Es gibt auch einige gute Bücher zum Thema Website-Design. Dort finden Sie jede Menge Tips zum Gebrauch von Farben, Seitenlayout mit Hilfe von Frames und Tabellen, Arbeiten mit Grafiken und so weiter. Im Gegensatz zu vielen anderen Büchern wendet sich dieses Buch nicht an Profis. Viele Bücher zum Thema Design sind eindeutig für Leute gedacht, die bereit sind, viel Zeit für die Gestaltung aufzuwenden. Diese Art von Büchern behandelt meist auch komplizierte Vorgänge, für die man teure Grafikprogramme braucht. »Home Page Improvement« (auf Deutsch: Homepage-Verbesserung) zeigt Ihnen einfache und günstige Dinge, mit denen Sie Ihre Seiten aufpeppen können.

Passen Sie aber auf. Was ist Ihr Hauptziel? Wollen Sie eine wirklich coole Website erstellen, oder wollen Sie Ihre Produkte, Dienste oder Ideen promoten? Es macht viel Spaß, mit dem Design einer Website herumzuspielen. Es gibt Tausende cooler kleiner Tools für Ihre Website. Und Sie können auch tausend Dinge tun, um Ihre Website zu verschönern. Die Zeit, die Sie damit verbringen, könnten Sie aber auch für etwas anderes nutzen, wie zum Beispiel Werbung für Ihre Produkte zu machen. Benutzen Sie diese Tools umsichtig, und verlieren Sie dabei nicht Ihr eigentliches Ziel aus den Augen.

Es gibt auch Bücher mit Vorlagen für Websites. Eines, das mir kürzlich aufgefallen ist und das nützlich sein könnte, ist das **Web Design Templates Source Book** von Lisa Schmeiser (New Riders, ISBN 1-56205-754-5; `http://merchant.superlibrary.com:8000/catalog/mcp/PRODUCT/PAGE/15620/bud/1562057545.html`). Es enthält fast 500 Vorlagen für viele unterschiedliche Zwecke. Sie können sie einfach mit einem Webbrowser ansehen. Wenn Ihnen eine gefällt, können Sie sich die Vorlage von der CD-ROM in Ihr Programm zur Erstellung von Web-Seiten kopieren und dann Ihren Wünschen anpassen. Solche Vorlagen sind eine tolle Ressource für Leute, die keine Ahnung von Design haben, wie zum Beispiel ich selbst!

12. Kapitel

Websites sind keine Einbahnstraßen – So werden sie interaktiv

Vor einigen Tagen habe ich eine Anzeige einer Webdesign-Firma in einer Zeitung gesehen. Der Text lautete: »Bauen Sie Ihre eigene Reklametafel im World Wide Web.« Sie haben bestimmt auch schon mal gehört, wie Websites gerne mit Reklametafeln verglichen werden. Das ist natürlich kompletter Unsinn, weil das so nicht stimmt. Und das ist auch gut so. Eine Website kann gar nicht wie eine Reklametafel funktionieren, weil die Leute sie nicht sehen, es sei denn, Sie bringen sie zu der Website (darüber werden wir in den Kapiteln 18 bis 22 sprechen). Eine echte Reklametafel wird von Leuten gesehen, die zufällig vorbeifahren oder -gehen. Das WWW funktioniert aber nicht auf diese Weise.

Es ist nicht nur so, daß eine Website keine Reklametafel ist. Es wäre auch dumm zu versuchen, sie wie eine Reklametafel zu verwenden. Ich sehe ständig Websites, die einfach nur dastehen. Man liest sie und erfährt vielleicht ein bißchen was zu einem bestimmten Produkt. Dann geht man wieder, weil es dort sonst nichts zu tun gibt. So eine Website ist schlecht gestaltet, da es so viel mehr gäbe, was man machen könnte.

12.1 Websites können mehr

Der Besucher sollte an der Website aktiv beteiligt sein und auf irgendeine Weise Feedback geben. Eine Website sollte den Besucher dazu bringen, daß er etwas Bestimmtes tut. Diese Handlung sollte ihm (und Ihnen) auf irgendeine Weise nutzen. Ich rede hier nicht von irgendwelchen niedlichen, aber unnützen Spielen, unnötigen JavaScripts oder ActiveX-Steuerelementen, sondern zum Beispiel von ...

- **einem Formular, mit dem sich der Anwender für etwas anmelden kann**, zum Beispiel ein kostenloses Rundschreiben, auf den neuesten Stand gebrachte Informationen zu Ihren Produkten, kostenlose Dinge, die regelmäßig direkt an den Abonnenten verschickt werden, und so weiter.
- **einem Diskussionsforum,** in dem sich Besucher mit Ihren Mitarbeitern oder untereinander unterhalten können. Ich verstehe unter einem *Diskussionsforum* ein System, das mit einer Newsgruppe zu vergleichen ist. Dort können Besucher Nachrichten von anderen Leuten lesen, eigene Beiträge schreiben und später wiederkommen, um zu sehen, ob schon eine Antwort gekommen ist.
- **einem Chatsystem,** in dem Besucher sich live mit Ihren Mitarbeitern oder anderen Besuchern der Website unterhalten können. Ich verstehe unter *Chat* ein System, in dem ein Besucher eine Nachricht tippt, die praktisch sofort von jemand anderem gesehen und auch beantwortet werden kann. Das ist für den technischen Support, regelmäßige »Vorlesungen«, Treffen mit Prominenten

oder auch ganz normale »Gespräche« zwischen Besuchern, die an Ihren Produkten interessiert sind, ganz prima geeignet.

- **Feedback-Formularen,** mit denen Sie Angaben zu den Anwendern sammeln können. Führen Sie Umfragen durch, um herauszufinden, was Ihre Kunden von Ihrer Website oder Ihren Produkten erwarten. Finden Sie heraus, was sie an Ihren Produkten mögen und was Ihnen nicht gefällt. Sammeln Sie positive Aussagen über Ihre Firma oder Produkte, die Sie in Ihren Marketingmaterialien verwenden können. Fragen Sie die Besucher Ihrer Website, was sie von der Konkurrenz halten oder wie Ihre Produkte im Vergleich zu anderen Anbietern abschneiden. Versuchen Sie, möglichst viel über die Interessen Ihrer Besucher herauszufinden und ein Kundenprofil mit demographischen und anderen Angaben zu erstellen.
- **Wettbewerben, die Sie ausschreiben, oder der Verteilung von Werbegeschenken.** Das ist eine tolle Möglichkeit, Leute auf Ihre Website zu bringen und um E-Mail-Adressen zu sammeln, die Sie später für die Ankündigung neuer Produkte verwenden können.
- **der Ankündigung neuer Produkte.** Bitten Sie Ihre Besucher, ein Formular auszufüllen, damit sie informiert werden können, sobald die Produkte erhältlich sind. Sie können dieses Angebot noch besonders schmackhaft machen, wenn Sie Sonderangebote für die Kunden auf der Mailingliste ankündigen.
- **der Suche nach Leuten, die Ihre Produkte rezensieren.** Eine große Anzahl von Autoren und Journalisten macht bereits Gebrauch vom Internet. Viele Leute, die Sie brauchen, um Ihr Produkt zu vermarkten, haben schon einen Internet-Zugang. Sobald Sie jemanden zu Ihrer Website gebracht haben, können Sie ihm ein Formular geben, mit dem er ein Rezensionsexemplar oder Presseinformationen bestellen kann.
- **einer Seite mit Kleinanzeigen,** auf der Leute Anzeigen lesen oder auch selber aufgeben können, wenn sie etwas suchen oder verkaufen wollen. Genauso wie eine Seite mit Links könnte dies Leute auf Ihre Website locken.
- **einer Link-Seite der anderen Art.** Sie haben eine Link-Seite oder einen Meta-Index, um Leute zu Ihrer Website zu bringen. Warum lassen Sie nicht Ihre Besucher selber Links eintragen? Wenn Sie zum Beispiel die ultimative Website zum Thema Straußenfarm einrichten, könnten Sie Links zu allen anderen Websites über Strauße erstellen. (Das ist im Moment noch ganz einfach, aber wer weiß, wie das in Zukunft aussehen wird.) Besucher, die eine Website zum Thema Strauß oder Emu kennen, die noch nicht in Ihrer Liste ist, können ein Formular ausfüllen und beispielsweise ihre eigene Website eintragen. Sie könnten auch eine extra Seite für die Lieblingslinks Ihrer Besucher einrichten.

Sie haben bestimmt noch mehr gute Ideen, wenn Sie einfach Ihre Phantasie spielen lassen oder etwas im WWW surfen und sich umsehen, was andere Leute so machen.

Lassen Sie uns auch schnell einmal einen Blick auf ein System werfen, das ich vor kurzem entdeckt habe. In Bild 12.1 sehen Sie die PR-Seite von **Sausage Software** (`http://www.sausage.com/pressroom/pressroom.html`). Sausage Software ist der Hersteller des HTML-Editors HotDog HTML-Editors (siehe Kapitel 9). Was mir an diesem einfachen Formular so gut gefällt ist, daß es wirklich alles abdeckt. Sie können Presseinformationen anfordern (»Media Information«), ein Paßwort für ein Belegexemplar beantragen, mit der Firma wegen Werbung in Kontakt treten, fragen, ob Sie die Software auf eine CD-ROM mit Shareware tun können und so weiter. Sie können auch eine detaillierte Nachricht schicken, in der Sie genau erklären, was Sie wollen.

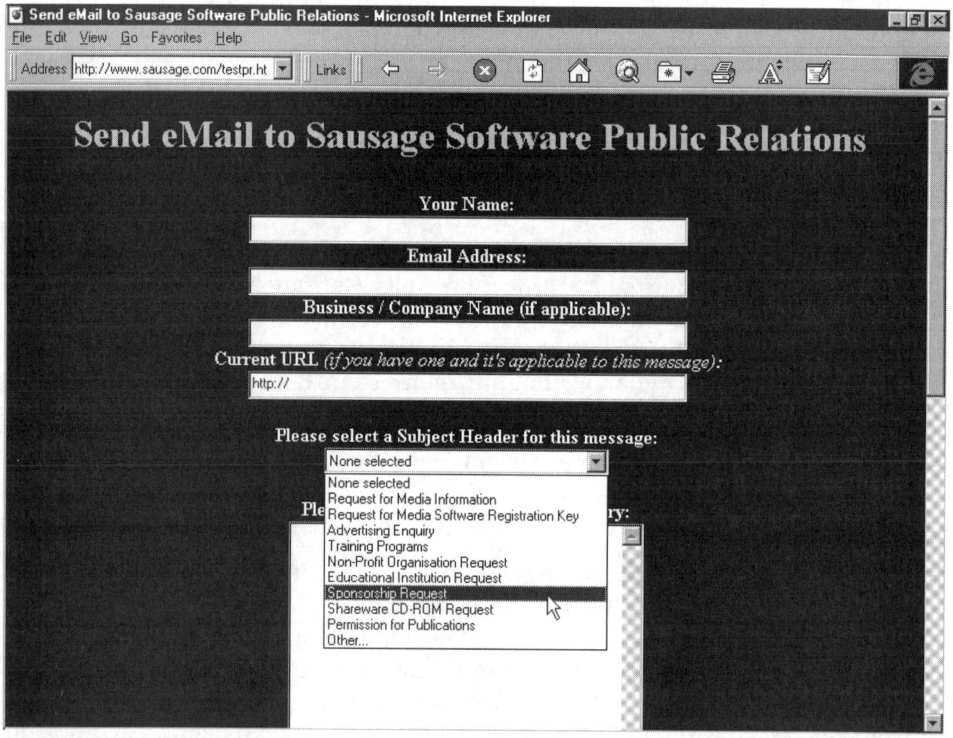

Bild 12.1: Bei Sausage Software ist es ganz einfach, mit der Firma in Verbindung zu treten.

Es gibt jedoch eine Sache, die auf dieser Website besser sein könnte. Der Besucher müßte zum Handeln aufgefordert werden. Obwohl es bei Sausage Software ein Formular gibt, in dem schon alle möglichen Dinge, nach denen Besucher fragen könnten, abgehakt sind, sehen das die Besucher erst, wenn sie schon beim Formular angelangt sind. Es wäre besser, wenn man diese Ideen deutlicher präsentieren würde. Geben Sie Ihren Besuchern und Kunden nicht nur die Möglichkeit, selber aktiv zu werden, sondern fordern Sie diese dazu auf. Es könnte zum Beispiel einen Link namens »für Pressemitglieder« geben, der dann Journalisten zu einer entsprechenden Seite führt. Dort werden sie dann aufgefordert, kostenlose Rezensionsexemplare oder Presseinformationen zu bestellen.

Sie könnten auf Ihrer Website auch einen Bereich nur für Journalisten erstellen. **Forté**, der Hersteller von Free Agent, einem Newsreader, macht genau das. Dort gibt es eine Seite für Verlage und Journalisten (**Agent Publisher's Room** unter `http://www.forteinc.com/agpub/`) mit Links zu Pressemitteilungen, Rezensionsexemplaren der Software und sogar einer Liste der bevorzugten Verlagshäuser. Letzteres ist eine Seite mit Angaben zu Büchern, die Fortés Software erwähnen oder mitliefern.

12.2 So erstellen Sie Formulare für Ihre Web-Seiten

Es gibt ein Problem, wenn sich Ihre Besucher aktiv beteiligen sollen. Die dazu notwendigen Dinge sind nicht gerade einfach zu erstellen. Wenn Sie eine interaktive Web-Seite haben möchten, brauchen Sie Formulare. Das geht noch ganz leicht. Es gibt HTML-Tags zur Erstellung von Formularen, wie zum Beispiel `<input type="text">` (ein einfaches Textfeld), `<input type="checkbox">` (ein Kontrollkästchen) oder `<input type="radio">` (ein Optionsfeld). Das Problem dabei ist, daß HTML selbst nicht besonders viel mit Formularen anfangen kann. Es kann keine wirkliche Interaktion bewerkstelligen, sondern nur den Inhalt eines Formulars woanders hinschicken. Ein Programm kann dann die Eingaben aus dem Formular in irgendeiner Form weiterverarbeiten. Sie brauchen also noch irgendein Programm, wie zum Beispiel:

- Ein **CGI-Skript** (*Common Gateway Interface*), das erste Programm, das dazu benutzt wurde, Leser von Web-Seiten aktiv werden zu lassen.
- **JavaScript**, eine recht einfache Skriptsprache, die im Internet Explorer, Netscape Navigator und auf einigen Webservern läuft.
- **JScript**, Microsofts Version von JavaScript. Diese Sprache enthält einige JavaScript-Kommandos, aber auch zusätzliche Befehle, die es dort nicht gibt.

- **Java**, eine echte (also komplexe) Programmiersprache, mit der man Programme schreiben kann, die entweder in einem Browser oder auf dem Webserver laufen.
- **ActiveX**, Microsofts Antwort auf Java; ActiveX funktioniert bisher nur mit dem Internet Explorer und nicht mit Netscape.
- **Eine andere, spezielle Skriptsprache**, die von einem HTML-Editor oder einem Programm zur Erstellung von Web-Seiten, wie zum Beispiel Microsoft Frontpage, verwendet wird.

Was sollten Sie verwenden? Am einfachsten ist entweder die eingebaute Skriptsprache eines Programms oder aber CGI. Das heißt in anderen Worten, daß die meisten Leute wohl ein Produkt wie Microsoft Frontpage benutzen werden, das die Programme für Sie erstellt. Für die Sachen, die das Tool nicht erstellen kann, kann man dann CGI-Skripte verwenden.

Wenn Sie Frontpage oder ein anderes Produkt, das eine eingebaute Skriptsprache hat, verwenden, brauchen Sie selbst nichts zu programmieren. Sie müssen nur lernen, wie man in diesem Programm Formulare erstellt (und Sie sollten mit den entsprechenden Tools gut umgehen können). Wenn Sie beispielsweise ein Diskussionsforum erstellen möchten, können Sie das mit Microsoft Frontpage in wenigen Minuten erledigen. Diskussionsforen sind ein recht komplexes Beispiel dafür, wie man Besucher der Website aktiv am Geschehen beteiligen kann. Sie brauchen eine Seite mit einem Textfeld, in das der Besucher eine Nachricht eingeben kann. Der Betreff muß, sobald die Nachricht abgeschickt ist, in eine Liste mit weiteren Mitteilungen aufgenommen werden, die anderen Besuchern zugänglich ist. Diese Liste sollte in sogenannte *Threads* (manchmal auch als *Diskussionsfaden* bezeichnet) aufgeteilt sein, damit man gleich sieht, welche Nachrichten Antworten auf früher abgeschickte Mitteilungen sind. Die Leser müssen den Text einer Nachricht sehen und darauf antworten können.

Das alles zu erstellen, ist recht trickreich. Ein Programmierer braucht eventuell einige Tage, bis er ein einfaches Diskussionsforum von Grund auf erstellt hat. Fertige Diskussionsforen-Programme kosten zwischen 85 und 700 DM. Sie können aber auch ein Produkt wie Frontpage benutzen, mit dem Sie innerhalb von wenigen Minuten selbst ein Diskussionsforum erstellen können. Wenn Sie Frontpage nicht benutzen, können Sie auch Freeware zur Erstellung von Diskussionsforen benutzen (mehr zu Diskussionsforen später).

Aber selbst wenn Sie Frontpage oder ein ähnliches Tool haben, kann es nicht alles für Sie machen. Es gibt Dinge, bei denen es Ihnen nicht helfen kann, aber die Sie vielleicht trotzdem brauchen, zum Beispiel Chaträume oder Einkaufswagensysteme.

Sie können dazu aber fertige CGI-Skripte benutzen. Im WWW gibt es viele kostenlose oder sehr günstige Skripte (ich erkläre später, wie Sie diese finden können), die Sie dann an die Bedürfnisse Ihrer Website anpassen können.

Und was ist mit JavaScript, JScript, Java und ActiveX? Das ist alles so kompliziert, daß Sie ein Programmierer sein müssen, wenn Sie damit arbeiten wollen. Es gibt zwar fertige Skripte, die Sie benutzen können. Wahrscheinlich sind diese aber recht simpel und nicht besonders nützlich. Wenn Sie bereit sind, viel Zeit mit dem Lernen von JavaScript oder JScript zu verbringen oder wenn es Ihnen nichts ausmacht, jemanden dafür zu bezahlen, können Sie damit recht ausgereifte Programme erstellen. Wenn Sie ein Beispiel wollen, können Sie sich eine **JavaScript Area Code Applikation** von mir unter `http://www.netscapepress.com/support/javascript1.2/19-1.htm` ansehen. Wenn Sie extrem viel Zeit haben, um Java oder ActiveX zu lernen, oder einem Programmierer sehr viel Geld zahlen wollen, dann können Sie anspruchsvolle Systeme bekommen. Viele große Websites benutzen beispielsweise Java im Hintergrund, um Bestellungen entgegenzunehmen.

Wenn Sie aber eine Website erstellen wollen, ohne dabei viel Geld auszugeben, ist es wahrscheinlich besser, wenn Sie diese Dinge vermeiden. Halten Sie sich dann lieber an Microsoft Frontpage und CGI-Skripte. Das ist nicht zu teuer und recht einfach handzuhaben. Bei den Skripten, die Sie verwenden, gibt es dann auch keine Kompatibilitätsprobleme. Ein CGI- oder Frontpage-Skript funktioniert mit jedem Webbrowser, der Formulare anzeigen kann. Bei JavaScript oder JScript ist das nicht der Fall. Diese Skriptsprachen haben bedenkliche Kompatibilitätsprobleme. Ein Skript, das mit dem einen Browser funktioniert, kann in einem anderen überhaupt nicht laufen. Das gleiche gilt auch für Java und ActiveX, obwohl Java zumindest theoretisch mit den meisten Browsern, die heutzutage verwendet werden, funktioniert. Zwar nicht immer gut, aber ActiveX funktioniert sogar nur mit weniger als der Hälfte von allen Browsern, die momentan im Einsatz sind.

12.3 So finden Sie CGI-Skripte

Wenn Sie zusätzlich zu den Skripten, die Ihr Programm zur Erstellung von Web-Seiten zur Verfügung stellt, auch CGI benutzen wollen oder wenn Ihr Tool keine Skriptsprache kann, gibt es verschiedene Plätze, auf denen Sie sich umsehen können. Fragen Sie als erstes Ihre Webhosting-Firma. Viele haben ganze Verzeichnisse voll mit nützlichen Skripten. Der Vorteil ist, daß Sie die Skripte normalerweise nicht erst großartig anpassen müssen, um sie einzurichten. Sie können vielleicht auch Hilfe bekommen. Das CGI-Skript ist vielleicht auch schon auf dem Server installiert, so daß Sie sich die Arbeit und den Plattenplatz sparen können.

Als zweites können Sie sich auf den folgenden Websites umsehen:

- **CGI City**

  `http://www.cgicity.com/`

- **The CGI Collection**

  `http://www.selah.net/cgi.html`

- **CGI Free** (Dort werden CGI-Skripte gelagert. Sie müssen sie nicht installieren, sondern nur Ihr Formular so konfigurieren, daß es die Skripte aufruft.)

  `http://www.cgi-free.com/`

- **CGI Now**

  `http://www.cgi-now.com/cgi-now/`

- **CGI Ressourcen**

  `http://www.cgi-resources.com/Programs_and_Scripts/Perl/`

- **Dale Bewleys Perl Scripts und Links** (Sehr nützlich, vor allem, weil es dort auch eine lange Liste mit Links zu weiteren Websites mit CGI-Ressourcen gibt.)

  `http://www.bewley.net/perl/`

- **Freescripts**

  `http://www.freescripts.com/`

- **Matts Script Archiv**

  `http://www.worldwidemart.com/scripts/`

- **Q&D Software Development** (Dort gibt es ein spezielles Programm zur Erstellung von Web-Formularen.)

  `http://www.q-d.com/`

- **RC Software**

  `http://www.rcsoftware.com/`

- **Selena Sol's Public Domain CGI Script Library**

  `http://www.extropia.com/`
  `http://mirrors.ids.it/sol/`

- **The Scripts Home**

  http://www.virtualcenter.com/scripts2/

- **Urbanite Information Systems**

  http://www.urbanite.com/

- **Kira's Web Toolbox CGI Library**

  http://lightsphere.com/cgi/

- **CGI-Seite bei Yahoo!**

  http://www.yahoo.com/Computers_and_Internet/Internet/World_Wide_Web/CGI_Common_Gateway_Interface/

- **Yahoo! – Web Software Companies** (viele Firmen, die alle möglichen CGI-Skripte verkaufen)

  http://www.yahoo.com/Business_and_Economy/Companies/Computers/Software/Internet/World_Wide_Web/

Wenn Sie nach CGI-Skripten suchen, dürfen Sie dabei nicht vergessen, daß Sie nur bestimmte Skripte benutzen können. Das CGI-Skript muß für das Betriebssystem, auf dem der Webserver läuft, konzipiert sein. Wenn Ihre Webhosting-Firma beispielsweise einen Windows-NT- oder Macintosh-Webserver benutzt, können Sie keine UNIX-CGI-Skripte verwenden. Das ist natürlich auch noch ein Vorteil, wenn Sie Skripte verwenden, die Sie von Ihrem Webhost bekommen haben. Diese Skripte sind dann nämlich speziell für den Webserver der Firma geschrieben. Das Ganze stellt jedoch normalerweise kein allzu großes Problem dar, da die meisten Skripte auf UNIX-Webservern laufen. Wenn Sie also nicht gerade mit einem Windows-NT- oder Macintosh-Server zu tun haben, werden die Skripte, denen Sie über den Weg laufen, auch funktionieren. CGI-Skripte sind einfache Textdateien. Sie kopieren Sie einfach auf Ihren Computer und führen alle notwendigen Veränderungen in einem Texteditor durch. Dann kopieren Sie das Skript auf den Webserver. Achten Sie dabei darauf, daß der FTP-Transfer im ASCII-Modus abläuft. So funktioniert das jedenfalls theoretisch. Wenn Sie das Arbeiten mit CGIs nicht gewohnt sind, ist es häufig recht knifflig, ein anspruchsvolles CGI-Skript richtig zum Laufen zu bringen. Machen Sie sich jedoch keine Sorgen. Ich werde später erklären, wie man sie gegen ein geringes Entgelt installiert kriegt. Die Preise hierfür beginnen bei ca. 85 DM.

> *Da CGI-Skripte normalerweise für UNIX-Rechner geschrieben sind, werden sie in Software-Verzeichnissen häufig als* `.tar`*-Datei gespeichert (*`tar` *steht für* tape archive, *zu deutsch Magnetbandarchiv). Das ist eine Datei, die mehrere ineinander verschachtelte Dateien enthält. Viele Entpacker wie zum Beispiel WinZip können* `.tar`*-Dateien öffnen. Wenn Sie eine* `.tar`*-Datei unter UNIX entpacken wollen, gehen Sie mit* Telnet *in das entsprechende Verzeichnis. Dort geben Sie dann* `tar -xvf datei.tar` *ein.*

Hier sind ein paar Vorschläge, was Sie mit kostenlosen CGI-Skripten machen können. Ich habe diese Programme auf den Websites, die ich vorhin erwähnt habe, gefunden. Nicht alle Skripte führen zu einer aktiven Beteiligung des Besuchers an der Website oder bringen ihn dazu, irgend etwas einzugeben, aber vielleicht ist ja trotzdem das eine oder andere nützliche Skript für Ihre Website dabei.

Matts Skript Archiv

- **Guestbook:** Damit können sich Besucher in ein Gästebuch auf Ihrer Website eintragen.
- **Free For All Links:** Besucher können Links zu einer Seite mit einem Link-Verzeichnis hinzufügen.
- **WWWBoard:** Ein Diskussionsforum.
- **Simple Search:** Besucher können Ihre Website nach einem Stichwort durchsuchen.
- **Counter:** Ein Zähler, der anzeigt, wie viele Besucher auf Ihrer Website waren. Wie ich in Kapitel 11 schon erklärt habe, können Sie das eigentlich vergessen.
- **TextCounter:** Ein textbasierter Zähler.
- **FormMail:** Ein beliebtes Skript, das den Inhalt eines Formulars an irgendeine E-Mail-Adresse schickt.
- **HTTP Cookie Library:** Ein Cookie ist ein Block von Daten, den ein Webserver auf der Festplatte des Besuchers speichert. Sie können diese Informationen speichern und wieder abrufen, wenn der Besucher wieder auf Ihre Website kommt. Auf diese Weise können Sie sich daran »erinnern«, was der Besucher

während seines letzten Besuchs gemacht hat, und ihm eine benutzerspezifische Version Ihrer Website präsentieren.

- **Random Image Displayer:** Zeigt ein zufällig ausgewähltes Bild oder einen Hintergrund aus einer Sammlung an.
- **SSI Random Image Display:** Hat die gleichen Funktionen wie das vorige Skript, fügt aber auch noch Links und Text ein. SSI bedeutet in der Welt von CGI Server Side Includes, vergleiche auch Kapitel 4. Ein SSI-Skript funktioniert nur, wenn der Webserver für Server Side Includes eingerichtet ist.
- **Random Link Generator:** Der Besucher klickt und gelangt zu einer zufällig ausgewählten Website. Sie könnten damit Leute beispielsweise zu einem zufällig ausgewählten Link aus Ihrer Linksammlung schicken.
- **Random Text:** Zeigt auf einer Web-Seite zufällig ausgewählten Text aus einer Textdatei an. Damit können Sie beispielsweise ein Zitat oder einen Tip des Tages anzeigen.
- **TextClock:** Zeigt Datum und Uhrzeit an.
- **Animation:** Erstellt einfache Animationen. Allerdings ist es einfacher, GIF89a-Animationen zu erstellen.
- **Countdown:** Zeigt die verbleibende Zeit bis zu einem bestimmten Ereignis oder Datum an. Damit können Sie an ein von Ihnen geplantes Ereignis wie zum Beispiel das Herauskommen eines neuen Produkts oder den Einsendeschluß für ein Preisausschreiben erinnern.
- **Credit Card Verifier:** Überprüft Kreditkartennummern, die in ein Formular eingegeben wurden, auf das richtige Format.
- **Book 'em Dan-o:** Legt ein Logbuch mit Uhrzeit, Domain, von der die Anfrage kommt, und verwendetem Browser Ihrer Besucher an (siehe Kapitel 23 bezüglich des Festhaltens und Überprüfens von Benutzeraktivität auf Ihrer Website.)

Public-Domain-CGI-Skript-Verzeichnis von Selena Sol

- **Form Processor:** Ein anspruchsvolles Skript, das Angaben aus Formularen verwaltet, Daten für E-Mails aussortiert und diese in eine Datei speichert.
- **Guestbook:** Besucher können sich auf Ihrer Website eintragen. Sie können bestimmte Begriffe zensieren und das Skript so konfigurieren, daß Sie automatisch eine E-Mail erhalten, wenn sich jemand eingetragen hat.
- **Random Banner Generator:** Zeigt nach dem Zufallsprinzip ausgewählte Werbebanner an.

- **Web Store:** Damit können Sie Bestellungen auf Ihrer Website entgehen nehmen.
- **Multiple Choice Grader:** Erstellen Sie Multiple-Choice-Tests für das WWW. Sie können Eingaben auch mit Noten bewerten.
- **Classified Ad Manager:** Richten Sie einen Bereich mit kostenlosen Kleinanzeigen auf Ihrer Website ein, um Besucher anzulocken.
- **Mailing List Manager:** Besucher können sich in eine Mailingliste eintragen.
- **Database Manager:** Dieses Skript verbindet eine Web-Seite mit einer Datenbank. Ein Besucher kann mit Hilfe eines Formulars die Datenbank auf den neuesten Stand bringen. Sie könnten das in einem nichtöffentlichen Bereich verwenden. Mitglieder eines Stellenmarkts könnten dort beispielsweise offene Stellen eintragen.
- **Database Search Engine:** Durchsuchen Sie Datenbanken von einer Web-Seite aus.
- **Fortune Cookie:** Zeigt zufällig aus einer von Ihnen bestimmten Sammlung ausgewählten Text an: Fortune Cookies, Zitate, Tips des Tages usw.
- **Groupware Calendar:** Ein Kalender, der von mehreren Benutzern geteilt werden kann. Verschiedene Benutzer können Einträge einsehen und auch verändern. Auch das ist etwas, was Sie in einem nichtöffentlichen Bereich Ihrer Website einsetzen können.
- **Web Chat:** Ein Chatsystem für das WWW.
- **Keyword Search:** Mit diesem Skript können Besucher Ihre Website durchsuchen.
- **The Basic Bulletin Board Script:** Ein Diskussionsforum für das WWW.
- **Password Authorization:** Mit diesem Skript lassen sich bestimmte Bereiche Ihrer Website nichtöffentlich machen. Nur Benutzer mit einem Loginnamen und einem Paßwort haben Zugang.
- **Logger:** Noch ein Skript, um Angaben zu Besuchern Ihrer Website abzuspeichern.
- **Browser Matcher und Browser Detection:** Überprüfen Sie, was für einen Browser der Besucher benutzt, und zeigen Sie die dazugehörige Website an. Das ist nützlich, wenn Sie bestimmte Teile Ihrer Website für verschiedene Browser konfiguriert haben.

Die CGI Collection

Auf dieser Website gibt es viele nützliche Skripts, die so ähnlich sind, wie die eben genannten. Dort gibt es aber auch noch folgendes:

- **Frame-Chat:** Noch ein Chatprogramm für das WWW, bei dem Anwender aus verschiedenen Chat-Räumen auswählen können.
- **PickMail:** Durchsuchen Sie eine Liste von Leuten nach E-Mail-Adressen. Das ist nützlich für Organisatoren, wenn ein Besucher nach der E-Mail-Adresse eines Mitglieds suchen will.
- **Poll It:** Besucher können an einer Umfrage teilnehmen.
- **UDLoad:** Erlaubt Besuchern, Dateien auf Ihre Website zu laden. Bei einem Shareware-Verzeichnis könnten so Besucher Software eintragen. Dieses Skript funktioniert nur mit Browsern, wie zum Beispiel Netscape Navigator, die Software-Uploads unterstützen.
- **BookMark:** Aus Ihren Netscape-Lesezeichen wird eine Web-Seite erstellt. Jedes Unterverzeichnis kommt dabei auf eine eigene Seite. Auf diese Weise können Sie schnell eine Reihe von Link-Seiten erstellen.
- **Redirect:** Besucher können mit Hilfe von Schaltflächen anstelle von Links eine andere Web-Seite auswählen.
- **Internet Phonebook:** Besucher können sich den Inhalt eines Telefonbuchs ansehen und auch verändern. Man kann dieses Skript auch noch für andere Dinge verwenden. Wenn Sie das Skript anpassen, funktioniert es als kleine Datenbank für jeden Zweck. Besucher können mit diesem Skript ihre E-Mail-Adressen und URLs eingeben.
- **Dir-It:** Erstellt Web-Seiten, die auf einer Verzeichnisstruktur basieren. Besucher können sich innerhalb des Verzeichnisses bewegen und sehen den Inhalt des Verzeichnisses als Text und Links.

wtools

Freeware-Programme, gesammelt von Mehmet Avcioglu.

- **waccess:** analysiert die Logdateien einer Web-Seite.
- **wchat:** ein einfaches Chatprogramm.
- **wboard:** ein einfaches Diskussionsforum.
- **wcount:** ein Zähler.

Dale Bewleys Perl-Skripte und Links

Eine sehr nützliche Website mit Links zu Unmengen von Mailinglisten, Diskussionsforen und CGI-Verzeichnissen. Dort gibt es auch einige interessante Skripte, wie zum Beispiel:

- **SlideShow:** Erstellen Sie eine automatisch ablaufende Diashow, bei der eine Seite nach der anderen angezeigt wird.
- **Survey:** Besucher können an einer Umfrage teilnehmen.
- **hform:** Besucher können ihre eigenen Web-Seiten auf Ihrer Website erstellen.

Ein anderes interessantes Skript, das ich gefunden habe ist **LWGate**, ein Gateway für eine Mailingliste im WWW. (`http://www.netspace.org/users/dwb/lwgate.html`). Dieses Skript kann dazu benutzt werden, Besuchern Ihrer Website beim Abonnieren einer Mailingliste behilflich zu sein. Damit lassen sich auch Mailinglistenarchive ansehen.

Skripte, die Sie im World Wide Web finden, machen häufig Probleme. Häufig sind sie von Programmierern verfaßt, denen es wichtiger ist, Programme zu schreiben, als zu erklären, wie diese funktionieren. Diese Programmierer schreiben Anweisungen, die oft nur von anderen Programmierern verstanden werden können. Es ist schon seltsam, daß Programmierer untereinander nie Verständigungsprobleme zu haben scheinen, egal was ihre Muttersprache ist, aber normale Menschen sie nicht verstehen können. Leider kann es also sein, daß Sie viel Zeit damit verbringen werden, herauszufinden, wie ein bestimmtes Skript funktioniert.

Wenn Sie jemanden anstellen wollen, der ein Skript für Sie anpaßt, sehen Sie sich einmal auf der Seite **Help for Hire** auf der Website Public Domain CGI-Skripte von Selena Sol um (`http://mirrors.ids.it/sol/Scripts/help_found.html`). Sie können auch einmal einen Blick auf die Seite mit CGI Ressourcen für Programmierer unter `http://www.cgi-resources.com/Programmers/` werfen. Bei einigen Firmen, die kommerzielle CGI-Skripte verkaufen, ist der Preis für die Installation mit inbegriffen. Manchmal wird dafür aber auch eine zusätzliche Gebühr verlangt. Die Firmen **RC Software** (`http://www.rcsoftware.com/`) und **clickables** (`http://www.virtualpublisher.com/`), die auf ihren Websites die gleichen CGI-Skripte verkaufen, installieren diese für 75 DM auf Ihrem Server. Ein Skript für ein Diskussionsforum kostet 110 DM, so daß Sie inklusive Installation 185 DM zahlen müßten. Bei **CGI Now** (`http://www.cgi-now.com/cgi-now/`) ist der Preis für die Installation schon mit inbegriffen. Es kann auch sein, daß Ihre Webhosting-Firma bereit ist, CGI-Skripte für Sie zu installieren, auch wenn es diese noch nicht in ihrem Verzeichnis gibt. Die Kosten dafür liegen bei etwa 85 DM die Stunde, aber das Installieren eines einfachen CGI-Skripts dauert nicht einmal so lange.

Bleiben Sie flexibel, wenn Sie mit CGI-Skripten arbeiten. Ein Skript, das für einen bestimmten Zweck geschrieben wurde, können Sie häufig auch noch für andere Dinge verwenden. Mit Frontpage können Sie beispielsweise schnell und einfach ein Diskussionsforum erstellen. Es gibt jedoch kein Tool, um eine Seite mit Kleinanzeigen einzurichten. Wenn Sie aber das Diskussionsforum ein wenig anpassen, können Sie es für Kleinanzeigen verwenden. Erstellen Sie einfach ein Diskussionsforum, und schalten Sie bei der Gruppe die Verwendung von Threads aus. Dann können Leute zwar Nachrichten schicken, aber nicht auf die Mitteilungen von anderen Leuten antworten. Jede Nachricht ist dann eine individuelle Anzeige und nicht Teil eines Diskussionsfadens.

Hier ist noch ein anderes Beispiel. Vorhin habe ich das CGI-Skript *Internet Phonebook* erwähnt. Dort kann ein Besucher seinen Namen, seine E-Mail-Adresse und die URL seiner Website eintragen. Man kann auch die Datenbank nach Einträgen von anderen Leuten durchsuchen. Diese drei Felder müssen aber nicht für Name, E-Mail-Adresse und URL verwendet werden. Sie könnten das Skript dahingehend ändern, daß Besucher nun beispielsweise ihre Lieblingslinks eintragen können. In den drei Feldern stehen dann der Titel der Web-Seite, Kommentare dazu und die entsprechende URL.

12.4 Mehr als nur CGI

Es gibt aber auch noch andere Möglichkeiten, Ihre Besucher aktiv an Ihrer Website zu beteiligen. Sie können zum Beispiel auch JavaScript verwenden. JavaScript ist zwar komplizierter als CGI (sofern Sie die Skripten nicht selber schreiben), aber es kann sein, daß Sie ein JavaScript Tool finden, das genau das kann, was Sie für Ihre Website brauchen. Das größte Problem dabei ist, daß die unterschiedlichen Browser die verschiedenen JavaScript-Versionen nicht im gleichen Maße unterstützen.

Es gibt auch noch einige andere Systeme, die so ähnlich wie CGI funktionieren. Zum Beispiel:

- **Aestiva HTML/OS**

  `http://www.htmlos.com/`
  `http://www.aestiva.com/`

- **PHP/FI**

  `http://support.imagiware.com/devel/php/`

- **Un-CGI**

  `http://www.midwinter.com/~koreth/uncgi.html`

Der Unterschied zwischen diesen Programmiersprachen und JavaScript ist, daß sie auf dem Webserver laufen, wogegen JavaScript im Browser läuft. Es gibt eine Version von JavaScript namens Livewire, die auf dem Server läuft, aber diese Version ist ein ganzes Stück komplexer.

Diese anderen Systeme – HTML/OS, PHP/FI und so weiter – sind CGI-Skripten sehr ähnlich. HTML/OS ist beispielsweise ein spezieller HTML-Prozessor, den Sie auf dem Webserver installieren müssen. Dann können Sie HTML/OS-Anwendungen laufen lassen. Das Ganze ist jedoch nicht gerade billig, sondern kostet 1300 DM aufwärts. Dabei ist aber ein ganzes Verzeichnis mit installationsbereiten HTML/OS-Anwendungen inbegriffen.

Der einzige Grund, warum ich diese anderen Systeme erwähne, ist, daß sie Ihnen eventuell über den Weg laufen werden. Einige Webhosts haben sie auf ihren Servern installiert. Die meisten Leute werden diese Systeme nie benutzen, zumindest nicht in nächster Zeit, da sie nicht besonders weit verbreitet sind.

13. Kapitel

Beispiele für Interaktion

In Kapitel 12 habe ich Ihnen einen Überblick zu den verschiedenen Möglichkeiten gegeben, wie Sie Besucher auf Ihrer Website aktiv werden lassen können. Ich möchte nun in diesem Kapitel drei konkrete Situationen ansprechen: Wie Sie Informationen über Ihre Besucher gewinnen, Diskussionsforen und Chatsysteme. Als Beispiel zeige ich Ihnen auch das CGI-Skript »Free For All Links« (auf Deutsch: »Kostenlose Links für Jedermann«).

13.1 Besucher sind zukünftige Kunden – so entlocken Sie ihnen Informationen

Im allgemeinen sind Leute, die Ihre Website besuchen, wegen Ihres Unternehmens dort. Warum wären sie sonst hier? Wenn Sie etwas verkaufen, sind alle Besucher potentielle Kunden. Wenn Sie auf Ihrer Website eine Organisation oder einen Verein präsentieren, sind die Besucher potentielle Mitglieder oder vielleicht Leute, die etwas von Ihren Mitgliedern brauchen. Wenn Sie Anzeigen verkaufen, indem Sie viele Leute zu Ihrer Website bringen, ist jeder Besucher ein potentieller Stammkunde.

Auf die eine oder andere Weise ist jeder Besucher, außer denen, die sich nur zufällig auf Ihre Website verirrt haben, wertvoll für Sie. Es ist eine Schande, wenn Sie gestatten, daß jemand zu Ihrer Website kommt und wieder geht, ohne daß Sie Informationen erhalten haben, wie Sie mit ihm in Verbindung treten können. Sie sollten wenigstens den Versuch machen, diese Besucher in Ihre Mailinglisten (sowohl für E-Mail als auch für Snail Mail – die gute alte Briefpost) aufzunehmen.

Ich rede hier nicht von irgendwelchen hinterhältigen Tricks, mit denen Sie eine E-Mail-Adresse entwenden können. Es geht mir nur darum, daß Sie Ihre Besucher fragen, ob sie in Ihre Mailingliste aufgenommen werden wollen. Kontaktinformationen sind wertvoll. Trotzdem werfen zig Firmen potentielle Kontakte einfach weg. Sie brauchen nur ein einfaches Web-Formular und können sofort anfangen, eine Mailingliste anzulegen, sobald der nächste Ihre Website besucht. Wie bringen Sie aber die Leute dazu, das Formular auch auszufüllen? Was geben Sie ihnen dafür?

Wenn Sie jemanden dazu gebracht haben, auf Ihre Website zu gehen, ist die Wahrscheinlichkeit groß, daß sich derjenige für Ihr Produkt interessiert. Sie könnten ihm also irgend etwas anbieten, damit er seine E-Mail-Adresse preisgibt. Hier sind ein paar Vorschläge:

- Sagen Sie ihm, daß Sie ihn hinsichtlich Neuerscheinungen Ihres Produkts auf dem Laufenden halten werden, indem Sie ihm regelmäßig Nachrichten über Dinge, die sich geändert haben, zukommen lassen.

- Bieten Sie ein kostenloses Rundschreiben zum Abonnieren an. Das Verteilen eines elektronischen Rundschreiben ist einfach und billig, warum erstellen Sie nicht einfach eins? Sie können über Neuigkeiten in Ihrer Branche berichten, Tips zum Umgang mit Ihren Produkten geben, über Techniken, die von anderen Anwendern verwendet werden, berichten und so weiter. Dieses Rundschreiben sollte jedoch wirklich nützliche Informationen enthalten und nicht einfach nur ausführliche Werbung für Ihre Produkte. (Lesen Sie in Kapitel 16 mehr zu elektronischen Rundschreiben.)
- Wenn Sie irgendeine Software oder etwas, das in elektronischer Form verteilt werden kann, verkaufen, können Sie das Abonnement der regelmäßig erscheinenden Mitteilungen oder das Rundschreiben mit einem Werbegeschenk verbinden. Nachdem ein Benutzer das Formular ausgefüllt hat, geben Sie ihm die URL der Web-Seite mit dem kostenlosen Angebot. Wenn Sie ClipArts verkaufen, bieten Sie Ihren Besuchern kostenlose Beispiele an. Wenn Sie Programme verkaufen, verschenken Sie ein Tool dazu. Sie können Musik verteilen, wenn Sie in der Musikbranche arbeiten, Kurzgeschichten, wenn Sie einen Verlag haben, und so weiter.
- Wenn Sie auf Ihrer Website Demos oder Shareware-Programme zum Herunterladen anbieten, bringen Sie Ihre Besucher zuerst dazu, ein Formular auszufüllen. Wenn Sie Angst haben, dadurch Leute zu vertreiben und weniger Downloads zu haben, gestalten Sie das Formular so, daß es nicht bedrohlich wirkt. Bitten Sie die Anwender, das Formular auszufüllen, damit Sie ihnen sagen können, wann es eine neue Version des Programms gibt. Sagen Sie aber auch, daß man das Formular frei lassen und einfach auf »Abschicken« klicken kann, wenn einem das lieber ist.

Es überrascht mich immer wieder, wie viele Websites es gibt, auf denen Leute einfach Software herunterladen können, ohne daß nach Kontaktinformationen gefragt wird. Passen Sie aber auf, daß das Ganze nicht nervig wirkt. Zwingen Sie Ihre Besucher nicht, ein langes und kompliziertes Formular auszufüllen. Wenn das Ausfüllen schnell und einfach geht, werden Ihnen die Leute auch ihre E-Mail-Adressen geben. Sie werden natürlich nie von jedem Besucher eine E-Mail-Adresse bekommen, aber doch von vielen. Versuchen Sie es wenigstens. E-Mail-Adressen sind wertvoll und umsonst für Sie da.

Es gibt grundsätzlich zwei Arten, wie man mit Informationen aus einem Formular verfahren kann. Sie können ein Formular einrichten, das Ihnen die Angaben per E-Mail zusendet oder eins, das die Angaben in einer Datei abspeichert. Manche Skripts machen auch beides zur gleichen Zeit. Der Inhalt der Datei kann dann in eine Datenbank importiert werden. Wie Sie in Kapitel 16 sehen werden, ist es sehr einfach, ein System einzurichten, das den Inhalt einer E-Mail nimmt und in eine

Datei schreibt, die für eine Mailingliste verwendet wird. Auf diese Weise können Sie automatisch eine Mailingliste erzeugen, ohne daß Sie dazu viel tun müßten.

Überlegen Sie sich, was Sie mit dem Formular machen wollen. Wenn Sie nur den Namen und die E-Mail-Adresse Ihrer Besucher erfahren wollen, brauchen Sie auch nur diese Felder anzulegen. Zusätzlich könnten Sie auch noch ein Feld für Kommentare erstellen. Die meisten Leute werden dort nichts hineinschreiben, aber es kann eine gute Möglichkeit sein, um an Lob oder auch Kritik zu Ihrem Produkt zu kommen. Diese »Leserbriefe« können Sie dann wiederum als Werbung für Ihr Produkt einsetzen. Als ich zum Beispiel Werbung für mein Buch »**Making Money in Technical Writing**« (`http://www.topfloor.com/techwr/`) machte, hatte ich ein Formular, das Leute ausfüllen konnten, um ein Exemplar dieses Buchs zu gewinnen. Viele Leute hatten die erste Ausgabe gelesen und machten einige sehr nette Bemerkungen darüber. Diese benutzte ich dann auf einer Website, auf der ich Kritiken und Rezensionen zu meinem Buch gesammelt habe. Wenn Sie ein Feld für Kommentare haben, macht das Ganze allerdings auch zusätzliche Arbeit, da Sie die Nachrichten auch wirklich von Zeit zu Zeit lesen müssen.

Mit Microsoft Frontpage können Sie schnell und einfach Formulare erzeugen, die Angaben in einer Textdatei speichern. Mit der neuesten Version von Frontpage (im Moment ist das Frontpage 98) können Sie auch Formulare erstellen, die Ihnen E-Mails zusenden. (Mit früheren Frontpage-Versionen geht das zwar auch, aber nur mit Hilfe eines Tricks. Die Technik, die man dabei benutzt, funktioniert auch nicht mit allen Browsern.)

Eine andere beliebte Methode, um sich den Inhalt eines Formulars via E-Mail zusenden zu lassen, ist das Programm **FormMail**. Wenn Sie wissen wollen, wie Sie FormMail auf Ihrer Website einrichten können, sehen Sie sich einfach das Beispiel unter `http://www.poorrichard.com/examples/cgimail.htm` an.

13.2 So erstellen Sie ein Diskussionsforum

In Kapitel 1 habe ich Ihnen schon von Jason Olim erzählt, der als Eigentümer von CDnow vom armen Schlucker zum reichen Mann wurde – eine der wenigen wahren Erfolgsgeschichten im Internet. Angefangen hat alles 1994 in einem Keller. 1996 hatte die Firma schon einen Umsatz von 6 Millionen Dollar. Wie werden auf dieser Website die Möglichkeiten zur Interaktion genutzt? Natürlich gibt es Bestellformulare. Viel wichtiger sind aber die Seiten, auf denen sich die Besucher über Musik unterhalten können. Jason Olim erzählte mir, daß es inzwischen viele Modewörter in bezug auf das Internet gäbe. »Die meisten sind Quatsch. Das einzige Modewort, das wirklich sinnvoll ist, ist *Community* (zu deutsch *Gemeinschaft).* Wenn Leute Ihre Website besuchen, um sich dort mit Gleichgesinnten auszutauschen, sind Sie auf dem besten Weg erfolgreich zu werden.«

Sie können ein Diskussionsforum (auch als Bulletin Board, BBS, Mailbox, Schwarzes-Brett-System oder Webforum bezeichnet) einrichten, damit sich Leute über Ihre Produkte unterhalten können oder einfach, um ihnen einen Dienst zu erweisen. Auf diese Weise können Sie Besucher anlocken. Wenn Sie beispielsweise ein Diskussionsforum für Leute, die sich für Strauße interessieren, eingerichtet haben, sticht Ihre Website für Straußen-Fans hervor. Ein Diskussionsforum als Teil eines Gesamtkonzepts kann Ihre Website bei einer bestimmten Gruppe von Leuten beliebt machen. Es ist ein weiteres Element, das Besucher anzieht und sie immer wieder kommen läßt. Sie können auch verschiedene Gruppen für unterschiedliche Zwecke einrichten. Sobald Sie einmal ein Diskussionsforum eingerichtet haben, ist es ganz einfach, ein weiteres zu erstellen.

Sie können mit einem Diskussionsforum auch noch andere Dinge machen. Laden Sie eine berühmte Persönlichkeit oder einen Experten in Ihrem Gebiet ein, der eine Woche lang in dem Diskussionsforum präsent ist. Auf Ihrer Website über Strauße könnten Sie einen erfolgreichen Straußenzüchter einladen. Auf einer Musikseite könnte ein bekannter Musiker auftreten. Eine Firma, die eine bestimmte Software herstellt, könnte den Autor eines Buchs über die Software einladen und so weiter. Eine Woche lang (oder wie lange auch immer die Person kann) können Besucher Ihrer Website Fragen stellen, die dann von dem Experten beantwortet werden.

Wie ich schon erwähnt habe, ist es recht kompliziert, wenn man ein Diskussionsforum aus dem Nichts aufbauen will. Sie müssen aber nicht alles selbst programmieren. Sie können mit Frontpage ein Diskussionsforum einrichten. Oder Sie suchen sich ein kostenloses CGI-Skript. (Auf meiner Website zum Buch finden Sie Beispiele für eine ganze Reihe von Utility-Programmen für Websites, unter anderem auch ein einfaches Diskussionsforum: `http://www.poorrichard.com/book/`.) Sie können aber auch ein kommerzielles Skript für ca. 850 DM kaufen. Die Entscheidung liegt ganz bei Ihnen. Viele Produkte zum Kaufen haben noch eine ganze Reihe zusätzlicher oder interessanter Funktionen. Mit **Comment Line Webware** können Sie zum Beispiel ein System einrichten, bei dem Dokumente in einer Datenbank mit einem Diskussionsforum verknüpft werden können. Auf der Website **Salt on the Net** (`http://www.eclipse.net/~mainstek/snet/shwdevs.cgi`) gibt es eine Sammlung von Bibellesungen. Ein Besucher kann verschiedene Andachten auswählen und dann in ein Diskussionsforum gehen, in dem über diese Andacht diskutiert wird.

Auf den folgenden Websites finden Sie Skripte für Diskussionsforen:

- **Basic Bulletin Board Skript** (Freeware im Verzeichnis von Selena Sol)

  http://www.extropia.com/
- **BBMatic BBS für das Web**

  http://www.GetCruising.com/crypt/
- **Bulletin Board** (ca. 110 DM)

  http://www.rcsoftware.com/

  http://www.clickables.com/
- **Comment Line Webware**

  http://www.eclipse.net/~mainstek/snet/softinfo.shtml
- **Emaze WebThread** (ca. 85 DM)

  http://www.emaze.com/
- **Know-It TalkTrak** (ab 170 DM)

  http://www.know-it.com/talkTrak.htm
- **The Messager und InDiscussion**

  http://www.ahg.com/
- **Post-on-the-Fly Conference** (von Home Com, Kostenpunkt ca. 850 DM)

  http://www.homecom.com/home.html
- **WebForum**

  http://www.virtualcenter.com/scripts2/
- **WWWBoard** (Freeware)

  http://www.worldwidemart.com/scripts/wwwboard.shtml
- **Xpound!** (2000 DM und aufwärts)

  http://www.xpound.com/purchase/

13.3 Chatsysteme

In einem Chatsystem laufen die Diskussionen in Echtzeit ab. In Diskussionsforen muß man eine Nachricht hinterlassen und dann später wieder kommen, um zu sehen, ob jemand geantwortet hat. Bei einer Chatgruppe tippen Sie einfach etwas und sehen sofort eine Antwort, die ein Mitglied im Chat eingegeben hat.

Chatsysteme können in vielerlei Hinsicht nützlich sein. Sie erstellen Ihren Besuchern dadurch auch einen Dienst zur Verfügung, der dazu führt, daß diese immer wiederkommen. Sie können Gruppen einrichten, in denen Leute, die sich für ein bestimmtes Thema interessieren, mit anderen Leuten chatten können, egal, was Ihre Firma oder Organisation macht. Ich persönlich mag Chats nicht besonders, und ich kenne viele Leute, die auch nicht besonders gerne chatten. Es gibt aber viele Internet-Anwender, die von diesem System wirklich begeistert sind. Chats sind vor allem in Online-Diensten sehr beliebt. Im Internet gibt es das **IRC** (*Internet Relay Chat*) und verschiedene webbasierte Chatsysteme. Anscheinend macht es manchen Leuten wirklich Spaß, getippte »Konversationen« mit anderen Leuten zu führen. Außerdem wird in manchen Untersuchungen zum WWW behauptet, daß ein Chatsystem auf einer Website dazu führt, daß Besucher viel häufiger auf Ihre Website kommen und dort auch länger bleiben. Chatsysteme kombiniert mit Diskussionsforen können ein Gemeinschaftsgefühl auf Ihrer Website entstehen lassen. *Fortune Magazine*, eine Zeitschrift, hat das so formuliert: »Eine Website zum Thema Radfahren, auf der es nur Produkte und Artikel mit Tourenbeschreibungen gibt, ist wenig mehr als ein Katalog. Wenn es dort die Möglichkeit zum Chatten gibt, wird die Website ein Treffpunkt, das digitale Äquivalent des Fahrradladens um die Ecke.«

Sie können Chats aber auch dazu benutzen, daß Besucher direkt mit Ihnen oder Ihren Angestellten kommunizieren können. Einige Software-Firmen benutzen inzwischen Chatsysteme, damit Kunden mit dem technischen Support »reden« können. Diese Art von Kommunikation ist sehr langsam, aber es ist vor allem für Firmen gut, die viele internationale Kunden haben, für die ein Anruf unerträglich teuer käme.

In einem Chatsystem können Sie auch Lesungen halten oder den Auftritt einer berühmten Persönlichkeit inszenieren. Viele Online-Dienste machen das. Zu einer bestimmten Zeit treffen sich Leute im Chat und »hören zu«, wenn jemand redet. Die Besucher können Fragen stellen, die vom Redner oder der Persönlichkeit beantwortet werden. Wenn Sie das ausprobieren wollen, müssen Sie zwei Dinge bedenken. Erstens: Kann der Webserver den ganzen Verkehr bewältigen? Wenn viele Leuten am Chat teilnehmen, bekommt jeder alle paar Sekunden Informationen – die getippten Nachrichten – zugesandt. Bei einigen einfachen Chatsystemen bedeutet das sogar, daß die gesamte Web-Seite alle paar Sekunden neu geladen werden muß. (Anspruchsvollere Chatsysteme verwenden Java-Programme, die auf dem Rechner des Teilnehmers laufen. Das bedeutet, daß jedesmal nur der getippte Text übertragen werden muß und nicht die gesamte Web-Seite.)

Zweitens: Gibt es bei dem Chatsystem, das Sie verwenden, die Möglichkeit, die Fragen, die von den Besuchern gestellt werden, in irgendeiner Form zu kontrollieren? In einem Chat kann es recht chaotisch zugehen, wenn alle zur gleichen Zeit »reden«. Eine Möglichkeit eine solche Lesung oder einen Prominentenauftritt zu kontrollieren, ist, den Chat zu sperren, so daß nur zwei oder drei Leute Nachrichten senden können. Jeder, der eine Frage hat, könnte diese vorher in einer E-Mail schicken. Oder Sie könnten zwei Chats laufen haben. Bei einigen Chatsystemen können Sie mehrere Chaträume gleichzeitig öffnen. In dem einen Raum könnten dann Fragen gestellt werden, während die eigentliche Lesung oder der Auftritt der bekannten Persönlichkeit in dem anderen Raum stattfindet. Ein Moderator, der Nachrichten an den Hauptraum senden darf, kann dann Fragen aus dem einen Raum auswählen und an den anderen weiterleiten.

Wenn Sie ein Chatsystem auf Ihrer Website einrichten wollen, sehen Sie sich am besten einmal auf den genannten Websites um. Sie sollten darauf achten, daß Sie mehrere Chaträume gleichzeitig haben können, damit es möglich ist, private Chats zu führen. Außerdem ist es wichtig, daß man private Nachrichten schicken (»flüstern») und Anwender von bestimmten Domains von vornherein aussperren kann, damit Sie Leute, die immer nur stören, fernhalten können. Weiterhin zeichnet sich ein gutes Chatprogramm dadurch aus, daß man Besuchern bloß das Zuhören, aber nicht das Senden von Nachrichten gestatten kann (das ist vor allem bei Lesungen und Prominenten-Chats nützlich). Bei den etwas ausgefalleneren Programmen gibt es auch noch sogenannte Avatare. Damit wird jeder Gesprächsteilnehmer durch ein kleines Bild repräsentiert. Natürlich gibt es auch noch zig weitere Funktionen. (Ich persönlich bin übrigens der Meinung, daß diese Avatare nicht mehr als nur Spielerei sind, die häufig auch sehr ablenkend wirken können.)

Sie können auch umsonst einen Chatraum einrichten. Bei einigen Firmen wie zum Beispiel NetDIVE (dem Hersteller von CUChat) und TalkCity können Sie auf deren Servern einen Chatraum einrichten, auf den Sie von Ihrer Website aus mit einem Link verweisen können. Für die Anwender sieht es dann so aus, als ob der Chat auf Ihrer Website stattfinden würde. Sie bekommen einen kostenlosen Chatraum, die Firma bekommt dafür Anzeigenplatz. Im Moment ist es so, daß sich bei dem System von NetDIVE ein Fenster öffnet, in dem sich der Anwender einen Chat aus CUChat auswählen kann. Im Endeffekt ist es so, daß Sie den Besucher verloren haben, sobald er sich in einem Chat befindet. Bei TalkCity können Sie einen eigenen Chatraum oder auch mehrere aufmachen, was auch besser ist. Sie möchten ja, daß Leute auf Ihrer Website über Ihre Produkte diskutieren. So einen

Chatraum können Sie sogar für Ihre eigenen Lesungen oder sonstige Ereignisse verwenden.

- **Chat Script** und **Chat Script Pro**

  `http://www.freescripts.com/`

- **CUChat** (ab 340 DM, kostenlos, wenn Sie einen Link auf die Seite der Firma legen.)

  `http://www.netdive.com/`

- **EveryChat**

  `http://everychat.ml.org/`

- **Frame-Chat** (ca. 75DM)

  `http://www.superscripts.com/`

- **ichat** (ca. 1000 DM)

  `http://www.ichat.com/`

- **InChat** (Shareware)

  `http://www.ahg.com/`

- **TalkCity** (kostenloser Raum auf der Website)

  `http://www.talkcity.com/`

- **Urbanite Web Chat** (ca. 420 DM)

  `http://www.urbanite.com/`

- **Web Chat** (Freeware)

  `http://www.extropia.com/Scripts/`
  `http://www.virtualcenter.com/scripts2/`

- **Yakitty Yak** (ca. 670 DM)

  `http://www.virtualpublisher.com/`

13.4 Das Installieren von Skripten

Mit CGI-Skripten werden Daten, die aus einem Formular auf einer Web-Seite stammen, verarbeitet. Das heißt, daß der Anwender ein Formular ausfüllt und auf die »Abschicken«-Schaltfläche klickt. Die Angaben aus dem Formular werden an das CGI-Skript übergeben, welches dann etwas damit macht. Woher weiß der Webbrowser, wohin er die Informationen schicken muß? Mit dem Attribut AC-

TION im <FORM>-Tag wird festgelegt, wo sich das Skript befindet. Hier ist ein Beispiel:

```
<form method="POST" action="https://www.bigbiz.com/topfloor/
cgi-bin/send_mail.pl">
```

Das teilt dem Browser mit, daß er die Angaben aus dem Formular nehmen und an ein Skript namens send_mail.pl schicken soll, das sich auf http://www.bigbiz.com/ im Verzeichnis /topfloor/cgi-bin/ befindet. (Beachten Sie bitte, daß es sich hier um einen HTTPS-Server handelt und nicht um einen gewöhnlichen Webserver. »S« steht für »secure« also »sicher«. Die Daten aus dem Formular werden verschlüsselt, bevor sie an das Skript gesendet werden.) Wenn Sie den Quelltext eines Formulars im WWW ansehen, suchen Sie nach dem <FORM>-Tag. Dort wird auf ein Skript verwiesen. Manchmal werden Sie auch ein Formular finden, das den Inhalt nicht an ein CGI-Skript weiterleitet. Hier sehen Sie beispielsweise einen Verweis auf ein Frontpage-Skript. (Dort wird das Skript nicht nur durch das Attribut ACTION definiert, sondern es gibt auch noch zusätzliche Anweisungen innerhalb des <!-webbot>-Tag.)

```
<form method="POST" action="—WEBBOT-SELF—"><!—webbot bot="Save-
Results" startspan u-file="gaestebuch.htm" s format="HTML/DL"s-
label-fields="TRUE" s-builtin-fields s-form-fields —>
```

Für die Verwendung von CGI-Skripten sind drei Schritte notwendig. Sie müssen das Skript auf dem Webserver installieren, ein Formular erstellen und im Attribut ACTION im <FORM>-Tag angeben, wo sich das Skript befindet. Sie können Skripte aus öffentlichen Verzeichnissen verwenden, auf Ihr System anpassen und dann auf den Webserver übertragen. Das Modifizieren eines Skripts kann ganz einfach oder auch schrecklich kompliziert sein. (Wie in Kapitel 12 besprochen, können Sie auch jemand mit dem Einrichten des Skripts beauftragen. Die Kosten dafür liegen bei 85 DM aufwärts.)

Wenn Sie mit CGI-Skripten aus öffentlichen Verzeichnissen arbeiten wollen, gibt es dabei einige wichtige Punkte, die Sie wissen müssen:

- Überprüfen Sie, welche Bedingungen Sie erfüllen müssen, damit Sie das Skript verwenden dürfen. Einige Skripte sind kostenlos, solange Sie die Copyrightinformationen des Autors im Skript und eventuell auch auf der entsprechenden Web-Seite angeben. Einige Skripte sind Shareware, andere Public Domain Software.
- Wenn Sie ein CGI-Skript einrichten wollen, müssen Sie wissen, wie FTP funktioniert, damit Sie das Skript auf den Webserver übertragen können. Häufig müssen Sie auch mit Telnet umgehen können, um sich einzuloggen und die Dateirechte entsprechend anzupassen. FTP ist im Gegensatz zu Telnet recht einfach. Manchmal können Sie auch alle Änderungen mit FTP durchführen. Mit

FTP können Sie auf jeden Fall Dateien verschieben, kopieren und umbenennen. Bei manchen FTP-Programmen und auf einigen Servern können Sie auch die Dateirechte ändern. Wenn das nicht geht, müssen Sie mit dem Betriebssystem des Servers (wahrscheinlich UNIX) so gut umgehen können, daß Sie wissen, wie Sie die Rechte von Dateien ändern können.

- Bevor Sie anfangen, sollten Sie mit dem Systemverwalter des Servers reden. Sie müssen wissen, ob das Skript `SKRIPTNAME.PL` oder `SKRIPTNAME.CGI` heißen soll (das hängt von der Konfiguration des Servers ab). Wenn Sie ein CGI-Skript (*Common Gateway Interface*) heruntergeladen haben, können Sie es einfach in eine `.PL`-Datei (*Perl*) umbenennen, wenn es nötig ist. Sie sollten den Systemverwalter auch fragen, wohin Sie das Skript legen müssen (normalerweise kommt es in ein `CGI-BIN`-Verzeichnis.)
- Bei einigen Servern kann es sein, daß `POST` als Methode der Datenübertragung nicht gestattet ist. Das ist zum Beispiel bei Servern mit den Microsoft-Frontpage-Servererweiterungen der Fall. Fragen Sie Ihren Systemverwalter, ob Ihr Account so eingerichtet ist, daß Sie `POST` verwenden können.
- In öffentlichen CGI-Verzeichnissen werden die Skripte in allen möglichen Formaten gespeichert. Es gibt Skripte in Nur-Text, die Sie mit Ihrem Browser ansehen können. Hier können Sie die Datei direkt aus dem Browser übernehmen. Es gibt aber auch Skripte, die als `.ZIP`-Dateien (ein komprimiertes Format, das auf IBM kompatiblen PCs verwendet wird) oder `.TAR`-Dateien (UNIX Magnetbandarchive) vorliegen. Wenn Sie einen PC benutzen, können Sie mit Programmen wie WinZip sowohl `.ZIP`- als auch `.TAR`-Dateien öffnen. Wenn Sie mit einem Macintosh arbeiten, brauchen Sie ein Programm wie DropStuff mit dem Expander Enhancer (siehe Kapitel 2, wenn sie wissen wollen, wie Sie an solche Programme kommen).
- Sie werden Skripte wahrscheinlich vom World Wide Web auf Ihren Computer übertragen und von dort auf den Webserver kopieren. Wenn Sie Dateien auf den Webserver übertragen, verwenden Sie dazu fast immer ein FTP-Programm. Achten Sie darauf, daß Sie ASCII als Übertragungsmodus eingestellt haben und nicht BINARY. Wenn Sie eine Textdatei im binären Modus auf einen Server übertragen, gerät dabei fast immer der Zeilenumbruch durcheinander (CGI-Skripte sind als Textdateien abgespeichert).
- Sie müssen höchstwahrscheinlich die Dateirechte für das CGI-Skript neu setzen. Wenn Sie das nicht tun, funktioniert das Skript nicht. Sehen Sie sich die Datei an, wenn Sie auf dem Server liegt. In der Liste mit den Dateien sollten Sie nach dem Dateinamen folgendes sehen: -rwxr-xr-x. Um die Dateirechte zu ändern, müssen Sie sich (normalerweise via Telnet) auf dem Server einloggen. Wechseln Sie in das Verzeichnis, in dem das Skript liegt, und geben Sie chmod 755 dateiname.cgi ein. (Ersetzen Sie dateiname.cgi durch den Dateinamen des

Skripts, und achten Sie dabei auf Groß- und Kleinschreibung.) Die Rechte sind nun so gesetzt, daß jeder das Skript ausführen darf. Eventuell können Sie die Dateirechte auch mit Hilfe Ihres FTP-Programms ändern. Bei einigen neueren Programmen ist das schon der Fall. Allerdings muß dazu auch der Server entsprechend eingerichtet sein.

- Bei vielen Skripten müssen Sie auch die Dateirechte einer Web-Seite ändern, da das Skript Text auf diese Web-Seite schreibt. Wenn das der Fall ist, müssen Sie die Rechte auch für diese Datei ändern: Geben Sie chmod 777 dateiname.htm ein. Das sollte in den meisten Fällen funktionieren. Auch hier können Sie die Rechte eventuell via FTP ändern.
- Bei Microsoft Frontpage können Sie die Rechte von Dateien, die von Frontpage erstellt wurden, nur begrenzt ändern. Für das Skript ist das egal, da Frontpage diese Datei nicht erzeugt. Um aber die Rechte für eine Web-Seite zu ändern, müssen Sie die Web-Seite erstellen und außerhalb des Frontpage Web abspeichern. Sie können die Seite immer noch mit dem Frontpage Editor erstellen. Dann speichern Sie sie mit »Datei – Speichern unter« (in Frontpage 97; in Frontpage 98 benutzen Sie dazu eine kleine Verzeichnis-Schaltfläche) und übertragen sie mit FTP auf Ihre Website. Dort plazieren Sie die Datei dann in ein Verzeichnis, das nicht von Frontpage erstellt wurde.
- Microsoft Frontpage kann auch die Rechte für das Verzeichnis `cgi-bin` einschränken. Im Moment jedenfalls funktioniert bei CGI-Skripten, die Sie in das Verzeichnis `cgi-bin` gelegt haben, `POST` nicht. Es gibt eine Datei namens `.htaccess` in Ihrem Root-Verzeichnis, das den Zugang zu allen Verzeichnissen kontrolliert. Dort ist vermutlich ein Punkt so gesetzt, daß man nichts an Skripte senden kann. Übertragen Sie die Datei `.htaccess` von der Website auf Ihren Computer (achten Sie dabei darauf, daß der ASCII-Modus eingestellt ist), und suchen Sie nach folgendem Eintrag:

```
<Limit POST PUT DELETE>
order deny,allow
deny from all
</Limit>
```

  Schreiben Sie es folgendermaßen um:

```
<Limit POST PUT DELETE>
order deny,allow
deny from all
allow from all
</Limit>
```

  Kopieren Sie die Datei dann zurück in Ihr `cgi-bin`-Verzeichnis (achten Sie wiederum darauf, daß der Transfer im ASCII-Modus geschieht). Bevor Sie diese Änderung vornehmen, sollten Sie jedoch Rücksprache mit dem Systemverwalter des Webservers halten, um sicherzugehen, daß er damit einverstanden ist.

- In einem Perl-Skript muß die erste Zeile so (oder so ähnlich) aussehen:

  ```
  #!/usr/local/bin/perl
  ```

  Dort wird dem Skript mitgeteilt, wo das Perl-Programm, welches das Skript ausführt, liegt. Je nachdem, wo auf Ihrem Webserver das Programm liegt, muß diese Zeile entsprechend angepaßt werden. Normalerweise befindet sich Perl in `/usr/local/bin/perl`, um aber sicherzugehen, gehen Sie zum UNIX-Prompt (via Telnet). Dort geben Sie dann das Kommando `which perl` ein. Dann wird Ihnen der Pfad angezeigt, der auch in der ersten Zeile des Skripts eingetragen werden muß. Dem Pfad muß immer die Zeichenkombination `#!` vorausgehen.

- In den meisten Skript-Verzeichnissen gibt es Links zu Websites, auf denen Sie sich direkt ansehen können, wie das Skript funktioniert. Sehen Sie sich diese Beispiele an, und lesen Sie auch sorgfältig alle anderen verfügbaren Dokumentationen.

- Sie können Skripte und Seiten, die darauf verweisen, anpassen. Machen Sie das aber erst, wenn das Skript auf Ihrer Website läuft. Führen Sie nur die Änderungen durch, die notwendig sind, damit Sie das Skript auf Ihrer Website installieren können. Anschließend sollten Sie eventuelle Änderungen nacheinander durchführen und jedesmal testen, ob auch noch alles funktioniert.

- Wenn Ihnen das alles zu kompliziert ist, sind Sie vielleicht besser damit beraten, wenn Sie jemanden dafür bezahlen (Kostenpunkt 85 bis 180 DM), daß er Ihnen das Skript einrichtet.

13.5 Ein Beispiel: das CGI-Skript »Free For All Links«

Hier ist ein Beispiel dafür, wie Sie ein CGI-Skript anpassen und auf Ihrer Website verwenden können. Wir benutzen dazu das »Free For All«-Skript, mit dem Besucher eigene Links auf eine Seite eintragen können. Warum der Aufwand? Nun, wenn Sie eine Seite mit Links als Attraktion für Ihre Besucher haben, ist dieses Skript vielleicht noch ein nützlicher Zusatzaspekt. Ihre Seite mit den Links wird kontinuierlich anwachsen, ohne daß Sie viel tun müssen. Sie müssen nur ab und zu die neu hinzugekommenen Links überprüfen. Ihre Besucher helfen Ihnen beim Erstellen der Liste, und Sie können regelmäßig nützliche Links von dieser Seite auf Ihre eigentliche Link-Seite kopieren. In Bild 13.1 sehen Sie, wie das Formular, das von diesem Skript erzeugt wird, aussieht.

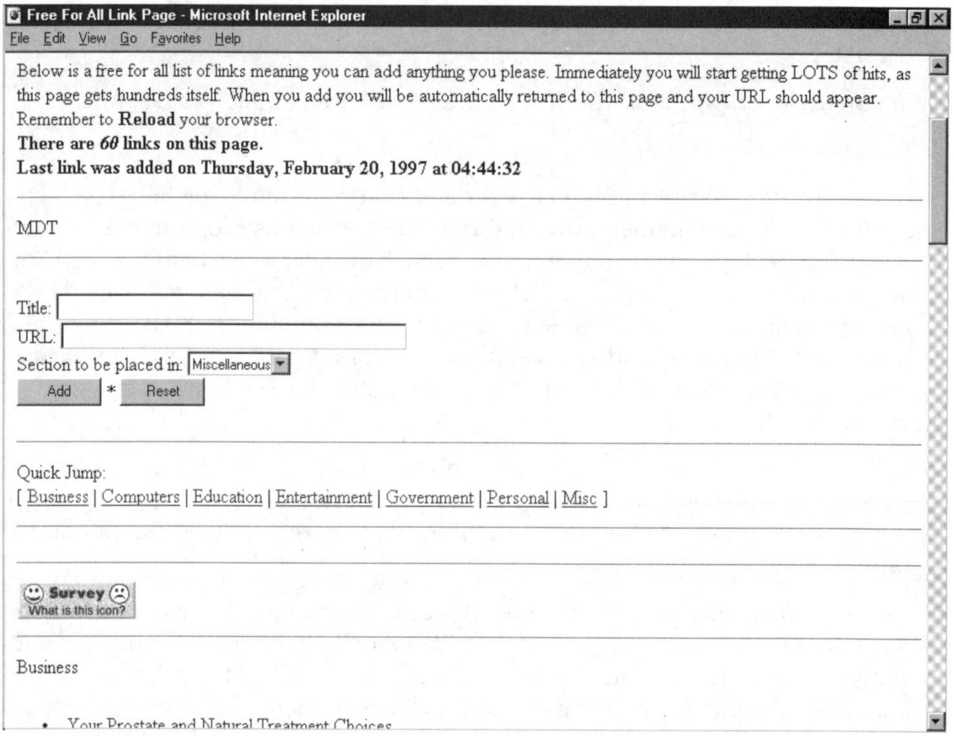

Bild 13.1: Von diesem Formular aus wird das »Free For All«-Skript aufgerufen.

Das alles wirkt jetzt recht kompliziert. Es ist aber gar nicht so schlimm, wenn Sie einfach Schritt für Schritt vorgehen. Wenn Sie schon einmal Makros für Ihr Textverarbeitungsprogramm oder Ihre Tabellenkalkulation erstellt haben, wird Ihnen das wahrscheinlich keine Probleme bereiten. Wenn Sie dagegen zu den Leuten gehören, die sich nie im Leben mit Makros beschäftigen wollten, sollten Sie dieses CGI-Skript, sowie die meisten anderen Skripts, lieber nicht alleine einrichten. Sehen Sie sich einfach an, was Sie tun müssen, und entscheiden Sie dann selbst.

Mit solchen Listen gibt es ein Problem. Häufig fügen Besucher Links hinzu, die mit dem eigentlichen Thema nichts zu tun haben. Diese Leute denken fälschlicherweise, daß es besser ist, einen Link von einer völlig unpassenden Website aus zu ihrer Website zu haben, als gar keinen Link. Natürlich weiß man nie, wer einen Link sieht und ihn anklickt. Die Idee, daß man Links ganz nach Belieben im ganzen Internet verstreuen sollte, basiert jedoch auf einer falschen Annahme, und zwar, daß es tatsächlich so etwas wie kostenlose Links gibt. Gibt es aber nicht. Zumindest muß jemand Zeit dafür aufwenden, diesen Link irgendwohin zu schreiben, Zeit, die er besser dafür verwenden sollte, einen passenden Platz für seinen Link zu finden.

Ich bin folgendermaßen vorgegangen. Zuerst habe ich das Skript von **Matts CGI Archiv** (`http://worldwidemart.com/scripts/`) heruntergeladen. Insgesamt waren es drei Dateien: die Skript-Datei (`links.pl`), die Web-Seite, die das Formular enthält, mit dem das Skript aufgerufen wird (`addlinks.htm`), und eine Datei mit Anweisungen (`readme.txt`). Ich habe diese Dateien gepackt in einer einzigen `.ZIP`-Datei heruntergeladen (es sind verschiedene Formate erhältlich).

Als ich die Dateien entpackte und sie mir ansah, stellte ich fest, daß es ein Problem mit dem Zeilenumbruch gab. Im Bild 13.2 können Sie sehen, daß der Text kleine schwarze Kästchen enthält und daß alles hintereinander geschrieben ist. Das Zeichen, das für den Zeilenumbruch zuständig ist, hat einfach an den Stellen, an denen der Text eigentlich in eine neue Zeile geschrieben werden sollte, ein schwarzes Kästchen eingefügt. Das ist ein Problem, das häufig auftritt, wenn Dateien zwischen DOS oder Windows und anderen Betriebssystemen übertragen werden. Es ist jedoch recht einfach zu beheben. Ich öffnete die Dateien noch einmal mit Word für Windows und speicherte sie wieder ab. Dabei müssen Sie im Menü »Datei – speichern unter« als Dateityp »Textdatei« auswählen. Die Dateien dürfen nicht in dem Format des Textverarbeitungsprogramms gespeichert werden. Auf diese Weise wurden die falschen Zeilenumbrüche durch richtige ersetzt. Sie sollten das mit den meisten Textverarbeitungsprogrammen machen können. Notfalls können Sie auch die Datei in einem Texteditor öffnen, jedes schwarze Kästchen markieren und durch die Betätigung der Eingabetaste ersetzen.

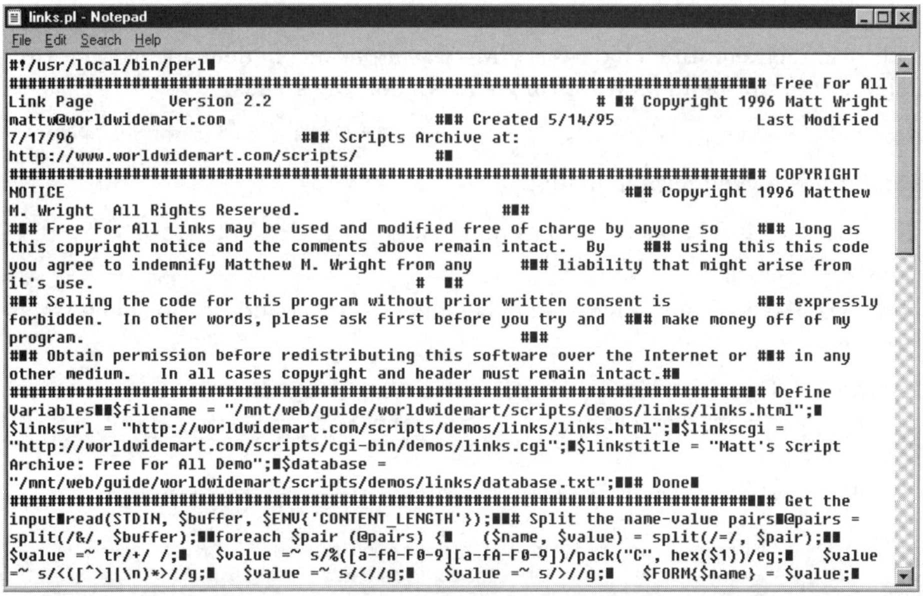


```
#!/usr/local/bin/perl■
##############################################################################■# Free For All
Link Page        Version 2.2                                    # ■# Copyright 1996 Matt Wright
mattw@worldwidemart.com                          #■# Created 5/14/95                Last Modified
7/17/96                    #■# Scripts Archive at:
http://www.worldwidemart.com/scripts/            #■
##############################################################################■# COPYRIGHT
NOTICE                                                          #■# Copyright 1996 Matthew
M. Wright  All Rights Reserved.                         #■#
#■# Free For All Links may be used and modified free of charge by anyone so    #■# long as
this copyright notice and the comments above remain intact.  By    #■# using this this code
you agree to indemnify Matthew M. Wright from any     #■# liability that might arise from
it's use.                                            #  ■#
#■# Selling the code for this program without prior written consent is         #■# expressly
forbidden.  In other words, please ask first before you try and  #■# make money off of my
program.                                                    #■#
#■# Obtain permission before redistributing this software over the Internet or #■# in any
other medium.   In all cases copyright and header must remain intact.#■
##############################################################################■# Define
Variables■■$filename = "/mnt/web/guide/worldwidemart/scripts/demos/links/links.html";■
$linksurl = "http://worldwidemart.com/scripts/demos/links/links.html";■$linkscgi =
"http://worldwidemart.com/scripts/cgi-bin/demos/links.cgi";■$linkstitle = "Matt's Script
Archive: Free For All Demo";■$database =
"/mnt/web/guide/worldwidemart/scripts/demos/links/database.txt";■■# Done■
##############################################################################■■# Get the
input■read(STDIN, $buffer, $ENV{'CONTENT_LENGTH'});■■# Split the name-value pairs■@pairs =
split(/&/, $buffer);■■foreach $pair (@pairs) {■   ($name, $value) = split(/=/, $pair);■■
$value =~ tr/+/ /;■   $value =~ s/%([a-fA-F0-9][a-fA-F0-9])/pack("C", hex($1))/eg;■   $value
=~ s/<([^>]|\n)*>//g;■   $value =~ s/<//g;■   $value =~ s/>//g;■   $FORM{$name} = $value;■
```

Bild 13.2: Bei diesem Skript gibt es ein Problem mit dem Zeilenumbruch.

Als nächstes habe ich das Skript umbenannt. Das Skript, das ich heruntergeladen habe, hieß `links.pl`. Der Webserver, auf dem meine Website liegt, arbeitet aber nur mit CGI, also habe ich das Skript in `links.cgi` umbenannt.

Anschließend habe ich die Datei in das Verzeichnis kopiert, das mir vom Systemverwalter zugewiesen wurde. Normalerweise handelt es sich um ein Verzeichnis namens `cgi-bin`. Wegen einer Eigenheit der Frontpage-Servererweiterungen kann es jedoch auch sein, daß Ihnen Ihr Systemverwalter in diesem Fall ein anderes Verzeichnis für das Skript zuweist. Wie schon bemerkt, kann man dieses Problem umgehen, indem man eine Datei namens .htaccess im Verzeichnis `cgi-bin` anpaßt.

Dann habe ich die Rechte für die Dateien angepaßt. Die Rechte für das Skript habe ich mit dem Kommando `chmod` auf `755` gesetzt. Sie können die Dateirechte auf zwei verschiedene Arten anpassen. Wenn der FTP-Server entsprechend konfiguriert ist, können Sie dazu Ihr FTP-Programm verwenden. Das ist in den meisten Fällen auch am einfachsten. Wenn Sie diese Möglichkeit nicht haben, müssen Sie sich mit Telnet auf Ihrer Website einloggen und nach dem UNIX-Prompt im entsprechenden Verzeichnis folgendes Kommando eingeben:

```
chmod 755 links.cgi
```

Wie in der Dokumentation zum Skript angegeben, änderte ich nun auch noch die Rechte für die Web-Seite (addlinks.htm) mit folgendem Kommando:

```
chmod 777 addlink.htm
```

Auf der Web-Seite mußte ich das <FORM>-Tag anpassen, in dem angegeben wird, wo sich das Skript befindet. Ursprünglich sah das Tag so aus:

```
<form action="http://your.host.xxx/cgi-bin/links.pl" method="POST">
```

Ich änderte es folgendermaßen um:

```
<form action="http://www.poorrichard.com/cgi-bin/links.cgi"
method="POST">
```

In dem Skript selbst mußte ich ebenfalls einige Zeilen abändern. So sahen sie im Skript aus:

```
# Define Variables
$filename = "/mnt/web/guide/worldwidemart/scripts/demos/links/
links.html";
$linksurl = "http://worldwidemart.com/scripts/demos/links/
links.html";
$linkscgi = "http://worldwidemart.com/scripts/cgi-bin/demos/
links.cgi";
$linkstitle = "Matt's Script Archive: Free For All Demo";
```

```
$database = "/mnt/web/guide/worldwidemart/scripts/demos/links/
database.txt";
# Done
```

Und so habe ich sie abgeändert:

```
# Define Variables
$filename = "/www/topfloor/html/pr/examples/addlink/addlink.htm";
$linksurl = "http://www.poorrichard.com/examples/addlink/
addlink.htm";
$linkscgi = "http://www.poorrichard.com/cgi-bin/links.cgi";
$linkstitle = "Poor Richard's Marketing List Directory—Add
Links";$database = "/www/topfloor/html/pr/examples/addlink/
links.txt"; ->
# Done
```

Hier werden dem Skript verschiedene Dinge mitgeteilt: zum einen, wo die Seite liegt, auf die es die Einträge schreiben soll. Dann, wo das Skript selbst liegt, und der Titel der Seite, auf die es schreibt. Zu guter Letzt noch der Name einer Textdatei, auf der das Skript eine Liste mit allen Links, die auf die Seite eingetragen werden, anlegen kann. Die Textdatei kann dann von anderen Skripten, zum Beispiel zum Erzeugen zufallsgenerierter Links, benutzt werden.

Das waren alle Änderungen, die ich durchführen mußte, damit das Skript auf meiner Website laufen konnte. Allerdings dauerte das seine Zeit, da ich einige Fehler machte und eine Zeitlang nicht weiterkam. Ich wollte das Skript nichtsdestotrotz noch weiter abändern. Dort gab es Kategorien für Links, die nicht auf meine Web-Seite paßten (in dem Formular kann man eine Kategorie auswählen, unter der der Link eingetragen werden soll), also habe ich sie geändert. Um die Kategorien zu ändern, mußte ich folgendermaßen vorgehen:

1. Für jede Kategorie mußte ich wie folgt einen Eintrag in der Liste auf der Web-Seite hinzufügen:

   ```
   <OPTION VALUE="Mail">Mailinglists and Newsgroups
   </OPTION>
   ```

   Wichtig ist der Text nach VALUE=. Dort steht der Text, der diese Auswahlmöglichkeit im Skript identifizieren wird.

2. Für jede Kategorie mußte ich eine Überschrift in der Datei erstellen. Dann fügte ich noch einen HTML-Kommentar hinzu. Der entsprechende Tag dafür lautet <!- ->. Das Skript sucht nach diesen Kommentaren, wenn es danach sucht, wo es den Link eintragen soll. Zum Beispiel:

   ```
   <!-Mail->
   ```

3. Im Skript selbst fand ich folgenden Text:

```
%sections = ("busi","Business","comp","Computers","educ",
"Education","ente","Entertainment","gove","Government","pers",
"Personal","misc","Miscellaneous");
```

   Das sind die Kategorien, die es im Original-Skript gab. Zum Beispiel:

```
"busi","Business",
```

   "busi" ist der Name im HTML-Kommentar, "Business" ist der Name, der in der Auswahlliste auf der Web-Seite erscheint. Auf der ursprünglichen Web-Seite wurde das Attribut VALUE= nicht in der Auswahlliste verwendet, so daß das Formular den Namen des ausgewählten Eintrags in der Auswahlliste verwendete.

4. Ich habe den Text nun durch meine eigenen Kategorien ersetzt:

```
%sections = ("Advice","Advice","Mail","Mail","Demo","Demo",
"Recip","Recip","Direct","Direct","Adv","Adv","What","What",
"Domain","Domain","Find","Find","Web","Web","Set","Set","Finding",
"Finding","Soft","Soft","Other","Other");
```

   Ich habe an erster und zweiter Stelle immer den gleichen Namen eingegeben. Zum Beispiel:

```
"Advice","Advice"
```

   Das habe ich gemacht, weil ich denselben Namen im Attribut VALUE= in der Auswahlliste und in dem Kommentar-Tag im HTML-Text verwendet habe.

Ich habe auch noch einige andere kosmetische Änderungen vorgenommen. Beispielsweise habe ich das Formular ans Ende der Seite gestellt und sein Aussehen geändert. Ich habe auch noch eigenen Text hinzugefügt.

Wie funktioniert das alles? Wenn der Anwender etwas in das Formular einträgt und auf die Schaltfläche »Add« (Hinzufügen) klickt, wird der Inhalt des Formulars an das Skript geschickt. Das Skript sucht den Text aus der Auswahlliste, wie Adv oder What, der in dem Attribut VALUE= angegeben ist. Damit versucht das Skript dann herauszufinden, wo auf der Web-Seite der Titel und die URL, die der Anwender eingegeben hat, stehen sollen. Es durchsucht die Web-Seite nach dem entsprechenden HTML-Kommentar und setzt den Link genau darunter.

In Bild 13.3 sehen Sie, wie mein fertiges Formular aussieht. Auf meiner Website (`http://www.poorrichard.com/book/` – gehen Sie zu den Beispielen) können Sie auch ausprobieren, wie es funktioniert.

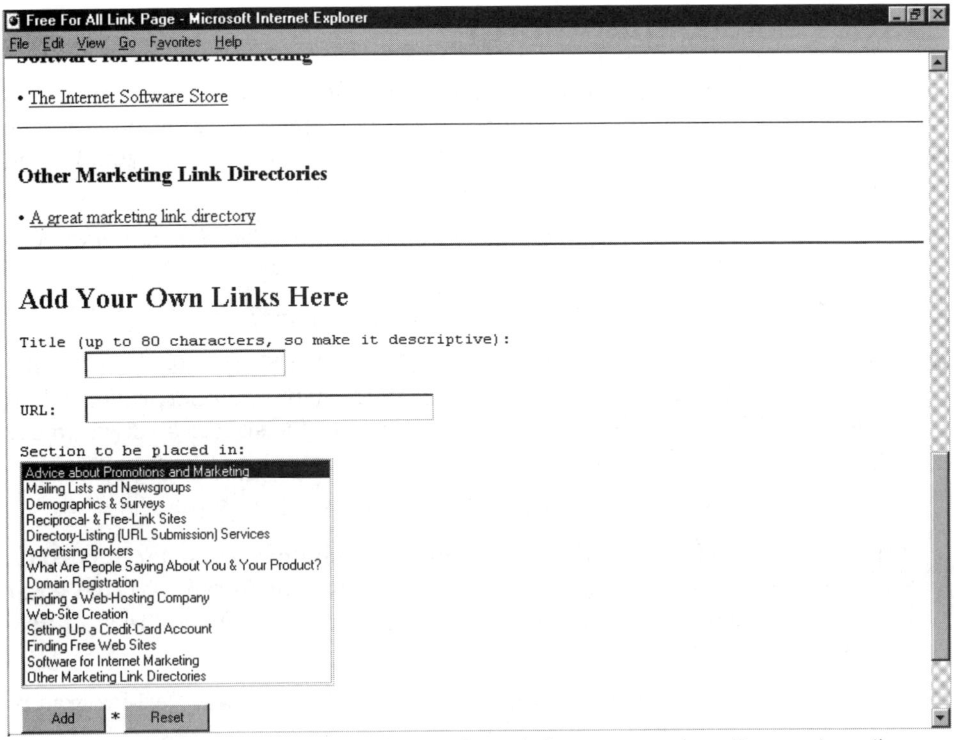

Bild 13.3: Ich habe das Skript so abgeändert, daß es nun andere Kategorien gibt. Auch das Formular selbst sieht nun anders aus.

Nun, das war die Kurzfassung. Wegen einiger Tippfehler hat das alles ganz schön lange gedauert. Das Einrichten dieser Skripte kann sehr umständlich sein und viel Zeit in Anspruch nehmen (eventuell viele, viele Stunden). Wenn Sie ein Computerneuling sind, rate ich Ihnen, gar nicht erst damit anzufangen. Sie können entweder stundenlang (fünf Stunden, zehn Stunden oder auch Tage) selber daran herumbasteln oder aber 85 DM investieren und jemand anderen mit dem Einrichten des Skripts beauftragen.

Wenn Sie allerdings daran gewöhnt sind, an Computern herumzubasteln und es Ihnen nichts ausmacht, an verschiedenen Skripten zu basteln, haben Sie vielleicht auch Spaß daran, es selber zu tun. Sie werden sehen, daß es auch immer einfacher wird. Je mehr Skripte Sie anpassen, desto leichter fällt Ihnen der ganze Prozeß.

13.6 Fehlerbehandlung

Denken Sie daran, Ihre CGI-Skripte gründlich zu testen. Probieren Sie alles aus, was das Skript kann. Ein falsch geschriebenes Wort genügt, damit ein Teil des Skripts nicht mehr funktioniert. Wenn Sie Ihr Skript überhaupt nicht zum Laufen bekommen, überprüfen Sie folgende Dinge:

- Haben Sie die korrekte Dateinamenerweiterung für das Skript verwendet (`.CGI` oder `.PL`)?
- Haben Sie das Skript in das richtige Verzeichnis kopiert?
- Haben Sie die richtigen Dateirechte, sowohl für das Skript als auch für alle anderen Dateien, mit denen es arbeitet, gesetzt? Um das zu überprüfen, sehen Sie sich mit FTP das Verzeichnis mit den Dateien an. Sie sollten so etwas in der Art sehen:

  ```
  -rwxr-xr-x  1 pkent   nobody   6719 Feb 19 17:24 links.cgi
  ```

  Am Anfang der Zeile stehen die Dateirechte. Dort sollte dreimal der Buchstabe x zu sehen sein, der anzeigt, daß jeder das Skript ausführen darf. Bei einer Web-Seite, auf der vom Skript aus Einträge gemacht werden, sollte statt dessen -rwxrwxrwx zu sehen sein.
- Steht in der ersten Zeile des Skripts der korrekte Pfad für das Perl-Programm (meistens `#!/usr/local/bin/perl`)?
- Haben Sie die DOS-Zeilenumbrüche entfernt, wenn Sie das Skript von einem PC aus übertragen haben? Sie müssen vor der Übertragung sicherstellen, daß Ihr FTP-Programm im ASCII-Modus arbeitet.
- Versuchen Sie, das Skript von der Kommandozeile in UNIX oder von der Adreßzeile Ihres Browsers aus zu starten. Geben Sie einfach die URL ein, die auf das Skript verweist. Je nachdem, was das Skript in so einer Situation machen soll, sollte irgend etwas passieren. Sie könnten beispielsweise eine Titelseite mit einem Link auf die Website des Verfassers des Skripts sehen oder eine Fehlermeldung, die besagt, daß das Skript nicht gefunden hat, was es braucht. Wenn Sie das Skript nicht ausführen können und eine Fehlermeldung vom Server erhalten, daß Sie nicht die notwendigen Rechte besitzen, dann funktioniert das Skript auch nicht von dem Formular aus.
- Haben Sie in der Web-Seite, die das Skript aufruft, auf das korrekte Verzeichnis, in dem das Skript liegt, verwiesen? Wird im Skript auf das richtige Verzeichnis, in dem die Dateien liegen, verwiesen?

- Wenn überhaupt nichts funktioniert, versuchen Sie einmal, das Skript in `NPH-SKRIPTNAME.CGI` umzubenennen, und führen Sie es dann aus. Es kann sein, daß Sie dann Fehlermeldungen sehen, die Ihnen helfen, herauszufinden, was nicht in Ordnung ist.

Hier sind ein paar Fehlermeldungen, die Sie bekommen können, wenn Sie versuchen, das Skript vom Browser aus auszuführen:

```
/ipn/cgi-bin/links.cgi on this server.
```

Es kann sein, daß die Dateirechte nicht richtig gesetzt sind oder daß sich das Skript in einem falschen Verzeichnis befindet.

```
Server Error - The server encountered an internal error or
misconfiguration and was unable to complete your request.
```

Hierbei handelt es sich wahrscheinlich um einen Fehler im Skript, obwohl es hier »Server Error« heißt. Eventuell stimmt die Zeile `#!/usr/local/bin/perl` nicht, oder aber es gibt Probleme mit dem Zeilenumbruch im Skript.

```
Method not implemented - POST to /ipn/cgi-bin/links.pl not
supported.
```

Hier gibt es womöglich ein Problem mit dem Verzeichnis oder dem Dateinamen. Es kann auch sein, daß der Server nicht korrekt eingerichtet ist und deswegen kein `POST` akzeptiert.

Was ist der häufigste Fehler in einem Skript? Ein Tippfehler. Ein falsch geschriebenes Wort, ein fehlendes Semikolon (;) oder eine fehlende geschweifte Klammer ({) oder ein Doppelpunkt zuviel ... und schon funktioniert das Skript nicht mehr! Ein anderes häufiges Problem sind falsch gesetzte Dateirechte. Achten Sie im Attribut `ACTION` innerhalb des `<FORM>`-Tags auch auf Fehler in der URL.

13.7 Fordern Sie Ihre Besucher zum Handeln auf

CGI-Skripte sind dazu da, um Besucher Ihrer Seite selber aktiv werden zu lassen. Sie sollen nicht nur vorbeischauen, sich umsehen und wieder gehen, sondern etwas tun. Bevor es weitergeht, will ich Sie noch an etwas erinnern:

Warten Sie nicht darauf, daß Ihre Besucher etwas machen, sondern fordern Sie sie zum Handeln auf.

Überlegen Sie sich, was ein Besucher auf Ihrer Website machen soll. Fordern Sie ihn dann ganz konkret dazu auf.

Im Verkauf gibt es einen einfachen Leitsatz: Fordern Sie Ihren zukünftigen Kunden zum Kauf auf. Sie warten nicht darauf, daß er es sich durch den Kopf gehen läßt, sondern ermuntern ihn. Das ist ein Leitsatz, der von vielen Leuten, die Geschäfte im Internet machen wollen, nicht richtig verstanden wird. Der Eigentümer eines erfolgreichen Unternehmens im Internet sagte zu mir: »Wer das Internet liebt, stürzt sich kopfüber hinein. Obwohl diese Leuten den technischen Hintergrund verstehen, wissen sie doch nichts übers Geschäftemachen. Sie haben auch keine Ahnung, was einen Geschäftsmann ausmacht.« Ich wundere mich immer wieder darüber, wie viele kommerzielle Websites von Leuten erstellt wurden, die dieses grundlegende Geschäftsprinzip nicht verstehen: Fordern Sie zum Kauf auf.

Dieses Prinzip läßt sich auf alles anwenden, was der Besucher auf Ihrer Website machen soll. Wollen Sie, daß ein Journalist Ihr Produkt rezensiert? Dann fordern Sie Journalisten auf, auf Ihre Presse-Seite zu gehen und ein Rezensionsexemplar zu bestellen. Wollen Sie, daß Ihnen jemand seine E-Mail-Adresse gibt? Dann bitten Sie denjenigen, ein Formular auszufüllen und Ihnen seine E-Mail-Adresse mitzuteilen. Wollen Sie, daß die Demoversion Ihrer Software heruntergeladen wird? Fordern Sie Ihre Besucher dazu auf. Stellen Sie nicht einfach nur alle möglichen Dinge zur Verfügung. Es ist falsch, einfach zu warten und zu hoffen, daß die Leute das alles schon irgendwie finden werden. Sie leiten und führen Ihre Besucher und bringen sie so dorthin, wo Sie sie haben möchten. Dort angekommen, fordern Sie Ihre Besucher zum Handeln auf. Die CGI-Skripte unterstützen Sie dabei.

14. Kapitel

Bestellungen online entgegennehmen

Wenn Sie versuchen, etwas über Ihre Website zu verkaufen, müssen Sie sich ein wenig Zeit nehmen und herausfinden, wie genau Sie das machen wollen. Dann kostet das Ganze auch noch ein wenig Geld, da Sie ein Bestellsystem einrichten müssen. So ein Bestellsystem kann aber auch erstaunlich günstig sein. Es gibt verschiedene Möglichkeiten, wie Sie die Bestellungen, die auf Ihrer Website eingehen, weiterverarbeiten können. Es gibt auch unterschiedliche Zahlungsmethoden. Einige der hier genannten Vorschläge werden Ihnen ganz bestimmt gefallen, andere sollten Sie lieber vermeiden. Sie können eingegangene Bestellungen auf folgende Weise bearbeiten:

- Mit Snail Mail (damit ist die herkömmliche Post gemeint)
- Mit Hilfe einer Telefonnummer (gebührenpflichtig oder eine gebührenfreie Rufnummer wie 0130 oder 0800)
- Über eine Faxnummer
- Via E-Mail
- Durch ein einfaches Webformular
- Mit Hilfe eines anspruchsvollen Einkaufswagensystems
- Mit einer 0190- bzw. 0900-Telefonnummer (bei diesem System zahlen die Kunden einmal für den Zugang zur Website)

Sie können auch unterschiedliche Zahlungsarten akzeptieren:

- Kreditkarten
- Nachnahme/Rechnung
- Schecks
- E-Money
- Bankeinzug /Lastschrift

Lassen Sie uns diese Punkte der Reihe nach genauer ansehen.

14.1 Post und Telefon

Denken Sie nicht, daß Sie die Welt außerhalb des Internet einfach abhaken können. Eine bedeutende Anzahl von Bestellungen, die ursprünglich von einer Website ausgehen, werden durch eine Offline-Methode abgewickelt. Eine Umfrage kam kürzlich zum Ergebnis, daß bis zu 70% der Verkäufe, die nach einem Besuch einer Website zustande kamen, über das Telefon gingen.

Nun, ich denke, daß das zum einen daran liegt, daß so viele Firmen es Ihren Kunden extrem schwer machen, etwas direkt über die Website zu bestellen. Es gibt nur unvollständige Produktinformationen und sogar ungenaue Angaben zum Bestellverfahren. Vielleicht gibt es die Informationen sogar, aber die Website ist so schlecht strukturiert, daß sie nur schwer zu finden sind. Bei einigen Websites gibt es auch überhaupt keine Möglichkeit, etwas online zu bestellen, obwohl es sich dabei um Websites handelt, auf denen sowieso nicht viel verkauft wird. Ich habe auch schon Websites gesehen, bei denen das Online-Bestellsystem nicht richtig funktionierte, so daß ich gezwungen war, bei der Firma anzurufen.

Aber selbst wenn Sie auf Ihrer Website alles richtig machen und darauf achten, daß der Käufer alle Informationen auf Ihrer Website findet, die er braucht, werden Sie immer noch Kunden haben, die lieber per Telefon bestellen. Dafür gibt es mehrere Gründe:

- Der Kunde hat ungewöhnliche Fragen zu Ihren Produkten, die Sie nicht ahnen konnten. Er muß also persönlich mit Ihnen oder einem Ihrer Mitarbeiter sprechen.
- Sie haben Angst, eine Bestellung über das Internet aufzugeben, weil immer so viel über Kreditkartenbetrug geredet wird (mehr dazu später in diesem Kapitel).
- Sie bevorzugen es ganz einfach, wenn sie bei der Bestellung mit einem Mitarbeiter sprechen können.
- Sie wollen ganz sicher gehen, daß die Bestellung auch wirklich ankommt, also daß jemand die Bestellung auch wirklich gesehen hat, und daß sie nicht einfach irgendwo im Cyberspace schwebt.

Aus diesen und anderen Gründen sollten Sie auf Ihrer Website alle Angaben machen, die ein Kunde braucht, wenn er etwas auf dem herkömmlichen Weg bestellen möchte. Wenn Ihre Firma eine gebührenfreie Rufnummer hat, geben Sie diese selbstverständlich an, ansonsten tut es auch Ihre gewöhnliche Telefonnummer. Vergessen Sie auch nicht Ihre vollständige Postadresse. Kunden aus anderen Ländern, die nicht online bestellen wollen, möchten vielleicht auch kein teures Ferngespräch führen.

Denken Sie daran, Ihre kompletten Bestellbedingungen anzugeben. Sagen Sie Ihren Kunden genau, wieviel das Produkt und der Versand kostet und ob es irgendwelche Ermäßigungen gibt. Vergessen Sie nicht, die Versandgebühren für das Ausland anzugeben. Denken Sie immer daran: Das Internet ist ein internationaler Markt, es gibt also keinen Grund, Ihre Verkäufe auf nur ein Land zu beschränken. Auch werden hier Bedürfnisse normalerweise schnell befriedigt – viele Internet-Anwender haben sich inzwischen daran gewöhnt, immer sofort zu bekommen, was sie wollen. Geben Sie also auch an, ob Sie Expreß oder innerhalb von 24 Stunden liefern, und was das kostet.

Wenn Sie Angaben machen, wie man per Post bestellt, könnten Sie auch gleich ein Formular zur Verfügung stellen, das der Kunde ausdrucken kann. Erstellen Sie eine Web-Seite, die aussieht wie ein Bestellformular in einer Zeitung oder Zeitschrift. Erklären Sie dem Kunden, wie er dieses Formular mit seinem Browser ausdrucken kann. Auf diese Weise erhält der Käufer alle notwendigen Angaben, die er für die Bestellung braucht, in einem leicht zu benutzendem Format, und Sie erhalten Bestellungen, die alle wichtigen Angaben enthalten. Wenn Sie so ein Formular erstellen, testen Sie, ob der Ausdruck auch funktioniert. Sie sollten recht kurze Zeilen verwenden, die linksbündig angeordnet sind. Eventuell müssen Sie auch das Tag <PRE> </PRE> verwenden, damit die Seite so formatiert wird, daß der Text korrekt ausgerichtet ist.

Es ist wichtig, daß Sie es dem Kunden so leicht wie möglich machen, die Bestellung online aufzugeben. Es ist ein Mythos, daß Online-Bestellungen für Firmen ein schneller und billiger Weg sind, um Produkte zu verkaufen. Die Erfahrung vieler Firmen ist, daß die Online-Bestellung häufig gar nicht klappt. Das zeigt ja auch die Statistik, nach der 70% der Verkäufe über das Telefon abgewickelt werden. Bei Online-Bestellungen geht es nicht ohne die Mitarbeit von Offline-Hilfen. Es ist auch viel teurer als die ganze Werbung immer weiszumachen versucht. Sie werden Ihre Online-Bestellungen wohl nie hundertprozentig automatisch abwickeln können. Je mehr Informationen Sie jedoch für Ihre Kunden bereitstellen und je besser Ihr System gestaltet ist, desto weniger müssen Sie oder Ihre Mitarbeiter selbst eingreifen.

Denken Sie daran, daß Sie nach der E-Mail-Adresse Ihrer Kunden fragen, egal welche Bestellmethode sie wählen. Auch wenn der Kunde seine Bestellung über das Telefon oder den Postweg aufgibt, sollten Sie um die E-Mail-Adresse bitten. Sie möchten schließlich alle Ihre Kunden in Ihrer Mailingliste haben.

14.2 Fax

Viele Unternehmen akzeptieren Bestellungen, die via Fax eingehen. Wenn Sie das auch machen wollen, müssen Sie darauf achten, daß Ihr Faxgerät immer eingeschaltet ist. Stellen Sie ein Bestellformular auf Ihrer Website zur Verfügung, das Ihre Kunden ausdrucken und ausfüllen können.

14.3 E-Mail

Geben Sie immer auch eine E-Mail-Adresse an, an die Bestellungen geschickt werden können. Genauso wie es Leute gibt, die nur ungern online bestellen, gibt es auch Leute, die keine Lust haben, irgendeine herkömmliche Bestellmethode zu verwenden. Ich sehe dennoch immer wieder Websites, die so tun, als ob sie eine Anzeige wären. Dort finden Sie Angaben zum Produkt und eine Telefonnummer – aber keine E-Mail-Adresse und kein Bestellformular. Ich denke, daß dies zum Teil an den Marketingmethoden der virtuellen Einkaufszentren und Website-Design-Firmen liegt. Diese sind häufiger daran interessiert, neue Firmen als Kunden zu gewinnen und an deren Geld zu kommen, als an dem, was die Firma mit der Website macht, sobald sie einmal fertig ist.

Sie müssen auch dann eine E-Mail-Adresse haben, wenn Sie eine Telefonnummer angegeben haben. Viele Firmen verkaufen Produkte, die sich auch außerhalb Europas an den Mann bringen lassen. Wenn Sie beispielsweise Bücher, Musik oder Software verkaufen, gibt es keinen Grund, sich nur auf ein Land zu beschränken. Die Welt wird wirklich immer kleiner, und Menschen auf der anderen Seite der Welt möchten vielleicht bei Ihnen etwas bestellen. Jedoch sind diese Kunden wahrscheinlich nicht bereit, für Telefonkosten aufzukommen, die den Preis des Produkts verdoppeln. Es kann auch sein, daß Ihre Kunden mit einem Webbrowser arbeiten, der keine Formulare unterstützt. Schreiben Sie also eine E-Mail-Adresse auf Ihre Website, oder besser noch: mehrere E-Mail-Adressen. Eine, an die man Bestellungen schicken kann, eine, unter der Ihre Kunden weitere Informationen anfordern können, eine für den Kundendienst und so weiter. In Kapitel 15 sprechen wir dann ausführlich über E-Mail.

Es gibt übrigens verschiedene Möglichkeiten, wie Sie diese E-Mail-Adressen auf Ihrer Website einfügen können. Zum einen können Sie auf Ihren Seiten Links mit dem Attribut `mailto:` erstellen. Bei dieser Art von Link öffnet sich nach dem Anklicken automatisch ein E-Mail-Programm. Auch das funktioniert aber nicht für alle Besucher, da es vom Browser und dessen Konfiguration abhängig ist. Sie sollten also sichergehen, daß die E-Mail-Adresse selbst auch abgedruckt ist. Das heißt, daß Sie keinen `mailto:`-Link erstellen sollten, der einfach nur »`Bestellen`

`Sie hier`« heißt. Der `mailto`:-Link sollte vielmehr so etwa aussehen: »`Bestellen Sie hier: Verkauf@SuperKanaldeckel.com`«.

Sie können auch ein Formular erzeugen, das der Käufer für seine Bestellung per E-Mail verwenden kann. Das funktioniert so wie das Formular zum Ausdrucken für Bestellungen über den Postweg oder via Fax. Sagen Sie dem Anwender, daß er das Formular in die E-Mail kopieren soll. Alternativ dazu kann man das Formular auch als Textdatei abspeichern und dann in das E-Mail-Programm importieren. Anschließend kann der Kunde das Formular ausfüllen, in dem er einfach Text in die entsprechenden Leerstellen einträgt.

14.4 Einfaches Web-Formular

In Kapitel 12 und 13 ging es darum, wie Sie interaktive Komponenten in Ihrer Website einfügen. Sie können mit der eingebauten Skriptsprache Ihres Programms zur Erstellung von Web-Seiten einfache Formulare erstellen oder gleich mit CGI-Skripten arbeiten. Diese Formulare können Sie auch für Bestellungen verwenden. Es ist recht einfach, mit Hilfe eines CGI-Skripts wie FormMail ein Formular zu erstellen, das Ihnen die Eingaben als E-Mail zukommen läßt.

Das ist besser, als wenn Käufer ihre Bestellung direkt per E-Mail aufgeben, die sie selber in ihrem Mail-Programm erstellt haben, obwohl es sich um denselben Kommunikationsmechanismus handelt. Erstens sieht ein Formular offizieller aus – viele Leute werden gar nicht merken, daß es auch nur E-Mail verwendet. Und zweitens können Sie so sichergehen, daß Ihre Kunden auch wirklich alle notwendigen Angaben machen. Bei einfacher E-Mail sind Sie darauf angewiesen, daß der Käufer auch wirklich an alle Details denkt.

Ich habe neulich eine Methode gesehen, die inzwischen verwendet wird, um potentielle Käufer davon zu überzeugen, daß diese Art von Übertragung auch wirklich sicher ist. Dabei erstellen Sie einfach zwei Formulare. Im ersten Formular fragen Sie nur einen Teil der benötigten Kundendaten, wie zum Beispiel Name, Adresse, Artikel, Menge und die ersten acht Ziffern der Kreditkartennummer ab. Wenn der Käufer das erste Formular abgesendet hat, öffnet sich das zweite. In den Skripten können Sie normalerweise angeben, welche Seite, häufig als Bestätigungsseite bezeichnet, angezeigt werden soll, nachdem der Anwender das Formular abgeschickt hat. Sie können einfach das zweite Formular als die Bestätigungsseite definieren.

Im zweiten Formular muß dann der Kunde die restlichen Angaben wie E-Mail-Adresse, Lieferadresse und die letzten acht Ziffern der Kreditkartennummer eintragen. Wenn Sie Ihre Formulare auf diese Weise einrichten, können Sie Ihren Besuchern erklären, daß die Angaben in zwei verschiedenen Sendungen übertragen werden. Wenn nun eine Nachricht von jemandem abgefangen würde, wären die Angaben nutzlos. Die Wahrscheinlichkeit, daß eine solche Nachricht »abgehört« wird und daß mit der Kreditkartennummer Mißbrauch getrieben wird, ist äußerst gering. Viele Internet-Anwender halten das jedoch für eine große Gefahr. Ich gehe später in diesem Kapitel noch genauer auf diesen Punkt ein.

Im Idealfall würden Sie natürlich sowieso mit einem sicheren Webserver arbeiten, der die Daten vor der Übertragung verschlüsselt. Es kann jedoch sein, daß Ihnen durch den Secure Server zusätzliche Kosten entstehen. Ihr Webhost kann für den Gebrauch eines sicheren Webservers mehr verlangen, wenn er überhaupt einen hat. Oder Sie müssen den Server von jemand anderem anmieten. Die meisten Leute im Internet arbeiten zwar inzwischen mit kompatiblen Browser, aber es gibt immer noch welche, bei denen es nicht funktionieren würde. In so einem Fall kann der Browser die Daten nicht verschlüsseln, obwohl Sie einen Secure Server haben. Auch über dieses Thema sprechen wir später noch.

14.5 Anspruchsvolle Shoppingsysteme

Wenn Sie mehr als nur ein oder zwei Produkte zum Kauf anbieten, lohnt sich für Sie eventuell ein sogenanntes Shoppingsystem. Das ist eine Reihe von Webformularen mit denen Käufer Produkte bestellen können. Mit diesen Systemen lassen sich Kataloge durchblättern und dabei Sachen auswählen, die man in den virtuellen Einkaufswagen legen kann. Wenn der Kunde mit Einkaufen fertig ist, muß er zur »Kasse« gehen. Dort muß er seine Kreditkartennummer sowie die Lieferadresse angeben.

Eventuell hat Ihre Webhosting-Firma sogar schon so ein System, das Sie verwenden können. Es kann eines dieser kostenlosen CGI-Skripte sein oder vielleicht gibt es auch ein Abkommen mit einer Firma, die Lizenzen ihrer Shopping-Software an Webhosting-Firmen und Internet-Provider verkauft.

Sie können sich auch Ihre eigene Shopping-Software auswählen und installieren (natürlich nur, wenn Sie auf dem Server auch eigene Skripte laufen lassen dürfen). Wenn Sie einen Laden im World Wide Web mit Hilfe eines solchen Systems einrichten wollen, kann das extrem viel Geld kosten – mehrere tausend Mark oder aber auch 10 000 DM. Sie müssen aber nicht so viel ausgeben. Es gibt auch günstige und sogar kostenlose Systeme. In Bild 14.1 sehen Sie zum Beispiel Minivend. Minivend ist eine kostenlose Software, die Sie selbst installieren können, wenn es Ihnen nichts ausmacht, CGI-Skripte anzupassen (siehe Kapitel 12 und 13).

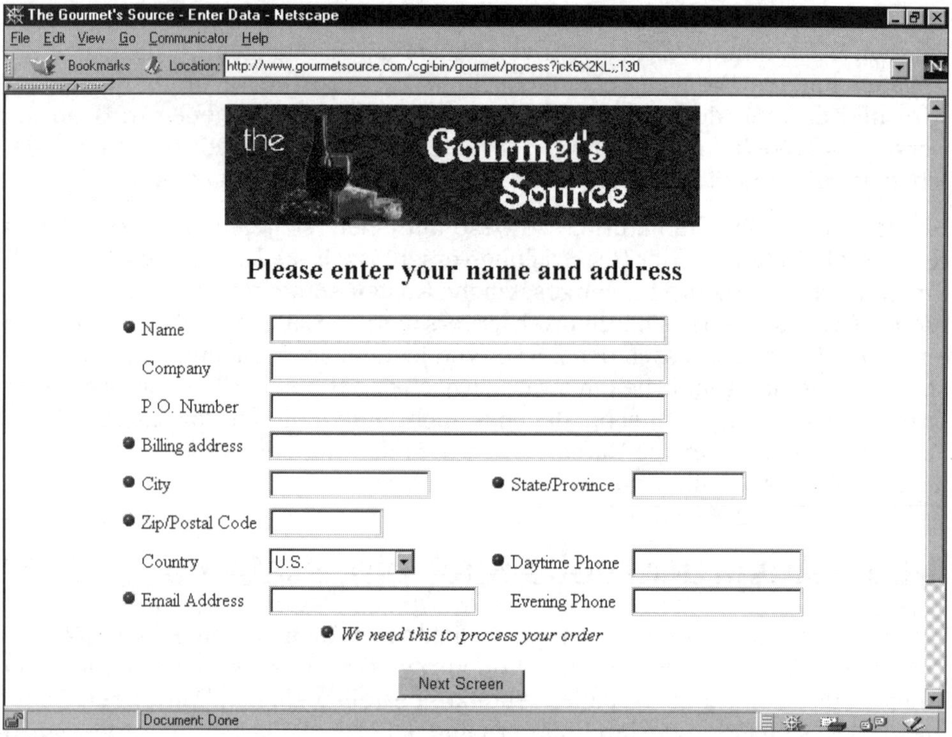

Bild 14.1: Dieses Formular wurde von Minivend, einem kostenlosen Shoppingsystem, erstellt.

Wenn Sie sich für Shopping-Software interessieren, sehen Sie sich einfach auf folgenden Websites um (die Preise reichen von äußerst billig bis hin zu extrem teuer):

- **Poor Richard's Website Extra – Shopping-Cart Software & Services Directory** (Dort finden Sie eine Liste mit mehr als 75 Systemen und Diensten.)

  `http://www.poorrichard.com/freeinfo/shop.htm`

- **Adhesive Media WwSHOP**

  `http://www.adhesive.com/`

- **ClickShop Gold Paint** (ca. 1600 DM)

  `http://clickshop.com/`

- **ElectronicStore**

  `http://www.globus.com/`

- **EZ Shopper** (ab 200 DM)

  `http://www.ahg.com/`

- **Internet Business Breakthrough**

  `http://www.btsw.com/`

- **Make-a-Store**

  `http://www.make-a-store.com/`

- **Minivend** (kostenlos)

  `http://www.minivend.com/`

- **NetLink – Virtual Shopping Cart**

  `http://www.netlink.net/cybernet/cybernet.htm`

- **ShopCart**, **ShopPro** (90-450 DM) und **ShopMall**

  `http://www.virtualpublisher.com/`

- **ShopSite Manager** (670 DM und weniger)

  `http://www.icentral.com/`

- **Speedware Store**

  `http://www.speedware.com/`

- **Vcart** (ca. 40 DM pro Monat)

  `http://www.vcart.com/`

- **Verifone** (2550 DM; Sie brauchen aber zusätzlich Ihren eigenen Microsoft Merchant Server (25 500 DM) oder eine Lizenz (6000 DM) auf dem Server von jemand anderem.)

  `http://www.verifone.com/`

- **Web66 Spezial** (Onlineshop von G.I.B. im Vertrieb bei Markt&Technik; ca. 99,95 DM)

  `http://www.mut.de/katalog/`

- **Web66** (der G.I.B.-Onlineshop in der Profiversion; ca. 690,– DM)

  `http://www.mut.de/katalog/`

- **Web Store** (kostenlos)

  `http://www.extropia.com/`
  `http://mirrors.ids.it/sol/Scripts/`

- **WebCart** (ab 500 DM) und **WebOrder** (ca. 340 DM)

  http://www.rcsoftware.com/

- **WebCatalog** (Server für Windows NT und Macintosh; ca. 4300 DM)

  http://www.starnine.com/webcatalog/

- **WebMate**

  http://www.webmate.com/

- **WebMerchant** (Arbeitet mit WebCatalog zusammen und verarbeitet die Eingabe von Kreditkarteninformationen; ca. 1700 DM)

  http://www.starnine.com/webmerchant/

- **Yahoo! – Electronic Commerce Software**

  http://dir.yahoo.com/Business_and_Economy/Companies/Retail_Management_Supplies_and_Services/Electronic_Commerce/Software/

- **Yahoo! – Electronic Commerce**

  http://www.yahoo.com/Business_and_Economy/Electronic_Commerce/

- **Yahoo! – Web Software Firmen**

  http://www.yahoo.com/Business_and_Economy/Companies/Computers/Software/Internet/World_Wide_Web/

Denken Sie daran, was wir in den Kapiteln 12 und 13 besprochen haben: Eventuell ist es für Sie besser, wenn Sie jemanden dafür bezahlen, daß er Ihnen die Shopping-Software installiert, als es selbst zu versuchen. Die Firma, von der Sie die Software kaufen, installiert häufig auch das Programm für Sie. Manchmal müssen Sie dafür eine extra Gebühr bezahlen, manchmal aber ist die Installation auch im Preis inbegriffen. Die Firma clickables installiert beispielsweise ShopCart und ShopPro für 75 DM auf Ihrem Server. Selbst wenn Sie sich eines der kostenlosen Skripte besorgen, können Sie jemanden finden, der bereit ist, es für Sie einzurichten. Eventuell ist sogar die Person, die das Skript geschrieben hat, dazu bereit. Der Preis für so etwas liegt in der Regel bei ca. 85 DM die Stunde. Das Installieren selbst wird nur einige Stunden oder auch weniger Zeit in Anspruch nehmen.

Bevor Sie sich für ein System entscheiden, sollten Sie die einzelnen Programme in Ihrer Preisklasse sorgfältig miteinander vergleichen. Überlegen Sie sich, was das Programm können muß. Zum Beispiel:

- Während der Käufer den Katalog durchsieht, kann er einzelne Produkte markieren, die dann in einen virtuellen Einkaufswagen gelegt werden. Der Kunde kann solange einkaufen, bis er alles hat und zahlen möchte.

- Bei einigen Systemen können Sie mehrere Kataloge oder Läden haben.
- Die Bestellungen können Ihnen in verschlüsselter Form via E-Mail zugesandt werden.
- Überprüfen Sie, wie groß der Katalog werden darf und ob dies Ihren Anforderungen entspricht.
- Bei Systemen, die Cookies unterstützen, kann der Kunde den Katalog verlassen und später wiederkommen. Seine Einstellungen werden dabei gespeichert.
- Einige Systeme haben auch Suchfunktionen, so daß Ihre Kunden im Katalog nach Stichwörtern suchen können.
- Eine automatische Überprüfung der Felder stellt sicher, daß die Eingaben korrekt und sinnvoll sind.
- Es gibt Systeme, die die Versandkosten berechnen. Eventuell läßt sich sogar nachschlagen, was der Versand via UPS kosten würde.
- Überprüfen Sie, ob das System die richtige Mehrwertsteuer (16% oder 7% je nach Produkt) berechnet.
- Eventuell läßt sich das System auch so konfigurieren, daß es automatisch Mengen- oder Firmenrabatt berücksichtigt.
- Normalerweise gibt das System einen detaillierten Überblick über die Bestellung.
- Einige Systeme haben Datenbankzugriff, über den sich Produktinformationen abrufen lassen.
- Es ist auch nützlich, wenn der Kunde automatisch eine E-Mail erhält, in der seine Bestellung bestätigt wird.
- Gut ist auch, wenn das Programm Kreditkarten verifizieren und abrechnen kann.

Laufen Sie jetzt aber nicht gleich los und kaufen ein System, sondern lesen Sie zuerst dieses Kapitel zu Ende. Sie müssen sich zuerst entscheiden, wie Sie mit den Zahlungen umgehen wollen. Ein Shoppingsystem kann Ihnen die notwendigen Daten schicken, so daß Sie den Rest der Transaktion offline abwickeln können. Sie können aber auch alles online verarbeiten. Wie Sie später sehen werden, können Sie (zumindest in den USA) nicht nur Kreditkarten, sondern auch Schecks online bearbeiten. Eventuell könnten Sie auch zu einer Firma gehen, die Geschäfte auf ihrem eigenen Server abwickelt. Achten Sie darauf, daß das Einkaufswagen- und das Abrechnungssystem zusammenarbeiten, egal für welche Methode Sie sich entscheiden. Einige der Transaktions-Dienste-Anbieter stellen Ihnen sogar ein Einkaufswagensystem zur Verfügung.

14.6 0190- oder 0900-Telefonnummern

Ab 1999 können Sie in Deutschland bei der Telekom mit Hilfe einer 0900-Nummer (früher 0190) den Zugang zu Ihrer Website verkaufen. Mit dieser Methode können Sie keine Produkte an sich vertreiben, da das nicht den staatlichen Regelungen entspricht, sondern nur Informationsdienstangebote. Diese Telefonnummern kosten den Anrufer einen bestimmten Betrag, gestaffelt nach vier verschiedenen Tarifgruppen (T1 – T4). Diese Rufnummern werden häufig für Telefonsex verwendet. Im Internet benutzen pornographische Websites diese Rufnummern als Zahlungsmethode.

Das Ganze funktioniert so: Sie stellen auf Ihrer Website eine 0900-Nummer als Zahlungsmethode zur Verfügung. Wenn jemand diese Methode verwenden will, ruft er einfach dort an. Dort wird ihm ein Paßwort mitgeteilt, mit dem er dann auf die Website zugreifen kann. Die abgerechneten Gebühren erscheinen dann auf der normalen Telefonrechnung.

Bei der Tarifgruppe T4 beispielsweise wird dem Anrufer alle 2 Sekunden eine Tarifeinheit berechnet. Pro Minute muß er 3,63 DM zahlen. Sie als Anbieter erhalten dann 2,89 DM in der Minute, die Telekom behält 74 Pfennig ein. Dabei werden 200 DM für das Einrichten sowie eine monatliche Grundgebühr von 630 DM fällig. Ausführliche Informationen können Sie bei der deutschen **Telekom** (`http://www.telekom.de/`) unter der gebührenfreien Rufnummer 0130 1115 anfordern.

Aufgrund der hohen Gebühren, die dabei für Sie anfallen, ist diese Methode wohl nur für einige wenige Unternehmen im WWW zu empfehlen.

14.7 Schicken Sie eine Bestätigung

Vergessen Sie nicht, Ihrem Kunden eine Auftragsbestätigung zukommen zu lassen, wenn Sie eine Bestellung online entgegengenommen haben. Für viele Leute ist eine in Internet aufgegebene Bestellung irgendwie nicht echt. (Ich muß zugeben, daß ich auch zu dieser Art von Leuten gehöre.) Man weiß schließlich nicht sicher, ob die Bestellung auch wirklich angekommen ist. Vielleicht ist sie ja auf dem Weg zwischen dem Browser des Kunden und Ihrem System verlorengegangen. Oder sie liegt in einer Datei auf irgendeiner Festplatte, wo sie von niemandem gesehen wird.

Es ist nicht schwer, eine Bestätigung zu verschicken. Bei einigen Systemen ist diese Funktion mit dabei. Die meisten virtuellen Einkaufswagensysteme und auch einige der anderen Programme, die Transaktionen abwickeln (dazu gleich mehr), können Nachrichten mit einer Bestätigung versenden. Sie könnten auch ein einfaches CGI-Formular einrichten, das dem Käufer eine Nachricht schickt, sobald die Bestellung eingegangen ist. Folgende Methode beispielsweise ist schnell und billig: Richten Sie mit Hilfe des FormMail-Skripts aus **Matts Archiv** (`http://www.worldwidemart.com/scripts/` – in Kapitel 13 finden Sie weitere Informationen zu diesem Skript) ein Bestellformular ein. Dieses schickt eine E-Mail an eine Adresse, die Sie bestimmten können. Mit dem Filtersystem eines guten Mailprogramms wie zum Beispiel **AK-Mail** (`http://www.akmail.com/`) oder **Eudora** (`http://www.eudora.com/`) können Sie dann eine schon vorgefertigte E-Mail an den Kunden, der die Bestellung aufgegeben hat, senden. In dieser Nachricht sollte stehen, daß Sie die Bestellung erhalten haben. Außerdem sollten Sie schreiben, wie lange es voraussichtlich dauern wird, bis er das gewünschte Produkt geliefert bekommt. Vergessen Sie nicht, Ihre E-Mail-Adresse und Telefonnummer anzugeben, damit der Kunde Sie notfalls kontaktieren kann.

14.8 Money, Money, Money

Welche Art von Zahlungsmethoden sollten Sie akzeptieren? Es gibt verschiedene Möglichkeiten: Kreditkarten, Schecks (zumindest in den USA können Sie auch online Schecks verarbeiten), Bezahlung per Nachnahme oder Rechnung, Bankeinzug und E-Money. Sie sollten auf jeden Fall Kreditkarten akzeptieren. Es ist auch empfehlenswert, wenn der Kunde per Nachnahme oder Rechnung zahlen kann. Ich würde mir allerdings keine allzu großen Gedanken über E-Money machen.

14.8.1 Kreditkarten

Es gibt viel Gerede über neue elektronische Zahlungsmethoden, die speziell für das Internet entwickelt werden. Es gibt aber schon eine Art von elektronischem Geld, die wir schon seit Jahren verwenden: Kreditkarten. Sie geben eine Nummer an, und der Rest der Transaktion geht elektronisch vonstatten. Das Ganze ist erprobt und hat sich bewährt. Man muß mit keiner neuen Technologie, die sich erst in der Testphase befindet, arbeiten. Wirklich gut an dieser Methode ist auch, daß die meisten Internet-Anwender schon eine Kreditkarte besitzen, so daß sie sofort bei Ihnen kaufen können. Außerdem gibt es eine ganze Anzahl von weltweit akzeptierten Kreditkarten wie Visa, MasterCard und American Express.

Wenn Sie keine Kreditkarten akzeptieren, macht es eigentlich nicht viel Sinn, wenn Sie Bestellungen über das Internet entgegennehmen, obwohl Sie häufig Firmen finden, die es versuchen. Es gibt zum Beispiel eine deutsche Software-Firma, bei der man mit Euroschecks oder Bargeld bezahlen kann, aber nicht mit einer Kreditkarte. Ich frage mich, auf wie viele Kunden diese Firma freiwillig verzichtet. Wenn Sie Kreditkarten akzeptieren, können Sie Bestellungen aus der ganzen Welt entgegennehmen. Und Sie können Geschäfte mit Leuten machen, die grundsätzlich nur mit Kreditkarten bezahlen. Wenn man bei Ihnen mit seiner Kreditkarte zahlen kann, ist das für viele Kunden äußerst komfortabel. Ihre Firma wirkt so auch seriös und echt. Denken Sie daran, daß Transaktionen im Cyberspace blind sind und Ihre Kunden von Ihnen kaufen, ohne Sie jemals gesehen zu haben. Wenn Sie nicht liefern, haben Ihre Kunden immer noch die Kreditkartenfirma auf Ihrer Seite und können die Abbuchung widerrufen.

Das Problem bei Kreditkarten ist jedoch, daß es sich für viele kleine Unternehmen häufig nicht lohnt. Sie müssen einen Vertrag mit dem Kreditkarteninstitut abschließen und ein Gerät, mit dem Sie die Buchungsvorgänge abwickeln können, erwerben (das ist auch via Computer möglich). Das Kreditkarteninstitut behält auch einen Prozentsatz Ihres Umsatzes ein. Informieren Sie sich also am besten bei den Kreditkarteninstituten und/oder Ihrer Bank, wenn Ihre Firma noch keine Kreditkarten akzeptiert, damit Sie sehen können, ob das für Sie in Frage kommt.

In den USA brauchen Sie ein spezielles Händlerkonto, um Kreditkarten verwenden zu können. Für kleine Unternehmen oder Einzelpersonen ist es aber häufig mehr als schwierig, an so ein Konto heranzukommen. Es gibt aber verschiedene Möglichkeiten, trotzdem so ein Konto zu benutzen, da es Organisationen gibt, die dafür spezielle Programme anbieten. **SPAN** (*The Small Publishers Association of North America*) behauptet zum Beispiel, daß sie ein Konto für Ihre Mitglieder einrichten können. Dabei gibt es keine Anmeldegebühr und keinen monatlichen Mindestumsatz. Die Transaktionsgebühr beträgt nur 2%. Die **PMA** (*The Publishers Marketing Association*) hilft Ihren Mitgliedern ebenfalls, ein solches Konto zu bekommen, das gleiche gilt für bestimmte Mitglieder bei **Costco Wholesale**. Dies sind jedoch nicht die einzigen Organisationen, die kleinen Unternehmen helfen, ein solches Konto zu bekommen. Sehen Sie sich einmal auf den folgenden Websites um:

- **AUSTIN CreditCard Merchant Services**

  `http://www.realtime.net/anr/merchant.html`

- **CNA Computer & Netzwerk AG**

  `http://www.cna.ch/`

- **Costco Wholesale**

  `http://www.costco.com/`

- **CyberMedia Merchant Accounts**

  `http://www.merchant-account.net/`

- **Del West**

  `http://www.mktmkt.com/`

- **EDP Credit Card Services**

  http://www.apc.net/edp/cc.htm

- **Electronic Card Systems**

  http://contactdata.net/ecs/

- **EMS USConnect**

  http://www.acceptcreditcards.com/

- **Home Office Association of America**

  http://www.hoaa.com/

- **Merchant Status – Credit Cards For Publishers** (Hier finden Sie auch nützliche Erläuterungen von Para Publishing zum Thema Händlerkonto.)

  http://www.parapublishing.com/Knowledge/Publishing/Reports/117.html

- **PMA**

  http://www.pma-online.org/

- **Redi-Check**

  http://www.redi-check.com/

- **Sheila Danzig**

  http://www.charge.com/

- **SPAN**

  http://www.spannet.org/

- **Yahoo! – Merchant Services**

  http://www.yahoo.com/Business_and_Economy/Companies/Financial_Services/Transaction_Clearing/Credit_Card_Merchant_Services/

- **Yahoo! – Transaction Clearing**

  http://www.yahoo.com/Business_and_Economy/Companies/Financial_Services/Transaction_Clearing/

Wie schon erwähnt, brauchen Sie in der Regel auch noch ein spezielles Gerät oder Software, um Transaktionen mit Kreditkarten durchführen zu können. Das kann recht teuer kommen, da die Geräte 680 bis 3400 DM und die Programme 600 bis 850 DM kosten. Häufig können Sie die Geräte aber auch mieten oder leasen. Es gibt jedoch noch eine Alternative: Es gibt Anbieter, die Transaktionen für Sie durchführen. Später in diesem Kapitel geht es über Secure Server. Dort werden Sie dann sehen, daß Sie ein Bestellsystem mit sicherem Server einrichten können, das die Kreditkartentransaktion automatisch durchführt und das Geld auf Ihrem Konto gutschreibt. Sie müssen dafür kein Gerät kaufen und brauchen auch keine zusätzliche Software. Es gibt allerdings eine monatliche Gebühr sowie eine bestimmte Summe, die Sie pro Transaktion entrichten müssen.

Sie können Kreditkarten auch ohne ein Händlerkonto akzeptieren. Bei einigen Bestelldiensten, die mit Secure Servern arbeiten, wird die Bestellung über das Konto des Anbieters abgewickelt. Sie erhalten Ihr Geld von dem Anbieter. Im Abschnitt über Secure Server werde ich einige dieser Anbieter erwähnen.

14.8.2 Schecks

Natürlich können Sie den Käufern auch Ihre Postadresse geben und sich den (Euro)Scheck schicken lassen. In den USA ist es jedoch weitaus üblicher als bei uns, mit Schecks zu bezahlen. Dort gibt es nun auch mehrere Methoden, wie Sie online Schecks annehmen können. In Europa ist es besser, statt dessen Zahlung per Nachnahme oder Rechnung anzubieten. In Amerika gibt es sogenannte Telefonschecks (*checks by phone*). Mit diesem Dienst können Sie Schecks telefonisch, via E-Mail, über ein Webformular oder über Fax entgegennehmen. Sie brauchen nur alle notwendigen Angaben und nicht den Scheck selbst.

Wie können Sie aber einen Scheck ohne Unterschrift einlösen? Sie müssen irgend etwas in das entsprechende Feld eintragen. Das kann entweder eine Bemerkung wie SIGNATURE NOT REQUIRED (keine Unterschrift benötigt) sein. Der Kunde kann Sie aber auch beauftragen, den Scheck für ihn zu unterschreiben. Im Endeffekt erstellen Sie auf diese Weise einen Wechsel. Das ist absolut legal und wird schon seit Jahren so gemacht. Der Unterschied ist nur, daß es nun von einem Kleinunternehmen gemacht wird. Dieser Prozeß wird von der Federal Trade Commission (staatliche Handelskommission) reguliert. Diese Kommission macht zur Auflage, daß der Käufer der Transaktion mündlich zustimmen muß oder daß er eine schriftliche Mitteilung in bezug auf die Transaktion (eine Kopie des Schecks) erhält.

Es gibt Software-Programme für ca. 170 DM, die diese Schecks ausdrucken. Sie müssen einfach die Angaben des Kunden eingeben, den Scheck ausdrucken und bei Ihrer Bank einlösen. Sie brauchen die Software, damit Ihre Schecks maschinenlesbar sind. Sie können auch einen Anbieter wählen, der die Transaktion online ausführt. Sie müssen die Angaben in ein Programm eintragen, das sie an den Anbieter überträgt. Der Anbieter kann auch mit Hilfe einer speziellen Datenbank überprüfen, ob alle notwendigen Angaben vorhanden und gültig sind. Es druckt dann einen Wechsel, der Ihnen zugesandt wird. Bei einigen Anbietern gibt es auch eine Garantie für die Schecks. Gegen eine zusätzliche monatliche Gebühr haftet dann der Anbieter und nicht Sie für geplatzte Schecks.

Für diesen Service verlangen die Anbieter eine Gebühr (ca. 2,50 DM) für jede Transaktion oder auch einen bestimmten Prozentsatz. Dazu kommt noch eine Anmeldegebühr. Bei einigen Anbietern erhalten Sie ein Web-Formular, das Ihre Kunden ausfüllen können. Die Transaktion wird dann über einen sicheren Server abgewickelt (siehe Bild 14.2). Viele Anbieter arbeiten jedoch nur mit US-Schecks. Wenn Sie auch andere Schecks akzeptieren wollen, müssen Sie sich ein wenig umsehen, um einen passenden Anbieter zu finden. Bevor Sie sich jedoch gleich auf die Suche machen, sollten Sie lieber erst das Kapitel zu Ende lesen. Wir sprechen gleich über Secure Server. Vielleicht finden Sie dabei einen, der sowohl Kreditkarten als auch Schecks verarbeiten kann.

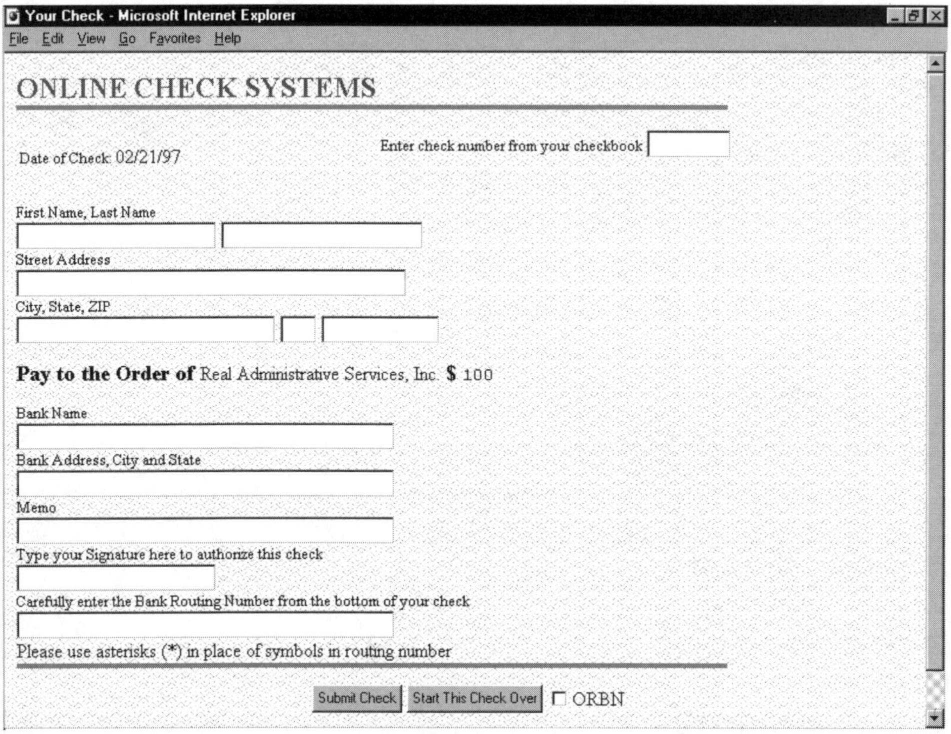

Bild 14.2: Sie können Schecks auch online entgegennehmen ...

Auf den folgenden Websites finden Sie Informationen zu Telefonschecks:

- Automated Check Transfers ACT

  `http://members.tripod.com/~conjelko/`

- **CFI Group**

  http://www.dfw.net/~jedwards/

- **Electronic Card Systems**

  http://contactdata.net/ecs/

- **On-line-Check Systems**

  http://www.onlinecheck.com/

- **PhoneChex**

  http://www.phonechex.com/

- **Quick-Checks**

  http://www.quick-checks.com/

- **Redi-Check**

  http://www.redi-check.com/

- **Sheila Danzig**

  http://www.charge.com/

- **USA Check**

  http://www.valleynet.net/~usaweb/usachek.htm

- **WebChek**

  http://www.webchek.com/

- **Yahoo! – Check Services**

  http://www.yahoo.com/Business_and_Economy/Companies/Financial_Services/Transaction_Clearing/Check_Services/

- **Yahoo! – Digital Money**

  http://www.yahoo.com/Business_and_Economy/Companies/Financial_Services/Transaction_Clearing/Digital_Money/

14.8.3 E-Money

Sie haben wahrscheinlich schon von verschiedenen Digital-Cash-Systemen gehört. Mit E-Money (auch Cybercash, DigiCash oder E-Cash genannt) wird allgemein der Austausch von Geld im Internet bezeichnet. Dabei handelt es sich weder um Schecks noch um ein elektronisches Einkaufen mit Kreditkarte (E-Credit), da das Geld nicht auf ein bzw. von einem Konto gebucht wird. Es handelt sich dabei um den Austausch von »Bargeld«, bei dem elektronisches Geld verwendet wird.

Leider ist die Zeit für E-Money noch nicht reif. Es gibt zwar heutzutage schon einige dieser Systeme, die seit mehreren Jahren verwendet werden. Es gibt aber noch immer ungelöste Probleme. Von der Sicht eines Verkäufers aus ist das wohl gravierendste Problem, daß nur wenige Internet-Anwender überhaupt mit einem dieser Systeme arbeiten. Es kann sein, daß sich die Lage in einigen Jahren ändern wird, ich denke aber, daß Sie im Moment noch gut auf E-Money verzichten können.

Der Gedanke, der hinter E-Money steckt, ist der, daß ein Anwender einen »Geldbeutel« (*wallet*) auffüllen kann. Dabei handelt es sich um ein bestimmtes Programm, das auf seinem Computer läuft. Das Geld aus diesem virtuellen Geldbeutel kann nun ausgegeben werden. Um ihn mit E-Money zu füllen, muß das Geld von einer Bank gekauft werden – wie mit richtigem Geld auch. Wenn nun der Anwender etwas kauft, wird eine bestimmte Nummer verwendet, die dann an den Verkäufer weitergegeben wird. Er gibt sie der Bank, die ihm dann dafür echtes Geld gibt. Zur gleichen Zeit wird die Summe aus dem virtuellen Geldbeutel genommen.

Wenn Sie mehr zu E-Money wissen möchten, weil Sie alle Möglichkeiten abdecken und alle denkbaren Zahlungsmethoden anbieten wollen, sollten Sie sich mit den zwei größten Anbietern in diesem Gebiet in Verbindung setzen: **DigiCash** und **CyberCash**. Außerdem sollten Sie sich bei **First Virtual**, einer Art Front End für Kreditkartentransaktionen, umsehen. Sie geben diesem System Ihre Kreditkartennummer und erhalten dafür eine PIN-Nummer (persönliche Geheimnummer). Mit der PIN-Nummer können Sie nun Dinge von Firmen kaufen, die First Virtual akzeptieren. Leider gibt es da nicht besonders viele. First Virtual belastet Ihre Kreditkarte und gibt dem Händler das Geld. Auf diese Weise wird Ihre Kreditkartennummer nicht über das Internet weitergegeben. Dieses System wurde im Internet mit einem großen Gähnen zur Kenntnis genommen. Der durchschnittliche Anwender benutzt entweder Kreditkarten im Internet und kümmert sich nicht um das minimale Risiko oder hat noch nie etwas von First Virtual, geschweige denn DigiCash oder CyberCash, gehört.

Ich bin mir nicht sicher, ob ich wirklich verstehe, worum es bei dem System von First Virtual eigentlich geht. Wie die meisten Leute kümmere ich mich nicht genug um Kreditkartenbetrug, als daß ich mich darum bemühen würde, meine Einkäufe etwas anonymer zu gestalten. Ich kann ja sowieso nur maximal 85 DM verlieren. First Virtual ist natürlich der Meinung, daß das System mehr Vorteile bietet. Vielleicht sollten Sie also selbst zu der Website gehen und sich umsehen.

Erwarten Sie aber nicht, daß Sie sich vor entsprechenden Transaktionen nicht mehr retten können, wenn Sie sich bei First Virtual als Händler eintragen lassen.

Im Gegensatz dazu kann ich bei DigiCash und CyberCash wirklich sehen, wozu es gut ist. Viele Leute warten auch schon begierig auf einen Standard für E-Money, der weit verbreitet ist (CyberCash ist übrigens auch ein Anbieter für online Kreditkartentransaktionen). Viele Autoren beispielsweise hätten gerne die Möglichkeit, von Besuchern ihrer Website 5 oder 10 Pfennig für bestimmte Informationen oder Anmerkungen zu verlangen. Leider sind diese kleinen Transaktionen noch nicht praktikabel. Bei diesen E-Money-Systemen gibt es auch noch andere signifikante Probleme. Der Verleger Tim O'Reilly bemerkte beispielsweise mir gegenüber, daß die meisten Leute gar kein vollkommen anonymes Geldsystem wollen. Natürlich will jeder eine einfache und nicht nachvollziehbare Methode, mit der man im Internet bezahlen kann. Manchmal aber braucht man auch eine Quittung, so daß man das Produkt beispielsweise umtauschen kann, falls es fehlerhaft ist. Bei den E-Money-Systemen, die im Moment auf dem Markt sind, gibt es keine Möglichkeit, eine Quittung auszustellen. Wenn Sie also mit E-Money Software oder Informationen kaufen, auf Ihren Computer übertragen und dann feststellen, daß die Datei nicht lesbar ist, haben Sie keine Möglichkeit zu beweisen, daß Sie das Produkt tatsächlich gekauft haben. Es gibt also auch keinen Ersatz oder gar Ihr Geld zurück. Das ist aber nur eines der Probleme, mit denen man im Augenblick noch bei E-Money zu kämpfen hat.

Als ich dieses Buch schrieb, wurde gerade noch ein weiteres E-Money-System angekündigt: Millicent von Digital Equipment. Mit Millicent können Käufer auch nur ein Zehntel von einem Cent (also 1/10 Pfennig oder so) ausgeben (soviel muß eine Transaktion mit E-Money mindestens kosten). Ein Autor könnte also 5 Pfennig für das Lesen eines Artikels auf seiner Website verlangen oder auch nur einen Pfennig oder noch weniger. Eine Firma könnte für den Zugang zu ihrer Website 75 Pfennig pro Woche verlangen. Der virtuelle Geldbeutel bei Millicent läßt sich auch so einrichten, daß bestimmte Gebühren automatisch entrichtet werden. Ein Anwender könnte zum Beispiel 2 Pfennig als Grenze einrichten. Wenn eine Seite nun einen oder zwei Pfennig kostet, wird der Betrag automatisch entrichtet. Wenn die Seite mehr kostet, bittet der »Geldbeutel« erst um eine Bestätigung.

Wenn es so kleine Geschäfte gibt, lassen sich alle möglichen Informationen und Software verkaufen, ohne daß es zu Kaufunlust kommt. Wer kümmert sich schon um einen oder auch fünf Pfennig? Dieses System sollte 1998 eingeführt werden und hat, mit der Firma Digital Equipment als Vertreiber, auch eine Chance, erfolgreich zu sein. Trotzdem wird es noch einige Zeit dauern, bis sich so ein System durchgesetzt hat.

Auf den folgenden Websites finden Sie weitere Informationen zu E-Money und auch einige kleinere und weniger bekannte Systeme:

- **ClickShare**

  `http://www.clickshare.com/`

- **CyberCash**

  `http://www.cybercash.com/`

- **DigiCash**

  `http://www.digicash.com/`

- **First Virtual**

  `http://www.fv.com/`

- **Millicent**

  `http://www.millicent.digital.com/`

- **Mondex** (Diese Firma stellt Smartcards her, die man mit Geld »aufladen« kann.)

  `http://www.mondexusa.com/`

- **NetBill**

  `http://www.netbill.com/`

- **Yahoo! – Digital Money**

  `http://www.yahoo.com/Business_and_Economy/Companies/Financial_Services/Transaction_Clearing/Digital_Money/`

14.8.4 Bankeinzug/Lastschrift

Besonders in Deutschland ist das Lastschriftverfahren weit verbreitet. Der Kunde gibt dabei seine Kontonummer an und genehmigt dem Verkäufer, den Rechnungsbetrag von seinem Konto abzubuchen.

Lastschriftverfahren heißt, daß Sie als Lieferant vom Konto des Kunden den fälligen Rechnungsbetrag einziehen dürfen. Sie kennen das sicherlich von Ihrer Telefonrechnung her, wenn Ihnen die Telekom, oder welchen Diensteanbieter Sie auch immer bevorzugen mögen, den jeweiligen monatlichen Rechnungsbetrag vom Konto abbucht. Das Verfahren ist recht bequem für den Kunden, er braucht sich um nichts mehr zu kümmern; auch dem Anbieter kommt es entgegen, da er in der Regel dem Geld nicht hinterherlaufen muß. Der Kunde kann die Abbuchung innerhalb von 6 Wochen stornieren lassen, falls er Zweifel an deren Rechtmäßigkeit hat, und ist damit auf der sicheren Seite. Ihnen kann dies allerdings zusätzliche Überweisungskosten bescheren. Erkundigen Sie sich bei Ihrer Bank nach den weiteren Modalitäten.

Wenn Sie auf Ihrer Website das Lastschriftverfahren anbieten wollen, benötigen Sie ein Formular, mit dem der Kunde Ihnen die Genehmigung zum Lastschriftverfahren erteilt. Auf dem Formular, das beliebig aufgebaut sein kann, sollten mindestens folgende Felder enthalten sein:

- Name
- Adresse
- E-Mail
- Bankverbindung (Name, Kontonummer und Bankleitzahl).

Sehen Sie sich dazu doch einmal die Beispiele auf anderen Internet-Seiten an, Sie finden solche Seiten durch eine Abfrage, z.B. bei Altavista (`http://www.altavista.com`), mit dem Suchbegriff: »*Zahlung per Bankeinzug*«.

14.9 Secure Server

Ein Secure Server ist ein sicherer Webserver, der alle Informationen, die vom Server an einen Browser geschickt werden, verschlüsseln kann. Er kann auch verschlüsselte Informationen von einem Browser empfangen. Dazu wird ein kompliziertes System verwendet, das als Public-Key-Verschlüsselung bezeichnet wird. Sie müssen dabei nur wissen, daß ein Browser, der eine Web-Seite, die im sicheren Modus verwaltet wird, anzeigt, die ausgehenden Informationen verschlüsselt. Die Daten werden dabei kodiert und können nur vom Empfänger wieder entschlüsselt werden. Der Server kann diese Informationen in einer Datei auf der Festplatte abspeichern, so daß Sie darauf zugreifen können.

Das ist wichtig für Sie, weil es vielen Internet-Anwendern wichtig ist. Viele Leute weigern sich, ihre Kreditkarte im Internet zu verwenden. Allerdings läßt dieser Widerstand inzwischen etwas nach. Viele Leute aber, die bereit sind, ihre Kreditkarte im Internet zu verwenden, möchten aber einen sicheren Server haben. Wenn Sie also mit einem Secure Server arbeiten, erhöht sich die Zahl der Leute, die von Ihnen kaufen. Wahrscheinlich übertragen Sie die abgespeicherten Informationen dann zwar mit einer ungesicherten FTP-Verbindung auf Ihren Computer, was aber nur wieder beweist, daß die Oberfläche wichtiger ist, als das, was wirklich dahintersteckt. Sie können aber die Daten auch übertragen, indem Sie eine Web-Seite auf dem sicheren Server Ihres Webhosts einrichten und einen Link auf die Datei, die Sie übertragen möchten, legen. Auf diese Weise wird die Datei verschlüsselt übertragen.

Wie bekommen Sie nun einen sicheren Server? Wie wir schon in Kapitel 4 gesehen haben, bieten viele Webhosting-Firmen einen Secure Server an, den Sie möglicherweise mitverwenden können. Die Kosten dafür sind eventuell schon in den Gebühren für Ihre Website enthalten. Manche Firmen verlangen für diesen Dienst aber auch eine zusätzliche Gebühr. Selbst wenn der Webserver sicher ist, heißt das aber noch nicht, daß alle Seiten auf der Website auch verschlüsselt übertragen werden. Der Server kann so eingerichtet werden, daß nur bestimmte Seiten sicher sind und andere nicht.

Wenn Sie den Secure Server Ihres Webhosts verwenden können, ist das Vorgehen ganz einfach. Wenn Sie beispielsweise `http://www.poorrichard.com` eingeben, landen Sie in Wirklichkeit in einem Verzeichnis auf dem Rechner meiner Webhosting-Firma. Dieses kann auch folgendermaßen angesprochen werden: `http://www.bigbiz.com/poorrichard/`. Angenommen, ich will in diesem Verzeichnis nun ein Bestellformular haben, auf das ich mit einem Link von einer anderen Seite auf meiner Website aus verweise. Ich kann nun auf das Formular ganz normal einen Link legen und zum Beispiel einen Link mit dem Dateinamen ORDER.HTM erstellen. Alternativ dazu könnte ich den Link auch durch den sicheren Server meines Webhosts legen: `https://www.bigbiz.com/poorrichard/order.htm`. Bei der ersten Variante ist das Formular nicht sicher, wenn ich dagegen den zweiten Link verwende, dann schon.

Wenn Sie den Secure Server Ihres Webhosts verwenden, kann es sein, daß Ihre Kunden bemerken, daß sich das Formular, das sie gerade ausfüllen, scheinbar auf einer anderen Website befindet. Im Beispiel von gerade eben würden Besucher `https://www.bigbiz.com/poorrichard/order.htm` im Adreßfeld des Browsers sehen, wenn das Formular über den sicheren Server aufgerufen wird. Ansonsten sehen sie als Adresse `http://www.poorrichard.com/order.htm`.

Macht das was? In den meisten Fällen wahrscheinlich nicht. Wenn Sie aber möchten, daß Ihre URL überall auf Ihrer Website konsistent ist und Sie mehr Kontrolle über den Secure Server wünschen, dann muß Ihre Webhosting-Firma einen extra Secure-Server-Zugang für Sie einrichten. Dazu brauchen Sie eine digitale ID von **Verisign** (`http://www.verisign.com/`), die im ersten Jahr 349$ (ca. 600 DM) kostet, wenn sich Ihr Server in den USA oder in Kanada befindet. Für einen Server in einem anderen Teil der Welt müssen Sie 499 $ (ca. 760 DM) zahlen. Jedes weitere Jahr kostet kann 249 $ (ca. 420 DM) bzw. 349 $ (ca. 600 DM). Ihr Webhost wird wahrscheinlich noch eine Setup-Gebühr in der Höhe von ca. 85 DM verlangen.

Es gibt aber auch noch eine andere Methode, einen Secure Server zu bekommen. Wenn Ihr Webhost zum Beispiel keinen sicheren Server hat oder aber mehr verlangt, als Sie ausgeben wollen, können Sie auch den Server von jemand anderem verwenden (siehe unten).

Es kann sein, daß Sie bei einem Secure Server keine mit Frontpage erstellten Formulare verwenden können. Wenn der Administrator den Secure Server nicht für die Frontpage-Servererweiterungen konfiguriert hat (was recht wahrscheinlich ist), funktioniert das Formular nicht. Sie können dann ein anderes Tool für die Erstellung von Formularen verwenden, zum Beispiel das Skript ***Form to File,*** *das Sie auf der Website zu diesem Buch finden können:* `http://www.poorrichard.com/examples/save_to_file.htm`.

14.9.1 Anbieter für sichere Transaktionen

Sie können Ihre Transaktionen auch auf dem Server eines Anbieters durchführen, selbst wenn Sie Ihre Website woanders haben. Wie geht das? Nun, da gibt es zwei Möglichkeiten.

Sie können ein Bestellformular verwenden, das tatsächlich auf dem sicheren Server liegt. Ihre Website liegt weiterhin auf dem Server Ihres Webhosts. Wenn der Anwender auf einen Link klickt, der auf das Bestellformular verweist, wird das Formular von dem anderen Server geladen. Der Käufer sieht die üblichen Hinweise, daß es sich um eine sichere Übertragung handelt (im Internet Explorer wird ein geschlossenes Vorhängeschloß in der Statusleiste angezeigt, in manchen Versionen des Netscape Navigator erscheint eine blaue Linie am Anfang der Seite sowie ein Schlüssel in der Statusleiste, in anderen ein Vorhängeschloß mit gelbem Rahmen). Je nachdem, wie der Browser konfiguriert ist, sieht der Kunde auch noch eine Dialogbox, in der steht, daß der Browser nun eine sichere Seite anzeigt.

Die andere Möglichkeit ist, daß Sie für alles außer der Zahlungsmethode Ihre eigenen Formulare verwenden. Wenn der Kunde zahlen möchte, wird das entsprechende Formular vom sicheren Server im Browserfenster geöffnet. In beiden Fällen wird die Transaktion vom Secure Server durchgeführt.

Was geschieht, wenn die Transaktion durchgeführt wird? Auch hier haben Sie wieder zwei Möglichkeiten. Die Angaben des Käufers können auf der Festplatte des Servers gespeichert werden. Sie werden dann via E-Mail darüber informiert, daß Sie etwas verkauft haben und sich die Angaben abholen können. Wenn Sie ein Kreditkarten-Händlerkonto eingerichtet haben, kann die Transaktion auch online verarbeitet werden, so daß das Geld direkt auf Ihr Konto überwiesen wird.

Sie erhalten dann die Angaben via E-Mail so daß Sie dem Kunden die bestellte Ware zukommen lassen können. Einige dieser Anbieter können auch Schecks online verarbeiten, manchmal sogar auch nicht-US-Schecks. Manche arbeiten auch mit First-Virtual-Zahlungen, Überweisungen, Postanweisungen und so weiter.

Wieviel kostet das alles? Nun, die Preise sind eigentlich ganz vernünftig. Bei einem der Anbieter zahlen Sie zum Beispiel eine einmalige Gebühr von 70 DM und 35 Pfennig pro Transaktion. Dabei ist der Gebrauch der Bestellformulare auf dem sicheren Server und auch das Abarbeiten von Kreditkartenaufträgen, bei denen Sie das Geld direkt auf Ihr Konto bekommen, mit eingeschlossen. Andere Anbieter sind teurer, also vergleichen Sie! Bei Kreditkarten wird häufig eine Transaktionsgebühr von ca. 1,70 DM, für Schecks 2,50 DM verlangt. Diese Gebühren können Sie aber natürlich bei Ihren Versandkosten wieder hereinholen.

Wenn Sie sich nicht in den USA befinden, sollten Sie bedenken, daß die meisten dieser Firmen in den USA mit US-Kreditkarteninstituten arbeiten. Sie können aber ein normales Konto und ein Kreditkartenkonto in den USA eröffnen und dann mit einem dieser Anbieter arbeiten. Bei den meisten Anbietern müssen Sie schon ein Kreditkarten-Händlerkonto haben. Bei anderen ist das nicht notwendig, da sie die Transaktionen über ihr Händlerkonto abwickeln und dann Ihnen das Geld zukommen lassen. Die Firmen Net MoneyIN und Internet Billing Company arbeiten beispielsweise mit dieser Methode, so wie viele andere Firmen auch. Im Moment sind die Gebühren noch recht hoch, ich erwarte aber, daß sie bald sinken werden. Wenn Sie das hier lesen, können Sie wahrscheinlich schon Anbieter finden, die sowohl ein Shoppingsystem als auch die Abwicklung von Transaktionen für 42 DM im Monat und einem ½ Prozent pro Transaktion anbieten.

Auf den folgenden Websites finden Sie weitere Informationen:

- **Automated Transaction Services**

  `http://www.atsbank.com/`

- **CyberCash** (Dort finden Sie eine gute Einführung zum Thema Online-Transaktionen mit Kreditkarten.)

  `http://www.cybercash.com/cybercash/merchants/primer2.html`

- **Del West**

  `http://www.mktmkt.com/`

- **E-Money**

  `http://www.emoney.net/`

- **The Internet Billing Company**

  `http://www.ibill.com/`

- **Net MoneyIN**

  `http://www.moneyin.com/`
- **Octagon**

  `http://www.otginc.com/`
- **Pay Safe Network**

  `http://www.paysafe.net/info/`
- **WebOrder**

  `http://www.cgicity.com/`
- **Yahoo! – Electronic Commerce**

  `http://www.yahoo.com/Business_and_Economy/Electronic_Commerce/`
- **Yahoo! – Transaction Clearing**

  `http://www.yahoo.com/Business_and_Economy/Companies/Financial_Services/Transaction_Clearing/`

14.10 Auftragsdienste

Durch das Internet sind viele neue Geschäftszweige entstanden. Viele Autoren und Programmierer nutzen es beispielsweise, um für ihre Arbeiten online zu werben. Wenn Sie erfolgreich sind, haben Sie bald ein ernsthaftes Problem: Wie werden Sie all der Bestellungen Herr? Das heißt, wer kümmert sich darum, das bestellte Produkt zu verpacken und zu versenden? Das erfordert viel Zeit und kostet Geld. Viele Leute, die ihre Zeit für wertvoll halten, machen häufig nichts anderes mehr, als Briefmarken abzulecken und zur Post zu laufen. Natürlich können im Software-Bereich viele Produkte online zugestellt werden, trotzdem müssen aber häufig auch Handbücher oder CD-ROMs verschickt werden.

Es gibt aber eine Lösung: Verwenden Sie einen Auftragsdienst, der Ihre Produkte nach Ihren Angaben versendet. Es gibt sogar Auftragsdienste, die Bestellungen per Telefon annehmen – Sie werden doch nicht vergessen, eine Telefonnummer auf Ihre Website zu schreiben?

Ein Auftragsdienst kann auch mit Bestellungen aus anderen Ländern umgehen. Selbst wenn Sie in Österreich oder Frankreich leben, wollen Sie Ihre Produkte auch in den USA verkaufen. Anstelle nun einzelne Päckchen über den Atlantik zu schicken, können Sie nun regelmäßig eine große Anzahl Ihrer Produkte an einen Auftragsdienst in den USA schicken, der sich dann um die einzelnen Bestellungen kümmert. Sie können nun Online-Bestellungen in US-Dollar annehmen und direkt an Ihre Kunden in den USA schicken, ohne daß Sie dazu eine Firma in Amerika haben müßten.

Sie finden Auftragsdienste in Ihrer Umgebung in den Gelben Seiten. Verzeichnisse für Verlage sind ebenfalls nützlich, da viele Verlage Auftragsdienste nutzen, um Bücher zu versenden. Es ist ein wenig schwierig, einen guten Auftragsdienst über das Internet zu finden, aber Sie können sich einmal auf den folgenden Websites umsehen:

- **Yahoo! – Fulfillment Services**

  http://www.yahoo.com/Business_and_Economy/Companies/Marketing/Fulfillment_Services/

- **Yahoo.de – Marketing**

  http://www.yahoo.de/Handel_und_Wirtschaft/Firmen/Marketing/

14.11 Sind Online-Transaktionen wirklich sicher?

Ja.

OK, vielleicht bedarf es da einer etwas ausführlicheren Erklärung.

Eine der Fragen, die sich viele Leute immer wieder stellen, ist: Kann meine Kreditkartennummer gestohlen werden, wenn ich sie im Internet verwende?

Online-Transaktionen sind äußerst sicher. Die Kreditkarteninstitute sagen, daß es sicherer sei, seine Kreditkartennummer im Internet anzugeben, als auf dem herkömmlichen Weg. Das heißt nicht, daß Kreditkartenbetrug unmöglich ist, natürlich kommt das vor. Aber es ist unwahrscheinlicher als außerhalb des Internet. Pro Jahr werden Kreditkarteninhaber um Milliarden Dollar betrogen, aber nur ein winziger Bruchteil davon wurde über das Internet gestohlen.

Warum ist es sicherer? Das ist einfach eine Frage von Zahlen und Möglichkeiten. Es ist viel schwieriger, eine Nummer im Internet zu stehlen, als außerhalb. Außerhalb des Internet gibt es jede Menge Strategien, wie man unerlaubterweise an Kreditkartennummern kommen kann: Man kann sich in einem Laden, der Kreditkarten akzeptiert, anstellen lassen oder sich durch den Müll dieses Ladens wühlen. Man kann Leuten im Restaurant über die Schulter schauen oder (zumindest in den USA) ihnen ein Angebot per Telefon unterbreiten, dem sie einfach nicht widerstehen können. Nur sehr wenige Leute wissen, wie man Kreditkartennummern im Internet stehlen kann, aber viele Millionen Leute wissen, wie es außerhalb des Internet geht.

Es gibt auch noch weitere Methoden, wie man Online-Bestellungen noch sicherer machen kann. Wenn Sie Ihr Bestellformular auf einem sicheren Server einrichten, werden die Daten, die der Kunde in seinen Browser eingibt, auf dem Weg zum Webserver verschlüsselt. Jeder, der die Leitung zwischen dem Browser und dem Server abhört, enthält keinerlei Informationen im Klartext und kann also auch keine Kreditkartennummer mitlesen. Machen Sie sich keine Gedanken über all das Gerede, daß der verschlüsselte Text auch wieder dechiffriert werden kann. Wenn Sie Staatsgeheimnisse über das Internet versenden, sollten Sie sich Sorgen machen, ja, aber nicht, wenn Sie Kreditkarteninformationen verarbeiten.

Trotz all des Gesagten ist es leider dennoch eine Tatsache, daß viele Leute lieber nicht online bestellen, weil sie glauben, daß es nicht sicher ist. Sie sollten für diese Kunden eine Möglichkeit anbieten, Ihre Produkte auch offline zu bestellen. Seien Sie auf alles gefaßt: Nehmen Sie Kreditkarten an, stellen Sie eine Telefonnummer und ein Bestellformular, das ausgedruckt werden kann, zur Verfügung.

15. Kapitel

Autoresponder und Weiterleiten von E-Mails

Sie wissen nun, wie man eine Website einrichtet, aber Sie sind noch nicht ganz fertig. Bevor ich Ihnen erkläre, wie Sie für Ihre Website Werbung machen können, müssen wir zuerst noch einen anderen Punkt klären. Sie müssen Ihre E-Mail einrichten. Das klingt jetzt vielleicht recht simpel, aber vielleicht gehört da doch mehr dazu, als es auf den ersten Blick scheint. Eine effektive Website, die nicht nur eine Reklametafel ist, sondern so gestaltet wird, daß sich Besucher interaktiv am Geschehen beteiligen können, kann nicht alleine arbeiten.

In diesem Kapitel geht es um folgende Themen:

- Warum Sie einen eigenen Domainnamen brauchen
- Wie man Autoresponder benutzt
- Wie man E-Mails automatisch weiterleitet (Forwarding)

Es gibt noch andere Dinge, die Sie über den Umgang mit E-Mails wissen müssen. Im folgenden Kapitel geht es dann darum, wie man E-Mail-Adressen sammelt, mit Mailinglisten arbeitet, Rundschreiben und andere Informationen via E-Mail verteilt und ein Diskussionsforum einrichtet.

15.1 Sie brauchen Ihren eigenen Domainnamen

Wenn Sie einen eigenen Domainnamen haben, können Sie mit Ihrer E-Mail jede Menge netter Dinge anstellen. Sie können so viele E-Mail-Zugänge erstellen, wie Sie wollen, und dann jeden Zugang separat verwalten. Sie brauchen das aus folgendem Grund. Wenn eine Nachricht via E-Mail durch das Internet reist, ist der Text, der links von dem @-Zeichen steht, relativ unwichtig. Wenn Sie beispielsweise eine E-Mail an `Der_Chef@SuperKanaldeckel.com` senden, wird die Nachricht an die Domain `SuperKanaldeckel.com` geschickt. Keiner der Computer, der die Nachricht an `SuperKanaldeckel.com` weiterleitet, weiß oder kümmert sich darum, ob es in dieser Domain einen Zugang namens `Der_Chef` gibt. Sie übertragen einfach die Datei und lassen dann den Computer, der die Domain verwaltet, herausfinden, was mit der Nachricht geschehen soll.

Wenn die Nachricht beim Mailserver, der für die Domain zuständig ist, ankommt, passiert eines von zwei Dingen. Der Mailserver sieht sich die Nachricht an, entscheidet, daß es keinen Zugang namens `Der_Chef` gibt, und schickt die E-Mail zurück an den Absender. Oder aber er sieht gar nicht erst nach, sondern legt die Nachricht einfach in der **POP**-Box (POP steht für *Post Office Protocol*) von `SuperKanaldeckel.com` ab. Der Mailserver läßt die Person, der der POP-Zugang gehört, herausfinden, wohin die Nachricht gehen soll. Das ist genau die Situation, die Sie möchten. Sie brauchen eine POP-Box, in der alle Nachrichten landen, die zu irgendeinem E-Mail-Zugang innerhalb Ihrer Domain geschickt werden.

Warum alle? Weil Sie dann so viele E-Mail-Adressen kreieren können, wie Sie wollen:

- Verkauf@SuperKanaldeckel.com
- Info@SuperKanaldeckel.com
- News@SuperKanaldeckel.com
- Der_Chef@SuperKanaldeckel.com
- Susan@SuperKanaldeckel.com
- WasauchimmerSiewollen@SuperKanaldeckel.com

Diese ganzen Zugänge einzurichten, ist ganz einfach. Teilen Sie den Leuten einfach mit, wie die E-Mail-Adresse lauten soll. Sie können die Adresse auch in einem CGI-Skript auf Ihrer Website verwenden (siehe Kapitel 13). Angenommen, Sie richten ein Formular auf Ihrer Website ein, mit dem Sie die E-Mail-Adressen von Leuten sammeln wollen, an die Sie einmal im Monat oder so Ihren Newsletter schicken wollen. Sie möchten aus den E-Mail-Adressen, die in das Formular eingetragen werden, automatisch eine Mailingliste erzeugen (ich zeige Ihnen später in diesem Kapitel, wie das geht). Sie sagen also dem Skript, das für das Formular zuständig ist, daß es eine E-Mail an newssubscribe@SuperKanaldeckel.com schicken soll. Das war's – Sie haben gerade eine neue E-Mail-Adresse erzeugt. Sie erzeugen im Endeffekt immer dann eine neue Adresse, wenn Sie jemandem eine neue E-Mail-Adresse mitteilen oder sie in ein CGI-Skript eintragen. Warum? Weil Ihr POP-Zugang alle Nachrichten akzeptiert, die an irgendeine Adresse innerhalb Ihrer Domain geschickt werden. Sobald der erste Besucher das Formular ausgefüllt hat und es abschickt, sendet das CGI-Skript die Nachricht an newssubscribe@SuperKanaldeckel.com. Und die POP-Box akzeptiert sie.

Stellen Sie also sicher, daß Sie (wie in Kapitel 2 besprochen) die richtige Art von POP-Zugang bekommen. Ihr Webhost oder die Firma, die Sie für Ihre E-Mail verwenden, muß den Zugang so eingerichtet haben, daß E-Mails akzeptiert werden, die an jeden möglichen Namen geschickt werden. Nicht nur Verkauf@SuperKanaldeckel.com, sondern auch Info@SuperKanaldeckel.com, Kanal_Chat@SuperKanaldeckel.com und WasauchimmerIhnensonstnocheinfaellt@SuperKanaldeckel.com.

15.2 So verwenden Sie Autoresponder

Ein **Autoresponder**, auch **Mail Responder** genannt, ist ein E-Mail-Programm, das automatisch eingegangene E-Mails beantwortet. Wenn eine Nachricht an einen Zugang geschickt wird, der vom Autoresponder überwacht wird, schickt das Programm sofort eine E-Mail an den Absender zurück.

Sie haben wahrscheinlich schon E-Mail-Adressen gesehen, die mit `info@` beginnen. Das sind häufig Autoresponder-Adressen. Wenn Sie beispielsweise die Adresse `Info@SuperKanaldeckel.com` einrichten, erhält jeder, der dorthin eine E-Mail schickt, automatisch eine Nachricht mit Informationen über die Firma.

Diese Art von Autoresponder wird häufig als **One-to-one**-Autoresponder bezeichnet. Die andere Form nennt man **Server**-Autoresponder. In diesem Fall verwenden Sie eine einzige E-Mail-Adresse, aber das Programm überprüft den Inhalt des Betreffs oder der Nachricht selbst, um zu entscheiden, welche Nachricht es zurücksenden soll. Die Firma Super Kanaldeckel hat nun beispielsweise nur eine einzige Autoresponder-Adresse: `Info@SuperKanaldeckel.com`. Je nachdem, was der Anwender nun als Betreff angibt, erhält er eine andere Nachricht. Zum Beispiel: Bei der Eingabe von »Große Kanaldeckel« in der Betreff-Zeile erhält er Informationen zu großen Kanaldeckeln, bei »Kleine Kanaldeckel« zu kleinen. Steht im Betreff »Preisausschreiben« erhält der Absender Informationen zum Preisausschreiben, bei dem man Karten für das berühmte Abwassersystem von Wien gewinnen kann, und so weiter.

Hier sind ein paar echte Autoresponder-Adressen, die Sie ausprobieren können. Schicken Sie eine E-Mail an eine der Adressen, und Sie werden (höchst wahrscheinlich äußerst schnell) eine automatische Antwort erhalten, die das Autorespondersystem dieser Firmen erklärt.

- **The Lang Co**

  `LangAR@infofree.com`

- **Cybercon**

  `autoresponder@Cyberconinc.com`

- **Ansaback**

  `info@ansaback.com`

- **Responder**

  `info@ar.entrepreneurs.net`

- **MEMO.NET**

  info@memo.net

- **ENN**

  autoreply@gnbc.com

Wenn Sie diese Adressen ausprobieren, werden Sie bald herausfinden, daß Sie auch Autoresponderdienste kaufen können, wenn Sie möchten. Eine einzelne Mailbox, die automatisch eingehende E-Mails beantwortet, kostet ca. 85 DM im Jahr. Wenn Sie gleich mehrere Boxen auf einmal kaufen, bekommen Sie normalerweise eine Ermäßigung. Auf der Website einer der Autoresponder (http://www.makura.com/auto/autocomp.html) finden Sie eine Liste mit Firmen, die diese Art von Dienst anbietet. Außerdem werden dort die Dienste von **Autorespondern**, **Automailern** und **Autobots** miteinander verglichen. Ich würde Ihnen jedoch raten, mit dem Kauf eines Autoresponderdiensts noch zu warten. Eventuell können Sie bei Ihrem Webhost Autoresponder benutzen. Es ist höchstwahrscheinlich billiger, ihn auf Ihrer eigenen Website einzurichten, als zu einer dieser Firmen zu gehen. Wenn Sie einen der Anbieter verwenden wollen, müssen Sie auch deren Domainnamen verwenden. Ihre Adresse würde dann vielleicht Kanaldeckel@memo.net lauten und nicht mehr Info@SuperKanaldeckel.com. Es gibt dort jedoch auch andere nützliche Dienste, wie zum Beispiel Statistiken über die Anzahl der täglich eingehenden Nachrichten oder einfaches Einrichten und Verändern der Antwort.

Ein guter Autoresponder sollte folgende Dinge können:

- Die ursprüngliche Nachricht in der Antwort zitieren,
- die eingegangene Nachricht abspeichern und
- die E-Mail-Adresse des Absenders in eine Textdatei speichern.

Die ersten zwei Punkte sind äußerst praktisch, aber nicht unbedingt notwendig. Der dritte Punkt dagegen ist sehr wichtig, da Sie auf diese Weise automatisch eine Mailingliste aus den E-Mails an Ihren Autoresponder erstellen können. Was für einen Sinn macht es, einen Autoresponder zu haben, der täglich vielen hundert oder gar tausend Leuten schreibt, wenn Sie gar nicht wissen, wer diese Leute sind? Wenn Ihnen jemand eine E-Mail schickt, gibt er Ihnen seine E-Mail-Adresse und er weiß das auch. Es gibt also keinen Grund, warum Sie diese E-Mail-Adressen nicht dazu verwenden könnten, um weitere Nachrichten zu versenden.

15.2.1 So richten Sie einen Autoresponder ein

Ihr Webhost oder Ihre POP-Firma sollte ein System haben, mit dem Sie Autoresponder einrichten können (das war eines der Themen, die wir in Kapitel 4 besprochen haben). Das kann ganz einfach gehen oder äußerst kompliziert sein. Wenn Sie Glück haben, hat Ihr Webhost ein nettes, einfach zu bedienendes System, das Ihnen dabei behilflich ist, Ihren Autoresponder schnell einzurichten. Bei meiner Webhosting-Firma muß ich zum Beispiel nur ein Web-Formular ausfüllen. Dort trage ich den Namen des Autoresponders ein und stelle eine Textdatei mit dem gleichen Namen in mein Mail-Verzeichnis. Ganz einfach und schön.

Leider sind nicht alle Webhosting-Firmen so fortschrittlich und stellen Formulare im Web zur Verfügung. Vielmehr wird von Ihnen erwartet, daß Sie sich mit Skripten herumschlagen, die das Versenden von E-Mails beeinflussen. Ein System, das dabei von vielen Webhosts verwendet wird, ist *Procmail*. Leider ist es manchmal recht schwierig, mit Procmail zu arbeiten, und es gibt auch keine gute Dokumentation. Wenn Ihr Webhost Ihnen also keine zusätzlichen Informationen gibt, werden Sie es wahrscheinlich recht kompliziert finden, damit zu arbeiten. Vielleicht finden Sie es sogar absolut unmöglich. Ein anderes weit verbreitetes System ist *Sendmail*, aber das ist sogar noch viel komplizierter, so daß ich lieber gar nicht daran denke, das hier zu erklären!

Ich erkläre hier, wie man Procmail einrichtet, da es recht weit verbreitet ist. Zumindest werde ich auf *ein* Procmail-System eingehen. Ihr System sieht vielleicht ein wenig anders aus, ist aber wahrscheinlich recht ähnlich. Man kann viele verschiedene Procmail-Skripte (auch *Rezepte* oder *recipes* genannt) schreiben. Es kann also sein, daß das, was Ihr Systemverwalter installiert hat, nicht genauso aussieht, wie das, was wir hier betrachten.

Wenn Ihre Webhosting-Firma keine gute Anleitung zur Verfügung gestellt hat (was recht wahrscheinlich ist), sollten Sie Ihren Systemverwalter um Hilfe bitten. Wenn die Firma Werbung für ihre Autoresponder-Dienste macht, sollte das System entweder einfach sein, oder man sollte Ihnen beim Einrichten behilflich sein. Sie könnten sich natürlich auch jemanden suchen, der etwas von Procmail versteht und ihn Ihren Autoresponder einrichten lassen. Das sollte weniger als eine Stunde in Anspruch nehmen und nicht mehr als 50 bis 85 DM kosten.

Wenn es Ihnen nichts ausmacht, sich etwas mit technischen Dingen herumzuschlagen und ein wenig mit Skripten zu arbeiten, können Sie hier nachlesen, wie man Procmail einrichtet. Wenn Sie darauf keine Lust haben, sollten Sie sich nach einem anderen Webhost umsehen!

Ich gehe davon aus, daß Procmail schon auf dem System installiert ist. Um Ihre Autoresponder einzurichten, folgen Sie den Punkten einem nach dem anderen:

Übertragen Sie die benötigten Dateien

Beginnen Sie damit, einige Dateien von dem Webserver via FTP auf Ihren Rechner zu übertragen. Beachten Sie, daß der Transfer im ASCII-Modus vonstatten geht. Sie sollten folgende Dateien auf Ihren Computer kopieren:

- `.forward` (Diese Datei sollte sich in Ihrem Home-Verzeichnis befinden.)
- `.procmailrc` (ebenfalls im Home-Verzeichnis)
- `commands.rc` (Diese Datei befindet sich wahrscheinlich im `.procmail`-Verzeichnis, das ein Unterverzeichnis Ihres Home-Verzeichnisses ist. Wenn Sie das Verzeichnis nicht sehen können (weil es sich um eine versteckte Datei handelt), wechseln Sie mit dem entsprechenden Kommando (siehe Hilfetext Ihres FTP-Programms) direkt in das Verzeichnis `.procmail`.)
- `commands.info` (Es kann sein, daß Sie diese Datei haben. Sie wird von einem Autoresponder angelegt, wenn jemand eine E-Mail an eine `info@`-Adresse schreibt.)

Was tun, wenn Sie diese Dateien nicht finden können? Reden Sie mit jemandem von Ihrer Webhosting-Firma. Es kann sein, daß die Dateien irgendwo versteckt sind, weil Procmail zentralisiert arbeitet (ein System für alle Anwender) und so eingerichtet ist, daß einzelne Anwender keinen Zugriff darauf haben. Wenn Ihre Webhosting-Firma aber Autoresponder anbietet und mit Procmail arbeitet, sollten Sie die Dateien in einem Ihrer Verzeichnisse finden können. Kopieren Sie die Dateien, sobald Sie diese übertragen haben, damit Sie im Notfall immer wieder zu den Originaleinstellungen zurückkehren können.

Erstellen Sie Ihre Antwortdateien

Sie brauchen für jede automatische Antwort eine Textdatei. Wenn jemand beispielsweise an Info@SuperKanaldeckel.com schreibt, schlägt Procmail die Info-Adresse nach und überprüft, welche Datei damit assoziiert wird. Dann nimmt es den Text aus dieser Datei, kopiert ihn in die Antwort und schickt die Nachricht zurück an den Absender.

Das heißt, daß Sie für jede automatische Antwort eine Textdatei erstellen müssen. Speichern Sie die Nachricht als Textdatei ab (nicht im Format Ihres Textverarbeitungsprogramms). Als Namen verwenden Sie etwas wie `commands.info`, `commands.verkauf`, `commands.preisausschreiben` und so weiter. Achten Sie dabei darauf, daß der Texteditor beim Abspeichern nicht noch eine zusätzliche Dateinamenerweiterung wie `txt` daranhängt. Die Datei muß `commands.verkauf` und nicht `commands.verkauf.txt` heißen.

Verwenden Sie zum Erstellen oder Bearbeiten von Procmail-Dateien keinen HTML-Editor oder ein Textverarbeitungsprogramm. Alle Procmail-Dateien müssen reine Textdateien sein. Verwenden Sie einen Texteditor wie zum Beispiel Pico (wenn Sie mit UNIX arbeiten), Notepad (am PC) oder SimpleText (am Macintosh).

Bearbeiten Sie die Datei .forward

In der Datei `.forward` steht, wohin die eingegangene Nachricht weitergeleitet werden soll, nachdem sie beantwortet wurde. Öffnen Sie diese Datei mit einem Texteditor. Dort sollten Sie eine Zeile finden, die so oder so ähnlich aussieht:

```
"|IFS=' '&&p=/usr/local/bin/procmail&&test -f $p&&exec $p -Yf-||
exit 75 #fred"
```

Es kann sein, daß die Zeile in Ihrer `.forward`-Datei ein wenig anders aussieht, aber sie sollte mit Ihrem Zugangsnamen enden (in diesem Beispiel `#fred`). Dieses Kommando besteht aus zwei Teilen. Der erste Teil, der bis zu `||` geht, schickt Ihre E-Mail an das Procmail-Programm. Im zweiten Teil wird das System angewiesen, die E-Mail bei einem Fehler (wenn Procmail zum Beispiel nicht gefunden werden kann) an den Mailzugang des Benutzers `fred` zu senden. Ändern Sie diese Zeile so ab, wenn notwendig, daß dort Ihr Zugangsname steht. Wenn Sie diese Änderung vorgenommen haben, speichern Sie die Datei ab.

Ändern Sie die Datei .procmailrc

In der Datei `.procmailrc` stehen viele allgemeine Anweisungen für das Procmail-System. Dort stehen verschiedene Einstellungen, die Procmail benutzt, um Ihre E-Mail weiterzuverarbeiten. Stellen Sie sich diese als Standardeinstellungen vor. Wenn Sie nur einen Autoresponder haben, sollten Sie ihn hier eintragen. Wenn Sie mehrere haben, können Sie einige hier eintragen, Sie müssen aber spezielle Autoresponder mit anderen Informationen in der Datei `commands.rc` genau definieren. Öffnen Sie die Datei in einem Texteditor, und suchen Sie nach der Zeile, die mit

```
MY_ADDR=
```

beginnt. Schreiben Sie in diese Zeile Ihre E-Mail-Adresse. Zum Beispiel:

```
My_ADDR=fred@SuperKanaldeckel.com
```

Je nachdem, wie Procmail in der `commands.rc`-Datei konfiguriert wurde, ist das auch die E-Mail-Adresse, die in Ihren automatisch generierten Antworten in der Zeile »Reply To:« steht. Schreiben Sie hier eine Adresse hin, die nicht zu einem Autoresponder führt, sondern die tatsächlich von jemandem gelesen wird. Schicken Sie Ihre Kunden nicht in die Autoresponder-Hölle, in der jede Antwort von einem Autoresponder beantwortet wird. Sie könnten in dieser Zeile zum Beispiel die E-Mail-Adresse Ihres Kundendienstes angeben.

Sehen Sie sich nun folgende Zeile an:

```
FROMSIG=
```

Dort tragen Sie ein, was in der »Von:«-Zeile Ihrer ausgehenden Nachricht stehen soll. Zum Beispiel:

```
FROMSIG="Super Kanaldeckel <fred@SuperKanaldeckel.com>"
```

Der Text muß von Anführungsstrichen umschlossen sein. Beachten Sie dabei auch, daß Ihre Leerzeichen in der »Von:«-Zeile wahrscheinlich durch Punkte ersetzt werden, wenn die Nachricht an den Empfänger geschickt wird (Super.Kanaldeckel). Ich mache diese Angaben lieber in der `commands.rc`-Datei, weil dort aus irgendeinem Grund keine Punkte eingefügt werden (siehe Punkt 5). Wenn Sie fertig sind, speichern Sie die Datei ab.

Bearbeiten Sie die Datei commands.rc

Öffnen Sie nun die Datei `commands.rc` in Ihrem Texteditor. Dort finden Sie so etwas wie den folgenden Text. Mir ist klar, daß das für die meisten Leute unter uns reines Kauderwelsch (und noch dazu auf Englisch!) ist. Machen Sie sich aber keine Sorgen, ich zeige Ihnen, was Sie damit machen müssen.

```
:0
* ^TOinfo
* ! ^FROM_DAEMON
* $ ! ^X-Loop: $MY_ADDR
{
  # We're forking at this point — so shutup procmail
  COMSAT=off

  # Tell sendmail we've got control
  DELIVERED=yes

  # Save a copy just in case (in log mode)
  :0 c:
  * LOGFILE ?? commands\.rc\.log
  commands.requests
```

```
# Get the trigger subject
SUBJ=$MATCH

# Get the best reply address (used for logging)
:0
* ! ^Reply-to: *\/[^ ].*
* ! ^From: *\/[^ ].*
* ! ^Sender: *\/[^ ].*
* ! ^From *\/[^ ]+
{ FROM=nobody }
:0E
{ FROM=$MATCH }

# Just in case these aren't defined
FROMSIG="${FROMSIG:-\"The Mailer-Daemon of $USER\" <$USER>}"
MY_ADDR="${MY_ADDR:-<$USER>}"

# The log file
COMMANDLOG=${COMMANDLOG:-commands.log}

# The basic processing works like this:
# Now that we've captured the important information from the
# incoming mail, we replace the headers portion with an
# autoreply header.
#
# Then, as part of recognizing the SUBJECT command, we
# replace the body portion with the response
#
# After testing for all the possible subject commands,
# we then submit the mail unless it is empty.

# Generate a reply header, and replace the headers
:0 fhw
|(formail  -r -A "From:       $FROMSIG" \
  -I"Reply-To:   $MY_ADDR" \
  -I"Subject:    Re: $SUBJECT" \
  -A"X-Loop:     $MY_ADDR";\
  cat commands.info )|$SENDMAIL -t

# Okay, procmail should be "holding" some headers and some body
# text.  Send it (if it is not an empty mail)
```

```
  :0 cw
  * > 1
  ! -oi -t

  # Don't log anything else
  LOGABSTRACT=off

  # Log this request (and mark the mail as "delivered")
  :0 hw: $COMMANDLOG$LOCKEXT
  | echo "'date' : $FROM : $SUBJ" >> $COMMANDLOG

  HOST=end_of_processing
}
```

Ziemlich am Anfang können Sie folgende Zeile sehen:

```
* ^TOinfo
```

Dort wird die E-Mail-Adresse des Autoresponders, den Sie einrichten wollen, festgelegt. Wenn die Adresse `Info@SuperKanaldeckel.com` lauten soll, sollte dort `* ^TOInfo` stehen. Wenn die Adresse `Verkauf@SuperKanaldeckel.com` lauten soll, muß dort `* ^TOVerkauf` stehen. Ersetzen Sie einfach `info` durch den Namen, den Ihr Autoresponder haben soll. (Wenn Sie mehrere Autoresponder einrichten wollen, müssen Sie diesen Abschnitt kopieren. Mehr dazu in Schritt 6.)

Suchen Sie nun nach den folgenden Zeilen:

```
|(formail  -r -A "From:       $FROMSIG" \
        -I"Reply-To:   $MY_ADDR" \
        -I"Subject:    Re: $SUBJECT" \
         -A"X-Loop:     $MY_ADDR";\
```

Dort sehen Sie `FROMSIG` und `MY_ADDR`, die wir in der Datei `.procmailrc` eingerichtet haben. In diesen Zeilen wird Procmail mitgeteilt, daß es den Text, den Sie unter `FROMSIG` eingetragen haben, in das »Von:« und die E-Mail-Adresse unter `MY_ADDR` in die Zeile »Reply-To:« eintragen soll. Sie können aber auch `$FROMSIG` und `$MY_ADDR` löschen und dort direkt etwas eintragen, wenn Sie möchten. Zum Beispiel:

```
|(formail  -r -A "From:  Super Kanaldeckel
<jane@superkanaldeckel.com>" \
           -I"Reply-To:   jane@superkanaldeckel.com" \
           -I"Subject:    Re: $SUBJECT" \
           -A"X-Loop:   jane@superkanaldeckel.com";\
```

Sie können auch statt `$SUBJECT` einen anderen Text für den Betreff eingeben. Entweder fügen Sie die Zeile `SUBJECT=` in der `.procmail`-Datei ein, oder Sie geben den Text direkt in der `commands.rc`-Datei ein. Zum Beispiel:

```
-I"Subject:    Re: Ihre Nachricht an Info@superkanaldeckel.com"\
```

Suchen Sie nun nach folgender Zeile:

```
cat commands.info )|$SENDMAIL -t
```

Ob Sie's glauben oder nicht: Hier steht, daß das Programm den Inhalt der Datei `commands.info` nehmen und in die Antwort-E-Mail schreiben soll. Ändern Sie auch hier den Dateinamen entsprechend ab: `commands.verkauf`, `commands.preissausschreiben` oder wie auch immer der Autoresponder heißen soll.

Kopieren des Abschnitts

Wenn Sie mehrere Autoresponder einrichten wollen, müssen Sie mehrere Abschnitte in der Datei erstellen. Markieren Sie den Text von

```
:0
* ^TOinfo
```

bis einschließlich

```
HOST=end_of_processing
}
```

Kopieren Sie den Text, und fügen Sie ihn gleich anschließend ein. Ändern Sie dann alle Zeilen wie in Abschnitt 5 ab, und richten Sie alles für Ihren zweiten Autoresponder ein. Ändern Sie beispielsweise die Zeile `* ^Toinfo` in `* ^Toverkauf` und die Zeile `cat commands.info) |$SENDMAIL -t` in `cat commands.verkauf)|$SENDMAIL -t` ab.

Sie können so viele Abschnitte und Autoresponder erstellen, wie Sie möchten (bleiben Sie dabei vernünftig!).Wenn Sie möchten, können Sie auch die Zeilen, die einen Kommentar enthalten (das sind die Zeilen, die mit einem # beginnen), löschen, damit die Datei kleiner wird. Wenn Sie aber lieber nichts verändern, was nicht unbedingt sein muß, dann lassen Sie diese Zeilen in der Datei, es macht keinen Unterschied.

Behalten Sie eine Kopie

Es kann sein, daß Ihre Procmail-Dateien so konfiguriert sind, daß alle E-Mails an den Autoresponder gelöscht werden. Es kann aber sein, daß Sie gerne eine Kopie davon behalten wollen. Wenn Sie nur die E-Mail-Adresse wollen, können Sie eine Logdatei anlegen, in die E-Mail-Adressen aus eingehenden Nachrichten geschrieben werden. Mehr dazu in Schritt 8.

Um sicherzustellen, daß Sie eine Kopie der E-Mails erhalten, die an Ihren Autoresponder gesendet werden, öffnen Sie die Datei `commands.rc` und suchen nach folgendem Abschnitt:

```
:0
* ^Toinfo
```

Fügen Sie am Ende der ersten Zeile ein `c:` ein:

```
:0 c:
```

Dadurch wird dem Programm mitgeteilt, eine Kopie der Nachricht und nicht die Nachricht selbst weiterzuleiten, so daß sie in Ihrer Mailbox landet.

So legen Sie eine Logdatei an

Statt die eingehenden E-Mails zu lesen, die in den meisten Fällen sowieso leer sein werden, können Sie auch einfach die Namen und E-Mail-Adressen herausfiltern. Dazu benutzen Sie eine Logdatei. Sehen Sie sich die Datei `commands.rc` an. Dort finden Sie folgendes:

```
# The log file
    COMMANDLOG=${COMMANDLOG:-commands.log}
```

Hier wird eine `COMMANDLOG`-Variable namens `COMMANDS.LOG` festgelegt. Weiter unten im Skript sehen Sie die folgenden Zeilen:

```
# Log this request (and mark the mail as "delivered")
    :0 hw: $COMMANDLOG$LOCKEXT
    | echo "'date' : $FROM : $SUBJ" >> $COMMANDLOG
```

Dadurch werden die Angaben aus den eingehenden E-Mails in die Variable `COMMANDLOG` geschrieben. Das heißt also, daß alle Informationen in eine Textdatei namens `COMMANDS.LOG` geschrieben werden. Um welche Informationen handelt es sich dabei? In der letzten Zeile wird definiert, daß das Datum, die »Von:«-Zeile und die Zeile mit dem Betreff aus der eingehenden E-Mail in der Logdatei gespeichert werden sollen. Wenn Sie sich diese Datei ansehen, nachdem Nachrichten an Ihren Autoresponder geschickt wurden, sehen Sie mehrere Zeile wie die folgenden:

```
Mon Nov 11 10:47:09 EST 1997 : Robin Hood <robin@sherwood.com> :
Send info

Tue Dec 10 03:27:07 EST 1997 : George Washington
<georgew@whitehouse.gov> :

Tue Dec 10 03:39:02 EST 1997 : blackb@piracy.com (Blackbeard) :
send now or else!
```

Wenn Sie möchten, können Sie auch den Betreff weglassen, da er in den meisten Fällen sowieso nichts Nützliches enthält. Ebenso können Sie auf das Datum verzichten. Dazu ändern Sie die entsprechende Zeile folgendermaßen um:

```
| echo "$FROM" >> $COMMANDLOG
```

Sie können für jeden Autoresponder auch eine gesonderte Logdatei anlegen. (Ändern Sie dazu die Zeile mit `COMMANDLOG=${COMMANDLOG:-commands.log}` so ab, daß ein anderer Dateiname, wie zum Beispiel `verkauf.log`, angegeben wird.) Diese Logdateien können Sie später verwenden, um Leuten, die ja anscheinend Interesse an Ihren Produkten oder Diensten haben, weitere Informationen zukommen zu lassen. Dazu importieren Sie die Adressen in Ihr E-Mail-Programm. Mehr dazu in Kapitel 16. Wie Sie im Beispiel sehen können, sind die Angaben aus der »Von:«-Zeile in unterschiedlichen Formaten. Sie müssen Ihre Logdateien also eventuell erst mit einem Textverarbeitungsprogramm überarbeiten, bevor Sie die Adressen importieren können.

Speichern und Übertragen

Wenn Sie alle notwendigen Änderungen in den Dateien vorgenommen haben, speichern Sie diese ab, und kopieren Sie sie zurück auf Ihre Website. Achten Sie darauf, daß bei der Übertragung ASCII-Modus eingestellt ist und daß Sie die Dateien in die richtigen Verzeichnisse legen. Beobachten Sie Ihr FTP-Programm sorgfältig: Es kann sein, daß es nicht erkennt, daß es sich bei diesen Dateien um ASCII-Texte handelt, wenn es auf automatische Formaterkennung gestellt ist. Testen Sie anschließend Ihre Autoresponder. Schicken Sie eine E-Mail an die Adresse, und warten Sie ab, was geschieht. Überprüfen Sie, ob tatsächlich eine Antwort kommt, ob dort der richtige Absender und Betreff erscheinen und ob Sie eine Kopie erhalten, wenn Sie den Autoresponder dementsprechend eingerichtet haben. Achten Sie auch darauf, ob die E-Mail-Adresse der Nachricht in Ihrer Logdatei gespeichert wurde.

15.2.2 Weitere Informationen zu Procmail

Procmail ist ein mächtiges kleines Programm, obwohl es keine normale und einfach zu bedienende grafische Benutzeroberfläche hat. Es ist von Computerfreaks für Computerfreaks geschrieben und kann deshalb für uns »normale« Menschen etwas schwierig sein. Wenn Sie mehr Informationen zu Procmail haben möchten, gehen Sie am besten auf die Website von **Infinite Ink**: `http://www.ii.com/internet/robots/procmail`. Sie müssen allerdings im Besitz des einen oder anderen Computerfreak-Gens sein, wenn Sie all diese Informationen auch wirklich verstehen wollen. Wenn Sie kein Procmail auf Ihrem System haben, aber es ausprobieren möchten, finden Sie auf dieser Website auch Links, wo Sie es herunterladen können. Um es auf Ihrem Server zu installieren, brauchen Sie allerdings jede Menge Computerfreak-Gene und müssen auch fließend freaksisch sprechen.

Hier sind noch ein paar nützliche Links, wenn Sie wissen wollen, wie Sie eingehende E-Mails filtern können:

- **The Filtering Mail FAQ at Infinite Ink** (Dort finden Sie Informationen zu Procmail und MailAgent.)

  `http://www.ii.com/internet/faqs/launchers/mail/filtering-faq/`

- **The Filtering Mail FAQ at Oxford**

  `http://www.lib.ox.ac.uk/internet/news/faq/archive/mail.filtering-faq.html`

- **The MailAgent filtering program**

  `ftp://ftp.foretune.co.jp/pub/network/mail/mailagent`

- **Die E-Mail-Seite bei Yahoo!**

  `http://www.yahoo.com/Computers_and_Internet/Communications_and_Networking/Electronic_Mail/`

Sie können sich auch Informationen zu Procmail via E-Mail zusenden lassen:

- **Eine Liste mit Procmail-Dateien**

  Schicken Sie eine E-Mail an `procmail-request@informatik.rwth-aachen.de`.

  Schreiben Sie **archive ls** in die Betreff-Zeile.

- **Zusammenstellung von Informationen aus der Procmail-Mailingliste**

  Schicken Sie eine E-Mail an `procmail-request@informatik.rwth-aachen.de`.

  Schreiben Sie folgendes als Betreff: **archive get best_of_procmail_list***

  (Sie erhalten dann eine .GZIP-Datei, die Sie mit einem Tool wie beispielsweise WinZip öffnen können. Sie haben nun eine riesige Textdatei mit vielen technischen Informationen zu Procmail.)

Da das Einrichten von Autorespondern auf einem Server recht trickreich sein kann, lassen Sie sich am besten helfen. Fragen Sie Ihren Systemverwalter oder jemanden vom technischen Support. Wie ich schon gesagt habe: Wenn die Firma für Autoresponder Werbung macht, sollte sie auch darauf vorbereitet sein, daß jemand diesen Dienst in Anspruch nehmen möchte. Es kann von Ihnen nicht erwartet werden, daß Sie erst eine Woche lang UNIX lernen müssen, nur damit Sie das System zum Laufen bringen. Im Idealfall sollten Sie alle diese Dinge über ein Web-Formular auf der Website Ihres Webhosts erledigen und dieses ganze Kauderwelsch umgehen können.

15.2.3 Automatische Antworten leicht gemacht

Es gibt noch eine andere Methode, mit der Sie Autoresponder einrichten können und die einfacher ist als Procmail. Sie haben auch eine direktere Kontrolle, aber es sind Ihnen auch gewissen Grenzen gesetzt. Sie können Ihr E-Mail-Programm so einrichten, daß es automatisch Antworten verschickt. Angenommen, Sie benutzen **AK-Mail** (`http://www.akmail.com/`), **Pegasus Mail** (`http://www.pegasus.usa.com/`) oder **Eudora Pro** (`http://www.eudora.com/`) als E-Mail-Programm. Mit diesen Programmen können Sie eingehende E-Mails filtern. Ich werde hier nicht erklären, wie das geht, da jedes Programm unterschiedlich funktioniert. Eventuell benutzen Sie auch ein anderes Programm mit der gleichen Funktion. Lesen Sie das Handbuch oder die Dokumentation, und probieren Sie Filter einfach einmal aus. Sie werden merken, daß Sie dem Programm sagen können, was es mit bestimmten Nachrichten machen soll. In Bild 15.1 sehen Sie zum Beispiel das Fenster, in dem Sie bei AK-Mail Filter einrichten.

Sie können hier einen Filter einrichten, der die »To:«-Zeile jeder eingehenden Nachricht durchsucht. Wenn der Filter dort das Wort »info« findet, wird eine E-Mail, die aus der Datei `info.txt` erstellt wird, zurückgesendet. Wenn das Wort »Preisausschreiben« in der »To:«-Zeile erscheint, erhält der Absender die Datei `Preisauschreiben.txt` und so weiter.

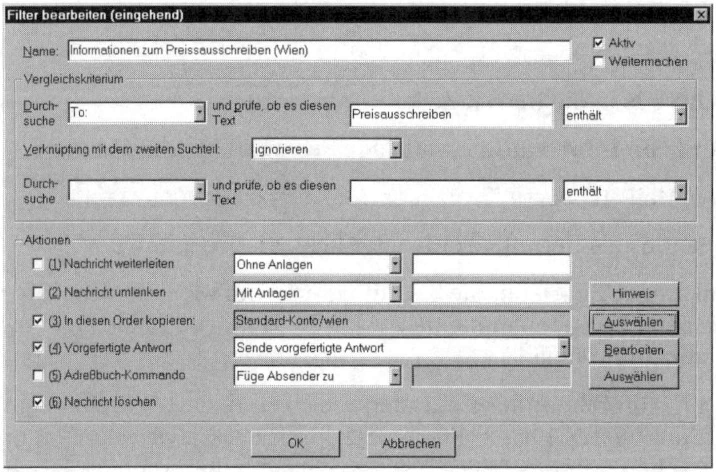

Bild 15.1: Hier können Sie die Filterfunktionen in AK-Mail einstellen.

Sie können die Filter auch so einstellen, daß sie den Betreff überprüfen. Jeder, der Informationen wünscht, könnte nun einfach an `info@SuperKanaldeckel.com` schreiben und als Betreff angeben, welche Art von Informationen er wünscht. Wenn der Filter »große Kanaldeckel« im Betreff findet, schickt er den Text aus `gross.txt`, wenn er »kleine Kanaldeckel« sieht, schickt er den Text aus `klein.txt` und so weiter.

Je nachdem, wie Sie arbeiten, kann es sein, daß Ihnen die Beschränkungen bei dieser Methode nichts oder aber sehr viel ausmachen. Das Problem ist, daß die automatischen Antworten erst dann gesendet werden, wenn Ihr E-Mail-Programm eine Nachricht erhält, die Nachricht verarbeitet und die Antwort schickt. Diese Methode ist für Sie also nicht geeignet, wenn Sie sich also bloß ein oder zweimal in der Woche ins Internet einloggen. Wenn Sie aber den ganzen Tag eingeloggt sind und Ihr E-Mail-Programm alle 10 Minuten überprüft, ob neue Nachrichten eingetroffen sind, haben Sie wahrscheinlich keine Probleme. Natürlich werden keine automatischen Antworten versendet, wenn Sie sich ausloggen oder an diesem Tag nicht arbeiten. Sie können aber Ihr E-Mail-Programm recht einfach so konfigurieren, daß es sich automatisch einloggt, E-Mails abholt und sich wieder ausloggt. Sie können also Ihren Computer so einrichten, daß er dies auch in der Nacht alle halbe Stunde oder so macht.

15.3 So leiten Sie E-Mails automatisch weiter (Forwarding)

Eventuell möchten Sie auch E-Mails automatisch weiterleiten. Das ist kein Marketing-Tool, aber manchmal ganz praktisch. Sie können Ihren E-Mail-Zugang bei Ihrem Webhost so einrichten, daß alle E-Mails automatisch an eine andere Adresse weitergeleitet werden. Das kann ganz nützlich sein, aber ist nun auch wieder keine so große Sache, wie viele Leute immer wieder behaupten. Es wird viel darüber geredet, weil viele Internet-Anwender und sogar Leute, die Websites einrichten, noch immer nicht verstanden haben, daß der Internet-Provider nicht auch gleichzeitig der E-Mail-Provider sein muß (vergleiche Kapitel 2). Diese Leute haben einen Internet-Provider oder Online-Dienst, an den schon immer ihre E-Mail geschickt wurde. Sie möchten jetzt, daß alle E-Mails an diesen Zugang weitergeleitet werden.

Wenn Sie aber mehrere Angestellte haben und Sie deren E-Mails an einzelne Zugänge weiterleiten wollen, ist das automatische Weiterleiten sehr praktisch. Es ist auch nützlich, wenn Sie im Urlaub sind und Ihre Nachrichten an Ihre Vertretung weiterleiten wollen.

Es kann sein, daß es auf der Website ein Formular gibt, mit dem Sie das automatische Weiterleiten einrichten können. Vielleicht müssen Sie aber auch die Datei `.domains` bearbeiten. Das geht so: Es handelt sich dabei um eine versteckte Datei, die wahrscheinlich in Ihrem Home-Verzeichnis Ihrer Website liegt. Übertragen Sie sie im ASCII-Modus via FTP auf Ihren Computer. Wenn Sie die Datei nicht sehen können, müssen Sie Ihr FTP-Porogramm so konfigurieren, daß es auch versteckte Dateien anzeigt. Das geht häufig, indem Sie `.*` in ein Filterfenster eintragen.

Öffnen Sie die Datei dann mit einem Texteditor. Dort sehen Sie dann ungefähr so etwas:

```
verkauf@SuperKanaldeckel.com fred
preisausschreiben@SuperKanaldeckel.com fred
info@SuperKanaldeckel.com fred
SuperKanaldeckel.com fred
```

Um das Weiterleiten einzurichten, fügen Sie einfach am Anfang (nicht am Ende!) der Datei eine Zeile mit dem Aufbau `e-mail_adresse forwarding_adresse` ein. Zum Beispiel so:

```
joe@SuperKanaldeckel.com Joe.Kanal@aol.com
```

Das bedeutet, daß alle E-Mails, die an `joe@SuperKanaldeckel.com` gesendet werden, automatisch an seinen AOL-Zugang, `Joe.Kanal@aol.com`, weitergeleitet werden. Die E-Mails gelangen gar nicht erst in den POP-Zugang *fred* auf dem Server der Webhosting-Firma. Wenn Sie eine Nachricht zu der anderen Adresse weiterleiten wollen und eine Kopie davon in der POP-Box haben wollen oder wenn Sie mehrere Kopien versenden wollen, fügen Sie die zusätzlichen Adressen durch Kommas (keine Leerzeichen) getrennt ein. Zum Beispiel so:

```
joe@SuperKanaldeckel.com Joe.Kanel@aol.com,
912354.12@compuserve.com, fred@woanders.com,fred
```

Die Datei muß mit einer Zeile enden, die Ihren Domainnamen gefolgt von Ihrem Zugangsnamen enthält. Das weist das Mailsystem an, alle E-Mails, die an andere Namen als die oben genannten gehen, an den POP-Zugang, den Sie hier festgelegt haben, zu schicken.

Wenn Sie alle Anweisungen zum automatischen Weiterleiten eingetragen haben, speichern Sie die Datei als ASCII-Text ab und kopieren sie im ASCII-Modus zurück auf Ihr System. Warten Sie ein Weilchen ab, und senden Sie dann eine Testnachricht. Es kann eine Weile dauern, bis die neuen Informationen aus der `.domains`-Datei in der Mail-Datenbank eingetragen sind. Warten Sie also eine halbe Stunde oder so, bis Sie mit dem Testen beginnen.

16. Kapitel

Informationen via E-Mail verteilen

Das Arbeiten mit E-Mail beinhaltet nicht nur das Einrichten von Autorespondern und das automatische Weiterleiten von Nachrichten. Sie können das Mailsystem auch dazu benutzen, um mit Ihren Kunden und solchen, die es werden wollen, zu kommunizieren. Sie können Rundschreiben verschicken, neue Produkte ankündigen und sogar Mailinglisten erstellen, in denen Leute über ein von Ihnen gewähltes Thema diskutieren können. Das geht alles ganz einfach und ist auch gar nicht teuer.

In diesem Kapitel werden folgende Themen behandelt:

- Das Sammeln von E-Mail-Adressen
- So arbeitet man mit Mailinglisten
- So verteilen Sie Rundschreiben und andere Informationen
- Das Einrichten von Mailinglisten als Diskussionsforen
- Spam
- Opt-in-Mailinglisten

16.1 Das Sammeln von E-Mail-Adressen

Ich habe schon mehrmals erwähnt, daß Sie E-Mail-Adressen sammeln sollten. Zum Beispiel von Leuten, die Ihre Website besuchen, die Sie kontaktieren und die an Ihre Autoresponder schreiben. Wie können Sie diese Adressen herausfiltern? Nun, da gibt es mehrere Möglichkeiten. Auf Ihrer Website können Sie folgende Methoden anwenden, um E-Mail-Adressen, die in ein Formular eingetragen wurden, zu extrahieren:

- Verwenden Sie ein Skript, daß die E-Mail-Adresse in eine Textdatei schreibt.
- Verwenden Sie ein Skript, das Ihnen die E-Mail-Adressen zuschickt. Extrahieren Sie dann die Adressen aus den E-Mails mit Hilfe einer der folgenden Methoden:

Sie können mit eingehender E-Mail folgendes machen:

- Filtern Sie die E-Mails, und schreiben Sie die Adressen in ein Adreßbuch.
- Kopieren Sie die Adressen aus den E-Mails mit Hilfe eines Kommandos in der Menüleiste.
- Speichern Sie die Adressen aus Nachrichten, die an Ihre Autoresponder geschickt wurden, in eine Logdatei.

Sehen wir uns diese Punkte nun jeweils genauer an.

16.1.1 Verwenden Sie ein Skript, das eine Textdatei erzeugt

Wie in Kapitel 13 besprochen, können Sie Formulare erstellen, die Angaben in Textdateien speichern. Sie können diese Datei auf Ihren Computer übertragen und mit einem Texteditor oder einer Datenbank öffnen. Mit Microsoft Frontpage können Sie solche Formulare schnell erstellen. Sie können aber auch ein CGI-Skript verwenden.

Wenn Sie die Angaben im richtigen Format abspeichern, ist es ganz einfach, die Informationen in eine Datenbank zu importieren. In Frontpage können Sie zum Beispiel festlegen, wie die Daten aus jedem Eintrag (jedesmal, wenn das Formular abgeschickt wird) voneinander getrennt werden sollen. Sie können »Text Datenbank Komma«, »Text Datenbank Tab« oder Text Datenbank Leerzeichen« auswählen. Es gibt CGI-Skripte, die das gleiche tun.

Texte in unterschiedlichen Formaten lassen sich in Datenbanken importieren. Finden Sie heraus, was die beste Methode für Ihre Datenbank ist. Konfigurieren Sie dann das Formular so, daß die Datensätze im passenden Format gespeichert werden. Warum brauchen Sie eine Datenbank? Mit einer Datenbank können Sie Text aus Ihren Formularen schnell importieren und nach Belieben wieder exportieren. Angenommen, das Formular speichert Vorname, Nachname, E-Mail-Adresse und Kommentare. Wenn Sie daraus eine Mailingliste erzeugen wollen, brauchen Sie nur die ersten drei Einträge. Das benötigte Format hängt dabei von Ihrem E-Mail-Programm ab. Es kann sein, daß Ihr E-Mail-Programm etwas in der Art braucht:

```
Vorname, Nachname <E-Mail-Adresse>
```

Manche E-Mail-Programme arbeiten mit einem anderen Format, wenn Sie Text in ein Adreßbuch importieren wollen (dazu gleich mehr). Mit einer Datenbank können Sie Text in fast allen Formaten erzeugen. Sie können auch ein Format erzeugen, das sich in einem Textverarbeitungsprogramm schnell anpassen läßt. Außerdem können Sie mit den Angaben eine Kundendatenbank erstellen, mit der Sie nicht nur E-Mail-Adressen verwalten können. Die Angaben, die Sie in die Datenbank importieren, könnten dann die Grundlage dafür bilden.

16.1.2 Verwenden Sie ein Skript, das Ihnen E-Mails schickt

Wie Sie in Kapitel 13 gesehen haben, können Sie mit einem CGI-Skript aus einem Formular Text nehmen und als E-Mail an eine beliebige Adresse senden. Wenn auf Ihrer Website nicht viel Verkehr herrscht, könnten Sie diese Methode verwenden.

Es ist dann kein Problem, ein paar Nachrichten direkt zu verarbeiten, statt sie erst in eine Textdatei zu speichern und dann die Angaben in eine Datenbank zu importieren. Wie wir später sehen werden, ist das auch eine gute Methode, wenn Sie ein Formular haben, in dem Besucher ihre E-Mail-Adressen eintragen können, um in eine Mailingliste eingetragen zu werden.

16.1.3 Filtern Sie die E-Mails, und erstellen Sie ein Adreßbuch

Eventuell können Sie die E-Mail-Adressen von eingehenden Nachrichten direkt in ein Adreßbuch laden. Ich kenne drei E-Mail-Programme, mit denen Sie das tun können: **AK-Mail** (`http://www.akmail.com/`), **Pegasus Mail** (`http://www.pegasus.usa.com/`) und **Postmark** (`http://filecenter.com/filecenter/details/373.asp`, dieses Programm wird jedoch nicht mehr weiter entwickelt). Vielleicht wird es auch noch andere Programme geben, mit denen das möglich ist (Eudora Pro 4.0 kann es nicht).

In Kapitel 15 haben wir schon über Filter gesprochen, als ich Ihnen gezeigt habe, wie man einen einfachen Autoresponder einrichtet. Sie können in Pegasus Mail und AK-Mail diese Filter verwenden, um eine E-Mail-Adresse aus einer eingehenden Nachricht zu extrahieren und in ein Adreßbuch (bzw. Verteilerliste in Pegasus) abzulegen. Sehen Sie sich dazu Bild 16.1 an. In diesem Fenster werden in Pegasus Mail für Windows Filter eingerichtet. Dabei ist das Programm ziemlich selbsterklärend. Ich habe »In diesem Kopfeintrag« und »An:« ausgewählt, um Pegasus mitzuteilen, daß es die Adresse in der »An:«-Zeile ansehen soll. In dem Feld für den Suchtext habe ich »info« als das zu suchende Wort eingegeben. Und in der Auswahlliste mit der Aktion habe ich »User in Liste aufnehmen« gewählt. Als ich das gemacht habe, öffnete sich ein weiteres Fenster, in dem ich eine Verteilerliste auswählen oder neu erstellen konnte. Ich habe eine mit dem Namen »info« erstellt.

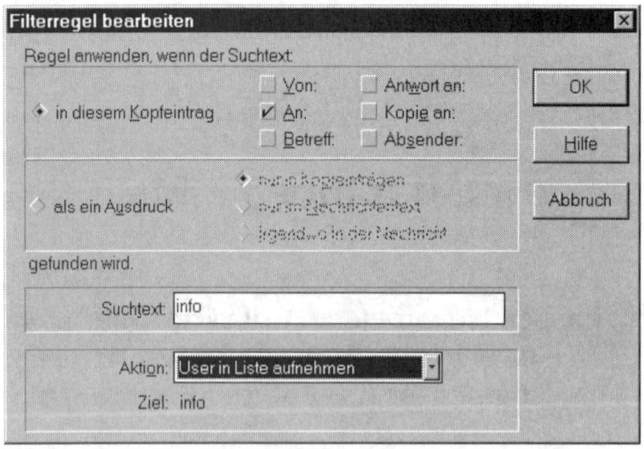

Bild 16.1: So richten Sie einen Filter in Pegasus Mail für Windows ein.

Was geschieht nun, wenn jemand eine E-Mail an `info@superKanaldeckel.com` schickt, wenn Sie den Filter auf diese Weise eingerichtet haben? Die Adresse wird genommen und die Verteilerliste »info« geschrieben.

16.1.4 Kopieren der Adressen mit Hilfe eines Kommandos in der Menüleiste

Wenn Sie die E-Mail-Adressen nicht direkt in das Adreßbuch filtern können, gibt es auch noch eine andere Methode. Bei den meisten E-Mail-Programmen existiert ein Kommando, mit dem man die E-Mail-Adresse einer markierten Nachricht in das Adreßbuch kopieren kann. Obwohl also viele Programme die Adressen nicht automatisch in das Adreßbuch übernehmen können, können Sie das Ganze mit einem Kommando selbst machen. In Eudora Pro 3.0 können Sie eine Nachricht markieren und dann in der Menüleiste »Special – Make Adress Book Entry« auswählen. Sie können auch mehrere Nachrichten gleichzeitig markieren, dann das Kommando ausführen und einen Namen einer bereits bestehenden Mailingliste eingeben. Sie können nun die Adressen zu der Liste hinzufügen oder die Liste überschreiben.

16.1.5 Speichern Sie die Adressen in einer Logdatei des Autoresponders

In Kapitel 15 habe ich erklärt, wie man in Procmail eine Logdatei für die Autoresponder anlegt. Mit diesem oder einem anderen Autorespondersystem können Sie die E-Mail-Adressen aus den Nachrichten an Ihre Autoresponder abspeichern. Die Logdatei enthält eine Liste, die etwa so aussehen könnte:

```
Mon Nov 11 10:47:09 EST 1997 : Robin Hood <robin@sherwood.com> :

Tue Dec 10 03:27:07 EST 1997 : George Washington
<georgew@whitehouse.gov> :
```

Übertragen Sie die Logdatei von dem Server auf Ihren Computer, und importieren Sie die Adressen in das Adreßbuch.

16.2 So arbeitet man mit Mailinglisten

Was machen Sie jetzt mit der Liste von E-Mail-Adressen? Zuerst müssen Sie diese Liste irgendwie in ein Mailinglistenprogramm bekommen. In dem Programm soll es nur eine einzige Liste geben, so daß Sie eine Nachricht automatisch an alle Adressen in der Liste schicken können. Wenn Sie die Adressen direkt in ein

Adreßbuch oder eine Verteilerliste gefiltert haben, müssen Sie nichts weiter tun. Das ist auch der Fall, wenn Sie die Adressen von Hand eingetragen haben. Wenn Sie die E-Mail-Adressen in einer Textdatei haben, die von einem Autoresponder oder einem Webformular erstellt wurde, müssen Sie diese irgendwie importieren.

Bei AK-Mail gibt es zum Beispiel das Kommando »Aus Adressenliste erstellen« (nur in der registrierten Version). Dazu brauchen Sie eine Textdatei im folgenden Format:

```
Andreas Kinzler <akinzler@pobox.com>

Peter Kent <pkent@poorrichard.com>
```

Mit einem Datenbankprogramm können Sie eine Liste, in der die Einträge durch Leerzeichen voneinander getrennt sind, exportieren. Sie können dann die < > mit der Suchen/Ersetzen-Funktion Ihres Textverarbeitungsprogramms relativ schnell hinzufügen. Achten Sie darauf, daß Sie die Liste in ASCII-Text abspeichern. Öffnen Sie dann das Fenster mit dem Adreßbuch, und wählen Sie »Buch – Aus Adreßliste erstellen«, um die Adressen zu importieren. Bei Eudora Pro 3.0 können Sie einfach eine Liste mit E-Mail-Adressen aus einer Textdatei auswählen, sie in die Zwischenablage kopieren und dann in das Adreßbuch-Fenster einfügen. Jedes Programm funktioniert ein wenig anders, also lesen Sie im Handbuch oder der Online-Hilfe nach, wie es geht.

Es gibt auch Programme, die speziell für die Zusammenarbeit mit einer Datenbank geschrieben wurden und die benötigte Adressen aus der Datenbank kopieren können. Sehen Sie sich zum Beispiel einmal **Arial Software** (`http://www.arialsoftware.com/`) an. Dieses Programm nimmt eingehende E-Mail-Nachrichten oder Daten aus einem Webformular und schreibt die Kontaktinformationen in eine Datenbank.

16.3 So verteilen Sie Rundschreiben und andere Informationen

Sie können mit Ihrer Mailingliste verschiedene Dinge tun. Zum Beispiel:

- Verteilen Sie Rundschreiben und andere Informationen an Ihre Kunden, potentiellen Kunden und Mitarbeiter. Auch außerhalb des WWW werden Rundschreiben häufig für Werbung eingesetzt, es gibt also keinen Grund, warum Sie nicht dasselbe auch im Cyberspace tun könnten. Der große Unterschied ist, daß ein Rundschreiben im Internet praktisch nichts kostet.
- Kündigen Sie neue Produkte oder Änderungen an.

- Kündigen Sie spezielle Angebote wie Pakete oder Preisnachlässe an.
- Teilen Sie Ihren Besuchern mit, wenn Sie Ihre Website grundlegend verändert haben. Denken Sie dabei aber daran, ob sich die Ankündigung wirklich rechtfertigt – wollen Ihre Besucher dies wirklich wissen, oder wollen Sie einfach nur cool sein?
- Kündigen Sie besondere Ereignisse wie zum Beispiel Prominente in Ihrem Chat oder Diskussionsforum (vergleiche Kapitel 13) an.
- Bitten Sie um Rückmeldungen zu Ihren Produkten.
- Fragen Sie Leute, die Software heruntergeladen haben, warum sie diese nicht registriert haben. Wenn sie diese nicht benutzen, fragen Sie, warum, welche Funktionen fehlen und was ihnen nicht gefallen hat.
- Suchen Sie nach Betatestern.

Es gibt vermutlich tausend verschiedene Möglichkeiten, was Sie mit einer Mailingliste machen können. Übertreiben Sie es dabei aber nicht. Mailen Sie nicht zu oft, und entfernen Sie Leute sofort aus der Liste, wenn diese darum bitten. Wenn Ihnen jemand seine E-Mail-Adresse gegeben hat, ist es nicht verkehrt, diese auch zu benutzen, solange Sie dabei vernünftig bleiben (siehe den Abschnitt zu Spam weiter hinten im Kapitel).

Eventuell sollten Sie am Anfang oder Ende der Nachricht erklären, wie man sich aus der Liste austragen kann. Erstellen Sie dazu zum Beispiel eine andere E-Mail-Adresse, bei der ein Filter alle eingehenden Adressen aus der Verteilerliste oder dem Adreßbuch austrägt – also genau das Gegenteil von dem, was wir gerade besprochen hatten.

Wie schreiben Sie nun an alle diese Leute? Es ist wichtig, daß Sie dabei keine Fehler machen, weil Sie ansonsten viele Empfänger verärgern. Bei den meisten E-Mail-Programmen können Sie an ein Adreßbuch, eine Verteilerliste, ein Alias oder einen »Spitznamen«, die jeweils mehrere Adressen enthalten, mailen. Wenn Sie aber den Namen des Adreßbuchs oder der Verteilerliste einfach in das »To:«- oder »An:«-Feld schreiben und die Nachricht abschicken, haben Sie einen Fauxpas begangen. Jeder, der die E-Mail erhält, sieht die E-Mail-Adressen aller anderen Leute auf der Liste in der »An:«-Zeile – nur daß es sich jetzt nicht mehr um eine Zeile, sondern um eine oder mehrere Seiten handelt, wenn Sie eine große Liste haben. Ich habe schon E-Mails bekommen, in denen mehrere hundert Adressen im »An:«-Feld zu sehen waren.

Sie müssen statt dessen die Zeile »Bcc:« verwenden. **Bcc** steht für *blind carbon copy*, also Blinddurchschlag. Das bedeutet, daß jeder in der Liste eine Kopie der Nachricht bekommt, aber nicht sehen kann, an wen sonst die Nachricht ging.

Obwohl Sie den Namen des Adreßbuchs oder der Verteilerliste in die »Bcc:«-Zeile geschrieben haben, sieht der Empfänger der Nachricht seine eigene Adresse im »An:«-Feld und sonst nichts.

Leider behandeln nicht alle Programme die »Bcc:«-Zeile in der gleichen Weise. Bei einigen wird die Adresse aus der »Bcc:«-Zeile in die »An:«-Zeile des Empfängers geschrieben. Bei anderen E-Mail-Programmen erscheint die Adresse in der »Bcc:«-Zeile und zeigt gleichzeitig die ursprüngliche »An:«-Zeile an. Testen Sie Ihr Programm, indem Sie sich selbst und ein paar Freunden eine E-Mail schreiben.

Bei einigen Programmen können Sie keine E-Mails versenden, wenn nur die »Bcc:«-Zeile verwendet wurde. Sie brauchen auch eine Adresse in der »An:«-Zeile. Wenn das der Fall ist, schreiben Sie einfach Ihre eigene Adresse in die »An:«-Zeile und den Namen des Adreßbuchs in die »Bcc:«-Zeile.

Konfigurieren Sie Ihr E-Mail-Programm so, daß es standardmäßig nur die »Bcc:«-Zeile und nicht die »Cc:«-Zeile anzeigt. Das ist leider nicht bei allen Programmen möglich.

Wenn Sie aber die »Cc:«-Zeile sichtbar lassen, werden Sie eines Tages aus Versehen die falsche Zeile verwenden (ja, ist mir auch schon passiert) und einigen hundert Leuten in der »Cc:«-Zeile schreiben. Wenn Sie Glück haben, sind die Leute nicht zu sauer auf Sie ...

Es gibt Programme, die sich auf die Versendung von vielen E-Mails auf einmal, wie das bei Rundschreiben oder Bekanntmachungen der Fall ist, spezialisiert haben. Dabei werden grundsätzlich nur individuelle Kopien der Nachricht an die einzelnen Personen auf der Liste versandt. Niemals wird mehr als eine Adresse in der »An:«-Zeile angezeigt. Wenn Sie also Angst haben, daß Ihnen bei einem herkömmlichen E-Mail-Programm Fehler unterlaufen, sollten Sie so ein Programm verwenden. Was auch immer Sie machen: Schreiben Sie keine Adressen in die »Cc:«-Zeile, das ist genauso schlimm wie die »An:«-Zeile, weil ebenfalls alle Empfänger die E-Mail-Adresse der anderen Personen auf der Liste sehen können.

Einige dieser Programme haben auch die sogenannte »Merge«-Funktion. Dabei werden die Angaben aus einem Kontakteintrag genommen und in die Nachricht kopiert. Ihre Nachricht beginnt nun nicht mehr mit »Sehr geehrter Empfänger« sondern mit dem Namen des Empfängers, zum Beispiel »Lieber John«.

Sehen Sie sich einmal auf folgenden Websites um:

- **Campaign** (60 bis 170 DM)

  `http://www.arialsoftware.com/`

- **eMerge** (für den Macintosh, ca. 300 DM)

  `http://www.galleon.com/`

- **e-Mail Xpress** (für den Macintosh, ca. 170 DM)

  `http://www.iso-ezine.com/emx/InfoPress Email-`

- **On-Demand** (ca. 1700 DM)

  `http://www.castelle.com/`

- **Stealth Mail Bomber** (ca. 500 DM)

  `http://wizardware.com/`

- **WorldMerge** (ca. 50 DM)

  `http://www.coloradosoft.com/`

- **WWMail** (ca. 70 DM)

  `http://wizardware.com/`

Wenn Sie eine URL in einer E-Mail erwähnen, sollten Sie diese immer in eine gesonderte Zeile schreiben. Oder aber fügen Sie vor und nach der URL ein Leerzeichen ein. Schreiben Sie eine URL nicht in normale oder spitze Klammern.

Schreiben Sie statt

(http://www.url.com/)

oder

<http://www.url.com/>

einfach nur

http://www.url.com/

Machen Sie am Ende der URL auch keinen Punkt. Das Problem dabei ist, daß sich einige E-Mail-Programme an URLs »verschlucken«, wenn davor oder danach ein Zeichen steht. Wenn der Anwender auf die URL klickt, um sie in seinem Browser zu öffnen, kann es sein, daß das Programm das Zeichen am Ende der URL mitschickt. Dadurch kommt es zu einem Browserfehler, mit dem viele Anwender nichts anfangen können. Die einzelnen E-Mail-Programme »verschlucken« sich an unterschiedlichen Zeichen. Am besten ist es also, wenn vor und nach einer URL ein Leerzeichen steht.

Übrigens: Bevor mir jetzt jemand schreibt und sich darüber beschwert, daß ich für Spam (eine E-Mail, die unaufgefordert an viele Empfänger auf einmal versandt wird, mehr dazu später in diesem Kapitel) sei, möchte ich klarstellen, daß ich das nicht bin. Ich weiß, daß das Programm Stealth Mail Bomber dazu gedacht ist, Spam zu verschicken. Das heißt aber nicht, daß es nicht auch für nützliche und legale Zwecke wie zum Beispiel Rundschreiben verwendet werden kann. Ich habe es auch deshalb mit in die Liste aufgenommen, weil es praktische Merge-Funktionen hat. Denken Sie daran: Sie können auch mit einem Telefon entweder Ihre Großmutter anrufen oder jemanden mit anonymen Anrufen belästigen. Es gibt auch E-Mail-Programme, die nicht nur Nachrichten verschicken, sondern auch E-Mail-Adressen aus Newsgruppen oder Mitgliederverzeichnissen von Online-Diensten extrahieren können. Diese habe ich hier nicht aufgelistet, weil es auch gute Merge-Programme *ohne* diese Funktion, die meiner Meinung nach nur ärgerlich ist, gibt.

Wenn Sie viele hundert E-Mails auf einmal verschicken wollen, brauchen Sie eventuell ein Mailinglisten-Programm oder -Dienst. Dazu gleich mehr.

16.4 Das Einrichten von Mailinglisten als Diskussionsforen

Das Wort *Mailingliste* hat auch noch eine andere Bedeutung. Bisher habe ich damit eine Sammlung von E-Mail-Adressen bezeichnet. Sie können nun eine Nachricht gleichzeitig an alle Teilnehmer der Liste versenden. Eine Mailingliste ist aber auch eine Diskussionsgruppe, die auf dem E-Mail-System basiert. Wenn Sie eine Nachricht an die E-Mail-Adresse des Diskussionsforums schicken, geht diese an alle Mitglieder auf der Liste. Jeder kann also der Diskussion, die via E-Mail durchgeführt wird, folgen (so jemand wird *Lurker* genannt) oder sich aktiv daran beteiligen.

Es gibt eigentlich drei Arten von Mailinglisten. Gerade eben haben wir über die *Rundschreiben* gesprochen. Dabei werden Nachrichten versandt, aber es gibt keine eingehenden E-Mails (im Englischen wird dies als *announcements-only list* bezeichnet). Es gibt *moderierte Diskussionsforen*. Das sind echte Diskussionsgruppen, in denen E-Mails empfangen und gesendet werden. Es gibt auch einen Moderator, der die eingehenden Nachrichten liest und darauf achtet, daß der Inhalt angemessen ist und keine Beleidigungen enthält. Er kann Nachrichten ablehnen, so daß diese nicht an die Teilnehmer versandt werden, oder an das Diskussionsforum weiterleiten. Das kann natürlich als eine Form von Zensur gesehen werden. Es gibt allerdings jede Menge störender Nachrichten in den Diskussionsgruppen im Internet, so daß eine gut moderierte Liste wirklich ein Geschenk des Himmels sein kann. Dann gibt es auch noch *Diskussionsforen ohne Moderator*. Die eingehenden Nachrichten gehen direkt an die Mailingliste, ohne zuvor von jemandem überprüft zu werden.

Mailinglisten sind ein wichtiges Mittel für Werbung und PR. Eine Firma kann eine Mailingliste, die ihrem Tätigkeitsbereich entspricht, einrichten und diese dann vorsichtig für Werbezwecke verwenden. Ich sage jetzt nicht, daß eine Firma in der Art, wie sie die Mailingliste verwendet, unmoralisch oder abstoßend sein sollte. Allein die Tatsache, daß sie eine Mailingliste verwaltet, ist häufig schon gute Werbung. Wenn dann auch noch ein Mitarbeiter der Diskussion folgt und Beiträge liefert, ist das eine gute Methode, wenn Sie an Ihrer Firma interessierte Personen kennenlernen möchten, in bezug auf neue Trends auf dem laufenden bleiben wollen und so weiter. Sie können auch in der Liste gelegentlich eine Nachricht mit Werbung versenden (das wird in vielen Mailinglisten gemacht). Neuen Mitgliedern sollte allerdings klar sein, daß die Mailingliste auch dafür verwendet wird. Außerdem sollten Sie mit Werbung sparsam umgehen und diese unaufdringlich gestalten. Es sollte dann keine Probleme geben und wird auch von den Teilnehmern der Diskussionsgruppe akzeptiert werden.

Wie richten Sie eine Mailingliste ein? Nun, am Anfang können Sie dazu Ihr E-Mail-Programm verwenden. Sie werden zu Beginn wahrscheinlich sowieso nur wenige Mitglieder haben, so daß ein E-Mail-Programm mit dem anfallenden Verkehr umgehen kann. Sie sollten allerdings Ihren Computer und Ihr E-Mail-Programm so einrichten, daß sowohl am Tag als auch in der Nacht alle zehn oder zwanzig Minuten nach neuer Mail gesehen wird. Viele Mitglieder des Forums könnten sonst über das verspätete Eintreffen der Nachrichten verärgert sein.

Sie können Ihre Filter so einstellen, daß eine Nachricht an das Diskussionsforum automatisch an das entsprechende Adreßbuch oder die Verteilerliste weitergeleitet wird. Mit anderen Worten: Die Nachricht wird an alle Mitglieder der Gruppe weitergeleitet, ganz einfach eigentlich.

Sie können Ihr E-Mail-Programm auch so einrichten, daß es automatisch neue Mitglieder aufnimmt, die Ihre Mailingliste abonnieren wollen, oder auch Mitglieder auf deren Wunsch wieder von der Liste löscht. Dazu brauchen Sie ein E-Mail-Programm wie zum Beispiel AK-Mail oder Pegasus, das Adressen in Adreßbücher oder Verteilerlisten filtern beziehungsweise von dort extrahieren kann. Richten Sie eine Adresse ein, an die man schreiben kann, wenn man von der Liste gelöscht oder dorthin aufgenommen werden will. Zum Beispiel `Kanaldeckel_Abo@SuperKanaldeckel.com`. Sie können dann die Filter so einrichten, daß die E-Mail-Adresse einer Nachricht automatisch in das Adreßbuch aufgenommen wird, wenn im Betreff das Wort »Subscribe« (oder abonnieren) erscheint. Wenn eine Nachricht das Wort »Unsubscribe« (oder löschen) im Betreff hat, wird der Absender automatisch aus dem Adreßbuch entfernt. In Bild 16.2 sehen Sie zum Beispiel, wie man in AK-Mail einen Filter zum Löschen eines Mitgliedes aus der Liste anlegt.

Richten Sie nun noch eine zweite E-Mail-Adresse wie zum Beispiel `Kanalnews@SuperKanaldeckel.com` ein, die für die Mailingliste selbst verwendet wird. Jeder, der die Mailingliste abonnieren will oder der von der Liste gelöscht werden will, muß nun an `Kanaldeckel_Abo` schreiben. Um an der Diskussion teilzunehmen, richtet man seine E-Mails an `Kanalnews`.

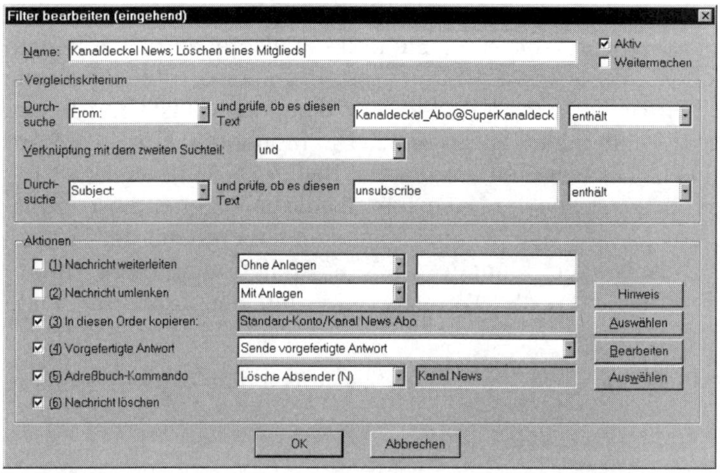

Bild 16.2: So richten Sie in AK-Mail einen Filter zum Löschen eines Mitgliedsnamens ein.

Wenn Ihre Mailingliste wächst, brauchen Sie eventuell ein mächtigeres Programm. Wie immer haben Sie mehrere Möglichkeiten zur Auswahl. Sie können die Software, die von Ihrem Webhost zur Verfügung gestellt wird (wenn er es tut), verwenden. Sie können aber auch selbst nach einem Programm suchen und es in den Verzeichnissen Ihrer Website installieren, wenn das Ihre Webhosting-Firma gestattet. Ansonsten können Sie auch eine Mailinglisten-Software auf Ihrem Computer installieren (erhältlich für PCs und Macintosh). Als letzte Möglichkeit können Sie auch einen Anbieter suchen, bei dem Sie die Mailingliste unterbringen können. Diese Programme sind nicht nur für Mailinglisten gut, sondern auch praktisch für Rundschreiben und andere Mitteilungen. Selbst wenn Sie keine Nachrichten erhalten, kann es doch sein, daß Sie so viele E-Mails auf einmal versenden, daß sich die Anschaffung eines solchen Programms für Sie lohnt.

Sie können eine kleine Mailingliste auf einem Computer, der über Modem an das Internet angeschlossen ist, ohne weiteres verwalten. Wird die Liste aber zu groß, kommt es zu Problemen. Denken Sie daran, daß jede Nachricht, die an die Liste gesendet wird, an jeden Teilnehmer weitergeleitet werden muß. Wenn Ihre Mailingliste 1000 Mitglieder hat und Sie dreißig Nachrichten am Tag bekommen (und diese Zahlen sind nicht außergewöhnlich hoch), heißt das, daß Sie pro Tag 30 000 E-Mails versenden müssen. Wie lange wird das dauern, wenn Sie nur eine gewöhnliche Modemverbindung haben?

Wenn Sie eine große Liste haben, kann es sein, daß Ihr Webhost mit diesem Nachrichtenaufkommen nicht einverstanden ist. Sie müssen also eventuell zu einem Mailinglisten-Host gehen. Das sollte eigentlich kein Problem darstellen, da die Preise für einen solchen Dienst ganz OK sind. Für eine kleine Liste mit bis zu 30 000 Nachrichten im Monat zahlen Sie 15 bis 20 DM monatlich. Für 50 DM pro Monat können Sie 500 000 Nachrichten versenden. Bei einigen Anbietern ist die Anzahl der Mitglieder und nicht die der Nachrichten ausschlaggebend. Sie ersparen sich selbst auch jede Menge Ärger, wenn Sie jemand anderen mit der Verwaltung der Mailingliste beauftragen. Manche Anbieter stellen auch noch andere Dinge an wie zum Beispiel praktische Webformulare, mit denen Sie Ihre Liste konfigurieren können.

Was für Mailinglisten-Programme gibt es? Sehen Sie sich einmal folgende Website an:

- **ListProc** (UNIX)

  `http://www.cren.net/listproc/`

- **ListSTAR** (Macintosh)

  `http://www.starnine.com/liststar/`

- **L-Soft** (Das Heim der berühmten LISTSERV-Software. Dort gibt es Programme für das Versenden von vielen E-Mails auf einmal und Mailinglisten. Eines der Programme ist für nicht kommerzielle Zwecke sogar kostenlos erhältlich.)

  `http://www.lsoft.com/`

- **Lyris** (für Windows NT/95/98, IBM AIX, OS/2, Solaris für Sparc und Intel; weitere Versionen sind geplant)

  `http://www.lyris.com/`

- **Macjordomo** (für Macintosh)

  `http://leuca.med.cornell.edu/Macjordomo`

- **Majordomo** (ein berühmtes Mailinglisten-Programm für UNIX)

  `http://www.greatcircle.com/majordomo/`

- **The Mailing List Management Software FAQ** (Hier finden Sie Informationen zu Software im allgemeinen sowie ca. 25 verschiedene Programme.)

  `http://library.ummed.edu/~naleks/mlmfaq/`

- **Liste mit Mailinglisten-Programmen von Vivian Neou**

  `http://www.catalog.com/vivian/mailing-list-software.html`

- **WebList** (ein Programm für ca. 850 DM, das von einem Webformular aus verwaltet werden kann)

  `http://www.netcreations.com/weblist/`

- **Mailinglisten-Software bei Yahoo!**

  `http://www.yahoo.com/Computers_and_Internet/Software/Internet/Electronic_Mail/Mailing_Lists/`

Auf den folgenden Websites finden Sie Anbieter, bei denen Sie Ihre Mailingliste unterbringen können:

- **Cuenet Systems**

  `http://www.cuenet.com/`

- **Cybercon**

  `http://www.cyberconinc.com/maillist.html`

- **GroupMaster** (Bei diesem System bekommen Sie, wie es aussieht, sehr gute Berichte sowie Statistiken zur Performance.)

  `http://www.revnet.com/`

- **Institute for Global Communications**

  `http://www.igc.apc.org/`

- **Internet Mailing List Providers** (eine Liste mit Anbietern von Brian Edmonds)

  `http://www.cs.ubc.ca/spider/edmonds/usenet/ml-providers.txt`

- **LSMTP und EASE** (auf der Website der Firma L-Soft)

  `http://www.lsoft.com/`

- **Lyris**

  `http://www.lyris.com/`

- **Mail-List.Com**

  `http://www.internet-tools.com/it_html/mail_list.html`

- **North Star Technical Services**

  `http://mystery.com/`

- **Pobox.com**

  `http://www.pobox.com/`

- **Post Office 1**

  `http://www.po1.com/`

- **SkyWeyr Technologies**

  `http://www.skyweyr.com/`

- **SparkNet**

  `http://www.majordomo.com/`
  `http://SparkLIST.com/`

- **Liste mit Anbietern von Vivian Neou**

  `http://www.catalog.com/vivian/mailing-list-providers.html`

16.5 Spam, Spam, Spam, Spam ...

Wenn Sie ein Monty-Python-Fan sind, können Sie sich vielleicht an den Sketch erinnern, in dem ein Kunde in einem Café feststellt, daß es auf der Speisekarte nichts ohne Frühstücksfleisch (Spam heißt Frühstücksfleisch und ist so etwas ähnliches wie Corned Beef) gibt: »... Eier und Spam; Eier, Speck und Spam; Eier, Speck, Würstchen und Spam; Spam, Speck, Würstchen und Spam; Spam, Eier, Spam, Spam, Speck und Spam; Spam, Würstchen, Spam, Spam, Speck, Spam, Tomaten und Spam ...« In diesem Sketch gibt es auch eine Gruppe von Wikingern, die ein Lied singen. Der äußerst einprägsame Refrain geht so:

Spam, Spam, Spam, Spam

Spam, Spam, Spam, Spam

Was hat das mit dem Internet zu tun? Nun, das Internet wurde von Leuten, die den Humor von Monty Python mögen, gegründet, gehegt und gepflegt. Als nun nach einem Wort für eine Nachricht, die immer wieder und wieder und wieder an Hunderte von Newsgruppen geschickt wird, gesucht wurde, ist es also nicht verwunderlich, daß sich dafür der Begriff Spam eingebürgert hat. Es gibt auch noch andere Theorien zur Entstehung des Begriffs. Einige Leute haben dabei vor Augen, was passiert, wenn man einen Brocken Frühstücksfleisch in einen sich drehenden Ventilator wirft. Ein Arbeitskollege erklärte es mir so: »Jeder, der in der Armee war, kann dir sagen, daß Spam allgegenwärtig, höchst unwillkommen und geschmacklos war. Du hast es bekommen, ob du es wolltest oder nicht. Das sind alles Dinge, die auch auf Junk-E-Mail zutreffen.«

Die Bedeutung des Begriffs Spam hat sich ein wenig geändert. Inzwischen wird damit jede Art von unaufgefordert gesendeter Nachricht, die an viele Empfänger auf einmal geschickt wird, bezeichnet. Das können Nachrichten an Newsgruppen, Mailinglisten oder private E-Mail-Adressen sein. Einige Puristen stimmen mit dieser Definition jedoch nicht überein und sagen, daß mit Spam nur Nachrichten gemeint sind, die an Newsgruppen geschickt werden. Allerdings muß man dazu sagen, daß das Internet längst schon nicht mehr in der Hand von Puristen ist ...

Ich muß zugeben, daß Spam äußerst verlockend ist – ich meine Internet-Spam und nicht den zum Essen. Sie können relativ günstig Listen mit E-Mail-Adressen oder Programme, die E-Mail-Adressen aus Newsgruppen, Web-Seiten, Mitgliederverzeichnissen von CompuServe oder AOL usw. extrahieren, erwerben. Sie können so ein Programm einfach über Nacht laufen lassen. Für kleine Firmen ist es nicht schwer, ein System einzurichten, das einem für wenig Geld Millionen von E-Mail-Adressen verschafft. Sie können dann an diese Personen schreiben, praktisch ohne dafür Geld ausgeben zu müssen.

Wenn Sie außerhalb des Internet an eine Millionen Leute schreiben wollen, kostet Sie das 850 000 DM oder mehr. Wenn Sie eine Millionen Leute im Cyberspace anschreiben wollen, müssen Sie dafür nicht mehr ausgeben, als das, was Sie für Ihren Computer und Ihre Internet-Anbindung zahlen. Wenn Sie einen Anbieter für Massen-E-Mails verwenden, zahlen Sie vielleicht 1700 DM. Für 3400 DM können Sie Ihre Nachricht an 3 Millionen Empfänger verschicken. (Das sind Preise, die Firmen tatsächlich anbieten, ich habe entsprechende Werbung gesehen.) Sie können auch kleinere Anzeigen, die drei oder vier Zeilen lang sind, als Teil von größeren Nachrichten versenden lassen. Dafür zahlen Sie nicht mehr als 85 oder 100 DM pro Million Empfänger.

Genau darin liegt auch die Versuchung. Es ist so billig, daß es nichts macht, wenn nur ein geringer Teil der Empfänger darauf reagiert. Außerhalb des Internet reagieren ca. 1% aller angeschriebenen Personen auf eine Postwurfsendung. Wenn Sie an eine Millionen Leute schreiben, 850 000 DM ausgeben und 10 000 Reaktionen bekommen, kostet Sie jede davon 8,50 DM. Wenn nur ein Zehntel aller Personen im Internet reagieren, kostet Sie das nur einen Bruchteil von dem, was Sie sonst ausgeben müßten, vielleicht 1,70 DM. Wenn Sie eine dreizeilige Anzeige versendet haben, vielleicht 8 oder 10 Pfennig, wenn Sie das Ganze selbst organisiert haben, noch weniger.

Das ist also die Versuchung. Nun kommen wir zur Kehrseite des Ganzen. Es gibt nämlich ein nicht zu vernachlässigendes Problem in bezug auf Spam: Niemand mag es. Einige Leute hassen es sogar so sehr, daß sie Sie auf irgendeine Weise verfolgen werden. Vielleicht werden Sie verklagt. Es kann sein, daß gerichtlich beschlossen wird, daß Sie keine E-Mails mehr an CompuServe oder AOL schicken dürfen (ja, das ist schon vorgekommen). Oder sie mailbomben Sie. Das heißt, daß Ihnen so viele E-Mails geschickt werden, daß es Ihr System äußerst erfolgreich zum Abstürzen bringt. Es kann auch sein, daß sie Ihren Mailhost davon überzeugen, Ihnen zu kündigen, oder in Ihre Website einbrechen und sie verändern (ja, das ist möglich). Es kann sein, daß sie tausend verschiedene Zeitschriften für Sie abonnieren oder Sie mitten in der Nacht anrufen und Sie anschreien. Wenn Sie ein Diskussionsforum oder eine Chatgruppe auf Ihrer Website haben, kann es sein, daß sie sich dort als Ärgernis breitmachen. Oder sie richten ein Programm ein, das riesige Datenmengen über eines Ihrer Web-Formulare verschickt. Wenn Sie in Ihrer Nachricht eine gebührenfreie Rufnummer angegeben haben, erhalten Sie Hunderte von falschen Anrufen. Eventuell wird bei Yahoo! eine Kategorie eingerichtet, in der Web-Seiten, die mit Ihrer Firma zu tun haben, aufgelistet sind – und auf denen man sich über Ihre Firma beschwert. Oder aber vielleicht enden Sie auf der schwarzen Liste, der Blacklist of Internet Advertiser. Es kann auch sein, daß gegen Sie strafrechtlich vorgegangen wird. Ich habe während ich hier sitze und dies schreibe eine E-Mail erhalten, in der steht, daß der Generalstaatsanwalt von New York dabei ist, einen Eigentümer einer bekannten Massen-E-Mail-Firma ins Gefängnis zu werfen.

Wenn Sie mehr zu Spam und was mit Ihnen passieren kann, wenn Sie es benutzen, wissen wollen, sehen Sie sich folgende Websites an:

- **Blacklist of Internet Advertisers**

  `http://math-www.uni-paderborn.de/~axel/BL/`

- **Fight Spam on the Internet!** (Wenn Sie wissen wollen, was mit Ihnen passieren kann, wenn Sie Junk-Mails verschicken, klicken Sie auf den Link »What Not to Do About Spam«.)

  `http://www.vix.com/spam/`

- **Monty Python Spam Sketch** (Sie werden hier zwar nicht viel zum Thema Spam, aber dafür zum Sketch von Monty Python lernen.)

  `http://bau2.uibk.ac.at/sg/python/Scripts/TheSpamSketch`

- **Spam Haters** (ein Windows-Programm, das zurückschlägt)

  `http://www.compulink.co.uk/~net-services/spam/`

- **The Net Abuse FAQ**

  `http://www.cybernothing.org/faqs/net-abuse-faq.html`

- **Yahoo! – Junk Email Registration**

  `http://www.yahoo.com/Computers_and_Internet/Communications_and_Networking/Electronic_Mail/Junk_Email/Registration_Services/`

Ich bin davon überzeugt, daß sich mit Spam Geld machen läßt. Für seriöse Firmen lassen sich aber auf diese Weise nur schwer Geschäfte machen. Einige Firmen, die Spam versenden, tun alles, um ihre Cyberidentität zu verstecken. Sie können zwar einen Scheck hinschicken, um das Produkt zu bestellen, aber Sie werden feststellen, daß Sie mit der Firma nur schwer via E-Mail oder über eine Website in Verbindung treten können. Diese Firmen verwenden zum Beispiel falsche Absenderadressen, damit man ihnen keine Mailbomben schicken kann. Einige Leute sind der Meinung, daß es sich hierbei um eine Form von elektronischen Betrug handelt. Da Sie aber dieses Buch lesen, wollen Sie vermutlich eine möglichst sichtbare Präsenz im WWW schaffen und nicht nach einem Weg suchen, wie Sie sich am besten verstecken können.

16.5.1 ... Sie können aber unaufgefordert E-Mails versenden

Ich kenne Leute, welche die Meinung vertreten, daß man niemals unaufgefordert E-Mails versenden sollte, ohne davor um Erlaubnis zu bitten. Ich denke, daß das absurd ist. Ich sage hier nicht, daß Sie Spam-Kampagnen durchführen sollen. Spam ist nicht nur störend und kann einige Firmen viel kosten. Es kann auch ins Gegenteil umschlagen und Sie wirklich verletzen. Es gibt aber durchaus Situationen, in denen Sie an Leute schreiben können, ohne daß Sie dazu aufgefordert wurden. Gibt es nicht auch ab und zu Gründe, jemanden anzurufen, der einem die Telefonnummer nicht gegeben hat?

Ich denke, daß es möglich ist, daß man sich das Recht erwirbt, eine Nachricht an eine Reihe von Leuten zu versenden. Ich gebe zum Beispiel in allen meinen Büchern meine E-Mail-Adresse (`pkent@poorrichard.com`) an. Ich bekomme jede Menge Post von meinen Lesern. Natürlich sammle ich die Adressen, damit ich diese Leute informieren kann, wenn ich ein neues Buch geschrieben habe. Seien Sie also gewarnt. Ist das unvernünftig? Häufig schicken mir meine Leser Fragen, die ich so gut wie möglich zu beantworten versuche. Ich denke mir, daß ich deswegen auch das Recht habe, ab und zu eine Nachricht an die Leute, die mir geschrieben haben, zu schicken.

Wenn Sie auf Ihrer Website E-Mail-Adressen von Leuten sammeln, haben diese Ihnen im Endeffekt die Erlaubnis gegeben, ihre Adressen zu verwenden. Warum sollten Sie sonst überhaupt nach der Adresse fragen? Natürlich sollten Sie dieses Vertrauen nicht mißbrauchen. Sie sollten E-Mail-Adressen niemals an andere Firmen weitergeben, und Sie dürfen nicht glauben, daß Sie jetzt das Recht haben, die E-Mail-Zugänge dieser Personen täglich mit riesigen Anzeigen zu verstopfen. Ich und die meisten anderen Internet-Anwender denken aber, daß eine unaufdringliche und vernünftige Nachricht von Zeit zu Zeit in Ordnung ist. Diese sollte den Empfänger über interessante Produkte oder Dienste informieren, die auf irgendeine Weise mit der von ihm besuchten Website zu tun haben, auf der er seine E-Mail-Adresse hinterlassen hat.

Einige Firmen haben sich übrigens darauf spezialisiert, Listen mit E-Mail-Adressen zu verkaufen, die freiwillig zur Verfügung gestellt wurden. Es gibt tatsächlich Leute, die sich irgendwo eintragen, um bestimmte Informationen zu bekommen. Häufig sind das kleine Listen, obwohl auch ein paar große darunter sind. Die Firma PostMasterDirect behauptet zum Beispiel, eine Liste mit 3 Millionen Namen zu haben, bei Business Link sind es angeblich 650 000. Auf den aufgelisteten Websites können Sie Listen kaufen, bei denen sich die Mitglieder freiwillig eingetragen haben. Diese Listen werden auch Opt-in-Mailinglisten genannt. Ich kann aber nicht beweisen, daß diese Angaben auch der Wahrheit entsprechen. Einige dieser Firmen verkaufen auch Anzeigenplatz in elektronischen Rundschreiben. Ach so – denken Sie daran, zu verhandeln. Die meisten Firmen geben Ihnen höchstwahrscheinlich einen Rabatt, wenn Sie danach fragen. Bitten Sie auch darum, die Liste erst testen zu dürfen, bevor Sie viel Geld lassen. Schreiben Sie beispielsweise an 1000 Namen, und warten Sie ab, wie viele Antworten Sie bekommen.

- **BulletMail** (relativ kleine Listen – 2000 bis 4000 Adressen, zusammengestellt aus Leuten, die sich auf deren Websites eingetragen haben)

  `http://www.bulletmail.com/`

- **Business Link** (650 000 Geschäftsadressen, zu einem sehr günstigen Preis: eine kleine Anzeige kostet 40 DM, eine große ca. 1275 DM)

  `http://www.businesslink.net/`

- **The Direct E-Mail List Source** (Eine Liste mit Firmen, die Opt-in-Mailinglisten, Anzeigenplatz in elektronischen Rundschreiben, gesponsorte Diskussionsforen usw. anbieten. Sehr nützlich.)

  `http://www.copywriter.com/lists/`

- **Intellipost**

  `http://www.intellipost.com/`

- **Notify.me** (Schreibt an eine Liste, deren Empfänger zu einer entsprechenden Website gehen können. Sie zahlen nur für Leute, die dann auch auf Ihre Website gehen. Kostenpunkt: 85 Pfennig pro Person oder weniger, wenn Sie verhandeln.)

  `http://www.notifyme.com/`

- **PostMasterDirect Response** (Hat angeblich eine Datei mit 3 Millionen Adressen, was für eine Opt-in-Liste außergewöhnlich groß ist. Kostenpunkt: tausend Adressen für ca. 255 DM)

  `http://www.PostMasterDirect.com/`

- **Targ-it** (17 Pfennig pro Name; ab einer bestimmten Stückzahl nur noch 8 Pfennig)

  `http://www.targ-it.com/`

- **WebPromote**

  `http://www.webpromote.com/de/`

- **Yahoo! – Direct E-Mail**

  `http://www.yahoo.com/Business_and_Economy/Companies/Marketing/Direct_MarketingDirect_Email/`

Teil III

Werbung

17. Kapitel

Das Internet als Landkarte – betreiben Sie ein wenig Forschungsarbeit

Bevor Sie effektiv Werbung für Ihre Website machen können, brauchen Sie geographische Grundkenntnisse. Sie müssen wissen, wo Sie Ihre zukünftigen Kunden finden und welche anderen Websites es für diese bereits gibt. Um diese Plätze und Leute finden zu können, müssen Sie das Internet (nicht nur das World Wide Web) von einer bestimmten Perspektive aus betrachten und verstehen. Das Internet ist natürlich riesig. Es umfaßt alle Kontinente dieser Erde, die meisten Länder, Millionen Leute, Milliarden von Web-Seiten, viele Tausend elektronische Rundschreiben und Zeitschriften und mehr als 100000 Diskussionsforen. Natürlich interessiert Sie nicht alles. Es ist auch viel zu viel, als daß man alles bewältigen könnte. Sie müssen das Internet statt dessen von einem anderen Blickwinkel aus sehen. Sie müssen eine »Landkarte« vom World Wide Web erstellen, welche die hervorstechenden Punkte, die für Sie von Interesse sind, anzeigt. Nur die für Sie wichtigen Dinge werden dargestellt, alles andere wird ausgeblendet. Wenn Sie das machen, schrumpft das Internet sofort auf eine handliche Größe zusammen.

Wenn Sie zum Beispiel ein Fachautor sind, der im WWW für seine Dienste Werbung machen möchte, brauchen Sie ein gutes Gefühl dafür, welche Websites für Fachautoren und deren Kunden nützlich sind. Wenn Sie Teddybären verkaufen, müssen Sie wissen, wo sich Leute, die sich für Teddybären interessieren, aufhalten. Wenn Sie Werbung für ein Buch oder eine Zeitschrift machen wollen, müssen Sie sich überlegen, wo sich Ihre potentiellen Leser am wahrscheinlichsten aufhalten.

Dazu müssen Sie ein wenig Forschungsarbeit betreiben. Sobald Sie wissen, wo die Leute sind, an denen Sie interessiert sind, können Sie verschiedene Techniken anwenden, um sie zu Ihrer Website zu bringen.

17.1 So planen Sie die Vermessungsarbeit

Sie müssen das Internet vermessen, Ihre Karte erstellen und sie dann für Ihre Werbetätigkeiten verwenden. Stellen Sie sich eine Werbekampagne im Internet wie einen militärischen Feldzug vor. Sie würden ja auch nicht mit einer Invasion beginnen, ohne zu wissen wie das Land aussieht, oder?

Sie müssen folgende Gegenden vermessen:

- Websites, die mit Ihrer Firma oder Ihrem Geschäft zu tun haben
- Newsgruppen
- Mailinglisten
- Rundschreiben und andere Publikationen

- Webforen
- Online-Dienste

Sie suchen nach Plätzen, auf denen sich Leute im Internet treffen. Auf diesen Plätzen können Sie unterschiedliche Dinge tun: Sie können in Erfahrung bringen, wie die Personen, an denen Sie interessiert sind, das Internet verwenden und was Ihre Konkurrenz macht. Gleichzeitig können Sie mit potentiellen Kunden Kontakt aufnehmen.

17.2 Die Suche im World Wide Web

Fangen Sie damit an, daß Sie herausfinden, wo sich Websites, die mit Ihrem Unternehmen verwandt sind, befinden. Suchen Sie nach folgenden Websites:

- **Link-Verzeichnisse**: Das sind Web-Seiten, die jede Menge Links zu anderen Websites enthalten. Die einzelnen Websites sind meistens unter einem gemeinsamen Oberpunkt zusammengefaßt. Fragen Sie die Eigentümer solcher Websites, ob Ihre Website in die Liste aufgenommen werden kann (mehr dazu in Kapitel 18).
- **Ihre Konkurrenz**: Dort können Sie sehen, was Ihre Konkurrenten im Sinne haben. Lernen Sie von ihnen, indem Sie darauf achten, was sie richtig und was sie falsch machen.
- **Websites, die keine Konkurrenz darstellen**: Eventuell finden Sie die eine oder andere Website, mit der Sie zusammenarbeiten können. Wenn sich Ihre Interessen ergänzen, kann es zu einer gemeinsamen Werbekampagne kommen.
- **Websites, mit denen Sie Links austauschen können**: Sie erstellen einen Link auf eine Website, auf der es einen Link zu Ihrer Website gibt.
- **Websites, mit denen Sie Banner tauschen können**: Das Prinzip ist das gleiche wie im vorherigen Punkt, nur daß Sie keine reinen Textlinks verwenden, sondern Bilder.
- **Websites mit Informationen**. Diese Websites helfen Ihnen dabei, daß Sie in bezug auf Ihr Interessengebiet im Internet immer auf dem neuesten Stand sind.

Wo aber sollen Sie suchen? Sie können mit den Suchmaschinen arbeiten, die Sie auch schon zuvor benutzt haben: Yahoo!, Infoseek, HotBot und so weiter. Verbringen Sie dort ein wenig Zeit, und suchen Sie nach verschiedenen Wörtern und Ausdrücken. Wenn Sie zum Beispiel für Ihren Ersatzteilladen für Fahrräder online

Werbung machen wollen, können Sie nach den Begriffen Fahrrad, Rad, Radfahren usw. suchen. Wenn Sie Ihr Geschäft nicht nur auf den deutschsprachigen Raum beschränken wollen, suchen Sie auch nach Wörtern wie bike, bicycle, biking, bicicleta, bicyclette. Dann folgen Sie einfach den Links, lassen sich treiben und warten ab, was Ihnen über den Weg läuft.

Werfen Sie auch einmal einen Blick auf die Hilfeseiten der Suchmaschinen. Häufig finden Sie dort eine ganze Reihe nützlicher kleiner Kommandos. Hier sind ein paar Kommandos, die Altavista verwendet. (Lesen Sie die Hilfeseite sorgfältig durch. Aus irgendeinem Grund scheint Altavista diese Dinge zu verstecken. Es gibt auch noch einige weitere Kommandos, die für Sie nützlich sein könnten.)

title:«*Suchbegriffe*«	Sucht nach den Suchbegriffen im Titel einer Web-Seite.
anchor:«*Suchbegriffe*«	Sucht nach den Suchbegriffen, die als Linktext in den Web-Seiten verwendet werden.
domain:*Domain*	Durchsucht nur Seiten innerhalb der angegebenen Domain. Wenn Sie zum Beispiel domain:org eingeben, werden nur .org-Domains durchsucht.
host:*Rechnername*	Sucht nur nach Seiten, die auf einem bestimmten Rechner liegen. Zum Beispiel: host:poorrichard.com.

Sie erhalten bei jeder Suchmaschine ein unterschiedliches Ergebnis. Das liegt daran, daß jede die Daten auf unterschiedliche Weise sammelt und katalogisiert. Deswegen sollten Sie mehrere Suchmaschinen benutzen. Sie können einzeln zu jeder Suchmaschine gehen oder aber die Dinge ein wenig beschleunigen, indem Sie zu einer Meta-Suchmaschine gehen. Damit können Sie mehrere Suchmaschinen gleichzeitig durchsuchen. Meta-Suchmaschinen unterscheiden sich in der Handhabung und in der Effektivität. Ich habe herausgefunden, daß Sie bei einigen Meta-Suchmaschinen weniger Ergebnisse erhalten, als wenn Sie direkt auf der Suchmaschine suchen. Bei einigen können Sie ein Formular ausfüllen, das dann an mehrere Suchmaschinen geschickt wird. Bei anderen müssen Sie das Formular von Hand an die einzelnen Suchmaschinen schicken. In Bild 17.1 sehen Sie zum Beispiel die Website von Internet Sleuth (Internet Spürhund). Auf dieser Website können Sie sechs Suchmaschinen auf einmal durchsuchen. Das Ergebnis wird auf einer einzigen Seite, die alle gefunden Links enthält, angezeigt. Wie bei den meisten Suchmaschinen, gibt es dort auch einen Link auf die nächste Seite mit weiteren Suchergebnissen, so daß Sie eventuell viele tausend Links nacheinander ansehen können.

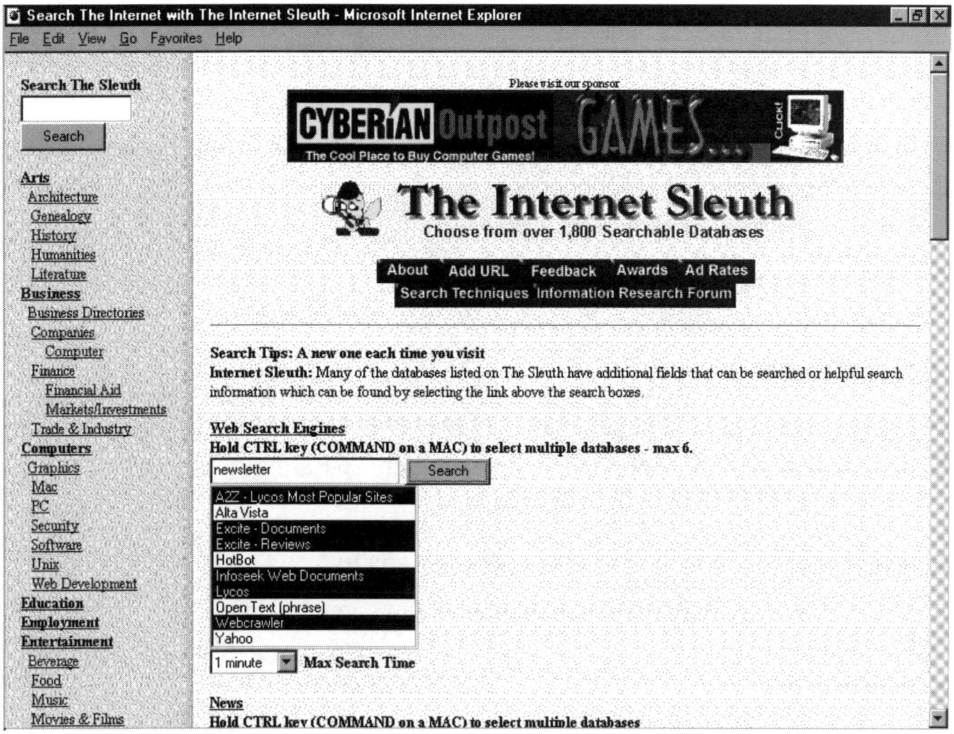

Bild 17. 1: Der Spürhund durchsucht sechs verschiedene Suchmaschinen auf einmal.

Unter den folgenden Adressen finden Sie Meta-Suchmaschinen:

- **AccuFind**

  `http://nln.com/`

- **Acroplex Metasearcher** (zwölf Websites)

  `http://acroplex.com/`

- **All-4-One** (Altavista, Lycos, Yahoo!, WebCrawler)

  `http://www.all4one.com`

- **All-in-One-Search** (200 Suchmaschinen mit elf verschiedenen Kategorien)

  `http://www.albany.net/allinone/`

- **CUSI**

  `http://pubweb.nexor.co.uk/public/cusi/cusi.html`

- **Internet Sleuth** (1800 Suchsysteme; diese Meta-Suchmaschine gefällt mir persönlich besonders gut.)

  `http://www.isleuth.com/`

- **MetaCrawler Parallel Web Search Service** (Lycos, WebCrawler, Excite, Altavista, Yahoo!, HotBot und Galaxy)

  `http://www.metacrawler.com/`

- **ProFusion**

  `http://profusion.ittc.ukans.edu/`

- **SavvySearch**

  `http://www.cs.colostate.edu/~dreiling/smartform.html`

- **Search.com from C|net** (250 Suchmaschinen, 26 Kategorien)

  `http://www.search.com/`

- **Searching the Web** (mehr Links zu Such-Websites)

  `http://www.yahoo.com/Computers_and_Internet/Internet/Searching_the_Net/`

- **SuperSearch**

  `http://www.robtex.com/search.htm`

- **TOSS** (120 Suchmaschinen, die nach verschiedenen Bereichen sortiert sind)

  `http://www.serv.net/~net_usa/toss/`

Die Suche »von Hand« ist häufig leider problematisch, weil sie sehr langsam sein kann, vor allem, wenn Sie nur eine Modemverbindung zum Internet haben. Es gibt einige Methoden, mit denen Sie diesen Prozeß automatisieren können. Sie können ein Suchprogramm oder einen Offline-Browser verwenden.

Achten Sie auf die Banner-Werbung, wenn Sie suchen. Bei vielen Suchmaschinen werden Banner angezeigt, die aufgrund Ihrer Suchbegriffe ausgewählt wurden. Häufig finden Sie dort Links zu für Sie interessanten Websites.

17.2.1 Suchprogramme

Es gibt eine Reihe von Programmen, mit denen sich die Suche automatisieren läßt. Sie geben einen Suchbegriff ein, klicken auf eine Schaltfläche, und das Programm durchsucht das Web nach dem, was sie eingegeben haben. Es durchsucht mehrere Suchmaschinen (normalerweise können Sie auch neue Suchmaschinen zu der Liste hinzufügen) und erstellt eine Liste mit Treffern (*Hits*). Damit fängt der ganze Spaß erst an.

Bisher haben Sie einfach nur die Suchmaschinen durchsucht und eine Liste mit Links erhalten. Das können Sie auch selber machen, vielleicht nicht so schnell wie das Suchprogramm, aber dennoch in relativ kurzer Zeit. Was aber wirklich viel Zeit in Anspruch nimmt, ist das Überprüfen all dieser Links. Wie sollen Sie 10000 Links durchgehen, die vielleicht alle auf etwas Interessantes verweisen? Sie können das gar nicht tun, weil es viel zu viel Arbeit ist. Sie können aber das Suchprogramm über Nacht laufen lassen und es für Sie erledigen lassen. Was finden Sie, wenn Sie am nächsten Morgen nachsehen? In Bild 17.2 sehen Sie, wie so ein Ergebnis aussehen kann. Das ist ein Screenshot von WebCompass von Quarterdeck, einem der besten Programme dieser Art. In der Abbildung ist die Suche noch nicht abgeschlossen, aber Sie können trotzdem schon sehen, wie die Informationen dargestellt werden.

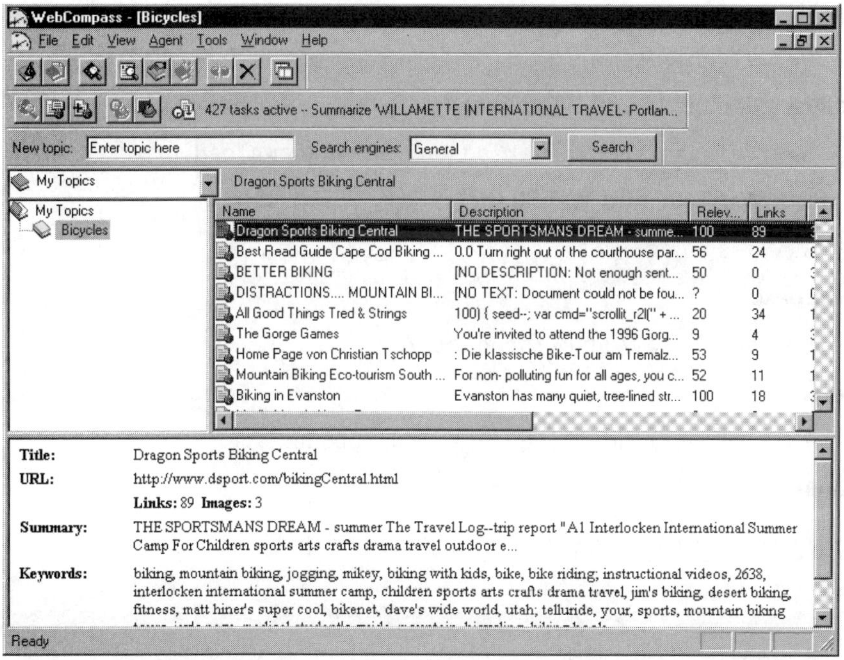

Bild 17.2: WebCompass von Quarterdeck ist ein Suchprogramm, das sich als unersetzlich erweisen kann.

Wenn Sie im Fenster oben auf einen Link klicken, werden im Fenster unten Informationen zu der Web-Seite angezeigt. In vielen Fällen ist das genug an Informationen, so daß Sie entscheiden können, ob der Link für Sie nützlich ist oder nicht. Wenn Sie die Seite genauer ansehen wollen oder sicher sind, einen guten Link gefunden zu haben, müssen Sie nur auf den Eintrag doppelklicken. Schon öffnet sich Ihr Browser und lädt die entsprechende Seite.

Eine andere praktische Funktion dieser Programme ist, daß Sie die Suche regelmäßig wiederholen können, um neue Einträge zu finden. Wenn Sie ein- oder zweimal im Monat suchen, bleiben Sie in bezug auf die Geschehnisse im WWW auf dem Laufenden.

Wo finden Sie diese Suchprogramme? Probieren Sie folgende Websites aus:

- **Arf**

  `http://www.dwave.net/~bitsafe/arf/`

- **EchoSearch** (Windows 95/Windows NT und Macintosh)

  `http://www.iconovex.com/`

- **WebSeeker**

  `http://www.bluesquirrel.com/`

- **NetFerret**

  `http://www.vironix.com/`

- **QuickSeek** (Macintosh und Windows)

  `http://www.infoseek.com/iseek?pg=quickseek/Download.html`

- **WebBandit, WebTrec und WebShade**

  `http://www.jwsg.com/`

- **WebCompass**

  `http://www.qdeck.com/qdeck/products/`

- **WebSeek**

  `http://www-personal.umich.edu/~jeffhu/webseek`

- **Websnake**

  `http://www.anawave.com/websnake/`

Einige dieser Produkte schreiben auch die E-Mail-Adressen der gefundenen Seiten heraus. Wenn Sie mit jemandem, der eine Website hat, die Ihre potentiellen Kunden besuchen, eine gemeinsame Werbeaktion durchführen wollen, haben Sie gleich die passenden Adresse. Die oben genannten Programme Websnake und WebBandit haben diese Funktion.

17.2.2 Offline-Browser

Ein weiteres nützliches Tool ist ein Offline-Browser. Dieses Programm holt Web-Seiten auf Ihren Computer. Sie könnten ihn beispielsweise auf eine bestimmte Web-Seite schicken und anweisen, alle Seiten, auf die mit einem Link verwiesen wird, zu holen. Sie können auch die Seiten holen lassen, auf die von dort aus verlinkt wird und so weiter. Sie können sich das bestimmt vorstellen. Bei den meisten Programmen können Sie angeben, wie viele Level Sie nach unten gehen wollen. Normalerweise ist ein Level genug, ansonsten kann das leicht unendlich lange dauern und Ihre Festplatte vollschreiben.

Normalerweise lassen Sie das Programm diese Aktion in Ihrer Mittagspause oder über Nacht durchführen. Sobald es damit fertig ist, werden die heruntergeladenen Seiten in einem Verzeichnis auf Ihrer Festplatte gespeichert. Der Browser kann nun auf diese Dateien äußerst schnell zugreifen. Sie können sich dann die Seiten in Ruhe durchsehen und entscheiden, welche davon nützlich sind und welche nicht.

Hier sind ein paar Vorschläge, wie Sie mit einem Offline-Browser arbeiten können:

- Wenn Sie eine Web-Seite mit Links zu Seiten finden, die für Sie von Interesse sind (ein sogenanntes *Link-Verzeichnis*, dazu später in diesem Kapitel mehr), können Sie mit dem Offline-Browser die Seiten, auf die mit Links verwiesen wird, auf Ihren Rechner holen. Sehen Sie sich diese dann in Ruhe durch, um festzustellen, ob etwas Nützliches dabei ist.
- Wenn Sie eine Suchmaschine verwenden, können Sie die Liste mit den Ergebnissen auf Ihrer Festplatte speichern. Entfernen Sie nun alle Links, die nicht von Interesse sind (zum Beispiel Links, die auf andere Seiten der Suchmaschine verweisen oder die garantiert nicht nützlich sind), und benutzen Sie dann den Offline-Browser, um alle Seiten, auf die verwiesen wird, zu holen. Bei einigen Offline-Browsern ist es schwierig oder gar unmöglich, mit Seiten zu arbeiten, die auf Ihrer Festplatte liegen. Wenn das der Fall ist, müssen Sie die Seite auf Ihrer Website ablegen und dann von dort den Prozeß starten.

- Recherchieren Sie ein wenig, und speichern Sie alle Seiten mit Ergebnissen auf Ihrer Festplatte. Erstellen Sie anschließend daraus eine einzige Seite, auf der Sie nur die Links behalten, die vielversprechend wirken. Benutzen Sie dann den Offline-Browser, um die entsprechenden Seiten auf Ihren Rechner zu holen.
- Sie können mit einem Offline-Browser auch die Links auf Ihrer eigenen Website überprüfen. Es gibt zwar Programme, die überprüfen, ob alle Links funktionieren, aber sie sind nicht intelligent. Sie können zwar sagen, ob der Link tatsächlich zu einer Web-Seite führt, aber nicht, ob dort auch die von Ihnen erwarteten Informationen zu finden sind. Mit einem Offline-Browser können Sie nun überprüfen, ob alle Links auch tatsächlich zu den richtigen Seiten führen. Lassen Sie den Offline-Browser über Ihre Links-Seite laufen, und überprüfen Sie dann schnell eine Seite nach der anderen.

Die Preise für diese Art von Programmen variieren zwischen kostenlos bis ca. 120 DM. Leider sind die meisten ihr Geld nicht unbedingt wert. Ich habe schon alle möglichen Probleme mit Offline-Browsern gehabt und denke, daß dabei häufig sehr geschludert wird. Ein gutes Programm ist schwer zu finden, und auch die, die von der Computerpresse gelobt werden, sind häufig ziemlich schlecht. Eine Zeitlang schien WebWhacker die besten Kritiken zu bekommen. Ich hatte jedoch Probleme mit Bugs in der Demoversion. Vielleicht sind die Fehler aber inzwischen behoben. (»Ja, ich weiß«, sagte mir ein Mitarbeiter der Firma ForeFront, »wir haben schon von mehreren Leuten gehört, daß es mit dieser Version Probleme gibt.« Hier ein kurzer Tip für jeden, der Shareware vertreibt: Die zur Verfügung gestellte Demoversion sollte auch funktionieren.)

Ich habe viele Offline-Browser verwendet, und die meisten hatten irgendwelche Probleme. Ich denke daß viele funktionieren könnten, wenn man ernsthaft daran arbeiten würde. FlashSite scheint recht gut zu arbeiten, außer, daß man nur Seiten innerhalb einer Domain laden kann. Es folgt keinen Links zu anderen Websites, was den Nutzen erheblich einschränkt. Meiner Erfahrung nach funktioniert NetAttaché am besten, aber ich bin mir sicher, daß die anderen Programme mir der Zeit auch besser werden. Ich denke daß es sich lohnt, einen Offline-Browser zu suchen, der für Sie geeignet ist, da Sie sich damit viel Zeit und Geld sparen können. Sie müssen nicht mehr Däumchen drehend vor dem Bildschirm sitzen und warten, bis die Seite geladen ist, sondern können in der Zwischenzeit andere Dinge erledigen. Für das Offline-Lesen der Informationen fallen auch keine Telefongebühren an. Auf den folgenden Websites finden Sie Offline-Browser:

- **Arf**

  `http://www.dwave.net/~bitsafe/arf/`

- **FlashSite** (Windows 95/NT)

  `http://www.incontext.com/`

- **HotCargo Express** (Windows 3.1/95/NT)

  `http://www.documagix.com/products/hotcargo_express/`

- **NetAttaché** (Windows 95/NT, Windows 3.1)

  `http://www.tympani.com/`

- **SurfBot** (Windows 95)

  `http://www.surflogic.com/`

- **Teleport Pro** (Windows 95/NT)

  `http://wwwtenmax.com/`

- **Web Buddy** (Windows 95, Macintosh)

  `http://www.dataviz.com/`

- **WebFetcher** (Windows 95/NT, Macintosh, UNIX)

  `http://ontv.com/webfetcher/`

- **Websnake**

  `http://www.anawave.com/websnake/`

- **WebWhacker** (Windows 95/NT)

  `http://www.bluesquirrel.com/`

Wegen unzuverlässiger Internet-Anbindungen kommt es häufig zu Problemen, wenn Sie einen Prozeß über Nacht laufen lassen wollen. Es besteht durchaus die Möglichkeit, daß die Verbindung abbricht, sobald Sie aus der Tür gehen. Lassen Sie das Programm lieber laufen, während Sie etwas anderes tun, zum Beispiel Akten ablegen, Telefonieren, an einem anderen Computer arbeiten und so weiter.

17.3 Suchen Sie nach Branchenbüchern

Es gibt spezielle Branchenbücher, in die Sie sich eventuell aufnehmen lassen können. Sie finden viele bei Yahoo! Deutschland unter `http://www.yahoo.de/Handel_und_Wirtschaft/Firmen/Verzeichnisse/` oder im internationalen Verzeichnis unter `http://www.yahoo.com/Business_and_Economy/Companies/Directories/`. Auf diesen Seiten finden Sie zig verschiedene Verzeichnisse, die nach Kategorien wie Bauwesen, Chemische Produkte, Fotografie, Haus und Garten, Immobilien, Möbel, Verlagswesen usw. geordnet sind. Suchen Sie das für Sie passende Verzeichnis, und tragen Sie sich dort ein.

17.4 Suchen Sie nach Newsgruppen

Als nächstes machen Sie sich auf die Suche nach Newsgruppen. Wie viele Newsgruppen gibt es? Es gibt über hunderttausend, wobei aber nicht alle international verfügbar sind. Es gibt lokale Newsgruppen, die vielleicht nur von einem Newsserver aus zugänglich sind. Sie haben aber immer noch eine riesige Auswahl, da über 30000 Newsgruppen weltweit veröffentlicht werden.

Am schnellsten geht es, wenn Sie Ihren Newsreader starten, einfach alle Newsgruppen von Ihrem Newsserver herunterladen und dann Ihre Suche starten. Alle Newsreader haben ein solches Kommando, obwohl es aus irgendwelchen unerfindlichen Gründen häufig gut versteckt ist. Warum, das wissen nur die Designer eines solchen Programms. Finden Sie also heraus, wie es geht, und laden Sie sich dann die neueste Liste komplett herunter. Die meisten Programme haben auch eine Suchfunktion, mit der Sie diese Liste nach ein paar Stichwörtern, die mit Ihrer Firma zu tun haben, durchsuchen können. Sie sehen dann, ob etwas Nützliches für Sie dabei ist.

Das Problem bei dieser Methode ist, daß es auf Ihrem Newsserver vielleicht nicht alle Newsgruppen gibt, die für Sie von Interesse sind. Nicht alle Newsserver haben auch alle Gruppen abonniert. Sie brauchen aber eine vollständige oder zumindest ausreichend große Liste. Gehen Sie also zu folgenden Websites:

- **AirNews** (24 000)

  `http://www.airnews.net/`

- **Liste mit Newsgruppen bei Infinite Ink**

  `http://www.jazzie.com/ii/internet/flatngl.html`

- **Liszt Newsgroup Directory** (18 000)

  `http://www.liszt.com/news/`

- **Master List of Newsgroup Hierarchies**

  http://www.magmacom.com/~leisen/master_list.html

- **Newsgruppen Index**

  http://home.rica.net/bschumin/newsindx/

  http://ben-schumin.simplenet.com/newsindex/

- **The Robot Wisdom Newsgroup-Finder**

  http://www.mcs.net/~jorn/html/finder/finder.html

- **Tile.Net**

  http://www.tile.net/

- **Newsgruppen bei Yahoo!**

  http://www.yahoo.com/Computers_and_Internet/Internet/Usenet/Newsgroup_Listings/

- **Newsgruppen bei Yahoo! Deutschland**

  http://www.yahoo.de/Nachrichten_und_Medien/Usenet/

Was machen Sie aber, wenn Sie eine Newsgruppe, die es auf Ihrem Server nicht gibt, finden und benutzen möchten? Sie haben dann zwei Möglichkeiten. Sie können Ihren Systemverwalter bitten, die Newsgruppe aufzunehmen. Meistens wird so ein Wunsch auch erfüllt. Sie können aber auch zu einem öffentlichen Newsserver gehen, den jeder benutzen darf. Auf den folgenden Websites finden Sie Listen mit öffentlichen Newsservern:

- **Öffentliche Newsserver bei Yahoo!**

  http://dir.yahoo.com/Computers_and_Internet/Internet/Usenet/Public_Access_Usenet_Sites/

- **Public Access News Servers List von Michael Voight**

  http://www.muenz.com/

- **Supernews**

  http://www.supernews.com/

- **Open NNTP Usenet Sites**

  http://www.geocities.com/Hollywood/2513/news.html

Bei den ersten drei Websites finden Sie öffentliche Newsserver. Die vierte Website ist ein großer kommerzieller öffentlicher Newsserver. Sie müssen Ihren Newsreader nun so konfigurieren, daß er sich mit dem von Ihnen gewünschten Server verbindet. Öffnen Sie dann die Newsgruppen des Servers. Bei einigen öffentlichen Newsservern dürfen Sie allerdings keine Nachrichten senden. Das müssen Sie aber. Auf den Listen der oben genannten Server steht, bei welchen Sie Nachrichten verschicken dürfen und bei welchen nicht.

17.5 Suchen Sie nach Mailinglisten

Mailinglisten sind ein wenig schwieriger zu finden. Es gibt wahrscheinlich viele hunderttausend Mailinglisten, aber keine zentrale Verteilerstelle wie bei den Newsgruppen. Es gibt also keine Möglichkeit, wirklich alle zu finden. Auf den folgenden Websites finden Sie aber sehr viele:

- **E-Mail Diskussionsgruppen und Listen**

  `http://www.webcom.com/impulse/list.html`

- **So finden Sie Newsgruppen und Mailinglisten**

  `http://www.synapse.net/~radio/finding.htm`

- **Lisde.de** (mit über 1000 deutschen Mailinglisten)

  `http://www.lisde.de/`

- **Liszt** (das wahrscheinlich beste Archiv mit über 70 000 Mailinglisten)

  `http://www.liszt.com/`

- **Mailing Lists on the Net**

  `http://www.internetdatabase.com/maillist.htm`

- **Öffentlich zugängliche Mailinglisten**

  `http://www.neosoft.com/internet/paml/indexes.html`

- **The SRI List of Lists**

  `ftp://sri.com/netinfo/interest-groups.txt`

  Sie können auch eine E-Mail an `mail-server@sri.com` schicken. Ihre Nachricht muß `send interest-groups.txt` im Textfeld enthalten. Sie bekommen dann 17 oder mehr lange E-Mails zugesandt.

- **List of Lists von Vivian Neou** (Dort können Sie die SRI List of Lists durchsuchen.)

  `http://catalog.com/vivian/interest-group-search.html`

Sie werden bei Ihrer Suche nach anderen Dingen auch immer wieder auf Mailinglisten stoßen. Eventuell finden Sie Informationen zu Mailinglisten auf den Websites mit den Branchenverzeichnissen. Diese Websites werden häufig von Fans oder enthusiastischen Anhängern geführt. Mehr dazu später.

17.6 Suchen Sie nach Rundschreiben und anderen Publikationen

In Kapitel 16 ging es um das Versenden von Rundschreiben (bzw. Newsletters) als Mittel zur Werbung. Es gibt schon zig tausend Rundschreiben, die täglich via E-Mail versandt werden. Einige davon sind vielleicht auch wichtig für Sie. Ich habe bei WebCompass eine Such nach »newsletter« durchgeführt und bekam u.a. folgende Ergebnisse:

- Pro-Wrestling Newsletter
- Rundschreiben zu Kinderbüchern von Carol Hurst
- Solar News
- SI Alumni Newsletter
- Internet für Christen
- Shade's Landing On-Line Newsletter
- Das tägliche Rundschreiben von AAMES
- Karriereberatung

Sie sollten elektronische Rundschreiben, Newsletter und andere Publikationen finden, die mit Ihrem Interessengebiet zu tun haben. Abonnieren Sie diese, überlegen Sie sich, wie Informationen zu Ihrer Firma oder Ihrem Produkt hineinpassen würden, und kontaktieren Sie dann den Herausgeber. Wie finden Sie diese Publikationen? Vielleicht sind Ihnen ja schon ein paar über den Weg gelaufen. Viele Zeitschriften haben auch Websites, und viele Rundschreiben haben auch eine dazugehörige Web-Seite. Vielleicht haben Sie also bei Ihrer Suche im Web schon das passende gefunden. Eventuell werden Sie aber auch in den Link-Verzeichnissen fündig.

Sie können auch nach den Begriffen »Rundschreiben« oder »Newsletter« in verschiedenen Suchmaschinen suchen. Sie werden jede Menge Treffer bekommen! Bei Yahoo! und bei Yahoo! Deutschland finden Sie in vielen verschiedenen Kategorien Links zu Rundschreiben. Zum Beispiel:

- Society and Culture: Religion: Christianity: Publications: Newsletters
- Government: Law: Newsletters
- Science: Psychology: Publications: Newsletters
- Regional: Countries: United Kingdom: Business: Electronic Commerce: Newsletters
- Entertainment: Science Fiction, Fantasy, and Horror: Star Trek
- Science: Earth Sciences: Meteorology: Newsletters
- Gesundheit: Nachrichten und Medien: Newsletter
- Computer und Internet: Internet: Newsletter

... und viele, viele mehr. Bei einigen Unterkategorien finden Sie nur einen oder zwei Rundschreiben, bei anderen Dutzende. In der Kategorie »Society and Culture: Religion: Christianity: Publications: Newsletters« habe ich zum Beispiel 38 Rundschreiben gefunden. Zu jedem Thema gibt es auch irgendwo einen Newsletter.

Es gibt auch Websites, die Ihnen bei der Suche nach Rundschreiben und anderen elektronischen Publikationen behilflich sind. Sehen Sie sich einmal auf folgenden Websites um. (Die Zahlen in den Klammern besagen, wie viele Rundschreiben ungefähr aufgelistet werden. Dabei lassen sich keine genauen Angaben machen, weil es immer mehr Rundschreiben gibt.)

- **A1 Ezine Directory**

  `http://www.a1co.com/freeindex.html`

- **Association of Research Libraries Directory of Electronic Journals and Newsletters** (ca. 1700)

  `http://arl.cni.org/scomm/edir/`

- **Electronic Journal Access, Colorado Alliance of Research Libraries** (1500, dazu auch noch eine Liste mit anderen Verzeichnissen)

  `http://www.coalliance.org/ejournal/`

- **Electronic Newsstand**

  `http://www.enews.com/`

- **Die E-Zine Liste von John Labovitz** (mehr als 1600 »Zines«)

  `http://www.meer.net/~johnl/e-zine-list/`

- **Kostenlos.de**

  `http://www.kostenlos.de/internet_newsletter.htm`

- **Library of Congress Lists of Newspapers and Periodicals, and News Resources Online** (ein Meta-Index, d.h. ein Index von anderen Indizes)

  `http://lcweb.loc.gov/rr/news/lists.html`

- **Low-Bandwidth**

  `http://www.disobey.com/low/`

- **Newsletter Access** (5000 Einträge; stammt aus dem Newsletter-Verzeichnis von Hudson)

  `http://www.newsletteraccess.com/directory.html`

- **The Newsletter Directory**

  `http://www.newsletters.com/`

- **The Newsletter Library**

  `http://pub.savvy.com/`

- **The Newsletter Network** (Finanz-Newsletter)

  `http://www.margin.com/`

- **Penn Library Electronic Journals**

  `http://www.library.upenn.edu/resources/ej/xej-news-index.html`

- **Peter Gugerell's Media: Index of Indices** (Dort finden Sie viele Medien-Verzeichnisse.)

  `http://www.ping.at/gugerell/media/e2indx.htm`

- **WWW Virtual Library Electronic Journals List**

  `http://www.edoc.com/ejournal/`

- **Newsletter bei Yahoo!**

  `http://www.yahoo.com/Computers_and_Internet/Internet/News_and_Media/Newsletters/`

Ich schlage vor, daß Sie sich auf diesen Websites (vor allem auf den ersten paar) umsehen. Sie werden dort alle möglichen interessante und nützliche Publikationen finden.

17.7 Suchen Sie Webforen

Webforen sind Diskussionsgruppen, die auf einer Website eingerichtet sind. In Kapitel 13 haben wir besprochen, wie Sie so etwas auf Ihrer eigenen Website einrichten können. Es gibt mehr als 125 000 Webforen. Eventuell finden Sie ein paar, die für Sie von Interesse sind. Ich kenne jedoch nur wenige Verzeichnisse, die Webforen auflisten. Auf der Website von Forum One (`http://www.forum-one.com/`) finden Sie eine Liste mit 122 000 Foren. Bei Reference.com (`http://www.reference.com/`) finden Sie ebenfalls ein paar.

17.8 Sammeln Sie E-Mail-Adressen

Während Sie sich im Internet umsehen, werden Sie auch viele nützliche E-Mail-Adressen finden: von Herausgebern diverser Rundschreiben, von Eigentümern von Web-Seiten, die Link-Verzeichnisse führen, in die Sie gerne eingetragen werden möchten, von Eigentümern von Web-Seiten, die an Ihren Produkten interessiert sein könnten, und so weiter. Sie sollten diese E-Mail-Adressen sammeln, weil Sie diese später noch brauchen werden.

Ich suche immer noch nach einem netten kleinen Programm, mit dem man schnell und einfach eine E-Mail-Adresse aus einer Web-Seite kopieren kann. Ich würde gerne einfach mit der Maus auf den »mailto:«-Link auf der Seite zeigen, eine Tastenkombination wie zum Beispiel [Strg] + [G] drücken, und das Programm kopiert dann die E-Mail-Adresse. Bisher habe ich aber nichts dergleichen gefunden. Sagen Sie mir Bescheid, wenn Sie so etwas finden sollten!

Meiner Meinung nach funktioniert folgende Methode am besten: Wenn ich irgend etwas im WWW suche und dabei auch E-Mail-Adressen sammle, kann ich einfach einen Texteditor, wie zum Beispiel Notepad unter Windows, aufrufen und die »mailto:«-Adressen recht schnell dort hineinkopieren. Ich habe eine programmierbare Tastatur. Diese sind recht schwer zu kriegen, wenn Sie nicht gerade einen Gateway-Computer besitzen. Vielleicht finden Sie ja eine gebrauchte Gateway-Tastatur in einem Second-Hand-Laden. Diese Geräte sind einfach wundervoll und können Ihnen Stunden an Arbeit ersparen. Sie können Tastenkombinationen aufzeichnen und dann mit einer bestimmten Taste verknüpfen. Um die Tastenkombination zu wiederholen, muß ich nur einmal auf die bestimmte Taste drücken.

Ich kann zum Beispiel folgendes machen: Ich klicke mit der rechten Maustaste auf einen »mailto:«-Link. Es erscheint ein Menü. Ich drücke nun die Taste, die mit dem Aufnehmen verknüpft ist und lasse somit die Aufnahme abspielen. Im Pop-Up-Menü wird nun das Kommando »Verknüpfungsadresse kopieren« ausgewählt.

Anschließend wird [Alt] + [Tab] gedrückt, um vom Browser zum Texteditor zu wechseln. Dann folgt die Tastenkombination [Strg] + [Ende], um den Cursor zum Ende des Texts zu bewegen. Dort wird die Eingabetaste betätigt, um eine Zeile weiter nach unten zu gehen. Als nächstes folgt die Tastenkombination [Strg] + [V], um den Text aus der Zwischenablage einzufügen. Anschließend wird wieder [Alt] + [Tab] gedrückt, um zum Browser zurückzukehren.

Mit einem einfachen Mausklick und einem Tastendruck habe ich nun die Adresse in den Editor eingefügt. Sie können das gleiche auch mit einer programmierbaren Maus machen. Alle E-Mail-Adressen, die auf diese Weise kopiert wurden, haben nun »mailto:« am Anfang stehen. Das läßt sich jedoch leicht in einem Textverarbeitungsprogramm entfernen.

Ich schlage vor, daß Sie Adreßbücher anlegen, während Sie im Internet unterwegs sind. Sie können ein Verzeichnis für Personen anlegen, die Link-Verzeichnisse verwalten, eines für Eigentümer von Websites, die an irgendeiner Form von Zusammenarbeit interessiert sein könnten, und so weiter. Später können Sie dann schnell an jeden, der im Adreßbuch steht, eine E-Mail schicken.

17.9 Vergessen Sie die Online-Dienste nicht

Sie sollten auch ein wenig Zeit einplanen, um sich bei den großen Online-Diensten umzusehen. Dort gibt es Millionen Anwender, die Diskussionsforen besuchen, die für Außenseiter nicht zugänglich sind. Das heißt aber nicht, daß diese für Sie nicht von Interesse wären. Außenseiter können zwar nicht hineinkommen, aber die Mitglieder von Online-Diensten können hinaus ins Internet. Alle großen Online-Dienste haben nun auch einen guten Zugang zum World Wide Web. Wenn also jemand von einer Website erfährt, die für ihn interessant sein könnte, muß er nur den Browser öffnen und kann direkt dorthin gehen.

Die Diskussionsforen in den Online-Diensten sind genauso gut besucht und nützlich wie die Newsgruppen im Internet und die Mailinglisten. Manchmal sind sie sogar besser. Einige dieser Gruppen gibt es schon seit vielen Jahren und sind so, teilweise aus Trägheit, immer noch wichtig. Fantasy- und Science-Fiction-Autoren waren immer in GEnie zu finden, während Windows-Hilfe-Programmierer und Multimedia-Designer traditionsgemäß eher in CompuServe zu finden waren.

Eine wirklich umfassende Kampagne sollte die Online-Dienste nicht ignorieren. Welche? Auf jeden Fall sind CompuServe, America Online (AOL) und Microsoft Network wichtig, für den deutschen Raum auch T-Online. Wenn Sie noch Zeit übrig haben oder es eine bestimmte Diskussionsgruppe gibt, die Sie erreichen möchten, sollten Sie sich auch in GEnie und Prodigy umsehen. In einigen wenigen

Fällen hören Sie vielleicht auch von anderen Online-Diensten, die bestimmte Bereiche haben, in denen Sie viele Ihrer zukünftigen Kunden finden können.

Sie können diese ganzen Dienste umsonst testen. Installieren Sie einfach die Software, gehen Sie online, und durchsuchen Sie die Verzeichnisse. Suchen Sie nach nützlichen Dingen. Kündigen Sie den Dienst nach einem Monat oder was auch immer die Testzeit ist, wenn Sie nichts Nützliches entdeckt haben. Sie können in den Diskussionsforen der Online-Dienste auf die gleiche Art und Weise Werbung machen, wie auch in den Mailinglisten und Newsgruppen – mehr dazu in Kapitel 19.

17.10 Suchen Sie nach Fans und enthusiastischen Anhängern

Vielleicht ist Ihnen aufgefallen, daß es Leute im Internet gibt, die von einem speziellen Produkt so angetan sind, daß sie eine spezielle Web-Seite dafür eingerichtet haben. Sie sind so begeistert, daß sie anderen Leuten einfach davon erzählen müssen. Diese Leute richten Websites ein, die alles, was sie zu diesem Thema wissen, enthalten. Dann erstellen sie Listen mit Links zu Websites, auf denen alles andere steht. Es gibt private Homepages zu den E-Mail-Programmen Pegasus und Eudora, zu Microsoft Word, zu verschiedenen Fußballmannschaften oder Fernsehsendungen.

Sie sollten immer nach solchen Leuten Ausschau halten. Suchen Sie nach Leuten, die Ihre Produkte oder Dienste wirklich zu schätzen wissen, und die vielleicht eine Website haben oder haben möchten, die diesen Dingen gewidmet ist. Stellen Sie sich mit diesen Personen gut – es sind die besten Verkäufer, die Sie haben können. Man könnte fast schon von Anhängern oder Jüngern sprechen. Tun Sie alles, damit diese Leute glücklich bleiben: Hören Sie ihnen zu, schicken Sie ihnen kostenlose Demos, lernen Sie sie kennen, und bringen Sie sie immer auf den neuesten Stand. Fans sind für Ihre Werbekampagne wertvoll und sollten nicht ignoriert werden. Lassen Sie auch nicht zu, daß Ihre Anhänger ihr Interesse an Ihnen verlieren.

17.11 Denken Sie an Ihre E-Mail-Filter

Wenn Sie eine gründliche Vermessungsarbeit im Internet durchführen (natürlich nur in dem Bereich des Internet, der für Sie von Interesse ist), werden Sie jede Menge E-Mails in Form von Mailinglisten, Rundschreiben und Nachrichten von

Leuten, mit denen Sie in Verbindung getreten sind, erhalten. Tatsächlich kann es sogar sein, daß Ihr E-Mail-Zugang jeden Tag mit Dutzenden oder sogar Hunderten von Nachrichten überflutet wird. Das muß zwar nicht notwendigerweise so bleiben, aber es ist während Ihrer Vermessungsarbeit durchaus möglich.

Wie sollen Sie dieser ganzen Nachrichten Herr werden? Lernen Sie das Filtersystem Ihres E-Mail-Programms kennen und richten Sie Filter ein. Filtern Sie jede Mailingliste und jedes Rundschreiben in ein separates Verzeichnis. Eventuell ist es sogar praktisch, wenn Sie sich eine extra E-Mail-Adresse zulegen, solange Sie mit Leuten im WWW in Verbindung treten. Bei einigen E-Mail-Programmen können Sie verschiedene Absender in das »From:«- oder »Von:«-Feld eintragen. Bei AK-Mail können Sie zum Beispiel verschiedene Zugänge (Accounts) einrichten, die alle eine unterschiedliche E-Mail-Adresse haben. Sie könnten einen dieser Zugänge nur für das Senden von E-Mails an Leute, mit denen Sie Kontakt aufnehmen möchten, verwenden. Filtern Sie dann die eingehenden Nachrichten in ein spezielles Verzeichnis, in das Sie alle Nachrichten, die mit Ihrer Vermessungsarbeit zu tun haben, speichern.

17.12 Was wird über Sie geredet?

Zum Schluß möchte ich noch auf eine andere wichtige Suchmethode eingehen. Während Ihrer Vermessungsarbeit versuchen Sie herauszufinden, was andere Leute im Internet so machen und sagen. Das ist aber nicht alles. Sie können auch gezielt nach den Dingen suchen, die direkt mit Ihnen und Ihrer Website zu tun haben.

Das heißt in anderen Worten, daß Sie nach sich selbst suchen. Angenommen, ich bin Herr Coca-Cola und möchte wissen, wie sich meine kleine Limo-Firma so im Internet macht und was andere Leute dazu sagen. Ich kann nun suchen, indem ich herausfinde, welche Web-Seiten auf meine eigenen verweisen und was Leute in Newsgruppen und Mailinglisten sagen.

Gehen Sie zum Beispiel zu **Altavista** (`http://www.altavista.com/` oder `http://www.altavista.de/`), und suchen Sie nach Ihrem Domainnamen. Ich habe dort 5000 Dokumente gefunden, die den Domainnamen cocacola.com enthalten. Das gute an Altavista ist, daß es Web-Seiten nicht nur einfach katalogisiert, sondern auch jede Web-Seite, die es finden kann, mit einem Index versieht. Wenn also der Text cocacola.com irgendwo auf der Seite, das heißt auch in einem Link, steht, wird diese Seite als Treffer gewertet.

> *Wenn Sie Ihren Domainnamen oder eine wichtige URL ändern, können Sie mit Altavista jeden finden, der einen Link auf diese Seite hat, und ihn über die Änderung in Kenntnis setzen.*

Was stand nun auf diesen ganzen Seiten zu Coca Cola? Eine Seite war in einem virtuellen Einkaufszentrum und behauptete, daß Coca Cola ein Kunde sei. Es gab eine Spalte mit dem Titel »Ramblings« (Streifzüge), in welcher der Link zu Coca Cola in einer Liste mit vielen anderen »empfehlenswerten« Websites stand. Es gab eine Liste mit Fortune 500 Unternehmen mit eigenen Websites, verschiedene Leute, welche die Website von Coca Cola empfehlen und 4996 andere Web-Seiten mit anderen Dingen.

Suchen Sie nach verschiedenen Dingen: Ihr Domainname, Ihr Produktname, Ihr eigener Name, die Namen von Führungskräften Ihrer Firma und so weiter. Sie können auch nach vorläufigen Produktnamen suchen, um zu sehen, ob sie schon von jemand anderem verwendet werden.

17.12.1 Suche in Newsgruppen

Es ist recht einfach, Web-Seiten zu durchsuchen. Was ist aber mit Newsgruppen? Das geht auch ganz einfach. Es gibt eine ganze Reihe von Diensten, mit denen Sie Nachrichten in Newsgruppen durchsuchen können. Das ist eine gute Methode, wenn Sie herausfinden wollen, was über Sie geredet wird. Suchen Sie nach Ihrem Firmennamen, Domainnamen und dem Namen Ihrer Produkte. Sie sehen dann, ob den Leuten Ihre Produkte gefallen. Wenn Kritik an Ihren Produkten geübt wird, sollten Sie mit der entsprechenden Person in Verbindung treten und herausfinden, warum sie Ihr Produkt nicht mag. Sie können auch der Newsgruppe beitreten und versuchen, Ihre Firma zu verteidigen.

Auf den folgenden Websites können Sie Newsgruppen durchsuchen:

- **Altavista**

  `http://www.altavista.com/`

- **DejaNews**

  `http://www.dejanews.com/`

Wenn Sie sich gegen Kritik in einem Diskussionsforum wehren wollen, müssen Sie dabei sehr vorsichtig vorgehen. Werden Sie nicht ärgerlich, und lassen Sie sich auf keinen Streit ein. Versuchen Sie einfach, Ihren Standpunkt so redegewandt und logisch zu vertreten, wie Sie können. Sie werden merken, daß Ihnen zugehört wird. Wenn Sie sich in einen Streit verwickeln lassen, verlieren Sie an Glaubwürdigkeit.

- **Excite**

  `http://www.excite.com/`

- **HotBot**

  `http://www.hotbot.com/`

- **Infoseek**

  `http://www.infoseek.com/`

- **NewsFerret**

  `http://www.vironix.com/netferret/`

- **NewsMonger**

  `http://www.techsmith.com/`

- **Reference.com** (mehr Informationen zu dieser Website weiter unten)

  `http://www.reference.com/`

- **Yahoo!** (Dort wird die Datenbank von DejaNews durchsucht.)

  `http://www.yahoo.com/`

- **Yahoo! – Usenet Searching and Filtering**

  `http://dir.yahoo.com/Computers_and_Internet/Internet/Usenet/Searching_and_Filtering/`

17.12.2 Suche in Mailinglisten

Das Durchsuchen von Mailinglisten ist komplizierter. Wie ich schon erwähnt habe, können Newsgruppen einfach überwacht werden, weil es eine zentrale Verteilerstelle gibt. Mailinglisten werden jedoch unabhängig voneinander erstellt und verteilt. Es gibt auch viel mehr Mailinglisten als Newsgruppen. Es gibt jedoch ein paar Websites, von denen aus Sie Nachrichten in Mailinglisten durchsuchen können.

Als erstes möchte ich **Reference.com** (`http://www.reference.com/`) erwähnen. Auf dieser Website können Sie nicht nur Nachrichten aus Newsgruppen, Mailinglisten und Webforen durchsuchen, sondern das Ganze auch automatisieren. Sie können einen Zugang beantragen (der im Moment noch kostenlos ist) und dann regelmäßig, zum Beispiel einmal pro Woche, eine automatische Suche durchführen lassen. Wenn Reference.com etwas Passendes findet, werden Sie via E-Mail benachrichtigt. Angeblich stehen dort 150000 verschiedene Diskussionsgruppen unter Beobachtung.

Dann gibt es noch die Website **Sensei Consulting's Macintosh Search** (`http://wais.sensei.com.au/`). Dort werden allerdings nur Macintosh-Mailinglisten archiviert. Ansonsten sind mir keine Archive mit Mailinglisten bekannt. Es gibt jedoch viele Archive für individuelle Mailinglisten, die Sie eventuell während Ihrer Vermessungsarbeit im World Wide Web finden werden.

18. Kapitel

So registrieren Sie Ihre Website

Jetzt ist es an der Zeit, daß Sie Ihre Website registrieren. Aber wo? Nun, die Antwort lautet ganz offensichtlich: »Bei den Suchmaschinen natürlich!«. Das ist aber nicht weit genug gedacht. Die richtige Antwort ist nämlich etwas komplexer.

Natürlich ist es wichtig, Informationen zu Ihrer Website bei den Suchmaschinen einzutragen. Darüber werden wir auch ein wenig später in diesem Kapitel sprechen. Es gibt aber noch wichtigere Websites, die Sie über Ihre neue Website informieren müssen. Diese Plätze werden häufig von Verkäufern, die neu im Internet sind, übersehen.

18.1 Link-Verzeichnisse – ein Mittel gegen die Unordnung

In Kapitel 17 habe ich über die Link-Verzeichnisse gesprochen. Das sind Websites, die Verzeichnisse mit Links zu themenverwandten Websites enthalten. Es gibt Link-Verzeichnisse zu praktisch jedem denkbaren Bereich, der im WWW behandelt wird, von AIDS bis hin zu Zoos, von Teddybären bis hin zu Golf. Diese Websites werden häufig von Privatpersonen oder sogar Familien unterhalten. Alle arbeiten zusammen und erstellen ein Link-Verzeichnis, weil die Eltern denken, daß es ein gutes Projekt für die Kinder ist.

Sie müssen die Link-Verzeichnisse finden, die zu Ihrem Unternehmen passen. Warum? Nun, lassen Sie mich Ihnen ein Beispiel geben. Angenommen, Ihre Website hat mit Modelleisenbahnen zu tun. Entweder verkauft Ihre Firma Eisenbahnen, oder sie stellt sie her. Vielleicht veröffentlichen Sie eine Zeitschrift oder ein Rundschreiben zu diesem Thema, oder Sie verkaufen Zubehör. Wie finden nun Leute, die sich für dieses Thema interessieren, Ihre Website? Sie können zu einer Suchmaschine gehen und dort nach verschiedenen Begriffen wie Eisenbahn, Modelleisenbahn, Eisenbahntechnik und so weiter suchen. Ich habe genau das bei ein paar Suchmaschinen eingegeben und dabei folgendes Ergebnis erhalten (es zeigt die Anzahl von Treffern bei jeder Suchmaschine):

Suchbegriff	Yahoo.de	Altavista.de	Altavista.com	Infoseek
Eisenbahn	40	18 312	122 780	5378
Modelleisenbahn	23	5022	75 480	1345
Eisenbahntechnik	27	156	181	45

Ach je, schon habe ich den Überblick total verloren. Wo soll ich anfangen? Es dauert ewig, bis ich allein die wenigen Seiten aus Yahoo! Deutschland durchsucht habe. Und was soll ich mit den mehreren hunderttausend Treffern aus Altavista machen? Nun, ich gebe zu, daß ich hier eine recht einfache Suche durchgeführt habe, da ich keine ausgefeilten booleschen Suchkriterien verwendet habe. Aber das machen auch nur die wenigsten Leute im Internet. Die meisten geben einfach einen oder zwei Begriffe ein und klicken auf »Suchen«.

Es ist Ihnen vielleicht schon aufgefallen, daß ich Yahoo! besonders gerne mag. Wenn Sie einen Blick auf obige Tabelle werfen, merken Sie auch, warum. Yahoo! ist toll für den Anfang, da dort Millionen von Seiten in Kategorien aufgeteilt sind. Somit wird aus einer Unmenge von Seiten eine recht übersichtliche Menge herausgefiltert. Das heißt jetzt nicht, daß die anderen Suchmaschinen nicht gut wären. Natürlich sind sie das, vor allem, da das deutsche Yahoo! (`http://www.yahoo.de/`) leider längst nicht so gut wie das englische ist. Wenn Sie zum Beispiel eine wirklich ausführliche Suche machen wollen, ist eine Suchmaschine wie Altavista ausgesprochen empfehlenswert.

Nun, viele der Ergebnisse meiner Suche haben ganz klar nichts mit Modelleisenbahnen zu tun. Ich bezweifle, daß dieser Treffer aus Altavista von großem Nutzen ist:

```
Das Literatur-Café im Internet - Art: Eisenbahn

Eines Tages kam in die kleine Stadt am Fluß ein alter Mann mit
einer Plastiktüte am linken Arm. Niemand kannte ihn, doch alle
fragten sich, wer...
```

Und selbst wenn die Treffer mit Modelleisenbahnen zu tun haben, sind sie häufig nicht besonders nützlich, vor allem bei Suchmaschinen wie Altavista. Oft handelt es sich bei den Treffern um einzelne Seiten, auf denen Modelleisenbahnen erwähnt werden und nicht um die Startseite einer Website zu diesem Thema. Das ist so, wie wenn man ein Buch kaufen möchte, indem man einzelne Seiten, die irgendwo aus der Mitte herausgenommen wurden, vergleicht.

Jemand, der nach Informationen zu Modelleisenbahnen sucht, wird aber eine Sache bemerken. Angenommen, daß es ihm nicht sofort zuviel geworden ist, findet er bei Yahoo! Deutschland Einträge wie die folgenden:

- Handel und Wirtschaft: Firmen: Hobbies: Modellbau: Eisenbahn
- Handel und Wirtschaft: Transport: Eisenbahnen und Eisenbahnlinien
- Sport und Freizeit: Hobby und Handwerk: Modellbau: Eisenbahnen
- **Usenet** – de.etc.bahn.eisenbahn
- **Modell-Eisenbahn Club Wuppertal e.V.** – für Freunde der Modell-Eisenbahn und des Modellbaus.
- **Eisenbahn 98** – Shareware-Programm zur Verwaltung von Modelleisenbahnen.

- **Eisenbahn [Teuner & Seiferth]** – Allgemeine Nachrichten sowie Informationen und Links zu bestimmten Bahnen.
- **Verband Deutscher Eisenbahn-Ingenieure e.V VDEI** – Interessenvertretung der Eisenbahningenieure der Bahnen, aus der Industrie, Lehre und Forschung.
- **Eisenbahn-Modell-Club Hindelbank** – betreibt eine große Gartenbahn in den Spurweiten 0 und 0m.
- **Fiebig, Nico** – über Fotografie und Eisenbahn sowie das erste Austauschprogramm zwischen Maine und Berlin
- **Fleischmann Modelleisenbahnen** – die Website des bekannten Herstellers aus Nürnberg
- **Wagner, Robert** – Eisenbahn, COG-Abitur-1995-Seiten, Fotos, Musik, persönliches und mehr.
- **Korte, Udo** – Infos und Links zu Eisenbahn und Modelleisenbahn.
- **EMC 80** – der Eisenbahn-Modell-Club 1980, arbeitet mit Spur-N, H0 und LGB.
- **Erdwiens, Hans-Georg** – vertreibt Modellbahnzubehör in H0 und Spur-N der Firma Märklin.

Das ist nur eine kleine Auswahl. Es gab noch viele weitere Treffer. Beachten Sie aber folgende Dinge: Bei einigen dieser Websites handelt es sich um allgemeine Eisenbahn-Websites. Das deutet darauf hin, daß Sie dort einen Überblick zu diesem Thema oder dem Themenbereich finden werden. Auf diesen Websites wird nicht ein bestimmtes Produkt verkauft oder besprochen, sondern sie sind mehr in einem allgemeinen Stil gehalten. Wichtiger für Sie ist, daß es dort oft Links zu anderen Eisenbahn-Websites gibt. In einigen Beschreibungen steht zum Beispiel »Infos und Links« oder ähnliches. Einige dieser Website werden auch von Leuten betrieben, deren Hobby Modelleisenbahnen sind. Udo, Robert und Nico sind höchstwahrscheinlich Privatpersonen, die sich für Eisenbahnen und/oder Modellbau interessieren. Auf solchen Websites können Sie häufig jede Menge nützlicher Links finden. Ich wette aber, daß es bei den anderen Websites ebenfalls viele Links gibt.

Nun, zurück zu unserem Anwender, der nach Informationen zu Modelleisenbahnen sucht. Er könnte nach einem Laden suchen, in dem er etwas kaufen kann. In diesem Fall würde er die ganzen allgemeinen Websites überspringen und direkt zu einer Website, auf der Modelleisenbahnen und/oder Zubehör verkauft werden, gehen. Deswegen müssen Sie in den Suchmaschinen eingetragen sein. Es kann aber auch sein, daß der Anwender von den ganzen Auswahlmöglichkeiten so überfordert ist, daß er versucht, eine Website zu finden, welche die Informationen für ihn vorsortiert. Er würde es zwar wahrscheinlich nicht so formulieren, aber dennoch ist es wahrscheinlich, daß er zu einer Website geht, auf der allgemeine Informationen zu Modelleisenbahnen stehen. Vielleicht geht er auch zu der Website von einem der Vereine. Und genau auf diesen Websites muß Ihr Unternehmen zu finden sein.

Auf diesen Websites gibt es Links zu anderen Websites. Einige sind einfach Link-Verzeichnisse, die eine Liste mit Links zu verschiedenen interessanten Web-Seiten enthalten. Einige sind Meta-Indizes, also ein Verzeichnis mit weiteren Verzeichnisseiten. Dort finden Sie Links, die auf Seiten mit Link-Verzeichnissen verweisen. Auf diese Weise können Sie ganz einfach weitere wichtige Websites finden. Es ist also wichtig, daß Sie in diese Link-Verzeichnisse aufgenommen werden.

18.2 Vergessen Sie die Diskussionsforen nicht

Sie müssen die Link-Verzeichnisse noch aus einem anderen Grund finden. Diese werden nämlich in den Diskussionsgruppen im Internet, den Mailinglisten und Newsgruppen besprochen. Es gibt Newsgruppen im Internet zu jedem vorstellbaren Thema. Und natürlich gibt es auch welche zum Thema Modelleisenbahnen. Ich habe zum Beispiel folgende Mailinglisten gefunden:

S-Trains	S Scale & S Gauge (1/64th) Model Railroading
NERAIL	New England Railroads and Railfanning
ns-discussies	Niederländische Züge und Eisenbahnen

Außerdem noch folgende Newsgruppen:

z-netz.alt.modellbau	Modellbauer unter sich
de.rec.modelle.bahn	
de.etc.bahn.eisenbahn	
de.rec.modelle.bahn	

Um ehrlich zu sein, ich weiß auch nicht, um was es bei den einzelnen Mailinglisten oder Newsgruppen geht. Sind die Eisenbahnen in Neuengland für Modellbauer interessant? Ich weiß es nicht, aber wenn ich eine Firma hätte, die Modelleisenbahnen herstellt oder verkauft, würde ich es sicherlich herausfinden. In einigen dieser Diskussionsforen gibt es aber auf jeden Fall Mitglieder, die sich für Modelleisenbahnen interessieren. Vielleicht hundert, vielleicht mehrere tausend. Und das beschränkt sich nicht nur auf die Diskussionsgruppen im Internet. Es gibt höchstwahrscheinlich auch in AOL, Genie, Prodigy und CompuServe Diskussionsgruppen zu diesem Thema. Vielleicht gibt es sogar ein eigenes Forum in CompuServe, das Modelleisenbahnen gewidmet ist.

In diesen Gruppen werden die Link-Verzeichnisse erwähnt. Es dauert nicht lange, bis ein gutes Link-Verzeichnis innerhalb einer bestimmten Zielgruppe bekannt wird. Diese Leute teilen ihr Wissen über das Internet und wo was zu finden ist auch mit allen Anfängern und Neulingen im Cyberspace. Immer wieder wird auf Link-Verzeichnisse in den Nachrichten eines Diskussionsforums verwiesen, zum Beispiel, wenn jemand auf eine Frage antwortet.

Wo spricht man noch über diese Seiten mit den Links? Zum Beispiel in der Presse. Ich habe schon Artikel und Zeitungsberichte gesehen, in denen stand, daß Link-Verzeichnisse ein guter Platz seien, um eine Suche zu beginnen. Auch in privaten E-Mail-Konversationen wird über Link-Verzeichnisse gesprochen. Jemand schickt zum Beispiel eine E-Mail an seinen Freund und schreibt: »Geh doch zu dieser Website, die ist wirklich praktisch.« Auch wenn sich zum Beispiel Vereinsmitglieder oder Freunde, die gemeinsam an einer Gleisstrecke basteln, treffen, werden sich bestimmt Gespräche ergeben, in denen über das Internet geredet wird: »Du, ich habe da eine Website gefunden, die ist wirklich äußerst nützlich ...«

18.3 Tragen Sie sich in die Verzeichnisse ein

Wie kommt nun ein Link auf Ihre Website in so ein Link-Verzeichnis? Bitten Sie darum, aufgenommen zu werden. Immerhin braucht derjenige, der das Verzeichnis eingerichtet hat, auch Links, denn was nützt denn so ein Verzeichnis schon, wenn es keine Links enthält? Ich schlage vor, daß Sie einfach jeden, der in Ihrem Adreßbuch für Link-Verzeichnisse steht, anschreiben. (In Kapitel 17 habe ich Ihnen empfohlen, während Ihrer Suche im WWW verschiedene Adreßbücher anzulegen, in die Sie die gefundenen E-Mail-Adressen schreiben sollten.) Fragen Sie, ob Sie in die Liste mit aufgenommen werden können. Beschreiben Sie kurz Ihre Website, und geben Sie die URL, die Sie in der Liste haben möchten, an. Sagen Sie, wenn es auf Ihrer Website verschiedene Bereiche wie zum Beispiel ein Diskussionsforum, eine Chatgruppe, Kleinanzeigen usw. gibt, und schreiben Sie die einzelnen URLs dazu, da sie eventuell mehrmals aufgelistet werden.

Sie könnten den Eigentümern solcher Seiten auch etwas dafür geben. Immerhin handelt es sich um wichtige Personen. Wenn Sie einen Verlag haben, könnten Sie ein paar hundert Rezensionsexemplare verschicken. Wenn Sie Software herstellen, könnten Sie kostenlose (Demo)Versionen verteilen. Sie können von diesen Leuten auf verschiedene Weise profitieren. Vielleicht werden sie auf ihrer Website das Werbegeschenk erwähnen. Ich wette, daß es nur wenige Firmen gibt, die Geschenke an Eigentümer von Link-Verzeichnissen verteilen. Einige dieser Leute werden bestimmt so überrascht und erfreut sein, daß sie über Sie schreiben werden.

Sie können auch vorschlagen, daß sie eine Rezension über das Produkt, das Sie ihnen geschickt haben, schreiben. Viele Leute besprechen und bewerten die Produkte, die Sie auf Ihrer Website verwenden, oder haben sogar einen speziellen Bereich, in den sie regelmäßig Produktbeschreibungen stellen. Allein die Tatsachen, daß Sie ihnen ein Geschenk geschickt haben, wird dazu führen, daß sie sich an Sie erinnern werden, was später nützlich sein kann. Vergessen Sie also nicht, nach der Postadresse zu fragen, wenn Sie Ihre Nachrichten versenden.

18.3.1 Werbegeschenke

Sie könnten auch fragen, ob jemand an einer gemeinsamen Werbekampagne interessiert ist. Vielleicht ist jemand dazu bereit, auf seinen Seiten ein Preisausschreiben mit einem Ihrer Produkte als Gewinn zu veranstalten. Sie könnten demjenigen ein Web-Formular zur Verfügung stellen, das Ihnen eine E-Mail schickt oder die Angaben in einer Textdatei speichert, wenn sich jemand einträgt. Am Ende des Monats können Sie dann einen Gewinner auslosen. Das ist für beide gute Werbung, die nur wenig Kosten verursacht. Wenn Sie Modelleisenbahnen herstellen, kostet es Sie im Vergleich zu anderen Werbekampagnen nur wenig, wenn Sie pro Link-Verzeichnis ein paar Lokomotiven oder irgendein anderes Zubehör kostenlos zur Verfügung stellen. Wenn Sie eine Zeitschrift zum Thema Modelleisenbahnen haben, kosten Sie doch ein paar Abos praktisch nichts, oder?

Das Gute an dieser Form von Werbung ist, daß Sie im Endeffekt Verkäufer einstellen, die Sie nicht bezahlen müssen. Hier ist ein Beispiel. Als ich Werbung für mein Buch **Making Money in Technical Writing** (`http://www.mcp.com/mgr/arco/techwr/`) machen wollte, habe ich schnell zwei Websites gefunden, die jeweils fünf kostenlose Exemplare verlosen wollten. Später fand ich noch weitere Websites, die ein Preisausschreiben veranstalten wollten, sobald das Buch veröffentlicht war. Ich habe nun ein Formular erstellt, und die Firmen erstellten einen Link darauf. Was sah nun ein Anwender, der auf die Website auf einer dieser Firmen kam? Nun, auf der einen Website hatte der Eigentümer noch einen ganzen Absatz mit eigenen Text eingefügt, der ca. 40% der Startseite einnahm und von meinem Buch handelte. Natürlich gab es auch noch einen großen Link, der auf mein Formular verwies und »Nehmen Sie an unserem Preisausschreiben teil!« besagte.

Wirklich toll war aber, daß diese Firmen das Preisausschreiben als Werbemittel für ihre eigenen Websites benutzten. Sie kündigten in verschiedenen Mailinglisten und Newsgruppen an, daß sie Bücher verlosen würden. Über 800 Leute nahmen allein auf diesen zwei Websites an dem Preisausschreiben teil. (Allerdings gab es ein paar Leute, die sich mehrmals eingetragen haben. Diese waren allerdings in der Minderheit.) Jeder Teilnehmer erhielt mehrere Schreiben in bezug auf das Buch – das ist nicht schlecht, für den Preis von zehn Exemplaren, oder? Außerdem wurde mein Buch so indirekt von Leuten befürwortet, die in der Gemeinde der aktiven Fachautoren im Internet respektiert werden. Das ist natürlich tolle Werbung.

18.3.2 Noch ein paar weitere Ideen

Eine weitere Möglichkeit ist Banner-Werbung? Fragen Sie die Eigentümer von Websites, ob sie nicht irgendwo auf Ihrer Seite ein kleines Banner unterbringen können. Das könnte in Verbindung mit dem Preisausschreiben geschehen oder vielleicht auch als Gegenleistung für einen anderen Dienst. Geben Sie dem Eigentümer ein kostenloses Abo für Ihre Zeitschrift, wenn Sie einen Verlag haben, einen Rabatt auf Ihre Produkte oder ähnliches.

Denken Sie daran, Ihre E-Mail-Adresse in das »To:« oder »An:«-Feld Ihres E-Mail-Programms und die restlichen Adressen in das »Bcc:«-Feld zu schreiben, wenn Sie Ihre Nachricht an die Eigentümer der Link-Verzeichnisse senden (vergleiche Kapitel 16). Auf diese Weise sieht es so aus, als ob es sich bei der Nachricht um ein Original und nicht um eine Kopie handelt.

Vergessen Sie auch nicht, sich in die Branchenverzeichnisse, die ich in Kapitel 17 erwähnt habe, einzutragen. Sie finden diese zum Beispiel im Firmenverzeichnis von **Yahoo!** unter `http://www.yahoo.de/Handel_und_Wirtschaft/Firmen/Verzeichnisse/` oder `http://www.yahoo.com/Business_and_Economy/Companies/Directories/`. Diese sind zwar weniger beliebt als die Listen, die von Fans angelegt wurden, aber sie sind umsonst, also kann es auch nichts schaden, wenn Sie sie benutzen.

18.4 Konfigurieren Ihrer Web-Seiten

Als nächstes können Sie sich nun bei den Suchmaschinen eintragen. Davor müssen Sie allerdings Ihre Web-Seiten richtig konfiguriert haben. Viele Websites nehmen die Angaben, die Sie machen und schicken dann einen »Roboter» (manchmal auch Spinne oder Spider genannt) zu Ihrer Website. Das machen nicht alle, aber es ist das Verfahren, das von einer großen Zahl der wichtigsten Suchmaschinen verwendet wird. Der Roboter überprüft nun bestimmte Dinge auf Ihrer Website und benutzt dann die gesammelten Informationen, um Ihre Website zu katalogisieren. Sie müssen also vorbereitet sein, bevor die Roboter vorbeischauen.

18.4.1 Der Titel der Seite

Jede Seite sollte einen passenden Titel haben, der auch dann einen Sinn ergibt, wenn man Ihre Website noch nicht kennt. Ich meine hier den Text, der zwischen den Tags `<TITLE>` und `</TITLE>` steht. Einige Suchmaschinen wie Altavista schreiben diesen Titel direkt an den Anfang eines Treffers. Andere verwenden auch den Titel als Link zu der entsprechenden Seite. Die Suchmaschinen nehmen die Wörter aus dem Titel normalerweise in ihren Index auf. Tragen Sie dort aber keine Stichwörter ein. Ich erkläre Ihnen später, wo Sie eine Liste mit Stichwörtern anlegen können.

Wenn Sie schon einmal nach einem Begriff in Altavista gesucht haben, sind Ihnen bestimmt schon die ganzen mehrdeutigen Links aufgefallen. Ich habe zum Beispiel nach »Albanien« gesucht. Nun, wie Sie sich denken können, gibt es jede Menge Links, die einfach nur »Albanien« heißen. Das ist nicht besonders hilfreich. Das ist nicht die Schuld von Altavista, sondern der Web-Autoren, die ungenaue Titel in ihren Web-Seiten verwenden. In einigen Fällen sehen Sie auch »no title« (kein Titel) anstelle eines Titels, weil es überhaupt keinen gibt.

18.4.2 Der Inhalt der Seite

Einige Suchmaschinen sehen sich auch die ersten paar Zeilen der Seite an und erstellen daraus eine Art kurze Zusammenfassung. Der erste Absatz ist also besonders wichtig. Die Überschriften am Anfang der Seite und die ersten paar Zeilen im Text sollten also möglichst aussagekräftig sein und das enthalten, was von den Suchmaschinen indiziert werden soll. Versuchen Sie, im ersten Absatz viele Begriffe zu verwenden, nach denen ein zukünftiger Kunde wahrscheinlich suchen wird.

Einige Suchmaschinen gehen auch noch weiter und sehen sich den Rest der Seite an. Altavista zum Beispiel indiziert alles, das heißt also, daß auch der restliche Text auf der Seite wichtig ist. Natürlich gibt es auch Leute, die versuchen, die Suchmaschinen hereinzulegen, indem sie lange Listen mit Stichwörtern ans Ende der Seite stellen. Dies wird manchmal als Spamdexing bezeichnet. Ich habe auch schon Seiten gesehen, auf denen der Autor versucht hat, eine Liste mit Hunderten von Stichwörtern zu tarnen, indem die Farbe des Textes dem Hintergrund der Seite angepaßt wurde. Andere Leute wiederum schreiben ihre Stichwörter viele hundert Mal in einen Kommentar-Tag, so daß sie nicht sichtbar sind. Funktioniert das? Fast immer nicht. Die meisten Suchmaschinen finden dies heutzutage heraus und ignorieren Wiederholungen. Häufig werden auch HTML-Kommentare gar nicht mehr indiziert. Einige Suchmaschinen bestrafen auch offensichtliches Spamdexing, indem sie die Seite ganz aus dem Verzeichnis nehmen oder sogar in eine »Schwarze Liste« schreiben, damit Sie sich nicht wieder eintragen können.

18.4.3 <META>-Tags

Häufig wird der Inhalt einer Web-Seite mit Hilfe des `<META>`-Tags mit einem Index versehen. Hier ist ein Beispiel für einen `<META>`-Tag:

```
<META name="keywords" content="HTML Writers Guild, HTML, WWW, World
Wide Web, HWG">
```

Wie Sie sehen können, besteht der `<META>`-Tag aus drei Teilen: dem Bezeichner (`meta`), dem Attribut `name=` und dem Attribut `content=`. In diesem Beispiel sehen Sie den `<META>`-Tag `Keyword`, also einen `<META>`-Tag für Stichwörter. Die Stichwörter lauten `HTML Writers Guild, HTML, WWW, World Wide Web` und `HWG`. Es gibt noch einen anderen `<META>`-Tag, der so aussieht `<meta http-equiv=" " content=" ">`, aber normalerweise nicht von Suchmaschinen verwendet wird.

Einige Suchmaschinen (aber nicht alle) nehmen nun die Stichwörter aus dem `<META>`-Tag und benutzen diese für die Indizierung. Wenn also jemand nach dem Begriff »HTML« sucht, wird diese Seite als Treffer gelistet.

Wie genau werden diese Tags verwendet? Altavista und Infoseek fügen Ihre Beschreibung aus dem `<META>`-Tag beispielsweise ein, wenn Ihre Seite in der Liste der Treffer erscheint. Sie können also folgendes auf Ihre Web-Seite schreiben:

```
<META name="description" content="Die beste Wüstenspringmaus-Seite
der Welt!">
```

Wenn nun Ihre Seite bei der Suchmaschine in der Liste erscheint, wird bei Ihrem Eintrag nun auch »`Die beste Wüstenspringmaus-Seite der Welt!`« stehen.

Einige Suchmaschinen benutzen die Stichwörter, die im `<META>`-Tag `Keyword` stehen, um die Seite zu katalogisieren. Wenn jemand nach einem Begriff sucht, der in den Tags `Description` oder `Keyword` steht, findet die Suchmaschine Ihre Seite.

Auch hier versuchen immer wieder Leute Spamdexing, indem sie riesige Listen mit Beschreibungen oder Stichwörtern in die `<META>`-Tags schreiben. Aber auch das funktioniert nicht länger. Einige Suchmaschinen beachten nur eine bestimmte Anzahl von Zeichen. Altavista zum Beispiel ignoriert in diesen beiden Tags alles nach 1024 Zeichen. Andere Suchmaschinen ignorieren eine bestimmte Anzahl von Wiederholungen. Ich habe von Suchmaschinen gehört, die mehr als sieben Wiederholungen bestrafen und die entsprechende Seite eventuell sogar ganz aus dem Verzeichnis nehmen. Infoseek sagt zum Beispiel: »Das Wiederholen von Begriffen ist nicht hilfreich und kann sogar dazu führen, daß Ihre Seite aus dem Index gelöscht wird.« Bei Infoseek sind in der Beschreibung nur bis zu 200 und bei den Stichwörtern nur bis zu 1000 Zeichen erlaubt.

Wenn Sie Seiten haben, die Sie nicht katalogisieren lassen wollen, können Sie folgenden Tag verwenden: `<META name="ROBOTS" content="NOINDEX">`. *Legen Sie auch eine Datei namens* `robots.txt` *auf Ihrer Website an, in der Sie die Seiten auflisten, die nicht indiziert werden sollen. Weitere Informationen dazu finden Sie bei* ***WebCrawler*** *unter* `http://info.webcrawler.com/mak/projects/robots/norobots.html`.

Nicht alle Suchmaschinen verwenden die <META>-Tags. Excite zum Beispiel ignoriert sie. Die Eigentümer von Excite glauben, daß <META>-Tags häufig mißbraucht werden, um Leute zu einer Website zu bringen, die eigentlich gar nicht so viel mit dem Thema zu tun hat. »Wenn der Anwender die Begriffe nicht sehen oder verwenden kann, suchen oder indizieren wir sie auch nicht«, heißt es bei Excite. Es gibt auch Suchmaschinen, die Ihre Seiten gar nicht katalogisieren. Ihr Eintrag basiert vielmehr auf den Angaben, die Sie machen, wenn Sie Ihre Website anmelden, und vielleicht auf dem, was die Mitarbeiter der Suchmaschine von Ihrer Website halten, wenn Sie diese besuchen. (Yahoo! basiert zum Beispiel auf diesem Prinzip.)

18.4.4 Verwenden Sie alternativen Text bei Ihren Bildern

Einige Suchmaschinen indizieren inzwischen auch die <IMG>-Tags, damit man nach Bildern suchen kann. Infoseek macht das zum Beispiel. Selbst Websites, die keine Grafik-Indizes erstellen, lesen eventuell diesen Text und verwenden ihn für das Katalogisieren der Seite. Sie sollten also alle Grafiken auf Ihren Seiten mit Hilfe des Attributs ALT beschreiben.

18.4.5 Wenn Sie Frames verwenden ...

Es kann sein, daß Suchmaschinen Probleme mit dem Katalogisieren Ihrer Seiten haben, wenn Sie Frames (Rahmen) verwenden. Wenn der Roboter auf die Website kommt, findet er nur das Dokument, das die Frames definiert. In dieser Datei wird dem Browser mitgeteilt, wie die Frames eingerichtet werden sollen. Dort steht die Anzahl, Größe und Position der Frames und welche Datei in welchem Frame angezeigt werden soll. Die meisten Suchmaschinen gehen nun nicht zu den einzelnen Dateien, die in dem Dokument, das die Frames definiert, angegeben werden. Das sind aber die Dokumente, die im Browser erscheinen, wenn jemand auf Ihre Website geht.

Wenn Sie Frames verwenden, haben Sie zwei Möglichkeiten, wie Sie Informationen für die Suchmaschinen bereitstellen können. Sie können am Anfang der Seite, auf der die Frames definiert werden, `<META>`-Tags einfügen, oder Sie können den `<NOFRAMES>`-Tag (`<NOFRAMES> </NOFRAMES>`) verwenden. In diesem Tag steht Text, der nur dann im Browserfenster angezeigt wird, wenn das Dokument von einem Browser geladen wird, der keine Frames anzeigen kann. Es wäre also ratsam, wenn Sie alle Angaben aus dem Hauptframe in den `<NOFRAMES>`-Bereich im Dokument, das die Frames definiert, kopieren. Auf diese Weise sehen nicht nur Browser, die nicht mit Rahmen umgehen können, etwas, sondern auch die Suchmaschinen.

18.4.6 Weitere Informationen

Wenn Sie mehr darüber wissen wollen, wie Suchmaschinen arbeiten, erhalten Sie auf den folgenden Websites weitere Informationen:

- **Altavista**

  `http://www.altavista.digital.com/av/content/addurl.htm`

- **Excite**

  `http://www.excite.com/Info/listing.html`

- **Infoseek**

  `http://www.infoseek.com/AddUrl?pg=DCaddurl.html`

- **WebCrawler**

  `http://www.webcrawler.com/WebCrawler/Help/FAQ.html`

- **Yahoo!**

  `http://www.yahoo.com/docs/info/addfaq.html`

18.5 Do-it-Yourself-Anmeldung

Wenn alles auf Ihrer Website bereit ist, können Sie sich nun bei den einzelnen Suchmaschinen registrieren. Der Begriff Suchmaschine bezeichnet eigentlich drei verschiedene Typen von Suchsites, bei denen Sie sich anmelden müssen:

- **Internet-Verzeichnisse**: Auf dieser Art von Website können Anwender normalerweise verschiedene Kategorien durchsehen, aber auch eine webweite Suche durchführen.
- **Suchmaschinen**: Suchmaschinen indizieren Web-Seiten. Normalerweise können Sie nach Stichwörtern suchen. Die Seiten sind aber nicht nach verschiedenen Kategorieren sortiert, durch die Sie sich einfach klicken können.
- **Websites, die als Führer fungieren und andere Websites bewerten (Kataloge)**: Diese Websites wählen relativ wenige Seiten aus und rezensieren diese, damit die Besucher wissen, was gut und was schlecht ist.

Wenn für Sie Zeit nicht gleich Geld ist, kommt es am günstigsten, wenn Sie zu allen Suchmaschinen gehen und sich dort von Hand eintragen. Ist es dieser Aufwand aber wirklich wert? Das kommt darauf an. Wenn Sie absolut pleite sind, dann vielleicht schon. Sie können aber schon ab ca. 60 DM einen Anmeldedienst finden, der Sie bei 200 Suchsites registriert. Wenn Sie das selber machen, dauert das Stunden oder auch Tage. Überlegen Sie sich also, wieviel Ihnen Ihre Zeit wert ist.

Andererseits ist es eine gute Idee, wenn Sie sich bei einigen Suchsites von Hand eintragen, um sicherzustellen, daß Ihre Angaben alle korrekt übernommen werden. Bei den Anmeldediensten oder der Eintragungssoftware haben Sie keine komplette Kontrolle über das, was tatsächlich eingetragen wird. Verwenden Sie dann einen Anmeldedienst oder eine Eintragungssoftware, um sich bei den restlichen Suchmaschinen einzutragen. Sie sollten sich auf jeden Fall bei den folgenden Suchmaschinen von Hand registrieren:

- **Excite**

  `http://www.excite.com/`

- **NetGuide Live**

  `http://www.netguide.com/`

- **Yahoo!**

  `http://www.yahoo.com/`

- **Yahoo! Deutschland**

  `http://www.yahoo.de/`

Es gibt auch noch eine Reihe von anderen Suchmaschinen, die angezeigt werden, wenn Sie die Suchseiten Ihres Browsers verwenden. Es ist aber nicht so wichtig sich bei diesen von Hand zu registrieren:

- **Altavista und Altavista.de**

  `http://www.altavista.com/`
  `http://www.altavista.de/`

- **HotBot**

  `http://www.hotbot.com/`

- **Infoseek**

  `http://www.infoseek.com/`

- **Lycos und Lycos.de**

  `http://www.lycos.com/`

  `http://www.lycos.de/`

- **Magellan**

  `http://www.mckinley.com/`

- **WebCrawler**

  `http://www.webcrawler.com/`

Sie können sich bei diesen Suchmaschinen auch ganz einfach mit einem Anmeldedienst oder einem Programm registrieren, da nur die URL und keine zusätzliche Beschreibung oder ähnliches benötigt wird.

Die neun Suchmaschinen, die ich hier genannt habe, sind die wichtigsten. Sowohl Netscape als auch Internet Explorer, die beiden beliebtesten Browser, verweisen auf diese Suchmaschinen, so daß die meisten Web-Anwender nur auf eine Schaltfläche klicken müssen, um zu einer diesen Suchsites zu gelangen.

Bei beiden Browsern gibt es auch ein spezielles Schnellverfahren, mit dem Sie einige dieser Suchmaschinen verwenden können. Dazu geben Sie das Stichwort in das Adreßfeld des Browsers ein. (Beim Internet Explorer müssen Sie **go *Stichwort*** eingeben, während Sie bei Netscape nach zwei Stichwörtern, die durch ein Leerzeichen voneinander getrennt sind, suchen können: ***Stichwort Stichwort***.) Obwohl es viele hundert Suchsites gibt, werden ca. 95% aller Suchvorgänge über die Suchmaschinen abgewickelt, die in den Suchseiten der Browser aufgelistet sind.

Die Anmeldung bei den neun wichtigsten Suchmaschinen ist also wichtiger, als die bei den restlichen Suchmaschinen zusammen genommen. Yahoo! ist wahrscheinlich die wichtigste Suchmaschine. Es ist die beliebteste und am meisten benutzte Suchmaschine überhaupt. Einige Schätzungen besagen, daß 70% aller Suchvorgänge über Yahoo! ablaufen. Sie sollten also einige Zeit bei Yahoo! verbringen. Eventuell ist es eine gute Idee, wenn Sie mehrere Web-Seiten bei Yahoo! registrieren, um die Wahrscheinlichkeit zu erhöhen, daß Sie eingetragen und auch gefunden werden.

Einige Suchmaschinen werden Sie auch ohne Ihr Zutun finden. Der Roboter von Altavista zum Beispiel sucht auf Websites herum und folgt allen Links, die er finden kann. Wenn es von einer Seite, die Altavista schon kennt, einen Link auf Ihre Website gibt, wird sie darüber gefunden. Sie können aber diesen Prozeß beschleunigen, wenn Sie Ihre Website anmelden. Es kann sein, daß es lange dauert, bis die Suchmaschine Ihre Website findet, so daß es besser ist, wenn Sie ihr mitteilen, wo sie ist. Sobald sie weiß, wo Ihre Website ist, schickt sie einen Roboter hin, der sich die Seiten ansieht und indiziert.

Um sich von Hand zu registrieren, sollten Sie zuerst eine Textdatei mit den wichtigsten Angaben zu Ihrer Website erstellen: Name, URL, eine kurze Beschreibung und so weiter. Gehen Sie dann zu den Suchmaschinen, und suchen Sie dort nach einem Link wie »Add Link«, »Add URL«, »Website anmelden« oder so ähnlich. Häufig finden Sie diesen Link irgendwo versteckt am Ende der Seite. Klicken Sie auf den Link, und folgen Sie den Anweisungen. Kopieren Sie dabei den Text aus Ihrer Datei in die entsprechenden Felder des Formulars. NetGuide Live funktioniert etwas anders, aber es ist auch keine echte Suchmaschine, sondern vielmehr ein Katalog, in dem ausgewählte Websites besprochen werden. Ich habe ihn hier jedoch in die Liste mit aufgenommen, weil er in der Suchseite des Internet Explorers erscheint. Sie können sich bei NetGuide Live nicht registrieren, sondern nur eine neue Website vorschlagen. Dazu gehen Sie zu der Feedback-Seite – wenn Sie diese finden können. Das letzte Mal, als ich dort war, war sie nämlich ausgesprochen gut versteckt. Sie können aber auch eine E-Mail an `ngreview@cmp.com` schreiben.

Wenn Sie sich noch bei anderen Suchmaschinen von Hand eintragen wollen, finden Sie auf den folgenden Websites eine Übersicht:

- **Eureka**

  `http://www.best.com/~mentorms/eureka.htm`

- **VirtualPromote** (große Liste)

  `http://www.virtualpromote.com/promot1.html`

- **VirtualPromote** (kleine Liste)

  `http://www.virtualpromote.com/promoteb.html`

- **WebStep 100**

  http://www.mmgco.com/top100.html

- **Yahoo! – Web-Indizes**

  http://www.yahoo.com/Computers_and_Internet/Internet/World_Wide_Web/Searching_the_Web/Indices/

- **Yahoo! – Web-Verzeichnisse**

  http://www.yahoo.com/Computers_and_Internet/Internet/World_Wide_Web/Searching_the_Web/Web_Directories/

- **Yahoo! – Suchmaschinen**

  http://www.yahoo.com/Computers_and_Internet/Internet/World_Wide_Web/Searching_the_Web/Search_Engines/

Bedenken Sie jedoch, daß das Anmelden von Hand seinen Preis nicht unbedingt wert ist. Die meisten Suchmaschinen werden nur wenig benutzt, so daß Sie sich überlegen sollten, ob es sich wirklich lohnt, wenn Sie Ihre Zeit darauf verwenden, sich bei Hunderten einzutragen. Wenn Sie sich auch bei den weniger wichtigen Suchmaschinen registrieren möchten, ist es wahrscheinlich besser, wenn Sie dazu einen Anmeldedienst oder ein Programm verwenden.

Achten Sie auch auf Websites, die spezielle Suchmaschinen haben, die mit Ihrem Unternehmen zu tun haben. Es gibt zum Beispiel **CampSearch** (http://www.campsearch.com/) für Sommerferienlager, die **James Kirk Suchmaschine**, die nach Informationen zu StarTrek sucht (http://www.webwombat.com.au/trek/), **MathSearch** für Web-Seiten, die in irgendeiner Form mit Mathematik zu tun haben (http://www.maths.usyd.edu.au:8000/MathSearch.html), die **Aviation Search Engine** für Luft- und Raumfahrt-Websites (http://search.totavia.com/) und viele andere mehr.

Vergessen Sie nicht die Führer und Kataloge wie NetGuide Live (siehe oben), »The Cool Site of the Day«, »Web Pick of the Day« oder »Die Website des Tages« und so weiter. Auf den folgenden Websites finden Sie Links zu Katalogen und »den besten Seiten«:

- **Promote It!** (Dort gibt es eine große Liste mit »Websites des Tages«.)

  http://www.itools.com/promote-it/promote-it.html

- **Quick of the Day**

  http://members.aol.com/kuramata/quick/

- **Yahoo! – Websites des Tages/Monats/Jahres ...**

  http://www.yahoo.com/Computers_and_Internet/Internet/World_Wide_Web/Best_of_the_Web/

- **Yahoo! Deutschland – Das Beste im Web**

  http://www.yahoo.de/Computer_und_Internet/Internet/World_Wide_Web/Das_Beste_im_Web/

Reichen Sie Ihre Website bei diesen Stellen ein. Selbst wenn Sie sich mit dem Design zurückgehalten haben, macht das nichts. Sie haben vielleicht nicht die schönsten Seiten im WWW, aber da es so viele Websites gibt, von denen viele 365 Seiten pro Jahr besprechen müssen, haben Sie vielleicht eine bessere Chance, als Sie denken. Viele Websites werden Ihre Seiten aufnehmen, auch wenn sie nicht ausgesprochen hübsch sind, solange Sie nützliche Dienste anbieten.

Führen Sie Buch darüber, wann und wo Sie Ihre Website angemeldet oder vorgeschlagen haben. Sie können dann später zu der Website gehen, um zu sehen, ob Sie auch tatsächlich aufgenommen wurden. Nur weil Sie Ihre Angaben weggeschickt haben, heißt das noch nicht, daß Sie auch in die Suchsite aufgenommen worden sind.

Es kann übrigens einige Wochen dauern, bis Sie bei einer solchen Suchsite registriert sind. Manchmal werden Sie sofort in die Datenbank aufgenommen, manchmal wird erst ein Roboter zu Ihrer Website geschickt, oder sie wird sogar von einem menschlichen Mitarbeiter (in dem Fall einem echten Menschen) überprüft. In so einem Fall kann es einige Zeit dauern, bis Sie Ihren Eintrag finden können.

18.6 Anmeldedienste

Ich denke nicht, daß sich das manuelle Eintragen bei allen Suchmaschinen wirklich lohnt. Es gibt einfach viel zu viele. Es wird Tage oder sogar Wochen in Anspruch nehmen, wenn Sie sich bei den vier- oder fünfhundert Suchsites anmelden wollen. Viele davon werden noch nicht einmal häufig benutzt.

Es kommt Sie billiger, wenn Sie dafür einen Anmeldedienst in Anspruch nehmen, der Sie überall registriert. Auf diese Weise sparen Sie sich viel Zeit. Ein weiterer Vorteil ist jedoch, daß die Anmeldungen in wenigen Minuten oder Stunden komplett sind, so daß Ihre Website auch viel schneller bei diesen Suchmaschinen zu finden sein wird.

Es gibt viele verschiedene Anmeldedienste, von denen einige sogar kostenlos sind. Hier finden Sie eine Liste mit verschiedenen Diensten. Die Preise sind nur zum Vergleich und haben sich in der Zwischenzeit vermutlich geändert.

- **Kostenlos.de** (Hier finden Sie eine ganze Reihe von Anmeldediensten für deutsche und Internationale Suchmaschinen, die zum größten Teil nichts kosten.)

  `http://www.kostenlos.de/internet_suchmaschinen.htm`

- **@Submit!** (registriert Sie kostenlos bei über 50 Suchmaschinen)

  `http://www.uswebsites.com/submit/`

- **A1's Directory** (200 Such-Sites für ca. 150 DM)

  `http://www.a1co.com/`

- **AAA Internet Promotions** (50 für 180 DM, 100 für 330 DM, 200 für 590 DM)

  `http://www.websitepromote.com/dls/`

- **Contact Data Systems** (500 für ca. 85 DM)

  `http://contactdata.net/`

- **did-it.com**

  `http://www.did-it.com/`

- **Postmaster** (395 for ca. 850 DM)

  `http://www.netcreations.com/postmaster/`

- **QwikLaunch** (27 kostenlos)

  `http://www.qwiklaunch.com/`

- **Register-It!** (100 für ca. 35 DM)

  `http://www.register-it.com/`

- **Submit It!** (20 kostenlos, 300 für ca. 100 DM)

  `http://www.submit-it.com/`

- **URL Guru** (500 für ca. 130 DM)

  `http://www.biggest.com/`

- **VirtualPromote**

  http://www.virtualpromote.com/

- **Web AdVentures** (50 für ca. 150 DM, 100 für ca. 255 DM)

  http://www.webadventures.com/500sitex.htm

- **WebStep** (40 sites for $79)

  http://www.mmgco.com/top100.html

- **Yahoo! – Announcement Services** (Dort finden Sie noch weitere Dienste.)

  http://www.yahoo.com/Computers_and_Internet/Internet/World_Wide_Web/Announcement_Services/

18.7 Eintragungssoftware

Es gibt auch Programme, mit denen Sie das Eintragen Ihrer Website automatisieren können. Sie installieren die Software auf Ihrem Computer, rufen sie auf, tragen die Informationen ein und lassen sich dann registrieren. Die Vorteile sind eingesparte Kosten und Bequemlichkeit. So ein Programm ist manchmal günstiger als ein Anmeldedienst. Es wird sich vor allem dann rentieren, wenn Sie mehrere URLs eintragen lassen wollen. Bei einem Anmeldedienst müssen Sie für jede Web-Seite, die Sie eintragen, extra zahlen. Die Eintragungssoftware können Sie entweder unbegrenzt nutzen, oder aber Sie haben eine Lizenz für eine bestimmte Zeit. Der Submission Wizard zum Beispiel ist auch dann günstiger, wenn Sie ihn nur ein einziges Mal benutzen. Mit diesem Programm zahlen Sie ca. 40 DM, um sich bei 500 Suchmaschinen anzumelden. Es ist auch einfacher, alle Informationen einmal in ein Programm einzutragen und dann für den späteren Gebrauch abzuspeichern, als jedesmal, wenn Sie sich registrieren wollen, ein Formular bei einem Anmeldedienst auszufüllen. Ein Anwender sagte zu mir: »Diese Anmeldedienste stürzen immer dann ab, wenn man während der Registrierung auf »Abschicken« geklickt hat. Man weiß also nie, ob das Anmelden nun erfolgreich war oder nicht ... Und alle Informationen, die man so sorgfältig eingegeben hat, sind verloren.«

Einige der Programme gibt es auch als kostenlose Demoversionen, mit denen Sie sich bei einigen Sites gratis eintragen können. Dabei ist die Anzahl der Suchmaschinen jedoch meist begrenzt, und Sie haben auch keine große Auswahl. Auf den folgendes Websites finden Sie Eintragungssoftware:

- **007 Submitter**

  http://www.007software.com/

- **Add Web**

  `http://www.cyberspacehq.com/addweb/`
- **Hired Hits**

  `http://www.hiredhits.com/`
- Hurricane WebPromo

  `http://www.theoffice.net/webpromo/`
- **HyperHits**

  `http://webmastertools.com/`
- **Net Submitter Professional**

  `http://softwaresolutions.net/`
- **Promotional Spider**

  `http://user.ksni.net/~nort/nsp/`
- **Promoware** (kostenlose Demoversion für elf Suchmaschinen, Vollversion: 300 Suchmaschinen für 400 DM)

  `http://www.promoware.de/`
- **Register Pro Promotion Spider**

  `http://www.registerpro.com/spider_info.html`
- **Submission Wizard** (Windows 95, 500 Suchmaschinen, ein Monat kostet ca. 40 DM, sechs Monate ca. 135 DM)

  `http://www.exploit.com/`
  `http://www.submissions.com/`
- **SubmitBlaster** (Windows 95, 120 Suchmaschinen für ca. 170 DM)

  `http://www.rtlsoft.com/submitblaster/`
- **SubmitWolf PRO**

  `http://www.msw.com.au/swolf/`
- **Web Promotion Spider** (85 bis 170 DM, 250 bis über 300 Suchmaschinen; konfiguriert auch Ihre `<META>`-Tags und überprüft, ob und wie Ihr Eintrag in den Suchmaschinen erscheint)

  `http://beherenow.com/spider/`

- **WebPosition**

  http://www.webposition.com/

- **www.SitePromoter** – für Windows und Macintosh

  http://www.sitepromoter.com/

18.8 Überprüfen Sie Ihren Eintrag in den Suchmaschinen

Sie sollten überprüfen, wie Ihr Eintrag in den Suchmaschinen erscheint, egal welche Methode Sie für die Anmeldung gewählt haben. Warten Sie einige Tage oder auch ein paar Wochen ab, und suchen Sie dann nach Ihrer Website. Wahrscheinlich werden Sie herausfinden, daß Sie bei einigen Suchmaschinen noch gar nicht eingetragen sind. Yahoo! ist meiner Erfahrung nach besonders schlecht in bezug auf das Eintragen neuer Websites. Ungefähr die Hälfte aller Anmeldungen werden abgelehnt. In so einem Fall kann ich Ihnen nur raten, Ihre <META>-Tags zu überprüfen, um sicherzugehen, daß sie gut sind. Versuchen Sie, sich dann noch einmal einzutragen. Sie können sich auch unter einer anderen Kategorie mit anderen Stichwörtern anmelden.

Es gibt auch Programme und Anbieter, zum Beispiel Web Promotion Spider und Did-it Detective, die Ihnen dabei helfen, herauszufinden, wie gut Ihr Eintrag in den Suchmaschinen ist. Es gibt auch ein Programm namens **WebPosition** (http://www.webposition.com/), das nichts anderes tut. Auf der **Meta Medic** Website (http://www.northernwebs.com/set/setsimjr.html) können Sie Ihre <META>-Tags auf Länge und Wiederholungen testen lassen. (Sie können **Set Sim Pro** mit zusätzlichen Funktionen käuflich erwerben.) Mit einer Meta-Suchmaschine können Sie mehrere Suchmaschinen auf einmal durchsuchen, um zu sehen, ob Ihre Website gefunden wird.

Meta Medic ist ein praktisches Tool, aber es funktioniert nur, wenn jeder <META>-Tag auf Ihren Seiten nicht länger als eine Zeile ist.

Es ist heutzutage eine echte Wissenschaft, wenn man eine Website richtig bei einer Suchmaschine plazieren möchte. Es ist deshalb auch kein Wunder, daß Sie jede Menge Tips und Ratschläge zu diesem Thema finden können. Wenn Sie wissen wollen, wie Sie am besten mit Suchmaschinen arbeiten, lesen Sie das am besten in den Berichten und Rundschreiben der folgenden Websites und Newsgruppen nach:

- **The Brick** (Tips zum Optimieren Ihrer Website)

  `http://207.217.39.6/thebrick/`

- `<META>`**-Tags für Suchmaschinen**

  `http://www.stars.com/Search/Meta/Tag.html`

- **PlanetOcean – Geheimnisse der Suchmaschinen** (ca. 165 DM pro Buch)

  `http://www.hitmasters.com/`

- **Search Engine Secrets** (ca. 25 DM pro Buch)

  `http://ww.lr-publishing.com/SES2/`

- **Search Engine Watch** (kostenloser Newsletter)

  `http://searchenginewatch.com/`

- **The Secrets of Search Engine Positioning**

  `http://yellowpage.com/ses.htm`

- **Tips, wie man unter die Top 10 der besten Sites gelangt und den Newsletter »Marketposition«** (kostenlos, wenn Sie die WebPosition Software kaufen)

  `http://www.webposition.com/`

- **Tips und Hilfe beim Eintragen in und Verwenden von Suchmaschinen**

  `http://www.sofer.com/research/`

- **Submit It! – Tips zum Gebrauch von Suchmaschinen**

  `http://www.submit-it.com/subopt.htm`

- **Web Ranking Tools**

  `http://www.bruceclay.com/web_rank.htm`

- **comp.infosystems.search** (eine Newsgruppe, zum Thema Suchmaschinen)

- **Yahoo! – Site Announcement and Promotion Placement Improvement**

  `http://www.yahoo.com/Computers_and_Internet/Internet/World_Wide_Web/Information_and_Documentation/Site_Announcement_and_Promotion/Search_Engine_Placement_Improvement/`

- **Yahoo! Deutschland – Informationen zum WWW**

  `http://www.yahoo.de/Computer_und_Internet/Internet/World_Wide_Web/Information_und_Dokumentation/`

18.9 Kostenlose Link-Seiten

Es gibt viele Websites im Internet, bei denen man kostenlos Links eintragen kann. Diese werden häufig auch als *Free for All*-Seiten bezeichnet. Sie können dort Ihre URL eintragen, so daß dann ein Link von dieser Seite auf Ihre Website zeigt. Ich glaube nicht, daß diese Seiten ausgesprochen effektiv sind, da sie sich nicht auf ein Thema konzentrieren. Sie finden dort zum Beispiel Reinigungsfirmen neben Berufsberatungen, Firmen, die Tassen verkaufen, neben Firmen, die Häuser verkaufen, und private Homepages neben Galerien. Es gibt aber ein paar Link-Seiten, die sich auf ein bestimmtes Thema festgelegt haben, zum Beispiel **Links für Christen** (`http://www.christianlink.com/home/add_a_link/`) oder für **Buchhalter im Internet** (`http://www.prosystems.com/cpas/links.htm`). Wenn Sie eine Link-Seite finden, die zu Ihrem Unternehmen paßt, sollten Sie sich dort auf jeden Fall eintragen.

Einige Anmeldedienste und Eintragungsprogramme melden Ihre Website auch auf Link-Seiten an. Wenn das Ganze nichts extra kostet, kann es auch nichts schaden. Ich würde jedoch nicht zuviel Zeit damit verbringen, mich auf allen Link-Seiten einzutragen. Vermutlich können Sie Ihre Zeit sinnvoller mit anderer Werbung verbringen, wie zum Beispiel in den Newsgruppen (vergleiche Kapitel 19).

Wenn Sie dennoch Link-Seiten finden wollen, gehen Sie am besten zu den folgenden Websites:

- **A1 Free For All Directory**

  `http://www.a1co.com/cgi/freeindex.html`

- **ILINK Free Link Sites!**

  `http://www.goodnet.com/~ej77486/linkmeu.htm`

- **Matts Skriptarchiv**

  `http://www.worldwidemart.com/scripts/examples/links.shtml`

- **Yahoo! – Free For All Page**

  `http://www.yahoo.com/Computers_and_Internet/Internet/World_Wide_Web/Searching_the_Web/Indices_to_Web_Documents/Free_for_All_Pages/`

Überlegen Sie sich, was für ein Text bei Ihrem Link stehen soll, bevor Sie sich auf einer der Link-Seiten eintragen. Erstellen Sie keinen Link, der nur *Eins A Wüstenspringmäuse* lautet. Behandeln Sie den Link wie eine Anzeige. Schreiben Sie etwas wie *Die besten Wüsenspringmaus-Seiten im Web!* oder *Kostenlose Wüstenspringmäuse!* oder *Alles, was Sie schon immer über Wüstenspringmäuse wissen wollten, aber nie zu fragen wagten.*

Eine andere Form von kostenlosen Links ist der Banner-Tausch. Dort erklären Sie sich bereit, ein bestimmtes Banner auf Ihre Website zu stellen. Jemand anderes hat dann Ihr Banner auf seiner Seite. Es gibt Anbieter, die diese Tauschgeschäfte organisieren, zum Beispiel Link Exchange, The Banner Exchange oder Christian Banner eXchange. Im Endeffekt tauschen Sie dabei Anzeigen. Mehr dazu erfahren Sie in Kapitel 22.

19. Kapitel

So bringen Sie Leute auf Ihre Website

In Kapitel 18 haben Sie gelernt, wie Sie Ihre Website in Verzeichnissen, Katalogen, Suchmaschinen und den Link-Seiten registrieren. Jetzt können Sie sich einfach zurücklehnen und auf Ihre Besucher warten.

Nun, das könnten Sie tun, erwarten Sie dann aber nicht zuviel Aktivität auf Ihren Seiten. Wahrscheinlich wird Ihre Website zwar gefunden werden, und es werden auch immer mal wieder Leute vorbeischauen. Wenn Sie Ihre Website einfach nur registriert haben, ist das aber noch kein ausgesprochen effektiver Weg, Werbung für Ihr Unternehmen zu machen. Kennen Sie irgendeine Firma, die sich ausschließlich auf die Gelben Seiten verläßt, um Kunden in einen Laden zu bringen? Da gibt es höchstwahrscheinlich nicht viele. Natürlich müssen Sie sich eintragen und allein die Tatsache, daß Ihre Website nun zu finden ist, wird auch potentielle Kunden zu Ihnen bringen. Aber das ist nicht genug.

Ein ganz einfacher Grund dafür ist, daß es heutzutage im WWW eine so riesige Auswahl gibt. Geben Sie einmal bei einer der großen Suchmaschinen einen beliebigen Begriff ein wie Fahrräder, Modelleisenbahnen, Schokolade, Unterwäsche, Astronomie, Hardware, Paragliding ... In Yahoo! habe ich 147 Einträge für ***paraglid*** gefunden. Woher wollen Sie wissen, ob jemand, der nach einem der Stichwörter sucht, das Sie auf Ihrer Seite verwendet haben (und das vermutlich von vielen anderen Leuten ebenfalls verwendet wird), aus den vielen Treffern ausgerechnet Ihre Web-Seite auswählt? Woher wollen Sie wissen, ob jemand überhaupt Ihren Eintrag sieht, bevor er einem anderen Link folgt? Sie haben keine Möglichkeit, das festzustellen. Obwohl es Leute gibt, die behaupten, Tricks zu kennen, mit denen man garantiert am Anfang jeder Suchmaschine aufgelistet wird, gibt es in Wirklichkeit nicht viel, was Sie machen können. Außer den Dingen, die ich in Kapitel 18 angesprochen habe, gibt es nicht viel mehr, was Sie tun können, um sicherzustellen, daß Ihr Eintrag am Anfang steht.

Vergessen Sie alles, was zu Reklametafeln gesagt wird – eine Website ist nun einmal keine. Vergessen Sie auch den Satz »Das Internet verändert alles ...«. Das stimmt nämlich nicht. Wie sonst auch müssen Firmen im Cyberspace ihre Kunden finden und auf ihre Website bringen. Wo finden Sie die Leute? In den Diskussionsforen des Internet, den Mailinglisten und Newsgruppen. Und genau darum geht es in diesem Kapitel.

19.1 Beobachten Sie zuerst

Beobachten Sie zuerst die Newsgruppen und Mailinglisten, bevor Sie selber Nachrichten verschicken. Folgen Sie einfach den Diskussionen in den Newsgruppen, und abonnieren Sie Mailinglisten. Sie könnten zwar einfach blind Nachrichten verschicken, aber dann kann es sein, daß Sie die anderen Mitglieder des Forums ungewollt verärgern. Nur wenn Sie eine Weile stumm zusehen, werden

Sie den allgemeinen Stil und die Atmosphäre dieses Forums kennenlernen. Sie wissen ansonsten auch nicht, welche Art von Nachrichten Sie versenden können, ohne die anderen Teilnehmer zu verärgern. Das ist sogar noch wichtiger, wenn es sich um eine moderierte Gruppe handelt. Der Moderator wird eine unpassende Nachricht nämlich einfach nicht weiterleiten. Bei vielen Newsgruppen und Mailinglisten gibt es auch ein Dokument mit **FAQs** (*Frequently Asked Questions*), in dem häufig gestellte Fragen beantwortet werden. Dort erfahren Sie auch, um was es in dem Forum primär geht und welche Art von Nachrichten angebracht sind. Diese FAQs werden in den Newsgruppen häufig ein oder zweimal in der Woche gepostet, so daß sie immer erhältlich sind. In moderierten Gruppen steht häufig in der Signature, die der Moderator am Ende von seinen Nachrichten stehen hat, wo die FAQs oder die Regeln für diese Gruppe zu finden sind. Wenn Sie eine Mailingliste abonnieren, erhalten Sie normalerweise einen Text, in dem die Gruppe und die Regeln für das Versenden von Nachrichten beschrieben sind.

Ich würde Ihnen raten, erst einmal alle Diskussionsforen zu suchen, die für Sie von Interesse sein könnten. Sie können dann eine Weile einfach nur zuhören und dann die Gruppen auswählen, die wirklich für Sie von Nutzen sind. Wenn Sie zum Beispiel Werbung für eine Website zum Thema Raketen machen wollen, können Sie nach dem Wort ***Space*** suchen und werden über sechzig Newsgruppen finden. Einige davon sind eindeutig nicht zu gebrauchen, wie zum Beispiel `alt.alien.visitors` (Außerirdische auf der Erde! Entführungen! Was die Regierung verschweigt!) und `alt.cyberspace` (Cyberspace und wie er funktionieren sollte). Was ist aber mit Gruppen wie `can.schoolnet.space.jr` (SchoolNet Space Sciences für Grundschüler), `can.schoolnet.space.sr` (SchoolNet Space Sciences für Schüler an Highschools) und `york.club.seds` (Students for Exploration & Development of Space)? Obwohl diese nicht direkt mit Raketen zu tun haben, besteht doch die Möglichkeit, daß sich einige der Teilnehmer für dieses Thema interessieren. Eventuell können Sie also eine Nachricht an diese Gruppen senden – so lange sie korrekt formuliert ist (mehr dazu gleich).

19.2 Erstellen Sie eine Signature (Unterschrift)

Erstellen Sie zuerst eine gute Signature, bevor Sie Nachrichten an Newsgruppen und Mailinglisten versenden. Eine Signature ist ein kurzer Text am Ende einer E-Mail, die etwas über den Autor der Nachricht sagt oder eine wichtige Mitteilung enthält. Das ist ein gutes Mittel für Werbung, vor allem, wenn Ihre Nachricht intelligent formuliert ist und nützliche Informationen für die Teilnehmer des Diskussionsforums enthält. Wenn jemand eine Signature liest und sie nützlich oder interessant findet, möchte er vielleicht mehr über die Person wissen, welche die Nachricht verfaßt hat. Also geht derjenige zu der Website, um mehr zu erfahren. Häufig stehen in Signatures auch kurze Werbeanzeigen. So lange sie nicht zu lang ist, wird dies heutzutage auch ohne weiteres akzeptiert.

Überlegen Sie sich also, was Sie gerne publik machen wollen und wie Sie es so formulieren, daß es in ein paar Zeilen Text paßt, der am Ende jeder E-Mail von Ihnen steht. Sie können auch mehrere unterschiedliche Unterschriftsdateien erstellen, die Sie dann gezielt für die einzelnen Newsgruppen auswählen können. Wie viele Zeilen darf so eine Signature lang sein? Früher waren vier oder fünf Zeilen das absolute Maximum, heutzutage werden aber auch neun oder zehn Zeilen ohne weiteres akzeptiert. Seien Sie aber nicht zu penetrant. Versuchen Sie dem Leser einen Grund zu geben, Ihre Website zu besuchen. Welche der beiden folgenden Signatures ist wohl ansprechender?

```
Kaufen Sie von uns! Die besten Modelleisenbahnen im Web - zu den
besten Preisen: http://modell.eisenbahn.de/
```

```
Treffen Sie Thomas B. Schaffner in unserem Diskussionsforum (3. Bis
7. März 1999). Außerdem: kostenlose Kleinanzeigen, jede Menge
nützliche Links und eine große Auswahl an Eisenbahnmodellen und
Zubehör. http://modell.eisenbahn.de/
```

Überlegen Sie sich, was Sie den Leuten anbieten können, damit sie zu Ihrer Website gehen. Die erste Signature wird sicherlich einige Leute auf Ihre Website bringen, aber die zweite ist besser. Dort wird den Besuchern etwas angeboten und erst ganz am Ende geht es darum, etwas zu verkaufen.

Wenn Sie viele Nachrichten an Newsgruppen schicken, kann jede E-Mail eine kleine Anzeige in der Signature enthalten, selbst wenn es in dem Text Ihrer Nachricht nicht um Ihre Website geht. Wir sprechen später in diesem Kapitel noch mehr über diese Methode.

Die folgenden Dinge sollten in Ihrer Signature stehen:

- **Die URL der Seite, auf die Besucher aus der Newsgruppe gelangen sollen.** Das kann eine unterschiedliche Seite für jede Newsgruppe, die Sie besuchen, sein. Je nach dem um was für einen Besucher es sich handelt, können Sie so unterschiedliche Informationen präsentieren (mehr dazu später in diesem Kapitel).
- **Die E-Mail-Adresse eines Autoresponders.** Viele Anwender haben nur eine langsame Verbindung zum Internet oder minimalen Zugang zum WWW, so daß sie lieber die Informationen über einen Autoresponder erhalten.
- **Die E-Mail-Adresse eines Ansprechpartners**, an den man sich mit Fragen wenden kann.
- **Gründe, warum man zu der Website gehen soll.** Zählen Sie nicht die einzelnen Gründe auf, warum Sie möchten, daß man zu Ihrer Website geht. Nennen Sie dem Leser vielmehr Gründe, warum er davon profitieren würde. Das sind zwei verschiedene Dinge.

19.3 So verfassen Sie Nachrichten

Angenommen, Sie möchten für Ihre Website über Modelleisenbahnen in verschiedenen Newsgruppen werben. Wenn Sie wirklich rücksichtslos wären, könnten Sie so etwas wie die folgende Nachricht schreiben:

```
CHECK THIS OUT!
DIE BESTE MODELLEISENBAHN-SITE IM WEB!!!!!!
COOLE SACHEN, EXTREM BILLIG, SPAREN SIE $$$$$$!!!
KOMMEN SIE ZU UNSERER WEBSITE UNTER HTTP://WWW.EISENBAHNFOOL.COM/!!!
```

Sie könnten diese Nachricht auch an 20 000 Newsgruppen auf einmal senden, obwohl Sie dann ernsthafte Probleme haben könnten – erinnern Sie sich an den Abschnitt zu Spam in Kapitel 16?

Diese Art von Nachricht ist widerlich, und die meisten Leute hassen so etwas. Wenn Sie so eine E-Mail versenden, machen Sie sich vermutlich mehr Feinde als Freunde. Es handelt sich ganz eindeutig um eine Anzeige, die dazu noch schlecht formuliert ist. Diese Art von Nachrichten werden jeden Tag zu Tausenden an Newsgruppen geschickt, so daß die Teilnehmer davon inzwischen die Nase voll haben.

Behandeln Sie Mitteilungen an Newsgruppen nicht so sehr wie Anzeigen als vielmehr wie eine Nachricht, die informieren will. »Schreien« Sie dabei nicht, sondern reden Sie mit den Lesern. Versuchen Sie Ihre Nachricht im folgenden Stil abzufassen:

```
Hallo!

Ich bin gerade dabei, mir die einzelnen Newsgruppen im Internet zum
Thema Modelleisenbahnen anzusehen. In dieser Gruppe hier scheint es
viele aktive Teilnehmer zu geben. Ich habe einen Modelleisenbahn-
Laden in München und wollte herausfinden, wie andere Leute mit dem
gleichen Hobby das Internet verwenden. Wir haben gerade unsere
Website fertiggestellt (warum schauen Sie nicht einfach mal vorbei?
http://www.modelleisenbahn_muenchen.de/ ). Wir wollten Liebhabern
von Modelleisenbahnen einige Dienste anbieten. Deswegen haben wir
Links zu allen Websites über Eisenbahnen im Web (nicht nur Modell-
eisenbahnen, sondern auch die »echten«. Wir haben viele coole Links
zu Eisenbahnen auf der ganzen Welt!) Wir haben auch ein Diskus-
sionsforum, in dem wir bald auch bekannte Persönlichkeiten zu Gast
haben werden. Sie können dann auch Mitarbeitern von Märklin Fragen
stellen und so weiter. Vorschläge für Leute, mit denen Sie gerne
chatten möchten, werden gerne entgegengenommen! Mein Geschäftspart-
ner hält mich zwar für verrückt (warum sollen wir hier auf Geld
```

```
verzichten, sagt er), aber wir haben auch kostenlose Kleinanzeigen.
Wenn Sie also irgendwelche Eisenbahnen oder Zubehör suchen oder
verkaufen wollen, können Sie eine Kleinanzeige (absolut umsonst)
aufgeben.

Wenn Sie noch Ideen haben, was wir sonst noch machen könnten,
lassen Sie es uns wissen. Auch wenn Sie neue Links kennen, die wir
unbedingt auf unserer Website haben sollten, können Sie diese über
ein Formular auf unserer Website eintragen.
```

Welche Nachricht wirkt störender? Welche ist mehr eine Anzeige? Im Endeffekt handelt es sich bei beiden Nachrichten um Anzeigen, aber die erste ist nichts weiter, während die zweite persönlicher wirkt. In der zweiten Nachricht spricht eine echte Person, und es ist keine vorgefertigte Nachricht, die man tausendmal verschicken könnte. Achten Sie darauf, daß vor und nach der URL ein Leerzeichen steht, so daß man auf den Link klicken kann, um den Browser aufzurufen. Ohne das Leerzeichen kann es bei manchen Programmen zu Fehlern kommen – vergleiche Kapitel 16.

In dieser Nachricht wird nichts direkt verkauft. Es wird vielmehr etwas umsonst angeboten, und zwar: kostenlose Kleinanzeigen, ein Diskussionsforum zu Modelleisenbahnen und eine Seite mit nützlichen Links. Es werden auch Fragen gestellt: Mit welchen Prominenten würden Sie gerne chatten? Haben Sie Vorschläge, was wir sonst noch anbieten könnten? Fehlen irgendwelche Links? In dieser Nachricht steht nirgendwo, daß man etwas kaufen soll. Wir schlagen nur vor, zu unserer Website zu gehen und geben dafür auch gute Gründe.

Es ist allerdings trotzdem möglich, daß sich Leute über eine solche Nachricht beschweren. Aber da sie einen persönlichen Charakter hat und im Plauderton geschrieben ist, werden mögliche Beschwerden eher freundlich formuliert, wie zum Beispiel: »Fred, wir wollen in dieser Gruppe keine Anzeigen haben, könntest Du da bitte in Zukunft darauf achten?« Das ist weniger ein Flame (ein Flame ist eine verletzende oder beleidigende E-Mail, vor allem in Newsgruppen) als vielmehr ein sanfter Tadel.

Denken Sie also immer an diese zwei Grundsätze zu Werbung in Diskussionsforen:

Reine Anzeigen (Kaufen, kaufen, kaufen!) verärgern die Teilnehmer.
»Anzeigen«, in denen Sie etwas anbieten, werden normalerweise akzeptiert.

Lesen Sie Ihre Nachrichten sorgfältig durch. Geben Sie den Teilnehmern in diesem Diskussionsforum etwas, das nützlich ist? Ist Ihre Nachricht für den Großteil der Teilnehmer von Interesse? Oder handelt es sich nur um eine Anzeige?

19.3.1 Sind Sie sich nicht sicher, ob das Forum passend ist?

Was machen Sie, wenn Sie eine Gruppe gefunden haben, in der zwar möglicherweise Teilnehmer sind, die sich für Ihre Produkte interessieren, aber die nicht wirklich mit Ihrem Interessengebiet zu tun hat? Zum Beispiel Newsgruppen zu Eisenbahnen, in denen es aber nicht speziell um Modelleisenbahnen geht? Ich wäre sehr vorsichtig, was ich in so eine Gruppe posten würde, und würde mich auf alle Fälle kurz fassen. Ich würde auch die Sachen von meiner Website erwähnen, die eher in diese Newsgruppe passen. Sie könnten zum Beispiel folgende Nachricht versenden:

```
Gibt es hier jemanden, der Produkte zum Thema Eisenbahn (Bücher,
Videos, Zeitschriften, DB-Artikel usw.) tauschen oder verkaufen
möchte? Ich habe eine Website mit vielen Links zum Thema Eisenbahn.
Es gibt auch eine Seite mit kostenlosen Kleinanzeigen. Sie können
dort eine Nachricht eingeben, wenn Sie etwas suchen, kaufen oder
tauschen möchten. In unserem Diskussionsforum werden wir bald eine
Frage- und Antwort-Stunde haben, in der ein paar Leute aus der
Szene, unter anderem ein echter Lokführer, teilnehmen werden.
Lassen Sie es uns auch wissen, wenn Sie jemanden kennen, der even-
tuell gerne dran teilnehmen würde.
```

In dieser Nachricht habe ich die Dinge erwähnt, die für Teilnehmer an dieser Liste von Interesse sein könnten. Es geht in diesem Forum um Eisenbahnen, also habe ich die Dinge auf meiner Website erwähnt, bei denen es nicht speziell um Modellbau geht, wie die Seite mit den Links und das Diskussionsforum. Ich habe auch die Kleinanzeigen erwähnt, da es recht wahrscheinlich ist, daß sich hier einige Dinge überschneiden werden. Viele, die sich für Eisenbahnen interessieren, mögen auch Modelleisenbahnen und finden vielleicht in den Kleinanzeigen das eine oder andere, was sie gebrauchen können. Ich habe versucht, einen Plauderton anzuschlagen, so daß es keine aufdringliche »Kaufen Sie!« Nachricht ist.

19.3.2 Aber das ist doch keine wirksame Anzeige!

Nun, ich weiß, daß jetzt viele Leser der Meinung sein werden (vor allem, wenn Sie mit Postwurfsendungen zu tun haben), daß diese Art von diskreten Anzeigen in Newsgruppen keine richtige Werbung ist. Es ist einfach zu indirekt. Sie finden auch tatsächlich viele Anzeigen in Diskussionsforen (insbesondere in den Newsgruppen, weil es so leicht ist, dorthin Nachrichten zu versenden), die in etwa so aussehen:

```
************************************
GELD VERDIENEN LEICHTGEMACHT!
************************************
90 000 DM IM JAHR - OHNE VORKENNTNISSE
************************************
```

Oder:

```
Sie erhalten eine absolut kostenlose Website, wenn Sie sich für
eine Internet Downline registrieren. Unterschreiben Sie jetzt und
Sie bekommen eine Internet Downline und eine Website kostenlos. Es
kostet Sie keinen Pfennig! Es ist ganz einfach. Dies ist der
Schlüssel zu Ihrer finanziellen Sicherheit. Kommen Sie zu meiner
Website unter...
```

(Was ist eine Downline? Darunter versteht man das Einkommen von Leuten, die Sie rekrutieren. Das Ganze findet man im Bereich Multi-Level-Marketing oder MLM, ein mehrschichtiges leistungsorientiertes Marketingkonzept. Leider hat MLM das Internet schon vor einiger Zeit entdeckt.)

Ich sage hier nicht, daß solche Anzeigen nicht funktionieren. Wahrscheinlich tun sie das. Wie Sie in Kapitel 16 gesehen haben, ist Spam durchaus eine Versuchung, weil es so einfach ist und sich auch dann lohnt, wenn Sie nur eine ganz geringe Resonanz erhalten. Es gibt günstige Programme, mit denen Sie Ihre Nachrichten gleichzeitig an 20 000 Newsgruppen senden können. Natürlich kann es sein, daß Ihnen die Antwort darauf nicht gefallen wird – beleidigende E-Mails bis hin zu strafrechtlicher Verfolgung. Es gibt auch Systeme, die nach solchen Crosspostings Ausschau halten und die betreffende Nachricht einfach löschen.

Aber selbst wenn sich diese Art von Werbung lohnt, müssen Sie sich dennoch im Cyberspace verstecken, wenn Sie dies zu häufig machen. (Es ist Ihnen bestimmt schon aufgefallen, daß viele dieser Anzeigen anonym sind. Das heißt, es gibt keine echte Reply-Adresse oder eine URL, sondern nur eine Telefonnummer oder eine Postadresse, damit der Täter nicht im Cyberspace angegriffen werden kann.) In diesem Buch geht es allerdings darum, wie Sie eine Website einrichten und eine möglichst sichtbare Präsenz im Internet schaffen. In so einem Fall ist es äußerst schwierig, auf diese Art zu werben.

19.4 Wie häufig können Sie Nachrichten versenden?

Schicken Sie dieselbe Nachricht nicht immer wieder an die gleichen Foren. Wenn Sie das machen, verwandelt sich Ihre Ankündigung im Plauderton in eine ganz eindeutige Anzeige. Und genau das möchten Sie ja vermeiden. Das heißt jetzt nicht, daß Sie nicht ab und zu auf Ihre Website hinweisen können. Sie können auch immer wieder neue Dienste ankündigen. Sie sollten auch nicht alles in Ihrer ersten Nachricht erwähnen, sondern ein paar Dinge für später zurückhalten.

Wenn Sie einen aktiven Chatraum oder ein Diskussionsforum haben, können Sie besondere Ereignisse wie zum Beispiel Prominenten-Chats oder ausführliche Frage-Stunden mit Experten ankündigen. Eine andere Möglichkeit, ständig in der Newsgruppe präsent zu sein, ist, Informationen zur Verfügung zu stellen und ein Berater zu werden. Mehr dazu in den folgenden Abschnitten. Auch Ihre Signature dient immer noch als Anzeige und weist auf Ihre Website hin. Wenn Sie eine wirklich nützliche Website haben, werden Sie auch merken, daß sie zum Gesprächsthema in der Diskussionsgruppe wird. Ich habe zum Beispiel nach dem Begriff ***cdnow*** (das ist die Website mit CDs, die ich im erstem Kapitel erwähnt habe) in den Newsgruppen gesucht. Ich habe über 1000 Nachrichten gefunden, in denen es um CDnow ging – und der Großteil davon war nicht von Mitarbeitern dieser Firma. Meiner Erfahrung nach werden die meisten Websites jedoch nicht in Diskussionsforen besprochen, weil die meisten Eigentümer sich nicht die Mühe machen, dort präsent zu werden.

19.5 Stellen Sie Informationen auf Ihrer Website bereit

Eine andere Technik, die häufig verwendet wird, ist Informationen auf der Website zur Verfügung zu stellen. Sie können dann eine Nachricht an die Newsgruppen und Mailinglisten schicken, die direkt damit zu tun haben. Ein Anwalt, der sich mit Arbeitsrecht beschäftigt, könnte zum Beispiel einen Artikel zu einer bestimmten Angelegenheit verfassen. Anschließend schreibt er eine E-Mail an die Diskussionsforen, in denen es um Arbeitsrecht geht, um auf den Artikel auf der Website hinzuweisen.

Wenn jemand eine bestimmte Frage hat, die sich nicht in ein paar Zeilen beantworten läßt, und Sie die Antwort wissen, können Sie diese auf Ihre Website schreiben. Schicken Sie dann eine Nachricht mit der URL, auf der die gewünschten Informationen zu finden sind. Das wird häufig so praktiziert und nicht als Werbung betrachtet. Die Einstellung hier ist weniger »Ich habe die Informationen, aber du kriegst sie nur, wenn du auf meine Website kommst«, als vielmehr »Ich habe einen ganzen Artikel zu diesem Thema, der aber viel zu lang für diese Newsgruppe ist, da vermutlich nicht alle daran interessiert sind. Du kannst ihn aber auf meiner Website lesen.« Sie stellen nicht nur Informationen zur Verfügung, sondern achten auch darauf, daß Sie niemanden verärgern, indem Sie eine viel zu lange Nachricht an das Diskussionsforum schicken.

Vergessen Sie dabei nicht, Ihre Website so zu gestalten, daß der Besucher auch noch andere Dinge sieht als die gewünschte Information. Sie können dabei entweder die URL Ihrer Startseite angeben, so daß der Anwender nach den Informationen suchen muß und dabei auch die ganzen anderen Dinge auf Ihrer Website sieht. Machen Sie es ihm aber nicht zu schwer, an die gewünschten Informationen zu kommen! Alternativ dazu können Sie auch eine URL angeben, die direkt auf die entsprechende Seite führt, solange es dort offensichtliche Links zu den anderen Bereichen Ihrer Website gibt.

19.6 Werden Sie ein Berater

Bei den meisten Newsgruppen gibt es eine geringe Anzahl von aktiven Mitgliedern und viele Lurker. **Lurker** (*lurk* heißt auf deutsch *lauern*) sind Leute, welche die Nachrichten lesen, aber keine Antworten oder neuen Mitteilungen posten. Ich bin zum Beispiel in einer Newsgruppe, die ungefähr 650 Mitglieder hat. Es gibt aber nur dreißig bis vierzig Stammgäste, die häufig auch Nachrichten verfassen.

Unter diesen aktiven Mitgliedern existiert häufig eine kleinere Gruppe von vielleicht fünf oder zehn Leuten, die ich als Berater bezeichnen würde. Wenn jemand eine Frage an die Gruppe richtet, wird Sie in der Regel sofort von einem dieser Berater beantwortet. Sie geben auch die besten und nützlichsten Antworten.

Werden Sie in einigen der für Sie interessanten Newsgruppen aktiv. Sie sollten dort den Ruf erwerben, etwas vom dem Thema, um das es geht, zu verstehen, Fragen beantworten zu können und immer auf nützliche Informationen hinzuweisen.

Es gibt allerdings einen Nachteil, wenn Sie sich in einer Newsgruppe engagieren: Es kann sehr viel Zeit in Anspruch nehmen. Lernen Sie, die Entfernen-Taste zu benutzen und sich selbst zu disziplinieren. Löschen Sie Nachrichten sofort, wenn sie nur von geringem Interesse sind – entweder, weil sie besonders geschwätzig sind oder ein Thema behandeln, daß Sie nicht so sehr interessiert. Es wird von Ihnen nicht erwartet, daß Sie jede Nachricht beantworten. Antworten Sie nur immer hin und wieder, und geben Sie dabei hilfreiche Informationen. Gelegentlich können Sie auch auf Ihre Website verweisen. Stellen Sie auch sicher, daß Sie immer eine gute Signature verwenden.

19.7 Lernen Sie die anderen Berater kennen

In Kapitel 17 habe ich Ihnen geraten, Fans kennenzulernen und diese Beziehungen zu pflegen. Nun, die Berater in den Newsgruppen und Mailinglisten gehören auch dazu. Auch die Moderatoren von Gruppen sind natürlich Berater. Diese Leute verbringen viel Zeit in den Diskussionsforen, also sind sie auch am Thema interessiert. Es kann zwar sein, daß es sich dabei um Ihre Konkurrenz handelt, aber vielleicht sind es auch einfach Leute, die an diesen Sachen Anteil nehmen.

Lernen Sie diese Leute kennen. Senden Sie ihnen kostenlose Proben, genauso wie Sie das mit den Leuten machen würden, die Websites haben, die mit Ihrem Unternehmen zu tun haben. Schicken Sie ihnen E-Mails, und plaudern Sie ein wenig mit ihnen. Sie werden sich an Sie erinnern und vielleicht auch zu Ihrer Website gehen. Wenn Sie dort etwas Nützliches finden, werden sie sich das merken und anderen Leuten gegenüber erwähnen. Viele Teilnehmer der Liste achten auch die Kommentare und Meinung eines Beraters aufgrund seiner Stellung.

Häufig sind diese Leute auch gut dafür geeignet, ein Produkt zu rezensieren. Manchmal schreiben sie auch außerhalb des Internet Artikel für Zeitschriften oder haben Websites, auf denen sie Produkte besprechen. Halten Sie also nach Leuten Ausschau, die Einfluß auf Ihre Marketingkampagne ausüben, indem sie über Ihre Produkte sprechen. Denken Sie daran: Die beste Werbung, die Sie bekommen können, sind Leute, die für Ihr Produkt sprechen, ohne mit Ihrer Firma oder Ihnen selbst zu tun zu haben oder dafür bezahlt zu werden.

Hier ist ein Beispiel: Anfang der Neunziger Jahre schrieb ich *The Technical Writer's Freelancing Guide*. Dieses Buch wurde in vier Zeitschriften, die ich kenne, besprochen. 1997 habe ich dieses Buch neu bearbeitet, und es erschien unter dem Titel **Making Money in Technical Writing** (`http://www.mcp.com/mgr/arco/techwr/`). Dieses Mal habe ich selbst aktiv nach Rezensenten gesucht. Viele kamen zu mir, nachdem ich das Buch in Mailinglisten und Newsgruppen angekündigt und um Rezensionen gebeten hatte. Andere wiederum hatten Nachrichten gelesen oder meine Website besucht, die Einladung eine Rezension zu schreiben gesehen und mich daraufhin kontaktiert. Als *Making Money in Technical Writing* erschien, hatte ich neunzig Rezensenten, von denen einige sogar mehr als nur eine Rezension schreiben wollten.

Denken Sie jedoch daran, daß Sie um so mehr ausgenommen werden, je leichter es ist, an Rezensionsexemplare zu kommen. Einige dieser neunzig Leute bitten zwar um ein kostenloses Exemplar, veröffentlichen aber nie eine Besprechung. Selbst wenn aber nur die Hälfte eine Kritik veröffentlicht, ist es das immer noch wert. Ich glaube auch, daß Sie in so einem Fall nicht von 50% aller Leute betrogen werden. Vermutlich liegt die Rate sogar bei weniger als 5%. Ich frage die Rezensenten immer nach dem Namen der Zeitschrift o.ä., für die sie schreiben und wann der Artikel erscheinen soll. Einige haben mir sogar mitgeteilt, wie ich mit dem Lektor in Verbindung treten kann. Ich bin mir ziemlich sicher, daß die meisten Leute, die um ein Rezensionsexemplar bitten, aufrichtig sind. Das Internet macht es einem wirklich leicht, Rezensenten zu finden, was einen ungeheuren Einfluß auf Ihre Werbeaktivitäten hat.

19.8 Newsgruppen mit Bekanntmachungen (Announcements)

Es gibt eine ganze Anzahl von Newsgruppen, die für Bekanntmachungen aller Art gedacht sind. Dort können Sie auch die krassesten Anzeigen hinschicken, ohne daß sich jemand daran stören wird. Einige davon sind ganz allgemein gehalten. In `comp.infosystems.www.announce` kann man zum Beispiel neue nicht-kommerzielle Websites ankündigen. Andere sind wiederum speziell. In `comp.security.pgp.announce` zum Beispiel geht es nur um Ankündigungen, die mit dem Verschlüsselungsprogramm PGP zu tun haben.

Suchen Sie in Ihrem Newsreader nach Begriffen wie ***announce***, ***for sale***, ***market***, ***fundgrube***, ***markt***, ***verkauf***, ***boerse*** usw. Noch besser ist es, wenn Sie eines der Verzeichnisse, die ich in Kapitel 17 erwähnt habe, durchsuchen. Ihr Newsreader findet nämlich nur die Gruppen, die den Begriff im Titel haben, während die Verzeichnisse auch häufig die Beschreibungen der Newsgruppen durchsuchen.

Sie finden Gruppen wie zum Beispiel:

- `z-netz.alt.bayernanzeiger` – Kleinanzeigen in Bayern
- `franken.fundgrube` – Gesucht und gefunden in Franken
- `alt.fandom.cons` – Ankündigung von Cons (SciFi und andere)
- `chi.places` – Ankündigung von Veranstaltungen in Chicago und Umgebung
- `alt.aquaria.marketplace` – Fische und Aquarien
- `alt.art.marketplace` – Kunstgegenstände zum Verkauf
- `biz.marketplace.computers` – Computer und Zubehör
- `ithaca.marketplace` – Sachen zum Verkauf in Ithaca, New York
- `alt.autographs.transactions` – Anzeigen für Leute, die Autogramme suchen oder verkaufen
- `edm.forsale` – Sachen zum Verkauf in Edmonton, Canada

Allerdings gibt es auch einen Nachteil. Es gibt auch Gruppen nur für Anzeigen, in denen etwas gesucht wird. Sie dürfen dort keine Nachrichten hinsenden, in denen Sie etwas anbieten, aber Sie können die Anzeigen durchsehen, ob jemand etwas sucht, das Sie verkaufen. Wenn Sie nach dem Begriff ***wanted***, ***such*** oder ***gesucht*** in den Verzeichnissen suchen, werden Sie häufig Gruppen finden, die sowohl Anzeigen, in denen etwas angeboten als auch solche, in denen etwas gesucht wird, akzeptieren. Zum Beispiel:

- `z-netz.alt.bayernanzeiger` – Kleinanzeigen in Bayern
- `franken.fundgrube` – Gesucht und gefunden in Franken
- `z-netz.alt.fundgrube.suche` – keine Anzeigen, in denen Sie etwas anbieten
- `z-netz.alt.fundgrube.biete` – keine Anzeigen, in denen Sie etwas suchen
- `alt.auto.parts.wanted` – oder auch `alt.american.automobile.breakdown.breakdown.breakdown`
- `aus.ads.wanted` – Gesucht und gefunden in Australien
- `comp.binaries.ibm.pc.wanted` – Software gesucht
- `nj.market.autos` – Fahrzeuge in New Jersey

Beachten Sie, daß einige dieser Gruppen wirklich nur für Kleinanzeigen und nicht für Firmen gedacht sind. In vielen Newsgruppen mit Ankündigungen geht es nicht um neue Produkte, sondern vielmehr um Veranstaltungen oder ähnliches. Eine andere Form von Newsgruppen mit Ankündigungen sind die Net-Happening-Gruppen, wie zum Beispiel `comp.internet.net-happenings`. Es gibt auch einige Newsgruppen speziell für die Ankündigung neuer Produkte (*newprod*), wie zum Beispiel:

- `biz.next.newprod` – Produktankündigungen für NeXT Computer
- `can.newprod` – neue Produkte und Dienste für kanadische Leser
- `comp.newprod` – Ankündigung neuer Produkte
- `eunet.newprod` – neue Produkte für den europäischen Markt

Sehen Sie sich auch in den Newsgruppen um, die mit *biz* anfangen, da dort häufig neue kommerzielle Produkte angekündigt werden. Es gibt auch noch die Clarinet Newsgruppen für Veröffentlichungen. Dort können Sie aber keine Nachrichten direkt posten, sondern müssen eine Presseerklärung über einen der entsprechenden Anbieter versenden (mehr dazu in Kapitel 20).

Zu guter Letzt gibt es auch noch Hunderte von Mailinglisten und Newsgruppen, in denen alle möglichen Produkte und ähnliches wie Bücher, Software, Musik, Theater, Restaurants, Fahrräder, Zigarren usw. besprochen werden. Suchen Sie nach den Begriff ***review***, ***besprechung*** oder ***rezension***, um diese Gruppen zu finden. Gehen Sie dann zu den passenden Foren, und versuchen Sie jemanden zu finden, der Ihr Produkt rezensiert. Mit etwas Glück finden Sie einen Rezensenten, der auch für eine Zeitschrift oder Zeitung arbeitet. Bei einigen dieser Newsgruppen werden die Rezensionen auch weiter verteilt, so daß es sein kann, daß die Besprechung Ihres Produkts in Rundschreiben oder auf einer Website erscheint.

19.9 Denken Sie an die Online-Dienste

CompuServe, AOL, Genie, Prodigy, T-Online und Microsoft Network sind gute Plätze, um potentielle Kunden zu finden (vergleiche Kapitel 17). Diese Online-Dienste haben häufig 10 Millionen Mitglieder oder mehr, so daß es dort auch irgendwo viele tausend Leute gibt, die sich mit Themen beschäftigen, die mit Ihrer Firma zu tun haben.

Die Diskussionsforen in den Online-Diensten sind so ähnlich wie die Diskussionsgruppen im Internet, obwohl sie in der Regel nicht so praktisch sind. Bei den Online-Diensten müssen Sie jede Gruppe einzeln besuchen und jedesmal in einen anderen Bereich wechseln. Im Internet können Sie dagegen Ihren Newsreader so einrichten, daß nur die Gruppen, mit denen Sie arbeiten möchten, angezeigt werden. Um eine Nachricht zu lesen, müssen Sie nur auf den entsprechenden Eintrag klicken. Bei den Mailinglisten können Sie alle Nachrichten einfach mit Ihrem E-Mail-Programm lesen. Trotzdem sollten Sie die Online-Dienste nicht vernachlässigen, da Sie dort mit vielen Leute in Verbindung treten können, die Sie im Internet nicht finden.

19.10 Noch mehr Werbekampagnen

Es gibt noch viele Dinge mehr, die Sie tun können, um Werbung für Ihre Website zu machen. Das ist aber so viel, daß man da ein extra Buch darüber schreiben könnte! Lassen Sie einfach Ihre Phantasie ein wenig spielen, und denken Sie sich weitere Möglichkeiten aus. Die wohl wichtigste Regel dafür lautet:

Gehen Sie dorthin, wo sich die Leute, die Sie ansprechen wollen, aufhalten.

Ihre potentiellen Kunden besuchen viele Websites und lesen alle möglichen Newsgruppen, Mailinglisten, elektronische Rundschreiben und so weiter.

Folgende Werbekampagne ist vielversprechend: Suchen Sie nach den Stichwörtern, die am wahrscheinlichsten von jemandem benutzt werden, der nach Ihrer Website sucht. Gehen Sie dann zu den ersten zehn oder zwanzig Websites, die als Treffer geleistet werden und versuchen Sie, dort Links auf Ihre Website zu bekommen. Überlegen Sie sich irgendeine gemeinsame Werbekampagne, um die Eigentümer der Websites dazu zu bringen, einen Link auf Ihre Website zu legen.

19.11 Woher kommen Ihre Besucher?

Es gibt eine einfache Technik für Postwurfsendungen und Anzeigen, die Sie auch auf Ihrer Website verwenden können. Vielleicht sind Ihnen ja schon einmal die Nummern aufgefallen, die auf den verschiedenen Bestellformularen stehen. Manchmal können Sie auch eine Vorgangsnummer angeben, wenn Sie eine gebührenfreie Rufnummer wählen. Dabei handelt es sich in der Regel nicht um echte Vorgangsnummern, sondern einfach um Werbecodes, die von der Firma benutzt werden, um festzustellen, woher der Kunde kommt. Jede Nummer bezieht sich auf eine bestimmte Zeitschrift, Zeitung oder Fernsehwerbung. Die Firma kann so feststellen, wie viele Verkäufe jede Anzeige erzeugt. Dadurch kann sie auch berechnen, wieviel Gewinn jede Anzeige macht, und in Zukunft dann dort werben, wo es sich am meisten lohnt.

Sie können das gleiche machen, wenn Sie jedesmal, wenn Sie Ihre Website erwähnen, eine andere URL angeben. Benutzen Sie für jede Newsgruppe und Mailingliste, in der Sie Ihre Website ankündigen, eine extra URL. Verwenden Sie auch eine spezielle URL für jede Werbekampagne, die Sie durchführen. Für jede URL müssen Sie natürlich eine extra Web-Seite erstellen. Diese Seiten können aber alle gleich sein. Angenommen, Sie sind in fünf Newsgruppen, die mit Ihrem Unternehmen zu tun haben. Jetzt können Sie fünf Startseiten erstellen, die Sie `1.html`, `2.html`, `3.html` usw. nennen. Die Dateien können entweder alle das gleiche Dokument enthalten, oder Sie können auch eine individuelle Startseite für jede Gruppe erstellen.

Hier ist ein anderes Beispiel: Angenommen, Sie machen Werbung im Radio, in der Sie auch Ihre URL nennen. Wenn Sie dort `http://www.SuperKanaldeckel.com/radio` als URL angeben, ist das nett und kurz, und Sie müssen nicht »Punkt h t m l« am Ende sagen. Sie müssen nun nur ein neues Verzeichnis namens `radio` erstellen und dort Ihre Startseite (die vermutlich `index.html` heißt) aus dem Hauptverzeichnis hinein kopieren. Auf dieser neuen Seite müssen Sie jetzt alle Links anpassen, so daß sie auf die richtigen Dokumente im anderen Verzeichnis verweisen.

In Kapitel 23 werden Sie sehen, wie Sie die einzelnen Hits überprüfen können. Jedesmal, wenn jemand die URL verwendet, um Ihre `1.html`-Seite aufzurufen, wird dies als ein Hit (Treffer) gewertet. Jedesmal, wenn jemand `2.html` oder die Startseite im Verzeichnis `radio` aufruft, wird dies ebenfalls als separater Hit gewertet. Sie können nun immer wieder Ihre Logdateien überprüfen, um festzustellen, wie viele Hits jede Seite erhält. Auf diese Weise bekommen Sie eine gute Vorstellung davon, wieviel Aktivität die Werbung in den einzelnen Newsgruppen erzeugt.

Bei dieser Technik gibt es jedoch eine wichtige Sache zu bedenken: Es ist keine gute Idee, wenn Sie eine Web-Seite für eine Weile einrichten und dann löschen, wenn es so aussieht, als ob niemand mehr kommt. Es kann nämlich sein, daß der Besucher ein Lesezeichen (Bookmark) auf diese Seite gelegt hat. Wenn Sie nun die Seite gelöscht haben, erhält der Besucher nur eine Fehlermeldung, wenn er nach einigen Monaten wieder versucht, zu Ihrer Website zu kommen. Es kann auch sein, daß die Nachricht, in der Sie Ihre Website erwähnen, erst Monate oder auch Jahre später gelesen wird. Sie sollten die Seiten also auch dann behalten, wenn es so aussieht, als ob sie ihren Zweck längst erfüllt hätten.

Eventuell ist es auch eine gute Idee, wenn Sie anstelle der Kopie Ihrer Startseite eine spezielle Seite einrichten, auf der Sie Ihre Besucher Willkommen heißen und die eine kurze Einführung enthält. Sie können diese Seite so einrichten, daß der Besucher automatisch zur nächsten Seite weitergeleitet wird. Sie können auch einen Link von dieser Seite zu Ihrer Startseite legen und die Leser auffordern, ein Lesezeichen auf die nun folgende Seite zu legen.

Es gibt verschiedene Möglichkeiten, wie ein Browser automatisch eine neue Seite laden kann. Sie können zum Beispiel folgendes JavaScript auf Ihrer Web-Seite verwenden:

```
<SCRIPT LANGUAGE=»JAVASCRIPT">
<!--
alert(»Willkommen auf unserer Website. Bitte erstellen Sie ein
Lesezeichen, damit Sie später wieder zurückfinden.")
//-->
</SCRIPT>
</HEAD>
<BODY onload=»location='naechstes.htm'»>
```

Geben Sie diesen Text exakt unterhalb des `<HEAD>`-Tags in den Quelltext Ihrer Web-Seite ein. (Öffnen Sie die Web-Seite in einem Editor, suchen Sie nach dem Tag `<HEAD>`, gehen Sie in die nächste Zeile, und fügen Sie dort das JavaScript ein.) Wenn nun ein Browser diese Seite lädt, zeigt er die Mitteilung nach »alert« an. Wenn der Anwender auf OK klickt, lädt der Browser automatisch die Seite, die in der letzten Zeile angegeben wird (in unserem Beispiel `naechstes.htm`). Dies funktioniert bei der Mehrzahl (ca. 90%) aller Browser, die heutzutage verwendet werden: Alle Anwender, die mit einem Browser arbeiten, der nicht JavaScript-fähig ist (alle Versionen vor Netscape 2 und Internet Explorer 3 zum Beispiel), können das Kästchen mit der Nachricht nicht sehen. Für diese Anwender müssen Sie auf diese Seite noch einen Link zu der nächsten Seite einfügen.

Es gibt aber auch eine Methode, mit der Sie automatisch eine andere Seite anzeigen können, ohne daß ein Kästchen mit einer Mitteilung erscheint. Dabei bleibt auch keine Zeit für irgendwelche Hinweise. Wenn der Besucher einen Moment wegsieht, kann es sogar sein, daß er gar nicht mitkriegt, daß er erst auf der einen Seite war und dann auf eine andere umgeleitet wurde. Fügen Sie dazu einfach folgende Zeile über dem <BODY>-Tag ein:

```
<META HTTP-EQUIV="REFRESH" CONTENT="0; URL=naechstes.htm">
```

Die Nummer nach CONTENT=" (in diesem Fall 0) gibt an, wie lange der Browser warten soll, bevor das neue Dokument geladen wird. Das nächste Dokument wird nach URL= definiert. In diesem Fall besagt die Null, daß der Browser sofort zu der angegebenen Seite wechseln soll. Auch das funktioniert nicht bei allen Browsern. Da es sich aber um HTML und nicht um JavaScript handelt, wird es bei etwas mehr Browsern gehen als das vorige Beispiel.

Bei diesen beiden Möglichkeiten gibt es jedoch ein Problem. Wenn der Anwender auf die »Zurück«- oder »Back«-Schaltfläche klickt, um zurück auf die vorherige Seite zu kommen, gelangt er wieder auf die Seite mit dem Skript oder dem <META>-Tag, und naechstes.htm wird von neuem geladen. Es kann also sein, daß ein Anwender, der eigentlich dorthin zurück möchte, woher er kam, immer wieder vorwärts geschoben wird. Um das zu vermeiden, können Sie das folgende etwas verbesserte JavaScript verwenden.

```
<SCRIPT LANGUAGE="JavaScript">
<!--
function redirect()
{
if (confirm ("Willkommen auf unserer Website. Bitte erstellen Sie
ein Lesezeichen, damit Sie später wieder zurückfinden. Klicken Sie
auf OK um fortzufahren."))
              {
              location='naechstes.htm'
              }
}
//-->
</SCRIPT>
<BODY onload="redirect()">
```

Dieses Skript öffnet eine Dialogbox. Der Besucher gelangt nur auf die nächste Seite, wenn er auf OK klickt. Wenn er also zurück möchte, gelangt er nicht wieder automatisch auf die Seite, die angegeben wurde.

Welche Methode bevorzuge ich? Nun, ich denke, daß ich trotz des Problems mit dem »Zurück«-Kommando am liebsten das <META>-Tag verwende, da es schnell und einfach ist und keine Aktion von Seiten der Besucher erfordert.

Wenn Sie so eine spezielle Startseite verwenden, ist das keine perfekte Lösung. Einige Suchmaschinen werden diese Seite finden, so daß Sie Besucher erhalten werden, die nicht aufgrund einer Nachricht in eine Newsgruppe kommen. Obwohl diese Methode nicht hundertprozentig genau ist, bekommen Sie aber trotzdem eine ganz gute Vorstellung davon, wo die Besucher von Ihrer Website erfahren haben.

20. Kapitel

Elektronische Pressemitteilungen

Es gibt noch einen anderen schädlichen Mythos zum Thema Internet. Angeblich ersetzt es irgendwie unsere reale Welt, zumindest was Unternehmen betrifft: Man kann alles online machen, was auch sonst geht. Das ist aber nur dummes Geschwätz, und die erfolgreichen Geschäftsleute im Internet wissen das auch. Deswegen wird über diese auch in der Presse außerhalb des Internet geredet.

Um Ihre Website erfolgreich auf den Markt zu bringen, müssen Sie auch außerhalb des WWW Werbung machen. Über Ihre Website muß in Zeitschriften, Zeitungen und Newslettern geschrieben werden. Man muß im Radio und in Fernsehshows über Sie reden. Irgendwie müssen Sie die Autoren dieser Artikel und Shows erreichen und sie davon überzeugen, über Ihre Website zu berichten.

Eine Pressemitteilung ist eine althergebrachte Methode, um neue Nachrichten zu verbreiten. Viele große und kleine Firmen verwenden Pressemitteilungen schon seit Jahren. Jetzt aber nimmt dieses Thema eine neue Dimension an: Sie können Pressemitteilungen auch über das Internet veröffentlichen. Es gibt eine ganze Reihe von Dienstanbietern, die Ihre Pressemitteilung an eine sorgfältig gehütete Liste von Kontakten in der Medienbranche schicken. Für ca. 170 bis 250 DM verfassen diese Anbieter auch den Text für Sie. Sie können sich aber auch eine eigene Liste mit Ansprechpartnern aus den Medien anlegen und Ihre Pressemitteilungen genauso wie ein Rundschreiben auch via E-Mail verteilen (vergleiche Kapitel 16).

20.1 So schreiben Sie eine Pressemitteilung

Versuchen Sie, Ihre Produkte oder Dienste, die Sie auf den Markt bringen wollen, vom Standpunkt des Kunden aus zu sehen, wenn Sie eine Pressemitteilung schreiben. Schreiben Sie in dieser Mitteilung nicht, was für ein tolles Produkt Sie haben, sondern was dieses Produkt alles für den Käufer tun kann. Das ist nicht das gleiche. Der Unterschied ist zwar subtil, aber wichtig. Sie sehen, was ich meine, wenn Sie verschiedene Pressemitteilungen miteinander vergleichen. Wenn Sie schon viele Pressemitteilungen gelesen haben, ist Ihnen vielleicht aufgefallen, daß die meisten von Leuten geschrieben wurden, die unheimlich stolz auf Ihre Produkte sind. Die allgemeine Aussage ist stets: »Das ist toll, *wir* sind toll, jeder muß dieses Produkt einfach haben wollen.« Die besseren Pressemitteilungen nehmen einen anderen Ansatz. Dort wird zwar erklärt, um was für ein tolles Produkt es sich handelt, aber es wird von der Perspektive des Anwenders aus argumentiert. Statt eine langweilige Liste mit Funktionen herunterzuleiern, wird beschrieben, was man alles mit diesem Produkt machen kann.

Wenn Sie sich ein paar Beispiele ansehen wollen, um ein Gefühl für den Stil zu bekommen, gehen Sie einfach zu einer der größeren Suchmaschinen und suchen nach dem Begriff ***pressemitteilung*** oder ***presseerklärung***.

Überlegen Sie sich, was Ihr Produkt besonders macht und von der Masse unterscheidet. Der englische Fachausdruck im PR-Bereich dafür lautet *Spin*. Suchen Sie nach etwas Außergewöhnlichem, das sich über Ihr Produkt sagen läßt. Zum Beispiel:

- **Es ist billiger als das Produkt der Konkurrenz, aber dennoch von guter Qualität.**
- **Sie haben irgendeine Auszeichnung erhalten.** (Hoffentlich handelt es sich dabei um eine bekannte Auszeichnung. Wenn nicht, macht das auch nichts. Hauptsache, Sie haben irgend etwas vorzuweisen.)
- **Ein Prominenter verwendet Ihr Produkt und hat es gelobt.**
- **Ein bekannter Politiker (am besten der Präsident der Vereinigten Staaten) verwendet Ihr Produkt.** (Auf diese Weise wurde Tom Clancy als Schriftsteller berühmt – Ronald Reagan wurde fotografiert, als ein Buch von Tom Clancy auf seinem Schreibtisch lag.)
- **Sie haben ein Produkt veröffentlicht, das so ungewöhnlich ist, daß jeder einfach mehr erfahren will.**

Hier ist ein Beispiel, das mir mein Freund Mike Ceranski, der Geschäftsführer von Dvorak Internet Development, erzählt hat. Diese Firma hat ein Produkt namens **WebSprite** (`http://www.websprite.com/`). Sie können dieses Programm auf Ihrem Computer installieren und dann Websites mit Informationen, die Sie interessieren, auswählen. WebSprite holt dann regelmäßig diese Informationen für Sie und zeigt sie auf dem Desktop (der Arbeitsoberfläche Ihres Computers) an: Nachrichten, Wetterbericht, Updates in einem Shareware-Archiv, wo sich Ihr Fedex-Paket gerade befindet oder was auch immer Sie ausgewählt haben.

Als Mike eines morgens in der Dusche stand, hatte er eine Idee. Er wollte WebSprite zum Sprechen bringen. Als er im Büro ankam, suchte er sofort im Internet nach einem Programm, das Text in Sprache umwandelt. Er fand eins, zahlte 70 DM dafür und machte dann ein paar kleinere Änderungen an WebSprite, so daß es mit »Text in Sprache«-Programmen arbeiten konnte. Seit diesem Tag spricht WebSprite. Wenn zum Beispiel Nachrichten übertragen werden, liest das Programm die Schlagzeilen laut vor.

Mike schrieb nun eine Pressemitteilung, die darauf hinauslief, daß WebSprite als erstes »intelligentes Offline-Radio» angekündigt wurde. Dank dieser Pressemitteilung erschienen in den Zeitschriften *PC Week*, *InfoWorld*, *WebWeek*, *Inter@ctive Week*, *Marketing News* und *NewsLinx* Artikel über WebSprite. Und nun wird es sogar im *ABC der eigenen Website* erwähnt!

Ich möchte Ihnen gerne ein Beispiel für eine Pressemitteilung zeigen – warum nicht eine, die erfolgreich war? Hier ist die Pressemitteilung, die Mike verschickte:

Broomfield, Colorado, FOR IMMEDIATE RELEASE (ZUR SOFORTIGEN VERÖFFENTLICHUNG)

Offline-Radio für das Web: Zielgerichtete Informationen und geringe Bandbreite kombiniert mit "Text zu Sprache"-Funktion machen WebSprite v1.0 zum neuen Highlight im Markt für Push-Technologie.

Was erhalten Sie, wenn Sie einen Internet Microbrowser, auch Web Scrubber genannt, nehmen und ihn Text in Sprache umwandeln lassen? Das erste intelligente Offline-Radio der Welt.

Und so funktioniert das Ganze: WebSprite erstellt eine Verbindung zum World Wide Web und geht zu einer Anzahl von Websites, von denen es bestimmte Informationen holt. WebSprite holt Schlagzeilen, den Wetterbericht, Aktienkurse, Filmkritiken und weitere dynamische Informationen dieser Art auf Ihren Computer. Sobald die Informationen heruntergeladen sind, beendet WebSprite die Verbindung zum Internet und zeigt die Meldungen in einem kleinen Newsticker-Fenster auf der Arbeitsoberfläche Ihres Computers an.

Wenn Sie möchten, liest Ihnen WebSprite die Meldungen auch vor, während sie in dem Fenster angezeigt werden. Auf diese Weise können Sie der für Sie persönlich zusammengestellten Radiosendung zuhören und gleichzeitig etwas anderes erledigen. Da WebSprite nur die von Ihnen definierten Informationen holt, hören Sie nur Dinge, die sie auch wirklich interessieren.

Es wird Offline-Radio genannt, weil Sie nicht mit dem Internet verbunden sein müssen, um es zu verwenden. Im Gegensatz zu RealAudio und anderen Diensten, die in Echtzeit ablaufen, müssen Sie mit WebSprite nicht ständig eine Internet-Verbindung aufrechterhalten. WebSprite verbindet sich nur für kurze Zeit (in der Regel zwei bis fünf Minuten) mehrmals am Tag mit dem Internet. Auf diese Weise haben Sie immer aktuelle Informationen, ohne daß dabei Ihr Telefon besetzt ist oder Ihr Modem oder Ihre Netzwerkverbindung belastet werden. WebSprite arbeitet mit einer bekannten "Text in Sprache"-Software, die den Nachrichtentext in Ihre persönliche Radiosendung umwandelt.

Warum sollten Sie Ihrem Computer zuhören, wenn Sie die Informationen auch ablesen können? Mike Ceranski, der Geschäftsführer von Dvorak Internet Development sagt: "Natürlich ist die Sprachfunktion von WebSprite für sehbehinderte Menschen ausgesprochen praktisch. Aber es ist auch nützlich für Leute mit guten Augen: Ich schalte es zum Beispiel häufig an und lasse mir die Nachrichten vorlesen, während ich Papierkram erledige. Manchmal höre ich etwas Wichtiges und ich kann meine Tätigkeit unterbrechen, um die Zusammenfassung der Schlagzeile in WebSprite zu lesen. Ich bekomme alle Nachrichten, die ich möchte, aber es geschieht passiv und im Hintergrund. Das ist so, wie wenn man CNN eingeschaltet hat, aber besser: Wenn ich etwas Interessantes höre, kann ich mir sofort weitere Informationen geben lassen. ... Ich verpasse auch nichts mehr. Und wenn ich mir nichts vorlesen lassen will, kann ich die Sprachfunktion ausschalten und trotzdem die Schlagzeilen lesen, während sie vorbeiscrollen."

Bei WebSprite können Sie sich alle möglichen Informationen anzeigen oder vorlesen lassen: Aktienpreise, Nachrichten, eingehende E-Mails, den Wetterbericht, Nachrichten aus Forschung und Technik, Neuigkeiten in der Warenbörse, Marktindikatoren und -indizes, Zusammenfassungen von Seifenopern, Ankündigungen aus dem Geschäftsbereich, Filmkritiken, Sportnachrichten, Neuigkeiten aus dem Internet, das Horoskop des Tages und vieles mehr. "Der Anwender entscheidet, welche Informationen aus dem Internet geholt werden sollen," sagt Mike Ceranski. "Er kann auch den Umfang der gewünschten Informationen näher bestimmen, so daß sie genau nach seinem Geschmack sind, seinen Interessen entsprechen und für ihn auch wirklich relevant sind. WebSprite bietet Ihnen mit diesen eingeschränkten Sendungen eine tolle Möglichkeit, um immer auf dem neuesten Stand zu sein, ohne dabei in einer Informationsflut unterzugehen."

WebSprite ist die perfekte Lösung, wenn Sie nur über einen eingeschränkten Internet-Zugang (zum Beispiel via Modem) mit geringer Datenübertragungskapazität verfügen oder das Firmennetzwerk nicht unnötig belasten wollen.

WebSprite gibt es für Windows 95 und Windows NT 4.0. Die neueste Version, WebSprite 1.0, ist ab Freitag, dem 14. Februar (Valentinstag) kostenlos auf der Website von Dvorak (www.websprite.com) erhältlich.

Wenn Sie WebSprite downloaden möchten oder weitere Informationen wünschen, besuchen Sie einfach unsere Website unter www.websprite.com, oder senden Sie eine E-Mail an info@dvorak.com.

Dvorak Internet Development
PO Box 1524
Broomfield, CO 80038
USA

In dieser Pressemitteilung werden zwar die Funktionen des Produkts erklärt, aber es ist mehr als nur eine Auflistung aller Spezifikationen. Sie ist in einem direkten und persönlichen Ton abgehalten: »Wenn Sie möchten, liest Ihnen WebSprite die Meldungen auch vor...«, »Da WebSprite nur die von Ihnen definierten Informationen holt...«, »...die den Nachrichtentext in Ihre persönliche Radiosendung umwandelt«. Es gibt auch einen guten Aufhänger: »Das erste intelligente Offline-Radio der Welt«.

Das ist eine erfolgreiche Pressemitteilung. Sie hat ihren Zweck erfüllt, und das Produkt wurde in mehreren Zeitschriften besprochen. Sie entspricht jedoch nicht ganz den formalen Regeln. Es gibt einige Regeln in bezug auf die Gestaltung von Pressemitteilungen. Diese hier beweist nur, daß es möglich ist, ein paar Regeln zu mißachten, aber trotzdem erfolgreich zu sein. Es ist wichtiger, eine gut geschriebene und interessante Mitteilung zu erstellen, als sich an die Regeln zu halten. Hier ist jedoch eine Version dieser Regeln:

- In der ersten Zeile sollte FOR IMMEDIATE RELEASE (ZUR SOFORTIGEN VERÖFFENTLICHUNG) in Großbuchstaben stehen.
- Lassen Sie eine Zeile frei, und schreiben Sie dann den Firmennamen und die Adresse in die nächste Zeile.
- Lassen Sie wieder eine Zeile frei, und schreiben Sie dann das Wort CONTACT: (KONTAKT:). In die nächsten Zeilen kommen nun Titel, Name, Telefonnummer und E-Mail-Adresse eines Ansprechpartners, den der Leser kontaktieren kann, wenn er weitere Informationen wünscht.
- Lassen Sie ein paar Zeilen frei, und schreiben Sie dann die Überschrift, die in der Regel fünf bis zehn Wörter lang sein sollte. Achten Sie darauf, daß die Überschrift nicht schwerfällig wirkt und daß sie ganz in Großbuchstaben geschrieben ist.
- Beginnen Sie die Pressemitteilung mit dem Namen der Stadt und dem Datum, zum Beispiel: Denver, Colorado – 15. März 1998. Das Datum ist wichtig, da ein Journalist so gleich sehen kann, ob die Mitteilung noch aktuell ist oder nicht.
- Schreiben Sie nun den eigentlichen Text in die gleiche Zeile direkt hinter das Datum.
- Geben Sie am Ende noch einmal an, wie der Ansprechpartner heißt und erreicht werden kann. »Setzen Sie sich für weitere Informationen bitte mit ... in Verbindung.«
- Einige Zeilen nach dem Text sollten Sie -30- in die Mitte einer leeren Zeile schreiben. (Das ist einfach eine journalistische Konvention, die häufig in Pressemitteilungen verwendet wird und besagt, daß der Text zu Ende ist.)

Das ist jedoch, wie gesagt, nur eine Version der Regeln. Pressemitteilungen unterscheiden sich ganz extrem. Es hängt auch davon ab, in welchem Land Sie die Mitteilung verfassen. Sie können auch persönlichere Nachrichten, die mehr im Plauderton geschrieben sind, verfassen und direkt an bestimmte Journalisten schicken. Wenn Sie einen Artikel in einer Zeitschrift lesen und denken, daß der Autor an einer Idee, die Sie für einen Artikel haben (natürlich über Ihre Website), interessiert sein könnte, können Sie auch eine etwas informellere Pressemitteilung schreiben und sie ihm direkt schicken. Diese Mitteilung ist dann mehr ein Brief wie »John, ich habe eine Idee, die Dich interessieren könnte ...« oder »Sehr geehrter Herr Müller, eventuell sind Sie an meiner Idee für einen Artikel interessiert ...«.

Hier sind noch ein paar weitere Hinweise für das Verfassen einer Pressemitteilung:

- **Verwenden Sie Zitate.** Sie können sich auch selbst zitieren, wenn Sie sonst niemanden haben. Mike Ceranski schrieb die Pressemitteilung selbst, aber er spricht von sich in der dritten Person: »Mike Ceranski, der Geschäftsführer von Dvorak Internet Development sagt: 'Natürlich ist die Sprachfunktion von WebSprite für sehbehinderte Menschen ausgesprochen praktisch ...'« Warum sind Zitate wichtig? Jeder Journalist weiß, daß Zitate einen Artikel lebendiger werden lassen. Wenn Sie ihm also ein paar gute Zitate geben, ist es wahrscheinlicher, daß er Ihre Pressemitteilung verwenden wird.
- **Versuchen Sie Zitate von Prominenten, anderen bekannten Persönlichkeiten, wichtigen Personen oder zufriedenen Kunden zu bekommen.**
- **Übertreiben Sie es nicht mit den Hintergrundinformationen zu Ihrer Firma.** Konzentrieren Sie sich darauf, was die Leute über Ihr Produkt hören wollen. Ich habe schon Pressemitteilungen von Firmen gelesen, die etwa so interessant sind wie ein Geschäftsbericht zum Ende des Jahres. Die Hälfte der Nachricht besteht nur aus langweiligen Informationen zur Firma.
- **Sind die Angaben zur Kontaktperson vollständig?** Name, Adresse, Telefonnummer, E-Mail-Adresse und Web-Seite (denken Sie daran, daß vor und nach der URL ein Leerzeichen steht, so daß der Journalist direkt auf den Link in seinem E-Mail-Programm klicken kann). Geben Sie dabei die Durchwahl des Ansprechpartners und nicht die Rufnummer der Vermittlung an.
- **Überlegen Sie sich, ein paar Autoresponder-Adressen einzufügen.** Die Pressemitteilung sollte nicht zu lang sein. Ausgedruckte Mitteilungen sind in der Regel ein bis drei Seiten lang. Sie könnten aber die E-Mail-Adressen Ihrer Autoresponder angeben, so daß die Leute, die sich speziell für ein Thema interessieren, auch alle Informationen bekommen können. Wenn man eine E-Mail an die eine Adresse schreibt, könnte man zum Beispiel ausführliche

Informationen zur Firma erhalten, bei der anderen die genauen Spezifikationen zum Produkt oder eine Liste mit Zitaten von Kunden und so weiter.

Wenn Sie eine elektronische Pressemitteilung erstellen, müssen Sie einen wichtigen Punkt beim Formatieren beachten: die Breite des Texts. Um sicherzugehen, sollten alle Zeilen ungefähr 70 Zeichen lang sein. Betätigen Sie am Ende jeder Zeile die Eingabetaste, statt die Zeile automatisch umbrechen zu lassen.

Der Grund dafür ist, daß viele E-Mail-Systeme nicht mit Zeilenumbrüchen umgehen können. Vielleicht haben Sie schon einmal solche E-Mail-Nachrichten gesehen:

```
WebSprite ist die perfekte Lösung, wenn Sie nur über einen=20
eingeschränkten Internetzugang (zum Beispiel via Modem) mit gerin-
ger=20 Datenübertragungskapzität verfügen, oder das Firmennetzwerk
nicht=20 unnötig belasten wollen.=20

WebSprite gibt es für Windows 95 und Windows NT 4.0. Die neuste=20
```

Sehen Sie das =20 am Ende jeder Zeile? Das passiert, wenn eine E-Mail mit einem Programm versendet wurde, das die Zeilen automatisch umbricht, aber das Programm des Empfängers damit nicht umgehen kann. Das E-Mail-Programm, das die Nachricht erhält, setzt nun verschiedene seltsame Zeichen ein, die den Text unterbrechen und schwer lesbar machen. Da Sie nicht wissen, mit welchen Systemen die Empfänger Ihrer Pressemitteilung arbeiten, sollten Sie auf Nummer sicher gehen und jede Zeile, die ungefähr 70 Zeichen enthalten sollte, mit »Enter« abschließen.

Achten Sie auch darauf, daß Sie beim Versenden die Adressen in Ihrem E-Mail-Programm in das Bcc-Feld und nicht in To/An oder Cc schreiben. Jeder erhält so eine Nachricht, die nur an ihn adressiert ist, und keine lange Liste mit E-Mail-Adressen.

20.2 Geben Sie dem Ganzen eine persönliche Note

Schreiben Sie lieber persönliche Nachrichten an die einzelnen Kontaktpersonen in der Medienbranche als unpersönliche Pressemitteilungen. Diese Nachrichten werden viel eher gelesen als eine Mitteilung, die wie Spam wirkt. Sehen Sie sich einmal folgende zwei Nachrichten an:

```
Sehr geehrte Damen und Herren,

Ihre Leser sind bestimmt an dem Buch "Unter dem Kanaldeckel - das
abenteuerliche (Liebes-) Leben der Kanalarbeiter in New York"
interessiert...
```

```
Sehr geehrte Frau Müller,

Ich wollte anfragen, ob Sie eventuell einen kurzen Blick auf das
Buch, das ich über die Kanalarbeiter in New York geschrieben habe,
werfen wollen. Ich denke, daß es für Ihre Leser von Interesse sein
könnte. Es heißt "Unter dem Kanaldeckel - das abenteuerliche (Lie-
bes-) Leben der Kanalarbeiter in New York"...
```

Welche E-Mail erhält wohl die bessere Antwort? Natürlich die, die den Ansprechpartner direkt mit Namen anspricht, und nicht die, die sich unpersönlich an Damen/Herren wendet. Die erste Nachricht sieht auch wie eine x-beliebige Pressemitteilung aus und die Inboxen der Kontaktpersonen in der Medienbranche sind voll davon. Die zweite Nachricht ist persönlicher. Allein die Tatsache, daß Sie den Namen des Ansprechpartners nennen, kann einen großen Unterschied machen. Es sieht so aus, als ob Sie eine individuelle Nachricht geschrieben haben, obwohl das gar nicht der Fall sein muß. Sie können dafür auch ein E-Mail-Programm mit der Merge-Funktion verwenden (Sie finden eine Liste mit diesen Programmen in Kapitel 16). Damit können Sie eine einzige Nachricht an alle Ansprechpartner schicken. Der Name jedes Adressaten wird nun mit Hilfe der Merge-Funktion automatisch in jede Nachricht eingefügt, so daß die E-Mail nicht mehr wie ein Formbrief aussieht.

20.3 Erstellen Sie sich Ihre eigene Liste mit Ansprechpartnern

Wenn Sie die Zeit dazu haben, können Sie sich eine eigene Liste mit Ansprechpartnern erstellen. Das kann zwar umständlich sein, aber wenn Sie sich die Arbeit geschickt einteilen, brauchen Sie dafür gar nicht so viel Zeit. Es gibt zum Beispiel Verzeichnisse mit Links zu Zeitungen im Internet. Wenn Sie einen Offline-Browser verwenden (vergleiche Kapitel 17), können Sie so ein Verzeichnis als Startpunkt verwenden und Seiten von jeder Zeitung auf Ihren Rechner kopieren. Suchen Sie anschließend bei jeder Zeitschrift nach dem Ansprechpartner. Viele Zeitschriften haben einen Link speziell für Pressemitteilungen, unter dem Sie eine E-Mail-Adresse finden, an die Sie Ihre Mitteilungen schicken sollen.

Sie haben wahrscheinlich schon einen bestimmten Teil der Informationen gesammelt, die zum Erstellen einer solchen Liste notwendig sind. In Kapitel 17 habe ich über die Forschungsarbeit gesprochen, die Sie durchführen sollen, und auch erklärt, wie Sie Online-Publikationen ausfindig machen, die mit Ihrem Unternehmen zu tun haben. Diese sollten natürlich auch in Ihre Liste mit aufgenommen werden und Ihre Pressemitteilungen zugesandt bekommen.

Auf den folgenden Websites finden Sie nützliche Verzeichnisse zu Ansprechpartnern in der Medienbranche:

- **Arastar Internet News Page** (Zeitungen und Zeitschriften)

  `http://www.arastar.net/news/`

- **DeathNET's Media Monitor** (Eine ausführliche Liste mit E-Mail-Adressen. Die Seite ist nicht besonders gut formatiert, aber trotzdem wichtig, da sie so groß ist. Öffnen Sie einfach den Dokumentenquelltext mit Ihrem Browser, und kopieren Sie den Inhalt in ein Textverarbeitungsprogramm.)

  `http://www.islandnet.com/~deathnet/media_email.html`

- **Editor & Publisher's Newspaper List** (Der beste Platz für Informationen zu Zeitungen; dort gibt es im Moment Links zu fast 1600 Zeitungen.)

  `http://www.mediainfo.com/ephome/npaper/nphtm/on-line.htm`

- **Electronic Newsstand**

  `http://www.enews.com/`

- **FAIRs Media Contact List**

  `http://www.fair.org/media-outlets/media-contact-list.html`

- **Gebbie Press** (eine tolle Website mit einem kostenlosen Verzeichnis mit Adressen von fast 8000 Zeitungen und Fernsehsendern zum Herunterladen)

  `http://www.gebbieinc.com/`

- **John Hewittìs Trade Magazine List**

  `http://www.azstarnet.com/~poewar/writer/pg/trade.html`

- **MediaFinder** (ein wirklich guter Anbieter mit Informationen zu ca. 80 000 Zeitschriften; verkauft auch Mailinglisten)

  `http://www.mediafinder.com/`

- **Parrot Media Network** (ein phantastisches Verzeichnis von Zeitungen, TV, Radio und mehr)

  `http://www.parrotmedia.com/`

- **Peter Gugerell's E-Mail Media list** (eine riesige Liste mit E-Mail-Adressen für Medien auf der ganzen Welt)

  `http://www.ping.at/gugerell/media/`

- **Peter Gugerell's Media: Index of Indices** (ein toller Platz um Links zu anderen Verzeichnissen zu finden)

  `http://www.ping.at/gugerell/media/e2indx.htm`

- **Queer Resources Media Directory**

  `http://qrd.tcp.com/qrd/media/`
  `http://qrd.tcp.com/qrd/`

- **Reporter's Network** (Suchen Sie nach Reportern; dort sind 850 aufgelistet.)

  `http://www.reporters.net/`

- **Yahoo! – News & Media**

  `http://www.yahoo.com/News/`

- **Yahoo Detuschland – Nachrichten und Medien**

  `http://www.yahoo.de/Nachrichten_und_Medien/`

- **Yahoo! News and Media Indices**

  `http://www.yahoo.com/News_and_Media/Indices/`

Wenn Sie Ihre Liste erstellt haben, sollten Sie überprüfen, ob diese Adressen auch korrekt sind. Schreiben Sie eine kurze E-Mail, in der Sie erklären, daß Sie die Adresse im Internet gefunden haben und nun fragen wollten, ob Sie dort eine Pressemitteilung hinschicken können.

Vergessen Sie übrigens nicht die öffentlichen Bibliotheken. Ein weiterer ärgerlicher Mythos zum Thema Internet ist, daß man dort angeblich die gleichen oder zumindest gleichwertigen Informationen finden kann, wie sonst auch. Das stimmt aber nicht. Der Großteil aller gedruckten Informationen, mehr als 99% aller gedruckten Sachen, ist nicht im Internet erhältlich. (Woher weiß ich, daß es genau 99% sind? Ich weiß es nicht, ich habe mir diese Zahl nur ausgedacht, aber ich wette, daß sie ziemlich korrekt ist ... eventuell sind es in Wirklichkeit sogar mehr als 99%.)

Büchereien sind ebenfalls eine gute Informationsquelle. Suchen Sie dort nach den folgenden Führern:

- Bacon's Newspaper-Magazine Directory
- Bacon's Radio-TV-Cable Directory
- Newsletters in Print
- Writer's Market

Überlegen Sie sich dabei aber, ob sich der Aufwand auch tatsächlich lohnt. Sie können viele Ansprechpartner in den Medien auch online finden. Zum Beispiel finden Sie die Informationen zu den meisten Zeitungen in den USA oder Deutschland im WWW. Wenn Sie also versuchen, die verbleibenden Lücken mit einem der Führer aus den Büchereien zu füllen, lohnt sich das häufig nicht. Sie werden viel Zeit (also Geld) aufwenden, nur um ein paar Adressen mehr zu bekommen. Andererseits sind die Informationen dort viel genauer und enthalten zum Beispiel die Namen einzelner Lektoren oder Redakteure. Einige Verzeichnisse haben auch Informationen, die Sie nicht im Internet finden werden, zum Beispiel die Postadressen von Zeitschriften, die nicht im Internet vertreten sind.

Sie werden vermutlich auch Veröffentlichungen finden, die Sie kontaktieren möchten, aber die keine E-Mail-Adressen haben. Das macht aber nichts. Sie müssen vermutlich sowieso auch richtige Briefe (via Snail Mail) verschicken – mehr dazu in Kapitel 21.

20.4 Verbringen Sie einen Tag in einer Buchhandlung

Eine andere Möglichkeit, an nützliche Kontaktadressen zu kommen, ist einen Tag in einer großen Buchhandlung oder einem Pressecenter am Bahnhof zu verbringen. Sehen Sie sich alle Zeitschriften an, die Ihre Kunden eventuell lesen, und notieren Sie sich so viele Angaben wie möglich: die Namen der Redakteure und Rezensenten der entsprechenden Ausgabe, Telefonnummern, E-Mail-Adressen (und Snail-Mail-Adressen, wenn Sie eine Werbekampagne außerhalb des Internet planen). Einige Zeitschriften nennen heutzutage die E-Mail-Adressen ihrer Mitarbeiter oder erklären, wie sich eine typische E-Mail-Adresse zusammensetzt, zum Beispiel `vorname_nachname@zeitschrift.com`.

Im Idealfall setzen Sie sich mit den Autoren in Verbindung, die Artikel zu den Themen verfassen, die Ihr Unternehmen betreffen. Sie könnten Ihre Pressemitteilungen auch an den Cheflektor senden, aber wahrscheinlich bringt es mehr, wenn Sie sich mit den Redakteuren direkt in Verbindung setzen. Wenn Sie es schaffen, daß sich diese Leute für Ihr Produkt interessieren, haben Sie eine gute Chance, daß Sie in einer Story auftauchen.

Ein Verkäufer wies mich allerdings darauf hin, daß die meisten Redakteure leider dafür berüchtigt sind, nicht auf E-Mails zu antworten. Wenn Sie also eine Pressemitteilung verschickt haben, ist es ratsam, mit einem Anruf nachzuhaken. Rufen Sie bei der Zentrale der Zeitschrift oder Zeitung an, und bitten Sie darum, daß Sie zu dem entsprechenden Redakteur durchgestellt werden. Sie werden merken, daß die Redakteure häufig nicht direkt bei der Zeitschrift arbeiten, weil sie zum

Beispiel freischaffende Mitarbeiter sind. Wenn Sie aber nett sind, können Sie vielleicht die Sekretärin überreden, Ihnen die Nummer zu geben.

Es ist auch eine gute Idee, Autoren (insbesondere von Computerbüchern) zu kontaktieren. Laden Sie diese zu einem Besuch auf Ihrer Website ein, und erklären Sie, warum Ihre Website für die Leser von Interesse sein könnte. Einige werden bestimmt kommen, vielleicht auch einen Screenshot von Ihrer Website für ein Buch erstellen oder Ihre URL erwähnen. Sie könnten auch eine kurze und lustige Beschreibung Ihrer Website an ein Verzeichnis à la Gelbe Seiten senden. Sehen Sie sich die Beschreibungen dort an, und versuchen Sie etwas in der gleichen Art zu formulieren. Achten Sie dabei aber darauf, daß Sie an jedes Verzeichnis einen unterschiedlichen Text senden.

20.5 Kaufen Sie eine Liste

Wenn Sie Ihre eigenen Pressemitteilungen verfassen, aber keine Liste zusammenstellen wollen, können Sie eine kaufen. Die günstigsten, die ich gefunden habe sind U.S. All Media E-Mail Directory von Direct Contact Publishing, PRProfitCenter von Open Horizons und All-in-One Media Directory von Gebbie Press.

Das **U.S. All Media E-Mail Directory** von Direct Contact Publishing (`http://www.owt.com/dircon/`) enthält 7500 E-Mail-Adressen. Es kostet ca. 85 DM im Word für Windows-Format, 135 DM im Datenbankformat (durch Kommas abgegrenzte Felder, ASCII). Es lohnt sich wirklich, dieses Verzeichnis zu kaufen. Auf der Website finden Sie auch die Zehn Gebote für das Versenden von E-Mails an die Presse und andere gute Ratschläge.

Open Horizons veröffentlicht Bücher und Datenbanken für kleine Verlage (`http://www.bookmarket.com/`; die gebührenfreie Rufnummer in den USA ist 800-669-0773.). Das **PRProfitCenter** enthält mehr als 16 000 Ansprechpartner in der Medienbranche, einschließlich Zeitschriftenlektoren, Zeitungsredakteure, Autoren in Pressezentralen sowie eine Liste mit Radio- und Fernsehshows. Das PRProfitCenter kostet ca. 340 DM, ebenfalls ein guter Preis.

Dort bekommen Sie nicht nur E-Mail-Adressen. Tatsächlich gab es in den Datenbanken von PRProfitCenter zuerst nur Telefon- und Faxnummern sowie Postadressen. Open Horizons fügt nun auch alle erhältlichen E-Mail-Adressen hinzu. Im Moment gibt es jedoch noch nicht bei allen Einträgen eine E-Mail-Adresse und wenn, dann steht sie im Feld Kommentar oder Anmerkung. Während Sie dies hier lesen, sollte es jedoch schon viele E-Mail-Adressen mehr geben, die vielleicht sogar in einem gesonderten Feld stehen. Open Horizons trägt auch URLs in die Datenbanken ein.

Gebbie Press (`http://www.gebbieinc.com/`) veröffentlicht eine ganze Reihe von Verzeichnissen. Für ca. 440 DM erhalten Sie insgesamt drei verschiedene Verzeichnisse (Fernsehen/Radio, Tages- und Wochenzeitungen, Zeitschriften) mit insgesamt 22 000 Einträgen. Auch das ist ein fairer Preis. Zur Zeit haben davon 1200 Radiostationen, 400 Fernsehsender und 550 Zeitungen eine E-Mail-Adresse. Gebbie Press aktualisiert diese Einträge aber gerade und fügt weitere E-Mail-Adressen und URLs hinzu.

MediaFinder (`http://www.mediafinder.com/`) verkauft eine CD-ROM mit einer wirklich riesigen Liste. Auf der CD sind sieben der größten Medienverzeichnisse, einschließlich »Samir Husni's Guide To New Consumer Magazines«, »The National Directory of Magazines« und das »Oxbridge Directory of Newsletters«. Insgesamt erhalten Sie 80 000 Publikationen für ca. 1700 DM. Pro Verzeichnis kommen Sie dabei auf denselben Preis wie beim PRProfitCenter. Auf der CD-ROM gibt es auch noch jede Menge weitere ausführliche Informationen. Sie können damit auch Mailinglisten nach bestimmten Kriterien erstellen.

Bei **Alleskla r.de** (`http://www.alleskla r.de/l?696-3960/`) finden Sie eine Liste mit verschiedenen Medienverzeichnissen, vor allem im deutschsprachigen oder europäischen Raum.

Es gibt auch noch weitere Firmen, die Datenbanken verkaufen. In der Regel sind sie jedoch teurer (wenn Sie noch irgendwelche günstigen PR-Datenbanken kennen, schreiben Sie mir doch, und ich erstelle dann einen Link auf der Website zu diesem Buch). Trotzdem sind sie höchstwahrscheinlich sehr gut, werden regelmäßig auf den neuesten Stand gebracht, haben die richtigen Kontakte und sind voll von nützlichen und ausführlichen Informationen. Für viele kleine Firmen kommt das aber viel zu teuer. Einer dieser Anbieter verlangt zum Beispiel über 10000 DM pro Jahr, ein anderer verlangt ca. 1700 DM für eine Liste mit 1000 Fernsehsendern. Hier ist jedoch eine Liste mit einigen der besten Firmen, falls Sie sich dafür interessieren:

- **MediaMap**

  `http://www.mediamap.com/`

- **Parrot Media Network**

  `http://www.parrotmedia.com/`

- **PressAccess**

  `http://www.pressaccess.com/`

Es gibt schon seit vielen Jahren Firmen, die Adreßlisten verkaufen. Das Sammeln und Verkaufen von E-Mail-Adressen und URLs ist jedoch vergleichsweise neu.

Viele der traditionellen Anbieter von Adreßlisten verkaufen keine E-Mail-Adressen. Einige werden das vielleicht bald machen, aber das Problem dabei ist, daß es viele Diskussionen darüber gibt, wie man Listen mit E-Mail-Adressen verkauft, ohne dabei Spam zu unterstützen. Stellen Sie also sicher, daß Sie auch E-Mail-Adressen bekommen, bevor Sie eine Datenbank kaufen. (Andererseits brauchen Sie die herkömmlichen Adressen auch, wenn Sie eine Werbekampagne via Snail Mail machen möchten. Mehr dazu in Kapitel 21.)

20.6 Gehen Sie zu einem Anbieter

Wenn Sie gerade keine Zeit haben, eine Liste zu erstellen oder allgemein den Zeit- und Arbeitsaufwand dafür scheuen, finden Sie auf den folgenden Websites Anbieter, die Pressemitteilungen verschicken. Ich habe einige Preise zum Vergleich angegeben. Diese ändern sich jedoch ständig. Die billigen Anbieter sind auch häufig nicht besonders gut. Es ist aber wichtig, daß der Anbieter eine gute Liste verwendet. Ihre Pressemitteilung wird in den meisten Fällen auch nicht an alle Kontaktpersonen geschickt, sondern nur an die, die zu Ihrer Zielgruppe gehören.

In Deutschland verschickt **B&B Onlinemedia** (`http://www.central-city.mikro.net/Onlinemedia/presse.htm`) Ihre Pressemitteilung für 75 DM an ca. 20 Redaktionen von Computerzeitschriften. Dort können Sie auch Ihre Pressemitteilung schreiben lassen (30 DM) und sie für zwei Wochen auf dem Server speichern (10 DM). Der Preis für das Komplettpaket ist 105 DM.

Hier ist nun die Liste der einzelnen Websites:

- **AAA Internet Promotions** (ca. 300 DM für 100; versendet auch Pressemitteilungen via Snail Mail: ca. 1350 DM für über 3000)

  `http://www.websitepromote.com/traffic/opr.html`

- **Digital Release** (ca. 600 DM für 200)

  `http://www.i-frontier.com/dig_rel.html`

- **Direct Contact Publishing**

  `http://www.imediafax.com/`

- **Internet Wire** (ca. 300 DM für 4000 individuelle Journalisten)

  `http://www.gina.com/`

- **Internet News Bureau** (ca. 380 DM für 1000 Ansprechpartner)

  `http://www.newsbureau.com/`

- **M2 On-line PressWire** (ca. 270 DM für ein Jahr; Ihre Pressemitteilung wird nicht an Journalisten direkt verschickt, sondern an eine Reihe von wichtigen Stellen, an denen Online-Pressemitteilungen veröffentlicht werden.)

  `http://www.m2.com/`

- **NewsTarget direct** (85 bis 170 DM pro Kategorie; jede Kategorie hat 10 bis 200 Einträge; dabei handelt es sich jedoch um Leute, die in diese Liste aufgenommen werden wollten.)

  `http://www.newstarget.com/`

- **PR NewsTarget – PostMaster2** (ca. 670 DM für 360)

  `http://www.netcreations.com:8081/postmaster/prnewstarget.mhtml`

- **PR Newswire**

  `http://www.prnewswire.com/`

- **PRWeb** (Sie können Ihre Pressemitteilungen kostenlos in die Datenbank stellen; dort gibt es auch eine nützliche Seite, »PR Coach«, die Grundlagen von PR vermittelt.)

  `http://www.prweb.com/`

- **PressAccess's PressDirect service**

  `http://www.pressaccess.com/`

- **TechWire** (Für ca. 1200 DM werden zwölf Pressemitteilungen pro Jahr an 70 Zeitungen und Zeitschriften verschickt. Die Aufnahmegebühr beträgt ca. 13300 DM. Dieser PR-Dienst ist stark auf den Elektronikmarkt fokussiert.)

  `http://www.ezwire.com/`

- **Web Promoters** (ca. 420 DM für 800)

  `http://www.wprc.com/pr/wprcpr.html`

- **Xpress Press** (ca. 255 DM für 800)

  `http://www.xpresspress.com/`

- **Yahoo! – Public Relations**

  `http://www.yahoo.com/Business_and_Economy/Companies/Corporate_Services/Public_Relations/`

- **Yahoo! Deutschland – Dienstleistungen für Firmen**

  `http://www.yahoo.de/Handel_und_Wirtschaft/Firmen/Dienstleistungen_fuer_Firmen/`

- **Yahoo! – Communications and Media Services**

  `http://www.yahoo.com/Business_and_Economy/Companies/Communications_and_Media_Services/`

- **Yahoo! Deutschland – Kommunikations- und Mediendienste**

  `http://www.yahoo.de/Handel_und_Wirtschaft/Firmen/Kommunikations__und_Mediendienste/`

PressDirect und PR Newswire tragen neue Pressemitteilungen auch in Clarinet, dem Newsgruppendienst, ein. Die Pressemitteilungen erscheinen in den .releases-Newsgruppen in Clarinet. Es gibt ungefähr neunzig dieser Gruppen, wie zum Beispiel `clari.biz.industry.agriculture.releases` oder `clari.biz.mergers.releases`. Sie können keine Nachrichten direkt an Clarinet senden, sondern müssen den Weg über diese oder andere Dienste wie Reuters, United Press International, Newsbytes, BizWire, The Christian Science Monitor und so weiter nehmen.

Einige dieser Pressedienste bieten auch noch andere Dinge an, die Ihnen helfen können, Ihre Pressemitteilung zu verbreiten: **gina** hat zum Beispiel ein System, das so ähnlich wie WebSprite funktioniert und Informationen auf den Rechner holt. Auf deren Website werden auch Pressemitteilungen veröffentlicht, so daß Leute dort hingehen und sich die neuesten Nachrichten ansehen können.

Erfüllen die elektronischen Pressemitteilungen ihren Zweck? Wenn sie gut geschrieben und an die richtigen Leute gerichtet sind, können sie definitiv funktionieren. Allerdings sind viele Pressemitteilungen schon fast Spam. Einige Empfänger vernichten einfach alle elektronischen Pressemitteilungen ungelesen, weil die meisten Nachrichten, die sie erhalten, absolut nichts mit ihrem Feld zu tun haben. Weil das Versenden von Mitteilungen via E-Mail so einfach ist, schicken viele Leute ihre Pressemitteilungen einfach an alle E-Mail-Adressen, die sie finden können. Probieren Sie einen Pressedienst aus, aber seien Sie nicht enttäuscht, wenn es nicht den gewünschten Erfolg hat.

Sie sollten auch dann eine eigene Liste mit Ansprechpartnern erstellen, wenn Sie mit einem dieser Anbieter arbeiten. Sie sollten wenigstens Buch über die Zeitschriften, Zeitungen und Redakteure führen, die über Ihre Produkte oder Ihre Website geschrieben haben. Wenn einmal ein Artikel über Ihre Produkte geschrieben wurde, ist es wahrscheinlich, daß dieselbe Zeitschrift wieder daran interessiert ist, wenn Sie ein neues Produkt oder eine neue Version auf den Markt bringen.

20.7 Wann sollten Sie eine Pressemitteilung verschicken?

Sie können eine Pressemitteilung verschicken, sobald Sie die notwendigen Informationen beisammen haben oder wenn Sie dazu kommen. Sie sollten aber über die Produktionszeit (wenn eine Zeitschrift Informationen erhält, dauert es normalerweise eine Zeit, bis diese dann auch veröffentlicht werden) Bescheid wissen. Manchmal kann es sein, daß Ihre Pressemitteilung einfach so spät eintrifft, daß sie nicht mehr in der gewünschten Ausgabe des Magazins oder der Zeitschrift erscheinen kann.

Zeitungen brauchen normalerweise Informationen zu einem Hauptartikel zwei bis vier Wochen vor dem Erscheinungstermin. Einige Artikel haben sogar eine noch längere Produktionszeit, zum Beispiel wenn es sich um eine Story, die mit einer bestimmten Veranstaltung oder Jahreszeit zu tun hat, handelt. Wenn Sie möchten, daß Ihre Nachricht in einer Zeitschrift erscheint, sollten Sie diese drei bis sechs Monate vor dem Erscheinungstermin einreichen.

Lassen Sie sich jedoch nicht entmutigen. Aus einigen Pressemitteilungen wird auch ganz schnell ein Artikel, vor allem, wenn Sie etwas wirklich Neues ankündigen oder Ihr Bericht in einem Bereich irgendwo außerhalb des Leitartikels Platz hat.

21. Kapitel

PR außerhalb des Internet nicht vergessen

In Kapitel 20 haben Sie gelernt, wie man Pressemitteilungen via E-Mail über das Internet versendet. Das ist aber noch nicht alles. Sie kennen ja schon meine Einstellung zum Thema Internet. Es ist ein weiteres Werkzeug, aber kein Ersatz für Geschäfte außerhalb des Cyberspace. Sie sollten also auch außerhalb Werbung machen und Ihr Produkt vermarkten: Versenden Sie Pressemitteilungen über den Postweg, unterhalten Sie sich mit Journalisten, treten Sie im Radio auf und so weiter.

21.1 Pressemitteilungen via Snail Mail

Viele Zeitschriften und Zeitungen sind nicht vollständig online. Jeder hat zwar schon vom Internet gehört, aber nicht jeder hat sich auch schon an dieses neue Medium gewöhnt. Es gibt viele Journalisten, die noch keine E-Mail-Adresse haben. Selbst wenn sie eine haben, sind Sie vielleicht nicht in der Lage, diese auch herauszufinden. Das heißt aber nicht, daß diese Journalisten nicht über Ihre Website schreiben würden. Einige Journalisten vernachlässigen auch ihre E-Mails und kümmern sich nur um richtige Briefe und Faxe. Deswegen ist es eine gute Idee, wenn Sie Ihre Pressemitteilungen auch über den herkömmlichen Postweg versenden. Alle guten Verkäufer wissen auch, daß man jemanden mit seiner Story von mehreren Seiten aus angehen muß, damit sie auch wirklich beachtet wird.

Viele der Verzeichnisse und Listen, die ich in Kapitel 20 erwähnt habe, enthalten auch Postadressen. Vor allem das **U.S. All Media E-Mail Directory** von Direct Contact Publishing (`http://www.owt.com/dircon/`) enthält sowohl E-Mail- als auch Postadressen. Das **PRProfitCenter** von Open Horizons Publications (`http://www.bookmarket.com/`, gebührenfreie Rufnummer in den USA 800-669-0773) und die Verzeichnisse von **Gebbie Press** (`http://www.gebbieinc.com/`) haben ein gutes Preis-Leistungs-Verhältnis, ebenso die **CD-ROM von Media-Finder** (`https://www.mediafinder.com/`), falls Sie ein wirklich riesiges, aber dafür auch teures Verzeichnis möchten. **Para Publishing** (`http://www.parapublishing.com/`) verkauft Listen mit Ansprechpartnern aus der Medienbranche, die schon als Adreßlabel formatiert sind. Darin sind sieben Autozeitschriften, 67 Reiseautoren, 1857 Zeitungen und vieles mehr enthalten. Bradely Communications verkauft **Publicity*Blitz*** (gebührenfreie Rufnummer in den USA: 800-989-1400), eine Liste mit 11 000 Ansprechpartnern für ca. 500 DM.

21.2 Sprechen Sie mit Journalisten

Wenn Sie ein neues Produkt veröffentlichen, ist es ein guter Anfang, Pressemitteilungen via E-Mail zu versenden. Aber es ist noch nicht perfekt. Im Idealfall sollten Sie die Journalisten anrufen. Mike Ceranski, der Geschäftsführer von Dvorak

Internet Development sagte zu mir: »Ich rufe einen Redakteur an und schlage ihm eine Story vor. Meine Pressemitteilungen liegen in drei Formaten vor: als E-Mail, als Fax und als ausgedrucktes Pressekit. Ich frage, welches Format der Redakteur bevorzugt. Wenn nötig, schicke ich ihm auch das Pressekit via Fedex zu.« Dieser persönliche Kontakt verbunden mit der Bereitschaft, die Informationen in dem Format, das der Journalist benötigt, zur Verfügung zu stellen, kann sich wirklich auszahlen. Mike fragt auch, ob es in Ordnung geht, wenn er einige Tage darauf anruft, um sicherzustellen, daß der Redakteur die Informationen erhalten hat, und um eventuelle Fragen zu beantworten. Auf diese Weise denkt der Redakteur an Ihre Story. Gleichzeitig gewährleisten Sie so auch, daß er alle Informationen hat, die er für den Artikel braucht.

Dabei sollten Ihnen zwei Dinge klar sein. Erstens: Redakteure erhalten Unmengen an Pressemitteilungen. Zweitens: Sie brauchen diese Pressemitteilungen. Ein Redakteur muß Artikel verfassen, und dazu braucht er ständig neue Ideen. Wenn Sie eine interessante Story haben und dem Redakteur alle benötigten Informationen zur Verfügung stellen, ist die Wahrscheinlichkeit, daß er darüber schreibt, ziemlich groß.

Sie können auch jemanden einstellen, der diese Anrufe für Sie erledigt. Ich kenne einen Unternehmer, der genau dies macht. Er hat auch ein Geheimnis entdeckt, das ich Ihnen nicht vorenthalten möchte: »Stellen Sie eine Frau mit einer sexy Stimme ein, welche die nachfolgenden Anrufe tätigt. Neunzig Prozent aller Redakteure sind Männer, zumindest im Computerbereich. Es macht wirklich einen Unterschied.« Es ist doch wirklich ein Jammer, daß männliche Wesen so oberflächlich sind, nicht wahr? Dieser Unternehmer verglich 200 Anrufe, die von seiner Frau getätigt wurden, mit 200 Anrufen eines professionellen, aber männlichen Angestellten für PR-Aufgaben. Seine Frau hatte fast dreimal soviel Erfolg wie der Angestellte. Bei ihr wurden 28 Artikel nach den Telefongesprächen veröffentlicht, bei ihm waren es nur zehn. Das ist natürlich keine wissenschaftliche Studie, aber wissen wir nicht alle, daß dies höchstwahrscheinlich stimmt? Es macht ja auch Sinn. Bei PR und Marketing geht es nun einmal darum, andere Leute zu manipulieren. Und die meisten Leute sprechen nun einmal auf Dinge im Bereich Sex besonders leicht an.

Andererseits glaubt Marcia Yudkin, ein echter weiblicher PR-Guru, daß diese Anrufe gar nicht notwendig sind. Ihrer Meinung nach ist es auch möglich, seine Produkte zu vermarkten, ohne dazu weitere Anrufe tätigen zu müssen. Allerdings sagt sie auch, daß diese »Anrufe einen Versuch wert sind, wenn Sie hinsichtlich Telefonverkauf wirklich gut sind und auch die Zeit dafür haben.« Das Problem für viele kleine Firmen dürfte dabei der Zeitaspekt sein. Vielleicht finden Sie ja auch etwas, mit dem Sie Ihre Zeit sinnvoller verbringen können. Denken Sie daran: Zeit ist Geld. Vielleicht ist es effektiver, eine weitere Pressemitteilung mit zusätzlichen Informationen zu versenden oder aber die gleiche Mitteilung an tausend weitere

Kontaktpersonen zu schicken, als Leute anzurufen. Ich rate Ihnen, daß Sie die Anrufe auf wirklich vielversprechende Bereiche konzentrieren, also zum Beispiel Zeitschriften, bei denen Sie wirklich viel davon haben, wenn ein Artikel über Sie erscheint.

Wann immer Sie können, sollten Sie versuchen, eine persönliche Beziehung zu Redakteuren, Journalisten, Autoren etc. aufzubauen. Erstellen Sie eine Liste mit den Personen, mit denen Sie schon gearbeitet und geredet haben. Ein Redakteur, der schon einmal einen Artikel über Ihre Produkte oder Angebote im Web verfaßt hat, wird vielleicht noch einen schreiben. Denken Sie daran: Jeder, der sich sein Geld mit Schreiben verdient, braucht Stories. Das heißt, er braucht Informationen. Wenn Sie diese Informationen bereitstellen können, helfen Sie ihm und tun sich selbst damit auch einen Gefallen.

21.3 Gedruckte Anzeigen

Vor mir liegt ein Prospekt eines kleinen Verlags. Diese Firma verkauft Bücher und Software von diesem und anderen Verlagen. Auf diesem Prospekt steht, wie man die Produkte bestellen kann. Es gibt die komplette Postadresse, eine Telefonnummer und sogar eine gebührenfreie Rufnummer. Aber es gibt weder eine E-Mail-Adresse noch eine URL. Ich weiß zufälligerweise jedoch, daß diese Firma sowohl eine Website als auch eine E-Mail-Adresse hat. Warum stehen diese Informationen dann nicht in dem Prospekt?

Ein Grund könnte sein, daß die Firma eine ziemlich schlechte Website hat, die im Stil einer Reklametafel gehalten ist. Sie liegt einfach nur im Cyberspace und enthält ein paar Seiten mit vagen Informationen zur Firma und den Produkten. Es gibt keine Möglichkeit, etwas online zu bestellen. Überhaupt findet man auf dieser Website kaum Informationen. Ich frage mich aber, warum die Informationen aus dem Prospekt nicht online erhältlich sind. Vielleicht wird die Website auch deshalb nicht erwähnt, weil die Firma nicht weiß, wie ihnen die Website nutzen kann. Sie ist einfach nur für die Leute da, die im Cyberspace zufälligerweise vorbeikommen. Es kommt aber niemand, es sei denn, er weiß vorher schon, wo die Website ist. Aber das erklärt immer noch nicht, warum auf dem Prospekt nicht zumindest eine E-Mail-Adresse steht.

Dieser Verlag ist jedoch keine Ausnahme. Es gibt zig Firmen mit Websites und E-Mail-Adressen, die in den Anzeigen oder Prospekten einfach nicht erwähnt werden. Es ist wirklich einfach, Ihre Adresse im Cyberspace überall mit anzugeben: auf Visitenkarten, in Anzeigen in der Zeitung, in Ihrer Anzeige in den Gelben Seiten, in Broschüren, Prospekten und allem anderen. Wenn Sie Ihre Telefonnummer angeben, können Sie auch Ihre E-Mail-Adresse und URL dazuschreiben. Wenn Ihre Website Ihren (potentiellen) Kunden etwas bringt, dann verstecken Sie das nicht!

Lassen Sie Ihre Kunden wissen, wenn Sie dort Informationen und einen technischen Support haben, Online-Bestellungen entgegennehmen und andere Dienste haben, die Sie erstellt haben.

Schreiben Sie jedoch nicht einfach nur Ihre URL in alle gedruckten Anzeigen. Erklären Sie, warum man zu Ihrer Website kommen soll. Erwähnen Sie die Dienste, die Sie dort anbieten, und geben Sie den Lesern einen Grund, Ihre Website zu besuchen. Leiten Sie Ihre Kunden in die richtige Richtung, wenn Sie Ihre Website als eine Erweiterung Ihrer Firma benutzen und zum Beispiel die Kosten für die Annahme von Bestellungen und den Kundendienst reduzieren möchten. Schreiben Sie beispielsweise, daß Ihre Kunden auf Ihrer Website die allerneuesten Informationen zu Ihren Produkten finden können (das können sie doch, oder?). Für viele Leute ist das ein wichtiger Punkt in einer Welt, wo sich alles immer sofort bezahlt machen muß. Jeder will sofort an die Informationen kommen, und Ihre Website ist eine Möglichkeit, diesen Wunsch zu erfüllen.

Vor kurzem ist mir eine wirklich einfache Werbemethode aufgefallen. Mile High Comics, ein Laden in Denver (Colorado), der Comics verkauft, verteilte Karten auf einer Science-Fiction-Veranstaltung. Dort konnte man seine E-Mail-Adresse angeben und dann wieder abgeben. Mile High Comics fügt nun alle diese Adressen zu einer Mailingliste hinzu. Das ist einfach, aber äußerst effektiv. Sie können das auch mit anderer Werbung verbinden. Fügen Sie zum Beispiel folgende Zeile zu jeder Anzeige hinzu: »Wollen Sie unseren kostenlosen Newsletter abonnieren? Schreiben Sie einfach eine E-Mail an `signup@SuperKanaldeckel.com`.«

21.4 Verteilen Sie kostenlose Exemplare

In den meisten Geschäftszweigen müssen Sie Geschenke an die richtigen Leute verteilen. Mir sind im Internet schon einige Geschäftsleute begegnet, die wenig erfolgreich sind, weil sie dieses Konzept nicht verstehen. Lassen Sie es mich also näher erläutern.

Angenommen, Sie erstellen und verkaufen Software und ich bin ein Autor (bin ich natürlich), der für die Computerpresse arbeitet (stimmt auch). Ich setze mich nun mit Ihnen via E-Mail in Verbindung, weil ich mich für Ihr Produkt interessiere (ist durchaus wahrscheinlich). Ich habe von Ihrem Produkt gehört und denke, daß sich meine Leser dafür interessieren würden. Ich möchte es mir also ansehen und dann besprechen. Welche dieser Antworten geben Sie mir?

A: Ach ja? Sie können sich ein Demo von meiner Website herunterladen. Es hat fast die gleichen Funktionen wie die Vollversion.

B: Ich gebe die Aktivierungsschlüssel nur ungern weiter – es handelt sich nämlich um Shareware, wissen Sie?

C: Ich schicke Ihnen sofort eine Kopie. Sie können Sie aber auch von unserer Website herunterladen. Später sende ich Ihnen dann noch den Aktivierungsschlüssel via E-Mail, damit Sie das Programm uneingeschränkt verwenden können.

D: Ich schicke Ihnen auch noch unser Pressekit.

E: Gibt es noch irgend etwas anderes, womit ich Ihnen behilflich sein kann?

F: Kann ich Sie in ein paar Tagen anrufen, um eventuelle Fragen zu beantworten?

Für den Fall, daß Sie es nicht herausgefunden haben, ist hier die Lösung: C, D, E und F sind die richtigen Antworten. Sie behandeln jemanden von der Presse nicht mit so einem Desinteresse wie in Antwort A, und Sie sollten *niemals* Antwort B verwenden.

Sie brauchen Leute wie mich. Sie brauchen Leute, die über Ihre Produkte in Büchern, Rundschreiben, Zeitungen, Zeitschriften und Websites schreiben oder die im Fernsehen oder Radio darüber sprechen. Lassen Sie mich erklären, warum Sie uns so sehr brauchen.

Vielleicht ist Ihnen der Name Paul Mace ein Begriff. Er hat ein paar Programme für den PC geschrieben, die einem nach einem Hardware- oder Software-Problem bei der Wiederherstellung von verlorengegangenen Daten helfen. Er brachte seine Programme auf den Markt und wurde durch den Verkauf seiner Software ein reicher Mann. Irgendwann verkaufte er dann seine Firma an die Konkurrenz. Warum war er so erfolgreich? Er sagt, daß sein Erfolg hauptsächlich darauf beruht, daß er eine Kiste mit seiner Software an John Dvorak, einen Computerkolumnisten, schickte.

Eines Tages hatte John Dvorak Probleme mit seinem Computer. Einige seiner Dateien waren verlorengegangen. Zufälligerweise sah er die Kiste mit Software, die ihm Paul Mace vor einigen Tagen zugeschickt hatte. Er installierte das Programm und konnte alle Dateien retten. John Dvorak war damit so zufrieden, daß er in seiner nächsten Kolumne über dieses Produkt schrieb. Millionen Leser wurden so darauf aufmerksam, und der Rest ist Geschichte.

Hier ist ein anderes Beispiel, das vielleicht ein wenig realistischer ist. Neulich ist mir zufälligerweise ein Programm über den Weg gelaufen, das mir gut gefallen hat. Ich erwähnte dieses Programm in einer Mailingliste für Internet-Autoren. Ein anderer Autor schrieb mir daraufhin eine E-Mail und fragte nach dem Programm, weil er gerade an einer Reihe von Produktbesprechungen für das *Windows Magazine* schrieb und es gerne dort mit aufnehmen wollte.

Ihr Produkt muß in aller Munde sein. Das bedeutet häufig, daß Sie kostenlose Exemplare verteilen müssen. Wenn Sie Schokolade herstellen, legen Sie eine Schachtel mit einer Auswahl Ihre besten Sorten in jedes Pressekit zu Ihrer

Website. Wenn Sie Blumen verkaufen, schicken Sie den wichtigsten Rezensenten einen Strauß. Wenn Sie Werbung für ein Buch oder eine Software machen wollen, verteilen Sie Rezensionsexemplare.

Das ist alles so offensichtlich, daß ich eigentlich gar nicht darüber schreiben müßte. Anscheinend sehen viele Leute aber das Internet als eine günstige Möglichkeit an, eine Firma zu gründen. Es gibt inzwischen viele, die versuchen, ihre Produkte über das Internet zu vermarkten, aber damit nur wenig Erfahrung haben. Viele verstehen auch dieses grundlegende Konzept nicht. Hier ist noch ein Beispiel: Neulich habe ich bei einer Firma angefragt, ob ich ihr Produkt rezensieren dürfte. Dabei handelte es sich um ein Programm, das ich in diesem Buch hätte erwähnen können. Die Software war Shareware. Um alle Funktionen verwenden zu können, hätte ich das Programm registrieren lassen und einen Aktivierungsschlüssel kaufen müssen. Der Hersteller weigerte sich, mir diesen Schlüssel kostenlos zur Verfügung zu stellen, so daß die Software nun weder rezensiert noch erwähnt wurde.

21.5 Radio, eine andere Form des Cyberspace

Ich bin ja der Meinung, daß es den Cyberspace schon seit ca. 150 Jahren gibt. 1844 machte Samuel Morse seine erste Übertragung via Telegraf. Das war immerhin der Anfang aller elektronischen Kommunikation, auch wenn es noch etwas primitiv war. Seitdem haben sich verschiedene Formen elektronischer Kommunikation entwickelt. Ein Lexikon definiert den Begriff Cyberspace als System, das einen »imaginären Raum erschafft, in dem die elektronische Kommunikation abgehalten wird«. Das sind Telefone, Fernsehen, Radio, die Newsgruppen im Internet, die Online-Dienste und das Internet selbst.

Im Moment versucht natürlich jeder, planlos Produkte im Internet zu verkaufen. Wie ich in Kapitel 1 geschrieben habe, werden auch jede Menge unrealistische Zahlen hinsichtlich der Anwender im Internet verbreitet. Es gibt aber noch eine Ecke im Cyberspace, in der Sie jede Menge »Anwender« finden und in der Sie Ihre Produkte einfach und billig vermarkten können: das Radio. Allein in den USA gibt es fast 12 000 Radiosender. Dort gibt es Hunderte von Talkshows, die in einem oder mehreren Sendern abgehalten werden.

Eine Möglichkeit, wie Sie für Ihre Website Werbung machen können, ist, sich selbst als Gast in einer Radiotalkshow zu bewerben. Wenn Sie etwas haben, worüber es sich lohnt zu berichten, kommen Sie recht einfach in eine Radioshow. Wie Joe Sabah, der Autor des Buchs *How to Get on Radio Talk Shows All Across America*, anmerkt, brauchen die Radiosender Gäste für ihre Talkshows. In seinem Buch geht es zum Beispiel um einen Radiosender in Pittsburgh, PA, bei dem es fünf Showmaster gibt. Jeder hat im Monat durchschnittlich 65 Gäste, das macht insgesamt fast 4000 Gäste pro Jahr.

Leute kaufen Produkte, über die im Radio gesprochen wird. Joe Sabah war schon in über 600 Talkshows und hat mehr als 330 000$ an seinen Büchern, für die er dort wirbt, verdient. Talkshows im Fernsehen sind sogar noch besser. Beliebte Fernsehshows haben schon zu Bestsellern geführt und Leute berühmt gemacht.

Das Medium Radio ist eine relativ effektive Methode, wenn Sie über Ihre Website sprechen möchten. Sie müssen in der Regel nirgendwo hingehen. Sie können von zu Hause oder Ihrem Büro aus an der Show teilnehmen. Es gibt auch verschiedene Datenbanken, so daß Sie die Radiotalkshows relativ leicht finden können. Mit den Websites, die ich schon genannt habe, können Sie sich auch Ihre eigene Liste erstellen. Sie können aber auch eine kaufen. **Joe Sabah** (talkshows@aol.com, Telefon 001 303 722 8288) verkauft eine Datenbank mit 700 Talkshows zusammen mit seinem Buch *How to Get on Radio Talk Shows All Across America* für 99$ (ca. 170 DM). In den Datenbanken des PRProfitCenters von OpenHorizon, die ich in Kapitel 20 erwähnt habe, gibt es auch ungefähr 2000 Radiosender und Talkshows. In den Verzeichnissen von Gebbie Press (siehe Kapitel 20) finden Sie mehr als 2100 Radiosender mit Websites und vielen E-Mail-Adressen. Bei **DINO** finden Sie unter http://dino-online.de/seiten/go06rr.htm eine Liste mit Radiosendern in Deutschland. Weitere Informationen finden Sie auch bei **Radioinfo** (http://www.radioinfo.de/).

*Ein weiterer nützlicher Dienst ist eventuell **GuestFinder** (http://www.guestfinder.com/). Dabei handelt es sich um einen »webbasierten Dienst, der Mitarbeitern bei Zeitungen, Zeitschriften, Fernseh- und Radiosendern dabei behilflich ist, Gäste und Interviewpartner zu finden«. Sie können für ca. 250 DM pro Jahr einen Anzeigenplatz auf dieser Website erwerben. Leute aus der Medienbranche benutzen diese Website, um interessante Themen für Interviews zu finden.*

*Ein ähnlicher Dienst ist **HotTopics** (http://www.bookpromotions.com/hottopic.htm), der sowohl eine Website als auch ein Snail-Mail-Rundschreiben hat, das an 6000 Kontaktpersonen aus der Medienbranche geschickt wird. Eine halbseitige Anzeige kostet knapp 300 DM. Außerdem gibt es noch die **Radio Tour** (http://www.radiotour.com/), die Leute im Internet und außerhalb promotet.*

Eine andere Möglichkeit ist, falls Sie gut englisch sprechen und Ihre Produkte auf dem amerikanischen Markt anbieten wollen, eine Anzeige in der amerikanischen Zeitschrift **Radio-TV Interview Report** zu schalten (Telefon: 001 610 259 1070). Dabei handelt es sich um ein großes Verzeichnis mit Leuten, die in Talkshows auftreten möchten. Wenn Sie keine Zeit haben, um sich mit den Radiosendern direkt in Verbindung zu setzen, ist das eventuell eine gute Idee. Allerdings kann so eine Anzeige auch recht teuer sein. Die Anzeigen im Radio-TV Interview Report kosten zwischen ca. 1200 und 4500 DM. Die Herausgeber behaupten jedoch, daß Sie in der Regel für 4500 DM fünfzig Anrufe von Talkshow-Produzenten erhalten. (Ich habe die Anzeige für 1200 DM getestet und bin tatsächlich daraufhin einige Male interviewt worden.)

21.6 Ungewöhnliches

Ungewöhnliche Werbemethoden außerhalb des Internet können Millionen Besucher auf Ihre Website bringen. Was halten Sie zum Beispiel von Massenselbstmord? Ich gebe zu, daß das eine recht drastische Form der Werbung ist, aber es funktioniert. Die bis dahin ziemlich unbeachtete Website der Sekte **Heaven's Gate** erhielt innerhalb von 24 Stunden drei Millionen Hits, nachdem in den Medien über den Massenselbstmord der Sektenmitglieder berichtet wurde. Der Server war so überlastet, daß er die Website abschalten mußte. Es wurden aber so viele Mirror Websites (das sind Kopien der Website, die auf anderen Servern liegen, um die Last zu verteilen) eingerichtet, daß bei Yahoo! eine extra Kategorie dafür eingerichtet wurde: `http://www.yahoo.com/Society_and_Culture/Religion/Faiths_and_Practices/New_Age/Organizations/Heaven_s_Gate/`.

Wenn Ihnen diese Methode ein wenig zu drastisch erscheint, können Sie für Ihre Website auch mit etwas anderem Werbung machen, was zwar dramatisch, aber weniger tödlich ist. Sie könnten zum Beispiel eine Party eines bekannten Politikers stürmen und Hunderte von wichtigen Persönlichkeiten für ein paar Monate als Geiseln nehmen. Als **Tupac Amaru** genau dies in Lima, Peru, machte, entdeckte die Welt seine Website unter `http://burn.ucsd.edu/~ats/mrta.htm`. (Hmm, auch das endete mit Selbstmord. Aber vielleicht können Sie ja auch ein etwas anderes Ende arrangieren.)

Vielleicht geht auch dies ein wenig zu weit. Aber diese Beispiele zeigen, wie Ereignisse in der Welt, über die ausführlich in den Medien (Zeitungen, Zeitschriften, Fernsehen und Radio) gesprochen wird, zu einem Besucheransturm auf einer Website führen können.

21.7 Das Internet ist auch nicht anders ...

Hier noch ein letzter Rat: Lesen Sie ein paar gute Bücher zum Thema Marketing. Gehen Sie in eine Buchhandlung oder Bücherei, und suchen Sie sich zwei oder drei Bücher zu diesem Thema aus. Marketing im Internet ist auch nicht wesentlich anders als herkömmliches Marketing. Es ist ein neues Werkzeug, und die Möglichkeiten zur Kommunikation im Internet sind sicherlich anders, aber trotzdem bleibt die menschliche Natur doch überall die gleiche. Wenn Sie die Marketingbücher gelesen haben, können Sie sich überlegen, wie Sie die Ideen online umsetzen können.

Hier sind ein paar gute Bücher für den Anfang:

1001 Ways To Market Your Books von John Kremer, Open Horizons. Sie können dieses Buch bei Open Horizons Publications bestellen, siehe Kapitel 20. Auch wenn Sie keinen Verlag haben, ist dieses Buch ein ausgezeichnetes Werk zum Thema Marketing. John Kremer beschreibt hier viele unterschiedliche Ideen, die sich auf alle möglichen Produkte übertragen lassen. Sie können ja in einer Buchhandlung einmal einen Blick hinein werfen, um zu sehen, ob Sie die Vorschläge auf Ihr Produkt übertragen können. Kaufen Sie es dann. Leider gibt es dieses Buch nicht in einer deutschen Übersetzung. Sie können es aber auch bei Amazon Deutschland (`http://www.amazon.de/`) für knapp 50 DM bestellen und dort auch Leserrezensionen lesen.

Guerrilla Marketing von Jay Conrad Levinson, 19,90 DM für die deutsche Übersetzung. Jay C. Levinson hat zig Guerrilla-Bücher geschrieben: Guerrilla Marketing, Guerrilla Marketing für Fortgeschrittene, Guerrilla Werbung, Guerrilla Verkauf, Guerrilla Management, Guerrilla Marketing Online und so weiter. Sie sind alle bekannt und sehr angesehen.

Six Steps to Free Publicity von Marcia Yudkin, ein bekannter weiblicher Publicity-Guru. Erschienen bei Plume Books/Penguin. Auch dieses Buch ist leider nicht auf deutsch verfügbar. Sie können es aber über Amazon Deutschland (`http://www.amazon.de/`) für knapp 20 DM bestellen und dort auch Online-Rezensionen lesen.

Das 1x1 des Marketing. 10 Stufen zum Erfolg von Arnold Weissman, ca. 16,90 DM.

22. Kapitel

Anzeigenplatz kaufen und verkaufen

Es gibt zwei Aspekte bei der Werbung. Das Ungewöhnliche an Websites ist, daß der Eigentümer mit beiden zu tun haben kann. Er kann nämlich sowohl Anzeigenplatz kaufen als auch (vielleicht) verkaufen. Natürlich können Sie Anzeigenplatz kaufen. Wenn auf Ihrer Website genug los ist, können Sie eventuell auch Anzeigenplatz verkaufen. Es gibt auch noch eine dritte Alternative, die Sie sofort und ohne Kosten ausprobieren können: Sie haben die Möglichkeit, Anzeigen zu tauschen.

In diesem Kapitel geht es um Werbung, Anzeigen und Anzeigenplatz. Ich habe dieses Kapitel so strukturiert, daß ich die einzelnen Punkte der Wahrscheinlichkeit nach geordnet habe. Zuerst geht es um das Tauschen, dann das Kaufen und zu guter Letzt um das Verkaufen. Aber zuerst möchte ich darüber diskutieren, ob Sie wirklich überall auf Ihrer Website Anzeigen liegen haben wollen.

22.1 Werbung – eine zweischneidige Angelegenheit

Wenn Sie Anzeigen tauschen oder Anzeigenplatz verkaufen, haben Sie das Problem, daß etwas auf Ihrer Website liegt, was die Besucher wegführen kann. Überlegen Sie sich das einmal: Das Internet ist wahrscheinlich das einzige Medium, bei dem der Käufer sofort und mit einem einfachen Klick einer Anzeige nachgehen kann. Das macht Werbung im Internet so reizvoll, aber das ist auch das Gefährliche daran.

Nehmen wir einmal eine Anzeige in einer Tageszeitung. Als erstes kaufen Sie die Zeitung. Im selben Augenblick haben Sie den Hauptzweck des Zeitungsverlages erfüllt. In den meisten Teilen der Welt heißt das, daß der Eigentümer durch Ihren Kauf Geld verdient hat. Er verdient auch ein wenig daran, daß er einen Leser mehr hat und seine Auflage statistisch gesehen gestiegen ist. So lassen sich nämlich die Anzeigenpreise rechtfertigen oder auch erhöhen. In den USA ist es genau anders herum. Die Leserzahl ist wichtig für die Anzeigenpreise (an denen der Verleger verdient), und die Zeitung hat an Ihrem Kauf gerade ein wenig dazuverdient.

Was Sie mit der Zeitung machen, kann dem Eigentümer des Verlags eigentlich ganz egal sein. Das einzige, was er möchte, ist, daß Sie seine Zeitung so nützlich finden, daß Sie sie am nächsten Tag wieder kaufen. Sie können Sie verbrennen, Fisch darin einpacken oder sogar lesen – es macht keinen Unterschied. Wenn Sie eine Anzeige sehen, die Zeitung auf den Tisch legen und zum Telefonhörer greifen, ist das auch gut.

Eine Website ist ganz anders. Vielleicht haben Sie Besucher angelockt, damit Sie ihnen etwas verkaufen können. Das Letzte, was Sie nun möchten, ist, daß diese wieder gehen. Dennoch gibt es auf so vielen Websites attraktive Links, welche die Besucher genau dazu ermutigen. Wir haben dieses Thema schon einmal angesprochen, als es in Kapitel 11 um die Links ging. Verwenden Sie Links vorsichtig. Normalerweise möchten Sie niemanden dazu auffordern, Ihre Website zu verlassen. Das gleiche gilt nun auch für Anzeigen.

Einige Websites sind jedoch, genauso wie manche Zeitungen auch, im Prinzip nur als Werbefläche da. Sie werden dafür bezahlt, daß Sie die Anzeigen, die dort erscheinen, beachten. Einigen Suchsites wie zum Beispiel Yahoo! ist es vollkommen egal, ob Sie nach etwas suchen oder nicht. Die Suchmaschine ist dazu da, um Sie auf die Seite zu locken. In Wirklichkeit wollen sie aber nur, daß Sie der Werbung Aufmerksamkeit schenken. Warum? Ganz einfach: Sie werden jedesmal dafür bezahlt, wenn Sie auf eine Anzeige klicken. Die gute Suchmaschine ist nur dazu da, um sicherzugehen, daß Sie wieder zurückkommen und hoffentlich auf eine weitere Anzeige aufmerksam werden. Vielleicht sind Ihnen ja bei Yahoo! (und vielen anderen Suchmaschinen) schon die Anzeigen aufgefallen, die auf mysteriöse Art und Weise mit Ihrem Suchbegriff zu tun haben und am Anfang der Seite mit dem Suchergebnis erscheinen.

Sind Sie sich sicher, daß Sie Werbung auf Ihrer Website haben wollen? Wie viele Besucher werden die Anzeige interessanter als Ihre Website finden und wieder gehen, bevor sie auch nur sehen konnten, was Sie ihnen zu bieten haben? Wie Sie in diesem Kapitel lesen werden, muß der Besucher Ihre Website verlassen, damit der Zweck der Anzeige wirklich erfüllt wurde. Häufig werden Sie nämlich für die Anzahl der Leute bezahlt, die auf die Anzeige klicken. (Das wird als *Click-Through* bezeichnet.) Überlegen Sie sich, was Ihr Geschäftsziel ist, bevor Sie Werbung auf Ihre Website stellen. Wollen Sie mit Ihrer Website ein Produkt oder einen Dienst verkaufen oder dafür werben? Oder wollen Sie sie nur als Werbefläche vermieten?

22.2 Eine Hand wäscht die andere

Sie kommen am einfachsten ins Anzeigengeschäft, wenn Sie Anzeigen tauschen. Machen Sie sich keine Sorgen, das Ganze nimmt nicht viel Zeit in Anspruch. Wenn Sie ein automatisches Tauschsystem benutzen, geht es auch erstaunlich leicht. Und so funktioniert der Tausch: Sie gehen zu einer der Bannertausch-Websites (weiter unten finden Sie eine Liste) und tragen sich dort ein. Sie erhalten dann ein paar Zeilen mit HTML-Code, den Sie auf einer oder mehr Web-Seiten bei Ihnen einfügen. Dabei wird der `<IMG>`-Tag verwendet, um ein Bild auf Ihrer Web-Seite einzufügen. Dieses Bild – das Banner – wird von der Bannertausch-Website geholt. Die Bannertausch-Website schickt jedesmal ein anderes Bild und hat ein Programm, das mitzählt, wie oft auf Ihrer Website ein Banner benutzt wird. Sie erhalten dann eine Art Gutschrift, mit der Ihr Banner dann anderen Websites zugeteilt wird. Je mehr Credits Sie haben, desto häufiger wird Ihr Banner angezeigt. Bei einigen Anbietern erhalten Sie gleich am Anfang eine Gutschrift, so daß Ihr Banner sofort auf anderen Websites auftaucht.

Dazu müssen Sie natürlich ein Banner haben. Normalerweise muß es eine Standardgröße haben: 400 Pixel breit und 40 Pixel hoch. Deswegen sehen Sie heutzutage im Web auch so viele Banner, die das gleiche Format haben. Sie dürfen auch eine bestimmte Dateigröße, normalerweise 7 Kbyte, nicht überschreiten.

Einige dieser Bannertauschsysteme verkaufen auch Werbung und verdienen damit ihr Geld. In anderen Worten heißt das, daß Sie für Ihre Anzeige zwar nichts zahlen müssen, aber dafür nicht Eins zu Eins abgerechnet wird. In der Regel erscheint Ihre Anzeige einmal, wenn das Banner auf Ihrer Website zweimal angeklickt wurde. Die Banneranzeigen, die nicht hergegeben werden, werden entweder vom Dienst selbst verwendet, um Werbung für sich selbst zu machen, oder verkauft.

Bei einigen Anbietern können Sie angeben, auf welchen Websites Ihr Banner erscheinen soll. So können Sie Ihre Werbung fokussieren. Andere akzeptieren nur bestimmte Banneranzeigen, um sicherzugehen, daß auf ihrer Website keine unangemessene Werbung erscheint. Bei einigen können Sie sich sogar aussuchen, mit wem Sie Banner tauschen wollen. Die Banner werden hier nicht automatisch getauscht. Der Anbieter fungiert vielmehr als Vermittler, so daß sich Tauschwillige treffen und den Bannertausch arrangieren können.

Ein weiterer wichtiger Dienst, der von Bannertausch-Websites angeboten wird, sind Statistiken. Bei einigen Systemen erhalten Sie Statistiken, die angeben, wie häufig Sie eine Anzeige gezeigt haben und wie oft Ihre Anzeige erschienen ist. Diese Informationen sind wichtig, da Sie Ihnen helfen, herauszufinden, wie effektiv der Dienst ist. In Bild 22.1 sehen Sie ein Beispiel für eine solche Statistik (aufgenommen bei BannerSwap).

Auf den folgenden Websites finden Sie Bannertauschsysteme, die Sie einmal ausprobieren können:

- **Amiga Web Network**

  `http://www.amicrawler.com/search2/amicrawler/banners/index.cgi`

- **BannerAd**

  `http://businesspark.ipgnet.com/bannerad/`

- **BannerSwap**

  `http://www.bannerswap.com/`

- **Cyber Link Exchange 2000**

  `http://cyberlinkexchange.usww.com/`

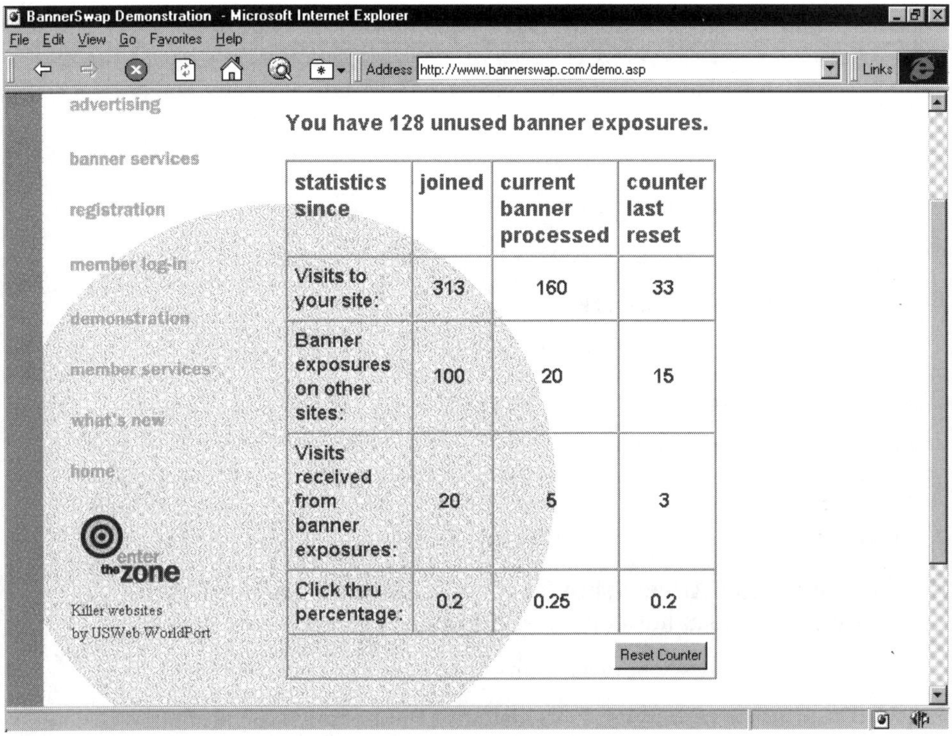

Bild 22.1: Eine Beispiel-Statistik, die anzeigt, wie oft ein Banner auf Ihrer Website angezeigt wurde, wie häufig Ihr Banner woanders erschien und wie viele Leute Ihre Website besucht haben.

- **Do the Wave**

  `http://DoTheWave.com/`

- **Hits4Free** (deutsch)

  `http://www.bitline.com/hits4free/`

- **Internet BannerExchange**

  `http://www.bannerexchange.com/`

- **Internet Link Exchange**

  `http://www.linkexchange.com/`

- **Links4Free** (deutsch)

  `http://www.links4free.com/`

- **NarrowCast Media**

  http://www.narrowcastmedia.com/

- **NetAdNet**

  http://www.netadnet.com/

- **NetOn's Banner Exchange**

  http://www.net-on.se:81/banner/

- **PostMaster Banner Network**

  http://www.PostMasterBannerNet.com/

- **Tauschbanner.de**

  http://www.bannertausch.de/

- **Tradebanners**

  http://www.resource-marketing.com/banner.html

- **Web Site Banner Advertising** (eine große Liste mit Bannertauschprogrammen, einschließlich vieler Europäischer Systeme)

  http://www.markwelch.com/bannerad/

- **WPRC Banner Exchanges** (eine Liste mit Bannertauschsystemen)

  http://www.wprc.com/pldb/wprcpldb.shtml

22.3 So finden Sie Banner

Sie haben kein künstlerisches Talent, um ein Banner zu erstellen? Das macht nichts. Es gibt Anbieter, die gegen eine geringe Gebühr oder sogar kostenlos ein Banner zur Verfügung stellen. Bei einem kostenlosen Dienst müssen Sie normalerweise irgendeine Bedingung erfüllen, wie zum Beispiel ein Banner auf Ihre Website zu stellen, das zu der Firma, die Ihr Banner erstellt hat, verweist. Davon wird einem ganz schwindelig, nicht wahr? Versuchen Sie Ihr Glück bei einer der folgenden Websites:

- **The Banner Generator** (kostenlose automatische Erstellung von Bannern)

  http://www.coder.com/creations/banner/

- **Diana Castillo** (kostenlos für einige Mitglieder)

  http://www.bridge.net/~castillo/

- **Ezart Graphics**

  `http://www.ezart.com`

- **GW WebDesign** (von kostenlos bis preiswert)

  `http://www.gwwebdesign.com/`

- **WPRC Banner Design**

  `http://www.wprc.com/pldb/bdesign.shtml`

Bei einigen der Bannertausch-Websites finden Sie auch Links zu Websites, auf denen Sie Ihr Banner gegen eine geringe Gebühr oder umsonst erstellen lassen können.

22.4 Web-Ringe, eine andere Form von Anzeigentausch

Es gibt noch ein anderes System, das auf Gegenseitigkeit beruht und mit dem Sie Besucher auf Ihre Website bringen können: Web-Ringe. Das ist nicht genau das gleiche wie ein Bannertausch, aber trotzdem eine Form von kostenlosen gegenseitigen Links. Eigentlich sind Web-Ringe mehr ein Spiel, deswegen nehme ich sie nicht allzu ernst. Wenn Sie aber einen Web-Ring mit einem Thema finden, das zu Ihrem Unternehmen paßt, ist es vielleicht sinnvoll, wenn Sie sich einreihen lassen. Das Ganze funktioniert so: Sie erstellen einen Link von Ihrer Website auf eine andere Website. Auf dieser ist ein Link zu einer anderen Website und so weiter. Sie können in der Regel auf unterschiedliche Weise durch den Ring reisen. Auf jeder Seite gibt es unterschiedliche Links, wie zum Beispiel Nächste, Vorherige, Zufall, Nächste Überspringen, Fünfte und so weiter.

Web-Ringe haben auch noch andere Namen. Es gibt zum Beispiel ***The Rail***, mit verschiedenen »Zügen«, also unterschiedlichen Themengebieten, wie zum Beispiel für Kinder, über Tiere, für die Presse und so weiter. Die Unterschiede sind nur minimal, aber das Konzept ist das gleiche: Websites, von denen aus auf andere Websites verwiesen wird. Ein echter Ring ist jedoch wirklich ein geschlossener Kreis. Wenn Sie nur lange genug klicken, kommen Sie wieder an Ihrem Startpunkt an. Wenn Sie sich einmal einen Web-Ring ansehen möchten, gehen Sie am besten zu einer der folgenden Websites:

- **Heartland Ring**

  `http://www.geocities.com/Heartland/3126/heartlandring.html`

- **Looplink**

  `http://www.looplink.com/`

- **Lord of the Rings** (deutschsprachige Web-Ringe und Infos)

  http://194.231.140.138/ring/

- **The Rail**

  http://www.therail.com/

- **Texas Web-Ring**

  http://www.txdirect.net/~crazi/texasring.html

- **Web-Ring Index** (ein großer Index mit über 6000 Web-Ringen)

  http://www.webring.org/rings.html

- **Yahoo! – Web-Ring**

  http://www.yahoo.com/Computers_and_Internet/Internet/World_Wide_Web/Searching_the_Web/Indices_to_Web_Documents/Rings/

Wenn Sie speziell an deutschsprachigen Web-Ringen interessiert sind, geben Sie am besten einmal »Webring« als Suchbegriff bei Yahoo! Deutschland ein.

22.5 Anzeigenplatz kaufen

Ist es wirklich eine so gute Idee, Anzeigenplatz zu kaufen? Im PR-Geschäft gibt es die Regel, daß Geld, das Sie für PR ausgeben, besser angelegt ist, als Geld, das Sie für Werbung ausgeben. Vielleicht ist es sogar besser, wenn Sie den Gedanken an Anzeigen im Internet ganz aufgeben und dafür lieber zu den Kapiteln 19 und 21 zurückblättern, um sich mehr mit den PR-Methoden, mit denen Sie Ihre Website bekanntmachen können, zu beschäftigen.

Offensichtlich bevorzugen Leute aus dem PR-Bereich natürlich PR-Methoden. Ich halte es aber für gar nicht so unwahrscheinlich, daß sie in diesem Fall recht haben. Vergessen Sie nicht, daß Werbung für Sie, die von Leuten gemacht wird, die nicht direkt mit Ihrer Firma zu tun haben, am effektivsten ist. Jeder weiß, daß in der Werbung immer die Firma gelobt wird, die dafür bezahlt hat. Rezensionen und Artikeln in der Presse wird jedoch normalerweise geglaubt.

Wenn Sie es sich jedoch leisten können, ist es vielleicht trotzdem keine schlechte Idee, wenn Sie ein wenig mit Bannerwerbung experimentieren. Wieviel muß Ihr Budget hergeben? Lassen Sie uns einen genaueren Blick auf dieses Thema werfen.

22.5.1 Wieviel kostet es?

Die Preise für Bannerwerbung sind sehr unterschiedlich. Normalerweise werden die Kosten in der Einheit CPM angegeben. CPM steht für *cost per thousand impressions*. (In Deutschland ist die Einheit TKP – Tausenderkontaktpreis – üblich.) Das ist der Preis, den Sie pro 1000 Leute, die Ihre Anzeige sehen, zahlen müssen. Die Preise beginnen bei ca. 10 DM und reichen bis hin zu 150 DM pro tausend Besucher, wenn es sich um eine besondere und wertvolle Zielgruppe handelt. Ich habe auch schon von Raten bis zu 400 DM pro tausend Besucher gehört. Das ist aber eher selten und stammt wahrscheinlich aus den frühen Tagen der Werbung im WWW, als es die Leute noch nicht besser wußten.

Bei Yahoo! zahlen Sie 1000$ (ca. 1700 DM) für eine einwöchige Anzeige auf der Startseite. Auf dieser Seite gibt es insgesamt sechs Anzeigen. Jede dieser Anzeigen hat auch ein Banner, das auf den Seiten mit den unterschiedlichen Kategorien erscheint. Yahoo! garantiert, daß Ihre Anzeige während dieser Woche von mindestens 120 000 Personen gesehen wird. Sie kommen dabei auf eine CPM von 8,33$ (ca. 14 DM) oder sogar weniger. Allerdings wird Ihre Anzeige nicht zielgerichtet geschaltet, sondern erscheint in allen Kategorien von Yahoo!. Jede Anzeige bekommt auch nur ein Drittel eines Banners – das erklärt die relativ niedrige CPM.

Wenn Sie Ihr eigenes Banner bei Yahoo! möchten, das nur in bestimmten Kategorien erscheint, zahlen Sie für jede »Impression«, also jedesmal, wenn jemand Ihre Anzeige sieht. Die Kosten variieren dabei je nach Art des Vertrags von 1,5 Cents (15$ CPM, ca. 25 DM) bis hin zu 6 Cents (60$ CPM, ca. 100 DM) pro Impression. Sie können zum Beispiel bestimmte Stichwörter angeben, so daß Ihre Anzeige erscheint, wenn jemand nach einem dieser Begriffe sucht. Sie können auch bestimmte Regionen (durch die verschiedenen Seiten von Yahoo! in den einzelnen Ländern) oder eine Bevölkerungsgruppe (zum Beispiel Frauen und Kinder) angeben, bei denen Ihre Anzeige erscheinen soll. Die Preise bei den anderen Suchmaschinen sind damit vergleichbar. Bei Excite zahlen Sie zum Beispiel zwischen 24$ und 60$ CPM (40 bis 100 DM) und bei Infoseek zwischen 13$ und 60$ CPM (20 bis 100 DM).

Über die angegebenen Preise läßt sich auch fast immer verhandeln. Wenn Sie etwas Verhandlungsgeschick besitzen, zahlen Sie weniger, und häufig gibt es auch einen Mengenrabatt. In der Presse geht das Gerücht um, daß nur ganz wenige Sites wirklich den angegebenen Preis für Anzeigen verlangen und daß man häufig um einiges weniger zahlen muß. Eine Firma, die auf ihrer Website 30 $ CPM anbietet, läßt sich eventuell auf 15 $ CPM herunterhandeln. Eine Werbeagentur sagte zu mir: »Über den angegebenen Preis läßt sich fast immer verhandeln. Sie können einen Rabatt von bis zu 60% herausschlagen.«

Ist diese Art von Werbung erfolgreich? Das kann durchaus sein. Sie brauchen ein gutes Banner, einen guten Platz und einen guten Preis. Warum sollte es sich nicht lohnen, wenn Sie bei Yahoo! 14 DM pro Woche zahlen? Selbst wenn nur 0,1% aller Leute, die Ihre Anzeige sehen, auch wirklich zu Ihrer Website gehen, haben Sie pro Besucher nur 12 Pfennig ausgegeben. Wenn Sie eine Website haben, auf der sich ein Besuch lohnt und die das Beste aus jedem Besuch herausholt, ist das ein ziemlich gutes Preis-Leistungs-Verhältnis.

Bekommen Sie aber wirklich eine Besucherrate von 0,1% oder sogar mehr? Yahoo! behauptet, eine Click-Through-Rate von 2% zu haben. Bei ZDNet sind es angeblich bis zu 5%. Das **Web Site Promoter's Resource Center** (`http://www.wprc.com/`) sagt, daß die durchschnittliche Click-Through-Rate bei 3% liegt. **I/PRO Research** und **DoubleClick** glauben, daß die durchschnittliche Click-Through-Rate 2,11% ist. Auf der **ILE CTR Comparison Page** (`http://www.whitepalm.com/fourcorners/ctrcomparison.shtml`) wird behauptet, daß die durchschnittliche Click-Through-Rate für Banner im Internet Link Exchange bei 3,2% liegt. The CTR Comparison Page verwendet die Click-Through-Statistiken von Leuten, die sich dazu bereiterklärt haben, diese der Öffentlichkeit zur Verfügung zu stellen. Dort werden die Raten in **CTR** (*Click Through Ratio*) gemessen. Ein Verhältnis von 50:1 ist das gleiche wie eine Click-Through-Rate von 2%. Ich habe jedoch herausgefunden, daß einige Banner sogar eine Click-Through-Rate von 7 oder 8% bekommen. Die Website, auf der das Banner liegt, und das Design des Banners machen viel aus. Viele der Banner mit einer niedrigen Click-Through-Rate sind einfach wirklich häßlich.

Wenn Ihnen dies zu unsicher ist und Sie nicht wissen, ob sich das auch wirklich lohnt, gibt es noch eine andere Möglichkeit. Manchmal können Sie auch eine Zahlung pro Klick vereinbaren. Dabei zahlen Sie nicht dafür, wie viele Leute die Anzeige sehen, sondern wie viele auch wirklich auf den Link klicken und zu Ihrer Website gehen. Die Preise beginnen bei 40 bis 45 Cents pro Klick (ca. 70 Pfennig). Ich halte das für ein faires Angebot. Einige Anbieter behaupten, nur eine Gebühr pro Besucher zu verlangen. In Wirklichkeit aber muß man normalerweise pro Klick zahlen. Wir werden gleich sehen, daß Besucher und Click-Throughs nicht dasselbe sind.

Ach so, noch eine letzte Anmerkung zu den Click-Through-Raten. Häufig behaupten Leute, die Anzeigenplatz verkaufen, daß die Click-Through-Raten mit denen von Postwurfsendungen vergleichbar seien. Das stimmt aber nicht. Die Raten bei Postwurfsendungen bewegen sich zwar in derselben Größenordnung. 1 bis 2% sind typisch, obwohl bei einigen guten Werbekampagnen auch bis zu 10% erreicht werden können. Die Rate für Postwurfsendungen bezieht sich aber darauf, wie viele Leute tatsächlich etwas kaufen. Die Click-Through-Rate läßt sich also tatsächlich eher mit der Anzahl von Leuten, die sich die Prospekte auch wirklich ansehen, vergleichen.

22.5.2 Wählen Sie einen guten Platz

Was ist ein guter Platz für Ihr Banner? Natürlich dort, wo sich die Leute, die Sie haben wollen, aufhalten. Aber das ist noch nicht alles. Sie brauchen einen Platz, an dem sich Ihre Zielgruppe oder Ihre potentiellen Kunden aufhalten. Wenn Sie pro »Impressions« zahlen, also wie viele Leute Ihre Anzeige sehen, wollen Sie schließlich kein Geld dafür ausgeben, daß Leute, die überhaupt kein Interesse an Ihrer Website haben, Ihr Banner sehen.

Sie müssen also Ihre Zielgruppe erreichen. Dafür haben Sie zwei Möglichkeiten. Sie können ein System verwenden, das Ihr Banner genau den Leuten zeigt, die höchstwahrscheinlich interessiert sind. Das machen die Suchmaschinen mit den Stichwörtern. Die Banner werden entsprechend den Suchbegriffen des Anwenders ausgewählt. Sie können aber auch gezielt zu einer Website gehen, an deren Besuchern Sie interessiert sind. Wenn Sie zum Beispiel einen Verlag oder eine Buchhandlung haben, könnten Sie auf einer Website mit Kurzgeschichten werben. Ein Hersteller von Modelleisenbahnen könnte seine Anzeige in Yahooligans!, dem Yahoo! für Kinder, schalten. Eine Website, die Computerspiele verkauft, könnte Werbung auf einer Website für Computerspiele machen.

Sie sollten sich auch nicht nur überlegen, auf welcher Website Sie Ihr Banner stellen wollen, sondern auch, wo auf der Seite es stehen soll. Eine Anzeige, die auf der Startseite steht, wirkt besser als eine, die irgendwo in der Hierarchie verborgen ist.

Informationen zu Werbung auf den beliebtesten Websites wie den Suchmaschinen, bei Netscape, bei HotWired und so weiter zu finden, ist ganz einfach. Gehen Sie zu der entsprechenden Website, und suchen Sie nach einem Link zu Informationen zu Anzeigen. Eventuell finden Sie dort eine Preisübersicht, wahrscheinlicher ist jedoch, daß es dort nur eine E-Mail-Adresse oder Telefonnummer gibt, unter der Sie weitere Informationen anfordern können.

Wenn Sie eine kleine Website gefunden haben, auf der Sie gerne Werbung machen wollen, wenden Sie sich einfach an den Eigentümer, und versuchen Sie, einen guten Preis auszuhandeln. Vielleicht ist der Eigentümer ja auch zu einem Bannertausch bereit. Wenn Sie keine direkte Konkurrenz für diese Website sind, sondern einfach die gleichen Leute ansprechen, ist der Eigentümer einem solchen Abkommen bestimmt nicht abgeneigt.

Überlegen Sie sich auch, ob Sie nicht die Dienste einer Werbeagentur in Anspruch nehmen wollen. Häufig müssen Sie dort nichts direkt zahlen. Eventuell müssen Sie ein Pfand hinterlegen, mit dem für die Anzeigen aufgekommen wird. Von der Werbegebühr werden typischerweise 15% als Provision einbehalten. Wenn Sie zu einer Agentur gehen, können Sie sich viel Zeit sparen, die Sie sonst damit verbringen würden, nach den richtigen Kontakten zu suchen. Sie hilft Ihnen auch beim Aushandeln eines fairen Preises. Mir ist natürlich klar, daß hier ein Interessenkonflikt vorliegt. Die Agentur soll einen guten Preis für Sie erhandeln, behält aber einen Prozentsatz davon als Gebühren ein. Trotzdem funktioniert es normalerweise genau so.

Sehen Sie sich zuerst auf den Websites um, auf denen Sie Listen mit anderen Websites finden, die Anzeigen kaufen oder tauschen. Hier ist eine kleine Auswahl:

- **Ad Juggler** – Anzeigen-Index und Ressourcen

  `http://www.adjuggler.com/resources.shtml`

- **AdCentral**

  `http://www.adcentral.com/`

- **Directrix SiteMatch und BannerSpace Directory**

  `http://www.directrix.com/directrix/`

- **PostMaster Banner Network**

  `http://www.netcreations.com/`

- **PSA Banner Ads** (Ankündigungen von gemeinnützigen Einrichtungen)

  `http://www.markwelch.com/bannerad/baf_psa_bann.htm`

- **WAB Directory**

  `http://www.wab.co.uk/wabdirectory.html`

Das Problem mit den Firmen, die Sie per Zufall im Web finden, ist, daß diese häufig nicht sehr seriös oder professionell sind. Zum Beispiel sind die Statistiken nicht korrekt, oder Ihre Anzeige erscheint nicht so oft oder wo sie sollte, obwohl Sie dafür bezahlt haben. Deswegen ist es wichtig, die Statistiken zu den Besucherzahlen zu verifizieren (mehr dazu später) und pro Click-Through zu zahlen, statt für die Anzahl der Leute, die Ihre Anzeige nur sehen.

Wenn Sie lieber jemanden haben wollen, der Ihnen bei der Plazierung Ihrer Anzeigen behilflich ist, finden Sie hier eine Liste mit Werbeagenturen und Vermittlern. Bei einigen zahlen Sie pro Click-Through (ab 20 Cents oder ca. 35 Pfennig pro Klick), bei anderen für die Anzahl der Besucher, die Ihre Anzeige sehen (Impressions).

- **Ad.Up**

  `http://www.ad-up.com/`

- **ADSmart**

  `http://www.adsmart.net/`
- **BannerMedia**

  `http://www.bannermedia.com/`
- **BURST! Media**

  `http://www.burstmedia.com/`
- **Business Network Italia**

  `http://bnetitalia.com/banners/`
- **DoubleClick**

  `http://www.doubleclick.net/`
- **Flycast**

  `http://www.flycast.com/`
- **Petry Interactive Network**

  `http://www.petrynetwork.com/`
- **ValueClick**

  `http://www.valueclick.com/`
- **Web Site Banner Advertising** (eine wertvolle Liste mit Ressource für Werbung und Anzeigen)

  `http://www.markwelch.com/bannerad/`
- **WPRC Banner Consulting**

  `http://www.wprc.com/pldb/bmanage.shtml`
- **WPRC's NarrowCast Programm**

  `http://www.wprc.com/pldb/narrow.shtml`
- **Yahoo! – Werbung im Web**

  `http://www.yahoo.com/Computers_and_Internet/Internet/Business_and_Economics/Advertising_on_Web_and_Internet/`

22.5.3 So erstellen Sie ein erfolgreiches Banner

Eigentlich müssen Sie nur ein Grundprinzip kennen: Langweilige Banner funktionieren nicht, interessante sind erfolgreich. Bevor Sie Ihr Banner entwerfen, sollten Sie sich einmal die **ILE CTR Comparison Page** (`http://www.whitepalm.com/fourcorners/ctrcomparison.shtml`), die ich vorher schon erwähnt habe, ansehen. Dort finden Sie gute und schlechte Beispiele für Banner, die Sie an Hand der Click-Through-Rate miteinander vergleichen können. Die Banner mit einer Rate von 1% sind schlecht, die mit 8% und mehr sind äußerst erfolgreich.

Wenn Sie sich die Banner ansehen, denke ich, daß einige Dinge ganz selbstverständlich werden. Einige der ineffektiven Banner sind wirklich scheußlich und teilweise vollkommen unleserlich. Sie scheinen geradezu zu schreien: »Dies ist ein billiges unprofessionelles Banner, und meine Website sieht genauso aus!« Einige der unwirksamen Banner sind das, was ich als Anzeigen bezeichne, die nach dem Prinzip »hier bin ich, komm und hol mich« aufgebaut sind. Sie zeigen einfach nur den Firmennamen. Warum sollte ich auf ein Banner klicken, das einfach nur den Namen einer Firma zeigt? Was wird dort verkauft? Was versprechen sie mir? Wie profitiere ich davon? Ich weiß die Antwort auf diese Fragen nicht. Es kann Ihnen auch sonst niemand die Antwort darauf geben, und nur wenige Leute machen sich die Mühe, auf den Link zu klicken, um es herauszufinden.

Andere Banner sind vielleicht gut gestaltet, aber für die meisten Leute, die sie sehen, vollkommen uninteressant. Ich erinnere mich gerade an das Banner »DIE ERSTE GRIECHISCHE CIVILIZATION II SITE«. Zum Glück sind diese Banner kostenlos (sie stammen vom Internet Link Exchange). Wenn eine Firma mit einer Website, die nur für einen Bruchteil aller Websurfer von Interesse ist, für ihre Banner Geld ausgibt, sollte sie besser darauf achten, wo das Banner untergebracht wird.

Andererseits ist es wirklich offensichtlich, warum die erfolgreichen Banner funktionieren. Sehen Sie sich einmal Bild 22.2 an, und Sie werden wissen, was ich meine.

Diese Banner sind noch nicht einmal Kunstwerke. Aber sie haben alle eine Sache gemeinsam: Sie zielen darauf ab, daß Sie irgendwie klicken. In einigen Fällen steht dort auch wirklich »klicken«. Das ist eine ganz einfache Technik, von der viele Inserenten behaupten, daß es ein effektiver Weg sei, die Leute genau dazu zu bringen. Andere wiederum sind so offensichtlich, daß sie keiner Einladung bedürfen. Free Stuff? Natürlich möchte ich kostenlose Dinge, also klicke ich darauf. Supermodels? Da sind wir wieder bei der alten Regel, daß sich Sex verkauft, und Sie können wetten, daß es tatsächlich funktioniert. Geld und Macht? Wer will das nicht. Ich bin mir nicht ganz sicher, was ich von dem Melanie-Lynskey-Banner halten soll, obwohl hier die nackte Haut auf subtile Weise vielleicht auch wieder auf Sex anspielt.

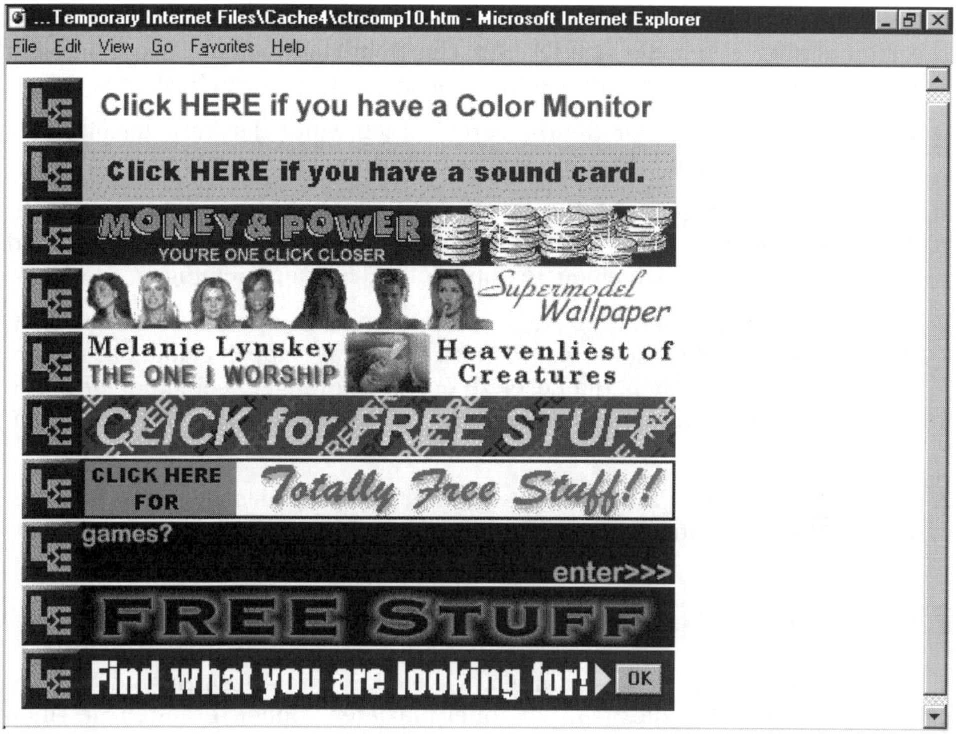

Bild 22.2: Diese Banner sind erfolgreich. Sie finden bestimmt auch heraus, warum das so ist.

Hier sind ein paar Richtlinien, die Ihnen bei der Erstellung von erfolgreichen Bannern behilflich sein sollen:

- **Animierte Banner sind oft besser als statische**. Laut einer Umfrage, die von I/PRO Research und DoubleClick durchgeführt wurde, klicken die Besucher viermal so häufig auf animierte Banner als auf statische.
- **Rätselhafte Banner sind oft erfolgreich**. Wenn nicht gleich klar ist, um was es geht, werden die Leute darauf klicken, um es herauszufinden. Ein Beispiel dafür ist das Banner aus Bild 22.1, das besagt »Find what you're looking for« (Finden Sie, was Sie suchen).
- **Es hilft, wenn Sie eine Frage stellen.**
- **Denken Sie an die alte Marketingregel, und sagen Sie dem Leser, was er tun soll**. Schreiben Sie »Klicken Sie hier« oder »Kommen Sie sofort zu unserer Website«.
- **Leuchtende Farben sind wirksamer als dunkle.**

- **Erwarten Sie nicht, daß der Name eines Produkts oder einer Firma allein schon genügt**. Sehen Sie sich Ihre Anzeige vom Standpunkt des potentiellen Kunden aus an. Geben Sie ihm einen Grund, Ihre Website zu besuchen.
- **Ändern Sie Ihre Banner häufig**. Jeremy Ring, einer der Verkaufsleiter bei Yahoo!, behauptet, daß Banner nach zwei Wochen veraltet seien.
- **Jeremy Ring schlägt ebenfalls vor, einen blauen Rahmen um das Banner zu legen**. Auf diese Weise ist absolut klar, daß es sich um ein anklickbares Bild handelt. Sie sollten auch einen Textlink unter das Banner einfügen.
- **Jeremy Ring behauptet, daß Angebote, die nur für einen bestimmten Zeitraum gut sind, helfen können**. I/PRO Research sagt jedoch genau das Gegenteil: Wenn Sie versuchen, die Leser zu etwas zu drängen, verschlechtert das die Click-Through-Rate. Das liegt eventuell daran, daß die Werbung so offensichtlich ist.
- Auf der Seite **White Palm Effective Banner Design** finden Sie nützliche Links zum Thema Bannerdesign und -plazierung.

22.6 Überprüfen Sie die Effektivität

Sie müssen versuchen, herauszufinden, wie effektiv Ihre Anzeigen sind. Bei den meisten Websites, über die Sie Ihre Banner plazieren können, erhalten Sie einen statistischen Überblick über die Besucher der Website (also wie viele Leute Ihr Banner gesehen haben) und über die Click-Through-Rate (wie viele Leute tatsächlich auf Ihr Banner klicken). Denken Sie jedoch daran, daß es nicht dasselbe ist, ob jemand auf Ihr Banner klickt oder ob er tatsächlich Ihre Website besucht. Haben Sie schon einmal auf ein Banner geklickt, es sich dann anders überlegt und dann Stop gedrückt? Wenn ja, dann sind Sie definitiv nicht der einzige. Vielleicht haben Sie auch auf ein Banner geklickt, konnten aber die Website aufgrund von Netzwerkproblemen nicht laden. Sie können dafür sorgen, daß Ihre Website auf einem zuverlässigen Webserver untergebracht ist, aber Sie haben keinen Einfluß auf die Qualität der Internet-Provider Ihrer Besucher.

Klicks sind also nicht gleich Besuche. Das ist wichtig zu wissen, da laut manchen Umfragen zehn Klicks ungefähr 7,5 Besuchen entsprechen. Sie müssen selbst über diese Besuche Buch führen (vergleiche Kapitel 19 für eine einfache Methode). Sie können eine Seite einrichten, die nur von Leuten besucht wird, die über eine bestimmte Anzeige auf Ihre Website kommen. Dann können Sie einen Zähler verwenden (siehe Kapitel 23), um herauszufinden, wie häufig diese Seite besucht wird. Sie haben nun eine Zahl, auf die Verlaß ist, und sind nicht von der Statistik einer Firma abhängig, die vielleicht zu deren Gunsten arbeitet. In Kapitel 19 finden Sie weitere Informationen darüber, wie man eine solche Seite einrichtet.

Wenn Sie mit den Leuten einer Website sprechen, auf der Sie eventuell Ihr Banner unterbringen möchten, sollte Sie darauf achten, was diese unter der Click-Through-Rate verstehen. Für viele ist es einfach der Klick auf das Bild, bei anderen zählt nur der Klick von einer IP-Adresse am Tag. Das heißt also, daß jemand, der zweimal auf Ihr Banner klickt, während er eingeloggt ist, nur als ein Klick gezählt wird.

22.7 Nicht nur Banner

Diese länglichen Bilder, die einfach nur auf einer Web-Seite liegen, bekommen einen schlechten Ruf. Sie erfüllen zwar irgendwie ihren Zweck, funktionieren aber längst nicht mehr so gut wie noch vor einem oder zwei Jahren. Anscheinend haben sich die Anwender daran gewöhnt, da sie bei ihren Spaziergängen im Web immer mehr Banner zu sehen bekommen. Der Reiz des Neuen ist nicht mehr da, und die Leute klicken nicht mehr auf jedes Banner, das sie sehen. »Früher« klickten die Anwender auf so ziemlich alles, wogegen sie heute nur noch einem Link folgen, wenn es sie wirklich interessiert, was auf dem Banner steht.

Obwohl Banner die am häufigsten gebrauchte Form von Werbung im Internet sind, entwickeln sich auch noch andere Dinge. Eine Methode ist zum Beispiel die Erstellung einer ganzseitigen Anzeige. Eine Online-Zeitschrift hat vielleicht Links auf ihre Artikel. Wenn der Leser nun auf diesen Link klickt, erscheint jedoch erst die Seite des »Sponsors« mit einem großen Banner, das zur Seite des Inserenten führt. Auf der Seite gibt es dann noch einen unauffälligeren Link, der zum eigentlichen Artikel führt.

Vielleicht ist Ihnen auch schon einmal ein sogenanntes **Blipvert** aufgefallen. (Dieses Wort wurde aus den Begriffen ***blip***, ein aufblinkender Punkt, und *advertisement*, Werbung, gebildet.) Das sind ganzseitige Anzeigen, die erscheinen, nachdem ein Anwender auf einen Link geklickt hat. Einige Sekunden später verschwindet die Anzeige, und die richtige Seite wird angezeigt.

22.8 Andere Formen der Werbung

Halten Sie auch nach anderen Formen der Werbung Ausschau, die nicht unbedingt auf dem Web basieren müssen. Eventuell sind diese sogar zielgerichteter und effektiver als Anzeigen auf Web-Seiten. Hier ist ein Beispiel. Es gibt eine Mailingliste namens **Studiob** (weitere Informationen finden Sie unter `http://www.studiob.com/`). Diese Liste gehört einer Computerbuch-Agentur, ist aber öffentlich zugänglich. Im Moment gibt es ungefähr 650 Mitglieder, die alle im Computerbuchbereich arbeiten: Autoren, Lektoren und Verleger.

Vielleicht erinnern Sie sich, daß ich in Kapitel 16 gesagt habe, daß manche Mailinglisten für Werbezwecke gebraucht werden. Einmal am Tag wird nun eine E-Mail mit einigen Anzeigen an alle Mitglieder von Studiob geschickt. Jede Anzeige kostet ca. 85 DM und wird fünfmal gesendet. Es gibt mehrere Gründe, warum sich bisher nur wenige Leute über diese E-Mail beschwert haben. Zum einen ist die Tatsache, daß einmal am Tag eine Nachricht mit Werbung herausgeht, allen neuen Abonnenten der Liste bekannt. Zum anderen wird diese Nachricht von einer speziellen E-Mail-Adresse aus gesandt, so daß jemand, der etwas dagegen hat, sie einfach mit Hilfe seines Filtersystems automatisch löschen kann. Viele Mitglieder möchten aber die Anzeigen sehen, weil sie häufig nützliche Informationen wie zum Beispiel Stellenangebote enthalten.

Werbung über dieses Medium kann äußerst effektiv sein. Warum auch nicht? Sie haben eine äußerst eingeschränkte Zielgruppe. Wenn Sie zum Beispiel eine Stelle in einem Verlag besetzen wollen oder nach neuen Autoren suchen, gibt es wahrscheinlich keinen besseren Platz für Ihre Anzeige. Natürlich ist das auch ein perfekter Platz, um Werbung für Ihre Website zu machen, da es dort Hunderte von Computerbuchleuten gibt. (Nein, ich werde von Studiob nicht dafür bezahlt, daß ich hier Werbung mache, obwohl ich ein Mitglied in der Mailingliste bin.) Was auch immer Sie machen – senden Sie auf keinen Fall eine Anzeige, die besagt »Ich habe eine Website, warum schauen Sie nicht einmal vorbei?«. Geben Sie den Lesern vielmehr einen guten Grund, warum sie Ihre Website besuchen sollten.

Studiob ist nicht die einzige Mailingliste, die Anzeigenplatz verkauft. Halten Sie nach Listen Ausschau, die Anzeigen verkaufen und mit Ihrem Geschäftszweig zu tun haben. Das ist ein äußerst effektiver Weg, um Leute aus Ihrer Zielgruppe anzusprechen.

Viele Firmen, die Produkte haben, die Informationen automatisch verteilen, stellen auch Anzeigenplatz zur Verfügung. Der Anwender geht nicht direkt zu einer Website, sondern läßt sich die Informationen mit Hilfe eines solchen Programms direkt auf seinen Bildschirm bringen. Diese Produkte werden Web Scrubber, individuelle »Rundfunksendungen«, Microbrowser oder Push-Programme genannt. Einige der Hersteller verkaufen auch Anzeigenplatz. Bei WebSprite von Dvorak Internet Development zahlen Sie zum Beispiel ca. 1700 DM im Monat für eine Anzeige, die 25 bis 40 Mal über den Desktop eines Anwenders scrollt. Sie können auch zehn verschiedene Überschriften und zwei oder drei unterschiedliche Zusammenfassungen verwenden. Dvorak behauptet, daß die Kosten dafür bei ca. 20 DM CPM liegen.

Vergessen Sie auch die elektronischen Rundschreiben nicht. Es gibt davon Tausende, und sie behandeln jedes erdenkliche Thema. Viele davon haben auch Anzeigen. Sie finden eine Liste mit Rundschreiben, in denen Sie Anzeigen plazieren können, auf der Website von **Direct E-Mail List Source** (`http://www.copy-`

`writer.com/lists/ezines.htm`). Einige der Firmen, die in Kapitel 16 aufgelistet sind, verkaufen auch Anzeigenplatz in elektronischen Rundschreiben. Fragen Sie den Eigentümer, ob Sie eine Anzeige schalten dürfen, wenn Sie ein Rundschreiben finden, das sich an die Leute wendet, die Sie erreichen möchten. Wieviel sollten Sie dafür ausgeben? Die Preise sind recht unterschiedlich. Für eine kleine Anzeige (fünf bis zehn Zeilen) zahlen Sie in der Regel zwischen 2,5 bis 3,5 Cents (4 bis 6 Pfennig) pro Mitglied.

22.9 Anzeigen verkaufen

Wenn Sie den Marktforschern zuhören, klingt es so, als ob man viel Geld mit dem Verkauf von Anzeigenplatz im Internet machen könnte. Es klingt auch so, als ob man in einem oder zwei Jahren ungeheure Summen durch den Verkauf von Anzeigenplatz verdienen könnte. Ich würde das jedoch nicht für bare Münze halten. Dafür gibt es zwei Gründe. Erstens: Das meiste Geld wird im Moment von Firmen wie Netscape oder Yahoo!, die eine starke Präsenz im Internet haben, eingenommen. Das heißt nicht, daß sie durch den Verkauf von Anzeigenplatz tatsächlich einen Gewinn machen, sondern daß der Löwenanteil des Geldes, das für Werbung im Internet ausgegeben wird, in die Taschen einiger weniger Firmen fließt. Zweitens: Die meisten Leute, die versuchen, neue Trends im Bereich Technologie vorherzusagen, sind dafür bekannt, überaus optimistisch zu sein. Bloß weil die Yankee Group vorhersagt, daß bis zum Jahr 2000 mit Anzeigen im Web ein Umsatz von über 2 Milliarden Dollar gemacht werden wird, heißt das noch lange nicht, daß das auch wirklich der Fall sein wird.

Es gibt auch noch weitere Probleme in der Welt der Internet-Werbung. Das gut gehütete Geheimnis ist, daß sie gar nicht so besonders gut funktioniert. Ein Artikel, der vor kurzem in der britischen Zeitung *Daily Telegraph* erschien, hatte zum Beispiel die Überschrift: »Tod dem Banner«. Dort stand auch, »daß sich die Werbung im Internet als so ineffektiv erwiesen hat, daß viele Websites rote Zahlen schreiben«. Das ist kein Einzelfall, in dem Banner schlecht gemacht werden. Die Schwierigkeiten, die Firmen haben, wenn sie versuchen, über den Verkauf von Anzeigenplatz auf Web-Seiten Geld zu verdienen, sind in der Internet-Presse ein vieldiskutiertes Thema.

Wenn Sie es aber dennoch versuchen wollen, sollten Sie mit den Werbeagenturen und den oben genannten Verzeichnissen von Websites, die Anzeigen verkaufen und tauschen, in Verbindung treten. Melden Sie Ihre Website an, und warten Sie ab, ob Ihnen jemand Geld anbietet. Man weiß ja nie, vielleicht haben Sie ja Glück. Sie sollten auch wissen, daß es Firmen gibt, die sich darauf spezialisieren, Anzeigen an kleine Websites weiter zu vermitteln. Bei AdBot heißt es zum Beispiel: »Es bündelt Ihre Besucherzahlen (oder Impressions) mit denen von anderen Verlagen, so daß eine Art Netzwerk von Anbietern in derselben Branche erstellt wird. Die Anzahl der Impressions, die dabei zusammenkommen, erreichen so einen kritischen Schwellenwert, so daß mögliche Inserenten angelockt werden, die an Ihrer Website alleine nicht interessiert wären.« Eine ganze Reihe von anderen Diensten verspricht Ihnen, daß Sie für jedesmal, wenn jemand die Anzeige sieht oder manchmal auch jedesmal, wenn jemand auf die Anzeige klickt, bezahlt werden, wenn Sie eine von den zur Verfügung gestellten Anzeigen auf Ihre Website stellen. Sie sollten jedoch wissen, daß einige dieser Anbieter eher unzuverlässig sind. Viele Eigentümer von Websites sind mit dem Dienst einer solchen Firma unzufrieden. Wenn Sie einen solchen Anbieter ausprobieren möchten, sollten Sie zuerst mit anderen Firmen reden, die solche Anzeigen erworben haben.

Versuchen Sie auch folgende Websites:

- **AdBot**

  `http://www.adbot.com/`

- **eAds**

  `http://www.eads.com/`

- **HearthNet**

  `http://hearth.com/rates.html`

- **Media Hits**

  `http://www.momentumplus.com/media/`
  `http://www.momentum-hk.com/media/`

Sie könnten ja auch Ihr eigenes Click-Through-Programm einrichten. Sie könnten andere Websites, welche die Besucher haben, nach denen Sie suchen, kontaktieren und ihnen anbieten, für Click-Throughs zu zahlen. **HearthNet** hat beispielsweise genau das gemacht. Diese Firma verkauft Kamine, Holzöfen und Zubehör. Dort läuft nun eine Kampagne, bei der Click-Through-Werbung verwandter Websites zu den Themen »Do it yourself«, Baustoffe, Energie, Umweltschutz und andere gekauft werden können. Die Kosten liegen dabei typischerweise bei fünf bis zehn Cents pro Klick. Einige Plätze zahlen sogar 35 Cents. Je qualifizierter die Personen sind, die klicken, desto teurer wird das Ganze natürlich.

Eine Sache, die Sie sich überlegen müssen, wenn Sie in das Anzeigengeschäft einsteigen wollen, ist, mit welchem Programm Sie die Anzeigen verwalten wollen. Sie müssen Ihren Kunden die Statistiken zu den Click-Throughs und anderen Dingen zukommen lassen können. Sie müssen auch die Anzeigen je nach Bedarf austauschen oder abwechselnd anzeigen. Das Ganze kann recht kompliziert und arbeitsintensiv werden. Es gibt aber Software, die Ihnen dabei helfen kann. Die Preise dafür reichen von kostenlos bis hin zu knapp 100 000 DM. Ein Banner, das ich neulich gesehen habe, sagte: »Sie müssen für ein professionelles Programm, das Ihre Anzeigen verwaltet, keine 700 000 DM ausgeben!« Nein, anscheinend gibt es sie auch schon für »nur« 100 000 DM.

Auf den folgenden Websites finden Sie Verwaltungstools für Banneranzeigen:

- **AdOptimizer**

  `http://w3.com/cgi-bin/w3com/start?w3.1+adoptimizer`

- **Banner Generator** (ca. 85 DM)

  `http://www.vedia.com/banner/`

- **BannerMatic** (kostenlos)

  `http://www.GetCruising.com/crypt/`

- **Central Ad** (50 bis 300 DM)

  `http://www.CentralAd.com/`

- **NYISP Banner-Ad Software** (ca. 80 DM)

  `http://www.nyisp.com/ software/BannerAd/`

- **WebMeister Banner Ad System** (ca. 85 DM)

  `http://www.counsel.net/banner/`

- **DynamoAd Station** (100 000 DM – Ich weiß, das ist nicht gerade preiswert, aber ich dachte mir, daß Sie vielleicht gerne sehen möchten, was Sie haben könnten.)

  `http://www.atg.com/stations/astation/`

Bei den preiswerten Programmen handelt es sich in der Regel um Perl-Skripte (vergleiche Kapitel 12 und 13). Denken Sie daran, daß Sie sich diese gegen eine geringe Gebühr (ca. 50 bis 100 DM) auch installieren lassen können.

Wenn Sie eine riesige Liste mit Werbesoftware einschließlich der teuren Produkte sehen möchten, sollten Sie am besten zu der Seite **Banner Ad Server Software** unter `http://www.markwelch.com/bannerad/baf_ad_sw.htm` gehen.

22.10 Anzeigen auf Provisionsbasis

Hier ist noch andere Form von Werbung, die vielleicht für Sie interessant sein könnte: Werben Sie für Produkte, für die Sie eine Provision erhalten. Das Ganze funktioniert so: Sie haben auf Ihrer Website eine Anzeige für ein bestimmtes Produkt. Wenn ein Besucher auf diesen Link klickt, wird dieser Website Ihre ID-Nummer mitgeteilt. Wenn diese Person nun während ihres Besuchs dort etwas kauft, erhalten Sie eine Provision. Im Endeffekt sind Sie dann ein Geschäftspartner. Das Ganze wird als *affiliate* oder *associate program* (Teilnehmerprogramm) bezeichnet.

In den meisten Fällen ist das allerdings keine Methode, mit der man reich werden kann. Ein Problem ist, daß Besucher häufig die Website verlassen und dann später wiederkommen, um das Produkt zu kaufen. Wenn der Besucher nun ein Lesezeichen auf die Seite gelegt hat und es später dazu benutzt, zu der Seite zu gehen, bekommen Sie keine Provision, weil sie nicht mehr als Ihre Kunden identifizierbar sind. Es gibt auch unterschiedliche Regeln, die Ihren möglichen Gewinn einschränken können. Amazon.com, eine Online-Buchhandlung, zahlt Ihnen zum Beispiel eine Provision, wenn Sie ein Buch auf Ihrer Website empfehlen und jemand das Buch über diesen Link erwirbt. In so einem Fall erhalten Sie 15%, es sei denn, es handelt sich nicht um ein Buch (Sie erhalten grundsätzlich nur 5% für CDs, Videos u.ä.) oder um ein spezielles Angebot (bei Büchern mit einem Rabatt von über 30% oder gar keinem Rabatt erhalten Sie keine Provision). Sie haben bei Amazon.com noch verschiedene andere Möglichkeiten. Sie können auf Ihrer Website zum Beispiel eine Stichwortsuche bei Amazon.com anbieten und erhalten dann 5% für jedes Produkt, das der Besucher über diesen Link erwirbt. Ein Anwender, der zwar Ihrer Buchempfehlung folgt, aber dann etwas vollkommen anderes kauft, bringt Ihnen immerhin auch 5%. Das gleiche gilt, wenn Sie einfach nur einen Link von Ihrer Seite auf die Startseite von Amazon.com legen. Weitere Informationen dazu finden Sie auf der Website von **Amazon.com** (`http://www.amazon.com/`) unter dem Link »Join Associates«.

Eine andere Buchhandlung hat ein ähnliches und vielleicht sogar rentableres Programm. Beim **Computer Literacy Store** (`http://www.clbooks.com/`) erhalten Sie $10 für jeden neuen Kunden, der von Ihrer Website kommt, egal, was er kauft. Neulich ist mir zum Beispiel auch **Click-n-Win** (`http://www.link-n-win.kn/`) aufgefallen. Sie erhalten 5% Provision für jedes Ticket, das von jemandem, der über Ihre Website kommt, gekauft wird. **Contact Data Systems** (`http://contactdata.net/`) zahlt 20% Provision für jeden, der über Ihre Website kommt und sich für den Suchmaschinendienst anmeldet.

Wenn Sie sich näher für Anzeigen auf Provisionsbasis interessieren, können Sie sich auf folgenden Verzeichnissen umsehen:

- **AssociatePrograms.com** (ein riesiges Verzeichnis mit vielen hundert Einträgen)

  `http://www.AssociatePrograms.com/`

- **Refer-It** (über 450 Programme)

  `http://www.refer-it.com/`

- **Web Site Banner Advertising Site** (ein kleineres Verzeichnis)

  `http://www.markwelch.com/bannerad/`

Viele Websites bieten diese Art von Geschäft an. Vielleicht wollen Sie ja Ihr eigenes System auf Provisionsbasis einrichten oder einem anderen Website-Eigentümer (dem Sie natürlich vertrauen) einen solchen Vorschlag unterbreiten.

22.11 Es ist ein knallhartes Geschäft

Anzeigenplatz im Web zu verkaufen, ist wirklich schwierig. Ich an Ihrer Stelle würde nicht erwarten, damit reich zu werden. Eine Website wie Yahoo! kann vielleicht 100 DM CPM verlangen, kleinere Websites erhalten aber wahrscheinlich nicht mehr als 50 Pfennig pro Click-Through. Denken Sie einmal für einen Moment über diese Zahlen nach. Wenn es bei Yahoo! wirklich eine Click-Through-Rate von 2% gibt, liegt der Preis für einen Click-Through bei einer CPM von 100 DM bei 5 DM. Das ist zehnmal soviel wie das, was Sie eventuell verdienen werden (2% von 1000 Impressions sind 20 Click-Throughs).

Wenn Sie eine Click-Through-Rate von 2% haben und pro Klick 50 Pfennig verdienen (wahrscheinlich verdienen Sie sogar weniger), brauchen Sie fünfzig Besucher (Impressionen) pro 50 Pfennig, die Sie verdienen wollen. Wenn Sie also eine anständige Summe verdienen wollen, brauchen Sie Unmengen von Besuchern. Wenn Sie im Monat einen Umsatz von 5000 DM machen wollen, müssen Sie dazu 500 000 Leuten die Anzeige zeigen.

Wohin verschwindet also das ganze Geld, das für Anzeigen ausgegeben wird? Nun, vermutlich ist der Umsatz gar nicht so hoch, wie einem die Presse immer weismachen möchte (was daran liegt, daß die meisten Schätzwerte auf den Preisen basieren, für die geworben wird, und nicht die Rabatte berücksichtigen, die ausgehandelt werden). Auf alle Fälle verdienen nur einige wenige große Firmen wie Netscape, Yahoo!, Excite usw. wirklich am Verkauf von Anzeigenplatz. Eine kleine Website kann denen kaum Konkurrenz machen. Seien Sie jedoch nicht traurig. Wahrscheinlich verdienen sich selbst die großen Firmen damit keine goldene Nase, weil ihre Kosten so hoch sind.

23. Kapitel

Hits und Zugangsstatistiken – so behalten Sie den Verkehr auf Ihrer Website im Auge

Ich habe mehrere Gründe dafür angeführt, warum Websites keine Reklametafeln sind. In diesem Kapitel geht es um einen weiteren Unterschied zwischen Websites und den Reklametafeln am Straßenrand. Bei einer Reklametafel können Sie nie genau wissen, wie viele Leute Ihre Anzeige bemerkt oder gelesen haben. Sie können zwar den Straßenverkehr messen, aber wie können Sie herausfinden, wie viele Leute die Reklametafel gesehen haben?

Nun, bei einer Website gibt es verschiedene Methoden zu messen, wie viele Besucher es gibt und was diese während ihres Aufenthalts tun. Am Anfang werden wir über ***Hits*** und ***Zugangsstatistiken*** sprechen. Sie werden jedoch lernen, daß es wichtigere Dinge gibt, mit denen man die Aktivitäten auf einer Website messen kann.

Was sind Hits überhaupt, und warum ist das wichtig? Es wird jede Menge Unsinn zum Thema Hits verbreitet. Häufig sehen Sie riesige Mengen an Hits, die mit bestimmten Websites assoziiert werden. Zum Beispiel: 10000 Hits am Tag! 50000 Hits am Tag! 1000000 Hits in der Woche! Und so weiter. Einige Besitzer von Websites behaupten doch tatsächlich, daß sie jeden Tag auch diese Menge an Besuchern bekommen. Aber was genau ist ein Hit? Es ist eine Übertragung von einem Server an einen Browser. Hier ist ein einfacher Trick, wenn Sie die Anzahl Ihrer Hits verdoppeln oder verdreifachen möchten: Verwenden Sie mehr Bilder und Grafiken. Jedesmal wenn ein Browser eine Seite ohne Bilder lädt, ist das ein Hit. Wenn es auf der Seite ein Bild gibt, sind das zwei Hits. Wenn es fünf Bilder gibt, sind es sechs Hits. Jeder Transfer ist ein Hit. Sie könnten auch einfach jede Menge Fehler, also Links zu Grafiken, die gar nicht existieren, einbauen. Sie erhalten so viele Hits, ohne daß Sie dafür viele Daten übertragen müßten.

Das bedeutet, daß eine Website mit vielen kleinen Bildern auf jeder Seite oder eine mit vielen kaputten Links riesige Hit-Raten erzeugen kann. Ein bekanntes virtuelles Einkaufszentrum behauptet, 11 Millionen Hits im Monat zu haben. Einige der Kunden in diesem Einkaufszentrum glauben doch auch tatsächlich, daß das heißt, daß es jeden Monat 11 Millionen Besucher gibt. Einer dieser Ladenbesitzer sagte zu mir: »Mit Hits ist die Anzahl von Leuten gemeint, die auf meine Website kommen.« (Denk noch mal nach, Kumpel!)

Ein einziger Besucher auf Ihrer Website erzeugt vielleicht einen einzigen Hit, oder auch zehn oder sogar mehrere hundert, wenn er durch viele grafiküberladene und fehlerhafte Seiten blättert. Jede Seite, die er betrachtet, plus alle Grafiken und Bilder auf diesen Seiten ergeben je einen Hit. Kürzlich habe ich eine Pressemitteilung von Netscape gelesen, die mit folgendem Satz anfing:

"2,9 MILLIONEN BESUCHER FÜHREN ZU ÜBER 100 MILLIONEN HITS AM TAG AUF DER WEBSITE VON NETSCAPE."

Dort stand auch:

```
Nielsen I/PRO führte eine unabhängige Untersuchung der Netscape
Website durch. Das Ergebnis zeigte, daß im Durchschnitt täglich
mehr als 2,9 Millionen Besucher auf die Website kamen, die 9 Minu-
ten lang blieben. An einem durchschnittlichen Wochentag werden fast
10 Millionen Seiten von den Besuchern der Website gesehen.
```

Lassen Sie uns das genauer betrachten: 2,9 Millionen Besucher, 10 Millionen Seiten und 100 Millionen Hits. Das heißt, daß Netscape pro 100 Hits 2,9 Besucher bekommt. Der durchschnittliche Besucher sieht sich nur 3,5 Seiten an. Extrem viele Hits kommen also durch Grafiken zustande.

Es gibt auch noch andere Begriffe, die in bezug auf Hits verwendet werden. Es gibt die ***Anfrage*** (*access* oder *request*), die als eine übertragene Seite definiert wird. Dabei sind Bilder und Fehler nicht enthalten. Dann gibt es noch den ***Besucher***. Dabei wird ein Besuch eines Browsers, der auch mehrere Seiten anfordern kann, als ein Treffer gewertet.

23.1 Was lernen wir daraus?

Es ist möglich, die einzelnen Besucher auf Ihrer Website zu zählen. Diese Zahlen werden jedoch selten genannt, weil sie soviel weniger eindrucksvoll als die von Hits oder Anfragen sind. Die Logdateien der Webserver zeigen jedoch die Rechnernamen der einzelnen Computer, die auf Ihre Website zugreifen, so daß Ihnen ein Log-Programm sagen kann, wie viele Besucher Sie pro Tag erhalten.

In einer Zugangsstatistik wird der Verkehr auf Ihrer Website festgehalten. Der Webserver speichert jedesmal, wenn jemand etwas von Ihrer Website anfordert, Informationen darüber in seiner Logdatei. Welche Informationen werden dort gespeichert? Das hängt von dem verwendeten System und der Konfiguration ab. Normalerweise handelt es sich aber dabei um folgende Informationen:

- Einen Eintrag für jede Datei, die an den Browser übertragen wurde, einschließlich Bilder und Grafiken. Dabei werden die Domain des Browsers, der die Datei anfordert, sowie Datum und Uhrzeit angezeigt.
- Fehlermeldungen, die von Anforderungen von nicht existierenden Informationen erzeugt wurden.
- Welcher Browser dazu verwendet wurde, um auf Ihre Website zu gehen.
- Welche Seiten am meisten Besucher erhalten.
- Die Rechnernamen der Computer, die Ihre Website besuchen.

- Die Domains, von der Ihre Besucher kommen (dadurch erhalten Sie auch einen Überblick über die Herkunftsländer Ihrer Besucher).
- Links, auf welche die Anwender klicken, um zu Ihrer Website zu kommen.

Nicht alle Systeme stellen diese Informationen zur Verfügung. Einige geben auch noch mehr Dinge an. Sie können diese Informationen für unterschiedliche Dinge benutzen. Sie können zum Beispiel sehen, welche Seiten für Ihre Besucher am interessantesten sind. Vielleicht sollten Sie herausfinden, was die Leute daran so wichtig finden. Eventuell können Sie diese Seiten auch in einer Werbekampagne besonders herausstellen.

Sie können die einzelnen Besuche mit Ihren Marketing- und Werbeaktivitäten in Verbindung setzen, um herauszufinden, wie viele Besucher Ihrer Website auch tatsächlich zu Kunden werden. Wenn Sie viele Besucher erhalten, nachdem ein Artikel in einer Zeitschrift erschienen ist, heißt das, daß Ihnen dieser Artikel vermutlich Besucher eingebracht hat. Wenn Sie gleichzeitig aber feststellen, daß nur wenig mehr bestellt wurde, nutzen Sie diese Besuche nicht richtig aus.

Sie bekommen so auch ein Gefühl für das Verhältnis von Hits zu Besuchen, also wie viele Hits von einem durchschnittlichen Besuch erzeugt werden. Das zeigt an, wieviel Zeit ein Besucher auf Ihrer Website verbringt. Kommen die meisten Besucher, sehen sich kurz um und gehen dann wieder, oder lesen sich Ihre Besucher Ihre Seiten gründlich durch?

Sie können auch zu den Eigentümern der Websites gehen, von denen aus Ihre Besucher kommen. Einige Programme für die Auswertung von Log-Dateien zeigen das an. Bedanken Sie sich bei ihnen, und bieten Sie ihnen eventuell eine gemeinsame Werbekampagne oder vielleicht einen Bannertausch an. Sie können auch mit den Inhalten Ihrer Seiten experimentieren, um zu sehen, ob die Veränderungen dazu führen, daß sich Ihre Besucher anders auf Ihren Seiten verhalten.

23.2 So bekommen Sie Ihre Zugangsstatistiken

Die meisten Webhosts stellen Ihnen Zugangsstatistiken zur Verfügung. Manche Firmen senden Ihnen diese auch regelmäßig via E-Mail zu. Sie können auch häufig zu einer Web-Seite gehen, auf der Ihre Statistiken angezeigt werden. In Abbildung 23.1 sehen Sie ein Beispiel dafür. Dort werden Informationen zu den Browsern, die Daten von einer Website anforderten, angezeigt. In jeder Zeile stehen die Anfragen von Browsern einer bestimmten Domain. In der rechten Spalte sehen Sie den Rechnernamen. In anderen Worten heißt das, daß diese Informationen nicht auf einen echten Browser verweisen, sondern vielmehr auf die Domain, von der aus der Browser operiert.

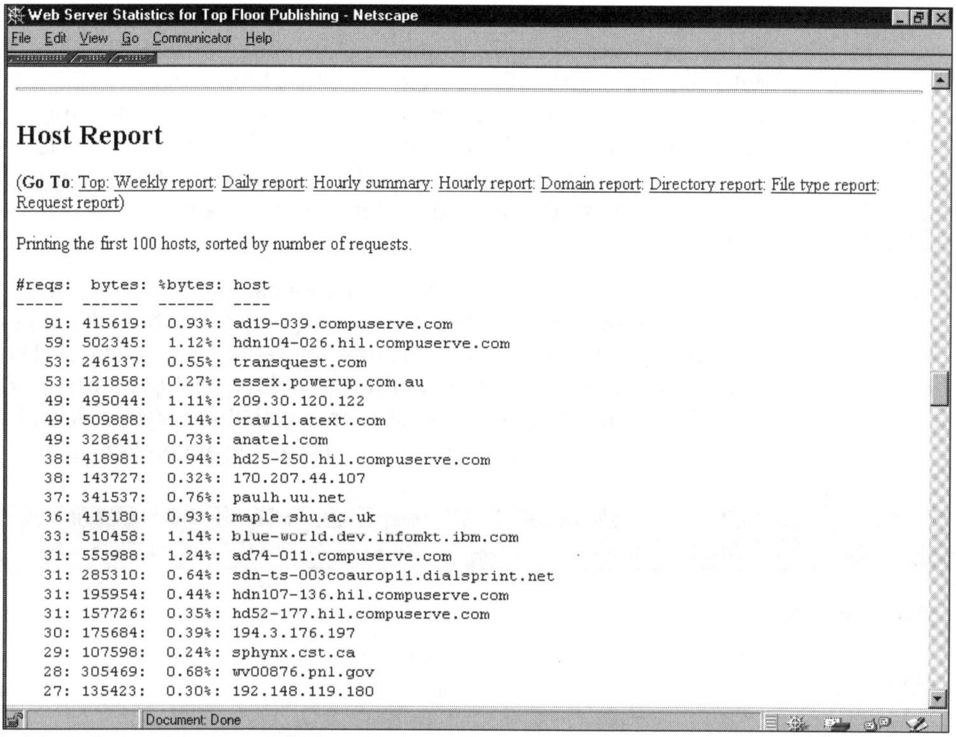

Host Report

(**Go To**: Top: Weekly report: Daily report: Hourly summary: Hourly report: Domain report: Directory report: File type report: Request report)

Printing the first 100 hosts, sorted by number of requests.

```
#reqs:  bytes: %bytes: host
-----  ------  ------  ----
   91: 415619:  0.93%: ad19-039.compuserve.com
   59: 502345:  1.12%: hdn104-026.hil.compuserve.com
   53: 246137:  0.55%: transquest.com
   53: 121858:  0.27%: essex.powerup.com.au
   49: 495044:  1.11%: 209.30.120.122
   49: 509888:  1.14%: crawl1.atext.com
   49: 328641:  0.73%: anatel.com
   38: 418981:  0.94%: hd25-250.hil.compuserve.com
   38: 143727:  0.32%: 170.207.44.107
   37: 341537:  0.76%: paulh.uu.net
   36: 415180:  0.93%: maple.shu.ac.uk
   33: 510458:  1.14%: blue-world.dev.infomkt.ibm.com
   31: 555988:  1.24%: ad74-011.compuserve.com
   31: 285310:  0.64%: sdn-ts-003coaurop11.dialsprint.net
   31: 195954:  0.44%: hdn107-136.hil.compuserve.com
   31: 157726:  0.35%: hd52-177.hil.compuserve.com
   30: 175684:  0.39%: 194.3.176.197
   29: 107598:  0.24%: sphynx.cst.ca
   28: 305469:  0.68%: wv00876.pnl.gov
   27: 135423:  0.30%: 192.148.119.180
```

Bild 23.1: Das ist eine einfache Logdatei, die anzeigt, welche Domains Daten von einer Website angefordert haben.

In einigen Fällen werden Sie feststellen, daß Ihre Besucher von einer kleinen Domain (zum Beispiel von Ihrer Konkurrenz oder einem Kunden) kommen. Häufiger wird es sich aber um die Domain eines Internet-Providers oder Online-Dienstes handeln. Ziemlich am Anfang der Logdatei sehen Sie den Eintrag `ad19-039.compuserve.com`, eine Domain, die CompuServe gehört.

Sie können aber trotzdem mit Hilfe dieses Domainnamens verfolgen, was ein Besucher auf Ihrer Website gemacht hat, da er sich während einer Sitzung nicht ändert. Sehen Sie sich zum Beispiel folgenden Auszug aus einem anderen Bericht an:

```
dialup-06-38.netcomuk.co.uk "GET /ipn/techwr/
dialup-06-38.netcomuk.co.uk "GET /ipn/techwr/guideline.htm HTTP/
dialup-06-38.netcomuk.co.uk "GET /ipn/images/redarrw.gif   HTTP/
dialup-06-38.netcomuk.co.uk "GET /ipn/techwr/testimon.htm  HTTP/
dialup-06-38.netcomuk.co.uk "GET /ipn/techwr/$100k_frm.htm HTTP/
```

Dabei handelt es sich um einen einzigen Besucher, und wir können genau verfolgen, was er gemacht hat. Zuerst wurde `/ipn/techwr/` angefordert. Das heißt, der Server sendete die standardmäßig voreingestellte Datei (`index.html`) für dieses Verzeichnis. Als nächstes klickte der Besucher auf den Link, der auf die Datei `guideline.htm` verweist. Sie sehen auch, daß die Datei `redarrw.gif` übertragen wurde. Das heißt aber nicht viel, es ist einfach eine Datei, die zusammen mit `guideline.htm` kam. Anschließend ging der Besucher auf `testimon.htm` und zuletzt dann auf `$100k_frm.htm`.

Einige Webhosting-Firmen senden Ihnen auch einfache Zusammenfassungen der Logdateien, welche die Rechner, die auf Ihre Website zugegriffen haben, die angeforderten Dateien, Datum und Uhrzeit, den gesamten Verkehr usw. anzeigen. Dabei kann es sich um tägliche, wöchentliche oder monatliche Berichte handeln, so daß Sie einen Überblick darüber haben, was auf Ihrer Website vor sich geht. In Abbildung 23.2 sehen Sie, wieviel Datenverkehr an einem Tag angefallen ist.

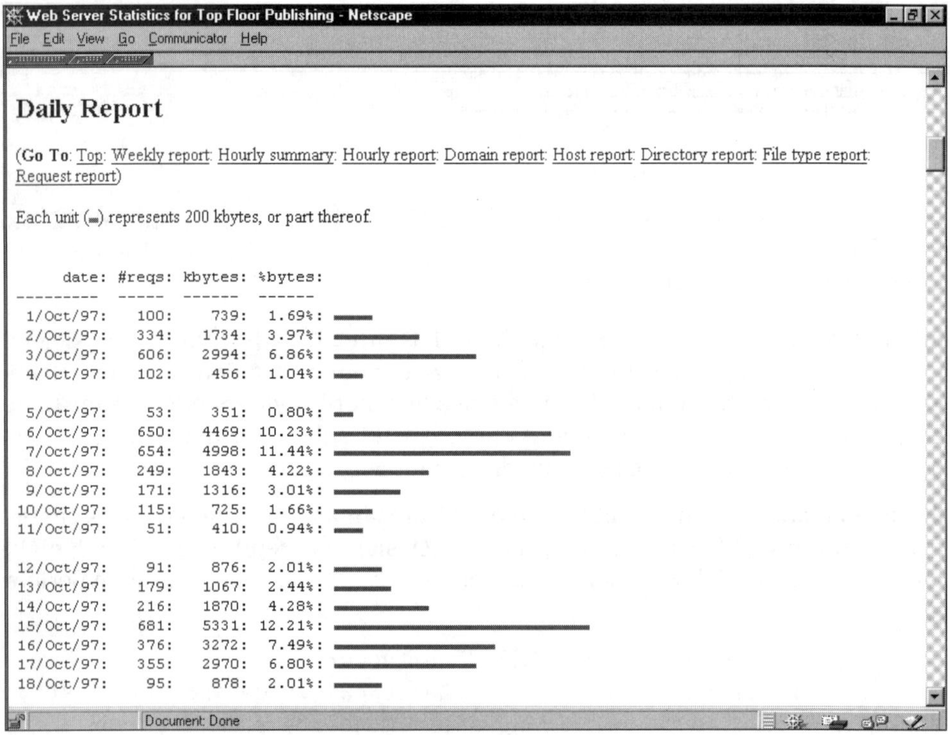

Daily Report

(**Go To**: Top: Weekly report: Hourly summary: Hourly report: Domain report: Host report: Directory report: File type report: Request report)

Each unit (▬) represents 200 kbytes, or part thereof.

date:	#reqs:	kbytes:	%bytes:
1/Oct/97:	100:	739:	1.69%:
2/Oct/97:	334:	1734:	3.97%:
3/Oct/97:	606:	2994:	6.86%:
4/Oct/97:	102:	456:	1.04%:
5/Oct/97:	53:	351:	0.80%:
6/Oct/97:	650:	4469:	10.23%:
7/Oct/97:	654:	4998:	11.44%:
8/Oct/97:	249:	1843:	4.22%:
9/Oct/97:	171:	1316:	3.01%:
10/Oct/97:	115:	725:	1.66%:
11/Oct/97:	51:	410:	0.94%:
12/Oct/97:	91:	876:	2.01%:
13/Oct/97:	179:	1067:	2.44%:
14/Oct/97:	216:	1870:	4.28%:
15/Oct/97:	681:	5331:	12.21%:
16/Oct/97:	376:	3272:	7.49%:
17/Oct/97:	355:	2970:	6.80%:
18/Oct/97:	95:	878:	2.01%:

Bild 23.2: Eine Zusammenfassung der Aktivitäten auf einer Website von einem Tag.

23.3 Fügen Sie Ihre eigenen Zugangsstatistiken hinzu

Wenn Sie mehr Informationen brauchen, als Ihnen Ihr Webhost zur Verfügung stellt, können Sie auch Ihre eigenen Log-Programme verwenden. Sie können aus einfachen Zählern bis hin zu Programmen, die fast 20 000 DM kosten, auswählen. Sie können auch auf die Dienste von anderen Firmen zurückgreifen. Das ist vor allem dann nötig, wenn Sie Anzeigen verkaufen. Diese Firma erstellt dann alle Statistiken zu Ihrer Website und stellt sie dann Ihnen und Ihren Kunden zur Verfügung (natürlich nur, wenn Sie das auch möchten).

Von einem guten Anbieter oder Programm können Sie eine ganze Reihe von statistischen Informationen erwarten. Folgende Liste ist ein Beispiel von der Web-Seite von NetIntellect:

- Allgemeiner Überblick
- Besucherprofil nach Herkunft
- Besucher nach Kontinenten
- Von welchen Organisationen kommen Ihre Besucher?
- Aus welchen Ländern/Zonen kommen Ihre Besucher?
- Welche Dateien wurden am häufigsten angefordert?
- Von welchen URLs/Websites kommen die meisten Besucher?
- Welche Art von Datei wird am häufigsten angefordert?
- Auf welche Dateien wird am häufigsten verwiesen?
- Aktivitäten nach Uhrzeit
- Aktivitäten nach Wochentag
- Welchen Browser verwenden die meisten Besucher?
- Technische Zusammenfassung
- An welchem Wochentag herrscht am meisten Betrieb?
- Server-Fehler
- Client-Fehler
- Tägliche Statistiken
- Wöchentliche Statistiken

- Monatliche Statistiken
- Vollständiger Bericht
- Bericht für den Vorstand (Zusammenfassung)
- Bericht für die Marketingabteilung (Zusammenfassung)
- Zusammenfassung nach technischen Gesichtspunkten
- BPA Standard Report

Diese Programme müssen nicht auf dem Server laufen. Sie nehmen vielmehr die Logdateien des Servers und erstellen daraus Berichte, in denen die einzelnen Angaben in eine übersichtliche Form gebracht wurden. Der Server kann also unter UNIX laufen, während das Analyseprogramm zum Beispiel auf einem Windows-NT-Rechner installiert ist. Sehen Sie sich einmal folgende Programme an:

- **AccessWatch** (ca. 70 DM im Jahr)

  `http://accesswatch.com/`

- **NetAnalysis** (von 800 bis 8500 DM)

  `http://www.netgen.com/`

- **NetIntellect** (ca. 250 DM)

  `http://www.webmanage.com/`

- **Zugangscounter und Tracker** (eine gute Liste mit Programmen und Anbietern)

  `http://www.markwelch.com/bannerad/baf_counter.htm`

- **WebTracker** (ca. 800 DM)

  `http://www.cqminc.com/webtrack/`

- **WebTrends** (ca. 500 DM)

  `http://www.webtrends.com/`

- **Yahoo! – Log Analysis Tools**

  `http://www.yahoo.com/Business_and_Economy/Companies/Computers/Software/Internet/World_Wide_Web/Log_Analysis_Tools/`

Es gibt auch eine Reihe von Anbietern, die kostenlose Statistiken für kleine Websites anbieten. Manchmal müssen Sie dafür das Banner der Firma auf Ihre Website stellen. Die meisten Übersichten sind jedoch sehr einfach. Hier ist eine Liste mit preiswerten und auch etwas teureren Anbietern:

- **Accrue Insight** (ca. 15 000 DM für eine »kleine Website«)

  `http://www.acrue.com/`

- **Audit Bureau of Circulations** (Teuer!)

  `http://www.accessabc.com/`

- **HitWatchers** (Sie zahlen in belgischen Franc, aber ich habe keine Ahnung, wieviel.)

  `http://www.hitwatchers.com/`

- **Siteflow** (bis zu 5000 Hits am Tag kostenlos)

  `http://www.siteflow.com/`

- **InternetCount** (kostenlos)

  `http://www.icount.com/`

- **NetCount und AdCount** (Waterhouse; ab ca. 170 DM im Monat)

  `http://www.netcount.com/`

- **PageCount** (im Austausch für ein Banner)

  `http://www.pagecount.com/`

- **StatTrax** (Bis zu 10 000 Hits kosten ca. 8 DM im Monat.)

  `http://www.stattrax.com/`

- **WebSideStory's HitBox** (kostenlos)

  `http://wss5.websidestory.com/wc/world.html`

Ich rate Ihnen jedoch nicht, daß Sie nun gleich losziehen und so ein Programm oder einen Anbieter suchen sollen. Ich denke, daß die meisten kleinen Firmen wichtigere Dinge zu tun haben, als solche Statistiken anzulegen. Mehr dazu gleich im Abschnitt »Nicht nur Hits«.

23.4 Sie wollen doch E-Mail-Adressen, oder?

Viele Website-Besitzer möchten gerne die E-Mail-Adressen ihrer Besucher aus den Logdateien extrahieren. Immerhin wird doch ständig über diese tollen Logdateien gesprochen. Sie haben auch gehört, daß man herausfinden kann, »wer« Ihre Seiten besucht. Leider (oder zum Glück, wenn Sie der Besucher sind) ist der Begriff »wer« in bezug auf Statistiken zu Websites sehr weit gefaßt und ungenau. Sie können eine E-Mail-Adresse nicht aus einem Browser extrahieren, es sei denn, der Anwender gibt sie Ihnen freiwillig. (Wir haben über dieses Thema schon in den Kapiteln 12 und 13 gesprochen.)

Ich weiß, daß mir viele Leute jetzt nicht glauben werden. Immerhin wird ja in der Presse behauptet, daß es möglich sei, eine E-Mail-Adresse, die im Profil des Browsers eingegeben ist, herauszufiltern, wenn er zu einer Website geht. Das ist aber falsch. Es gibt zwar ein System namens **identd**, das auf UNIX-Servern läuft, aber nur selten Verwendung findet. Damit identd funktioniert, müssen sowohl der Webserver als auch der Computer, auf dem der Browser installiert ist, UNIX als Betriebssystem benutzen. Diese Situation kommt aber heutzutage nicht mehr häufig vor – wie viele Anwender arbeiten schon mit UNIX? Die meisten benutzen irgendein Windows oder MacOS.

Es gibt noch einen anderen Trick, von dem ich gehört habe. Eine Web-Seite hat ein `<IMG>`-Tag, das FTP verwendet, um ein eingebettetes Bild zu holen. Wenn der Browser die E-Mail-Adresse des Anwenders als Loginnamen an FTP-Sites verschicken kann und wenn der Anwender seinen Browser entsprechend konfiguriert hat (das ist beim Netscape Navigator eine Option), wird die Adresse an die FTP-Site geschickt und dort in die Logdatei gespeichert. Standardmäßig ist diese Einstellung bei Netscape jedoch ausgeschaltet. Ein Browser schickt also so lange keine E-Mail-Adresse mit, bis es ihm gesagt wird. Einige ältere Browser starten das FTP-Programm, aber der Anwender sieht in so einem Fall, was vor sich geht. Diese Methode ist, um einen Web-Administrator zu zitieren, der sie getestet hat, »ziemlich nutzlos«.

Es gibt momentan keine zuverlässige Methode, mit der man E-Mail-Adressen von einem Webbrowser, der Ihre Seiten besucht, extrahieren könnte. Es funktioniert nur, wenn eine dieser unwahrscheinlichen Konstellationen vorliegt, die ich gerade beschrieben habe, oder wenn der Browser einen Bug hat. Da der größte Teil der Browser, die im Gebrauch sind, keine solchen Bugs haben (zumindest sind diese bisher nicht bekannt) und nicht mit identd oder dem FTP-Trick funktionieren, können Sie das Stehlen von E-Mail-Adressen vergessen. Es gab solche Bugs in den früheren Versionen der Browser, zum Beispiel in Netscape 2. Die Hersteller berichtigen solche Software-Fehler jedoch, sobald diese bekannt werden. Je mehr Leute neuere Browser verwenden, desto weniger dieser Bugs gibt es im Web. Kein Browserhersteller mit einem Funken Verstand würde wissentlich einen Browser vertreiben, mit dem eine Website an die E-Mail-Adressen der Besucher kommen könnte.

Auf jeden Fall wäre es auch ein wenig unverschämt, E-Mail-Adressen zu stehlen, selbst wenn es dafür eine zuverlässige Methode gäbe. Und selbst wenn es so ein System gäbe – und ich würde Ihnen das nicht vorenthalten –, würde ich Ihnen dennoch nicht erklären, wie man damit arbeitet.

23.5 Nicht nur Hits

Ich denke, daß viele Leute Hits einfach viel zu wichtig nehmen. Hits sagen häufig gar nicht besonders viel aus. Lassen Sie mich erzählen, was Edward Tufte (der »Visionär« aus Kapitel 10) zum Thema Hits gesagt hat, als er über »überproduzierte« Websites sprach: »Mit diesen ganzen Statistiken ist doch etwas faul. Sehen Sie sich doch deren Behauptungen an: 'Unsere Website hat 1 Million Hits!' Alle diese Hits landen auf der Startseite, und die meisten Leute blättern nie weiter. Die Zahlen verringern sich fast exponentiell. 90% gehen nie zu einer zweiten Seite. 90% aller Leute, die doch auf eine zweite Seite gehen, kommen niemals auf eine dritte.«

Was bedeutet ein Hit wirklich für Ihre Website? Es heißt, daß etwas von einem Webserver auf einen Webbrowser übertragen wurde. Es heißt nicht, daß die Daten auch wirklich angekommen sind oder daß der Empfänger diese Daten wollte oder ihnen gar irgendwelche Aufmerksamkeit geschenkt hat. Es beweist nicht, daß der Empfänger daraufhin irgend etwas getan hat, daß er plant zurückzukommen oder so handelt, daß es Ihnen oder Ihrer Firma nützt.

Da muß es doch etwas Besseres geben! Natürlich gibt es das auch. Viel wichtiger als Hits ist ernsthafte Aktivität auf Ihrer oder in bezug auf Ihre Website. Zum Beispiel:

- Wie viele Leute füllen ein Formular aus, um Ihnen ihre E-Mail-Adresse zu geben, damit sie benachrichtigt werden, wenn Ihre Website geändert wurde, oder wenn Sie ein neues Produkt auf den Markt bringen?
- Wie viele Besucher abonnieren Ihr elektronisches Rundschreiben?
- Wieviel Betrieb herrscht in Ihrem Diskussionsforum oder Chatraum?
- Wie viele Anfragen bekommen Ihre Autoresponder? In anderen Worten: Wie viele Besucher sind an weiteren Informationen interessiert?
- Wie viele Leute tragen auf Ihrer Link-Seite neue Links ein (wenn Sie ein CGI-Skript haben, mit dem man automatisch neue Links hinzufügen kann)? Wie viele Leute senden Ihnen Links via E-Mail?
- Wie häufig wird in Newsgruppen und Mailinglisten über Ihre Website gesprochen?
- Auf wie vielen Websites gibt es Links zu Ihren Seiten?
- Wie viele Leute wenden sich via E-Mail direkt mit Fragen an Sie?
- Wie viele Bestellungen nehmen Sie entgegen?

Das sind alles wichtige Indikatoren hinsichtlich der Leistung und Qualität Ihrer Website. Aufgrund dieser Punkte wissen Sie auch, wie nützlich Ihre Website für die Internet-Anwender und damit auch für Sie ist. Hits können natürlich nützlich sein, aber vernachlässigen Sie nicht die wichtigeren Faktoren, und konzentrieren Sie sich nicht ausschließlich auf die Zahl der Hits, die Ihre Website erreicht. Sie können extrem viel Zeit mit dem Analysieren von Hits und Anfragen und Besuchen verbringen. Diese Zeit können Sie in der Regel besser nutzen, indem Sie zum Beispiel eine Werbekampagne entwerfen, die viele Besucher auf Ihre Website bringt.

Teil IV

Anhänge

A
Anhang

Checkliste für die Wahl eines Webhosts

Dieser Anhang soll Ihnen helfen, wenn Sie auf der Suche nach einem Webhost sind. Es gibt dabei eine Menge Dinge zu beachten. Mit Hilfe der Tabelle können Sie die Angaben der einzelnen Webhosting-Firmen schriftlich festhalten. Sie können die Seiten kopieren, wenn Sie wollen oder – warum auch nicht, schließlich ist es Ihr Buch – auch direkt hineinschreiben. (Es *ist* doch Ihr Buch, oder?)

Beginn der Suche

Die folgenden Websites sind ein guter Startpunkt, um Webhosting-Firmen zu finden. (Vergessen Sie nicht, daß Sie alle URLs in diesem Buch auch als Links auf der Website zum Buch unter `http://www.mut.de/abc/` oder `http://www.poor-richard.com/book/` finden können.)

- **budgetweb.com**

  `http://www.budgetweb.com/budgetweb/`
- **Die Host-Liste bei Budget Web**

  `http://www.callihan.com/budget/`
- **Host Find**

  `http://www.hostfind.com`
- **Server Leasing**

  `http://union.ncsa.uiuc.edu/HyperNews/get/www/leasing.html`
- **Server Leasing bei budgetweb.com**

  `http://budgetweb.com/hndocs/list.shtml`
- **Web-Presence Provider für Microsoft FrontPage**

  `http://www.microsoft.com/frontpage/hosting/`
- **NerdWorld – Webserver**

  `http://www.nerdworld.com/nw1642.html`
- **Provider auf der WDVL-Seite** (*Web Developers Virtual Library*)

  `http://www.stars.com/Vlib/Mall/Providers.html`

- **Web-Quote Central**

  `http://www.centeroftheweb.com/webquote/`

- **Yahoo! – Web Presence Provider**

  `http://www.yahoo.com/Business_and_Economy/Companies/`
  `Internet_Services/Web_Services/Hosting/`

- **Yahoo! – Suche nach Web Presence Providern**

  `http://search.yahoo.com/bin/`
  `search?p=Web+Presence+Providers&y=y&e=558354&f=0%3A8101`
  `%3A9243%3A17006%3A18116%3A558354&r=Business+and+Economy`
  `%02Companies%02Computers%02Internet%02Free+Services`
  (Oder gehen Sie einfach zu Yahoo! und suchen Sie dort nach **Web Presence Providers**.)

Vergleichstabelle für Webhosts

Die Tabelle auf den folgenden Seiten hilft Ihnen beim Vergleich von verschiedenen Webhosting-Firmen. Kopieren Sie die Seiten, damit Sie sie mehrmals verwenden können. Eine Erläuterung der einzelnen Punkte in der Tabelle finden Sie in Kapitel 4.

Nicht alle Fragen sind für Sie gleich wichtig. Lesen Sie zuerst Kapitel 4, und entscheiden Sie dann, welche Punkte für Sie von Bedeutung sind. Streichen Sie Unwichtiges durch, und füllen Sie nur den Rest aus.

Viele der Fragen werden auf den Websites des Webhosts beantwortet. Fangen Sie also dort an. Lesen Sie die Angaben zuerst durch, um ein Gefühl dafür zu bekommen, ob die Firma anbietet, was Sie brauchen oder nicht. Wenn es so aussieht, als ob die meisten Ihrer Wünsche erfüllt sind, füllen Sie eine Spalte in der Tabelle aus. Rufen Sie dann die Firma an, und klären Sie die Punkte, zu denen Sie auf der Website keine Informationen gefunden haben. Heben Sie sich die komplizierteren Dinge wie zum Beispiel Referenzen für den Schluß auf, damit Sie sicher sein können, daß ansonsten alles stimmt. Wenn die Firma nur schwer zu erreichen ist oder Sie nicht zurückruft, dann lassen Sie es lieber.

	Name des Webhosts:				
	URL:				
	Telefonnummer:				
	Name des Ansprechpartners:				
01	**Ist die benötigte Zugangsart erhältlich?** (virtuell, pseudo-virtuell, nicht-virtuell, Subdomain, dedizierter Server)				
02	Microsoft **Frontpage?**				
	Version?				
	Gebühr (einmalig/ monatlich)?				
03	**Kosten für den Zugang (einmalig), DM**				
	Monatliche Gebühr, DM				
04	**Minimale Dauer des Vertrags? Garantien?**				
05	**Wieviel Speicherplatz?**				
	Kosten für Upgrade?				

06	**Kosten für Hits und Datenmenge?**				
	Wieviel kostet ein Upgrade?				
07	Kann die Website **kommerziell genutzt** werden?				
08	**Gibt es Rabatt für gemeinnützige Organisationen?**				
09	**Was kostet die Anmeldung der Domain?**				
10	**Wie viele Domains** können ohne Aufpreis auf die gleiche Website zeigen (**geparkte Domains**)?				
	Was kosten zusätzliche Domains (wenn jede Domain auf ein eigenes Verzeichnis zeigt)?				
	Was kosten zusätzliche Domains (wenn jede Domain auf das gleiche Verzeichnis zeigt)?				
E-Mails und Mailinglisten					
11	Ist ein **POP-Mail-Zugang** inbegriffen?				
	Was kostet ein POP-Mail-Zugang extra?				
	Wie viele individuelle Zugänge sind dabei?				

	Kann man mit dem POP-Mail-Zugang unbegrenzt viele E-Mail-Adressen (Aliase) haben?				
12	Ist es möglich, **E-Mails weiterzuleiten** (Forwarding)?				
	Wie viele Zugänge kann man haben?				
	Kostet das Weiterleiten extra?				
	Wie wird das Weiterleiten eingerichtet (Web-Formular, procmail, ein anderes seltsames System)?				
13	Gibt es **Autoresponder**?				
	Wie viele?				
	Kosten Autoresponder extra?				
	Wie werden die Autoresponder eingerichtet (Web-Formular, procmail, ein anderes seltsames System)?				
14	Gibt es **Software für Mailinglisten**?				
	Kostet das Benutzen der Software für Mailinglisten extra?				

	Wie viele Listen kann man haben?				
	Wie viele Mitglieder sind pro Liste erlaubt?				
FTP und Telnet					
15	Ist ein **Shell-Account** (Zugang via **Telnet**) erhältlich?				
16	Ist **FTP-Zugang** möglich?				
	Kann ich mit FTP Dateirechte ändern?				
17	Kann ich **Anonymous FTP** einrichten?				
	Kann diese FTP-Site einen unterbrochenen Download wiederaufnehmen?				
Online-Bestellungen					
18	Gibt es einen **Secure Server**?				
	Kostet die Verwendung des Secure Server extra?				
19	Gibt es eine **Einkaufswagen-Software**?				
	Kostet der Gebrauch der Einkaufswagen-Software extra?				

20	Kann ich **Kreditkarten und Schecks online bearbeiten**?				
	Was kostet das?				
Programme auf dem Server laufen lassen					
21	Sind **Server-Imagemaps** gestattet?				
	Sind **CGI-Skripte** erlaubt?				
	Gibt es ein Verzeichnis mit CGI-Skripten?				
	Kann ich eigene CGI-Skripte verwenden?				
	Wie **verändere ich die Rechte** von CGI-Skripten (FTP, telnet) bzw. macht das die Firma?				
23	Kann ich **Server Side Includes** verwenden?				
24	Gibt es einen **Datenbankzugang zu Web-Seiten?**				
25	Kann ich **Java-Applets** verwenden?				
26	Gibt es einen **RealAudio Server**?				
	Kostet er extra?				

Verschiedenes					
27	Bekomme ich **Zugangsstatistiken**?				
	Via E-Mail oder auf einer Web-Seite?				
28	Ist es möglich, **nicht-öffentliche Seiten** einzurichten?				
	Kostet das Einrichten von paßwortgeschützten Seiten extra?				
29	Kann ich Speicherplatz weiterverkaufen?				
30	Macht die Firma auch **Website-Design und Werbung**?				
	Was kostet das?				
31	Gibt es eine **Telefonnummer für den technischen Support**?				
	Gebührenfrei?				
	Gegen Aufpreis?				
	Welche Geschäftszeiten?				
32	Gehört der Firma der Server?				

33	**Wie viele Computer gibt es dort?**				
34	**Wie viele Mitarbeiter** hat die Firma? Welche Server werden verwendet?				
35	**Was ist die Verbindungsgeschwindigkeit?**				
36	**Wie viele Hops ist der nächste Backbone entfernt?**				
Letzte Punkte					
37	Überprüfen Sie Traceroute.				
38	Lassen Sie sich Referenzen zeigen.				
39	Wie ist das allgemeine Look und Feel?				
40	Testen Sie die Websites von anderen Kunden des Webhosts.				
Sonstiges					

B
Anhang

Checkliste für das Promoten der Website

In diesem Anhang finden Sie eine Liste mit Ideen, wie Sie für Ihre Website Werbung machen können, und Verweisen auf die Kapitel, in denen die einzelnen Punkte besprochen werden.

Arbeiten mit Link-Seiten (Kapitel 18)

- Haben Sie sich auf Link-Seiten eingetragen?
- Werden mehrere von Ihren Seiten auf den Link-Seiten aufgelistet?
- Haben Sie den Eigentümern der Link-Seiten kostenlose Proben geliefert?
- Haben Sie die Eigentümer der Link-Seiten gebeten, Ihre Produkte zu besprechen?
- Haben Sie die Eigentümer der Link-Seiten gebeten, eine Werbekampagne mit Ihnen zu machen?
- Haben Sie die Eigentümer der Link-Seiten gebeten, ein Banner einzurichten?

Vorbereitung für Roboter (Spinnen) (Kapitel 18)

- Haben Sie überprüft, ob alle Web-Seiten aussagekräftige Titel haben?
- Haben Sie Stichworte im Inhalt verwendet?
- Haben Sie den <META>-Tag Schlüsselbegriffe (keywords) gesetzt?
- Haben Sie den <META>-Tag Beschreibungen (description) gesetzt?
- Haben Sie alternativen Text (Attribut ALT) bei Ihren Bildern eingegeben?
- Haben Sie das <NOFRAMES>-Tag verwendet?

Das Anmelden bei Suchmaschinen (Kapitel 18)

- Haben Sie sich von Hand bei den wichtigsten Suchmaschinen angemeldet?
- Haben Sie sich von Hand bei den Suchmaschinen, die mit Ihrem Unternehmen zu tun haben, angemeldet?
- Haben Sie sich auf Web-Index- und Web-Verzeichnis-Seiten eingetragen?
- Haben Sie einen Anmeldedienst oder -software benutzt, um sich auf weiteren Websites einzutragen?
- Haben Sie sich auf kostenlosen Link-Seiten, die mit Ihrem Unternehmen zu tun haben, eingetragen?

Diskussionsforen (Kapitel 19)

- Haben Sie alle Newsgruppen und Mailinglisten gefunden, die in irgendeiner Form mit Ihrem Unternehmen zu tun haben?
- Haben Sie sich diese Diskussionsforen angesehen, damit Sie wissen, ob Ihre Nachrichten hineinpassen?
- Haben Sie passende Unterschriften (Signatures) für Ihre Nachrichten erstellt?
- Haben Sie Nachrichten, die Werbung für Ihre Website machen, an diese Diskussionsforen geschickt?
- Stellen Sie die Informationen auf Ihrer Website zur Verfügung, die Sie in den Diskussionsforen angekündigt haben?
- Sind Sie ein Berater in wichtigen und aktiven Diskussionsforen?
- Haben Sie die Beziehungen zu anderen Beratern gepflegt?
- Haben Sie anderen Beratern kostenlose Rezensionsexemplare o.ä. geschickt?
- Haben Sie die Berater gebeten, Ihr Produkt zu besprechen?
- Haben Sie Nachrichten in die verschiedenen Ankündigungs-Newsgroups wie Announce, zu verkaufen, gesucht, Net-Happenings, newprod usw. gepostet?
- Haben Sie die Diskussionsforen der Online-Dienste besucht?
- Haben Sie Web-Seiten eingerichtet, um herauszufinden, von wo aus Leute zu Ihren Seiten kommen?

Elektronische Pressemitteilungen (Kapitel 20)

- Haben Sie eine Pressemitteilung geschrieben?
- Haben Sie die Pressemitteilung noch einmal kontrolliert, damit sie auch alle notwendigen Angaben einschließlich eines Ansprechpartners enthält?
- Haben Sie Websites mit Medienverzeichnissen besucht?
- Waren Sie in der Bücherei und im Buchladen?
- Haben Sie eines der erwähnten kostengünstigen Medienverzeichnisse erworben?
- Haben Sie die Pressemitteilungsdienste genau überprüft?

PR außerhalb des WWW (Kapitel 21)

- Haben Sie Pressemitteilungen verschickt?
- Haben Sie mit Journalisten gesprochen?
- Enthält Ihr gesamtes Büromaterial wie Visitenkarten, Zeitungsanzeigen, Anzeigen in den Gelben Seiten, Flyer usw. Ihre E-Mail-Adresse und URL?
- Verteilen Sie aktiv Werbegeschenke an potentielle Rezensenten und andere Kontaktpersonen aus den Medien?
- Haben Sie versucht, in eine Talkshow im Radio zu kommen?
- Haben Sie Bücher über Marketing (außerhalb des WWW) gelesen?

Werbung für Ihre Website (Kapitel 22)

- Haben Sie sich überlegt, ob Sie Anzeigen auf Ihre Website stellen werden oder nicht?
- Haben Sie sich überlegt, ob Sie an einem Bannertauschprogramm teilnehmen?
- Haben Sie jemanden für die Bannergestaltung gefunden?
- Haben Sie einen Webring gefunden, der mit Ihrem Unternehmen zu tun hat?
- Haben Sie sich in den Verzeichnissen, in denen Firmen aufgelistet sind, die Anzeigen verkaufen oder tauschen, nach nützlichen Websites umgesehen?
- Haben Sie Kontakt mit Werbemaklern und -agenturen aufgenommen?
- Haben Sie Seiten eingerichtet, die Besucher festhalten, die von einer Ihrer Anzeigen aus auf Ihre Website kommen?
- Haben Sie andere für Sie nützlich Medien (auch außerhalb des WWW) gefunden, in denen Sie Werbung machen können (zum Beispiel Anzeigen in Mailinglisten)?

Poor Richards Newsletter – kostenlos

Ich hoffe, dieses Buch hat Ihnen gefallen. Es enthält viele nützliche Informationen, die Sie nirgendwo sonst finden. Mit diesen Informationen können Sie Ihre Website wirklich zum Funktionieren bringen, ohne dabei pleite zu gehen.

Es gibt jedoch noch mehr zu lernen. Warum abonnieren Sie nicht einfach **Poor Richard's Newsletter**? Er ist kostenlos erhältlich. Dieses Rundschreiben wird Ihnen regelmäßig via E-Mail zugesandt und enthält die neuesten Informationen in bezug auf nützliche und günstige Software für Ihre Website, Tips und Techniken, um Besucher anzulocken und Berichte über Leute, die es geschafft haben. Wenn Sie mir von einer solchen Erfolgsstory berichten wollen, schreiben Sie an `success@poorrichard.com`.

Um **Poor Richard's Newsletter** zu abonnieren, schreiben Sie eine E-Mail an `subpr@poorrichard.com`. Diese E-Mail kann einfach leer sein und braucht auch keinen Betreff. Sie erhalten dann eine automatische Antwort mit einer Bestätigung. Nach kurzer Zeit werden Sie dann den ersten Newsletter erhalten. Wenn Sie ihn wieder abbestellen wollen, schicken Sie einfach eine Nachricht an `unsubpr@poorrichard.com`, und Sie werden aus der Liste ausgetragen.

Im Moment ist dieser Newsletter leider nur in Englisch erhältlich. Auf der Website zur deutschen Ausgabe (unter `http://www.mut.de/abc/`) finden Sie jedoch weitere Informationen.

Vergessen Sie auch nicht, die Website zu diesem Buch unter `http://www.poorrichard.com/` oder `http://www.mut.de/abc/` (mit einer teilweise deutschen Version) zu besuchen. Dort finden Sie die ca. 800 Links, die in diesem Buch erwähnt werden. Diese Liste wird ständig erweitert. Speichern Sie diese Seite auf Ihrer Festplatte, um von dort aus zu allen Websites zu gehen, die ich besprochen habe. Auf der Website zum Buch können Sie auch die neueste Ausgabe von **Poor Richard's Newsletter** lesen und ein Archiv mit allen bisherigen Ausgaben einsehen. Dort finden Sie auch Beispiele für Dinge, die Sie mit Ihrer Website machen können und die nicht die Welt kosten.

Wie Sie in diesem Buch gesehen haben, muß eine Website nicht teuer sein. Sie brauchen nicht die ganzen neuesten Spielzeuge oder teuren Programme. Sie brauchen keine Animationen, riesige Grafiken, Java, JavaScript, ActiveX oder was auch immer den Entwicklern einfällt, um Ihnen das Leben schwer zu machen. Natürlich haben auch diese Dinge ihren Platz – aber nicht auf den meisten Websites. Sie können eine gut funktionierende Website ganz einfach und günstig erstellen. Viele Firmen und Privatpersonen verlieren durch das Internet Geld – Sie müssen nicht auch dazugehören. Achten Sie also ein wenig auf den Preis, und lassen Sie sich nicht vom Gerede der Computerindustrie und -presse ablenken. Denken Sie daran, daß das Internet für diese Firmen eine einzige Arbeitsbeschaffungsmaßnahme für Computerfreaks ist. Wenn Sie folgendes zu Ihrem Motto machen, können Sie gar nicht so viel falsch machen:

Wichtig ist nicht, daß alle Leute es cool finden, sondern daß sie etwas damit anfangen können.

Viel Glück,

Peter Kent

PS: Wenn Sie mir Lob, Kritik oder Verbesserungsvorschläge zukommen lassen wollen, schreiben Sie mir doch einfach eine E-Mail an feedback@poorrichard.com!

Stichwortverzeichnis